공동사업의
세무실무

공동사업의
세무실무

세무사 황종대

- 당진 호서고 졸업
- 세무대학 11회
- 서울지방국세청 조사국, 송무국
- 국세청 법규과, 부가가치세과 근무
- (현) 김앤장 세무법인

국세청 사무관 송은주

- 연세대 졸업
- 사법고시 제55회
- 서울지방국세청 송무국
- (현) 서울지방국세청 국제거래조사국

세무사 고영만

- 전주 해성고 졸업
- 세무대학 6회
- 중부지방국세청 조사국
- 강동·의정부·남양주세무서 근무
- (현) 세무법인 상우 대표세무사

국세청 주무관 백지은

- 광주 동신여고 졸업
- 세무대학 17회
- 서울지방국세청 송무국
- 국세청 법무과, 법규과
- (현) 세종세무서 납세자보호실

공동사업의
세무실무

세무사 | **황종대**

국세청 사무관 | **송은주**

세무사 | **고영만**

국세청 주무관 | **백지은**

사업의 위험을 분산하고
경영 노하우를 공유하는
'공동사업제도' 에 관한 최고의 지침서!

스카이미디어

머리말

　창업단계에서 많은 자금이 소요되므로 자금조달을 원활히 하고 사업에 따른 위험을 분산시키면서 경영상의 노하우가 서로 결합됨으로써 상호 부족한 부분을 보완하면서 합리적 의사결정을 도출해 낼 수 있는 장점을 가진 공동사업제도의 활용이 점차 증가되고 있는 추세이다.

　이러한 추세에 맞추어 2009년부터 동업기업 과세특례제도가 도입되었으며 공동사업과 유사한 형태의 목적단체들도 많이 발생하고 있다.

　그러나 공동사업의 성립부터 종료에 이르기까지 단독사업과 다른 공동사업만의 독특한 과세문제가 발생하기도 하고 때로는 단독사업과 공동사업의 구분이 모호하기도 하며, 공동사업이 오히려 단독사업보다 일정 사안에 있어서는 더 많은 세부담이 발생하기도 한다.

　무엇보다도 공동사업에 관한 세법 규정이 다양한 사례에 비추어 너무나 부족하고 공동사업장을 도관으로 볼 것인지 실체로 볼 것인지에 대하여 법령 규정이 없어 판례나 유권해석에 의지하고 있는 실정이어서 세무공무원의 자의적 집행이 가능하고 그로 인한 세부담은 납세자에게 전가될 수밖에 없다.

　예를 들어 기업 상호간의 공동목적 달성을 위한 어떠한 공동조직이 조합에 해당하지 아니한 것으로 보아 구성원이 각각 세금계산서 수수가 이루어졌으나 해당 조직을 과세관청이 조합(공동사업)으로 판단한 경우 조합 명의로 세금계산서 수수가 이루어지지 않은 것에 대한 막대한 부가가치세와 아울러 뜻하지 않은 연대납세의무까지 부담할 수 있다.

　일반 납세자와 세무대리인들은 아직도 공동사업을 단독사업의 연장선상에서 이해하려는 경우가 많고 지방세 등의 문제가 있어 공동사업장으로의 사업자등록을 고의로 회피하려는 경우도 많다.

　따라서 납세자, 세무대리인, 국세 및 지방세 업무 종사자에게 참고할 만한 공동사업 실무서가 필요하다고 느껴 공동사업 관련 국세 규정 및 지방세 규정과 그 예규, 조세심판례와 법원의 판례 그리고 각종 논문 등을 최대한 수집하여 이 책을 출간하게 되었다.

물론 시중에 좋은 공동사업 관련 책들도 있을 것이나 최대한 쉽고 간략하며 그러한 해석이 나오게 된 배경 등 위주로 집필하였다.

이 책에는 공동사업을 영위하면서 발생될 수 있는 가급적 모든 과세문제들을 이러한 자료들을 배경으로 자의적 판단(사견)을 배제하고 객관적 입장에서 작성하였으며, 논란이 있어 정립이 안 된 분야는 그 양분된 주장을 그대로 설명하였다. 독자의 이해를 돕기 위한 도표나 계산사례도 삽입하였고 문제에 대한 답을 제시하면서 그 근거나 출처도 명시하였다.

하지만 공동사업의 이해를 집필하면서 어려웠던 점은 공동사업에 대한 법령미비와 정립되지 아니한 쟁점들이 산적해 있다는 점, 공동사업에 관한 도서나 논문이 그리 많지 않고 다루는 쟁점들이 한정되어 있다는 점이었다.

공동사업에 대한 전반적인 실무서로서 부족한 점이 있지만 공동사업을 영위하면서 발생될 수 있는 현재까지 다루어진 과세쟁점들을 대부분 기술하였으므로 그 밖의 쟁점들은 앞으로 새로운 해석이나 법령개정을 통해 해결해 나갈 사항이라고 본다.

마지막으로 이 실무서는 영리를 목적으로 한 것이 아니라 기획재정부, 국세청, 납세자, 세무대리인들이 관심을 가지고 향후 공동사업에 대한 문제점 인식과 합리적 개선(개정)으로 이어지길 바라는 마음으로 집필하였는바, 특히 이번 개정판에서는 이런 바람에 따라 아무 조건 없이 시간을 내시어 표지 선정 및 수정부터 본문 내용 전반에 이르기까지 자료수집, 첨삭, 조언, 교정과 더불어 실질적 감수까지 도맡아 하신 서울지방국세청 송은주 사무관님과 수익을 고려하지 않고 출간을 위해 많은 도움을 주신 스카이미디어 유용열, 북밤 유지원 사장님께 감사를 드립니다.

2022. 08. 10.

목 차

제1장	공동사업 일반	37

(1) 개요 ··· 38
  1) 정의 ··· 38
  2) 공동사업의 성립 ··· 38
  3) 공동사업의 필요성 ··· 39
(2) 공동사업(조합)의 과세이론 ·· 39
  1) 도관론 ··· 39
  2) 실체론 ··· 40
  3) 민법과 세법의 입장 ··· 40
(3) 동업계약서의 작성 ··· 40

제2장	민법상 조합과 세법의 적용	45

제1절	민법상 조합	46

1. 민법상 조합의 개요 ··· 46
  1) 의의 ··· 46
  2) 조합의 성립 ··· 46
  3) 조합의 성격 ··· 47
2. 조합의 재산 등 ··· 48
  (1) 공동소유의 분류 기준 ··· 48
    1) 공동사업 재산의 소유형태 ··· 48
    2) 공동소유의 형태 ··· 48

(2) 조합의 재산 ……………………………………………………… 51

　　1) 의의 …………………………………………………………… 51

　　2) 합유지분 압류의 효력 ……………………………………… 51

　　3) 합유물의 처분 ……………………………………………… 52

　　4) 조합재산 관련 주요 판례 ………………………………… 52

(3) 조합의 채무 ……………………………………………………… 54

　　1) 조합 채무자의 상계의 금지 ……………………………… 54

　　2) 조합 채무의 처리 …………………………………………… 54

3. 조합의 사무집행 등 ……………………………………………… 55

　　1) 조합내부의 업무집행 ……………………………………… 55

　　2) 조합의 대외관계 …………………………………………… 56

　　3) 조합원에 대한 채권자의 권리행사 ……………………… 56

　　4) 무자력조합원의 채무와 타 조합원의 변제책임 ………… 57

　　5) 소송당사자 능력 …………………………………………… 57

4. 손익의 분배 ………………………………………………………… 57

　　1) 조합재산에 대한 손익의 분배 …………………………… 57

　　2) 손익분배의 비율 …………………………………………… 57

　　3) 손익분배의 시기 …………………………………………… 58

5. 조합원의 가입, 탈퇴, 지위의 양도 …………………………… 58

　　1) 조합원의 가입과 그 지위의 양도 ………………………… 58

　　2) 조합원의 탈퇴 ……………………………………………… 60

　　3) 제명 …………………………………………………………… 61

　　4) 합유지분 포기의 의미 ……………………………………… 61

6. 해산 청구 및 청산 ……………………………………………… 62

7. 조합에 대한 세법상 특례 적용 ……………………………… 63

8. 조합과 사단, 비법인사단 등과의 비교 ……………………… 63

　　1) 개요 …………………………………………………………… 63

　　2) 조합과 사단 ………………………………………………… 63

　　3) 비법인사단과 조합 ………………………………………… 65

　　4) 권리능력이 없는 재단(비법인재단) ……………………… 65

　　5) 합명회사 및 합자회사와 조합의 비교 …………………… 66

　　　6) 내적조합과 지분적 조합 ·· 67

9. 공동사업에 대한 연대납세의무와 민법 규정 ······················ 70

10. 조합(조합계약) 관련 주요 판례 ································· 71

제2절　조합에 대한 국세기본법 및 국세징수법 적용 ·················· 80

1. 국세기본법상 공동사업 규정 ······························· 80

2. 공동사업과 실질과세 원칙 ······························· 80

　　　1) 국세기본법상 귀속의 실질과세 ······················ 80

　　　2) 공동사업 여부에 대한 실질과세원칙의 적용 여부 ········· 81

3. 공동사업자의 납세의무 성립과 연대납세의무 ·············· 81

　　　1) 개요 ··· 81

　　　2) 관련 사례 ····································· 82

　　　3) 연대납세의무 범위 ····························· 83

4. 공동사업자에 대한 납세의 고지 및 독촉 ················ 84

　　　1) 개요 ··· 84

　　　2) 공동사업자에 대한 납세고지 사례 ·················· 85

5. 공동사업 구성원에 대한 국세징수법상 체납처분 ········· 88

　　　1) 체납처분 및 압류 ······························ 88

　　　2) 압류해제 ····································· 88

　　　3) 합유물 등에 대한 공매 ·························· 89

　　　4) 국세환급금에 대한 압류 ························· 90

6. 관련 사례 ··· 91

제3절　조합에 대한 부가가치세 과세 ······················· 97

1. 공동사업장의 사업자등록 및 정정 ····················· 97

　　　(1) 사업자등록 ································· 97

　　　(2) 사업자등록 정정 ····························· 101

　　　(3) 수 개의 공동사업장이 있는 경우 ················ 101

　　(4) 공동사업구성원 전원 변경이 사업자등록정정사항인지 ················· 102

　　(5) 관련 사례 ·· 103

2. 매입세액의 공제 ·· 112

　　1) 개요 ·· 112

　　2) 구체적 사례 ·· 113

3. 공동사업자의 세금계산서 수수방법 ··· 116

　　1) 개요 ·· 116

　　2) 공동사업장과 그 구성원과의 거래 ·· 116

　　3) 공동시행사의 건물신축 관련 세금계산서 수수 ····························· 117

　　4) 공동사업장 일부를 다른 공동사업장에 임대 시 세금계산서 발급 ··· 118

　　5) 그 밖의 사례 ·· 118

4. 과세대상 거래 ·· 119

　　1) 개요 ·· 119

　　2) 공동사업과 사업양도 ·· 119

　　3) 출자지분의 이전 ·· 119

5. 공동사업장의 부가가치세 신고·납부·환급절차 등 ···························· 120

　　1) 부가가치세 신고·납부 ·· 120

　　2) 부가가치세 환급 ·· 120

　　3) 부가가치세 연대납세의무와 한도 ··· 120

　　4) 공동사업장의 기장 ·· 121

6. 현물출자에 대한 부가가치세 과세 ··· 121

　　1) 과세 개요 ·· 121

　　2) 공급가액의 계산 ·· 122

　　3) 공급시기 ·· 122

7. 출자지분 양도·상속·증여와 부가가치세 과세 ······························· 122

　(1) 공동사업 구성원의 출자지분 양도 ·· 122

　　1) 단독사업과 공동사업 간 변경, 지분양도에 따른 부가가치세 과세 ··· 123

　　2) 출자지분 양수자가 별도의 사업을 영위하는 경우 ······················· 123

　(2) 출자지분의 현물반환 등에 대한 부가가치세 과세방법 ····················· 124

　　1) 출자지분의 현물반환의 과세와 공급시기 ································· 124

　　　　2) 공동사업지분의 현물반환으로 과세되지 아니하는 경우 ·············· 126

　　　　3) 관련 사례 ·· 126

　　(3) 출자의 반환 여부에 대한 대법원 판례 분석 ···························· 128

8. 부동산의 사용권 출자와 부가가치세 적용 ································ 129

　　(1) 개요 ·· 129

　　(2) 사용권 출자가액 평가를 인정한 판례 ································ 130

　　(3) 관련 사례 ·· 130

　　　　1) 토지 출자유형별 과세기준 ·· 130

　　　　2) 부동산의 사용권만을 법인에 현물출자하는 경우 ················ 131

　　　　3) 공동사업을 위해 구 건축물 철거 시 철거 관련 매입세액의 공제여부 · 131

9. 공동사업 손익의 분배 및 역할분담에 따른 부가가치세 과세 ·············· 133

　　　　1) 손익의 분배 및 손실의 분담 ···································· 133

　　　　2) 구성원 간 업무분담에 대한 과세·면세 적용 ···················· 133

　　　　3) 공동사업으로 인한 사업장 통합 시 폐업 시 잔존재화 과세여부 ····· 134

10. 조합과 조합원 간의 거래에 대한 부당행위계산부인 ···················· 134

11. 가산세의 적용 ·· 135

　　　　1) 공동사업장에 대한 가산세 적용 ···································· 135

　　　　2) 타인명의 공동사업자 등록 시 가산세 적용방법 ···················· 138

제4절　조합(원)에 대한 종합소득세 과세 ································ 139

1. 소득세법상 공동사업 개요 ·· 139

　　　　1) 공동사업의 정의 ·· 139

　　　　2) 공동사업의 성립 ·· 140

　　　　3) 종합소득세 납세의무 ·· 140

2. 공동사업장의 사업자등록 및 정정 ·· 140

3. 총수입금액 및 필요경비의 산정 ·· 142

　　(1) 총수입금액의 산정 ·· 142

　　(2) 필요경비의 산정 ·· 143

　　　　1) 개요 ·· 143

2) 현물출자 토지의 취득가액 계산 ·· 143

3) 출자자 1인 명의로 발생되는 필요경비 ································· 144

4) 공동사업 구성원 등에게 지급되는 급여 등 ······················ 144

5) 노무출자사원의 노무대가에 대한 필요경비 불산입과 지분산정 ······· 144

6) 공동사업장 사업용자산 등에 대한 감가상각 ···················· 145

7) 그 밖의 필요경비 ··· 145

(3) 개인사업자의 차입금 지급이자에 대한 필요경비산입 기준 ··············· 146

1) 사실관계 ·· 146

2) 위 사실관계의 쟁점 ··· 147

3) 국세청의 지급이자 필요경비불산입 주요 과세 사례 ········· 148

4) 단독사업장의 지급이자 필요경비 산입요건 검토 ············· 150

5) 공동사업 관련 차입금에 대한 지급이자 ··························· 154

6) 질의내용에 대한 답변 ··· 158

4. 공동사업에서 발생한 소득금액의 계산 ································· 162

(1) 공동사업장의 소득금액계산 일반 ··· 162

1) 접대비 계산 ··· 162

2) 평가방법 등의 신고 ··· 163

3) 금융소득(이자·배당소득)이 발생한 경우 ························· 163

4) 현물출자 토지에 대한 필요경비 및 이중과세 여부 ········· 164

(2) 공동사업의 변경 또는 지분변동이 있는 경우 ······················ 164

1) 단독사업에서 공동사업으로 변경하는 경우 소득금액 계산 ······· 164

2) 장부의 기장 ··· 165

3) 사업연도 중 출자지분 변동이 있는 경우 소득금액 계산 ········· 165

(3) 결손금과 이월결손금 통산 ·· 166

1) 결손금 및 이월결손금 공제 ··· 166

2) 공동사업장에서 발생한 결손금 처리 ································· 167

3) 공동사업에서 단독사업으로 변경 시 결손금의 처리 ········· 168

4) 단독사업에서 공동사업으로 변경 시 결손금의 처리 ········· 169

5. 공동사업 출자지분 양도에 따른 소득세 과세 ······················ 175

(1) 현행 과세방식의 문제점 ·· 175

(2) 지분매각에 대한 과세 개요 ·· 176

(3) 지분매각에 대한 소득구분 및 시가 산정 ····························· 177

　　　1) 소득구분 ……………………………………………………………… 177

　　　2) 현물반환에 따른 시가 ……………………………………………… 178

　　　3) 지분매각소득의 소득금액계산 사례(1) ………………………… 178

　　　4) 지분매각소득의 소득금액계산 사례(2) ………………………… 180

　　　5) 지분매각에 대한 소득구분 사례 ………………………………… 182

　　(4) 지분변동 시 영업권의 계상 ………………………………………… 184

　　　1) 개요 ………………………………………………………………… 184

　　　2) 단독사업으로 변경 시 영업권 계상 및 감가상각 가능 여부 ……… 184

　　　3) 공동사업자로 변경 시 출자한 영업권의 필요경비산입 가능 여부 등 · 184

　　　4) 조합원 지분변동만 있는 경우 영업권(권리금)의 필요경비 해당 여부 · 184

　　　5) 공동사업장 탈퇴 시 사업용 고정자산과 영업권 양도 시 소득구분 … 185

　　(5) 신규 동업자 추가 시 신규 동업자로부터 받는 대가의 소득구분 등 …… 185

　　　1) 사실관계 …………………………………………………………… 185

　　　2) 질의내용 …………………………………………………………… 186

　　　3) 검토의견 …………………………………………………………… 186

　　(6) 공동사업 및 단독사업 전환 시 사업의 동일성 판정 …………… 188

6. 공동사업 합산과세 ……………………………………………………… 189

　　　1) 개요 ………………………………………………………………… 189

　　　2) 소득공제 및 세액공제 …………………………………………… 191

　　　3) 공동사업 합산과세제도의 문제점 ……………………………… 191

7. 부당행위계산 부인 ……………………………………………………… 191

　　　1) 공동사업장에 대한 부당행위계산부인 적용 여부 …………… 191

　　　2) 공동사업장과 그 구성원의 특수관계인 해당 여부 검토 ……… 192

　　　3) 공동사업장의 손익분배비율 산정과 부당행위계산부인 ……… 194

　　　4) 공동사업합산과세와 부당행위계산부인의 중복 적용 여부 …… 199

　　　5) 공동사업합산과세와 증여세 ……………………………………… 201

　　　6) 특수관계인에게 공동사업지분 양도 시 부당행위계산 ………… 201

　　　7) 무상임대 시 소득세와 증여세의 중복 과세 …………………… 202

8. 각종 신고 및 기장의무 ………………………………………………… 202

　　(1) 공동사업장의 사업장현황신고 ……………………………………… 202

　　(2) 종합소득세 과세표준 확정신고 등 ………………………………… 202

　　　1) 종합소득세 확정신고 방법 ……………………………………… 202

　　2) 공동사업장 관련 가산세의 배분 ······················· 203

　　3) 토지 등 매매차익 예정신고 및 중간예납 ·············· 204

　(3) 결정·경정의 관할 ···································· 204

　(4) 공동사업장의 기장의무 등 ···························· 205

　　1) 기장의무 ·· 205

　　2) 인출금의 처리 ······································ 206

　　3) 공동사업장의 원천징수의무 ························· 206

9. 관련 사례 ·· 207

　　1) 공동사업 해당 여부 및 등록 ························· 207

　　2) 수입금액 ·· 208

　　3) 필요경비 ·· 210

　　4) 소득금액 계산 ······································ 212

　　5) 현물반환 ·· 215

　　6) 구성원 변경 ······································· 216

　　7) 부당행위계산부인 ·································· 218

　　8) 기장 ·· 219

　　9) 세액공제 및 감면 ·································· 222

제5절 **조합에 대한 양도소득세 과세** ························· 225

1. 공동사업자의 양도소득세 납세의무 개요 ·················· 225

2. 유형별 양도소득의 계산 ································· 226

　(1) 현물출자와 양도소득 ································· 226

　　1) 현물출자의 개념 ··································· 226

　　2) 공동사업에 대한 현물출자 ························· 226

　　3) 현물출자(양도) 시기 ······························ 226

　　4) 과세 방식 ··· 227

　　5) 현행 양도소득세 과세방식에 대한 비판 ·············· 228

　　6) 부동산의 공동사업 출자에 대한 양도소득세 과세가 이중과세인지 ··· 229

　　7) 합유등기하지 아니한 부동산 양도가 미등기인지 ······· 230

　　8) 관련 사례 ··· 230

　(2) 조합지분의 양도, 조합 탈퇴에 대한 양도소득세 과세 ········· 234

1) 공동사업장의 부동산 양도 ································ 234

2) 조합 탈퇴(구성원 변경 포함)로 출자자산 반환 시 양도소득세 과세 · 235

3) 출자금의 일부반환으로 출자비율과 등기비율이 달라진 경우 과세

여부 ·· 236

4) 관련 사례 ··· 238

제6절 조합원에 대한 상속·증여세 과세 ························· 240

1. 공동사업과 상속세 ·· 240

1) 상속재산 ··· 240

2) 상속재산가액 등의 계산 ······································ 240

3) 공동사업과 관련된 상속재산의 평가 ······················ 241

4) 관련 사례 ··· 242

2. 공동사업과 증여세 ·· 245

1) 증여 및 증여세 과세가액 ····································· 245

2) 공동사업에 따른 증여세 과세 ································ 245

3) 출자지분에 대한 증여 ··· 246

4) 관련 사례 ··· 248

제7절 조합에 대한 법인세법 적용 ·························· 251

1. 법인세법 적용 개요 ·· 251

1) 법인과 개인이 거주자 형태로 공동사업을 영위하는 경우 ····· 251

2) 법인과 법인이 개인사업자로 사업자등록을 하여 공동사업을 영위

하는 경우 ··· 251

3) 법인과 법인, 법인과 개인이 법인형태로 공동사업을 영위하는 경우 · 252

4) 법인과 개인이 동업기업을 설립하여 영위하는 경우 ············ 252

2. 구체적 세무처리 방법 ·· 252

1) 공동사업장의 인격과 사업자등록 ··························· 252

2) 기장의무 및 소득금액계산 ··································· 252

3) 수입금액의 신고 및 기장 ····································· 253

3. 공동사업에서 발생한 익금·손금의 처리 ···················· 254

    1) 공동사업 법인 구성원의 세무처리 방법 ·············· 254

    2) 국세청 및 회계기준원의 해석사례 ······················ 254

    3) 공동사업에 대한 세무처리 사례 ························· 255

4. 공동경비 배분 등 ··· 256

    1) 개요 ·· 256

    2) 분담기준 요약 ··· 256

    3) 관련 사례 ·· 257

5. 공동사업 지분의 취득·매각과 법인세 ····················· 259

    1) 공동사업에 현물출자하는 경우 ························· 259

    2) 공동사업의 지분을 취득하는 경우 ···················· 259

    3) 공동사업의 지분을 양도하는 경우 ···················· 260

6. 공동사업과 그 법인구성원 간의 거래 ······················· 260

제8절 **공동사업과 조세범칙** ·································· 261

1. 조세범칙조사의 흐름 ··· 261

    (1) 조세범칙조사의 의미 ······································ 261

    (2) 조세범칙대상자의 선정 ·································· 261

        1) 조세포탈 범칙조사 실시기준 ····················· 261

        2) 세금계산서 수수의무 위반 범칙조사 판단기준 ··· 263

        3) 세금계산서 부정발급에 대한 범칙처분과 가산세 적용 ··· 266

    (3) 범칙처분의 종류 ·· 270

    (4) 통고처분 ··· 271

        1) 통고처분의 의의 ······································ 271

        2) 벌과금 상당액 부과기준 ···························· 271

        3) 위반횟수에 따른 가중처벌 ························· 272

        4) 감경 ·· 272

        5) 통고처분의 취소 가능 여부 ························ 272

        6) 그 밖의 사항 ·· 273

    (5) 고발 ··· 274

1) 즉시 고발 ·· 274

2) 고발권자 ·· 274

3) 고발 이후의 진행 ·· 274

4) 기수시기 ·· 274

5) 공소시효 ·· 275

(6) 벌과금과 과태료 ··· 276

2. 특정범죄가중처벌 등의 적용 ······························· 280

1) 개요 ·· 280

2) 포탈세액 ·· 281

3) 영리목적의 의미 ·· 281

3. 사법부의 판단 사례 ··· 281

(1) 주요 법원 판결 ··· 281

1) 세금계산서 질서벌 관련 ·································· 281

2) 세금계산서합계표 질서벌 관련 ·························· 286

3) 조세포탈과 관련된 판례 ·································· 288

(2) 주요 불기소 사례 모음 ····································· 290

4. 공동사업장의 포탈세액 계산 예시 ························· 290

1) 포탈세액의 계산 ·· 290

2) 대리인 지위에서 타 조합원 소득세까지 포탈한 경우 ········ 292

5. 가공·허위세금계산서 발급에 대한 명단 공개 ··············· 293

제9절 조합에 대한 지방세와 종합부동산세 ······················· 294

1. 지방세기본법상 공동사업과 과세특례 ······················· 294

(1) 개념 ··· 294

(2) 공동사업장에 대한 과세특례 ································ 294

(3) 연대납세의무 및 독촉 ······································· 294

2. 자산의 취득 및 보유에 따른 지방세 ························· 295

(1) 취득세 ·· 295

1) 개요 ·· 295

2) 취득과 취득세의 정의 ···································· 295

　　　3) 신고와 납부 ……………………………………………………… 295

　　　4) 주택조합등의 조합원용 취득분에 대한 과세 ……………… 296

　　　5) 조합에 현물출자하는 경우 취득세 과세 …………………… 296

　　　6) 출자지분 변동이 발생한 경우 취득세 과세 ………………… 297

　　　7) 합유물(공유물)분할에 따른 취득세 과세 …………………… 297

　　　8) 관련 사례 ……………………………………………………… 298

　(2) 재산세 ……………………………………………………………… 302

　　　1) 원칙 …………………………………………………………… 302

　　　2) 예외 …………………………………………………………… 302

　　　3) 합유재산에 대한 재산세 과세 ……………………………… 303

3. 공동사업 운영단계에서의 지방세 …………………………………… 304

　(1) 주민세 ……………………………………………………………… 304

　　　1) 균등분 주민세 ………………………………………………… 304

　　　2) 사업소분 주민세 ……………………………………………… 305

　　　3) 즉시 고발 ……………………………………………………… 306

　(2) 지방소득세 ………………………………………………………… 307

　　　1) 주요개념 ……………………………………………………… 307

　　　2) 과세표준 ……………………………………………………… 309

　　　3) 지방소득세의 계산 및 신고·납부 ………………………… 310

4. 종합부동산세 …………………………………………………………… 314

　　　1) 과세대상 개요 ………………………………………………… 314

　　　2) 과세기준금액 산정 …………………………………………… 314

　　　3) 신고(결정) 및 납부 ………………………………………… 314

　　　4) 공유재산 등에 대한 과세 …………………………………… 315

제3장　조합 유사단체 등과 세법적용 ……………………………………… 317

제1절　상법상 익명조합(匿名組合) ………………………………………… 318

1. 익명조합의 의의와 법적 성질 등 …………………………………… 318

　　　1) 의의 …………………………………………………………… 318

　　　　2) 법적 성질 ……………………………………………………………… 318

　　　　3) 익명조합의 특징 ……………………………………………………… 319

　2. 익명조합의 요소 ………………………………………………………………… 319

　　　1) 당사자 …………………………………………………………………… 319

　　　2) 본질적 요소 ……………………………………………………………… 319

　　　3) 대내적 효력 ……………………………………………………………… 320

　　　4) 대외적 효력 ……………………………………………………………… 322

　　　5) 계약의 해지 및 종료 …………………………………………………… 322

　　　6) 조합과의 비교 …………………………………………………………… 323

　　　7) 소비대차와의 비교 ……………………………………………………… 323

　3. 익명조합에 대한 과세 …………………………………………………………… 324

　　(1) 소득세법 ………………………………………………………………… 324

　　　1) 익명조합 및 익명조합원에 대한 과세 개요 …………………………… 324

　　　2) 출자공동사업자의 범위 ………………………………………………… 325

　　　3) 공동사업장의 사업자등록 ……………………………………………… 325

　　(2) 익명조합 사업장에 대한 소득금액계산 특례 ………………………… 326

　　　1) 익명조합 사업장의 소득금액 계산 …………………………………… 326

　　　2) 익명조합 사업의 소득분배 …………………………………………… 326

　　　3) 익명조합에 대한 사업소득합산과세 ………………………………… 327

　　　4) 그 밖의 사항 …………………………………………………………… 327

　　(3) 익명조합원의 배당소득에 대한 과세방법 …………………………… 327

　　　1) 수입시기 ………………………………………………………………… 327

　　　2) 원천징수 ………………………………………………………………… 327

　　　3) 금융소득 종합과세 …………………………………………………… 328

　　　4) 출자공동사업자의 배당소득에 대한 세액계산 ……………………… 328

　　(4) 부당행위계산 …………………………………………………………… 328

　　(5) 익명조합원인 종업원이 받는 급여의 소득구분 ……………………… 328

　　(6) 익명조합에 대한 부가가치세 적용 …………………………………… 329

　　(7) 영업자가 익명조합의 자금유용 시 횡령죄 성립 여부 ……………… 330

　　(8) 익명조합 및 익명조합원이 법인인 경우 …………………………… 330

　　　1) 법인과 개인으로 구성된 조합에 대한 소득세법 적용 여부 ………… 330

　　　2) 내국법인인 익명조합원이 받는 금전의 성격에 대한 법원의 판단 … 331

3) 내국법인이 익명조합원인 일본 법인에 지급하는 이익분배금의

소득구분 ·· 332

4) 법인과 개인으로 구성된 익명조합에 대한 사업자등록 ················· 332

(8) 민법상 조합과 상법상 익명조합의 비교 ································ 332

(9) 공동사업 과세이론 및 적용 ··· 333

제2절 **공동수급체** ·· 340

1. 개요 ··· 340

(1) 현황 ··· 340

(2) 공동도급계약 및 공동수급체의 정의 ································ 341

(3) (하)도급계약과의 차이점 ··· 341

(4) 공동수급체의 대표자 선임 ··· 342

2. 공동수급체의 법적성질 ·· 342

(1) 학설의 대립 ··· 342

1) 조합설 ·· 342

2) 지분적 조합설 ·· 343

3) 비법인 사단설 ·· 344

4) 이분설 또는 도급계약 경합설 ································· 344

(2) 법원의 입장 ··· 345

(3) 결론 ·· 345

3. 공동수급체의 유형분류와 법적성격 분석 ·························· 345

(1) 공동수급체의 유형 분류 ··· 345

(2) 계약이행방식에 의한 공동도급의 형태 ····························· 346

1) 공동이행방식 ··· 346

2) 분담이행방식 ··· 346

3) 주계약자 관리방식 ·· 348

4) 형식적 공동수급체(가장 공동수급체) ··························· 348

(3) 공동수급체의 계약이행방식별 법적 성격 ·························· 348

1) 공동이행방식 ··· 348

2) 분담이행방식 ··· 350

　　　3) 주계약자 관리방식 ……………………………………………………… 350

　　　4) 결어 …………………………………………………………………………… 351

4. 공동수급체의 사업자등록 ……………………………………………………… 351

　(1) 국세청 해석 ……………………………………………………………………… 351

　(2) 조세심판원의 견해 …………………………………………………………… 352

　(3) 공동사업으로 사업자등록신청이 가능한지 여부 ……………………… 352

　(4) 공동시행사와의 비교 ………………………………………………………… 352

　(5) 결어 ……………………………………………………………………………… 354

　(6) 관련 사례 ……………………………………………………………………… 355

5. 공동수급체의 세무처리 ………………………………………………………… 356

　(1) 부가가치세 분야 ……………………………………………………………… 356

　　　1) 공동수급체를 잠정적으로 결성된 실체로 보는 경우 ……………… 356

　　　2) 공동수급체를 조합으로 볼 경우 세금계산서 수수방법 …………… 362

　(2) 가장공동수급체의 세금계산서 수수 ……………………………………… 362

　　　1) 가장(형식적) 공동도급 개요 ……………………………………………… 362

　　　2) 가장공동수급체에 대한 법원의 판단 ………………………………… 363

　　　3) 건설형 공사계약에 대한 일반기업회계기준 ………………………… 363

　　　4) 형식적 공동수급에 대한 세금계산서 수수 ………………………… 364

　　　5) 가장공동수급체 관련 심판결정례 …………………………………… 364

　(3) 법인세 분야 …………………………………………………………………… 368

　(4) 원천징수 ………………………………………………………………………… 368

　(5) 지방소득세의 납부 …………………………………………………………… 368

　(6) 지출증빙의 보관 ……………………………………………………………… 369

6. 공사대금채권 귀속과 공동원가 분담금의 부담 주체 …………………… 369

　(1) 공동이행방식 공동수급체의 공사대금채권의 귀속 …………………… 369

　　　1) 사실관계 …………………………………………………………………… 369

　　　2) 쟁점 ………………………………………………………………………… 370

　　　3) 판례의 흐름 ……………………………………………………………… 370

　　　4) 대법원 전원합의체 판결 ………………………………………………… 371

　(2) 공동수급체의 공동원가 분담금의 부담주체 …………………………… 374

　　　　1) 개요 ··· 374

　　　　2) 대상판결의 사실관계 ··· 375

　　　　3) 대상판결에 대한 대응 ·· 376

　　　(3) 출자비율과 시공비율이 불일치하는 경우 등 ···················· 377

　　7. 공동수급체 구성원 1인 탈퇴 시 계약이행보증계약상 보증사고의 인정 기준 · 379

　　8. 주요 사례 모음 ··· 380

제3절 조인트 벤처 (JOINT VENTURE) ······································· 385

　　1. 조인트벤처 개요 ··· 385

　　　　1) 정의 ·· 385

　　　　2) 개념 정의 ··· 385

　　　　3) 조인트벤처의 특징 ·· 386

　　2. 조인트벤처의 법적 성격 ·· 386

　　3. 조인트벤처의 형태 ··· 387

　　　　1) 공동지배 대상사업 ·· 388

　　　　2) 공동지배 대상자산 ·· 389

　　　　3) 공동지배 대상기업 ·· 390

　　4. 조인트벤처의 회계 ··· 392

　　　　1) JV를 별도 법인으로 설립하지 아니한 경우의 회계처리 ········ 393

　　　　2) JV를 별도 법인으로 설립한 경우의 회계처리 ···················· 393

　　　　3) 기타 특수한 상황에 따른 회계처리 사례 ························· 393

　　5. 참여자와 조인트벤처 간의 거래 ······································· 394

　　　　1) 참여자의 자산출자 및 매각 ··· 394

　　　　2) 참여자의 자산구입 ·· 394

　　　　3) 참여자와 조인트벤처 간 거래의 자산손상 ······················· 395

　　　　4) 참여자의 비화폐성 자산 출자 ·· 395

　　　　5) 조인트벤처의 운영 및 관리 ··· 396

　　6. 조인트벤처의 세무처리 ··· 397

　　　　1) 유형별 사업자등록 ·· 397

　　2) 공동수급체인 조인트벤처의 사업자등록 및 세금계산서 수수 ·········· 397

　　3) 공동지배자산 관련 세금계산서 수수와 매입세액공제 ····················· 397

　　4) 조인트벤처 지분양도소득의 소득구분 ···································· 398

　　5) 조인트벤처의 외국납부세액공제 ··· 398

제4절　정비사업조합 등 ·· 399

1. 정비사업조합의 개요 ··· 399

　(1) 정비사업조합 ·· 399

　　1) 정비사업조합의 의의 ·· 399

　　2) 정비사업조합의 성격 ·· 399

　　3) 조합의 설립 ··· 399

　　4) 정비사업조합의 영리성 인정 여부 ···································· 400

　(2) 정비사업의 절차 ·· 401

　(3) 정비사업 시행방법 ·· 402

　(4) 정비사업조합의 실체 ·· 403

　　1) 개요 ··· 403

　　2) 도관설(Conduit Theory) ·· 403

　　3) 실체설(Entity Theory) ·· 404

2. 정비사업조합에 대한 과세 ··· 405

　(1) 과세 개요 ··· 405

　　1) 전환정비사업조합에 대한 소득법 적용 등 ···························· 405

　　2) 정비사업조합에 대한 법인세법 적용 등 ····························· 405

　　3) 관리처분계획에 따라 조합원에게 공급하는 토지 등의 부가가치세
　　　과세 제외 ··· 406

　(2) 정비사업조합에 대한 법인세 과세특례 ··································· 406

　　1) 정비사업조합에 대한 법인세 과세 ··································· 406

　　2) 조합원 주택 신축비용에 충당된 일반분양이익 ······················· 406

　　3) 정비사업조합 설립인가 등의 취소에 따른 채권의 손금산입 ··········· 407

　　4) 구분경리 ··· 408

　(3) 부가가치세의 과세특례 ··· 409

　　1) 조합과 조합원간의 거래에 대한 이론 ································· 409

2) 관리처분계획에 따른 조합원 분양분 과세 ·················· 412

3) 조합과 조합원 간에 이전되는 부동산에 대한 과세 ·············· 413

4) 조합의 초과부담금 등에 대한 부가가치세 과세 ·············· 415

5) 정비사업조합의 매입세액 공제 ·························· 416

6) 조합원들에 대한 매입세액 공제 ························ 419

(4) 양도소득세 과세 ·································· 421

1) 조합원 출자의 경우 ···························· 421

2) 조합이 조합원에게 새로운 부동산을 양도하는 경우 ············ 421

(5) 제2차 납세의무의 특례 ······························ 423

(6) 정비사업조합의 회계처리 ·························· 423

(7) 도시정비법상 공동사업시행 시 공동사업 해당 여부 ············ 424

(8) 도시정비법 주요 용어 정리 ························ 425

3. 조합설립추진위원회 ·································· 427

(1) 조합설립추진위원회 개요 ·························· 427

(2) 추진위원회의 정비사업조합 승계 ···················· 428

(3) 사업자등록 ···································· 428

(4) 추진위원회 기간 동안 발생한 비용의 회계처리 ·············· 429

(5) 조합설립추진위원회의 매입세액공제 여부 ················ 429

4. 도시개발사업조합에 대한 세무처리 ···················· 430

(1) 도시개발조합의 법적성격 ·························· 430

(2) 도시개발조합에 대한 세법 적용 ···················· 430

1) 부가가치세법상 취급 ·························· 430

2) 법인세법상 취급 ···························· 431

(3) 조합원 부담 추가 사업비(정산금) 등의 원가인식 ·············· 432

1) 기업회계기준 입장(건설업자인 조합원일 경우) ·············· 432

2) 판례의 입장 ······························ 432

3) 국세청의 해석 ···························· 434

5. 주택조합 ······································ 435

(1) 주택조합의 정의 ································ 435

(2) 주택조합 사업개요 ······························ 435

　　　　1) 조합의 설립과 절차 등 ┈┈┈┈┈┈┈┈┈┈┈┈┈┈┈┈ 435

　　　　2) 지역주택조합의 장단점 ┈┈┈┈┈┈┈┈┈┈┈┈┈┈┈ 437

　　　　3) 주택의 공급 ┈┈┈┈┈┈┈┈┈┈┈┈┈┈┈┈┈┈┈┈ 437

　　(3) 지역주택조합의 성격 ┈┈┈┈┈┈┈┈┈┈┈┈┈┈┈┈ 438

　　(4) 세무처리 ┈┈┈┈┈┈┈┈┈┈┈┈┈┈┈┈┈┈┈┈┈┈┈ 439

6. 임의재건축조합 ┈┈┈┈┈┈┈┈┈┈┈┈┈┈┈┈┈┈┈┈┈┈ 440

　　1) 의의 ┈┈┈┈┈┈┈┈┈┈┈┈┈┈┈┈┈┈┈┈┈┈┈┈┈ 440

　　2) 임의재건축사업이 공동사업인지 ┈┈┈┈┈┈┈┈┈┈ 440

　　3) 임의재건축조합 설립에 따른 양도소득세 과세문제 ┈┈┈┈ 441

　　4) 임의재건축조합의 분양에 따른 종합소득세 납부 ┈┈┈┈ 443

　　5) 구주택 소유자의 토지등 이전에 따른 양도소득세 과세 ┈┈┈┈ 443

제5절 **동업기업에 대한 조세특례** ┈┈┈┈┈┈┈┈┈┈┈┈┈┈ 447

1. **동업기업조세특례제도의 도입** ┈┈┈┈┈┈┈┈┈┈┈┈┈ 447

　　(1) 도입 배경 ┈┈┈┈┈┈┈┈┈┈┈┈┈┈┈┈┈┈┈┈┈┈ 447

　　(2) 동업기업과세특례의 기대효과 ┈┈┈┈┈┈┈┈┈┈┈ 447

　　(3) 일반 법인 과세체계와 동업기업과세특례 비교 ┈┈┈┈ 448

　　(4) 동업기업과세특례 관련 용어의 정의 ┈┈┈┈┈┈┈┈ 449

　　(5) 동업기업과세특례 적용범위 ┈┈┈┈┈┈┈┈┈┈┈┈ 450

　　　　1) 적용 범위 ┈┈┈┈┈┈┈┈┈┈┈┈┈┈┈┈┈┈┈ 450

　　　　2) 적용대상 동업기업 ┈┈┈┈┈┈┈┈┈┈┈┈┈┈┈ 451

　　　　3) 다단계 동업기업에 대한 적용배제 ┈┈┈┈┈┈┈ 452

　　　　4) 동업기업과세특례의 적용 및 포기신청 ┈┈┈┈┈ 453

　　(6) 동업기업 및 동업자의 납세의무 개요 ┈┈┈┈┈┈┈┈ 453

　　　　1) 동업기업 소득에 대한 납세의무 ┈┈┈┈┈┈┈┈ 453

　　　　2) 준청산소득에 대한 납세의무 ┈┈┈┈┈┈┈┈┈┈ 454

2. **동업기업에 대한 과세특례의 적용** ┈┈┈┈┈┈┈┈┈┈┈ 455

　　(1) 과세방식 개요 ┈┈┈┈┈┈┈┈┈┈┈┈┈┈┈┈┈┈┈ 455

　　(2) 동업기업 소득금액의 계산 및 배분 ┈┈┈┈┈┈┈┈┈ 456

　　　　1) 소득금액 및 결손금의 계산 및 배분 개요 ┈┈┈┈ 456

2) 동업자의 소득구분 ·· 457

3) 동업자 군별 소득금액 및 결손금 배분과 이월공제 방법 ············· 457

4) 수동적 동업자에 대한 배분 ··································· 461

5) 손익배분의 비율 ·· 463

6) 세액의 계산 및 배분 ··· 464

(3) 동업자와 동업기업 간의 거래 ································· 466

(4) 지분양도 및 자산분배 ··· 467

1) 지분양도 ··· 467

2) 동업기업 자산의 분배 ··· 469

(5) 기관전용 사모집합투자기구에 대한 동업기업 특례 적용 ········· 471

1) 정의 ··· 471

2) 동업기업 특례 적용 ··· 471

3) 손익배분비율의 예외 ··· 471

4) 소득배분 ··· 472

5) 동업기업과 동업자 간의 거래 ································· 473

6) 원천징수 ··· 473

(6) 동업기업의 소득계산 및 배분명세 신고의무 ··················· 474

(7) 동업기업의 원천징수 ··· 475

1) 동업기업이 지급받는 소득에 대한 원천징수 ··················· 475

2) 동업자 아닌 자에 대한 원천징수 ····························· 475

3) 중복적용에 대한 원천징수세액의 감액 ······················· 475

4) 비거주자 또는 외국법인인 동업자에 대한 원천징수 ··········· 476

(8) 가산세 ··· 479

(9) 준용규정 ··· 480

3. 동업자에게 배분될 소득금액 등 계산사례 ························· 481

4. 관련 사례 ··· 484

제6절 종중 ··· 487

1. 종중의 정의 ··· 487

2. 종중의 개요 ··· 488

　　　1) 종중의 성립과 소멸 ································ 488

　　　2) 종회 ······································· 488

　　　3) 종중 대표자의 지위 ····························· 488

　　　4) 종중 대표자의 선임 · 해임 ······················ 488

　　　5) 종중 대표자의 권한 ····························· 488

　3. 종중의 법적 성질 ································· 489

　　　1) 종중의 인격 ································· 489

　　　2) 당사자 능력 ································· 489

　　　3) 종중의 재산 ································· 489

　4. 종중의 세무상 취급 ······························· 490

　　　1) 공동사업자 해당 여부 ·························· 490

　　　2) 종중 대표자에 대한 과세방법 ···················· 491

　　　3) 비영리법인에 해당하는 경우 ···················· 491

　　　4) 소득세법상 종중의 납세지 ······················ 491

　　　5) 종중과 그 종원이 세법상 특수관계인인지 여부 ········ 491

　5. 종중 자산의 양도 ································· 492

　6. 관련 사례 ····································· 492

제7절　프로젝트 파이낸싱 부동산 개발사업 ···················· 496

　1. 사업개요 ····································· 496

　　　1) 사실관계 ··································· 496

　　　2) 사업구도 ··································· 496

　2. 프로젝트 파이낸싱 개발사업의 정의 ···················· 498

　　　1) 부동산개발의 의미 ···························· 498

　　　2) 프로젝트 파이낸싱의 정의 ······················ 498

　3. 쟁점 ··· 500

　4. 공동사업이행협약에 따른 부동산 개발사업의 공동사업 여부 등 ····· 500

　　　1) 일반적인 분양사업과의 비교 ···················· 500

　　　2) 대법원의 입장 ······························· 500

3) 조세심판원의 입장 ·· 502

4) 건설업계의 입장 ·· 503

5. 합유재산 임의 사용에 따른 횡령죄의 성립 ·············· 506

6. 결어 ·· 507

7. 관련 사례 ·· 508

1) 대법원 판례 ·· 508

2) 조세심판원 결정 ·· 511

3) 국세청 유권해석 ·· 514

제8절 **입주자대표회의 및 집단건물 자치관리단** ··············· 515

1. 입주자대표회의 ·· 515

1) 정의 ·· 515

2) 구성 등 ·· 515

3) 공동주택의 관리방법 등 ································ 516

2. 집합건물자치관리단 ·· 519

1) 정의 ·· 519

2) 집합건물의 관리방법 등 ································ 520

3. 세법상 지위 ·· 522

1) 입주자대표회의 ··· 522

2) 집합건물 자치관리단 ···································· 523

3) 법인으로 승인받은 단체의 법인세법 적용 시기 ········· 523

4) 부가가치세 납세의무 ···································· 523

4. 입주자대표회의 및 집합건물 자치관리단에 대한 세무처리 ········· 524

1) 사업자로 보지 아니하는 경우 ························ 524

2) 어린이집 임대용역에 대한 부가가치세 면제 ········· 524

3) 소득세법 또는 법인세법상 수익사업 ················ 524

4) 부가가치세 과세 ·· 525

5) 고유목적사업준비금 설정 ······························ 526

6) 자치관리단(입주자 대표회의 포함) 대표자의 타 소득과 합산 여부 ·· 527

7) 입주자대표회의의 구성원에게 지급하는 업무추진비의 처리 ·········· 527

8) 수익사업에 대한 비용계상 ………………………………………………………………… 527

9) 무상수증 자산에 대한 증여세 과세여부 ……………………………………… 527

5. 관리단의 사업자등록 관련 법원판례 ………………………………………… 528

6. 관련 사례 ……………………………………………………………………………………… 530

제9절 **지주공동사업** …………………………………………………………………………… 535

1. 지주공동사업의 정의 ……………………………………………………………………… 535

1) 일반적 정의 ……………………………………………………………………………… 535

2) 주택법상 정의 ………………………………………………………………………… 535

3) 수익의 분배 ……………………………………………………………………………… 536

2. 지주공동사업의 특징 및 장점 ……………………………………………………… 536

3. 지주공동사업의 형태 ……………………………………………………………………… 537

1) 사업형태 또는 시행주체에 따른 분류 ……………………………………… 537

2) 지주공동사업 구성원에 따른 분류 ……………………………………………… 540

4. 지주공동사업의 세무처리 ……………………………………………………………… 541

1) 지주공동사업 사업형태에 따른 사업자등록 ……………………………… 541

2) 지주공동사업체로 현물출자 시 양도소득세 과세 ……………………… 541

3) 일반주택분양과 매입세액공제 ……………………………………………………… 542

4) 차입금 이자의 회계처리 …………………………………………………………… 542

5) 토지 등 양도소득에 대한 과세특례 …………………………………………… 542

제10절 **합자조합** ……………………………………………………………………………………… 545

1. 의의 ……………………………………………………………………………………………………… 545

2. 공동사업과의 관계 …………………………………………………………………………… 545

3. 조합계약 및 설립 …………………………………………………………………………… 546

4. 조합등기, 사업자등록 및 대외관계 ……………………………………………… 546

5. 업무집행조합원의 지위 ………………………………………………………………… 547

6. 유한책임조합원의 책임 ………………………………………………………………… 547

7. 출자와 손익의 분배 ································· 548

8. 자기거래금지 의무 ································· 548

9. 조합원의 지분의 양도 ······························ 548

10. 해산과 청산 ·· 549

11. 준용 규정 ·· 549

12. 익명조합 · 합자조합 · 합자회사의 비교 ················ 552

제11절 공동약정 등 ·· 553

1. 공동약정 ·· 553

  (1) 개요 ··· 553

  (2) 공동약정의 특징 ··································· 554

  (3) 공동약정의 유형 ··································· 555

  (4) 공동약정의 구조 ··································· 555

      1) 별도기구로 구조화되지 않은 공동약정 ············· 555

      2) 별도기구로 구조화된 공동약정 ··················· 556

2. 공동영업 ·· 557

  (1) 의의 ··· 557

  (2) 재무제표 인식 및 회계처리 요약 ···················· 557

  (3) 공동영업에 대한 자산의 판매 또는 출자의 회계처리 ···· 558

  (4) 공동영업으로부터 자산을 구매한 경우의 회계처리 ····· 558

  (5) 공동영업에 대한 지분의 처분 ····················· 558

  (6) "공동영업-지분법"에서 자산과 부채에 대한 회계처리로 전환 ········· 559

  (7) 별도재무제표 등 ·································· 559

3. 공동기업 ·· 560

  (1) 개요 ··· 560

  (2) 회계처리 ··· 560

  (3) 공동기업 참여자의 별도재무제표 ··················· 560

4. 공동약정과 공동사업과의 관계 ························· 562

제12절 **공동사업장의 법인전환** ·· 563

  1. 개요 ··· 563

    (1) 법인설립 절차 ·· 563

    (2) 법인전환 절차 ·· 563

  2. 세감면 중소기업 간의 통합 ··· 564

    (1) 중소기업 간의 통합에 대한 양도소득세의 이월과세 등 요건 ······· 564

    (2) 그 밖의 이월감면 등 ··· 566

    (3) 이월과세의 신청 ··· 566

    (4) 양도소득세 이월세액의 납부 ··· 567

  3. 세감면 사업양수도 법인전환 ·· 568

    (1) 법인전환에 대한 양도소득세의 이월과세 ······························ 568

      1) 세감면 사업양도·양수의 방법 ·· 568

      2) 소비성서비스업의 범위 ·· 569

      3) 대통령령으로 정하는 금액 ··· 569

      4) 그 밖의 이월감면 등 ·· 569

      5) 이월과세의 신청 ·· 569

      6) 양도소득세 이월세액의 납부 ··· 569

  4. 현물출자방식 법인전환 절차 및 세감면 ································· 571

      1) 절차 ·· 571

      2) 세감면 현물출자 법인전환에 따른 양도소득세 이월과세 ·············· 573

      3) 법인전환으로 취득한 부동산에 대한 취득세 ························· 573

      4) 법인설립등기 관련 등록면허세 ······································· 574

      5) 상호 등기 시 등록면허세 ·· 575

      6) 기타 ·· 575

  5. 사업양수 시 이월결손금 공제 제한 ····································· 575

    (1) 도입취지 ··· 575

    (2) 개요 ··· 575

    (3) 이월결손금 공제제한 요건 ··· 576

    (4) 자산가액비율 ·· 576

  6. 법인전환 관련 주의사항 ·· 576

제4장 기업 간 협업형태에 따른 세법적용 ……………………………… 581

제1절 공동조직의 운영 ………………………………………………… 582

1. 공동목적 달성을 위한 공동조직이 조합에 해당하는지 여부 ……… 582

2. 공동조직 운영과 운영경비의 처리방법 …………………………… 582

　　1) 정산금이 용역공급 대가인지 …………………………………… 583

　　2) 대표회사가 수취한 세금계산서의 공제방법 ………………… 583

　　3) 공동조직이 공동사업에 해당하는 경우 ……………………… 584

3. 공동조직에 투입된 노무용역의 과세여부 ………………………… 584

　　1) 공동조직의 실체 및 거래의 성격 …………………………… 584

　　2) 용역의 위탁 또는 도급계약인지 …………………………… 585

　　3) 공동조직의 활동이 독립된 사업인지 여부 ………………… 585

　　4) 그룹 내 인력 파견이 용역의 공급인지 …………………… 586

　　5) 결론 …………………………………………………………… 587

4. 공동기술개발을 위한 공동조직(연구소) 내부비용정산이 용역의 공급인지 … 587

　　1) 현대·기아차 공동연구소 관련 기재부 유권해석 ………… 587

　　2) 결과물의 취득·사용에 따른 용역공급 해당 여부 ……… 588

　　3) 원가분담약정과 외국의 사례 ……………………………… 589

　　4) 단순비용정산이 용역의 공급인지 ………………………… 590

　　5) 결론 …………………………………………………………… 591

5. 외부구입비용에 대한 매입세액 공제방법 ………………………… 591

제2절 기업 간 공동연구과제 수행 ……………………………………… 593

1. 개요 ………………………………………………………………… 593

2. 사실관계 및 과세쟁점 …………………………………………… 593

3. 공동연구수행에 대한 부가가치세 과세 ………………………… 597

　　1) 주관기관이 지급받는 정부출연금의 부가가치세 과세여부 검토 …… 597

　　2) 참여기업의 연구활동수행(민간부담금 부담)에 따른 과세여부 ……… 599

　　3) 기술사용료에 대한 부가가치세 과세여부 …………………… 600

　　4) 주관기관(참여기업)이 실시기업으로부터 기술료를 받는 경우 ········ 601

　　5) 정부출연금 배정이 부가가치세 과세거래인지 여부 ······················ 601

　　6) 정부출연금으로 취득한 기계설비 등의 매입세액공제 여부 ··········· 602

　　7) 공통매입세액 안분계산 시 출연금의 면세공급가액 포함 여부 ······· 602

4. 공동연구수행 관련 법인세 등 ····································· 602

　　1) 정부출연금의 손익귀속시기 ··· 602

　　2) 과세대상 및 계산서 발급 ·· 603

　　3) 연구개발 관련 출연금 등의 과세특례 ···································· 603

제3절 **위탁매매 또는 대리인에 의한 매매** ······························· 605

1. 개요 ··· 605

　　1) 부가가치세법 개요 ··· 605

　　2) 법인세법 규정 ·· 608

2. 상법상 위탁매매 ·· 608

　　1) 위탁매매업 ·· 608

　　2) 대리인(대리상)에 의한 매매 ··· 611

　　3) 용역공급의 주선 ·· 611

　　4) 준위탁매매 ·· 611

　　5) 중개인 ·· 613

3. 일반매매거래와 도급 등 ·· 613

　　1) 일반매매 ··· 613

　　2) 도급 등 ·· 614

4. 운송주선인 ··· 615

5. 영국의 중개업에 대한 세무처리 ·· 616

　　1) 중개업자의 정의 ·· 616

　　2) 중개업자의 세금계산서 발급 ··· 616

6. 위탁매매 등과 일반매매거래에 대한 세무처리 ····································· 617

　　1) 위탁매매 등과 매매거래의 구별 ··· 617

　　2) 위탁매매에 따른 세금계산서 수수와 세부담 분석 ···················· 618

　　3) 위탁매매 등을 일반매매거래로 세금계산서 발급 시 문제점 ········· 620

    4) 위탁매매와 매매거래를 혼동한 세금계산서 수취분 매입세액 공제 ···· 623

    5) 면세재화의 판매대행용역 ··· 624

    6) 그 밖의 주요 사항 ··· 626

제4절 공동매입 및 공동판매 등 ·· 629

  1. 의의 ··· 629

  2. 공동매입 등에 대한 세금계산서등 발급특례 개요 ···················· 629

    (1) 개요 ··· 629

    (2) 발급특례 규정 및 사례 ··· 630

      1) 「전기사업법」에 따른 전력의 공급 ······························· 630

      2) 공동도급 등에 대한 세금계산서 수수 ····························· 630

      3) 수입대행에 의한 수입의 경우 ···································· 631

      4) 공동시행 등에 대한 공동매입 규정 준용 ····················· 631

    (3) 공동판매에도 유추적용 ··· 631

    (4) 영수증 수취분에 대한 유추적용 ·································· 632

  3. 구체적 발급요령 및 제제 ·· 632

    1) 공동매입 등에 따른 세금계산서 발급 가능자 ·················· 632

    2) 공동매입에 따른 세금계산서 발급 시 작성일자의 기재 ········· 632

    3) 조합 등 공동구매 조직 비용에 대한 세금계산서 수수 ·········· 633

    4) 조합 등의 수수료에 대한 과세 ··································· 633

    5) 실수요자에게 세금계산서를 발급하지 아니한 경우 불이익 ······· 633

  4. 공동매입 등이 발생한 경우 매입세액공제 ·························· 634

  5. 부가가치세 신고 및 협력의무 ·· 635

  6. 관련사례 ·· 636

제5절 각종 부담금 등에 대한 세금계산서 수수 ····························· 640

  1. 개요 ··· 640

  2. 관련 법령 ··· 640

3. 기존 부담금 등에 대한 해석사례 분석 및 판단기준 ············· 640

　1) 재화 또는 용역의 공급으로 보지 아니한 경우 ············· 641

　2) 용역의 공급으로 본 경우 ············· 641

　3) 공동비용의 발생으로 보는 경우 ············· 642

　4) 법령에 따라 납부하는 공과금에 해당하는 경우 ············· 643

제6절 신탁법상 신탁사업 ············· 644

1. 신탁 관련 개념 정의 ············· 644

　1) 신탁법상의 신탁 ············· 644

　2) 신탁의 관계자 ············· 644

　3) 자익신탁과 타익신탁 ············· 646

　4) 수익권증서 ············· 646

　5) 신탁의 특징 ············· 647

　6) 신탁의 종류 ············· 648

2. 신탁 관련 과세이론 ············· 652

　1) 신탁 실체이론 ············· 652

　2) 신탁 도관이론 ············· 652

　3) 세법의 선택 ············· 652

　4) 원천징수의무 ············· 653

3. 신탁 관련 현행 부가가치세법 적용 ············· 653

　(1) 개요 ············· 653

　(2) 신탁 관련 납세의무 등(2022.01.01. 이후) ············· 655

　　1) 신탁에 따른 납세의무자 ············· 655

　　2) 신탁재산의 이전이 재화의 공급인지 ············· 657

　　3) 신탁재산 관련 매입세액공제 특례 신설 ············· 658

　　4) 신탁 관련 제2차 납세의무 및 물적납세의무 ············· 658

　　5) 물적납세의무 등에 대한 납부특례 ············· 659

　　6) 신탁재산에 대한 강제징수의 특례 ············· 661

　　7) 적용시기 ············· 661

　(3) 신탁 관련 납세의무 등(2018.01.01. 이후) ············· 661

　　1) 신탁재산 매매 시 부가가치세 납세의무자 ············· 661

2) 신탁재산 매매 시 납세의무의 예외 ·· 662

3) 신탁재산의 신탁회사 이전 등과 관련된 부가가치세 과세여부 ······· 662

4) 수익권 양도 ··· 663

5) 매입세액의 공제 ··· 664

6) 신탁 관련 수탁자의 물적납세의무 ··· 664

(4) 대법원 전원합의체 판결 이후 부가가치세법 적용 ························· 667

1) 개요 ··· 667

2) 해당 판결의 요지 ··· 668

3) 부가가치세 과세방법 요약 ··· 669

4) 해당 판결에 대한 긍정과 비판 ··· 671

5) 위탁자가 계약당사자로서 매도한 경우에도 수탁자가 납세의무자인지 · 673

6) 위탁자가 부가가치세 신고를 이행한 타익신탁에 대한 과세 ············ 675

(5) 대법원 전원합의체 판결 전(2003.04.22.~2017.05.17.) ····················· 677

1) 기존 판결 요지 ··· 677

2) 부가가치세 과세방법 요약 ··· 678

3) 기존판결에 대한 비판 ··· 682

(6) 신탁사업이 공동사업인지 ··· 684

1) 신탁관계가 공동사업의 관계인지 ··· 684

2) 공동사업의 판정기준 ··· 685

3) 관련 판례 ··· 685

(7) 그 밖의 참고사항 ··· 686

1) 실질과세원칙과 부가가치세법 적용의 한계 ····································· 686

2) 신탁제도와 위탁매매의 비교 ··· 687

3) 신탁을 위탁매매에 준용하여 판단한 판례에 대한 비판 ···················· 688

4. 신탁재산 공급에 대한 개선방안 ··· 688

5. 신탁소득에 대한 직접세 과세 ··· 689

(1) 신탁소득에 대한 납세의무자 ··· 689

1) 수익자 과세신탁 ··· 689

2) 법인과세 신탁(수탁자 과세 신탁) ··· 690

3) 위탁자 과세신탁 ··· 690

4) 그 밖의 사항 ··· 691

(2) 법인과세 신탁재산의 각 사업연도의 소득에 대한 법인세 과세특례 ······ 691

　　1) 개요 ·· 691

　　2) 신탁재산에 대한 법인세 과세방식의 적용 ························· 691

　　3) 법인과세 신탁재산의 설립 및 해산 등 ··························· 692

　　4) 공동수탁자가 있는 법인과세 신탁재산에 대한 적용 ············· 693

　　5) 법인과세 신탁재산에 대한 소득공제 등 이중과세 조정 ··········· 693

　　6) 법인과세 신탁재산의 합병 및 분할 ······························· 695

　　7) 법인과세 신탁재산의 수탁자 변경에 따른 소득금액계산 ·········· 695

(3) 법인과세 신탁재산의 설립, 신고 · 납부 및 원천징수 등 ················· 696

　　1) 법인과세 신탁재산의 설립신고 등 ································· 696

　　2) 수탁자 변경신고 ·· 696

　　3) 사업자등록 ·· 697

　　4) 법인과세 신탁재산의 성실신고확인서 제출 및 중간예납의무 ········ 697

　　5) 법인과세 신탁재산의 간접투자 외국납부세액공제 ············· 697

　　6) 법인과세 신탁재산의 원천징수 특례 ····························· 697

　　7) 구분경리 ·· 698

참고문헌 ··· 699

제1장

공동사업 일반

제1장 | 공동사업 일반

(1) 개요

1) 정의

공동사업에 대한 통일적인 규정을 세법에 두고 있지 아니하나, 각 개별세법에서 대체로 공동사업이란 2인 이상이 동업계약에 의하여 사업의 전부 또는 일부를 공동의 책임과 의무를 부담하여 영위하는 사업형태로서 각 공동사업의 구성원이 지분을 보유하고 손익을 분배하는 등 사업에 공동의 이해를 갖는 목적단체로 규정하고 있다.

2) 공동사업의 성립

공동사업은 2인 이상이 상호출자하여 공동사업을 경영할 것을 약정(동업계약)함으로써 성립되며, 이 경우 계약(동업계약)이란 계약 당사자 사이에 서로 대립하는 의사표시가 내용상 합치됨으로써 이루어지는 법률행위로서 민법상 계약체결의 자유, 상대방 선택의 자유, 내용결정의 자유, 방식의 자유(합의로 성립) 등 계약자유의 원칙이 동업계약에도 그대로 적용된다. 다만, 해당 계약이 강행규정이나 선량한 사회풍속과 그 밖의 사회질서에 위반되지 아니하고 계약내용이 심하게 공정성을 잃지 않는 범위 내에서 작성되어야 할 것이다.

공동사업의 경영은 각 조합원이 조합에 관한 민법규정과 조합계약에서 정한 내용과 방법에 따라 이루어져야 하고 수인이 재산을 출자하여 회사를 설립하거나 기존 회사를 인수하여 그 회사를 통한 공동운영을 약정한 경우는 민법의 조합규정이 적용될 수 없다.[1]

또한 대법원은 조합이 사업을 개시하고 제3자와의 거래관계가 이루어지고 난 다음에는 조합계약체결 당시 그 의사표시의 하자를 이유로 취소하여 조합성립 이전으로 환원시킬 수는 없다고 판시하였다(대법원71다1833, 1972.04.25.).

---

[1] 양경승, 사법논집 제60집, 2015, 342면

3) 공동사업의 필요성

보통 특정사업의 창업단계에는 많은 자금이 소요되는 바 공동사업에 참여하고자 하는 공동사업 구성원으로부터 출자금을 분산하여 받고 그 사업에 따른 위험을 분산시키면서 경영상의 노하우와 자금 조달자 등이 서로 결합됨으로써 상호 부족한 부분을 보완하고 공동사업 구성원들이 주인의식을 가지고 경영을 하게 되므로 합리적인 의사결정을 도출해 낼 수 있다. 그러나 여러 명의 공동사업자가 사업을 하게 됨으로써 의사결정이 지체되고, 서로에 대한 신뢰의 부족과 구성원 간 능력에 따른 이익 분배의 어려움이나 다툼이 발생할 수 있는 단점이 있다.

(2) 공동사업(조합)의 과세이론

1) 도관론

> 도관론은 집합이론으로 불리기도 하며 공동사업(조합)을 독립적인 실체(인격체)로 인정하지 아니하고 단순히 그 구성원들의 집합체로 보는 견해로서 조합을 독립적인 실체로 인정하지 아니하고 단순히 구성원들에게 공동사업에서 발생한 소득을 분배하기 위한 하나의 수단 또는 도관으로 보는 이론이다.

조합을 실체로 인정하지 아니하는 이유는 조합의 모든 활동은 조합원 각자에게 귀속된다는 것에서 기인한다. 공동사업 수행과정에서 소득분배를 위한 각종 증빙, 회계조직 등은 그 구성원들에게 소득을 분배하기 위한 목적을 달성하기 위한 것일 뿐 공동사업자 자체의 소득세 납세의무실현을 위한 것은 아닌 것으로 본다.

도관이론에 따르면 해당 조합에서 발생한 소득을 출자비율이나 손익분배비율에 따라 조합원에게 배분(원천징수의무 있음)하고, 조합원은 자기에게 배분된 소득을 다른 소득과 합산하여 소득세를 납부하게 되며, 조합이 조합원의 출자에 의하여 취득한 부동산을 매각하는 경우 해당 부동산의 취득가액은 해당 조합원이 취득할 당시의 가액으로 하게 된다.

조합재산을 분배 또는 반환하는 경우 실질적인 소유주인 조합원에게 환원시킨 것으로 보아 과세거래로 인식하지 않는다.

2) 실체론

공동사업을 사회적 또는 경제적 제도(실체)로서 역할을 인정하여 그 구성원과는 별개로 독립적으로 존재하는 과세상 실체로 인식하는 이론으로서 공동사업은 그 구성원과는 별도의 인격체로서 납세의무를 지게 되며, 공동사업 구성원들에게 분배된 소득에 대하여는 과세하지 아니한다.

실체설에 따르면 해당 조합에 대하여 법인세, 양도소득세, 부가가치세, 소득세를 과세하게 되며, 조합원에게 분배된 소득에 대해서는 과세하지 않으므로 과세절차가 간명해지는 장점이 있다.

실체설의 개념은 조합의 과세이익이나 손실을 결정하거나 조합과 조합원 사이의 자산매각, 서비스의 보상 등 일정한 거래에 대한 세부담을 결정할 때 사용된다.

3) 민법과 세법의 입장

현행 우리나라 민법은 조합에 대하여 구성원인 조합원의 개성에 중점을 두면서 조합의 단체성을 보충하는 방식을 취하고 있다.

세법도 조합이 사업을 경영하여 발생한 소득에 대하여 조합 자신은 조세를 부담하지 아니하는 도관론을 취하고 있어 세법도 본질적으로는 도관설을 따르고 있다. 그러나 공동사업장에 대한 부가가치세법상 사업자등록이나 과세대상 거래 및 소득세법상 조합에 현물출자하는 경우에는 공동사업의 실체를 인정하여 과세가 이루어지고 있다. 즉 우리나라 세법은 공동사업장 과세이론의 도관론과 실체론을 병행하여 적용하면서 행정해석이나 판결에 의지하여 과세하고 있어 과세방법의 일관성이 결여되고, 세무공무원의 자의적 판단이 개입될 여지가 다분하다.

또한 민법상 조합(공동사업자) 형태 기업의 조세부담이 단독사업자나 법인사업자보다 상대적으로 세부담이 늘어날 수 있는 요소를 가지고 있다.

(3) 동업계약서의 작성

가. 동업계약서의 정의

동업계약서는 공동으로 사업을 운영하고 이에 따라 발생하는 이익을 공동으로 분배하겠다는 것 등을 계약하는 문서이다.

나. 동업계약서의 필요성

공동사업은 그 구성원 간의 상호신뢰를 바탕으로 진행되어야 하는데 일반적으로 공동창업은 전혀 모르는 사람과 하는 것이 아닌 평소 신뢰를 바탕으로 한 사람과의 동업이 대다수이기 때문에 동업기간 동안 발생될 수 있는 문제의 소지를 원천적으로 봉쇄할 수 있는 완벽한 보안장치가 필요하며, 동업관계가 애매하거나 구두 약속만으로 하는 동업은 사업파트너와 분쟁이 생기는 경우가 많기 때문에 시작단계부터 동업관계를 분명히 하고 서로의 권리와 의무를 명백히 하여야 한다.

또한 동업계약서를 작성할 경우 투자계약서와는 달리 동업하는 사람의 관리적, 기술적 능력과 하는 일에 대한 일에 기여도를 투자금액으로 환산하여 사전에 책정하는 것도 분쟁을 줄일 수 있는 방법의 하나이다.

◆ 동업계약서 작성 시 계약서에 명기할 주요사항

① 사업목적, 구성원간 출자의무, 출자지분의 취득 및 출자 방법
② 손익의 분배비율 및 손실부담부분의 이행
③ 대표공동사업자의 선임, 대표의무 및 경영의무 규정
④ 이익의 분배의무
⑤ 계약의 존속기간, 계약해지 시 위약금
⑥ 경리감사권 등

다. 동업계약서 작성 시 주의사항

① 동업계약서는 권리와 의무의 발생 및 변경, 소멸을 도모하므로 계약서의 작성은 신중하고 냉철하게 판단한 후 작성하며, 계약할 내용을 기재할 때는 육하원칙에 따라 간결·명료하고, 정확하고 평이하게 작성

② 기술이나 노동력의 경우 가치 책정을 반드시 금액으로 환산하여 현물출자와 동일하게 기재할 것

③ 동업자 간의 투자자 및 동업자와의 구분을 모호하게 정의해서 오해를 가지는 경우도 자주 발생하므로 투자계약서와는 달리 담당할 업무를 정확히 기재하여서 각자 맡은 일의 분야를 명확하게 명시

④ 현금, 예금, 유가증권, 재고자산, 선급비용 등 자금계획서를 우선 만들고 현금수지계획과 현금자금운용계획에 대해서 충분히 의논하며 고정자금계획을 세워 재무, 회계를 관리할 수 있는 사람과 대처방안 수립

⑤ 공동사업자 간 상호협의를 통해서 각자의 지분비율, 급여액, 인센티브를 명확히 기재

⑥ 약정 내용을 작성한 후 기명날인한 후 해당 동업계약서를 공증을 받는 것이 유리

라. 동업계약서 예시

동업계약서

○○(이하 "갑"이라 한다.)과 ○○○(이하 "을"이라 한다)는 ○○○을 경영하여 생기는 이익을 공동으로 분배하기 위하여 다음과 같은 계약을 체결한다.

제1조 【"갑"의 출자의무】

"갑"은 공동사업을 경영하는 데 필요한 자금 ○○○만원을 "을"의 ○○은행에 입금함으로써 출자의무가 완료된다.

제2조 【"을"의 현존재산】

"을"이 현재 위 영업을 위하여 공여하고 있는 설비는 별지 목록 기재와 같은 바, 그 가액은 ○○○원으로 "갑"·"을"이 이의 없이 평가하였음을 확인한다.

제3조 【"을"의 영업경영의무】

"을"은 선량한 관리자의 주의로서 위 영업을 경영하고 재산을 관하여야 하며 "갑"에 대한 모든 의무를 성실히 이행하여야 한다.

제4조 【"을"의 이익분배의무】

"을"은 ○○○○년 ○○월 ○○일부터 이 계약종료에 이르기까지 분기별 이익 중 ○%에 해당하는 이익금을 "갑"에게 분배하여야 하며 동시에 대차대조표를 "갑"에게 제시하여야 한다.

제5조 【"을"의 대표의무】

위 영업을 경영함에 필요한 제3자와의 거래, 영업명의 기타 영업에 부수되는 행위는 "을"이 이를 대표하며 권리 의무를 "을"이 부담 취득한다.

제6조 【"을"의 보증의무】

"을"은 "갑"에 대한 이익분배의무를 보증하기 위하여 "갑"이 추천하는 ○○○를 ○○○으로 채용하여야 한다.

제7조 【손실에 대한 을의 책임】

"을"이 위 영업의 경영으로 인하여 손실을 보았을지라도 "갑"의 출자액에 대하여 분기별 ○%에 해당하는 금액을 "갑"에게 지급하여야 한다.

제8조 【"갑"의 영업에 대한 감시권】

"을"은 "갑"의 요구에 따라 언제든지 서면으로 경리에 관한 사항과 영업 및 거래에 관한 대차대조표를 제시하고 영업전반에 관한 사항을 보고하여야 한다.

제9조 【"갑"의 겸업금지의무】

"갑"은 "을"이 경영하는 위 영업의 동종 부류에 속하는 업을 경영할 수 없으며, 이를 위반한 경우 "갑"은 "을"이 입은 손해를 배상하여야 하고 제4조에 정한 이익분배를 청구할 수 없다.

제10조 【계약의 존속기간】

본 계약은 특별한 사정이 없는 한 ○○년간 존속하며, 기간만료의 경우 "갑"의 이의가 없으면 같은 기간 동안 위 계약은 연장된다.

제11조 【"갑"의 계약해지권】

① "갑"은 다음 각 호의 경우에 "을"에 대한 최고기간 없이 계약을 해지할 수 있다.
1.
2.
3.

② "을"은 다음의 경우에 "갑"에 대하여 1개월간의 최고기간을 두어 계약을 해지할 수 있다.
1.
2.
3.

제12조 【계약의 해지 및 종료로 인한 원상회복】

"을"은 계약이 해지되거나 종료된 경우 위 "갑"의 출자액을 그 사유가 있는 날로부터 ○일 이내에 현금으로 "갑"에게 지체 없이 반환하여야 한다.

제13조 【손해배상】

"갑"·"을"은 이 계약이 당사자 어느 일방의 귀책사유로 해지 또는 종료된 경우 상대방에게 그 손해를 배상하여야 한다.

제14조 【관할법원】
이 계약으로 인하여 분쟁이 생긴 경우 관할법원은 ○○○의 주소지 법원으로 할 것을 합의한다.

이상의 계약을 준수키 위하여 "갑"·"을"은 계약서 2통을 작성하여 각 1통씩 소지하며 "갑"이 소지하는 것에 공증을 하기로 한다.

계약일자 : ○○○○년 ○○월 ○○일

(갑)
주　소 :
성　명 :　　　　　　　　　(인)
주민등록번호 :
연락처 :

(을)
주　소 :
성　명 :　　　　　　　　　(인)
주민등록번호 :
연락처 :

제 2 장

민법상 조합과 세법의 적용

제2장 | 민법상 조합과 세법의 적용

제1절 민법상 조합

1. 민법상 조합의 개요

1) 의의

민법상의 조합은 2인 이상이 상호출자하여 공동사업을 경영할 것을 약정하는 법률행위인 조합계약에 의하여 성립된 단체이다. 이때 출자는 금전 기타 재산 또는 노무로 할 수 있다(민법 §703). 조합계약은 공동사업이라는 목적의 존재와 당사자의 합의, 출자의무 및 공동사업을 경영하기로 하는 약정이 있는 경우로서 그 목적이 사회질서에 반하거나 사회적 타당성이 결여되는 등의 하자가 없어야 한다.

※ 공동사업의 약정서상 명시되지 않은 부분에 대한 법적용은 민법상의 조합규정이 대부분 준용됨

2) 조합의 성립

조합의 성립은 2인 이상이 상호출자하여 공동사업을 경영할 것을 약정함으로 성립하며 사업의 종류나 성질에는 제한이 없으나, 조합원 모두가 금전 기타 재산 또는 노무로 출자를 하여 그 사업을 공동으로 경영하여야 하고, 조합에서 발생한 이익은 조합원 전원에게 분배되어야 한다. 여기서 공동의 경영이란, 조합원 모두가 사업을 공동으로 경영하고 그 사업으로 인한 이익을 조합원 전원에게 분배하여야 한다는 의미로 일부 조합원에게만 분배하는 경우는 조합이 아니다.

출자는 조합원 모두가 하여야 하며, 특정 조합원의 출자의무를 면하였다면 역시 조합계약이 아니다. 또한 금전을 출자의 목적으로 한 조합원이 출자시기를 지체한 때에는 연체이자를 지급하는 외에 손해를 배상하여야 한다(민법§705).

◆ 조합의 성립요건 요약

㉠ 둘 이상의 당사자가 필요하며, 자연인과 법인 모두 당사자가 될 수 있다.

㉡ 모든 당사자는 조합목적 달성을 위한 경제적 수단으로 출자의무를 부담한다. 이때 출자는 금전, 동산, 부동산, 무체재산권, 사용권, 소유권 외의 물권, 영업권, 노무 및 경제적 가치가 있는 부작위도 될 수 있다.

㉢ 공동사업의 경영을 목적으로 하여야 하며, 사업의 종류나 성질에는 제한이 없다(사업은 전원이 그 성공에 이해관계를 가질 것이 요구되며, 일부 조합원만 이익이 분배되는 것은 조합이 아니고, 일부 조합원은 손실을 부담하는 것은 가능하지만, 조합원은 손실을 부담시키지 않는다는 내부적 특약을 근거로 조합의 채권자에 대하여 채무면제를 주장할 수는 없다).

㉣ 조합원 전원이 조합의 목적사업 수행에 관여하여야 하며 적극적 사업집행 외에 조합대표를 통한 간접 집행도 가능하다.

㉤ 특정한 사업을 공동경영하는 약정에 한하여 조합계약이라 할 수 있고 단지 공동의 목적달성이나 공동소유자가 단순히 공유물의 사용방법 등을 정하는 것은 조합의 성립요건을 갖추었다고 볼 수 없다.

㉥ 조합계약의 목적이 사회질서에 반하거나 강행법규를 위반한 경우는 언제나 무효이다. 조합계약도 계약의 한 형태이므로 조합계약에 이러한 하자가 있어서는 아니 된다. 계약을 체결한 조합원의 무능력 및 의사표시에 관한 총칙 규정이 적용된다(민법§103).

그 밖에 법률에 따라 조합(조합계약)이 성립하는 경우가 있는데 「광업법」 제34조에서는 '공동광업출원인은 조합계약을 한 것으로 본다'고 규정한 것이 대표적인 예이다. 다만, 「신탁법」 제45조에서도 '수탁자가 수인 있는 때에는 신탁재산은 그 합유로 한다'고 규정하고 있어 합유는 조합의 성립을 전제로 하는 것이므로 공동수탁자 간 공동사업을 경영하는 것으로 볼 여지는 있으나, 이는 신탁의 특수성을 고려한 것일 뿐 공동사업에 대한 출자나 공동경영이 아니라는 점에서 공동사업 또는 조합계약이 성립한 것으로 볼 수 없다.

3) 조합의 성격

조합 구성원의 개인성이 강하게 드러나는 인적 결합체로서 민법상 조합은 그 구성원인 개인과는 독립되어 별개의 권리·의무의 주체가 될 수 없다. 즉 우리 민법은 「구성원인 조합원의 개성」과 「조합원의 단체성」에 대하여 전자에 중점을 두면서 후자를 보충하는 방식을 취하고 있으며 조합재산을 합유로 하고 사무집행의 다수결 원리, 조합원의 탈퇴, 해산 및 청산 등은 단체성을 인정하는 것으로 볼 수 있고 조합에 법인격을 부여하지 아니하거나, 각 조합원에게 해산청구권을 부여한 점은 조합원의 개성 즉 개인주의를 반영한 것이다.

2. 조합의 재산 등

(1) 공동소유의 분류 기준

민법은 공동소유(하나의 물건을 2인 이상의 다수인이 공동으로 소유하는 것)의 형태를 공유·합유·총유의 형태로 규정하고 있으며, 그 분류기준은 공동소유자 간 인적결합의 정도에 있다.

단순하게 표현하면, 공유는 공동의 목적이 없이 우연히 결합된 경우이며, 일정한 사업 등 공동의 목적을 위하여 결합하였으나 그 결합체가 단체로서의 성질을 갖지 못하고 조합을 이루고 있으면 합유, 법인이 아닌 사단으로 결합된 경우에는 총유로 분류한다.

1) 공동사업 재산의 소유형태

공유부동산 소유자(각각 단독 소유인 경우 포함) "갑"과 "을"이 공동사업을 하기로 하고 각각 공유부동산을 공동사업에 현물출자한 경우 외관상은 부동산이 여전히 "갑"과 "을"의 공유인 것으로 되어 있더라도 사실상 해당 공유부동산의 소유형태는 합유로 본다(재일46014 - 1176, 1997.05.13.). 이처럼 공동사업과 관련한 소유재산은 원칙적으로 합유로 보게 되나, 구성원 간의 계약에 따라 공유 또는 단독소유로 하는 경우가 더 많다.

2) 공동소유의 형태

가. 공유

공유라 함은 본질적으로 단독소유의 경우와 같은 권리와 의무를 갖게 되며, 공유자간에 공동목적을 위한 인적결합관계(단체성)가 없이 수인이 하나의 소유권을 분량적으로 분할하여 공동소유하는 형태로서 당사자의 의사 또는 법률에 따라 성립하게 된다. 공유자는 그 지분의 범위 내에서 1개의 완전한 소유권을 가진 소유자처럼 그 권능을 행사할 수 있으나, 공유물 전체를 처분 또는 변경하거나 이용 및 개량의 관리를 위하여는 공유자 전원 또는 지분 과반수의 결의를 요한다. 이는 공유관계를 유지하고 공유자 전원에게 영향을 미치는 행위에 대하여 적절한 규제를 가하여 공유관계의 질서를 유지하면서 다른 공유자의 이익을 보호하기 위함이다.

지분은 특별한 정함이 없는 한 균등한 것으로 추정하고 공유자는 지분의 자유로운 처분이 가능하며, 해당 지분의 소유자는 공유물 전부를 지분의 비율대로 사용·수익이 가능하다(민법 §262~§270).

나. 합유

합유라 함은 법률의 규정 또는 계약에 의하여 수인이 조합체를 이루어 물건을 소유하는 공동소유의 한 형태로서 조합체가 물건의 소유권을 취득함으로써 성립되므로 합유는 그 공동소유자들이 조합관계에 있을 때만 성립하는 것이 일반적이다. 그 밖에 다음과 같은 특징이 있다.

① 합유자는 지분을 가지며 그 지분은 출자가액에 비례하여 정하는 것이나, 합유자 전원의 동의 없이는 합유물 자체는 물론 자신의 지분을 처분하지 못하고 합유물의 분할 청구가 불가하다(민법§271~§274).

② 합유물에 대한 등기나 등록은 공유와 달리 지분을 표시하지 아니하며 합유지분의 이전등기나 이전등록도 허용하지 않는다(부동산 등기법§48, §67, 부동산등기규칙§105 ②, §123).

③ 민법이 조합체로서의 물건을 소유하는 경우 이를 합유로 규정한 이상 조합체는 그 소유부동산을 실체관계에 따라 합유로 등기하여야 하며, 합유지분을 처분한 경우 처분한 합유자와 이를 취득한 합유자 및 잔존 합유자의 공동신청으로 합유명의인 변경등기신청을 하여야 한다.

④ 특별한 예외 규정이 없는 한 합유의 주체는 조합체에 한정되고 수인이 조합계약에 의하여 각각 일정한 재산권을 출자하여 그것을 기초로 공동사업을 경영하는 경우에 한하여 합유를 인정하는 것이 옳다.

⑤ 조합원들의 합유임에도 조합원 1인 또는 제3자 명의로 단독등기하거나 공유로 등기한 경우에는 명의신탁에 해당하고 조합관계에서 명의신탁이 이루어진 경우 그 법률효과가 합수적으로 조합체에 귀속되므로 명의수탁자와 다른 조합원들의 합유가 되며, 합유를 공유로 등기한 경우에도 대외적으로 공유관계이나 합유자인 조합원들의 내부관계에서는 합유관계가 유지된다(대법원2009다57064, 2009.12.24.; 대법원2003다25256, 2009.12.04. 외 다수).

⑥ 수인이 조합관계에서 권리와 의무를 합유적으로 보유·부담하는 경우 공동사업경영이라는 목적달성을 위해 합유지분권을 단독으로 행사할 수 없을 뿐만 아니라 합유재산과 합유지분 처분에 다른 조합원의 동의가 필요하고, 보존행위나 통상의 사무가 아니면 그 법률행위를 조합원 전원의 명의로 하여야 한다.

⑦ 합유자에게도 잠재적 지분소유권이 있고 이는 합유재산 전부에 미치므로 어느 합유자가 그

지위를 다투는 제3자에 대하여 자신의 합유지분권에 기한 소유권을 주장하고 확인을 청구하는 것은 합유자의 고유한 권리이고 조합재산의 처분 및 변경행위라고 할 수 없어 합유자 전원이 아닌 개별적 권리로서 확인을 청구할 수 있다(서울고법2011나75333, 2012.04.20.).

반면 일부 판례에서는 조합의 실체가 없음에도 당사자 사이의 필요에 의하여 합유약정을 하고 합유등기를 한 경우 이를 유효한 것으로 보았으나, 이는 공동사업을 위한 조합체의 합유와는 거리가 있고 합유의 등기 또는 등록이 되었더라도 구성원 간의 조합관계가 없으며 경영에 참여하지 않거나 출자가 없는 경우 합유의 효력은 부인되고 공동소유관계로 보는 것이 맞다고 본다.

📋 **합유물에 대한 대법원 판결**

조합관계에서 취득한 소유권이나 채권 등의 재산권과 조합관계에서 부담하는 채무는 전 조합원들에게 합유(합수)적으로 귀속되고 지분에 의하여 나누어지거나 지분에 따라 분할(분해)되어 합의자의 개인재산으로 귀속되지 않는다. 또한 이러한 소유권, 재산권 및 채무는 조합재산, 조합채권, 조합채무로서 각 조합원의 개인재산으로 분화되거나 혼동하지 않는다. 따라서 합유채권에 관하여 각 합유자는 그 지분의 범위에서도 단독으로 채무자에게 이행을 청구하거나 담보제공하거나 자신의 조합에 대한 채무와 상계할 수도 없고, 합유채무의 채권자는 원칙적으로 각 합유자에게 그 지분에 따른 채무이행을 청구할 수 없다(대법원2011다60759, 2013.07.11.; 대법원97다4401, 1997.08.26.).

다. 총유

총유란 법인이 아닌 사단의 사원이 집합체로서 물건을 소유하는 공동소유 형태로서 총유물의 관리 및 처분은 사원총회의 결의에 의하며, 총유물에 대한 권리와 의무는 사원의 지위를 취득 또는 상실함으로써 취득·상실되게 된다(민법§275~§277).

총유물에 대한 각자의 지분은 없으며 총유물건을 사용·수익할 수 있는 권능을 가지지만 사원 또는 단체의 일원으로서 지위를 상실하게 되면 사용·수익할 권능도 잃게 된다.

※총유의 예 : 종중재산, 교회재산, 촌락의 재산, 정당·의사회·동창회 등

총유는 총유물을 사단 자체가 소유하는 것과 다름없어 총유물에 대한 처분 및 관리는 집단적 의사결정에 참여하는 방법으로만 행사할 수 있다.

라. 준공동소유

준공동소유란 소유권 외의 재산권을 수인이 공동으로 소유하는 법률관계로서 준공유·준합유·준총유가 있다. 준공동소유가 인정되는 재산권으로는 지상권·지역권·전세권·저당권 등 민법상의 물건과 상법상 재산권인 주식·사채와 광업권·저작권·특허권·어업권 등이 있다.

(2) 조합의 재산

1) 의의

조합은 조합원 전체의 명의로 경제적·사회적 활동을 할 수 있으며 고유한 조합재산이 인정되므로 조합원의 출자 기타 조합재산은 조합원의 합유로 한다. 즉 조합재산은 조합원 모두의 재산으로 귀속되며 그 공동소유의 형태는 조합원의 '합유'가 되고 이는 청산절차가 완료될 때까지 유지된다(민법§704, §271~§274). 조합의 재산 소유형태를 규정한 「민법」 제271조제1항은 물권에 대한 규정으로서 강행규정에 해당한다. 따라서 조합이 조합이 소유할 부동산등을 취득하면서 조합원 1인 명의 또는 공유등기한 경우 이는 조합이 조합원에게 명의신탁한 것으로 보면, 이러한 등기는 부동산실명법 위반으로 무효에 해당한다(대법원2003다25256, 2006.04.13.; 대법원2000다30622, 2002.06.14.).

또한, 조합원의 채권과 채무 역시 모든 조합원에게 합유적으로 귀속되므로 조합이 채권을 행사하는 경우 업무집행자가 있으면 그만이 할 수 있으며, 업무집행자가 없는 경우 전 조합원이 공동으로 행사한다.

민법은 조합재산의 충실 및 유지를 위하여 앞서 설명한 금전출자지체의 책임과 함께 후술하는 지분압류에 대한 효력, 조합채무자의 상계의 금지 규정을 두고 있다.

2) 합유지분 압류의 효력

조합의 채권자가 조합원의 합유지분을 압류하는 경우 압류의 효력은 그 조합원의 장래 배당받을 이익 및 지분을 반환받을 지분적 권리에 대하여만 효력이 있으므로 조합이 존립하는 동안에는 조합원의 권리를 주장하거나 집행할 수 없다(민법§714). 여기서 합유지분이란 조합 전체로서의 조합재산에 대한 조합원의 지분을 의미하는 것으로 개개의 합유물에 대한 지분에 대해서는 압류할 수 없고 합유지분의 압류 후에는 조합은 해당 채무자인 조합원에게 이익배당하는 것이 금지되며, 채권자는 법원의 추심명령 또는 전부명령으로 채권의 변제에 충당할 수 있다.

3) 합유물의 처분

합유물의 처분·변경 및 합유지분의 처분은 합유자 전원의 동의를 요하며, 조합원은 조합이 존속하는 동안에는 조합재산의 분할을 청구할 수 없다(민법§272, 273). 조합원은 다른 조합원 전원의 동의를 얻어 자기의 합유지분을 처분할 수 있고 그 결과로 새로운 조합원(합유지분 취득자)이 종전 조합원(합유지분 처분자)의 지위를 승계 받게 된다.

4) 조합재산 관련 주요 판례

☐ 공유 및 합의등기의 의의

○ 「부동산 실권리자명의 등기에 관한 법률(이하 "부동산실명법")」 제11조, 제12조 제1항과 제4조에 따르면 같은 법 시행 전에 명의신탁약정에 의하여 부동산에 관한 물권을 명의수탁자의 명의로 등기하도록 한 명의신탁자는 같은 법 제11조에서 정한 유예기간 이내에 실명등기 등을 하여야 하고, 유예기간이 경과한 날 이후부터 명의신탁약정과 그에 따라 행하여진 등기에 의한 부동산에 관한 물권변동이 무효가 되므로, 명의신탁자는 더 이상 명의신탁해지를 원인으로 하는 소유권이전 등기를 청구할 수 없다.

○ 수인이 부동산을 공동으로 매수한 경우 매수인들 사이의 법률관계는 공유관계로서 단순한 공동매수인에 불과할 수도 있고, 그 수인을 조합원으로 하는 동업체에서 매수한 것일 수도 있는 바, 공동매수의 목적이 전매차익의 획득에 있을 경우 그것이 공동사업을 위해 동업체에서 매수한 것이 되려면, 적어도 공동매수인들 사이에서 그 매수한 토지를 공유가 아닌 동업체의 재산으로 귀속시키고 공동매수인 전원의 의사에 기하여 전원의 계산으로 처분한 후 그 이익을 분배하기로 하는 명시적 또는 묵시적 의사의 합치가 있어야만 할 것이고, 이와 달리 공동매수 후 매수인별로 토지에 관하여 공유에 기한 지분권을 가지고 각자 자유롭게 그 지분권을 처분하여 대가를 취득할 수 있도록 한 것이라면 이를 동업체에서 매수한 것으로 볼 수는 없다(대법원2005다5140, 2007.06.14.).

☐ 합유등기가 동업과 관계없이 이루어진 경우 공유로 봄

합유 등기가 공동사업과 관련 없이 이루어진 등기인 경우 '합유'의 추정력은 번복되고 등기 명의인 사이에 인적 결합관계 없이 지분만을 소유하는 '공유'의 등기가 되었다고 보아야 한다(의정부지방법원2011가단28151, 2012.02.10.).

☐ 합유등기 미이행 시 명의신탁으로 과징금 대상인지 여부

○ 수인이 부동산을 공동으로 매수한 경우, 매수인들 사이의 법률관계는 공유관계로서 단순한 공동매수인에 불과하여 매도인은 매수인 수인에게 그 지분에 대한 소유권이전등기의무를 부담하는 경우도 있을 수 있고, 그 수인을 조합원으로 하는 조합체에서 매수한 것으로서 매도인이 소유권 전부의 이전의무를 그 조합체에 대하여 부담하는 경우도 있을 수 있으나, 매수인들이 상호 출자하여 공동사업을 경영할 것을 목적으로 하는 조합이 조합재산으로서 부동산의 소유권을 취득하였다면 「민법」 제271조 제1항에 따라 당연히 그 조합체의 합유물이 되고 다만 그 조합체가 합유등기를 하지 아니하고 그 대신 조합원 1인의 명의로 소유권이전등기를 하였다면 이는 조합체가 그 조합원에게 명의신탁한 것으로 보아야 함(대법원 94다54894, 1995.09.15.; 대법원2003다25256, 2006.04.13.).

○ 부동산실명법은 부동산에 관한 소유권 기타 물권을 실체적 권리관계에 부합하도록 실권리자 명의로 등기하게 함으로써 부동산등기제도를 악용한 투기·탈세·탈법행위 등 반사회적 행위를 방지하고 부동산거래의 정상화와 부동산가격의 안정을 도모하여 국민경제의 건전한 발전에 이바지하려는 데에 그 입법취지가 있음.

○ 부동산실명법 체계에 비추어 보면, 원칙적으로 부동산에 관한 물권을 명의신탁 약정에 의하여 명의수탁자 명의로 등기한 경우 명의 신탁자에게는 과징금을 부과하게 되어 있으므로 명의신탁자와 명의수탁자가 이른바 계약명의신탁약정을 맺고 명의수탁자가 당사자가 되어 명의신탁약정이 있다는 사실을 알지 못하는 소유자와 부동산에 관한 매매계약을 체결한 후 매매계약에 따라 해당 부동산의 소유권이전등기를 수탁자 명의로 마친 경우에는 비록 부동산실명법 제4조 제2항 단서에 따라 명의수탁자가 해당 부동산의 완전한 소유권을 취득하게 된다고 하더라도, 부동산실명법 제5조 제1항이 정하는 과징금 부과대상에 해당됨(대법원 2011두26626, 2012.04.26.).

□ 공동사업자중 1인에게 임대용역이 제공되었더라도 임대업의 목적물에서 제외할 수 없음

부동산임대사업의 공동사업자 중 1인에게 공유부동산 중 일부를 공동사업자 중 1인이 영위하는 다른 사업을 위하여 사무실로 제공되어 왔다는 점만으로 부동산임대업의 목적물에서 제외될 수는 없는 것이고, 이러한 점은 그 공동사업자가 부부라 하더라도 마찬가지라 할 것임(대구지법2009구합2476, 2010.03.31.).

(3) 조합의 채무

1) 조합 채무자의 상계의 금지

조합의 채무자는 그 채무와 조합원에 대한 채권으로 상계하지 못한다(민법§715). 예를 들어 조합에 대한 외상매입채무가 있는 자는 조합원 모두에 대하여 채무를 부담하는 것이므로 특정 조합원에 대하여 채권을 가지고 있다하더라도 조합에 대한 채무와 조합원 개인에 대한 채권을 상계할 수 없다는 것이다.

2) 조합 채무의 처리

조합채무도 조합의 소극적 재산으로서 그들의 합유물에 속하지만 조합자체가 채무의 주체가 될 수 없어 조합원 모두의 채무로 귀속될 수밖에 없으며, 조합채무는 조합원이 조합재산을 가지고 공동으로 책임을 부담할 뿐만 아니라 그의 개인재산을 가지고도 책임을 지기 때문에 조합채권자는 조합채무를 이유로 조합재산뿐만 아니라 조합원 개인재산에 대해서도 강제집행이 가능하다.

조합채무는 기본적으로 각 조합원에게 손실부담의 비율에 따라 분담되는 분할채무이기 때문에 각 조합원은 손실분담비율로 각자의 개인적 재산을 가지고 그 범위 내에서 무한책임을 진다. 뿐만 아니라 조합이 해산하거나 조합원이 탈퇴하더라도 조합원으로 있는 동안에 발생된 조합채무에 관해서는 계속 책임을 지게 된다.

정리하면 조합의 채권자는 먼저 조합재산으로부터 변제를 받고 변제받지 못한 채권액에 대하여는 그 부분에 한하여 각 조합원에게 청구할 수 있는 것이 아니라 병존적으로 각 조합원에게 바로 청구할 수도 있다. 보통 조합의 채권자는 전 조합원을 상대로 채권전액에 관한 이행의 소를 제기할 수 있고 그 판결에 따라 조합재산에 대해 청구(집행)가 가능해 진다.

3. 조합의 사무집행 등

조합은 공동사업을 목적달성을 위해 활동하게 되는데 공동사업을 조합원 간에 어떠한 방식으로 수행할 것인지가 조합의 대내관계이고, 조합이 어떠한 방식으로 제3자와 거래할 것인지가 조합의 대외관계이다.

1) 조합내부의 업무집행

가. 업무집행자가 없는 경우

조합은 각 조합원의 개성이 중시되므로 각 조합원이 업무집행권을 가지고 다수결원칙에 따라 과반수로 업무집행을 하게 되며(민법§706 ②). 조합의 통상사무는 각 조합원이 전행(專行)할 수 있지만, 그 사무의 완료 전에 다른 조합원의 이의가 있는 때에는 즉시 중지하여야 한다(민법§706 ②, ③).

조합업무를 집행하는 조합원과 다른 조합원 간에는 아래 "나"의 위임규정이 적용되고, 업무집행자가 아닌 조합원은 언제든지 조합의 업무 및 재산 상태를 점검할 수 있다(민법§710).

나. 업무집행자가 있는 경우

조합은 조합원 2/3 이상의 찬성으로 다른 조합원을 위하여 대외적으로 그 업무집행에 필요한 대리권이 있는 것으로 추정되는 업무집행자를 선임할 수 있으며, 이때 조합원이 아닌 제3자에게 사무집행을 위임할 수도 있다는 것이 통설이다(민법§706 ①, §709).

그 밖에 사무집행에 대한 주요 규정은 다음과 같다.

① 업무집행자가 수인인 경우 업무집행은 과반수로 결정하나 조합의 통상사무는 각 업무집행자가 전행(專行)할 수 있다. 다만, 그 사무의 완료 전에 다른 조합원 또는 다른 업무집행자의 이의가 있는 때에는 즉시 중지하여야 한다(민법§706 ②, ③).

② 조합업무를 집행하는 조합원에는 「민법」 제681조【수임인의 선관의무】, 제682조【복임권의 제한】, 제683조【수임인의 보고의무】, 제684조【수임인의 취득물 등의 인도, 이전의무】, 제685조【수임인의 금전소비의 책임】, 제686조【수임인의 보수청구권】, 제687조【수임인의 비용선급청구권】, 제688조【수임인의 비용상환청구권 등】의 규정을 준용한다(민법§707).

③ 업무집행자인 조합원은 정당한 사유 없이 사임하지 못하며 다른 조합원의 일치가 아니면 해임하지 못한다(민법§708).

④ 동업체인 조합의 채무자가 조합원 전원을 위하여 상행위가 되는 행위로 인하여 부담하게 된 것이라면 그 채무에 관하여 조합원들에 대하여 「상법」 제57조제1항을 적용하여 연대책임이 있다(대법원91다30705, 1991.11.22. 외).

> 📋 **업무집행자의 선출과 과실의 귀속 관련 판례**
>
> 2인 이상이 상호 출자하여 공동사업을 경영할 것을 약정함으로써 효력이 생기는 조합에 있어서는 조합계약이나 조합원의 3분의 2 이상의 찬성으로써 업무집행자를 정할 수 있고, 조합의 업무를 집행하는 조합원은 조합업무의 처리로 인하여 취득한 금전 기타의 물건 및 수취한 과실을 조합에 반환하여야 할 의무가 있다 할 것이다(대법원95다4957, 1997.05.30.).

2) 조합의 대외관계

조합은 사단이나 재단과 달리 독립된 권리주체가 아니므로 조합이 제3자와 거래하는 행위는 전 조합원의 이름으로 하여야 하며 그 행위의 효과는 전 조합원에게 귀속된다. 민법은 조합의 업무를 집행하는 조합원은 그 업무집행의 대리권 있는 것으로 추정한다고 규정하고 있다(민법§709). 이는 조합의 업무를 대내적으로 집행할 권한을 가진 조합원은 제3자에 대한 대외관계에서도 다른 조합원 모두를 대리한 권한을 가진 것으로 추정하는 규정이다.

> 📋 **제3자와의 법률관계**
>
> 조합(공동사업)은 공동목적을 위한 공동사업 구성원 간의 기속관계에 지나지 아니하므로 제3자에 대하여 조합의 이름으로 법률행위를 할 수 없다(독립된 권리주체로서 당사자능력이 없음). 따라서, 공동사업과 관련된 각종 불복이나 조세소송, 기타 소송에 있어 공동사업(조합)의 명의로는 할 수 없고 조합원 전원을 당사자로 하여 전원의 명의로 하여야 함.

3) 조합원에 대한 채권자의 권리행사

조합채권자는 그 채권발생 당시에 조합원의 손실부담의 비율을 알지 못한 때에는 각 조합원에게 균분하여 그 권리를 행사할 수 있다(민법§712).

4) 무자력조합원의 채무와 타 조합원의 변제책임

조합원 중에 변제할 자력 없는 자가 있는 때에는 그 변제할 수 없는 부분은 다른 조합원이 균분하여 변제할 책임이 있다(민법§713).

5) 소송당사자 능력

공동사업장은 자연인도 법인도 아니며 법인격이 없는 사단이나 재단도 아니어서 당사자 능력이 없다. 조세소송의 경우 공동사업장 명의로 할 수 없고 공동사업장 구성원 전원을 당사자로 하여 그 구성원 전원의 명의로 하여야 한다(대법원96다23238, 1996.12.10.). 또한 조합채무의 채권자는 그 이행청구의 소송에서 조합원 전원 또는 그 임의적 소송 수탁자인 업무집행조합원을 피고로 삼아 제소할 수 있다.

조합채무는 조합원 전원이 합유적으로 부담하는 채무이므로 해당 채무의 변제, 승인, 상계, 공탁 등도 전 조합원이 합수적으로 하여야 하고 채권자의 이행청구도 조합원 전원에게 합유적으로 하여야 함이 원칙이다. 이때 조합채권자는 조합채무에 대하여 조합재산에 의한 공동책임과 개인재산에 의한 개별책임을 모두 추궁할 수 있으므로 연대 등 중첩적으로 채권·채무의 발생사유가 없는 한 조합원 전원을 공동피고로 삼거나 각 조합원에게 개별적으로 할 수 있다.

4. 손익의 분배

1) 조합재산에 대한 손익의 분배

조합이 공동사업을 수행함으로써 발생하는 이익과 손실은 각 조합원에게 합유적으로 귀속되지만 각 조합원에게 일정한 비율에 따라 분배된다.

2) 손익분배의 비율

조합의 이익을 분배함에 있어서는 모든 조합원에게 분배하여야 하는 것이며, 당사자가 손익분배의 비율을 정하지 아니한 때에는 각 조합원의 출자가액에 비례하여 이를 정하게 되고 이익또는 손실에 대하여 분배의 비율을 정한 때에는 그 비율은 이익과 손실에 공통된 것을 추정한다(민법§711). 다만, 손실의 부담은 조합의 본질상 요구되지 않기 때문에 손실이 발생한 경우에는 부담하지 않는 조합원이 있어도 그 조합성이 부정되는 것은 아니다.

손익의 분배비율은 조합원 간의 계약에 의해서 출자액의 비율과 같지 않게 정해도 되는 것이나, 이익의 분배에 있어서는 모든 조합원이 이익의 분배를 받지 않고 일부의 조합원만 이익을 분배하는 경우 조합의 본질에 위배되어 조합으로 인정되지 아니한다.

> ### 📋 손익분배비율의 산정방법 관련 판례
>
> 동업과 같은 조합계약에 있어 손익분배비율은 별도의 약정이 없으면 각 조합원의 출자가액에 비례하여 정하여지고, 이때의 출자비율이라 함은 동업자가 각자 출자하기로 약정한 금액의 비율을 말하는 것이지 현실로 출자한 금액을 말하는 것은 아니다. 동업자 중 1인이 출자하기로 약정한 금액을 현실적으로 출자하지 아니하였다 하더라도 그것만으로는 당초에 약정한 손익분배비율이 실제의 출자가액 비율로 변경된다고 볼 수는 없고(대법원92다5744, 1993.05.25.), 동업자 간에 구체적인 출자비율에 관한 명시적인 약정이 없다면 그 비율은 일응 균등한 것으로 추정되므로 출자비율을 이와 달리 약정하였다는 점에 관하여는 이를 주장하는 당사자가 입증할 책임이 있다(대구고등법원2003나1350, 2004.02.13.).

3) 손익분배의 시기

손익의 분배비율이나 손익분배의 시기는 조합계약으로 하는 것이 원칙이며, 조합계약에 손익의 분배시기를 정하지 않은 경우로서 조합이 영리를 목적으로 하는 때에는 이익의 분배는 조합의 업무로 이해되므로 이에 관한 규정에 따르는 것이며, 영리를 목적으로 하지 않는 조합의 이익의 분배 또는 손실의 분배는 해당 조합이 청산할 때 그 분담비율에 따라 이익과 손실이 분배된다.

5. 조합원의 가입, 탈퇴, 지위의 양도

1) 조합원의 가입과 그 지위의 양도

가. 조합원 지위 취득

조합원의 지위는 유효한 조합계약이 성립하였을 때 취득하고 출자의무를 지체한 경우에도 지연 이자를 지급하고 손해배상의무를 부담할 뿐 조합원 지위취득에는 영향이 없다. 또한 조합원 지위와 합유자의 지위는 별개이므로 조합재산이 없어 합유나 준합유가 성립하지 않더라도 조합계약이 발효된 이상 조합원 지위는 인정된다. 또한 이러한 신규가입 외에 후발적으로 신규출자를 통하여 조합원이 되는 방법, 기존 조합원으로부터 지분을 양수하거나 상속 또는 증여에 의하여 취득하는 방법이 있다.

부언하면 민법 규정상 조합원 지위는 원칙적으로 상속이나 양도의 대상이 아니나 탈퇴 등에 관한 민법규정은 임의규정이므로 조합계약이나 전 조합원의 의결로서 조합원 지위의 상속 및 양도가 허용된다.

나. 조합원의 권리와 의무

조합원의 권리에는 의결권, 업무집행권, 감독권, 이익배당청구권, 잔여재산분배청구권 등이 있으며, 의무에는 출자의무, 조합채무에 관한 부담책임 등이 있다.

다. 조합원 지위의 양도

조합계약에 의하여 이러한 조합원의 지위를 처분하는데 대하여 약정하였거나 조합원이 합의한 경우에는 지위를 양도할 수 있으며, 조합원이 되려는 자와 기존 조합원 전원과의 계약이 있으면 가입자와 조합관계는 유효하게 성립된다.

※ 사단법인에 있어서 사원의 지위가 양도 내지 상속될 수 없는 점과 대비됨.

◆ 조합원의 조합재산에 대한 자기지분 일부를 처분할 수 있는지 여부

민법 제706조에서는 조합원 3분의 2 이상의 찬성으로 조합의 업무집행자를 선임하고 조합원 과반수의 찬성으로 조합의 업무집행방법을 결정하도록 규정하고 있는 바, 여기서 말하는 조합원은 조합원의 출자가액이나 지분이 아닌 조합원의 인원수를 뜻한다. 다만, 위와 같은 민법의 규정은 임의규정이므로, 당사자 사이의 약정으로 업무집행자의 선임이나 업무집행방법의 결정을 조합원의 인원수가 아닌 그 출자가액 내지 지분의 비율에 의하도록 하는 등 그 내용을 달리 정할 수 있고, 그와 같은 약정이 있는 경우에는 그 정한 바에 따라 업무집행자를 선임하거나 업무집행방법을 결정하여야만 유효하다.

조합계약에 '동업지분은 제3자에게 양도할 수 있다'는 약정을 두고 있는 것과 같이 조합계약에서 개괄적으로 조합원 지분의 양도를 인정하고 있는 경우 조합원은 다른 조합원 전원의 동의가 없더라도 자신의 지분 전부를 일체로써 제3자에게 양도할 수 있으나, 그 지분의 일부를 제3자에게 양도하는 경우까지 당연히 허용되는 것은 아니다.

왜냐하면, 「민법」 제706조에 따라 조합원 수의 다수결로 업무집행자를 선임하고 업무집행방법을 결정하게 되어 있는 조합에 있어서 조합원 지분의 일부가 제3자에게 양도되면 조합원 수가 증가하게 되어 당초의 조합원 수를 전제로 한 조합의 의사결정구조에 변경이 생기고, 나아가 소수의 조합원이 그 지분을 다수의 제3자들에게 분할·양도함으로써 의도적으로 그 의사결정구조에 왜곡을 가져올 가능성도 있으므로 조합원 지분의 일부 양도를 명시적으로 허용한 것이 아니라 단지 조합원 지분의 양도가능성을 개괄적으로 인정하고 있을 뿐이므로 이러한 약정만으로 조합계약 당시 조합원들이 위와 같은 의사결정구조의 변경 또는 왜곡의 가능성을 충분히 인식하고 이를 용인할 의사로서 그 지분 일부의 양도까지 허용하였다고 볼 수는 없기 때문이다.

따라서 그러한 조합의 조합원은 다른 조합원 전원의 동의가 있는 등 특별한 사정이 있어야만 그 지분의 일부를 제3자에게 유효하게 양도할 수 있고, 이와 같이 조합원 지분의 일부가 적법하게 양도된 경우에 한하여 양수인은 그 양도비율에 따른 자익권(이익분배청구권, 잔여 재산분배청구권 등) 외에 양도인이 보유하는 공익권과 별개의 완전한 공익권(업무집행자 선임권, 업무집행방법결정권, 통상사무전행권, 업무·재산상태검사권 등)도 취득하게 된다(대법원2008다4247, 2009.04.23.).

2) 조합원의 탈퇴

가. 임의탈퇴

조합계약으로 조합의 존속기간을 정하지 아니하거나 조합원의 종신까지 존속할 것을 정한 때에는 각 조합원은 언제든지 탈퇴할 수 있다. 그러나 부득이한 사유 없이 조합의 불리한 시기에 탈퇴하지 못한다. 조합의 존속기간을 정한 때에도 조합원은 부득이한 사유가 있으면 탈퇴할 수 있다(민법§716).

나. 비임의 탈퇴

조합조합이 존속하는 동안 조합원이 그 지위 또는 자격을 벗어나는 것을 탈퇴라 하고 조합원의 탈퇴사유는 임의 탈퇴와 비임의 탈퇴 사유인 사망, 조합원의 파산, 성년후견의 개시, 제명이 있다(민법§717).

다. 탈퇴조합원의 지분의 계산 원칙

탈퇴조합원의 합유지분이 잔여조합원에게 합유적으로 귀속되게 되어 잔여조합원의 지분이 증가하게 되고 탈퇴자의 조합원자격 상실은 그가 갖고 있던 조합재산에 대한 지분이 소멸되는 것이 아니고 지분반환청구권으로 전환된다. 따라서 탈퇴한 조합원과 다른 조합원 간의 계산은 탈퇴 당시의 조합재산상태에 따라 탈퇴한 조합원의 지분을 그 출자의 종류 여하에 불구하고 금전(탈퇴조합원에게 탈퇴조합원이 출자했던 물건을 그대로 반환하거나 아니면 금전)으로 반환할 수 있다. 또한 탈퇴 당시에 완결되지 아니한 사항에 대하여는 완결 후에 계산할 수 있다(민법§719).

> ※조합원의 변동(가입 또는 탈퇴)이 있더라도 조합의 동질성은 그대로 유지되는 것임.

> 📋 **조합탈퇴와 조합청산 관련 판례**
>
> 2인으로 구성된 조합에서 한 사람이 탈퇴의사를 표시한 경우 그 조합 자체는 성질상 소멸되더라도, 이미 이루어진 사업은 유지·존속 시키는 것이 국가적·경제적 견지로 서나 당사자 의사에도 합치하므로 해산되지 않는다. 따라서 청산도 이루어지지 않으며, 남은 조합재산은 잔존자의 단독재산으로 귀속하여 그 사업을 계속 유지케 하는 반면, 탈퇴자와 잔존자 사이에는 탈퇴로 인한 계산을 하는데 불과하다. 다만 조합원 1인이 해산을 청구하는 경우에는 별개의 문제이다(대법원96다19208, 1996.09.06.; 대법원99다1284, 1999.05.11.; 대법원86다카617, 1988.06.14.).

동업계약 또는 조합계약에 있어 조합의 해산청구를 하거나 조합원 지위의 탈퇴 또는 다른 조합원의 제명은 가능하지만 일반계약에 있어서의 해제와 같이 조합계약을 해제하고 상대방에게 그에 따른 원상회복의무를 부담지울 수는 없다.

3) 제명

조합원의 제명은 정당한 사유 있는 때에 한하여 다른 조합원의 일치로써 이를 결정하며, 제명결정은 제명된 조합원에게 통지하지 아니하면 그 조합원에게 대항하지 못한다(민법§718).

4) 합유지분 포기의 의미

조합원의 합유지분 포기는 조합으로부터 탈퇴를 물권법적으로 표시하는 법률행위라고 볼 수 있는 것이나(대법96다16896, 1997.09.09.), 조합원이 수 개의 합유재산 중 특정 합유재산에 대한 합유지분을 포기하는 것은 공동사업의 경영이라는 조합관계의 본질에 반하기 때문에 무효이다.

다만 합유재산 전부에 대한 지분의 포기는 곧 조합원 지위의 탈퇴에 해당하고 그 포기한 합유지분권은 잔존 조합원들에게 귀속된다(대법원96다16896, 1997.09.09.).

6. 해산 청구 및 청산

부득이한 사유가 있는 때에는 각 조합원은 조합의 해산을 청구할 수 있고, 조합이 해산한 때에는 청산은 총조합원 공동으로 또는 그들이 선임한 자가 그 사무를 집행하며, 청산인의 선임은 조합원의 과반수로써 결정한다(민법§720, §721).

자세한 사항은 아래와 같다.

① 청산인의 업무집행방법에 있어 청산인이 수인인 때에는 그 과반수로써 결정한다(민법 §722).

② 조합원 중에서 청산인을 정한 때에는 정당한 사유 없이 사임하지 못하며 다른 조합원의 일치가 아니면 해임하지 못한다.

③ 청산인의 직무 및 권한에 관하여는 「민법」 제87조 【청산인의 직무】 의 규정을 준용하고, 잔여재산은 각 조합원의 출자가액에 비례하여 이를 분배한다.

④ 조합이 해산되고 해산 후 남은 조합재산을 각 조합원에게 분배하는 경우 「민법」 제724조는 임의규정이므로 조합계약이나 전 조합원 결의에 의하여 잔여재산을 분배하지 아니하고 제3자에게 증여 또는 기부하거나 조합원 중 일부에게 처분할 수 있으며 손익분배비율이나 출자가액 비율에 의하지 아니하고 분배할 수 있다.

📓 **조합의 해산사유와 해산청구권자 관련 판례**

「민법」 제720조에 규정된 조합의 해산사유인 부득이한 사유에는 경제계의 사정변경이나 조합의 재산상태의 악화 또는 영업부진 등으로 조합의 목적달성이 현저히 곤란하게 된 경우 외에 조합원 사이의 반목·불화로 인한 대립으로 신뢰관계가 파괴되어 조합의 원만한 공동운영을 기대할 수 없게 된 경우도 포함되며, 위와 같이 공동사업의 계속이 현저히 곤란하게 된 이상 신뢰관계의 파괴에 책임이 있는 당사자도 조합의 해산청구권이 있다(대법원92다21098, 1993.02.09.).

---

7. 조합에 대한 세법상 특례 적용

조합은 기본적으로 법인격이 없으므로 조합에서 발생한 소득은 각 조합원에게 납세의무가 각각 귀속되는 것이 원칙이다. 다만, 그 외관을 존중하여 공동사업자에 대한 소득금액계산, 소득금액의 신고주체, 고유납세번호 부여 등에 있어서는 일정한 실체를 인정하고 있으며 조특법 제14조 등에서도 창업투자조합 등의 출자지분에 대한 비과세, 창업투자조합 등에 대한 원천징수의무 부여 등 일정한 실체를 인정하고 있는 규정을 두고 있다.

8. 조합과 사단, 비법인사단 등과의 비교

1) 개요

민법상 조합과 유사한 것으로 상법상의 익명조합, 합자조합, 합명회사, 합자회사, 유한책임회사가 있고, 지분적 조합, 내적 조합 등이 있다. 이들은 구성원들이 특정 목적달성을 위하여 재산을 출자하는 공통점이 있으나 영리추구 여부, 법인격의 유무, 업무집행에의 참여 여부, 책임의 한도 등에서 차이점을 갖고 있다.

2) 조합과 사단

단체란 일정한 목적을 이루기 위하여 2인 이상이 모인 결합을 의미하는 것으로 단체에는 사단과 조합이 있는데 양자의 근본적인 차이는 단체의 독립성 정도에 있다.

사단과 조합은 그 구성원들이 동일한 목적을 가지고 공동의 사업을 경영한다는 점에서 유사성을 갖고 있다. 조합과 사단은 조합계약 또는 규약의 유무와 내용, 단체의 의사결정방식 및 구속력 유무, 조직의 형태, 업무집행의 방법 등 종합적으로 고려하여 그 실질에 따라 단체의 법적 지위를 판단하여야 한다(대법원2009다6523, 2009.05.28.).

조합은 사단과 달리 그 구성원들 간에 구성원들 개별 인격을 무시하고 조합원들로부터 독립한 인격을 인정할 만큼 단체적 친밀성과 결합력이 약하여 권리능력을 인정하지 않는다(대법원92다2431, 1992.07.10.).

구 분	사 단	조 합
당사자 능 력	구성원의 권리능력과는 별개의 인격 (권리 능력)으로 인정	조합은 독자적인 권리능력을 가진 것이 아 니라 조합원의 집합으로 취급
업무집행	사단은 기관을 통해 행위를 하고 기관이 사 단을 대표하는 사단 자체가 행위를 하게 됨.	조합원 전원이 업무집행에 참여하는 경우 와 다른 조합원으로부터 위임 또는 대리권 을 수여받아 업무를 집행하는 경우가 있음.
재산의 소 유	자산과 부채가 모두 사단 자체에 귀속	자산은 각자 소유이되 단체적인 구속을 받게 되는 것이며, 부채도 손익부담비율에 따라 분담되는 이른바 분할채무이므로 자신 의 분할 채무에 대해서는 무한책임을 짐.
해 산	해산사유(민법 제77조)가 발생하거나 사원 총회의 해산결의로 청산절차를 거쳐 권리능 력이 상실	조합계약에서 정한 해산사유, 약정 존속기 간의 만료 및 조합의 공동사업이 성취된 경 우 해산
채무의 변 제	i) 사단재산이 사단채무를 변제하는데 부족 하면 파산절차에 따라 채권자의 채권액 에 비례하여 변제 ii) 잔존채무에 대해서 사원들이 개인적으로 책임을 부담하지 않음. iii) 잔여재산이 발생하더라도 사원들에게 분 배되지 않고 일정한 절차에 따라 처분됨.	조합재산으로 조합채무를 변제할 수 없는 경우에는 조합원 자신의 개인재산으로 변제 해야 함.

사단은 구성원이 동일한 목적의 달성을 위하여 설립된 인적결합을 말하며, 일단 성립하면 그 구성원으로 독립되어 그 단체를 위하여 행동하는 특별한 기관을 가지게 되므로 동 단체의 행동은 기관에 의해 이루어지고 그 법률의 효과도 구성원이 아닌 단체에 귀속된다.

사단은 구성원의 교체에 관계없이 존속하게 되며, 주무관청의 허가를 받는 등의 설립절차를 밟아 권리능력을 취득한 것이 사단법인이고 그렇지 아니한 것이 권리능력 없는 사단이다.

이러한 사단은 대표자와 총회 등 사단으로서의 조직을 갖추고 그 구성원의 변경과 관계없이 존속하여야 하며, 사단법인에 상응하는 정관이 있어야 설립의 요건이 되며, 사단의 재산소유 형태는 총유이다.

3) 비법인사단과 조합

비법인사단(법인격 없는 사단)이란 대표자와 총회, 정관이나 규칙 등을 가진 사단으로서의 실체를 갖추고 있으나 법인등기를 하지 아니한 단체로서 당사자능력이 인정된다(민법§32, §33).

비법인사단의 재산은 사원의 총유에 속하는 것으로 규정하고 있으므로(민법§275) 소유권 이외의 재산권과 채무는 준총유로 인식되고, 비록 법인격을 취득하지 못했다고 하더라도 대부분의 경우 사단의 규정이 유추적용된다. 이에 반하여 조합은 재산소유형태가 합유이며 등기능력이나 소송당사자능력이 없다.

세법상 비법인사단이 국기법 제13조에 따른 법인으로 보는 단체에 해당되지 않으면서 대표자 또는 관리인이 선임되어 있고 이익의 분배방법 및 비율이 없는 때에는 해당 비법인사단을 1거주자로 보고 그 밖의 경우에는 공동으로 사업을 영위하는 것으로 봄에 반하여 조합은 처음부터 공동사업자로 보아 사업자등록을 하게 된다.

📋 **조합과 비법인사단의 구분 관련 판례**

민법상의 조합과 법인격은 없으나 사단성이 인정되는 비법인사단을 구별함에 있어서는 일반적으로 그 단체성의 강약을 기준으로 판단하여야 하는 바, 조합은 2인 이상이 상호 간에 금전 기타 재산 또는 노무를 출자하여 공동사업을 경영할 것을 약정하는 계약관계에 의하여 성립하므로(민법 제703조) 어느 정도 단체성에서 오는 제약을 받게 되는 것이지만 구성원의 개인성이 강하게 드러나는 인적 결합체이다.

반면 비법인사단은 구성원의 개인성과는 별개로 권리의무의 주체가 될 수 있는 독자적 존재로서의 단체적 조직을 가지는 특성이 있는 바, 민법상 조합의 명칭을 가지고 있는 단체라 하더라도 고유의 목적을 가지고 사단적 성격을 가지는 규약을 만들어 이에 근거하여 의사결정기관 및 집행기관인 대표자를 두는 등의 조직을 갖추고 있고, 기관의 의결이나 업무집행방법이 다수결의 원칙에 의하여 행해지며, 구성원의 가입, 탈퇴 등으로 인한 변경에 관계없이 단체 그 자체가 존속되고, 그 조직에 의하여 대표의 방법, 총회나 이사회 등의 운영, 자본의 구성, 재산의 관리 기타 단체로서의 주요사항이 확정되어 있는 경우에는 비법인사단으로서의 실체를 가진다(대법원92다 2431, 1992.07.10.).

---

4) 권리능력이 없는 재단(비법인재단)

재단법인의 실질은 갖추어 목적재산과 조직은 존재하지만, 법인등기는 하지 아니하여 법인격을 취득하지 못한 재단을 말한다. 육영회, 유치원, 종교재단 등이 이에 해당하며, 내부관계에 대하여는 재단법인의 규정이 유추적용되고, 등기능력과 당사자능력을 갖게 되며 명예권 등을 향유한다.

5) 합명회사 및 합자회사와 조합의 비교

가. 합명회사

합명회사는 2인 이상의 무한책임사원으로 조직된 전형적인 인적회사로서 자본적 결합보다는 가족적 결합에 의한 단체로서 노력의 보충에 주된 기능을 가지게 되며, 사원이 공동으로 정관을 작성하고 설립등기를 함으로써 설립된다.

합명회사의 주요 성격(특징)은 다음과 같다.

① 사원의 인적상호신뢰를 기초로 성립되고 각 구성원의 책임이 무겁기 때문에 다수인의 사원을 요하지 않으며, 경제적으로 볼 때 개인 기업에 가깝고 기업의 소유와 경영이 분리되지 아니하는 특징을 가진다.

② 무한책임사원은 회사의 재산으로 회사의 채무를 완제할 수 없는 때 또는 회사재산에 대한 강제집행이 주효하지 못한 때, 회사채권자에 대하여 직접·연대·무한의 변제책임을 지며, 각 사원은 원칙적으로 회사의 업무집행과 대표의 권한을 가진다.

③ 사원의 지위와 업무집행자가 원칙적으로 일치하는 점에 합명회사의 특색이 있으며, 사원은 자연인(미성년자 등의 무능력자 가능)만이 될 수 있고 회사 기타의 법인은 될 수가 없다.

④ 사원은 다른 사원의 동의가 없으면 그 지분의 전부 또는 일부를 타인에게 양도하지 못한다.

⑤ 합명회사는 외부적으로는 법인격(사단법인)이 부여되지만 내부관계에 있어서는 조합적 성질을 가지며 정관이나 「상법」에 다른 규정이 없는 한 조합에 관한 민법의 규정이 준용된다.

나. 합자회사

합자회사는 무한책임사원과 유한책임사원으로 조직되는 회사로서 합명회사가 무한책임사원으로만 구성되는 일원적 조직임에 반하여 합자회사는 무한책임사원과 유한책임사원으로 구성되는 회사이다.

합자회사의 주요 성격(특징)은 다음과 같다.

① 합자회사에서의 무한책임사원은 합명회사의 사원과 같이 각자가 업무를 집행할 권리와 의무를 갖고, 업무집행권이 없는 유한책임사원은 감시적 기능이 인정된다.

② 유한책임사원은 무한책임사원과 같이 직접 회사채권자에 대하는 것이지만, 그 책임이 출자가액에 한정되고 회사의 업무집행과 회사대표의 권한이 없다.

③ 합자회사는 상법상의 회사로서 사단법인이나, 사원 간의 인적신뢰관계를 기초로 하는 조합적 성질을 가지며, 합명회사와 같이 인적회사에 속한다.

6) 내적조합과 지분적 조합

가. 내적조합

① 정의

내적조합이란 당사자 간의 내적관계에서는 조합관계에 있지만, 대외적 행위는 당사자 전원 내지 조합 자체의 이름으로 하는 것이 아니라 조합원 1인 또는 조합으로부터 위임을 받은 제3자의 명의로 하는 것으로 대외적으로는 조합관계가 나타나지 아니하는 형태의 법률관계를 말한다.

② 대외적 효력

내적조합의 경우에는 대외적으로 조합관계가 나타나지 않으므로 외부적으로 사업을 하는 자만이 법률행위를 하고 그로 인한 권리를 취득하며, 내부적으로만 법률행위의 효과가 내적조합의 재산으로 귀속될 뿐이어서 내적 조합원은 대외적으로 직접 책임을 지지 않고 별도의 조합재산도 존재하지 않는다.

내적조합에서는 조합원 간 공동사업이 대외적으로 나타나지 않아 외부적으로 사업을 하는 자만이 법률행위를 하므로 내적조합의 대외관계에서는 조합에 관한 민법규정이 적용될 수 없다. 따라서 조합채무에 대하여 대외적 법률행위를 하지 않는 조합원은 직접 책임을 지지 아니하며, 조합재산에 대하여도 채권자는 내적조합원에게 책임을 물을 수 없다.

③ 재산의 소유형태와 이익배분

내적조합은 사업상의 채권 및 채무의 대외적 귀속은 영업자이며 재산 소유형태는 단독소유나 공유가 된다. 또한 내부적으로 상호출자와 공동경영 약정이 있으므로 출자자에게 이익을 분배하여야 한다.

④ 내적조합의 정의화 판정기준

어떠한 법률관계가 내적조합에 해당하는지 아니면 익명조합에 해당하는지는 당사자들의 내부관계에 공동사업이 있는지, 조합원이 업무검사권 등을 가지고 조합의 업무에 관여하였는지, 재산의 처분 또는 변경에 전원의 동의가 필요한지 등을 모두 종합하여 판단하여하는 것으로, '내적조합'이라는 일종의 특수한 조합으로 보기 위하여는 당사자의 내부관계에서는 조합관계가 있어야 할 것이고, 내부적인 조합관계가 있다고 하려면 서로 출자하여 공동사업을 경영할 것을 약정하여야 하며, 영리사업을 목적으로 하면서 당사자 중의 일부만이 이익을 분배받고 다른 자는 전혀 이익분배를 받지 아니하는 경우에는 조합관계(동업관계)라고 할 수 없다(대법원 98다44666, 2000.07.07.).

⑤ 세법의 적용

대법원은 2인 이상이 공동으로 사업을 경영하여 그 이익을 분배하기로 약정한 경우에는 편의상 외부적으로는 그중 1인의 이름으로 활동을 하더라도 실질과세 원칙과 소득법 제43조 제2항에 따라 그 공동사업으로 인한 소득은 각 그 지분 또는 손익분배비율에 의하여 분배되었거나 분배될 소득금액에 따라 각 그 소득금액을 계산하여야 한다고 판시하여 소득금액계산에 있어 공동사업으로 파악하고 있다(대법원94누8884, 1995.11.10.; 대법원65누91, 1967.02.07.; 대법원82누33, 1983.07.26.).

⑥ 내적조합 재산의 임의소비에 대한 횡령죄

조합재산은 조합원의 합유에 속하므로 조합원 중 한 사람이 조합재산 처분으로 얻은 대금을 임의로 소비하였다면 횡령죄의 죄책을 면할 수 없고, 이러한 법리는 내부적으로는 조합관계에 있지만 대외적으로는 조합관계가 드러나지 않는 이른바 내적조합의 경우에도 마찬가지이다. 즉 내적 조합원 중 한 사람이 조합재산을 처분하여 얻은 대금을 임의로 소비하였다면 이는 횡령죄에 해당한다.

반면, 민법상 조합 또는 내적조합과 달리 익명조합의 경우에는 익명조합원이 영업을 위하여 출자한 금전 기타의 재산은 상대편인 영업자의 재산이 되므로 영업자는 타인의 재물을 보관하는 자의 지위에 있지 아니하므로 영업자가 영업이익금 등을 임의로 소비하였더라도 횡령죄가 성립할 수는 없다(대법원2010도5014, 2011.11.24.).

⑦ 관련 사례

피고인이 甲과 특정 토지를 매수하여 전매한 후 전매이익금을 정산하기로 약정한 다음 甲이 조달한 돈 등을 합하여 토지를 매수하고 소유권이전등기는 피고인 등의 명의로 마쳐 두었는데, 위 토지를 제3자에게 임의로 매도한 후 甲에게 전매이익금 반환을 거부함으로써 이를 횡령하였다는 내용으로 기소된 사안에서, 甲이 토지의 매수 및 전매를 피고인에게 전적으로 일임하고 그 과정에 전혀 관여하지 아니한 사정 등에 비추어, 비록 甲이 토지의 전매차익을 얻을 목적으로 일정 금원을 출자하였더라도 이후 업무감시권 등에 근거하여 업무집행에 관여한 적이 전혀 없을 뿐만 아니라 피고인이 아무런 제한 없이 재산을 처분할 수 있었음이 분명하므로 피고인과 甲의 약정은 조합 또는 내적 조합에 해당하는 것이 아니라 '익명조합과 유사한 무명계약'에 해당한다고 보아야 하므로, 피고인이 타인의 재물을 보관하는 자의 지위에 있지 않다고 보아 횡령죄가 성립하지 않는다(대법원2010도5014, 2011.11.24.).

나. 지분적 조합

① 정의

조합의 구성원이 조합재산에 관하여 직접 지분적 소유권을 보유하기로 합의한 경우의 조합을 말하여 주로 공동이행방식의 공동수급체에 적용되는 학설이다.

지분적 조합의 경우 물건을 공유하고 있다는 점 외에는 공유자 상호 간에 아무런 법률적 결합관계도 단체적 구속력도 없기 때문에 엄격한 의미에 있어서의 인적 결합체가 아니고 따라서 공유의 경우에는 목적물에 대한 각 공유자의 지배권능은 서로 완전히 자유 독립적이며 다만 목적물이 동일하기 때문에 그 행사에 제약을 받고 있는데 지나지 아니하여 각 공유자는 그 지분을 다른 공유자의 의사에 관계없이 자유로이 처분할 수 있고 또 언제든지 분할을 청구하여 공유관계를 종료시킬 수 있는 바 이와 같은 공유관계의 본질에 비추어 볼 때 「민법」 제265조 본문과 같은 공유물 관리규정만을 들어 공유자 상호 간에 배임죄에 있어서의 신임관계를 인정하기에 족한 재산관리의무가 있다고 보기 어렵다(서울형사지법93고합2117, 1994.02.24.).

② 사례

지분적 조합의 예는 부동산에 관한 구분소유권자를 들 수 있는데, 공유자가 하나의 무리로서 법률관계를 지는 것이 아니라 각 공유자가 단지 하나의 지분권을 가지고 그 효과로서 권리관계를 가지게 되므로 공동체가 아닌 객체로서의 권리에 불과하다.

9. 공동사업에 대한 연대납세의무와 민법 규정

공유물(共有物), 공동사업 또는 그 공동사업에 속하는 재산에 관계되는 국세·가산금과 체납처분비는 공유자 또는 공동사업자가 연대하여 납부할 의무를 진다(국기법§25).

국기법 또는 세법에 따라 국세·가산금과 체납처분비를 연대하여 납부할 의무에 관하여는 「민법」 제413조부터 제416조까지, 제419조, 제421조, 제423조 및 제425조부터 제427조까지의 규정을 준용한다(국기법§25의2).

각 민법 규정별 내용을 보면 다음과 같다.

법 령	조문내용
민법 제413조 (연대채무의 내용)	수인의 채무자가 채무 전부를 각자 이행할 의무가 있고 채무자 1인의 이행으로 다른 채무자도 그 의무를 면하게 되는 때에는 그 채무는 연대채무로 한다.
민법 제414조 (각 연대 채무자에 대한 이행청구)	채권자는 어느 연대채무자에 대하여 또는 동시나 순차로 모든 연대채무자에 대하여 채무의 전부나 일부의 이행을 청구할 수 있다.
민법 제415조 (채무자에 생긴 무효, 취소)	어느 연대채무자에 대한 법률행위의 무효나 취소의 원인은 다른 연대채무자의 채무에 영향을 미치지 아니한다.
민법 제416조 (이행청구의 절대적 효력)	어느 연대채무자에 대한 이행청구는 다른 연대채무자에게도 효력이 있다.
민법 제419조 (면제의 절대적 효력)	어느 연대채무자에 대한 채무면제는 그 채무자의 부담부분에 한하여 다른 연대채무자의 이익을 위하여 효력이 있다.

민법 제421조 (소멸시효의 절대적 효력)	어느 연대채무자에 대하여 소멸시효가 완성한 때에는 그 부담부분에 한하여 다른 연대채무자도 의무를 면한다.
민법 제423조 (효력의 상대성의 원칙)	전7조의 사항외에는 어느 연대채무자에 관한 사항은 다른 연대채무자에게 효력이 없다.
민법 제425조 (출재채무자의 구상권)	① 어느 연대채무자가 변제 기타 자기의 출재로 공동면책이 된 때에는 다른 연대채무자의 부담부분에 대하여 구상권을 행사할 수 있다. ② 전항의 구상권은 면책된 날 이후의 법정이자 및 피할 수 없는 비용 기타 손해배상을 포함한다.
민법 제426조 (구상요건으로서의 통지)	① 어느 연대채무자가 다른 연대채무자에게 통지하지 아니하고 변제 기타 자기의 출재로 공동면책이 된 경우에 다른 연대채무자가 채권자에게 대항할 수 있는 사유가 있었을 때에는 그 부담부분에 한하여 이 사유로 면책행위를 한 연대채무자에게 대항할 수 있고 그 대항사유가 상계인 때에는 상계로 소멸할 채권은 그 연대채무자에게 이전된다 ② 어느 연대채무자가 변제 기타 자기의 출재로 공동면책되었음을 다른 연대채무자에게 통지하지 아니한 경우에 다른 연대채무자가 선의로 채권자에게 변제 기타 유상의 면책행위를 한 때에는 그 연대채무자는 자기의 면책행위의 유효를 주장할 수 있다.
민법 제427조 (상환무자력자의 부담부분)	① 연대채무자중에 상환할 자력이 없는 자가 있는 때에는 그 채무자의 부담부분은 구상권자 및 다른 자력이 있는 채무자가 그 부담부분에 비례하여 분담한다. 그러나, 구상권자에게 과실이 있는 때에는 다른 연대채무자에 대하여 분담을 청구하지 못한다. ② 전항의 경우에 상환할 자력이 없는 채무자의 부담부분을 분담할 다른 채무자가 채권자로부터 연대의 면제를 받은 때에는 그 채무자의 분담할 부분은 채권자의 부담으로 한다.

10. 조합(조합계약) 관련 주요 판례

□ "공동의 목적 달성"을 위해 상호협의가 조합계약인지 여부

수인이 부동산을 공동으로 매수한 경우, 매수인들 사이의 법률관계는 공유관계로서 단순한 공동매수인에 불과할 수도 있고, 그 수인을 조합원으로 하는 동업체에서 매수한 것일 수도 있는 바, 공동 매수인이 토지를 공유로 취득함에 있어 공동 매수인 간의 특정한 계

약이 "공동의 목적 달성"을 위해 상호 협력한 것에 불과할 뿐 이를 넘어 "공동사업을 경영할 목적"이 있었다고 인정되지는 아니하는 경우, 이들 사이의 법률관계는 공유관계로서 단순한 공동매수인에 불과한 것이며, 특정한 사업을 공동경영하는 약정에 한하여 이를 조합계약이라 할 수 있고, 공동의 목적 달성이라는 정도만으로는 조합의 성립요건을 갖추었다고 할 수 없음(대법원2005다5140, 2007.06.14.; 대법원2003다60778, 2004.04.09.).

□ 토지 소유자 간 연립주택 신축·분양계약이 조합계약에 해당하는 지의 여부

인접 토지소유자들 사이에 각자의 소유토지를 출자하여 그 지상에 연립 주택을 건축·분양하기로 하는 약정이 조합계약에 해당한다고 하려면 조합원 각자의 출자내용과 그에 따른 손익분배비율 및 그 업무집행의 방법 등이 정하여져 있어야 하는 것임(대법원85누390, 1985.09.24.).

□ 출자의무 불이행 시 조합원의 자격이 상실되는 것인지 여부

건설공동수급체의 구성원인 조합원이 그 출자의무를 불이행하였더라도 이를 이유로 그 조합원이 조합에서 제명되지 아니하고 있는 한, 조합은 조합원에 대한 출자금채권과 그 연체이자채권, 그 밖의 손해배상채권으로 조합원의 이익분배청구권과 직접 상계할 수 있을 뿐이고, 조합계약에 달리 출자의무의 이행과 이익분배를 직접 연계시키는 특약(출자의무의 이행을 이익분배와의 사이에서 선이행관계로 견련시키거나 출자의무의 불이행 정도에 따라 이익분배금을 전부 또는 일부 삭감하는 것 등)을 두지 않는 한 출자의무의 불이행을 이유로 이익분배 자체를 거부할 수는 없음.

□ 조합재산을 조합원명의로 등기한 경우 권리관계

○ 부동산의 소유자가 동업계약(조합계약)에 의하여 부동산의 소유권을 투자하기로 하였으나 아직 그의 소유로 등기가 되어 있고 조합원의 합유로 등기되어 있지 않다면, 그와 조합 사이에 채권적인 권리의무가 발생하여 그로 하여금 조합에 대하여 그 소유권을 이전할 의무 내지 그 사용을 인용할 의무가 있다고 할 수는 있지만, 그 동업계약을 이유로 조합계약 당사자 아닌 사람에 대한 관계에서 그 부동산이 조합원의 합유에 속한다고 할 근거는 없으므로, 조합원이 아닌 제3자에 대하여는 여전히 소유자로서 그 소유권을 행사할 수 있음.

○ 동업을 목적으로 한 조합이 조합체로서 또는 조합재산으로서 부동산의 소유권을 취득하였다면 「민법」 제271조 제1항에 따라 당연히 그 조합체의 합유물이 되는 것이고 다만, 그 조합체가 합유등기를 하지 아니하고 그 대신 조합원들 명의로 각 지분에 관하여 공유등기를 하였다면 이는 그 조합체가 조합원들에게 각 지분에 관하여 명의신탁한 것으로 보아야 함.

○ 동업목적의 조합체가 부동산을 조합재산으로 취득하였으나 합유등기가 아닌 조합원들 명의로 공유등기를 하였다면 그 공유등기는 조합체가 조합원들에게 각 지분에 관하여 명의신탁한 것에 불과하므로 「부동산 실권리자 명의등기에 관한 법률」 제4조 제2항 본문이 적용되어 명의수탁자인 조합원들 명의의 소유권이전등기는 무효이어서 그 부동산지분은 조합원들의 소유가 아니기 때문에 이를 일반채권자들의 공동담보에 공하여지는 책임재산이라고 볼 수 없고, 따라서 조합원들 중 1인이 조합에서 탈퇴하면서 나머지 조합원들에게 그 지분에 관한 소유권이전등기를 경료하여 주었다 하더라도 그로써 채무자인 그 해당 조합원의 책임재산에 감소를 초래한 것이라고 할 수 없으므로 이를 들어 일반채권자를 해하는 사해행위라고 볼 수는 없으며, 그에게 사해의 의사가 있다고 볼 수도 없음(대법원2000다30622, 2002.06.14.).

□ 공동사업장의 채무 부담

공동사업의 경우 공동사업자들이 합유적으로 임대차보증금 반환의무를 부담한다고 보아야 하고, 조합으로부터 탈퇴하지 않는 한 공동사업자들이 내부적으로 건물 일부분의 관리와 그 임대차보증금 반환채무의 귀속을 구두로 약정했다고 하여 일부 공동사업자가 그 일정 부분에 대한 임대차보증금반환채무만을 부담한다고 볼 수 없음(서울행정법원 2015구합64930, 2015.12.10.).

□ 조합자산을 업무집행조합원 명의로 취득한 경우

2인 이상이 상호출자하여 공동사업을 경영할 것을 약정함으로써 효력이 생기는 조합에 있어서는 조합계약이나 조합원의 3분의 2 이상의 찬성으로써 업무집행자를 정할 수 있고, 조합의 업무를 집행하는 조합원은 조합업무의 처리로 인하여 받은 금전 기타의 물건 및 그 수취한 과실을 조합에 인도하여야 하고, 조합을 위하여 자기의 명의로 취득한 권리는 조합에게 이전하도록 되어 있는 바, "갑"과 "을"이 각자 자금을 출자하고 공동으로 공사를 시공하여 그 이익을 반분하기로 하되 "갑"은 공사시공과 관계되는 일을 맡고 "을"은 자금관리와 대외적 업무처리를 맡기로 하는 내용의 동업약정을 맺고 이와 같은 동업관계를 유지하면서 건물의 신축공사를 진행한 경우, "을"은 적어도 자금관리와 대외적 업무처리에 관한 한 "갑", "을"로 구성된 조합의 업무집행자라고 할 것이고, 조합의 업무집행자인 "을"이 조합의 대외적 업무처리를 하면서 자기의 이름으로 건물에 관한 공유지분을 취득하였다면 그것은 조합의 업무집행자로서의 권리취득이 되어 특약이 없는 한 공유지분을 조합 앞으로 이전하여 줄 의무가 있으며, 조합원 중의 1인인 "갑"으로서도 "갑", "을" 사이의 조합계약에 기하여 조합의 업무집행자인 "을"이 취득한 공유지분을 조합 앞으로 이전할 것을 청구할 수 있음(대법원95다4957, 1997.05.30.).

□ 조합계약의 종료

조합관계에 있어서는 일반적으로 조합계약에서 정한 사유의 발생, 조합원 전원의 합의, 조합의 목적인 사업의 성공 또는 성공불능, 해산청구 등에 의하여 조합관계가 종료되고, 2인으로 된 조합관계에 있어 그 가운데 한 사람이 탈퇴하는 경우에도 역시 조합관계는 종료되며, 경제계의 사정변경에 따른 조합 재산상태의 악화나 영업부진 등으로 조합의 목적달성이 매우 곤란하다고 인정되는 객관적인 사정이 있거나 조합 당사자 간의 불화·대립으로 인하여 신뢰관계가 파괴됨으로써 조합업무의 원활한 운영을 기대할 수 없는 경우 등 부득이한 사유가 있는 때에는 조합원이 조합의 해산을 청구할 수 있음(대법원 95다4957, 1997.05.30.).

□ 조합에서 발생한 손실의 분담

영리를 목적으로 하는 조합계약에 있어서 이익의 분배는 조합의 업무집행의 일부로서 조합운영 중 이를 약정시기에 분배하여야 할 것이나, 손실의 분담에 관하여는 조합원은 조합계약에서 따로 정한 바가 없다면 조합의 계속 중에는 출자의무 이상으로 재산을 제공할 의무는 없고 조합을 해산·청산함에 있어서 조합재산으로 조합채무를 완제할 수 없게 된 때에 비로소 손실을 부담하는 것이므로 손실의 분담에 관하여 따로 약정한 바 없다면 조합의 계속 중 손실이 발생하였다 하더라도 그 손실의 분담문제는 동업관계 종료 시 청산절차에서 잔여재산분배와 함께 정산되어야 할 것이고 청산절차를 거치지 아니한 단계에서 업무집행조합원이 바로 조합원에게 자신의 채권으로서 손실분담금을 청구할 수는 없음(서울고법97나40546, 1998.11.04.).

□ 조합 결성 시 출자금액을 정하지 아니한 경우 출자의무이행 방법

상호출자하여 공동사업을 경영할 것을 약정함으로써 민법상의 조합을 결성한 경우, 이러한 조합에 있어서 출자비율만 정해 놓고 출자금액을 구체적으로 정하지 않은 경우 당사자 일방이 자기의 출자금액을 정하고 상대방에게 약정비율에 따른 일정금액의 출자를 요구하여도 상대방은 이에 반드시 응할 의무가 있는 것은 아니고, 조합원의 출자의무가 발생하려면 조합원 간에 구체적인 출자금액의 합의가 이루어져야 하는 것임(대전지법99가합1498, 2001.03.15.).

□ 조합원이 조합에 손해를 발생시킨 경우 손해의 청구

일부 조합원이 동업계약을 위반하여 손해가 발생한 경우 그 손해를 입은 주체는 어디까지나 조합원들로 구성된 동업체라 할 것이고, 이로 인하여 결과적으로 어떤 조합원에게 손해가 발생하였다 하더라도 이는 조합과 무관하게 개인으로서 입은 손해가 아니라 조합체를 구성하는 조합원의 지위에서 입은 손해에 지나지 아니하는 것이므로, 결국 피해자인 조합원으로서는 조합관계를 벗어난 개인의 지위에서 그 손해의 배상을 구할 수 없는 것일 뿐만 아니라, 조합관계에 있어서는 일반적으로 조합계약에서 정한 사유의 발생, 조합원 전원의 합의, 조합의 목적인 사업의 성공 또는 성공 불능, 해산청구 등에 의하여 조합관계가 종료되고, 조합관계가 종료되는 경우 당사자 사이에 별도의 약정이 없는 이상, 청산절차를 밟는 것이 통례로서 조합원들에게 분배할 잔여재산과 그 가액은 청산 절차가 종료된 때에 확정되는 것이므로, 원칙적으로 청산절차가 종료되지 아니한 상태에서 잔여재산의 분배를 청구할 수도 없음(대전지법99가합1498, 2001.03.15.).

□ 익명조합인지 내적조합으로서 공동사업인지 여부

(가) 이 사건 건물의 소유관계

원고와 참가인은 이 사건 전까지 이 사건 건물이 서로 자신의 소유라고 주장하다가, 이 사건 각 처분 이후부터는 서로 상대방의 소유라고 주장하고 있다. 그러나 민법 제

830조 제1항은 "혼인 중 자기의 명의로 취득한 재산은 특유재산으로 한다"고 규정하고 있으므로 각 1/2지분을 공유로 등기된 이상 각자의 재산인 것으로 인정되는 점, 이혼판결에서 재산분할의 대상으로 하였는데, 특유재산이라도 유지에 협력하여 감소를 방지하였거나 증식에 협력한 경우에는 분할의 대상이 되므로(대법원 2002.08.28.자 2002스36 결정 참조), 재산분할의 대상으로 하였다는 사정만으로 특유재산성을 부인할 수 없는 점, 원고가 건축물대장상 자신의 명의로만 등재하였다가 소유권보존등기 시 공유로 등기하였는데, 소유권이전등기 시에 증여하였다고 볼 수 있는 점(재산형성 과정 등에 비추어 원고와 참가인의 권리를 인정할 수 있다), 일단 등기가 경료되면 진정한 것으로 추정이 되고, 제출된 증거만으로는 원고 또는 참가인의 단독 소유라고 단정하기에 부족한 점 등을 고려할 때, 원고와 참가인은 이 사건 건물에 관하여 각 1/2지분을 공유하고 있었다고 봄이 타당하고, 어느 일방의 명의신탁관계에 있었다고 볼 수 없음.

(나) 임대에 관한 권한 행사

참가인은 자신의 명의로 이 사건 건물에 관한 사업자등록을 한 점(참가인은 "자신도 모르게 사업자등록이 되었다"는 취지의 주장을 하나, 수년간 자신 명의로 부가가치세 및 종합소득세를 신고, 납부한 사정에 비추어 자신 명의의 사업자등록을 알고 있었고, 이를 추인하였다고 볼 수 있으므로, 사업자등록을 부인할 수 없다), 참가인은 자신의 명의로 이 사건 건물에 관한 임대차계약을 체결하고, 관리인 김JJ으로 하여금 차임을 수령하도록 한 점, 참가인은 관리인 김JJ으로 하여금 원고에게 차임을 송금하도록 하거나, 세무사 이QQ에게 부가가치세와 종합소득세의 신고를 대행하게 한 점, 참가인은 임차인들에 대한 임대차보증금반환 판결을 선고받은 점, 이혼판결은 임대보증금반환채무를 참가인의 소극재산으로 인정하여 재산분할한 점, 참가인은 본인 신문에서 원고의 임대차 관여를 진술하고 있으나, 관리인 김JJ으로 하여금 차임 송금을 하지 못하게 하거나 임차인들에 대한 2002.03.08.자 통보 등에 비추어 원고는 임대인의 지위에 있었다고 보기 어려운 점 등을 고려할 때, 참가인은 대외적으로 이 사건 건물을 관리하고 차임을 수령하는 등 이 사건 건물 임대에 관한 권한을 전적으로 행사하였다고 봄이 타당함.

(다) 임대수입의 사용

① 2007.06.까지 부분

원고는 2006.04.부터 2007.06.까지 이 사건 건물의 임대수입 중 월 ○○○○원을 송금받아 사용하였고, 이는 월차임 합계액 ○○○○원 중 18%에 해당하는 점, 참가인은 임대수입으로 생활비나, 자녀인 조NN, 조PP의 학비 등에 사용한 점(원고는 "임대수입으로 참가인이나 자녀들의 재산증식에 사용하였다"고 주장하고 있으나, 일부 공과금을 지출한 것 이외에 달리 생활비에 지출된 사정이 없고, 조NN, 조PP의 학비 등에 비추어 임대수입의 상당부분이 생활비로 지출되었다고 보인다), 재산증식에 사용되었다 하더라도 원고가 그동안 이의를 제기하지 아니하였고, 재산분할 대상이 되었으므로 임대수입 사용에 묵시적 동의가 있었다고 볼 수 있는 점 등을 고려할 때, 임대수입은 2007.06.까지 원고의 명시적 또는 묵시적 승낙에 따라 혼인생활을 유지하기 위해 사용됨.

② 2007.07.부터 부분

참가인은 원고와의 별거 이후인 2007.07.경부터 원고에게 이 사건 건물의 임대수입을 송금하지 아니한 점, 원고는 2007.10.29. 참가인에게 이 사건 건물에 관한 관리위임을 해제한다고 통보한 점, 참가인은 2007.08.02. 이 사건 건물 중 원고의 지분에 관하여 처분금지가처분결정을 받은 점, 원고는 2007.08.16. 임차인들을 상대로 참가인에 대한 차임지급정지가처분 신청을 하는 등 법적 분쟁이 발생하여 원고와 참가인의 관계가 종국적 파탄에 이르게 된 점, 부모가 성년의 자녀에 대하여 직계혈족으로서 민법 제974조 제1호, 제975조에 따라 부담하는 부양의무는 부양의무자가 자기의 사회적 지위에 상응하는 생활을 하면서 생활에 여유가 있음을 전제로 하여 부양을 받을 자가 자력 또는 근로에 의하여 생활을 유지할 수 없는 경우에 한하여 그의 생활을 지원하는 것을 내용으로 하는 제2차 부양의무인데(대법원2012.12.27. 선고2011다96932판결 참조), 2007.06.경 조NN는 36세, 조PP은 30세로 성년이었고, 두 딸이 자력 또는 근로에 의하여 생활을 유지할 수 없는 상황이었다고 볼 수 없는 점 등을 고려할 때, 원고와 참가인의 혼인관계는 2007.07.경 파탄되었고, 이때부터 원고와 참가인은 각자 생활을 유지하기 위해 자신의 수입을 사용하였다고 봄이 타당하므로, 임대수입은 2007.07.부터 참가인의 생활을 유지하기 위해 사용됨.

(라) 소결론

이 사건 건물은 원고와 참가인의 공유인 점, 참가인은 이 사건 건물에 관하여 대외적으로 임대차계약을 체결하는 등 관리, 수익행위를 한 점, 다만 원고는 참가인과 부부지간이고, 참가인 본인신문에 의하더라도 일부 임대차관리에 관여한 점, 임대수입 중 18%는 원고에게 지급되었고, 나머지는 2007.06.까지 원고와 참가인의 혼인생활을 위해 사용된 점 등을 고려할 때, 원고와 피고는 임대사업이라는 공동사업을 위해 이 사건 건물에 관한 임대권을 출자하고, 다만 대외적 행위는 참가인 1인의 이름으로 활동하도록 하여 그 임대수입을 공동사용 하였다고 봄이 타당함. 이러한 법률관계는 공동사업을 위한 조합재산을 가지는 민법상 조합(민법 제703조)이나, 당사자 일방이 상대방의 영업을 위해 출자하는 형태인 상법상 익명조합(상법 제78조)에 해당하지 아니하고, 내적조합에 해당함(대법원2011.11.24. 선고2010도5014 판결, 대법원2000.07.07. 선고98다44666 판결, 대법원1983.05.10. 선고81다650 판결 참조).

(마) 내적조합에 대한 과세

○ 2인 이상이 공동으로 사업을 경영하여 그 이익을 분배하기로 약정한 경우에는 편의상 외부적으로는 그중 1인의 이름으로 활동을 하더라도 실질과세원칙과 소득세법 제43조 제2항에 따라 공동사업으로 인한 수득은 각 그 지분 또는 손익분배 비율에 의하여 분배되었거나 분배될 소득금액에 따라 각 그 소득금액을 계산하여야 함(대법원 1995.11.10. 선고 94누8884 판결 참조). 한편, 내적조합도 특수한 형태의 조합이므로 민법상 조합에 관한 내부관계 규정이 그대로 적용된다. 내적조합의 조합원은 민법 제716조, 제717조에 따라 조합을 탈퇴할 수 있고, 이때 조합관계는 종료됨.

○ 돌이켜 이 사건을 보건대, 참가인은 2007.07.경부터 원고에게 임대수입을 송금하지 아니하고, 전부 사용한 점, 원고와 참가인은 2007.08.경부터 이 사건 건물을 서로 자신의 소유라고 주장하면서 가처분신청을 하거나 위임해제통지 등을 보낸 점 등을 고려할 때, 원고와 참가인의 조합관계는 2007.07.경부터 쌍방의 의사로 종료되었다고 봄이 타당한 바, 이 사건 부가가치세 부과처분 중 2006년 2기 부가가치세, 2007년 1기 부가가치세, 이 사건 종합소득세 부과처분 중 2006년 종합소득세, 2007년 종합소득세 중 2007.06.까지 부분의 각 부과처분은 공동사업자(1/2지분)에 대한 과세로 적법하고, 나머지는 위법

하다(서울행정법원2012구합42946, 2013.09.27.).

☐ 협약사업의 운영과 관련하여 협약의 구성원이 고의 또는 중과실로 다른 구성원이나 고객에게 손해를 발생시킬 경우 그 손해의 전부를 배상하여야 한다는 규정이 있더라도 이는 조합관계에 있어 내부적 손해배상책임의 분담기준을 정한 것으로 보일 뿐이고 손익분담과는 별도로 그러한 내부적 손해분담의 특약을 두었다고 하여 그것이 조합의 성질에 반한다고 보기는 어려움(대전지법2014구합100985, 2015.07.09.).

제2절 조합에 대한 국세기본법 및 국세징수법 적용

1. 국세기본법상 공동사업 규정

공동사업이란 그 사업이 당사자 전원의 공동의 것으로서 공동으로 경영되고 따라서 당사자 전원이 그 사업의 성공여부에 대하여 이해관계를 가지는 사업을 말한다(국기통칙 25-0-2). 공동사업 및 그 구성원에 대하여 국기법에서 규정하는 실질과세원칙, 연대납세의무 등이 그대로 적용된다.

2. 공동사업과 실질과세 원칙

1) 국세기본법상 귀속의 실질과세

「국세기본법」 제14조제1항은 "과세의 대상이 되는 소득·수익·재산·행위 또는 거래의 귀속이 명의일 뿐이고 사실상 귀속되는 자가 따로 있을 때에는 사실상 귀속되는 자를 납세의무자로 하여 세법을 적용한다"고 하여 실질과세의 원칙을 천명하고 있다. 따라서 소득이나 수익, 재산, 행위 또는 거래 등의 과세대상에 관하여 귀속 명의와 달리 실질적으로 이를 지배·관리하는 자가 따로 있는 경우에는 형식이나 외관을 이유로 귀속 명의자를 납세의무자로 삼을 것이 아니라, 실질과세의 원칙에 따라 실질적으로 해당 과세대상을 지배·관리하는 자를 납세의무자로 삼아야 하고, 그러한 경우에 해당하는지는 명의사용의 경위와 당사자의 약정 내용, 명의자의 관여 정도와 범위, 내부적인 책임과 계산 관계, 과세대상에 대한 독립적인 관리·처분 권한의 소재 등 여러 사정을 종합적으로 고려하여 판단하여야 한다.

소득 등의 귀속명의와 실질적인 귀속주체가 다르다는 점에 관하여는 과세처분을 받은 명의자가 법관으로 하여금 상당한 의문을 갖게 할 정도로 주장·증명할 필요가 있으나, 그 결과 소득 등의 실질이 명의자에게 귀속되었는지가 불분명하게 되어 법관이 확신할 수 없게 되었다면, 그로 인한 불이익은 과세요건사실의 존부 및 과세표준에 관하여 궁극적인 증명책임을 지는 과세관청에게 돌아간다(대법원2015두53084, 2017.10.26.).

실질과세의 원칙은 과세관청만의 전유물은 아니므로 납세자도 국기법 제14조 제1항의 실질귀속자 과세원칙이나 국기법 제14조 제2항의 실질내용 과세원칙 모두 주장이 가능하다.

2) 공동사업 여부에 대한 실질과세원칙 적용 여부

실질과세의 원칙상 당사자들이 공동사업(동업) 관계에 있었는지 여부는 당사자들의 사업자 등록 또는 소득세 신고 내용 등의 형식에 따라 결정할 것이 아니라 출자 여부, 손익의 귀속관계 및 경영참가 여부 등 제반 사정을 종합하여 실질적으로 결정하여야 할 것이다(대법원2006두11330, 2006.09.08.).

2인 이상이 공동으로 사업을 경영하여 그 이익을 분배하기로 약정한 경우, 1인 이름으로 활동하더라도 실질과세원칙과 소득법 제56조 제2항에 따라 공동사업으로 인한 소득은 그 지분 또는 손익분배비율에 의하여 분배되었거나 분배될 소득금액에 따라 계산한다(대법원94누8884, 1995.11.10.).

3. 공동사업자의 납세의무 성립과 연대납세의무

1) 개요

국기법 제25조 제1항은 공유물, 공동사업 또는 해당 공동사업에 속하는 재산에 관계되는 국세 및 강제징수비(이하 "국세등"이라 한다)는 그 공유자 또는 공동사업자가 연대하여 납부할 의무를 진다고 규정하고 있는 바, 이는 통상 공유물이나 공동사업에 관한 권리·의무는 공동소유자나 공동사업자에게 실질적, 경제적으로 공동으로 귀속하게 되는 관계로 담세력도 공동의 것으로 파악하는 것이 조세실질주의의 원칙에 따라 합리적이기 때문에 조세채권의 확보를 위하여 그들에게 연대납세의무를 지우고 있는 것이므로 이러한 연대납세의무가 자신의 조세채무를 넘어 타인의 조세채무에 대하여 납세의무를 부당하게 확장하고 불평등한 취급을 하고 있다고 할 수 없고, 개인책임을 기초로 하는 헌법전문과 헌법상의 평등권, 재산권보장의 원리에 위배된다고 볼 수 없다(대법원99두2222, 1999.07.13.).

국기법 제25조 제1항 소정의 연대납세의무의 법률적 성질은 민법상의 연대채무와 근본적으로 다르지 아니하므로 각 연대납세의무자는 개별세법에 특별한 규정이 없는 한 원칙적으로 고유의 납세의무 부분이 없이 공동사업 등에 관계된 국세의 전부에 대하여 전원이 연대하여 납세의무를 부담하는 것이므로 국세를 부과함에 있어서는 연대납세의무자인 각 공유자 또는 공동사업자에게 개별적으로 해당 국세 전부에 대하여 납세의 고지를 할 수 있고, 연대납세의무자의

1인에 대한 과세처분의 하자는 상대적 효력만을 가지므로, 연대납세의무자의 1인에 대한 과세처분의 무효 또는 취소 등의 사유는 다른 연대납세의무자에게 그 효력이 미치지 않는다(대법원 99두2222, 1999.07.13.).

따라서 공동사업에 관계되는 국세 등은 납세의무성립일을 기준으로 그 당시의 공동사업자는 납세의무가 성립된 국세 중 납부되지 아니한 국세 등에 대해 공동사업자 전원이 연대하여 납세의무를 지며 부가가치세 납세의무성립일을 기준으로 그 당시의 공동사업자는 납세의무가 성립된 부가가치세 중 납부되지 아니한 부가가치세에 대해 공동사업자 전원이 연대하여 납세의무를 진다(징세-2801, 2004.08.25.; 징세-2801, 2004.08.25.).

◆ 민법상 연대채무의 준용

이 법 또는 세법에 따라 국세 및 강제징수비를 연대하여 납부할 의무에 관하여는 「민법」 제413조부터 제416조까지, 제419조, 제421조, 제423조 및 제425조부터 제427조까지의 규정을 준용한다.

또한 공동사업에 동업자로서 참여한 후 공동사업을 탈퇴(지분양도 등)한 경우에도 해당 공동사업에 관계되는 부가가치세는 납세의무성립일 현재 공동사업자 전원이 연대하여 납부할 의무를 지는 것이며, 공동사업과 관련하여 발생하는 원천징수하여 납부하여야 할 이자소득세 또한 국기법 제25조에 따라 공동사업자가 연대하여 납부할 의무를 진다(서면1팀-656, 2005.06.13.; 서면1팀-1108, 2004.08.11.).

2) 관련 사례

공동사업자의 연대납세의무 개시일

1. 갑은 2016.10.15.일 단독사업을 개시하여 부가가치세 과세사업을 영위하다가 2018.11.01. 을과 공동사업을 영위하게 되었으며, 2019.02.28.자로 당사자 간 합의로 을이 공동사업에서 탈퇴함
2. 해당 사업장에서 2018.09월 5천만원, 2018.12월 9천만원, 2019.01월 3천만원, 2019.05월 3천만원의 가공 매입세금계산서가 적출됨

가. 물음

위 가공세금계산서에 대한 부가가치세 경정 시 연대납세의무자의 범위

나. 검토의견

국세를 납부할 의무는 납세의무성립일 현재의 납세의무자에게 있는 것이므로 공동사업자 구성원의 부가가치세 연대납세의무는 부가가치세 납세의무성립일을 기준으로 판정하는 것이 타당하고(징세46101-326, 2001.05.03. 및 징세-2801, 2004.08.25.) 부가가치세의 납세의무 성립 시기는 원칙적으로 과세기간이 종료하는 때이나, 예정신고 기간에 대한 부가가치세는 예정신고 기간이 종료하는 때로 보고 있다(국기법§21 ① 7 및 §21 ② 3).

예정신고기간 중에 신규 개업하거나 사업실적 부진자 등을 제외한 개인사업자에 대하여 예정고지를 하도록 하고 있는 것은 납세편의 등을 위한 것이지 예정신고기간 자체를 부인하는 것은 아니다.

따라서 '18년 2기 및 '19년 1기 예정신고기간 종료일(2018.09.30. 및 2019.03.31.) 현재는 공동사업자가 아니므로 동 예정신고기간에 발생한 가공매입자료에 대하여는 부가가치세 연대납세의무가 없고, 2018.2기 확정신고 기간에 발생한 가공매입자료 9천만원에 대하여 "갑"과 "을"에게 부가가치세 연대납세의무를 부여한다.

3) 연대납세의무 범위(국기법§25)

구 분	연 대 납 세 의 무	대 상
공유물	공유자	공유물에 관계된 국세 등
공동사업	공동사업자	공동사업에 관계된 국세 등
공동사업에 속하는 재산	공동사업자	공동사업에 속하는 재산에 관계된 국세 등
분할되거나 분할 합병된 후 분할되는 법인이 존속하는 경우	· 분할법인 · 분할신설법인 · 분할합병의 상대방 법인	분할등기일 이전에 분할법인에 부과되거나 납세의무가 성립한 국세 등(승계된 재산가액 한도)
분할 또는 분할합병한 후 소멸 시	· 분할신설법인 · 분할합병의 상대방 법인	분할법인에 부과되거나 분할법인이 납부하여야 할 국세(승계된 재산가액 한도)
채무자회생법에 따라 신회사 설립	신회사	기존의 법인에 부과되거나 납세의무가 성립한 국세 등

4. 공동사업자에 대한 납세의 고지 및 독촉

1) 개요

가. 고지 및 독촉

공유물·공동사업 또는 해당 공동사업에 속하는 재산에 관계되는 국세등은 공유자 또는 공동사업자가 연대하여 납부할 의무를 지는 것으로(국기법§25 ①), 국기법 제25조(연대납세의무)와 상증법 제3조의2(상속세 납부의무) 및 제4조의2(증여세납세의무)에 따라 연대납세의무를 지는 자에게 납세고지를 하는 경우에는 연대납세의무자 전원을 고지서에 기재하여야 하며, 각자에게 모두 고지서를 발부하여야 한다(국징통칙9-0-1).

연대납세의무자에 대하여는 각인별로 독촉장을 발부하여야 하고, 양도담보권자인 물적 납세의무자에 대하여는 독촉장을 발부하지 아니한다(징수통칙23-0-3).

나. 서류의 송달

연대납세의무자에게 서류를 송달할 때에는 그 대표자를 명의인으로 하며, 대표자가 없을 때에는 연대납세의무자 중 국세를 징수하기에 유리한 자를 명의인으로 한다. 다만, 납세의 고지와 독촉에 관한 서류는 연대납세의무자 모두에게 각각 송달하여야 한다(국기법§8 ②).

다. 연대납세의무자 중 1인에 대한 납세고지서 송달 및 효력

공동사업자는 다른 공동사업자의 납부여부에 관계없이 연대납세의무를 가지게 되며, 연대납세의무자에 대한 납세고지서는 연대납세의무자 전원에게 발부하는 것으로 공동사업자중 1인에게 송달된 납세고지서는 다른 공동사업자에게 납세고지서의 송달여부에 관계없이 송달받은 납세자에게는 납세고지서의 효력이 있다(징세46101-657, 1996.03.04.), (징세46101-657, 1996.03.04.; 법규과-1500, 2005.12.13.).

라. 공동사업 등에 관계된 국세의 연대납세의무에 대한 대법원 판례

각 연대납세의무자는 개별 세법에 특별한 규정이 없는 한 원칙적으로 고유의 납세의무부분이 없이 공동사업 등에 관계된 국세의 전부에 대하여 전원이 연대하여 납세의무를 부담하는 것이므로 국세를 부과함에 있어서는 연대납세의무자인 각 공유자 또는 공동사업자에게 개별적으로 해당 국세 전부에 대하여 납세의 고지를 할 수 있고, 또한 연대납세의무자의 1인에 대한 과세처분의 하자는 상대적 효력만을 가지는 것이므로 연대납세의무자의 1인에 대한 과세처분의 무효 또는 취소 등의 사유는 다른 연대납세의무자에게 그 효력이 미치지 않는 것으로 판시하였다(대법원99두2222, 1999.07.13.).

마. 출자의무 불이행이 있는 공동사업장에 대한 과세처분이 당연 무효인지

"갑"이 "을"과 공동사업을 경영키로 하는 내용의 동업계약을 체결하고 계약서를 작성하여 공증까지 받은 경우 과세관청이 동 계약서 등을 근거로 "갑"과 "을"을 공동사업자(민법상 조합)로 인정하여 과세처분을 한 것이라면 비록 "갑"이 동 동업약정 후 자신의 출자의무를 이행하지 아니한 채 동업에 실제 참여한 바 없어 결과적으로 계약서에 근거한 과세처분에 공동사업자에의 해당여부에 관한 사실을 오인한 하자가 있었다 할지라도 그와 같은 하자는 공동사업장으로 보아 과세처분한 경위에 비추어 볼 때 그 존재가 객관적으로 명백하다고 볼 수 없어 동 과세처분을 당연 무효라 할 수 없다(대법원86누94, 1986.06.24.).

2) 공동사업자에 대한 납세고지 사례

가. 사실관계

> **공동사업자에 대한 고지 사례**
>
> 부가가치세 과세사업을 영위하는 공동사업자(구성원 : "갑", "을", "병")에 대하여 부가가치세의 고지서를 발부하였으나, "갑"에게는 정상적으로 송달되어 납부기한이 이미 경과되었고, "을"과 "병"에 대하여는 당초의 납부기한이 경과되어 고지서가 송달되어 추후에 재차 고지서를 발부하고자 함.

나. 물음과 답변

① "을"과 "병"에 대한 고지방법은?

⇨ 당초 "갑"에게 송달한 것과 동일한 고지서(동일한 고지세액과 납부기한)를 송달하고, 지연송달로 인한 납부기한 연장으로 처리하는 것임.

② "갑", "을", "병"에게 고지서가 송달된 시기가 달라 각각의 부담이 다음과 같을 경우 "병"이 고지서를 받고 납기 내에 1,000,000원을 전액 납부하였다면 각각의 잔여부담세액은?

▷ "갑"과 "을"의 모든 납세의무는 면제됨.

(단위 : 원)

구 분	납부기한	고지세액	납부지연가산세	계
"갑"	22.06.30.	1,000,000	90,000	1,090,000
"을"	22.08.31.	1,000,000	60,000	1,060,000
"병"	납기 내	1,000,000	-	1,000,000

③ 고지세액의 최저부담자인 "병"이 납기 내에 일부 금액인 500,000원을 납부한 경우 각각의 잔여부담세액은?

▷ 최저부담자인 "병"이 본세에 대한 납세의무를 이행한 것으로 "갑"과 "을"에 대하여도 본세에 대한 의무를 면제함.

(단위 : 원)

구 분	"갑"	"을"	"병"
잔여 고지세액	500,000	500,000	500,000
납부지연가산세	90,000	60,000	-
잔여 부담세액	590,000	560,000	500,000

④ "갑", "을", "병"에게 고지서가 송달된 시기가 달라 각각의 부담이 다음과 같을 때 "병"이 1,030,000원을 납부한 경우 각각의 잔여부담액은?

▷ 연대납세의무자 중 최저부담자의 납세의무가 면제되면 전체의 납세의무가 면제된 것으로 함.

(단위 : 원)

구 분	납부기한	고지세액	납부지연가산세	계
"갑"	22.06.30.	1,000,000	90,000	1,090,000
"을"	22.08.31.	1,000,000	60,000	1,060,000
"병"	22.12.31	1,000,000	30,000	1,030,000

⑤ 질의4에서 "병"("갑" 또는 "을")이 500,000원을 납부한 경우 각각의 잔여부담액은?

⇨ 최저부담자 기준으로 고지세액 470,000 납부지연가산세 30,000 납부로 처리함.

(단위 : 원)

구 분	"갑"	"을"	"병"
잔여 고지세액	530,000	530,000	530,000
납부지연가산세	6,000	30,000	-
잔여부담세액	590,000	560,000	530,000

⑥ "갑", "을", "병"에게 고지서가 송달된 시기가 달라 각각의 부담이 다음과 같을 때 "병"이 22.12.31.까지 얼마를 납부하여야 구성원 전부의 납세의무가 면제되는지 여부?

⇨ "병"에 대한 고지금액에서 "갑"이 이행한 당초 고지세액 납부분을 제외한 금액
1,000,000원 - 100,000원 = 900,000원

(단위 : 원)

구 분	납부기한	고지세액	납부지연가산세	12/1 납부	잔 액
"갑"	22.06.30.	1,000,000	90,000	190,000	900,000
"을"	22.08.31.	1,000,000	60,000	-	
"병"	22.12.31.	1,000,000	30,000	-	?

※ 근거자료 : 재조세-55, 2005.01.11.; 징세46101-657, 1996.03.04. 외 국기법 §47의4

5. 공동사업 구성원에 대한 국세징수법상 체납처분

1) 체납처분 및 압류

가. 체납처분 개요

공동사업자는 연대납세의무자로서 체납액 전부에 대하여 각자 이행할 의무가 있고, 국가는 어느 연대납세의무자에 대하여도 체납액의 전부나 일부를 청구할 수 있다.

나. 압류

세무서장이 체납자 소유의 공유지분을 압류한 경우 압류의 효력은 그 지분의 비율에 응하여 공유물 전체에 미치는 것이며 압류 후 이전등기가 이루어진 경우에도 압류의 효력은 이전등기 시까지 납세의무가 성립한 전소유자의 체납액에 미친다(서삼46015-11851, 2003.11.25.). 또한, 연대납세의무자 중 1인의 재산을 압류한 경우 그 압류로 인한 국세징수권 소멸시효의 중단 효력은 「민법」 제169조 및 제423조에 따라 그 1인에게만 미치므로, 그 1인의 체납처분을 위하여 국세징수권 소멸시효가 완성된 다른 연대납세의무자의 재산을 압류할 수 없다(징세46101-766, 2001.12.12.).

① 공동사업에 부동산을 출자하면 합유등기 여부에 관계없이 양도소득세 과세가 가능하며 양도소득세 과세 후에는 조합의 합유물이므로 합유물에 대한 압류는 불가하다.

② 다만 합유 이전에 따른 양도소득세가 과세되지 아니한 경우로서 합유등기를 미이행한 경우 등기상 명의자에 대한 압류는 가능하다.

③ 부동산을 명의신탁한 경우에는 소유권이 대외적으로 수탁자에게 귀속하므로 명의신탁자는 신탁을 이유로 제3자에 대하여 그 소유권을 주장할 수 없다(징세46101-9522, 1993.12.30. 대법2000다30622, 2002.06.14.; 대법원2008다91111, 2009.01.30.).

2) 압류 해제

세무서장은 납세의무자(연대납세의무자 포함)의 압류와 관계되는 체납액의 전부가 납부 또는 충당, 국세 부과의 전부를 취소한 경우, 여러 재산을 한꺼번에 공매하는 경우로서 일부 재산의 공매대금으로 체납액 전부를 징수한 경우, 공매의 중지 등의 사유로 체납액이 전액 납부(충당)

또는 면제된 경우 압류를 즉시 해제하여야 한다(국징법§57 ①).

① 공동사업자가 체납액이 있는 경우 공동사업자 중 1인이 자신의 지분에 상당하는 세액을 납부하였다 하더라도 체납된 국세는 아직 완납되지 않았으므로 국징법 제57조 제1항에 따른 압류해제 사유에 해당하지 아니한다(국심1999부0931호, 1999.12.29.).

② 체납자 소유의 공유지분을 압류한 경우 압류 이후에 공유물을 분할하더라도 압류에 대항할 수 없는 것이므로 압류의 해제사유에 해당하지 아니한다(서삼46015-11508, 2003.09.23.).

③ 대법원은 공동면허권자가 공유수면매립법에 따라 가지는 권리의무가 그들의 합유에 속하는 경우 비록 토지가 부동산등기부상 공동면허권자의 공유로 등기되어 있다고 하더라도 세무서장은 이를 공동면허권자의 합유로 인정하여야 하는 것이므로 압류한 재산이 제3자의 소유에 속하는 것으로 판명되는 경우에 해당되어 그 제3자가 국징법 제28조 제1항에 따른 증거서류를 따로 제출하지 아니하더라도 압류해제의 신청이 있는 이상 세무서장은 국징법 제28조 제3항에 따라 압류를 해제하여야 한다고 판시하였다(대법2000두6084, 2002.03.29.).

④ 합유자 1인의 체납처분에 의하여 합유자 중 1인의 지분에 대하여 압류등기촉탁을 할 수 없는 것이며, 다만, 조합의 사업으로 발생한 체납액에 대하여는 합유재산에 대하여 압류등기촉탁을 할 수 있다.

3) 합유물 등에 대한 공매

합유는 합유자 재산의 지분을 구체적으로 정한 바 없으며, 「민법」 제272조에 따라 합유물의 처분 또는 변경하는 데는 합유자 전원의 동의가 필요하기 때문에 합유재산은 합유자 전원의 동의 없이는 지분을 처분할 수 없으므로 체납자 지분을 압류등기하였을지라도 합유자 전원의 동의 없이는 체납처분절차에 의한 공매를 할 수 없다(조세22607-279, 1988.03.29.).

총유재산의 압류제한

- 법인이 아닌 사단의 사원이 집합체로서 물건을 소유할 때 총유로 하며 각 사원은 정관 기타의 규약에 따라 총유물을 사용, 수익할 수 있을 뿐이고, 관리 및 처분은 사원총회의 결의에 의하여야 함.
- 따라서, 공유의 경우와 같이 지분에 해당하는 개념이 존재하지 아니하므로 지분을 매매하거나 상속할 수 없으며, 사원의 체납을 이유로 지분의 압류 및 공매처분이 불가함.

4) 국세환급금에 대한 압류

가. 국세기본법 규정

세무서장(부과과장)은 연대납세의무자와 관련한 국세환급금에 대하여 환급 통보(부과통보) 전에 반드시 연대납세의무자 전원으로부터 "국세환급금 지급에 대한 동의서"를 제출받아 정당한 국세환급금 지급대상자를 확인한 후 환급통보(부과통보)하여야 하며 동의서는 관련 결의서와 함께 편철·보관하여야 한다(징세사무처리규정§63 ③).

※ 공동사업장의 환급세액의 압류에 관한 국세기본법 규정은 없다.

연대납세의무자로서 납부한 후 연대납세의무자가 아닌 것이 밝혀진 때에는 해당 연대납세의무자가 실지로 납부한 국세 등을 세무서장이 구체적으로 확인하여 충당 또는 환급한다. 2인 이상의 연대납세의무자가 납부한 국세 등에 대하여 발생한 국세환급금은 각자가 납부한 금액에 따라 안분한 금액을 각자에게 충당 또는 환급할 수 있다(국기통칙51-0-5).

나. 대법원 판례

금전 기타 재산 및 노무를 출자하여 공사를 공동으로 시행하기로 하는 내용의 약정을 함으로써 그들 사이에는 민법상 조합이 성립되었다면, 그 조합의 구성원 1인의 부가가치세 체납을 이유로 조합재산인 공사대금채권을 세무서장이 압류처분을 한 것은 체납자 아닌 제3자 소유의 재산을 대상으로 한 것으로서 그 처분의 내용이 법률상 실현될 수 없는 것이어서 당연 무효이다(대법 2000다68924, 2001.02.23.).

다. 국세청 유권해석

공동사업자에게 부가가치세를 환급하는 경우 과세관청은 정당한 국세환급금 대상자임을 확인한 후에 공동사업 대표자에게 환급을 하는 것이므로 과세관청이 공동사업 대표자에게 환급되는 부가가치세를 동 대표자의 다른 체납세액에 압류·충당한 것은 정당한 처분이 되는 것이며, 또한 과세관청은 공동사업 대표자에게 환급되는 부가가치세를 공동사업 구성원의 다른 국세 체납세액에 충당할 수 없다고 해석하고 있다(징세46101-389, 2000.03.14.; 징세46101-954, 2000.06.29.). 그러나 ☞공동사업장의 부가가치세 환급금이 조합의 합유재산에 해당함은 명백하므로 국세청 해석과 같이 처리하기 위해서는 법률적 근거를 마련하는 것이 필요하다.

※ 민법상 조합재산의 합유규정에 따르면 국세청 해석은 분명 잘못되었다.

라. 조세심판원 결정

공동사업에 관계되는 부가가치세는 공동사업자가 연대납세의무를 지는 것인 바, 그 환급도 국기법 제51조 제1항에 따라 각자 납부한 금액에 따라 안분한 금액을 각자에게 충당 또는 환급하는 것이 타당하며 연대납세의무가 있는 공동사업자 중 1인이 공동사업과 무관한 체납된 국세 및 강제징수비가 있는 경우에는 처분청이 국세환급금으로 결정한 금액 중 체납세액이 있는 해당 공동사업자 지분에 상당하는 부가가치세 환급세액에 한하여 충당이 가능하다(국심2001중3243, 2002.02.28.).

공동사업 수행과정에서 발생한 환급금 수입은 공동사업 구성원 각자의 지분비율에 따라 그 귀속이 결정되어야 할 것으로 공동사업 구성원 1인의 공동사업 지분비율을 초과하여 환급금(부가가치세)을 그의 종합소득세 체납액에 충당한 처분은 잘못이다(국심2000중372, 2000.09.01.).

▶ **유권해석 및 판례분석**

- 대법원 판례에 따르면 공동사업구성원 본인의 체납액으로 하여 제3자인 조합재산을 압류할 수 없는 것으로 판시하고,
- 조세심판원에서는 공동사업 구성원 자신의 지분비율만큼은 압류가 가능한 것으로 달리 결정하고 있는 바, 과세관청에서는 국세청 유권해석을 따라 업무집행을 하여야 할 것으로 판단되지만 대법원, 조서심판원 결정사례가 각각 다름에 유의하여야 할 것이다.

---

6. 관련 사례

□ 이 사건 조합은 법인격 없는 사단에 해당하여 그 조합원은 시 사건 조합에 부과된 부가가치세를 연대하여 납부할 의무가 없음

가) 민법상의 조합과 법인격은 없으나 사단성이 인정되는 비법인사단을 구별함에 있어서는 일반적으로 그 단체성의 강약을 기준으로 판단하여야 하는바, 조합은 2인 이상이 상호 간에 금전 기타 재산 또는 노무를 출자하여 공동사업을 경영할 것을 약정하는 계약관계에 의하여 성립하므로 어느 정도 단체성에서 오는 제약을 받게 되는 것이지만 구성원의 개인성이 강하게 드러나는 인적 결합체인데 비하여, 비법인사단은 구성원의 개인성과는 별개로 권리·의무

의 주체가 될 수 있는 독자적 존재로서의 단체적 조직을 가지는 특성이 있다 하겠는데, 어떤 단체가 고유의 목적을 가지고 사단적 성격을 가지는 규약을 만들어 이에 근거하여 의사결정기관 및 집행기관인 대표자를 두는 등의 조직을 갖추고 있고, 기관의 의결이나 업무집행방법이 다수결의 원칙에 의하여 행하여지며, 구성원의 가입, 탈퇴 등으로 인한 변경에 관계없이 단체 그 자체가 존속되고, 그 조직에 의하여 대표의 방법, 총회나 이사회 등의 운영, 자본의 구성, 재산의 관리 기타 단체로서의 주요사항이 확정되어 있는 경우에는 비법인사단으로서의 실체를 가진다고 할 것이다(대법원1999.04.23. 선고99다4504 판결 참조).

나) 살피건대, 앞서 든 증거 및 인정 사실에 변론 전체의 취지를 더하여 알 수 있는 다음과 같은 사정, 즉 ① 이 사건 조합은 이 사건 토지의 소유자들을 구성원으로 하여 1996.09.20. 상가의 공동개발, 분양·임대, 관리·운영 등에 관한 업무 등을 목적으로 설립되었던 점, ② 이 사건 조합은 이 사건 토지 위에 'FF빌딩'을 신축하였고, 2001.01.11. 그 명의로 소유권보존등기를 마친 뒤 빌딩 중 일부 점포는 분양하고 일부 점포는 조합의 명의로 소유하며 임대하는 등 영리활동을 하여 왔던 점, ③ 이 사건 조합은 이러한 목적을 위한 정관을 갖추고 이에 근거하여 총회 등 의사결정기관과 집행기관인 대표자 조합장 등 독립된 조직과 기관을 두었으며, 의결과 업무 집행이 다수결의 원칙에 의하여 이루어졌고, 제명이나 탈퇴 등으로 인한 구성원의 변경과 관계없이 독립한 단체로서 활동하고 존속해 온 점, ③ 이 사건 조합은 법인등기부상 설립등기를 하지 않았고, 법인세를 신고한 사실은 없으나, 2001년부터 2008년까지 선수임 대료 등에 관하여 조합의 명의로 부가가치세 신고를 하여 온 점 등에 비추어 보면, 이 사건 조합은 단순한 개인들의 공동사업체 또는 민법상 조합이라기보다는 상가의 공동 개발 및 분양·임대, 상가 건물의 관리·운영 업무 등의 영위라는 고유한 목적을 가지고 이를 위한 정관과 조직을 갖춘 법인격 없는 사단으로서 구성원들과 독립한 실체를 가지고 영리사업을 영위해왔다고 봄이 타당하다.

다) 이 사건 조합은 법인격 없는 사단에 해당하여 부가가치세법 제2조 제2항에 따라 독립한 납세의무자의 지위를 가진다고 할 것이므로, 이 사건 조합의 구성원인 원고들에게 이 사건 조합에 대하여 부과되어야 할 부가가치세를 연대하여 납부할 의무가 있다고 볼 수 없다(대법원2014두9783, 2014.10.15.; 서울고등법원2012누36981, 2014.06.12.).

라) 이사건 조합은 법인이 아닌 단체로 조합원들에 대하여 그 이익의 분배방법이나 분배비율이 정하여져 있고 사실상 이익이 분배되었으므로 공동사업자 각자에게 분배된 소득금액에

따라 소득세 납세의무가 있다(서울고등법원-2018-누-52206, 2019.01.30.). 다만, 비법인사단의 사원지위는 정관 등으로 달리 정함이 없는 이상 상속되지 아니하고 망인은 사망과 동시에 조합의 구성원 지위를 상실하였으므로 조합의 구성원 지위로 받은 토지 임대에 따른 소득은 망인이나 상속인에게 귀속된다고 할 수는 없다(서울행정법원-2017-구합-51358, 2017.11.10.).

□ 시공사와 시행사 간 공동사업이행협약으로 사업진행 시 연대납세의무

시공사가 시행사에게 공동사업이행협약과 P/F 사업약정을 통하여 사업을 공동으로 경영할 것을 약정하는 동업계약을 체결하고 공동사업이행을 위해 공동으로 T/F팀을 구성해 제반 업무를 수행하고 공동사업에서 발생하는 소득금액은 약정된 손익분배비율로 분배하기로 약정한 경우에는 공동사업에 해당하므로 국기법 제25조 제1항에 의한 연대납세의무를 지는 것임(법규과-1166, 2014.11.06.).

□ 공동사업구성원 1인에 대한 심판결정이 있는 경우 다른 구성원에 대한 후속조치

공동사업자 중 1人(甲)의 심판청구에 대한 결정이 있은 때에는 과세관청은 국기법 제80조 제2항의 규정에 의해 해당 결정의 취지에 따라 그 청구인에 대해 필요한 처분을 하여야 하는 것이며, 이 경우 동 심판결정의 결정이유서에 공동사업자 중 다른 1人(乙)의 소득금액에 영향을 미치는 내용이 있는 것으로 관할세무서장이 인정하는 때에는 거래의 실질내용에 따라 필요한 처분을 할 수 있는 것임(법규과-2577, 2006.06.23.).

□ 공동사업 대표자에 대한 고지서 지연송달 시 가산금의 기산일

세무서장이 부가가치세 연대납세의무가 있는 공동사업자에게 납세고지를 함에 있어 공동사업자 중 대표자에게 납기내에 고지서가 송달되고 다른 연대납세의무자에게는 납기후에 고지서가 송달된 경우 가산금 기산일은 국기법 제25조의2 및 「민법」 제416조의 규정에 의거 대표자에게 적법하게 송달된 고지서의 납부기한이 경과한 날이 되는 것임(징세46101-1321, 1999.06.02.).

□ 공동사업에 대한 부가가치세 납세의무 성립일

부가가치세 납세의무성립일을 기준으로 그 당시의 공동사업자는 납세의무가 성립된 부가가

치세 중 납부되지 아니한 부가가치세에 대해 공동사업자 전원이 연대하여 납세의무를 지는 것임(징세-2801, 2004.08.25.).

□ 공동사업장의 이자소득에 대한 연대납세의무

공동사업과 관련하여 발생하는 원천징수하여 납부하여야 할 이자소득세에 대하여는 국기법 제25조에 따라 공동사업자가 연대하여 납부할 의무를 지는 것임(징세-1100, 2004.04.09.).

□ 공동사업 탈퇴 전 성립한 부가가치세에 대한 연대납세의무

공동사업에서 발생한 부가가치세에 대한 연대납세의무는 공동사업에서 탈퇴하였다고 하여 공동사업에 참여한 과세연도에 기 성립한 연대납세의무가 소멸되는 것이 아니므로, 경정사유가 있는 과세연도에 공동사업을 한 자들에게 부가가치세의 연대납세의무를 지워 결정 고지하여야 하는 것임(징세46101-326, 2001.05.03.).

□ 공동사업자가 단독명의로 사업 시 실질과세원칙 적용 여부

거주자가 고용관계나 이와 유사한 계약에 의하여 노무를 제공하고 지급받는 금액은 명칭이나 지급방법에 불구하고 근로소득에 해당하는 것이고, 1인 명의로 사업자등록을 하고 2인 이상이 동업하여 그 수익을 분배하는 경우에는 외관상의 사업명의인이 누구이냐에 불구하고 실질과세원칙에 따라 소득세를 부과하는 것임(소득46011-671, 1999.02.23.).

□ 연대납세의무자 지정이 취소되어 환급하는 경우 환급청구권자

연대납세의무자에게 과세처분이 이루어져 연대납세의무자 명의로 세액이 납부되었으나 과세처분이 무효이거나 취소되어 과오납부액이 발생한 경우에, 연대납세의무자 명의로 납부된 세액의 환급청구권자는 연대납세의무자와 과세관청 사이의 법률관계에 관한 직접 당사자로서 세액납부의 법률효과가 귀속되는 연대납세의무자로 보아야 함. 따라서 연대납세의무자로서 납부한 후 연대납세의무자가 아닌 것이 밝혀진 때에는 당해 연대납세의무자 명의로 납부한 세금은 실지 부담 납부한 자가 누구인지와 상관없이 연대납세의무자에게 충당 또는 환급한다(서울지법-2017-가단-5071105, 2018.06.12.).

=> 아래 국세청 해석과 상반됨.

□ 연대납세의무자에게 국세환급금을 지급 시 국세의 환급대상자

국세환급금은 환급하여야 할 국세 등을 납부한 해당 납세자에게 환급함이 원칙이며, 2인 이상의 연대납세의무자로서 상속인들이 납부한 국세 등에 대하여 발생한 국세환급금은 각자가 납부한 금액에 따라 안분한 금액을 각자에게 환급하는 것임(징세46101-585, 1999.03.16.).

□ 공동사업 판정도 실질과세원칙이 대부분 적용됨

납세의무자는 경제활동을 할 때에 동일한 경제적 목적을 달성하기 위하여 여러 가지의 법률관계 중의 하나를 선택할 수 있고 과세관청으로서는 특별한 사정이 없는 한 당사자들이 선택한 법률관계를 존중하여야 하며, 또한 여러 단계의 거래를 거친 후의 결과에는 손실 등의 위험 부담에 대한 보상뿐 아니라 외부적인 요인이나 행위 등이 개입되어 있을 수 있으므로, 여러 단계의 거래를 거친 후의 결과만을 가지고 그 실질이 하나의 행위 또는 거래라고 쉽게 단정하여 과세대상으로 삼아서는 아니 됨(대법원2017두57516, 2017.12.22.).

□ 아파트건축조합의 사업자등록 절차 및 제출할 서류

「신행정수도 후속대책을 위한 연기ㆍ공주지역 행정중심복합도시 건설을 위한 특별법」에 따른 행정중심복합도시 건설사업의 시행과 관련한 이주대책으로 한국토지공사로부터 공동주택건설용지를 공급받은 거주자들이 당해 거주자들을 조합원으로 하여 세종주민아파트건축조합을 설립(법인등기는 하지 아니함)한 후, 주택건설업자와 공동주택 건설도급계약을 체결하여 건설된 공동주택에 대하여는 우선적으로 조합원에게 분양하고 잔여세대는 일반분양하여 조합운영 및 공사대금에 충당하고자 하는 경우, 당해 아파트건축조합은 「국세기본법」 제13조 제1항 및 제2항에 따른 "법인으로 보는 단체" 외의 단체로서 각자의 지분비율에 따라 사실상 이익이 분배되므로 「소득세법 시행규칙」 제2조에 따라 당해 조합의 구성원인 조합원이 공동으로 사업을 영위하는 것으로 보는 것임. 공동으로 사업을 영위하고자 하는 경우의 사업자등록은 실질적으로 공동사업을 영위하고자 하는 자 중 1인을 대표자로 하여 대표자명의로 사업자등록을 신청하여야 함(법규부가2008-0100, 2009.01.07.).

□ 공동사업자에게 납세 고지 후 단독사업자로 확인된 경우 당초 고지분의 취소여부

폐업 시 잔존재화에 대한 부가가치세를 4인의 공동사업자에게 고지한 후 당해 공동사업자

중 3인이 단순한 명의위장자로 조사 확인된 경우에 당초 고지분에 대한 부과처분은 취소 또는 경정하지 않고 공동사업자 명의만 실사업자 명의로 직권정정하며, 당초 고지 분 중 납부기한이 경과하여 납부된 일부 금액은 공동사업자 중 실사업자 1인이 연대하여 이행한 체납액으로 보아 동 이행된 금액을 제외한 나머지 체납액(가산금 포함)에 대하여 실사업자 3인에게 다시 고지서를 발부하여야 하는 것임(징세46101-662, 1999.12.11.).

□ 공동사업자 지분비율로 과세한 부가가치세는 정당한 세액의 범위내의 처분으로 적법함

원고는 공동사업자로서 사업장에 관한 부가가치세 전액을 납부할 의무가 있는 바, 원고의 지분비율을 71%로 보고 그 지분비율에 따라 부가가치세를 부과한 처분은 정당한 세액의 범위 내에서 한 것이므로 이를 위법한 과세처분이라고 하여 취소할 수 없음(대법원2012두3279, 2012.06.14.).

□ 공동사업이 조세포탈의 의도를 가지고 있다고 볼 수 없으므로 부과 제척기간 5년이 적용됨

공동사업자등록이 조세포탈의 의도를 가지고 과세관청의 부과징수를 불가능하게 하거나 현저하게 곤란하게 할 목적으로 한 것이라고 인정되어야 하는데, 여러 정황 및 증거는 이를 인정하기에 부족하므로 부과제척기간 5년이 적용되어 당초 과세처분은 위법함(서울고등법원2012누39799, 2013.07.03.).

□ 공동사업약정에 따라 투자한 후 매각대금에서 국세 체납자가 배분받아야 할 지분 해당 금액에 대해 공동사업자인 피고가 초과하여 배분받은 금액은 원고에게 지급하여야 함 (수원지방법원2016가합76288, 2016.08.18.).

□ 공동사업자등록이 조세포탈의 의도를 가지고 과세관청의 부과징수를 불가능하게 하거나 현저하게 곤란하게 할 목적으로 한 것이라고 인정되어야 하는데, 여려 정황 및 증거는 이를 인정하기에 부족하므로 부과제척기간 5년이 적용되어 당초 과세처분은 위법함 (서울고등법원2012누39799, 2013.07.03.).

제3절 조합에 대한 부가가치세 과세

1. 공동사업장의 사업자등록 및 정정

(1) 사업자등록

가. 개요

> ○ 신규로 사업을 개시하는 사업자는 사업장마다(사업자단위과세사업자는 본점 또는 주사무소) 사업 개시일부터 20일 이내에 사업장 관할 세무서장에게 사업자등록을 신청하여야 한다. 다만, 신규로 사업을 시작하려는 자는 사업 개시일 이전이라도 사업자등록을 신청할 수 있다(부가법 §8 ①).
>
> ○ 공동사업장이란 공동으로 사업을 하는 장소로서 부가법상의 사업장, 국제조세상 고정사업장, 소득세법 또는 법인세법상의 국내사업장과 유사한 개념이다.

민법상의 조합계약에 의하여 2인 이상이 공동사업을 영위하고자 하는 경우 사업자등록신청은 부가법 제8조에 따라 공동사업자 중 1인을 대표자로 하여 대표자명의로 신청하여야 하며, 이때 구성원 각자의 출자지분 및 손익분배의 비율, 공동사업운영, 대표자, 기타 필요한 사항 등을 정한 동업계약서를 첨부하고 부가시행규칙 별지 제4호 서식 부표 1의 공동사업자 명세를 기재하여야 한다(부가규칙§9 ①; 서면3팀-2001, 2004.09.30.).

사업자등록신청을 받은 관할세무서장은 동 사업이 당사자 전원의 공동의 것으로 공동 경영되고 지분 또는 손익의 분배비율 및 방법이 정해져 있는지 등 공동사업자 해당여부를 판정하여 사업자등록증을 교부하여야 한다(서면3팀-438, 2005.03.29.).

공동사업의 구성원이 모두 법인이거나 법인과 개인으로 구성된 경우 공동사업체가 법인설립등기를 하거나 국기법 제13조에 따라 법인으로 의제되는 경우가 아니면 개인사업자로 사업자등록을 신청하여야 한다.

나. 인허가와 공동사업자등록과의 관계

법령에 의하여 허가를 받거나 등록 또는 신고를 하여야 하는 사업의 경우 부가법은 사업허가증 사본 및 사업등록증 사본 또는 신고필증 사본을 첨부하여 사업허가·등록·신고필증상의 명의자로 사업자등록신청을 하는 것이며, 이 경우 사업의 허가·등록 또는 신고 전에 등록신청을 하는 때에는 사업허가·등록신청서 사본 및 사업신고서 사본이나 사업계획서를 첨부할 수 있고, 허가내용과 달리 공동사업 또는 단독사업을 하는 것이 관계법령상 적법한 영업행위에 해당하는지 또는 당초부터 무효에 해당하는지에 대하여는 인허가 관할관청 소관이다.

2인 이상이 공동사업을 영위하는 것을 내용으로 인허가를 받고 실제 공동사업을 영위한다면 그 인허가 내용이나 실질에 따라 공동사업자등록을 발급받으면 문제될 것이 없으나, 인허가의 내용은 단독사업인데 공동사업으로 사업자등록 신청·정정하고자 하거나, 인허가 내용은 공동사업인데 단독사업자로 사업자등록 신청·정정을 하는 경우가 있다.

사업자등록증의 교부가 사업자에게 다른 법에서 규제하고 있는 사업을 허용하거나 사업을 경영할 권리를 부여하는 것이 아니므로 국세청이 국세기본법상 실질과세원칙에 따라 그 실지 사업내용대로 사업자등록증을 발급해 준 것이 위법한 행정처분이 될 수는 없다. 다만, 실질적으로 2인 이상이 공동사업을 경영하더라도 그것이 강행법규를 위반한 것으로 무효이고 따라서 그 공동사업의 약정도 무효가 되는 것이라면 공동사업자로 사업자등록증 발급은 불가하다(대법원2003두1493, 2003.09.23.; 서면1팀-1303, 2006.09.20.).

그 실례를 들어 보면

의료인과 비의료인이 동업약정에 의하여 의료기관을 개설하여 운영하는 경우로 이는 강행법규인 의료법 위반으로서 해당 동업계약은 무효가 되며, 공동사업은 처음부터 성립할 수 없어 공동사업자등록증을 교부받을 수 없다.

「도시및주거환경정비법」에 따라 사업시행자로 지정받은 신탁업자나 지방공사, 지방자치단체장의 경우 사업시행으로 인한 일반분양 이익의 종국적 귀속이 토지소유자 등에게 귀속되어 토지소유자 등의 공동사업적 요소가 있더라도 재건축사업 등의 원활한 진행을 위해 사업시행자 외의 자를 사업주체로 보기 보다는 해당 사업시행자의 단독사업으로 보아야 한다(서면1팀-3405, 2007.12.26.).

또한 강행법규의 위반으로 무효인 동업계약이 되지 않더라도 국세청은 공동사업자를 추가하여 허가대상이 되는 사업을 공동으로 영위하고자 하는 경우 허가관청의 사업허가내용과 공동사업의 내용이 일치하여야 한다고 회신하였다(서면3팀-2511, 2007.09.05.; 서면1팀-1513, 2005.12.09.).

사업자는 실질과세원칙을 들어 사업자등록증의 발급이나 정정을 요구할 수 있을 것이나, 부가법상 사업을 실제 개시하지 아니할 것으로 인정되는 경우 사업자등록증 발급을 거절할 수 있으므로 관할세무서장은 개별 사안에 따라 허가내용과 다르게 사업을 지속할 수 있는지를 확인하여 그 발급을 거절할 수도 있을 것이다.

이러한 측면에서 "의료법에서 규정하는 약사와 약사가 아닌 자가 해당 사업장에서 사실상 공동사업을 영위하는 때에는 실지 사업내용대로 사업자등록증을 교부할 수 있다"는 국세청의 회신(서삼46015-10312, 2003.02.20.)은 조속히 정비되어야 할 것이다.

그 밖에 공동사업으로 인허가를 받고 실제로는 각각 독립적으로 해당 사업을 각각 영위하는 경우가 있다.

국세청은 공동으로 허가받은 사업에 대하여 공동사업자가 사실상 각각 독립적으로 사업을 영위하는 경우에는 실지 사업내용대로 각각 사업자등록을 발급받을 수 있는 것이나, 공동사업을 영위하는지 혹은 각각 독립적으로 사업을 영위하는지 여부는 관할세무서장이 조사(확인)한 내용에 따라 결정될 사항이라고 회신하였다(부가-1587, 2010.12.02.; 부가-2020, 2008.07.15.).

위 해석은 앞에서 살펴본 사례와 달리 보는 관점에 따라서는 공동으로 인허가 받더라도 그 구성원이 독립적으로 사업하는 것을 세법이 폭넓게 허용하는 것처럼 보일 수 있다. 이 경우에도 해당 법률 등에서 공공목적 달성을 위해 공동사업을 강제하는 경우이고 그 구성원 중 하나가 그 사업에서 탈퇴하였거나 별도로 그 사업을 진행하더라도 대외적으로 공동사업임이 표방되고 발주자 등에 대하여 법률적 책임을 지는 관계에 있다면 내부적 지분관계 변동일 뿐 공동사업이 성립·유지되는 것으로 보아야 하는 바, 위 해석도 정비가 필요하다.

다. 공유부동산에 대한 사업자등록 방법

2인 이상이 공동명의로 부동산을 신축(취득)·등기하여 임대함에 있어 그 소유가 명확히 구분되지 아니하고 막연히 소유지분만을 구분 소유하여 사용수익 구분이 분명하지 아니하는 경우, 공유부동산을 공부상 또는 물리적 구분 없이 일괄하여 임대차계약을 체결하는 등 공동으로 임대업을 영위한다면 공동사업자로 사업자등록을 하여야 한다. 이처럼 지분의 형태로 다수인에게 공동으로 소유된 자산을 이용하여 공동소유자들이 공동으로 사업을 영위하고 지분비율에 의하여 손익을 분배하기로 약정한 경우에는 소유자별로 각각 그 소유지분에 따라 사업자등록할 수 없다(서면3팀-1961, 2006.08.31.).

다만, 2인 이상의 토지소유자가 공동으로 건물을 신축한 후 해당 신축건물을 자기의 지분별로 구분 등기하여 각각 자기의 계산과 책임하에 사용·수익하는 경우에는 공동사업에 해당하지 아니하는 것으로 각 소유자별로 사업자등록을 하여야 하는 것이며(부가46015-1442, 1995.08.02.)

수인이 공유하는 부동산을 「민법」 제263조에 따라 각 공유자의 지분비율로 구분(구분소유적 공유)하여 사용·수익하기로 약정하고, 각 공유자별로 자기지분상당의 부동산을 타인에게 임대하거나 또는 자기의 사업에 공하는 경우에는 각 공유자별로 사업자등록을 하여야 한다(부가22601-49, 1991.01.11.; 서면3팀-2300, 2004.11.11.).

라. 공동사업 사업자등록 및 신고·납부 불이행이 부정한 행위인지

공동사업을 경영하는 자가 소득법 제87조 제4항에 따라 해당 공동사업장에 관한 사업자등록을 함에 있어서 사업장 소재지 관할 세무서장에게 자신의 지분 또는 손익분배의 비율은 신고하지 아니하고 자신을 제외한 다른 공동사업자들만이 공동 또는 단독으로 사업을 경영하는 것처럼 신고하고, 자신의 종합소득세과세표준확정신고를 함에 있어서도 그 공동사업에서 발생한 자신의 소득금액을 종합소득금액에 합산하지 아니하고 누락시킴으로써 확정신고 자진납부하여야 할 종합소득세액을 일부 탈루한 채 납부하였다고 하더라도 만약 그 공동사업자가 해당 공동사업에서 발생한 자신의 소득금액에 대한 소득세를, 사업자등록을 할 때 자신의 지분 또는 손익분배의 비율을 가지고 있는 것으로 신고된 다른 공동사업자의 명의로 납부하였다면 그와 같이 납부한 세액에 관하여는 해당 공동사업자에게 사기 그 밖의 부정한 행위로써 조세를 포탈하려는 고의가 있었다고 볼 수는 없다(대법원94도759, 1994.06.28.).

다만, 공동사업자 중 1인만 사업자등록한 것은 명의위장에 해당하고, 명의위장이 조세회피 목적에서 비롯되고 나아가 허위 계약서 작성 등 적극적인 행위까지 부가된다면 '사기 그 밖의 부정한 행위'에 해당하므로 부과제척 기간은 10년이 적용될 것이다(부산고법2016누23943, 2017.05.24.).

마. 공동사업 판정기준(법원 입장)

어떤 사업이 단독사업인지 공동사업인지 여부를 구별하기 위한 기준은 ① 계약서의 형식이 동업계약 혹은 조합계약의 형태를 취하고 있는지 여부뿐만 아니라 ② 당사자 사이에 개별적인 출자 여부, ③ 사업의 성과에 따른 이익이나 손실 분배약정의 유무, ④ 공동사업에 필요한 재산에 대하여 합유적 귀속 유무, ⑤ 사업운영에 내부적인 공동관여 유무, ⑥ 사업의 대외적인 활동 주체와 형식 등 구체적·실질적 사정을 종합적으로 고려하여 판단하여야 한다.

또한 조합계약의 형태와 엄밀히 부합하지는 않는 대외적 활동의 징표들이 존재한다고 하더라도 공동사업의 핵심적 속성인 공동출자와 손익의 배분이 존재한다면 법원은 민법상 조합의 범위를 다소 넓게 보고 있다(서울행정법원2010구합10365, 2011.05.27.).

(2) 사업자등록 정정

공동사업자 중 일부의 변경 및 탈퇴, 새로운 공동사업자 추가의 경우에는 부가령 제14조에서 규정하는 사업자등록사항의 변경사유에 해당하므로 이 경우 해당 사업자는 공동사업자의 변동을 입증하는 서류를 첨부하여 사업자등록정정신고를 하여야 한다(부가령§14 ① ;부가통칙 8-14-1).

공동사업자가 단독사업자가 되거나 단독사업자가 공동사업자가 되는 경우 공동사업자의 구성원이 변경되는 경우 사업자등록 정정사항이다.

(3) 수 개의 공동사업장이 있는 경우

◆ 공동사업, 공동사업자의 개념

국세기본법이나 지방세법에서는 공동사업은 조합이고 공동사업자는 조합원을 의미한다. 그러나 부가법에서는 공동사업(조합)은 별도의 사업장을 구성하므로 공동사업자 또는 공동사업장으로 표기하기도 한다. 부가령 제14조는 "공동사업자의 구성원"이라는 표현이 등장하는 바, 공동사업자를 조합의 개념으로 쓰고 있다. 따라서 "공동사업자"에 대한 예규나 판례에서의 개념은 이러한 상황을 유추하여 조합의 개념인지 조합원의 개념인지를 판단하여야 한다.

2인 이상이 특정사업에 대한 공동사업(동업)계약에 따라 수 개의 사업장을 신설하여 특정사업을 영위한다면 이는 수 개의 사업장이 주사업장, 종사업장(직매장)의 형태 또는 법인의 본점과 지점과 유사한 운영형태로서 하나의 사업자가 수 개 사업장을 둔 것이므로 각 사업장간 재화나 용역의 이동은 내부거래, 간주공급이 성립되고 사업자단위과세나 총괄납부신청이 가능하다(서면3팀-626, 2008.03.25.; 부가-371, 2012.04.04.). 다만, 구성원이 다르고 추구하는 사업목적이 다르다면 각 공동사업자가 별개의 사업주체가 되어 이러한 규정은 적용될 수 없을 것이다.

부가분야 해석에서는 구성원이 같고 출자지분은 각각 다른 공동사업장을 둔 경우 민법상은 별개의 조합으로 파악하나 국세청은 현재까지 보수적 견지에서 동일한 공동사업 주체로 해석하고 있다. 이러한 국세청의 해석은 논리적 근거가 미약해 보인다.

소득세 분야에서도 구성원, 지분이 모두 동일한 수 개 사업장은 동일 사업주체로 보아 전 사업장 수입금액을 합하여 기장의무를 판정하고(소득46011-510, 1999.12.21.), 단독에서 공동사업으로, 공동사업에서 단독사업자로 변경하는 때에는 각각 별개의 사업자로 보아 기장의무를 판정한다.

"갑", "을"이 공동사업을 영위하다가 폐업한 후 다른 장소에서 "갑", "을", "병"이 공동사업으로 종전 폐업한 사업과 업태는 같으나 종목은 다른 사업을 시작한 경우 기장의무를 각각 별개의 사업주체로 보아 판단함이 타당하다(국심2005부2731, 2005.11.09.).

그런데 다른 조세심판례에서는 동일 종목을 다른 장소에서 개시한 경우 별도의 조합임에도 동일 사업자인 것처럼 기장의무를 판정한 바도 있다(국심2005서2265, 2005.08.09.). 이 심판결정은 실질이 동업 해체 후 일정기간이 지나 새로이 동업계약을 체결하여 독립된 사업주체로 보아야 한다는 점에서 잘못된 결정이라고 판단된다.

(4) 공동사업구성원 전원 변경이 사업자등록정정사항인지

민법상 조합은 그 자체가 구성원과는 독립하여 존재하지 못하는 인적결합체로서 조합원을 중심으로 법률관계가 성립하는 것이므로 조합인 공동사업장의 조합원 전원이 탈퇴하였다면 사실상의 해산으로서 종전 조합은 해산되고 새로운 조합이 성립된 것으로 보아야 한다.

또한 민법상 조합의 동일성이 유지되는 것을 전제로 민법은 조합원의 탈퇴를 인정하고 있어 언제든 탈퇴가 가능하고 동업계약에서 정한 사유에 따라 해산도 자유로이 가능하다.

조합은 청산이 완료된 때에 소멸하는 것인 바, 조합원 전원 탈퇴로 인해 전 조합원이 출자가액 등에 비례하는 잔여재산 분배가 이루어질 것이므로 잔여 재산분배가 완료되어 조합은 해산된 것으로 보아야 하므로 두 조합은 폐업신고 및 사업자등록신청을 하여야 한다.

다만, 민법상의 조합이 아닌 공동사업자의 경우 그 구성원 전원이 탈퇴하여 새로운 구성원으로 변경되면서 기존 공동사업의 동일성이 그대로 유지된다면 사업자 등록정정신고가 가능하다.

(5) 관련 사례

가. 공동사업 판정

□ 토지소유자들 간의 주택공동 신축·분양 관련 공동사업 해당여부

<물음>

○ 기존 주택을 철거하고 공동으로 건물 신축 시 자가 취득한 건물(근린생활시설 및 주택)을 각인 명의로 소유권보존 등기한 것이 공동사업자 출자지분의 현물 반환에 해당되어 부가가치세법상 재화의 공급에 해당하는지 여부

  - 당초 지분이 추가 분담금에 의해 일부 변경된 경우 재화의 공급에 해당하는지 여부

<사실관계>

○ "갑" 외 21명은 ○○시 ○○구 ○○동 254-30 외 3필지 다세대 주택에서 거주하던 자들로 소유자 100%의 동의하에 동 주택을 재건축하기 위하여 기존 건물을 철거하고 지방자치단체장으로부터 건축주 "갑" 외 23인 공동으로 건축허가를 받아 국민주택 이하 19세대 및 상가 10호를 신축하였으며

  - 건물을 신축하여 준공 후 구성원이 합의한 당초 및 추가 분담금에 따른 지분비율에 따라 각자 소유권등기를 하고 주택 2세대 및 상가 1호를 구성원 외의 자에게 분양하여 건축비로 충당함.

  - 이후 ○○세무서장에게 "갑" 외 21인의 기존의 연립주택 소유지분비율을 공동사업지분으로 하여 공동사업자로 사업자등록하고 부가가치세를 신고·납부함.

  ※ 토지소유자 100%가 재건축에 동의하였기 때문에 「도시 및 주거환경정비법」에 의한 재건축조합의 설립대상에서 제외되며, 공동주택이 19세대로 「주택법」 제16조의 규정에 의한 사업계획의 인가 대상에 해당되지 않아 「건축법」 제8조의 규정에 의거 건축허가를 받아 건물을 신축하였음.

<답변>

○ 2인 이상의 개인이 각각 독립적으로 주거 및 사업용으로 사용하기 위한 건물(주택 및 근린생활시설)을 공동으로 신축하여 각자의 지분에 따라 분할등기 하는 것은 부가가치세 과세대상에 해당하지 아니하고, 이 경우 건물을 신축하면서 공급받은 재화나 용역에 대하여는 해당 재화 또는 용역의 공급자로부터 각자가 부담하는 건축비에 따라 각각 세금계산서를 발급받아야 하는 것이며, 사업용건물의 신축에 관련된 매입세액을 공제받고자 하는 경우에는 각자가 별도로 사업자등록을 하여야 한다.

○ 그러나, 2인 이상의 개인이 동업계약에 의하여 공동사업자등록을 하고 판매목적 등 공동사업용으로 신축한 건물(주택 및 사업용 건물)을 각각 독립적으로 주거 또는 사업용으로 사용하기 위하여 해당 건물의 소유권을 분할등기하여 소유권을 이전하는 경우 해당 건물에 대하여는 공동사업자가 출자지분을 현물로 반환하는 것으로 부가법 제9조의 재화의 공급에 해당하여 부가가치세가 과세된다.

○ 동 질의는 2인 이상의 개인이 건물을 공동 신축하여 각자의 지분에 따라 분할등기 한 것인지 아니면

동업계약에 의하여 판매목적 등 공동사업용으로 신축한 건물을 공동사업자의 출자지분을 현물로 반환하였는지 여부는 사실판단 사항으로

- 당초 구 연립주택 소유자가 동 주택을 철거하고 새로운 건물(근린생활시설 및 주택)을 신축하기 위하여 추진위원회를 구성하고 건물 신축 후 건물에 대한 지분율 및 분담금, 잔여세대의 분양 문제 등을 기존건물 소유자 100%의 합의하에 추진위원회 직영으로 건물을 신축하고 당초 배분하기로 합의한 내용대로 각자 개별 등기한 사실관계로 볼 때

- 비록, 건물 신축과정에서 관할세무서장에게 토지등기부등본을 제출하고 토지지분소유 비율을 공동사업지분비율로 하여 공동사업자등록을 하고 부가가치세를 신고·납부하였다고 하더라도

- 동 건축물에 대한 소유권을 소유자 각각에 대한 개별등기가 기존 연립주택 소유자들이 공동사업계약을 하고 공동사업을 위한 건물을 신축하고 공동사업지분을 신축한 건물로 현물반환하였다고 하기 보다는 소유자 각각이 독립적으로 주거 및 사업용으로 사용하기 위한 건물을 공동으로 신축하여 각자의 지분에 따라 분할 등기한 것으로 보는 것이 보다 합리적이다.

○ 따라서, 구 연립주택의 소유자들이 공동으로 건물(근린생활시설 및 주택)을 신축하여 종전의 소유자 및 일반인에게 분양함에 있어 해당 건물을 종전의 소유자에게 지분비율에 따라 각각의 명의로 소유권등기를 한 것은 공동사업자 출자지분의 현물반환에 해당되지 아니하고 당초 지분이 추가분담금에 의해 일부 변경된 경우 또한 재화의 공급에 해당되지 아니한다. 다만, 잔여주택을 일반인에게 분양하는 경우에는 재화의 공급으로 보아 부가가치세가 과세된다(법규과-1788, 2005.12.28.).

□ 공동사업의 핵심 판단기준

공동사업의 핵심 판단기준은 공동출자와 손익분배이므로, 관련 동업계약서(또는 협약서)에 공동출자를 명시하고 각자의 업무범위를 정하였으며, 이익분배 규정을 두고, 협약서에서 '공동사업'임을 명확히 밝히고 있다면 이는 공동사업자의 관계에 있음(대전지법2014구합100985, 2015.07.09.).

□ 정산확정액은 열차 내 영상정보시설 이용권 부여에 따른 대가로 부가가치세 과세대상이라 할 것임

① 'AAA'(뉴스통신)가 원고(철도공사)와 협약을 체결하고 KTX 열차 내 모니터, 액자 등 영상·정보시설을 이용한 광고사업 및 영상·정보사업(이하 '이 사건 사업')을 수행하면서 공동사업자등록을 하지 아니하였고, ② 세금계산서도 공동사업자 명의가 아닌 AAA 명의로만 발행하고 수취하였으며, ③ 원고가 AAA로부터 지급받은 원심 판시 이 사건 사업 관

런 정산금(이하 '이 사건 정산금'이라 한다)에 대하여, 원고는 손익계산서상 부대수입으로 계상하고 AAA는 지급수수료 등으로 계상함으로써 공동사업에 따른 영업손익이 아닌 영업 외수익·비용으로 회계처리를 하였으며, 나아가 원고는 2007년 제2기분 부가가치세에 이를 포함하여 신고하였고, ④ 이 사건 협약에서 원고와 AAA 사이의 손실분배 비율을 정하고 있지 아니하며, ⑤ 원고와 AAA가 각자의 출자분에 해당하는 재산을 각자의 고유재산에 귀속시킨 바, 이 사건 사업은 AAA의 단독사업이라고 봄이 타당하므로 이 사건 정산금은 AAA의 단독사업인 이 사건 사업에 관하여 원고가 일정한 용역을 제공하고 그 대가를 지급받은 것으로서 부가가치세 과세대상에 해당한다(대법원2016두33483, 2016.06.23.).

□ 실제 수익금분배에 여부에 관계없이 해당 약정에 따라 공동사업 판정

동업약정을 체결한 이상 동업약정에 따라 공동으로 사업을 경영하는 공동사업자에 해당하므로 어떠한 사정에 따라 실제로 수익금을 전혀 분배받지 못하였더라도 동업약정의 내용 및 계약 체결경위 등에 비추어 동업약정이 대출금을 변제받기 위한 형식에 불과한 것이라는 등의 입증이 없다면 공동사업자에 해당함(대법원2007두8997, 2007.07.12.).

□ 공동사업에 관한 권리의무가 실질적, 경제적으로 공동으로 귀속되었는지에 대한 판단

하나의 사업에 참여한 당사자들 간 공동사업에 관한 권리의무가 실질적, 경제적으로 공동으로 귀속하게 되는 것인지를 판단함에 있어서는 당사자들의 사업자등록, 소득세 신고 내용 등의 형식과 출자에 이르게 된 사정과 출자 여부, 손익의 귀속관계, 경영에의 참가 여부, 해당 사업의 운영형태 등 제반 사정을 종합하여 판단하여야 할 것이고, 이러한 과세요건 사실에 대한 입증책임은 과세권자에게 있음(대법원97누13894, 1998.07.10.; 대법원2009두744, 2009.03.12.).

□ 특정공연을 공동으로 주체하는 경우 공동사업 해당여부

「국세기본법」 제25조의 규정에 의한 공동사업이라 함은 그 사업이 당사자 전원의 것으로서 공동운영되고 따라서 당사자 전원이 그 사업의 성공여부에 대하여 이해관계를 가지는 사업을 말하는 것으로 부가법에 따라 공동사업자로 별도의 사업자등록을 하지 아니하고, 특정공연 등을 공동으로 수행하기 위하여 잠정적으로 결성한 실체로서 구성원 간의 역할분담이나 권리·의무·매출액 분배만을 규정한 경우에는 공동사업으로 보지 아니하는 것임. 공동사업

해당여부는 당해 공동주최사간 약정내용, 공동사업의 운영형태, 출자관계, 손익의 귀속에 대한 분배방법 및 책임부담문제 등 거래실질에 따라 판단할 사항임(법규과–5562, 2006.12.27.).

□ 사업장 운영에 관여하지 아니하였고, 수익을 분배받지 아니한 사정 등을 볼 때 실지 사업자로 볼 수 없음

"갑"이 공동사업자로 등록되어 있기는 하나 사업장의 운영에 관여하지 아니하였고, 수익을 분배받지도 아니하였으며 공동사업자로 등록하기 전에 이미 기존에 투자한 부분에 대한 정산까지 마쳤다면 공동사업장의 사업소득이 "갑"에게 실질적으로 귀속되었다고 볼 수 없음 (청주지방법원2011구합2472, 2012.10.11.).

□ 소송과정에서 공동사업자 아님을 주장하는 것이 신의칙에 위배되는지

"갑"이 오락실의 공동사업자로 부가가치세법상의 사업자등록을 하고 ***1년 귀속 종합소득세를 신고·납부하였다가 그 후 과세관청이 ***1년도 오락실의 누락수입이 있다는 이유로 ***1년도 귀속 종합소득세를 부과하자 법원에 소송을 제기하면서 비로소 ***1.07.01.부터는 오락실의 실질적 공동사업자가 아니라고 주장하였다 하더라도 과세처분의 적법성에 대한 입증책임은 과세관청에 있고 조세법률 관계에 있어서 과세관청은 실지조사권을 가지는 등 납세자에 대하여 우월적 지위에 있다는 점을 고려하면 이를 가지고 신의성실의 원칙에 위배된 것이라고 볼 수는 없음(대법원97누4968, 1997.06.13.; 대법원92누12483, 1993.06.08.; 대법원95누7239, 1996.09.10.).

□ 공유물건을 양도한 경우 구성원 모두가 부동산매매업의 납세의무자인지

부동산매매업자인 "갑"이 다른 "을"과 공유하던 건물을 양도한 경우 을이 단 1회 위 건물의 1/2지분을 처분한 것에 불과하다면 "을"은 부가가치세 법령에서 정하는 부동산매매업자라고 볼 수는 없음. 또한 "을"이 사업자로 인정되는 "갑"과 공동으로 그 지분을 처분하였더라도 그와 같은 사정만으로 "을"이 부동산매매업자로 되는 것은 아니어서 "갑"을 위 부동산에 관한 공유물 또는 공동사업 등에 관한 연대납세의무자로 볼 수 없는 바, "을"의 지분부분에 대한 부가가치세액까지 포함하여 "갑"에게 부과한 부가가치세 부과처분은 "을"의 지분부분에 한하여 위법함(대법원90누1311, 1990.05.22.).

□ 시공사가 PFV로부터 일정한 시공대가만 받는 경우 PFV와 시공사는 공동사업에 해당
여부

프로젝트금융투자회사(PFV)가 주택건설등록사업자와 주택법 제10조 규정에 따라 "공동사
업주체"로 등록하고 주택건설사업을 시행하되 양자 간에 협약을 체결하여 주택건설사업에
따른 실질적 권리 및 의무의 경제적 손익이 PFV에 귀속되고 주택건설등록사업자는 시공사
로서 PFV로부터 일정한 시공대가만 받게 되는 경우 PFV와 주택건설등록사업자는 공동사
업에 해당되지 않음(서이-1686, 2006.08.31.).

□ 채권채무를 담보하기 위한 형식적 동업계약인 경우 공동사업 해당 여부

거래당사자 간의 단순한 채권·채무 등 그 이해관계를 담보하기 위하여 체결한 형식적인
동업계약은 해당 사업에 있어서 실질적인 출자 및 사실상의 공동사업을 수행하는 것이 아
니므로 공동사업에 해당하지 아니함(제도46019-10565, 2001.04.12.).

□ 본사와 체인가맹점과의 공동사업 해당여부

사업자가 체인점을 개설하고 그 가맹자로부터 광고비 및 관리비 명목으로 받는 체인 가맹
금에 대하여는 부가법 제11조에 따라 부가가치세가 과세되는 것으로 본사와 체인가맹점은
공동사업자가 아닌 별개의 사업자에 해당하는 것임(동지: 부가46015-1263, 1993.07.20.).

□ 공동사업자의 경정과세기간

부가가치세는 납세의무자인 "사업자"가 각 과세기간의 과세표준에 대하여 사업장별로 납
부하는 것으로서 납세의무자인 "사업자"의 구성원변경과 부가법 제3조의 과세기간과는 무
관한 것임(부가46015-509, 2002.07.10.).

나. 사업자등록 및 정정

□ 두 개의 공동사업장을 하나로 통합하는 경우 세무신고방법

동일 소재지에 공동사업의 구성원이 동일한 두 개의 공동사업장을 가진 사업자가 두 개의
사업장을 통합하여 하나의 공동사업을 영위하고자 하는 경우 사업장 관할세무서장에게 사
업자등록 정정신고를 하여야 함(서면-2016-부가-3173, 2016.04.27.).

□ 공동사업 사업자등록 시 지분율과 대표자 선정

2인 이상이 실질적으로 공동사업을 영위하는 경우 당해 공동사업자 중 1인(지분의 크기에
상관없음)을 대표자로 하여 공동사업자로 사업자등록신청을 할 수 있는 것이며, 이 경우 각
자의 출자지분 및 손익분배의 비율, 공동사업 운영, 대표자, 기타 필요한 사항 등을 정한
동업계약서를 첨부하여야 하는 것임(서면3팀-2001, 2004.09.30.).

□ 공동사업 구성원 변경 및 출자지분 변경

공동으로 사업을 경영하는 거주자의 소득금액 계산 시 분배의 기준이 되는 출자지분 또는
손익분배의 비율은 당사자 간의 약정 등에 따라 실제로 출자된 상황에 의하여 결정하는 것
임. 다만, 손익분배의 비율을 출자지분과 달리 정할만한 특별한 사정(노무·신용 등 무형의
출자가액)이 있는 경우에는 당사자 간의 약정 등에 따라 별도로 정할 수 있는 것이므로 이
러한 출자지분의 변경이나 공동사업자가 구성원 변경이 있는 때에는 부가령 제14조에 따라
사업자등록을 정정하여야 함(서면1팀-1561, 2005.12.19.).

□ 집합건물의 관리단의 사업자등록

「집합건물의 소유 및 관리에 관한 법률」에 따라 집합건물의 구분 소유자로 구성된 자치
기구인 관리단이 해당 집합건물의 유지·관리에 실지 소요된 비용만을 각 입주자에게 분배
하여 징수하거나 전기료, 수도료 등 제세공과금등 공공요금을 별도로 구분징수하여 단순히
납입만을 대행하는 경우에는 부가가치세가 과세되지 아니하는 것임. 다만, 소득세법에 의하
여 원천징수한 소득세를 납부할 의무가 있는 경우에는 대표자 명의로 부가령 제12조 제2항
에 따라 고유번호를 부여받아야 함(재소비46015-90, 2000.02.28.; 서면3팀-676, 2005.05.16.).

□ 토지소유자들이 공동신축 후 주거용으로 분양하는 경우

연립주택의 소유자들이 공동으로 국민주택규모 이상의 주택을 재건축하여 종전의 소유자 또
는 일반인에게 분양함에 있어 해당 주택을 종전의 소유자에게 자기 주거용으로 분양하는 경
우에는 부가가치세가 과세되지 아니하며, 이와 관련되는 매입세액은 불공제하는 것이나, 잔여
주택을 일반인에게 분양하는 경우에는 부가법 제9조에 따라 부가가치세가 과세되는 것으로,
이와 관련되는 매입세액은 동법 제38조에 따라 공제받을 수 있음(서면3팀-151, 2006.01.23.).

□ 부동산의 지분 일부를 증여 후 공동운영하는 경우

부동산임대사업자가 임대용 부동산 중 건물을 배우자에게 증여한 후 토지소유자 및 건물소유자가 공동으로 부동산 임대용역을 제공하고 임대소득금액의 배분은 토지와 건물가액의 비율에 따라 안분하기로 한 경우에는 공동사업자로 사업자등록을 정정하여야 하는 것임(부가46015-2571, 1997.11.27.).

□ 공동사업장과 단독사업장을 보유한 사업자에 대한 간이과세배제 여부

공동사업은 민법상 조합으로 그 구성원인 개인의 사업과는 별개의 사업체이므로 사업자가 공동사업장과 단독사업장을 함께 보유하고 있는 경우 공동사업장과 단독사업장은 각기 다른 사업체로 보아 간이과세 배제대상여부를 판단하는 것이며, 구성원이 동일한 사업장(구성원이 동일하고 지분율 또는 손익분배비율이 다른 경우 포함)이 여러 개 있는 경우 각각의 공동사업장을 하나의 사업자가 보유하고 있는 것으로 보아 간이과세배제여부 판단하여야 함(재소비-1351, 2004.12.13.; 법규부가2014-123, 2014.04.18.).

□ 공유물건에 대한 사업자등록 정정 및 신청 방법

수인이 공유하는 부동산을 임대하는 공동사업자가 해당 부동산 전부를 각 공유자의 지분별로 구분하여 사용수익하기로 약정하고 각 공유자별로 자기지분에 상당하는 부동산을 자기의 책임과 계산 하에 타인에게 임대하거나 자기의 사업에 공하는 경우 각 공유자별로 사업자등록을 할 수 있음(부가46015-977, 2001.07.03.).

□ 공동으로 신축공사 수행 시 사업장

건설업면허도 없이 법인과 공동으로 공장건물 신축공사를 한 경우 공동사업장을 하나의 사업장으로 보아 개인으로 과세하여야 하고, 그 사업장은 공동사업자의 업무를 총괄한 장소인 법인의 등기부상의 소재지로 보아야 함(부산고등법원98누2249, 1998.12.10.). 건설업에 있어서는 법인이 아닌 공동사업자의 경우에도 개인과 마찬가지로 그 업무를 총괄하는 장소를 사업장으로 보아야 함(대법원99두1373, 2000.09.29.).

□ 공동사업자가 외국법인의 국내고정사업장으로 사업자등록하여야 하는지

국내 공동사업자가 싱가폴법인의 국내 고정사업장에 해당하는지 여부는 법인법 제94조 및 한·싱가폴조세협약 제5조에 따라 판단하는 것으로 싱가폴법인이 해당 공동사업자를 통하여 동 싱가폴법인의 사업의 전부 또는 일부를 국내에서 수행하는 경우 해당 공동사업자는 싱가폴법인의 국내고정사업장에 해당함(서면2팀-1342, 2004.06.29.).

□ 공동명의로 건축허가를 받았으나 개발손익이 각자에게 귀속되는 경우 공동사업인지 여부

<물음>
1) 당사는 ○○사업부지에 건축물을 신축하는 개발사업을 추진하고 있으며, 동 사업부지는 당사 및 A, B, C 등 4개사와 공동소유로서 필지분할이 이루어지지 않아 하나의 지번으로 구성되어 있으며, 당사와 A, B, C 3개사는 구분 소유적 공유(구분소유적 공유란 공유자 간에 공유물을 분할하기로 약정하고 그때부터 자신의 소유로 분할된 각 부분을 특정, 점유·사용하여 사용하는 공유자들의 소유형태)로 각사가 특정부분을 점유하고 있음.
2) 당사 및 A, B, C 3개사는 각각 전혀 무관한 다른 개발사업을 계획 중이며, 각자 책임과 계산 하에 독립된 사업시행을 할 예정에 있으나, 건물신축 전에 건축법상 통합한 건축허가사항임을 예고하여 당사 및 A, B, C 4개사 공동명의 건축허가를 득할 수밖에 없음.
3) 당사가 개발사업에 대한 건축허가를 받는 과정은 각사의 독립적인 사업시행이나, 행정기관의 요구에 따라 공동명의 건축허가를 받게 될 경우, 공동사업자인지 또는 각자의 개별적 사업인지 여부

<답변>
법인이 다른 사업자와 개발사업에 대한 공동명의의 건축허가를 받는 경우에 각자 독립적인 사업을 시행함으로써 동 개발사업에 대한 실질적 권리 및 의무의 경제적 손익이 각사에 귀속되는 경우에는 공동사업에 해당되지 않는다(서이-2012, 2007.11.06.).

□ 지분변동없이 1인이 탈퇴한 경우 사업자등록정정 여부

4인이 공유로 소유한 부동산에 대하여 4인이 공동사업으로 사업자등록을 하고 부동산임대업을 영위하던 중 당사자 간의 계약에 따라 공유부동산에 대한 소유권 변동 없이 1인이 실질적으로 공동사업에서 탈퇴한 경우 사적자치 내지는 계약자유의 원칙에 따라 당사자 간의 자유의사에 따라 공유지분을 소유하고 있다 하더라도 사업의 공동경영에 참여하지 않고, 그 사업의 성공여부에 대하여 전혀 관여하지 않는다면 공동사업자로서 지위를 상실하였다고 볼 수 있으므로 탈퇴 후의 실질적인 손익분배비율에 따라 사업자등록정정 가능함(법규과-448, 2006.02.03.).

※ 탈퇴자의 무상임대로 인한 증여문제와 종합소득세 계산에 있어 부당행위계산부인 문제는 발생할 수 있음.

□ 단독(공동)사업자에서 공동(단독)사업자로의 변경

단독사업자가 공동사업자로 변경되는 경우에는 동업계약서와 사업자등록증을 첨부하여 사업자등록 정정을 하여야 하고 공동사업자가 단독사업자로 변경되는 경우에도 사업자등록 정정사항임(부가22601-843, 1988.05.21.).

□ 출자지분의 증여

부동산임대업을 영위하던 사업자가 그 자녀에게 해당 임대업에 공하던 사업용 건물을 증여하여 지분등기를 할 경우 공동사업자의 구성원 또는 출자지분이 변경된 때에는 사업자등록 정정신고서에 사업자등록증과 등기부등본을 첨부하여 공동사업자로 사업자등록 정정신고하여야 함(부가46015-4911, 1999.12.14.).

□ 공동사업 성립 이전 구성원의 재고재화에 대한 과세

의류 소매업을 영위할 목적으로 개시 전 사업자등록을 한 사업자 2인이 공동사업을 영위하기 위하여 분양받은 상가를 통합하여 하나의 영업장에서 사업을 하는 경우에는 사업자등록 정정을 하는 것이며, 이 경우 통합으로 인하여 폐지된 사업장의 재고재화는 폐업 시 잔존재화로 과세하지 아니하는 것임(부가46015-1673, 1997.07.24.).

□ 단독사업자로 변경하기 위한 정정신고서가 종전 구성원의 과세정보인지

공동사업자에서 단독사업자로 변경하기 위하여 제출한 사업자등록 정정신고서는 해당 단독사업자의 과세정보로서 이를 종전의 공동사업 구성원인 "갑"의 과세정보로 볼 수 없으며, "갑"이 종전에 공동사업 구성원이었다거나 나중에 사업자등록이 다시 공동사업으로 환원되었다고 해서 이를 달리 볼 것은 아님(서울고등법원2010누35694, 2011.05. 25.).

□ 두 개 공동사업장 통합 시 사업장등록 정정 사항임

동일 소재지에 공동사업의 구성원이 동일한 두 개의 공동사업장을 가진 사업자가 두 개의 사업장을 통합하여 하나의 공동사업을 영위하고자 하는 경우 사업장 관할세무서장에게 사업자등록 정정신고를 하여야 함(서면-2016-부가-3173, 2016.04.27.).

□ 공동사업자 구성원 정정이 행정처분 대상인지

공동사업자의 경우 그중 일부가 신청한대로 관할세무서장이 공동사업자를 정정하였다 할지라도 이 정정행위는 항고에 대상이 되는 행정처분이 아님(수원지법2015구합2803, 2016. 05.31.).

□ 동업계약에 의한 약정금인지 아니면 부가가치세 면세대상인 교육용역에 대한 대가인지 여부

원고(강의콘텐츠 제공법인)와 유BB(학원)은 공동사업자에 해당하지 않으므로, 이 사건 정산금을 공동사업에 따른 수익분배로 볼 수 없고, 원고의 유BB에 대한 강의 콘텐츠 제공이라는 부가가치세 과세 대상 용역의 제공 대가에 해당한다고 봄이 타당함. 원고의 유BB에 대한 강의 콘텐츠 제공이라는 용역의 공급에 대한 부가가치세의 과세표준은 원고가 유BB으로부터 지급받은 이 사건 정산금이고, 원고 및 원고 소속의 강사들이 이 사건 사업과 관련하여 공동사업자에 해당한다고 볼 만한 사정이 없는 이상, 원고가 이 사건 정산금 중 원고 소속 강사들에게 지급한 것은 원고 내부의 인건비로서 법인세 계산 시 손금에 산입 될 수 있음은 별론으로 하고, 이를 부가가치세의 과세표준에서 제외할 수 없음. 이 사건 처분은 납세의무 성립 당시 적용되는 부가가치세법령에 따라 이루어진 것으로서 과세관청의 법령에 대한 해석 또는 처리지침 등이 변경된 경우에도 해당하지 않으므로 소급과세금지의 원칙에 위배되지 않음(서울고법2018누59535, 2018.12.05.; 서울행법2017구합83690, 2018. 07.13.; 대법원2018두 67084, 2019.04.05.).

2. 매입세액의 공제

1) 개요

공동사업자가 부가가치세 과세사업이나 과세·면세겸영사업을 영위하는 경우 매입세액공제 있어서는 일반 단독사업자와 동일하게 부가법 제38조 및 제39조에 따라 부가가치세 과세사업자가 자기의 과세사업과 관련하여 사용하였거나 사용할 재화 또는 용역에 대하여 지출한 매입세액은 부가법 제39조에 해당하는 매입세액을 제외하고는 매출세액에서 공제되어야 한다.

2) 구체적 사례

가. 공동사업자 명의로 수취하지 않은 세금계산서는 불공제 대상임

공동사업자 명의로 부가가치세 신고를 하여야 함에도 불구하고 공동사업자의 구성원 명의로 매입세금계산서를 수취하였다면 이는 사실과 다른 세금계산서에 해당한다(대법원2010두8010, 2010.08.19.).

대법원도 공동사업자로 사업자등록 후 건설용역을 제공받던 중 공사완료 및 사용승인 후 건물을 구분하여 각자의 명의로 소유권등기하고 각각 사업자등록을 한 경우, 해당 건설용역의 세금계산서는 공동사업자의 명의가 아닌 각각 사업자의 명의로 발급받는 경우 이는 사실과 다른 세금계산서에 해당하여 매입세액공제를 받을 수 없다고 판시하였다(대법원2010두12668, 2010.10.28.).

나. 공동사업을 위한 자산을 타인명의로 수취한 세금계산서는 매입세액 불공제대상임

부동산임대업을 공동으로 영위하는 사업자가 다른 부동산을 취득하면서 기존 사업장 명의로 받은 세금계산서는 매입세액공제를 받을 수 없다(국심2005서41, 2005.07.13.).

다. 공동사업자가 1인 명의로 등록하고 발급받은 세금계산서는 매입세액 공제 가능

부가가치세가 과세되는 사업을 영위하는 공동사업자가 공동사업자 중 1인 명의로 사업자등록을 하고 해당 사업에 사용할 건물을 취득하면서 매입세액을 공제받은 경우 단순한 정정신고의무 해태로서 해당 건물이 해당 사업에 계속 사용되는 경우에는 공제받은 매입 세액에는 영향을 주지 아니하는 것이며, 해당 사업자는 사업자등록을 정정하여야 한다(부가46015-169, 1999.01.20.).

※ 단순 사업자등록 정정의무만을 해태한 것으로 매입세액 불공제는 불가함.

라. 면세사업을 영위하는 공동사업 구성원에게 임대 시 매입세액 공제

부동산임대사업을 영위하기 위하여 건물을 신축한 자가 신축건물의 일부분을 임대사업자 본인이 포함된 면세사업을 영위하는 공동사업자에게 무상으로 임대하는 경우에는 본인의 면세사업에 공하는 것으로 볼 수 없으므로 무상임대하는 부분의 신축관련 매입세액도 매출세액에서 공제받을 수 있는 것이나, 무상으로 임대하는 것인지 자기의 면세사업장으로 사용하는 지는 공동사업 해당여부 및 실제 임대여부 등 관련사실을 종합하여 판단하여야 한다(부가46015 -1645, 1998.07.28.).

마. 2인이 기존 사업장 외에 공유부동산 취득 시 매입세액 공제 등

서로 다른 사업장에서 각각 사업을 영위하던 부부(夫婦)가 사업장을 이전하거나 사업을 확장할 목적으로 또 다른 장소에 건물을 공유로 취득하면서 자기의 지분비율에 해당하는 가액으로 기존사업장 명의로 세금계산서를 각각 발급받아 기존사업장에서 영위하던 사업을 이전하거나 확장한 경우 해당 세금계산서의 매입세액은 기존사업장의 매출세액에서 공제할 수 있다. 다만 부부 중 자기의 건물지분을 초과하여 사용하는 부분에 대하여는 용역의 공급에 해당하여 부가가치세가 과세된다(법규과-648, 2013.06.04.).

바. 구분분할 등기된 부동산을 공급 시 세금계산서 명의

등기부상 건물들의 소유자가 공동사업자들로 되어 있고, 공동사업자들 간의 미분양 점포의 공유물 분할 협의는 어디까지나 공동사업 관계를 정산하기 위한 내부약정인 경우, 공동사업 구성원 중 1인의 채무불이행으로 인하여 해당 채권자가 담보권 실행으로 해당 부동산들을 공급받으면서 공동사업자들 명의로 쟁점세금계산서를 발급받은 경우 채권자가 수취한 세금계산서는 사실과 다른 계산서로 볼 수 없다(국심2005중4273, 2006.07.28.).

사. 공동사업자에게 그 구성원이 임대용역 제공 시 매입세액 공제

별도로 사업자등록을 한 부동산임대업자인 "X"사업자(구성원 a, b, c)와 임차인으로서의 병원인 "Y"사업자(구성원 a, b)는 별개의 사업자로서 그 "X"사업자가 자기의 부동산임대사업과 관련하여 취득한 해당 건물에 대한 매입세액은 매출세액에서 공제가 가능할 수 있다(서면3팀 -1563, 2005.09.20.; 서면3팀-897, 2008.05.07.).

아. 공동사업을 위한 건축물 공사 시 매입세액 공제

토지공동소유자(동일 지분) 4인이 해당 토지 위에 건물을 신축하여 공동으로 임대할 목적으로 공동사업자로 등록한 후, 토지공동소유자가 동일한 비율의 비용을 부담하고 동일 지분의 소유권을 갖는 조건으로 자기의 계산과 책임 하에 직접 시공하는 경우에 발급받은 건설자재 등과 관련된 세금계산서의 매입세액 또는 해당 과세사업용 건물의 신축약정에 의하여 건설업자가 건설용역을 제공하는 경우에 해당 건설용역을 제공받고 발급받은 세금계산서의 매입세액은 자기(공동사업자)의 매출세액에서 공제할 수 있다(부가46015-704, 2001.04.30.).

자. 공동신축 후 토지의 소유자가 각자 지분으로 소유하는 경우 매입세액 불공제

토지를 공동 소유한 소유주들이 당초 목적이 공동으로 건물을 신축하여 각자 지분으로 각각 소유하고자 하는 경우(일반분양 없음) 공동사업으로 보지 아니하므로 신축 관련 매입세액은 공제되지 아니하고 각자 명의로 소유권등기 시 재화의 공급으로 보지 아니한다(부가46015-600, 1997.03.19.).

차. 공동사업용 건물을 면세사업하는 구성원에게 유상임대 시 기존 매입세액 추징대상 아님

상가를 신축하여 부동산임대업을 영위하는 공동사업자가 해당 임대용건물의 일부를 면세사업을 별도로 운영하는 해당 공동사업자 중 1인에게 임대한 경우 해당 공동사업자가 기 공제받은 부가가치세 매입세액에는 영향을 미치지 아니한다(부가46015-376, 1999.02.06.).

카. 공동사업자등록 전에 법인사업자번호로 발급받은 세금계산서의 매입세액 불공제

"갑", "을" 법인사업자가 자기의 임대사업에 사용할 목적으로 재화를 취득하고, 이후 공동사업계약에 따라 사업자 등록함에 있어 갑, 을 법인사업자가 발급받은 세금계산서의 매입세액은 공동사업자의 등록 전 매입세액으로 공제할 수 없다. 다만 "갑", "을" 법인사업자가 자기의 임대사업에 사용할 목적으로 재화를 취득하고 발급받은 세금계산서의 매입세액은 매출세액에서 공제할 수 있는 것이나, 이 경우 부가가치세가 과세되는 사업과 관련이 있는지 여부는 구체적으로 구입목적, 사업의 연관성, 사용실태 등을 확인하여 종합적으로 사실 판단할 사항이다(사전-2021-법령해석부가-0224, 2021.03.08.).

> ※ 동업계약 체결 전 임대용 부동산 취득관련 매입세액을 각 구성원이 공제받은 후 동업계약을 체결하면서 현물출자하는 경우 재화의 공급으로 공동사업자에게 세금계산서 발급하며, 사용기한이 정해지지 아니한 사용권 출자의 경우에는 재화 또는 용역의 공급으로 보기 어렵다.

3. 공동사업자의 세금계산서 수수방법

1) 개요

> 2인 이상의 사업자가 민법상 공동사업계약에 의하여 공동으로 사업을 영위하는 경우에는 기존 법인과 별개로 공동사업자명의로 사업자등록을 하여야 하는 것이므로 공동사업과 관련하여 재화 또는 용역을 공급하는 경우 공동사업자 등록번호로 세금계산서를 발급하거나 발급받아 부가가치세 신고·납부하여야 한다.

2인 이상의 사업자가 민법상 공동사업계약에 의하여 공동으로 사업을 영위하는 경우 공동사업자로 사업자등록을 하여야 하고, 해당 공동사업과 관련된 사업자등록은 구성원인 "갑법인", "을법인"과는 별개의 사업체로서 공동사업체의 인격에 따라 법인 또는 개인으로 등록하여야 하고, 인허가에 관계없이 그 실질이 공동사업에 해당하는 경우에는 공동사업자로 사업자등록증을 발급받아야 한다(재소비46015-65, 2002.03.15.;부가-114, 2014.02.17.; 부가-1216, 2010.09.13.).

이처럼 공동사업체를 운영하는 경우 공동사업과 관련하여 재화 또는 용역을 공급하거나 공급받았다면 공동사업자등록번호를 기재한 세금계산서를 발급 또는 발급받아야 한다.

2) 공동사업장과 그 구성원과의 거래

2인 이상이 상호출자하여 공동사업을 경영하는 경우 해당 사업체는 민법상 조합에 해당하는 것으로 그 구성원인 개인의 사업과는 별개의 사업체이며, 또한 각각 권리의무의 주체가 되는 별개의 사업장으로 그 이해관계를 달리하므로 조합과 그 구성원(사업자) 간의 재화 또는 용역의 공급에 대하여는 세금계산서를 수수하여야 한다(재소비-1351, 2004.12.13., 부가-4261, 2004.12.06.; 국심2005서0041, 2005.07.13.).

따라서 "갑"과 "을"이 공동으로 부동산임대업을 영위하는 건물의 일부에 "갑"이 부동산임대업 외의 다른 단독사업을 영위하게 된 경우 부동산임대사업장(공동사업장)과 또 다른 "갑"의 사업장은 그 사업주체가 다른 별도의 사업장이므로 공동사업자가 "갑"에게 공급하는 부동산임대용역에 대하여 세금계산서를 발급하여야 한다(부가46015-4799, 2000.12.20.).

◆ **공동사업장(조합)과 조합원과의 거래에 대한 과세현황**

○ 소득법이나 부가법에서 조합과 조합원과의 거래에 대하여 과세대상거래로 볼 것인지에 대한 별도 규정을 두고 있지 않지만, 도관과 구성원 간의 거래로 인한 조세회피 가능성이 존재할 수 있으므로 이를 방지할 수 있는 규정 보완이 필요하다.

- 조합이 구성원에게 지급한 급여를 필요경비로 인정하지 않은 해석사례, 조합원 중 1인 소유건물을 공동사업장에 임대 시 임차료에 대한 필요경비를 인정한 해석사례, 조합원이 공동사업장에 토지 무상 제공 시 부당행위계산부인대상이 아니라는 법원의 판결사례 등 일관된 기준이나 원칙이 없어 납세자의 혼란이 가중된다. 따라서 공동사업의 경우에도 동업기업과 유사하게 제3자로서의 거래를 명확히 규정하여 경제적 측면에서 공동사업자가 제3자의 자격으로 거래를 인정할 필요성이 있다.

3) 공동시행사의 건물신축 관련 세금계산서 수수

가. 국세청 해석

건설업을 영위하는 두 법인이 공동으로 복합건물을 신축·분양하기 위한 공동사업약정을 체결하고 토지를 구입, 건물 신축 및 분양을 공동으로 수행하며 해당 사업에서 발생하는 모든 수익과 비용을 약정된 비율대로 분담(배분)하는 경우, 공동사업과 관련된 세금계산서는 해당 공동사업자의 명의로 발급하거나 발급받아야 한다(서면법규과-1292, 2014.12.09.).

"갑"법인과 "을"법인(이하 '공동시행사')이 공동사업약정에 따라 공동으로 주상복합건물을 신축·분양함에 있어 공동시행사가 연명으로 시공사와 주상복합건물 공사도급계약을 체결하고 공급받은 건설용역의 대가를 지급한 경우 이에 대한 세금계산서를 공동시행사가 별도로 등록한 공동사업자의 대표자 명의로 발급받아야 한다(법규과-5117, 2007.10.31.).

나. 조세심판원 결정

건설업에 있어서는 사업자가 법인인 경우에 그 법인의 등기부상의 소재지를 사업장으로 하도록 규정하고 있는 바, "갑"과 "을"은 건설업 법인에 해당하므로 각 건설사업장마다 사업자등록을 하여야 할 필요가 없고, 쟁점사업(특정 소재지의 신규 건설사업)을 공동으로 운영한다고 하더라도 쟁점사업의 신탁계약, 회계처리 등 사업에 관한 대부분의 업무를 각 건설업법인의 본사에서 직접 수행하였으며, 갑법인이 공급받은 재화·용역에 대한 부가가치세신고는 관할세무서장을 통해 정상적으로 이루어져 쟁점사업에 대한 부가가치세 세원관리에는 별다른 문제가 있다고 보기 어렵고, 쟁점사업은 "갑"법인이 영위하는 기존 건설업의 확장으로서 그 신규 건설사업 관련 매입세액을 기존사업장에서 세금계산서를 수취하여 공제받을 수 있다(조심2009서1637, 2010.05.04.).

4) 공동사업장 일부를 다른 공동사업장에 임대 시 세금계산서 발급

부부(夫婦)가 공동사업 약정에 따라 부동산임대업과 의료업을 영위하던 중 해당 사업(공동사업 A)에 사용하는 부동산의 소유지분 일부를 자녀 2명에게 증여하여 4명(부부 및 자녀 2명)이 부동산임대업 공동사업자(B)를 구성하게 된 경우, 해당 공동사업자(B)는 임대용역의 공급에 대하여 의료업 공동사업자(A) 및 그 밖의 임차인에게 세금계산서를 발급하여야 한다(사전-2015-법령해석부가-0132, 2015.05.27.).

5) 그 밖의 사례

□ 건설업 법인 간 공동으로 분양사업 시행 시 세금계산서 수수

건설업을 영위하는 갑법인, 을법인, 병법인이 주상복합건물을 신축·분양하기 위해 공동사업협약을 체결하고 공동사업자로 사업자등록하는 경우로서 토지 매입, 건물 신축 및 분양을 공동으로 수행하며 해당 사업과 관련된 모든 비용과 수익을 약정된 비율대로 분담(배분)하는 경우, 공동사업과 관련된 세금계산서는 해당 공동사업자의 명의로 발급하거나 발급받아야 한다(사전-2017-법령해석부가-0623, 2017.11.01.).

□ 업무협정 및 결과물의 단독소유가 인정되는 경우 세금계산서 수수

「중부지역 공동운영계약」을 체결하고 약정에 따른 분담업무를 각자의 책임과 계산으로 수행한 후 그 생산물을 각자의 지분비율대로 소유하기로 한 경우 해당 사업은 공동사업에 해당하지 아니하는 것이며, 이 경우 해당 사업과 관련하여 지분율만큼 각자의 기존 사업자등록번호로 세금계산서를 수수하거나 부가령 제69조 제15항을 준용하여 세금계산서를 발급받거나 발급받을 수 있다(사전-2015-법령해석부가-0101, 2015.07.23.).

4. 과세대상 거래

1) 개요

부가가치세 과세대상이 되는 재화 또는 용역의 공급은 공동사업자가 제공하는 경우라 하여 달리 볼 수 없다. 따라서 부가가치세법의 규정이 그대로 적용된다.

2) 공동사업과 사업양도

부가가치세 과세대상이 되지 아니하는 포괄적 사업양도는 거래당사자가 단독사업자이든 공동사업자이든 관계없이 해당 사업장별로 판정하는 것이므로 사업주체가 누구든 과세사업자 인 것으로 족하다.

따라서 단독사업자에서 공동사업자로, 공동사업자에서 단독사업자로, 공동사업자에서 공동 사업자로 사업장의 변동 없이 사업주체만 변경되었다면 사업양도이고, 공동사업장 구성원인 법 인이 공동사업자 1인으로 남았다가 사업을 양도(매수인이 공동사업자 또는 단독사업자이든 관 계없음)하는 경우에도 포괄적 사업양도에 해당하는 경우에는 재화의 공급으로 보지 아니한다 (서면3팀-2579, 2006.10.27.).

또한 부동산임대업자가 임대업과 관련한 인적·물적 시설을 비롯하여 임대사업에 관련된 모든 권리와 의무를 사업양수인(공동사업자)에게 포괄적으로 승계시키는 경우 사업양수인의 구성원 중에 사업양도인의 기존 임차인이 포함된 경우에도 포괄적인 사업양도로 본다(법규부 가2011-0397, 2011.10.05.).

3) 출자지분의 이전

공동사업 구성원이 자신의 출자지분을 다른 구성원 또는 공동사업 구성원 외의 자에게 양 도, 상속, 증여하는 경우 공동사업장 자체의 자산이나 부채에 변동을 발생시키는 외부거래가 아니므로 공동사업장은 구성원의 출자지분 양도 등으로 인한 부가가치세 과세문제가 발생하지 않는다.

⇒ 해당 출자지분 양도는 부가가치세의 과세대상은 아님.

5. 공동사업장의 부가가치세 신고·납부·환급절차 등

1) 부가가치세 신고·납부

> ▶ 공동사업자 각자의 지분 또는 손익분배의 비율이 정하여진 경우라도 부가가치세는 해당 사업장
> 의 대표자 1인 명의로 신고·납부하여야 한다.

공동사업장에 대한 부가가치세법 적용에 있어서는 단독사업자와 동일하게 부가가치세법의 총칙, 과세거래, 영세율과 면세, 과세표준과 세액의 계산, 거래징수와 세금계산서, 납부세액 등, 세액공제, 신고와 납부 등, 결정·경정·징수와 환급, 가산세, 간이과세 및 보칙이 그대로 적용된다.

2) 부가가치세 환급

공동사업자에게 부가가치세를 환급하는 경우 관할세무서장은 정당한 국세환급금 지급대상 자임을 확인한 후 공동사업 대표자에게 환급하여야 한다(징세46101-246, 1999.10.15.). 다만, 과세관청이 공동사업 대표자에게 부가가치세를 환급함에 있어 동 대표자의 다른 체납세액에 충당할 수 있으나(징세46101-389, 2000.03.14.), 공동사업 대표자에게 환급되는 부가가치세를 공동사업 구성원의 다른 국세 체납세액에 충당할 수 없다고 국세청은 해석하고 있다(징세 46101-954, 2000.06.29.).

3) 부가가치세 연대납세의무와 한도

가. 부가가치세 연대납세의무

부가가치세 납세의무성립일을 기준으로 그 당시의 공동사업자는 납세의무가 성립된 부가가치세 중 납부되지 아니한 부가가치세에 대하여 공동사업자 전원이 연대하여 납세의무를 진다(징세-2801, 2004.08.25.). 사업을 공동으로 경영하다가 1인이 탈퇴한 경우 해당 공동사업에 관계되는 국세 등에 대한 납세의무는 납세의무성립일 현재의 잔여 공동사업자 전원이 연대하여 지게 된다(서면1팀-989, 2005.08.18.).

따라서 과세관청은 공동사업에서 발생한 부가가치세에 대한 연대납세의무는 공동사업에서 탈퇴하였다고 하여 공동사업에 참여한 과세연도에 기 성립한 연대납세의무가 소멸되는 것이

아니므로 결정·경정사유가 있는 과세기간 종료일에 공동사업을 한 자들에게 부가가치세의 연대납세의무를 지워 결정·경정고지하여야 한다(징세46101-326, 2001.05.03.).

나. 연대납세의무 한도

국세기본법상의 연대납세의무의 법률적 성질은 민법상의 연대채무와 근본적으로는 다르지 아니하므로 각 연대납세의무자는 공유물·공동사업 등에 관계된 국세의 전부(연대납세의무의 한도는 없음)에 대하여 고유의 납세의무를 부담한다 할 것이고, 같은 법에 의하여 준용되는 「민법」 제415조는 어느 연대채무자에 대한 법률행위의 무효나 취소의 원인은 다른 연대채무자의 채무에 영향을 미치지 아니한다(대법원99두2222, 1999.07.13.).

4) 공동사업장의 기장

공동으로 사업을 경영하는 경우 공동사업장을 1거주자로 보아 부가법 제71조에 따른 기장의무를 이행하여야 한다.

6. 현물출자에 대한 부가가치세 과세

1) 과세 개요

공동사업장에 현물출자한다는 것은 금전 외의 재산으로 공동사업에 출자를 하는 것을 말하며, 개인사업자 또는 법인사업자가 공동사업에 현물출자하는 경우 원칙적으로 부가가치세가 과세되는 재화의 공급에 해당하는 것이며, 다만 해당 현물출자가 포괄적 사업양도에 해당하는 때에는 재화의 공급으로 보지 아니한다.

◆ **현물출자를 재화의 공급으로 보는 이유**

사업용 자산을 공동사업체에 현물출자하면 해당 자산은 공동사업목적에 의하여 통제되고 그 구성원의 집합체인 공동사업체의 합유재산이 되는 것이므로 출자시점에 유상으로 재화가 인도 또는 양도된 경우에 해당하기 때문이다. 그러나, 공동사업체 설립 이후 공동사업체 명의로 취득하여 합유로 등기하거나 공유등기하는 경우에는 실질상 공동사업체 자체의 취득·양도 행위로서 현물출자에 해당하지 아니한다.

2) 공급가액의 계산

현물출자는 조합원 지분 또는 지위를 받은 것이므로 금전 외의 대가를 받은 경우에 해당하여 자기가 공급한 재화 또는 용역의 시가가 공급가액이 된다.

3) 공급시기

가. 법인 또는 조합에 현물출자하는 경우

사업자가 재화를 법인에 현물출자하는 경우에는 현물출자로서의 이행이 완료되는 때를 그 공급시기로 본다. 이 경우 이행이 완료되는 때라 함은 「상법」 제295조 제2항에 따라 현물출자를 하는 발기인이 출자의 목적인 재산을 인도하는 때이며, 등기·등록·기타 권리의 설정 또는 이전을 요할 경우에는 이에 관한 서류를 완비하여 교부하는 때를 말한다(부가46015-3228, 2000.09.18.).

사업자가 공부상에 등재하는 관리권 등을 현물출자함에 있어, 사업자가 명의변경 등록 전에 각기 이사회 및 주주총회의 결의를 거치고 관할관청으로부터 적법하게 그 현물출자에 관한 승인을 얻고 양수자는 동 관리권에 관한 권리 일체를 이전받아 관리권에 허여된 사업을 영위하면서 과세매출이 발생하는 경우 해당 관리권의 공급시기는 공부상에 그 명의이전등록을 마친 시점이 된다(대법2002두4761, 2003.12.11.).

나. 공동사업 현물출자일이 확인되지 아니하는 경우

현물출자일이 객관적으로 확인되지 아니하는 경우 현물출자한 날은 당사자 간에 묵시적 합의가 성립한 날 또는 사실상 공동사업이 개시된 날 등을 밝혀 소관세무서장이 사실판단할 사항이다(서일46011-11709, 2003.11.25.).

7. 출자지분 양도·상속·증여와 부가가치세 과세

(1) 공동사업 구성원의 출자지분 양도

공동사업 구성원이 자기의 출자지분을 타인에게 양도하거나 출자지분을 현금으로 반환하는 것은 공동사업장의 입장에서 보면 재화의 공급에 해당하지 아니한다(부가통칙9-18-2). 이는 출자자 간의 지분변동은 단순히 공동사업 구성원 간의 내부적인 거래일 뿐 그것이 공동사업자체로서의 재화의 공급이 될 수 없기 때문이므로[1] 공동사업장의 자산이 외부로 일부나 전부가 유상 또는 무상으로 유출되어 공동사업장의 자산 감소를 초래한 사실이 없어 과세대상 자체가 존재하지 않는다.

1) 단독사업과 공동사업 간 변경, 지분양도에 따른 부가가치세 과세

①단독사업자가 자기의 사업장을 양도하여 다른 사업자와 공동사업자가 되는 경우 해당 사업장의 양도, ②공동사업자 중 1인이 공동사업에서 탈퇴하면서 현금으로 지분대가를 지급하고 단독사업자가 되는 경우 해당 지분양도, ③출자지분이 약정에 의해 상속 또는 증여되는 경우, ④공동사업 구성원이 제3자에게 자기의 지분을 양도하고 제3자가 공동사업 구성원이 되는 경우 이러한 지분의 이전, 출자지분의 현금반환 등에 대하여는 부가가치세가 과세되지 않는다(부가46015-1073, 1999.5.27.; 국심1002서3632, 1992.12.17.; 대법원97누12082, 1999.05.04.; 부가46015-4911, 1999.12.14.; 부가46015-4306, 1999.10.25.).

위 "①"과 "②"의 경우 변경 전후 사업주체의 법적 성격이 다르더라도 포괄적 사업양도로서 부가가치세가 과세되는 재화의 공급으로 보지 아니한다(서면3팀-249, 2006.02.06.; 서삼46015-10074, 2002.01.21.; 부가46015-1073, 1999.05.27.; 국심1002서3632, 1992.12.17.). "③"과 "④"의 경우 공동사업장 입장에서 볼 때 외부거래로서 공동사업장의 자산에 변화를 가져오는 거래가 아니므로 부가가치세 과세대상 거래 자체가 없는 것이다.

다만 출자지분을 공동사업장의 현물로 반환받는 경우 그 반환받는 재화가 부가가치세 과세재화인 경우 부가가치세가 과세된다(부가-894, 2010.07.14.).

'출자지분'의 양수도는 재화 또는 용역의 공급에 해당하지 않는 바, 세금계산서를 수취한 경우 매입세액 불공제되나 세금계산서합계표불성실가산세는 배제된다(국심2002부1600, 2003. 01.21.).

2) 출자지분 양수자가 별도의 사업을 영위하는 경우

공동명의(A, B)로 취득한 사업용 건물의 소유지분 일부(A)를 양도하고 새로 지분을 취득한 자(C)와 공동으로 사업을 영위하는 경우에는 출자지분의 양도로서 재화의 공급에 해당하지 아니하는 것(A, C의 공동사업)이나, 새로 지분을 취득한 자가 소유지분의 부동산을 공동사업에

---

[1] 백운일, 공동사업·동업기업 세무실무, 2012, 195면

공하지 아니하고 독립하여 별도의 사업을 영위하는 경우에는 재화의 공급에 해당(A, C의 단독
사업)되어 지분양도에 대하여는 해당 공동사업자의 명의로 세금계산서를 발급하여야 한다(서
삼46015-10984, 2003.06.20.).

> ※ 공동사업장의 부가가치세 과세대상 자산에 감소를 가져오는 행위가 수반되었는 바, 재화의 공급이 발
> 생하였다.

(2) 출자지분의 현물반환 등에 대한 부가가치세 과세방법

기본원칙

가. 과세거래

실질적으로 동업관계를 해체하기 위한 공유물분할은 출자지분의 현물반환으로서 부가가치세가
과세되는 것이며, 그 지분별로 분할등기한 때의 시가상당액을 공급가액으로 하여 공동사업자는
각 사업자에게 세금계산서를 발급하는 것임(부가46015-2243, 1996.10.26.).

나. 과세제외

공유물을 합유물로서의 성격을 그대로 유지한 채 또는 공동사업을 유지한 채 단순히 형식상 또
는 관리목적상 구성원의 소유로 분할하는 경우와 공동사업 구성원이 자기의 출자지분을 타인에
게 양도하거나 법인 또는 공동사업자가 출자지분을 현금으로 반환하는 경우에는 재화의 공급에
해당하지 아니하는 것임(부가통칙9-18-2; 국심1996경3199, 1997.01.13.; 부가46015-5062, 1999.12.27.).

다. 출자지분의 현물반환 등에 대한 공급시기

공유물 분할 및 출자지분의 현물반환 시 그 공급시기는 해당 부동산이 사용가능하게 되는 때
로 하는 것이며, 이 경우 이용가능하게 되는 때라 함은 원칙적으로 소유권이전등기일로 하는
것이나 소유권이전등기일전에 실제 명도하는 경우 실제 이용가능하게 되는 때로 볼 수 있는
것임(제도46015- 11929,2001.07.06.; 부가46015-1637,1995.09.07.).

1) 출자지분의 현물반환의 과세와 공급시기

2인의 공동사업자가 부동산임대용 건물을 신축한 후 각각 독립적으로 부동산임대업을 영위
하고자 동업계약을 해지하고 분할등기하여 소유권을 이전하는 경우에는 공동사업자가 출자지
분을 현물로 반환하는 것으로서 재화의 공급으로 부가가치세가 과세된다. 이 경우 공동사업자
는 공유하던 사업용 건물의 분할등기에 따른 '소유권이전 등기일'(소유권이전등기일 전에 실제
명도하는 경우에는 그 '실제명도일')에 독립하여 사업을 개시하는 자에게 반환하는 건물지분의
시가 상당액을 공급가액으로 기재한 세금계산서를 발급하여야 한다.

사업용 건물을 공급받는 자는 그 부동산을 부가가치세가 과세되는 사업에 사용하는 경우에는 부가법 제38조에 따라 매입세액 공제를 받을 수 있다.

공동사업자가 공유하던 사업용 건물의 출자지분을 해당 건물로 반환하는 경우의 공급가액은 해당 건물의 시가로 하는 것인 바, 그 시가의 기준은 다음에서 정하는 가격으로 한다(부가령§62).

> ㉠ 사업자가 특수관계인이 아닌 자와 해당 거래와 유사한 상황에서 계속적으로 거래한 가격 또는 제3자 간에 일반적으로 거래된 가격
>
> ㉡ "㉠"의 가격이 없는 경우에는 사업자가 그 대가로 받은 재화 또는 용역의 가격(공급받은 사업자가 특수관계인이 아닌 자와 해당 거래와 유사한 상황에서 계속적으로 거래한 해당 재화 및 용역의 가격 또는 제3자 간에 일반적으로 거래된 가격을 말한다)
>
> ㉢ "㉠"이나 "㉡"에 따른 가격이 없거나 시가가 불분명한 경우에는 소득령 제98조제3항 및 제4항 또는 법인령 제89조제2항 및 제4항에 따른 가격

따라서 분할 당시 "㉠" 또는 "㉡"에 정하는 가격이 없거나 시가가 불분명한 경우로서 법인령 제89조제2항에 따라 「부동산가격공시 및 감정평가에 관한 법률」에 의한 감정평가법인이 감정한 가액(이하 "감정가액"이라 함)이 있는 경우에는 해당 감정가액이 공급가액이 된다(법규부가2008-0031, 2008.11.20.).

또한 3인의 공동사업자가 부동산임대용 건물을 신축한 후 각각 독립적으로 부동산임대업을 영위하고자 동업계약을 해지한 후 공동사업자 사업자등록증은 대표자 1인 명의로 정정하고 다른 2인은 각각 신규로 사업을 개시하는 경우 신규로 사업을 개시하는 사업자에게 해당 부동산임용 건물의 소유권을 분할등기하여 소유권을 이전하는 경우는 공동사업자가 출자지분을 현물로 반환하는 것에 해당하여 부가가치세가 과세되는 것이며, 이 경우 해당 공동사업자는 신규로 사업을 개시하는 2인에게 반환하는 건물의 시가상당액을 공급가액으로 기재한 세금계산서를 발급한다(서면-2017-부가-0662, 2017.04.25.; 서면3팀-2300, 2004.11.11.).

> 현물반환 시의 부동산 등 공급가액은 간주시가가 아니라 통상적 재화의 공급에 대한 시가가 되며, 다만 공동사업을 해제하고 그 후에 사업용 자산인 부동산을 분할등기하는 경우에는 이론상 폐업 시 잔존재화로 간주시가가 공급가액이 된다.

2) 공동사업지분의 현물반환으로 과세되지 아니하는 경우

가. 보존등기 후에도 공동사업이 유지되는 경우

부동산임대업을 영위하기 위하여 공동사업자로 등록한 후 해당 임대업에 사용할 건물을 신축하여 각 공동사업자의 지분별로 소유권 보존등기하고 공동사업자로서 동 건물을 임대업에 공하는 경우에는 재화의 공급에 해당하지 아니한다. 이 경우 "지분별 소유권 보존등기"라 함은 소유권 보존등기 시에 각자의 지분을 표시하여 공동소유로 등기하는 경우 및 각자의 지분비율대로 분할등기하는 경우를 말한다(부가46015-2071, 1995.11.08.).

나. 공유 토지를 각 공구별로 분할하여 개별신축하는 경우

주택신축판매업을 영위하는 3개 회사가 공동으로 취득한 토지를 3개의 공구로 균등 분할하여 분할된 공구별로 각사의 개별적인 책임과 계산 하에 주택(아파트)을 건축하면서 3개 회사 공동명의로 해당 아파트를 분양하여 분양금액을 3개 회사가 균등하게 배분하는 경우 3개 회사는 자기에게 귀속되는 분양금액에 대하여 각각 부가가치세를 신고·납부하여야 하는 것이며, 해당 아파트의 건설이 완료되어 해당 사업을 종료하고 미분양된 아파트를 각사가 개별적으로 분양하고자 정산하는 경우에 3개 회사 간에 미분양된 아파트를 정산하는 것은 부가법 제9조에 따른 재화의 공급에 해당하지 아니한다(부가46015-289, 2000.02.03.).

다. 공유지분을 소유자 각인이 구분하여 사용·수익하다가 분할등기하는 경우 과세여부

3인이 공유로 등기된 토지 및 건물을 각각의 소유지분에 따라 구분하여 사용·수익하기로 약정하고 각각 사업자등록을 하여 부동산임대업을 영위하던 중 공유건물을 각각의 소유지분의 변동 없이 분할등기하는 경우에는 재화의 공급에 해당하지 아니한다(법규과-1030, 2007.03.07.).
⇒ 당초부터 공동사업에 해당하지 아니하여 출자지분의 현물반환에 해당하지 않음.

3) 관련 사례

☐ 공동사업을 해지하고 독립적으로 사업을 영위하고자 분할등기하는 경우

부동산임대업 및 상가신축판매사업을 영위하는 공동사업자가 건물을 신축한 후 공동사업을 해지하고 각각 독립적으로 사업을 영위하고자 해당 건물의 소유권을 분할 등기하여 소유권을 이전하는 경우 해당 건물에 대하여는 공동사업자가 출자지분을 현물로 반환하는 것

에 해당함으로 부가가치세가 과세됨(재소비-317, 2005.10.13.).

□ 출자의 현물반환은 과세대상임

공동명의의 건물에 부동산 임대업을 공동으로 하는 자가 건물을 2등분하여 각자의 소유로 이전한 것은 부가가치세법상 재화의 공급에 해당한다(대법원2006두18447, 2007.03.16.).

□ 공동사업용 신축건물을 보존등기 시 구성원 명의로 하는 것은 출자의 현물반환에 해당함

○ 사업자가 주된 사업과 관련하여 우연히 또는 일시적으로 재화를 공급하는 경우에도 그 목적이 사업의 유지·확장을 위한 것인지 청산·정리를 위한 것인지에 관계없이 과세대상이 되므로 공동사업을 개시하였다가 건물신축 후 각자 독립적으로 사업하고자 보존등기 한 것은 현물출자의 반환에 해당하여 부가가치세 과세대상이 된다(광주지방법원-2015-구합-13581, 2016.09.08.).

○ 부동산임대사업을 공동사업을 영위한 사실이 인정되고 그 후 건물을 구분하여 각자 소유권 보존등기를 경료하고 종전의 공동사업자등록을 단독사업으로 정정함과 동시에 개별적으로 부동산임대사업자등록을 마친 것은 공동재산을 분할하여 출자지분을 반환한 것에 해당함 (대법원2009두12471, 2009.11.12.).

□ 공동사업 자산의 현물반환 시 과세표준 산정 방법

분양이 완료된 상가와 미분양된 상가의 위치, 규모 및 입지여건 등 객관적 요소가 상이하고, 부동산 가격이 지속적으로 하락하는 상황에서 동업계약을 해지하고 각자 사업을 하기 위해 공동사업에 사용되던 미분양 상가를 분할하는 경우, 분할하고자 하는 미분양 상가의 과세표준을 산정함에 있어 그 시가는 당해 분양 완료된 상가의 실지거래가액(분양가액)을 적용할 수 없는 것이므로 시가가 불분명한 경우 등에 해당됨. 따라서 부가령 제60조 제2호 및 법인령 제89조 제2항에 따라 「부동산가격공시 및 감정평가에 관한 법률」에 의한 감정평가법인이 감정한 가액과 「상속세 및 증여세법」 제61조의 규정을 준용하여 평가한 가액을 순차로 적용하여 계산한 금액에 의하는 것임(서면-2017-부가-0662, 2017.04.25.).

□ 공동사업자의 탈퇴로 출자지분 현물반환 시 분양예정가격을 시가로 산정한 부가가치세 과세표준은 적정함(수원지방법원2007구합3191, 2008.06.25.).

(3) 출자의 반환 여부에 대한 대법원 판례 분석

○ "갑"은 "병건설"과 사이에 그 소유의 대지상에 신건축물을 신축·분양하기로 하는 공동사업 약정을 체결하면서 그 사업추진과 관련된 신축공사·분양업무·자금관리 등은 모두 "병건설"이 주관하여 수행하고 나중에 건물이 완공되면 "병건설"은 "갑"에게 그 대지 제공에 대한 대가로 신건축물 중 "A건물"를 우선적으로 이전하여 주기로 약정하고 동 약정에 따라 "갑"과 "을", "병건설" 및 대한신탁 등 4인은 신건축물이 신축·완공되면 우선적으로 "A건물"은 "갑"에게, 오피스텔 14개(현금 32억원 포함)는 "을"에게 각각 이전하여 주고, 그 외 건물부분의 분양사업과 관련하여 발생한 손익에 대해서만 "갑"과 "을"이 6 : 4의 비율로 손익을 분담하기로 하고 그 이후 "갑"은 신건축물이 신축·완공된 후 "A건물"에 관하여 소유권이전을 받음과 동시에 그 신축·분양사업과 관련된 모든 권리가 소멸된 것으로 인성하고 대신 분양사업과 관련된 모든 책임과 수익은 "병건설"에게 귀속시키기로 위 4자 간에 최종 합의한 사실 등이 인정된다면

- "갑"이 A건물 귀속분을 취득한 것은 신건축물의 신축·분양을 주도적으로 수행하는 "병건설"에게 그 소유 대지를 제공한 대가로 금전을 지급받는 대신 그 신축된 건물의 특정 부분을 소유권이전 받기로 약정한 데에 따른 것이므로 "A건물"은 당초부터 공동사업의 목적인 분양판매의 대상에서 제외되어 있었던 것으로 보아야 한다.

- 그럼에도 불구하고 과세관청이 쟁점건물 귀속부분을 포함한 건물 전체가 공동사업용 자산에 포함되는 것으로 보고 A건물 귀속부분이 일단 공동사업체에 귀속되었다가 그 후에 공동사업관계를 정산하면서 "갑"에게 이전된 것은 '공동사업체로부터 재화의 공급'에 해당하는 것으로 본 것은 잘못이다.

- A건물을 판매목적으로 보유한 재고자산으로 보아 그 가액을 사업소득의 총수입금액에 가산하고, 부가가치세를 과세한 것은 공동사업자로부터의 현물반환을 재화의 공급으로 보는 범위 또는 재고자산의 가사용 소비의 경우 소득금액계산에 관한 법리 등을 잘못 적용한 부과처분이다(대법원 2004두534, 2005.12.22.; 대법원84누68, 1984.06.26.; 부산고등법원(창원)2013누140, 2014.02.06.).

8. 부동산의 사용권 출자와 부가가치세 적용

(1) 개요

동업계약에 의하여 공동사업에 참여하면서 자신의 부동산을 현물출자하거나, 공동사업장에 자가의 부동산을 무상으로 임대 또는 부동산의 소유권은 유보한 채 그 사용권만을 공동사업장에 출자하고 지분을 취득하는 경우가 있다.

공동사업을 위하여 부동산을 무상임대한 것인지, 현물출자한 것인지, 사용권을 출자한 것인지에 대하여 공동사업 구성원은 그 계약관계를 명확히 할 필요가 있으며, 과세관청 또한 그 실질내용을 면밀히 파악하여 과세여부를 판단하여야 하고 공동사업자등록은 하였지만 현물출자약정이 없고 토지소유권이 공동사업체로 이전되지 않았으며, 손익분배비율도 토지가액기준이 아닌 토지면적비율 등으로 확정하였다면 현물출자한 것이 아니라 토지사용권을 출자한 것으로 보아야 한다.

부동산임대업을 영위하는 거주자가 그 부동산임대용역의 일부를 해당 거주자가 공동사업의 구성원인 공동사업장에 무상으로 제공하는 경우 그 부분에 대해 부동산 임대업의 총수입금액에 산입할 금액은 없을 뿐만 아니라 부당행위계산부인대상도 아니다.

또한 부동산임대용역을 무상제공함으로 인하여 총수입금액에 산입되지 아니하는 부분에 대한 비용은 해당연도 부동산임대소득금액 계산 시 필요경비에 산입할 수 없다(소득 46011-1763, 1998.06.30.).

📋 **토지의 사용권 출자와 관련된 대법원 판례**

납세자가 토지사용권만을 출자한 것에 불과하다고 주장하는 경우 그 공동사업이 부동산매매업이라면 그 토지상에 건축물이 신축되면 해당 토지의 소유권대지권이 건축물과 함께 양도해야 하는 것이므로 조합계약을 체결하여 그 토지 (공유)지분을 현물출자하였다고 봄이 타당하고, 사용권출자의 약정과 함께 해당 토지가 사업용 고정자산으로 사용되고(부동산임대업의 사업용 고정자산 등) 현물출자에 따른 자산의 평가를 거치지 않은 사실이 확인된다면 토지사용권만을 출자한 것으로 볼 수 있다(서울행정법원2012구단22921, 2013.10.30.; 서울고법2013누-31327, 2014.12.10.).

사용권 출자가 용역의 무상공급이 되어 과세할 수 없으려면 부동산 외의 요인에 따라 지분을 산정되어야 한다. 현재 과세대상 여부에 대한 법령 규정이 전무하고, 공동사업자의 존속기간(사용권 출자기간) 설정이 없는 경우가 많아 실무상 공급가액 산정 등의 어려움이 있어 부가가치세를 과세하기 어렵다고 본다(대법원81누549, 1985.02.13.).

(2) 사용권 출자가액 평가를 인정한 판례

"갑"과 특수관계인이면서 토지소유자인 "을"이 공동사업계약 및 이익분배계약을 체결하여 "갑"이 "을" 소유토지에 상가를 신축 후 "갑"이 임대료 전액을 수령해 비용 공제 후 투자비율에 따라 "을"에게 분배하는 경우로서 이익분배비율을 "갑"과 "을" 소유 건물과 토지의 각 50년간 임대권의 가치를 감정평가법인을 통해 감정평가하여 산정한 경우 "갑"이 "을"에게 지급하는 분배금은 정당한 시가로 판시하였다(서울고법2019누, 2020.12.17.). 따라서 임대권가치를 감정평가하여 손익분배비율을 정한다면 과세관청으로부터의 시비를 사전에 차단할 수 있다.

(3) 관련 사례

1) 토지 출자유형별 과세기준

가. 사실관계

"갑"과 "을"(특수관계자에 해당하지 아니함)이 각각 건축물을 50평, 55평씩 소유하고 각각 부동산임대업을 영위하다가 "갑"과 "을"이 공동으로 식당을 운영하고자 공동사업계약을 체결함.

나. 사실관계별 과세여부

① "갑"이 공동사업자로부터 임대료를 수취하는 경우 : 용역의 공급으로 과세

② "갑"이 공동사업에 자기 부동산을 감정평가하여 현물출자하고 그 가액에 비례하여 공동사업의 출자지분을 취득하는 경우 : 재화의 공급으로 과세

③ 부동산가액에 상관없이 면적비율에 의하여 출자지분을 산정하고 공동사업자로부터 "갑"과 "을"이 임대료를 수취하지 않는 경우 : 용역의 무상공급에 해당하여 부가가치세를 과세하지 아니함.

④ "갑"과 "을"이 각각 현금 2억씩 출자(지분 50:50)하고 자기 부동산에 대한 사용권(가액 평가는 하지 아니함)을 출자하는 것으로 계약한 경우 : 용역의 무상공급으로 부가가치세 과세제외.

1. 동업계약내용에 부동산을 현물출자한다는 약정이 없을 것

2. 부동산의 소유권이 공동사업자 명의로 변경되거나 합유재산으로 등기된 사실이 없이 출자자 명의 그대로 있을 것

3. 공동사업에 대한 지분 취득비율이 부동산 소유권 자체를 출자한 것이 아닌 사용권만을 출자한 것으로 볼 수 있는 합리적 비율인지 여부

   ※일반적으로 소유권 출자가액이 사용권 출자가액보다 훨씬 높은 것임.

4. 부동산의 소유자가 공동사업에 참여하면서 해당 부동산을 공동사업에 무상으로 제공(용역의 무상 공급)하는 경우에 해당할 것

※ 출처 : 국심2004광470, 2004.04.21.; 대법원84누549, 1985.02.13.; 국심2002서682, 2002.07.30.; 국심2002서 2160, 2002.12.31.

⑤ 갑"과 "을"이 자신의 부동산에 대한 임대료를 감정평가하고 공동사업의 운영기간을 10년으로 하여 그 기간 동안의 총임대료를 각각 6억원, 4억원으로 정하여 출자금을 산정한 경우 : 갑과 을은 총임대료에 대하여 용역의 공급으로 보아 예정신고기간 또는 과세기간 종료일에 선수임대료에 대한 세금계산서를 발급하거나 선수한 임대료 전액에 대하여 선발행세금계산서를 발급할 수 있다.

2) 부동산의 사용권만을 법인에 현물출자하는 경우

사업자가 자기의 사업용부동산에 대한 사용권만을 다른 법인에 출자하고 그 대가를 주식으로 교부받은 경우 다른 법인에 유상으로 부동산임대용역을 공급하는 것이므로 부가가치세가 과세되고, 그 공급시기는 예정신고기간 또는 과세기간의 종료일이 되는 것이나, 해당 공급시기가 되기 전에 부동산임대용역에 대한 대가의 전부를 받고, 그 받은 대가에 대하여 세금계산서 등을 발급하면 그 세금계산서 등을 발급하는 때를 공급시기로 본다(사전-2015-법령해석부가-0025, 2015.03.20.).

3) 공동사업을 위해 구 건축물 철거 시 철거 관련 매입세액의 공제여부

가. 소유하던 구 건축물을 철거한 경우 매입세액 공제 가능

공동사업자가 소유하던 노후건축물을 철거하고 그 지상에 새로운 건축물을 신축하여 과세

사업에 사용하는 경우 노후건축물의 철거에 관련된 매입세액은 공제받을 수 있다.

나. 구 건축물을 취득하여 철거하는 경우

공동사업자가 자기의 과세사업을 유지 또는 확장하기 위하여 구 건축물을 취득하여 곧바로 철거하고 새로운 건축물을 신축하는 경우 구 건축물의 취득과 그 철거에 관련된 매입세액은 토지의 조성 또는 토지의 자본적 지출에 해당되어 취득과 철거에 관련된 매입세액은 공제되지 아니한다.

다. 공동사업을 결성하면서 구성원이 소유하던 건축물을 철거하는 경우

인접한 부동산에서 각각 부동산임대업을 영위하던 사업자 "갑"과 "을"이 공동명의로 동 지상에 새로운 건물을 신축하여 계속하여 부동산임대업을 영위하기로 하는 공동사업계약을 맺고 기존 사업자등록 폐지 및 공동사업 사업자등록을 마친 후 해당 구 건축물(단독 사업장 소유)의 철거관련 매입세액이 발생한 경우, 사업주체만 단독사업자에서 공동사업자로 변경된 것으로 공동사업자가 토지만을 사용할 목적이 아닌 공동사업 목적달성을 위해 기존 임대건물을 철거 및 새로운 건물을 신축하는 것으로서 단독사업자 "갑", "을"과 공동사업자 간에 구 건축물에 대한 소유권 이전도 없고 해당 토지 위에 합유물인 건축물을 신축하는 과정에서 발생한 매입세액이며, 대법원도 토지만을 사용하기 위한 부동산의 사용권을 얻어 임차인이 본인 부담으로 구 건축물을 철거하고 신건물을 신축하여 사용기간 동안 무상으로 사용·수익하는 경우 토지의 소유자가 아닌 사업자가 토지의 조성 등을 위한 자본적 지출의 성격을 갖는 비용을 지출한 것이라면 그에 관련된 매입세액은 토지관련 매입세액으로 보지 아니하였다(대법원2007두20744, 2010.01.14.).

국세청도 공동사업을 영위할 목적으로 단독사업자들이 각 사업장을 통합하는 경우 사업자등록 정정사항이고, 공동사업장으로 이전되는 재화에 대하여 유상의 재화의 공급으로 보거나 폐업 시 잔존재화로 보는 등 간주공급으로도 보지 아니하였다(부가46015-10263, 2001.09.19.; 부가1265-892, 1980.05.17.). 따라서 토지 임차인인 위 공동사업자가 자기 소유가 아닌 토지 및 건축물과 관련하여 새로운 건물신축을 위해 부담한 철거 관련 매입세액은 토지의 자본적 지출에 해당하지 아니하므로 매출세액에서 공제가능하다(서면-2017-법령해석부가-2191, 2018.06.01.).

9. 공동사업 손익의 분배 및 역할분담에 따른 부가가치세 과세

1) 손익의 분배 및 손실의 분담

공동사업장을 운영하면서 그 구성원들이 이익을 분배받거나 손실을 분담하거나 손실에 대한 비용을 추가 현금출자(보전)하는 것은 부가가치세 과세대상거래가 아니다.

① 공동사업계약에 따라 공동사업의 영업에서 발생한 이익금을 분배하거나 손실분담금을 납입하는 것은 부가법에 따른 재화 또는 용역의 공급에 해당하지 아니하여 세금계산서 및 계산서 발급의무가 없다.

② 법인사업자 간에 「상법」 제78조에 해당하는 익명조합계약에 따라 익명조합의 영업에서 발생한 이익금을 분배하는 경우 해당 이익분배금은 이자소득으로서 법인법 제73조에 따라 원천징수하여야 하고(법규소득2013-193, 2013.06.19.), 개인사업자로 구성된 익명조합의 경우에도 개인인 익명조합원이 받는 이익금은 배당소득으로서 원천징수대상일뿐 부가가치세 과세대상거래가 아니다.

③ 동업기업 특례를 적용받는 사업자가 그 구성원에게 분배 또는 지급하는 이익금도 역시 부가가치세 과세대상거래가 아니다.

④ 사업자가 단순하게 다른 사업자의 사업에 투자하고 추후 다른 사업자로부터 수령하는 투자원금과 이익도 부가가치세 과세대상에 해당하지 아니한다(서면3팀-1497, 2006.07.20.).

⑤ 공동사업에 현금을 출자하는 경우에도 부가가치세 과세대상 거래에 해당하지 아니한다.

2) 구성원 간 업무분담에 대한 과세·면세 적용

공동사업자가 조경공사용역을 공동사업으로 수행하면서 구성원 "갑"은 조경용 수목 공급을 담당하고 다른 구성원 "을"은 공사수주 및 시공을 담당하기로 당초부터 공동사업계약을 체결하거나, 해당 공사를 수주하면서 이러한 각자의 역할을 분담하기로 한 경우로서 공동사업자 명의로 조경공사 계약을 체결한 후 공사를 시공하고 대금을 수령하여 분배한 경우 공동사업자가 수행한 해당 대가는 조경공사 용역의 대가로 그 공사금액 전체에 대하여 부가가치세가 과세된다(대법원2009두10581, 2009.09.10.).

3) 공동사업으로 인한 사업장 통합 시 폐업 시 잔존재화 과세여부

공동사업을 영위할 목적으로 각 사업자의 사업장을 다른 한 사업자의 사업장에 통합하여 공동명의로 사업을 영위하는 경우에 통합으로 인하여 폐지된 사업장의 재고재화는 폐업 시 재고재화로서 과세하지 아니한다(서면3팀-2099, 2007.07.27.).

10. 조합과 조합원 간의 거래에 대한 부당행위계산부인

특수관계인에게 공급하는 재화 또는 용역에 대한 조세의 부담을 부당하게 감소시킬 것으로 인정되는 경우로서 재화의 공급에 대하여 부당하게 무상 또는 저가로 공급한 경우, 용역의 공급에 대하여 부당하게 저가로 받거나 무상으로 공급하는 경우에는 해당 재화 또는 용역의 시가를 공급가액으로 본다(부가법§29 ④). 동 규정은 부가법상 독립된 납세의무자 간의 거래에 대하여 적용될 수 있는 것이므로 민법상 조합이 부가법상 독립된 납세의무자라면 조합과 그 조합원들 간의 특수관계인 해당 여부를 판정해야 할 것이다.

그러나, 부가령 제26조에서는 특수관계인을 소득령 제98조 제1항 또는 법인령 제2조 제5항 각 호에 따른 자로 규정하고 있는 바, 조합은 법인세법 및 소득세법상 법인, 개인 또는 거주자에 해당하지 아니하므로 조세법률주의 및 엄격해석의 원칙상 조합과 조합원들과는 특수관계가 성립할 수 없다(동지 : 조심2008서2389, 2008.11.07.; 국심2002서3374, 2003.05.13.; 대법원2004두1261, 2005.03.11.; 서면1팀-93, 2006.01.24.).

따라서 조합과 조합원들 간의 거래는 부가법상 부당행위계산부인 적용대상이 될 수 없고, 조합이 도관인 점을 감안하면 원칙적으로 법인격 등이 없는 조합과 조합원들이 부담하는 부가가치세액 등에는 실질적 차이도 없어

특수관계인이 공동사업을 영위하는 경우로서 공동사업자가 해당 공동사업장에 토지를 무상제공하는 경우 자신의 토지를 자신에게 제공하는 결과가 되어 부당행위계산부인 대상이 될 수 없다(국심2002서3374, 2003.05.13., 대법원2004두1261, 2005.03.11. 등 참조).

반면, 특수관계에 있는 자간에 공유(공동사업용 사업용 자산이 아님)하고 있는 부동산을 그 특수관계인 중 1인에게 무상임대함으로 인하여 다른 특수관계인의 부동산 임대소득금액을 감

소시킨 경우에는 소득법 제41조의 부당행위계산 대상이 된다(소득세과-973, 2009.03.11.; 서면1팀-426, 2005.04.20.).

아울러 부당행위계산 부인 판정에 있어 조세부담이 부당하게 감소되었는지 여부는 조세가 부과된 당사자를 기준으로 하여야 할 것이고, 당사자의 조세부담이 감소된 이상 특수관계인 전체의 조세부담이 감소된 바 없다하더라도 부당행위계산부인의 대상이 된다(대법원97누13184, 2000.02.11.).

아래에서는 특수관계인으로 구성된 두 개의 조합(공동사업자) 간에 저가거래에 대한 조세심판원 결정례를 소개하기로 한다.

공동사업자인 청구인들이 다른 공동사업자인 배우자들에게 건물을 저가로 임대한 경우 특수관계 있는 자간의 부당한 거래로 보아 시가에 따라 부가가치세 과세표준을 재계산할 수 있는지 여부에 대하여, 소득령 제43조의 제1항에서 공동사업장을 1거주자로 보도록 의제하는 규정은 공동사업에 대한 소득금액 계산의 특례에 관한 규정으로서 특수관계에 있는 자간의 부당한 거래에 관한 부당행위계산의 부인규정과는 관련이 없고, 공동사업장이 공동사업을 경영하는 각 거주자의 출자로 인하여 성립되고 출자로 인하여 각 구성원의 출자지분이 각각 존재하는 이상 공동사업장간의 거래에 있어서도 공동사업장 각 구성원간에 특수관계가 있는지 여부에 따라 부당행위계산의 부인규정을 적용하는 것이 타당하다. 따라서 공동사업자인 "갑"(각각 특수관계인이면서 부동산임대사업을 공동사업으로 영위) 과 "갑"의 공동사업 구성원 각각의 특수관계인(배우자들)으로 구성된 임차인인 공동사업자 "을" 간에 소득령 제98조 제1항 제1호에서 규정하는 친족(배우자)관계가 성립하는 만큼, "갑"과 "을" 간에 저가로 임대한 거래를 특수관계 있는 자간의 부당한 거래로 보아 부인하고 시가로 과세표준을 재계산하여 부가가치세를 부과한 처분은 정당하다(조심2008서2389, 2008.11.07.).

---

11. 가산세의 적용

1) 공동사업장에 대한 가산세 적용

공동사업자도 단독사업자와 동일하게 부가가치세법이 적용되는 것이므로 아래의 가산세가 적용된다.

세법	가산세명	가산세액 계산
국기법	무신고	• 부당 무신고납부세액×40% or 일반 무신고납부세액×20%
	과소신고. 초과환급신고	• 부당과소신고 과소신고납부세액 등×40% + 일반과소신고 과소신고납부세액 등×10%
	납부불성실. 환급불성실	• 미납세액(초과환급세액)×경과일수×이자율(1일 22/100,000)
	원천징수납부 등 납부지연가산세	• MIN[(무과소납부세액×10%), (무과소납부세액×3% + 무과소납부세액×경과일수×이자율)]
	영세율과세표준 신고불성실	• 무.과소신고 영세율과세표준×0.5%
부가법	미등록	• 공급가액×1% (간이과세자 0.5%)
	명의위장등록	• 공급가액×1% (간이과세자 0.5%)
	세금계산서발급 및 전송불성실	• 세금계산서의 지연발급 : 공급가액×1% • 세금계산서 미발급가산세 : 공급가액×2% • 종이세금계산서 발급가산세 : 공급가액×1% • 자기의 다른 사업장명의 발급가산세 : 공급가액×1% • 전자세금계산서 발급명세서 지연전송가산세 : 공급가액×0.3% • 전자세금계산서 발급명세서 미전송가산세 : 공급가액×0.5% • 세금계산서 기재불성실가산세 : 공급가액×1%
	세금계산서 등 부정수수	• 세금계산서등 가공발급가산세 : 공급가액×3% • 세금계산서등 가공수취가산세 : 공급가액×3% • 세금계산서등 위장발급가산세 : 공급가액×2% • 세금계산서등 타인명의수취가산세 : 공급가액×2% • 공급가액 과다기재분 세금계산서등 발급가산세 : 그 공급가액×2% • 공급가액 과다기재분 세금계산서등 수취가산세 : 그 공급가액×2%
	자료상이 수수한 세금계산서	• 자료상이 수수한 세금계산서가산세 : 공급가액×3%
	매출처별세금계산서 합계표불성실	• 미제출.기재내용 누락 및 부실기재 : 공급가액×0.5% • 지연제출(예정분→확정분) : 공급가액×0.3%
	매입처별세금계산서 합계표불성실	• 세금계산서의 지연수취 : 공급가액×0.5% • 선발급으로서 발급일로부터 6개월 내 공급시기 도래분 : 공급가액×0.5%

세법	가산세명	가산세액 계산
		• <u>미제출로 경정 시 (수입)세금계산서에 따라 공제받는 경우 : 공급가액 ×0.5%</u> • 등록번호, 공급가액의 기재누락 및 부실기재.과다기재 : 공급가액× 0.5%
	신용카드매출전표등 불성실가산세	• 경정등에 따라 공제되는 경우 : 공급가액×0.5% • 공급가액의 과다기재 : 과다기재 공급가액×0.5%
	현금매출명세서 등 제출불성실	• 미제출 또는 과소기재 수입금액×1%
	세금계산서미수취	• <u>세금계산서 미수취 : 그 공급내가× 0.5%</u> (간이과세사만 해당)
소 득 법	영수증수취명세서 미제출·불성실	• 미제출 또는 불분명분 지급액×1%
	사업장현황신고불성실	• 무신고 또는 미달신고 수입금액×0.5%
	공동사업장등록·신고불 성실	• 공동사업자 미등록·거짓등록 또는 과소기재 총수입금액×0.5% • 무신고 또는 거짓신고 총수입금액 ×0.1%
	장부의 기록·보관불성실	• 미제출 또는 과소기재 수입금액× 1%
	증명서류 수취불성실	• 증명서류 미수취 또는 불성실금액×2% (불성실금액은 필요경비 산입된 것에 한정)
	사업용계좌 신고·사용 불성실	• 사업용계좌 미사용금액 또는 미신고 (수입금액)×0.2%
	신용카드 및 현금영수증 발급 불성실	• 발급거부 또는 사실과 다른 발급금액×5% • 현금영수증가맹점 미가입 : 수입금액×1%
	계산서 등 제출 불성실	• 불성실기재 발급×1% • (세금)계산서합계표 미제출 ×0.5%(지연은 0.3%) • (세금)계산서합계표불성실기재분 ×0.5%
	주택임대사업자 미등록	• 등록 개시전일까지의 수입금액 ×0.2% • 불성실기재 발급×1%

※ 밑줄은 간이과세자에게도 해당 가산세가 적용되는 경우이며 간이과세자는 공급가액을 공급대가로 본다.

2) 타인명의 공동사업자 등록 시 가산세 적용방법

다수의 공동사업자가 다수의 타인명의를 이용하여 공동사업자등록을 하고 사업을 영위한 경우로서 명의대여자 중 실사업자의 배우자가 포함되어 있는 경우에도 부가법제60조 제1항 제2호에 따른 가산세는 사업장 전체 공급가액의 합계액을 기준으로 산정한다는 것이 국세청의 유권해석이다(기준-2016-법령해석부가-0059, 2016.04.11.).

부가가치세의 납세의무자의 단위는 생산요소의 결합단위로써 특정한 장소로 결정되는 사업장 개념이나 실정법을 운용함에 있어서 장소적 단위로서의 사업장을 납세의무자로 삼기는 곤란하여 부가가치세법은 사업자를 납세의무자로 삼되, 사업장마다 따로 사업자등록을 하도록 정하여 사업장을 실질적인 납세단위로 삼아 사업장마다 부가가치세를 신고·납부하도록 하는 것이므로, 해당 사업장이 명의대여 사업장인지 여부는 사업장을 기준으로 하여야 하므로 공동사업자 중 1인이 명의대여인 경우에도 해당 사업장은 명의대여 사업장에 해당하며, 허위등록가산세 적용여부를 판단하는 경우에도 명의대여한 사업자 중 일부가 배우자라고 하여 그 지분에 대하여 가산세가 배제된다면 부가가치세의 과세단위가 사업장이고 지분을 인정하지 아니하는 부가가치세법의 기본 원칙에 반하게 된다.

제4절 조합(원)에 대한 소득세 과세

1. 소득세법상 공동사업 개요

1) 공동사업의 정의

소득법 제43조 제1항은 사업소득이 발생하는 사업을 공동으로 경영하고 그 손익을 분배하는 공동사업(경영에 참여하지 아니하는 출자공동사업자가 있는 공동사업을 포함)의 경우에는 해당 사업을 경영하는 장소(이하 "공동사업장"이라 한다)를 1거주자로 보아 공동사업장별로 그 소득금액을 계산한다고 규정하고 있고, 소득세 법령상 공동사업에 대한 정의규정을 따로 두고 있지 않다.

위 규정에 비추어 볼 때 소득세법도 민법상 조합의 개념을 그대로 차용하고 있다고 본다.

◆ **출자지분 또는 손익분배비율의 소득세법상 정의**

○ 공동으로 사업을 경영하는 거주자의 소득금액 계산 시 소득금액 분배의 기준이 되는 출자지분 또는 손익분배의 비율은 실제로 출자된 상황에 의하여 공동사업자 당사자 간의 약정 등에 따라 결정된 것을 말한다(서면1팀-1525, 2005.12.12.).

○ 공동사업자와의 당초 출자비율과 달리 손익분배비율을 정한 경우 각 공동사업자에게 분배될 소득금액은 해당 손익분배비율에 의하여 계산한다. 2007.01.01.이후에는 손익분배로 하되 약정된 비율이 없는 경우에 지분비율로 한다(소득46011-2725, 1998.09.24.).

○ 동업과 같은 조합계약에 있어 손익분배비율은 별도의 약정이 없으면 각 조합원의 출자가액에 비례하여 정하여지고, 이때의 출자비율이라 함은 동업자가 각자 출자하기로 약정한 금액의 비율을 말하는 것이지 현실로 출자한 금액을 말하는 것은 아니다. 동업자 중 1인이 출자하기로 약정한 금액을 현실적으로 출자하지 아니하였다 하더라도 그것만으로는 당초에 약정한 손익분배 비율이 실제의 출자가액 비율로 변경된다고 볼 수는 없다(대법원92다5744, 1993.05.25.).

○ 동업자 간에 구체적인 출자비율에 관한 명시적인 약정이 없다면 그 비율은 일응 균등한 것으로 추정되므로 출자비율을 이와 달리 약정하였다는 점에 관하여는 이를 주장하는 당사자가 입증할 책임이 있다(대구고등법원2003나1350, 2004.02.13.).

2) 공동사업의 성립

종전의 공동사업은 당사자 간에 공동으로 사업을 하고 손익을 분배할 것을 약정함으로써 성립한다(공동사업계약서를 작성하는 것이 일반적이며, 공동사업의 성립에 관한 특별한 세법 규정은 없다). 공동사업의 성립시기는 공동사업계약서 작성일이 될 것이며, 공동사업계약서상에 별도의 효력 발생일(성립시기)을 기재한 경우 그날, 이러한 성립시기에 대한 기재가 없다면 보조적으로 사업자등록 신청일(사업자등록증상의 사업개시일)이 될 수 있다.

3) 종합소득세 납세의무

소득법 제43조에 따라 공동사업에 관한 소득금액을 계산하는 경우에는 해당 공동사업자별로 납세의무를 진다. 즉 공동사업에 관한 소득금액을 계산하는 때에는 해당 거주자별로 납세의무를 지게 된다(소득법§2의2 ①).

소득법 제43조 제3항에 따른 주된 공동사업자에게 합산과세되는 경우 그 합산과세되는 소득금액에 대해서는 주된 공동사업자의 특수관계인은 손익분배비율에 해당하는 그의 소득금액을 한도로 주된 공동사업자와 연대하여 납세의무를 진다(소득법§2의2 ① 단서).

2. 공동사업장의 사업자등록 및 정정

가. 사업자등록 신청

공동사업을 영위하는 장소를 사업장으로 하여 그 공동사업장을 1사업자로 보아 사업장 소재지별로 관할세무서에 사업자등록을 하여야 한다. 해당 공동사업장은 소득금액 계산, 장부비치·기장의무, 사업자등록, 공동사업장 관련 가산세, 원천징수의무 등에 있어서 소득세법상 1사업자로 취급한다.

공동사업장을 여러 개 가지고 있을 경우 각 사업장별로 사업자등록을 하며, 사업자등록을 하는 때에는 대표공동사업자가 공동사업장등이동신고서에 의하여 공동사업자(출자공동사업자 해당 여부에 관한 사항 포함), 약정한 손익분배비율, 대표공동사업자, 지분·출자내역 그 밖에 필요한 사항을 사업장 소재지 관할세무서장에게 신고하여야 한다(소득법§87 ④, 소득령§150 ③).

"대표공동사업자"란 출자공동사업자 외의 자로서 다음의 자를 말한다(소득령§150 ①).

- 공동사업자들 중에서 선임된 자
- 대표공동사업자가 선임되어 있지 아니한 경우에는 손익분배비율이 가장 큰 자(다만, 그 손익분배 비율이 같은 경우에는 사업장 소재지 관할 세무서장이 결정하는 자)

2인 이상이 공동대표로 구성되어 있는 공동사업자의 경우에도 사업자등록증의 성명란에는 사실상의 대표공동사업자 1인을 기재하여야 한다(소득통칙 168-0-2).

나. 사업자등록 정정

대표공동사업자는 사업자등록 시 신고한 내용[공동사업자(출자공동사업자 해당 여부에 관한 사항을 포함), 약정한 손익분배비율, 대표공동사업자, 지분·출자명세, 그 밖에 필요한 사항]에 변동이 발생한 경우 그 사유가 발생한 날이 속하는 과세기간의 종료일부터 15일 이내에 공동사업장등이동신고서에 의하여 해당 사업장 관할세무서장에게 그 변동내용을 신고하여야 한다(소득법§87 ⑤).

이 경우 소득법 제168조 제3항에 따라 사업자등록 정정신고를 할 때 변동내용을 신고한 경우에는 공동사업장등이동신고서를 제출한 것으로 본다(소득령§150 ④).

이 밖에 공동사업장 이전, 업태·종목 정정 등의 변경사항이 발생한 경우 사업자등록정정신고를 하여야 한다.

◆ 강행법규를 위반한 동업계약의 유효성 판단 사례

의료인이 의료기관을 개설하고자 할 때에는 신고 또는 허가를 받아야 하는 것으로(의료법§33), 의료인과 비의료인이 동업약정에 의하여 의료기관을 개설하여 운영하는 것은 강행법규인 의료법을 위반한 것으로 무효이고 그 동업약정 또한 무효인 바, 의료인과 의료인이 아닌 자는 공동으로 의료업을 영위할 수 없으므로 공동사업자등록을 할 수 없다(서면1팀-1303, 2006.09.20.; 대법2003두1493, 2003.09.23.).

다. 공동사업장등록불성실 등에 대한 가산세

공동사업에 대한 투명한 세원관리를 위하여 실제 공동사업을 경영하는 경우 공동사업과세제도가 예외 없이 적용되도록 관리하기 위하여 공동사업장에 관한 사업자등록 및 신고와 관련하여 공동사업장등록불성실가산세를 신설하였다(소득법§81의4, 소득령§147의3).

① 공동사업자가 소득법 제87조 제3항에 따라 사업자등록을 하지 아니하거나 공동사업자가 아닌 자가 공동사업자로 거짓으로 등록한 경우 : 등록하지 아니하거나 거짓 등록에 해당하는 각 과세기간 총수입금액의 1천분의 5

② 공동사업자가 소득법 제87조 제4항 및 제5항[공동사업자(출자공동사업자 해당 여부에 관한 사항을 포함), 약정한 손익분배비율, 대표공동사업자, 지분·출자명세, 그 밖에 필요한 사항 및 이에 대한 변동내용의 신고를 포함]에 따라 신고하여야 할 내용을 신고하지 아니하거나 거짓으로 신고한 경우로서 다음에 해당하는 경우 : 신고하지 아니하거나 거짓 신고에 해당하는 각 과세기간 총수입금액의 1천분의 1

- 공동사업자가 아닌 자를 공동사업자로 신고하는 경우
- 출자공동사업자에 해당하는 자를 신고하지 아니하거나 출자공동사업자가 아닌 자를 출자공동사업자로 신고하는 경우
- 손익분배비율을 공동사업자 간에 약정된 내용과 다르게 신고하는 경우
- 공동사업자·출자공동사업자 또는 약정한 손익분배비율이 변동 된 경우 그에 따른 변동신고를 하지 아니한 경우

* 부가가치세 과세사업을 영위하는 공동사업자가 사업자등록을 하지 않은 경우는 부가세법상 미등록 가산세가 별도 적용됨.

③ 위 "①", "②"의 가산세는 종합소득세산출세액이 없는 경우에도 적용한다.

3. 총수입금액 및 필요경비의 산정

(1) 총수입금액의 산정

공동사업장의 사업소득의 계산을 위한 총수입금액의 산정은 단독사업자의 경우와 동일하게 소득법 제24조 내지 제26조의 규정을 따른다. 부동산임대업을 공동으로 경영하는 경우 총수입금액에 산입할 금액 계산 시 공제되는 '해당 과세기간의 임대사업부분에서 발생한 수입이자'는 공동사업자별 구분 없이 차감한다(소득집행기준25-53-4). 이때 상가 등의 보증금에 대한 간주임대료는 각 사업장별로 계산한다.

(2) 필요경비의 산정

1) 개요

필요경비는 총수입금액을 얻기 위하여 사용하거나 소비한 비용을 말한다. 소득금액의 계산은 총수입금액에서 이에 대응하는 필요경비를 공제하여 계산하므로 필요경비는 소득금액 계산의 필수요소라고 할 수 있다. 다만, 이자소득과 배당소득은 필요경비를 인정하지 않는다.(소득법§27~§35).

사업소득의 소득금액 계산에 있어서는 해당 과세기간의 총수입금액에 대응하는 비용으로서 일반적으로 용인되는 통상적인 것의 합계액을 필요경비로 공제한다(소득법§27 ①).

2) 현물출자 토지의 취득가액 계산

공동사업자인 주택신축판매업자 또는 부동산매매업자의 사업소득금액을 계산함에 있어서 현물출자된 토지는 소득령 제55조 제1항에 따라 "공동사업에 현물출자한 당시의 가액"을 총수입금액에 대응하는 필요경비로 계산한다(서일46011-11732, 2002.12.23.).

공동사업자인 주택신축판매업자 등의 총수입금액에 대응하는 필요경비 중 토지가액은 공동사업에 현물출자한 당시의 가액으로 하는 것으로 이 경우 "공동사업계약을 체결한 날"을 현물출자 시기로 본다(소득집행기준39-89-5; 소득46011-90, 1999.09.28.; 소득46011- 340, 1999.11.12.; 서일46011-10249, 2003.03.05.).

"공동사업계약을 체결한 날"이란 공동사업(주택신축판매업 등)을 경영할 것을 약정하는 계약에 따라 소득법 제94조 제1항의 자산을 해당 공동사업체에 현물출자하는 경우로서 등기에 관계없이 현물출자한 날 또는 등기접수일 중 빠른 날을 의미하고 해당 일에 토지 등이 그 공동사업체에 유상으로 양도된 것으로 본다(소득통칙88-0-2).

현물출자한 당시의 가액의 계산은 다음을 순차적으로 적용하여 계산한 금액에 취득세·등록세 기타 부수비용을 가산한 금액으로 한다.

ⓐ 법인령 제89조 제1항에 해당하는 가격
ⓑ 법인령 제89조 제2항 제1호의 감정가액(이 경우 소급감정가액은 인정하지 않는다)
ⓒ 상증법 제61조에 따라 평가한 가액

---

3) 출자자 1인 명의로 발생되는 필요경비

공동사업 구성원 중 1인 명의로 공동사업을 위해 사업용 자산을 취득하는 경우 합유로 등기하는 경우보다는 '공동소유'로 등기 및 등록을 하고 있는 것이 일반적이며 또 현실이다. 특히 부동산은 구성원 중 1인 명의로 등기하고, 이를 담보로 차입금 또한 구성원 중 1인 명의로 차입하고 있다(출자를 위한 차입금 제외). 이 경우 해당 자산·부채의 유지·수선비용과 지급이자 등의 필요경비는 실질적으로 공동사업을 위해 발생된 비용이므로 공동사업장의 필요경비에 산입하는 것이 타당하다(국기통칙14-0-4; 법인통칙4-0-8; 국심1999광925, 1999.11.03.).

4) 공동사업 구성원 등에게 지급되는 급여 등

2인 이상의 거주자가 공동사업을 영위하는 경우 해당 공동사업장에서 근로를 제공한 공동사업 구성원에게 지급된 급료, 강사료 등은 해당 공동사업장의 소득금액 계산에 있어서 개인기업체의 사업주에 대한 급여를 소득금액 계산상 필요경비에 산입하지 않는 것과 같이 필요경비에 산입하지 아니하고 이를 지급받은 공동사업자에 대한 소득분배로 보아 해당 공동사업자의 분배소득에 가산한다(소득 집행기준27-55-11; 법규과-287, 2011.03.16.).

또한 공동사업자 중 1인에게 경영에 참가한 대가로 급료 명목의 보수를 지급하는 경우에도 해당 공동사업자의 소득분배로 보고 그 공동사업자의 분배소득에 가산한다(소득통칙43-0-1).

조합원 1인에 대한 급여지급은 다른 조합원에 대한 분배소득을 감소시키게 된다. 아울러 공동사업자에게 "기여금" 형식으로 지급되는 금액의 경우 그 지급원인과 성격 등에 따라 사실 판단하여 공동사업의 성과를 배분한 것이라면 사업소득에 해당하고, 공동사업계약의 해약에 따른 위약금이라면 기타소득에 해당하며, 아무런 대가관계나 원인 없이 지급한 것이라면 증여세의 과세대상이 된다(소득46011-201, 1999.10.18.).

5) 노무출자사원의 노무대가에 대한 필요경비 불산입과 지분산정

민법은 조합원의 출자의무를 규정하면서 노무출자를 출자대상에서 제외하지 않고 있기 때문에 노무출자에 따른 조합원 지분취득을 세법에서 부정할 수는 없다. 노무출자 시에는 노무출자에 따른 조합원 지분을 인정하여야 하고 노무출자로 급여성 대가를 받는 경우에는 소득의 분배로 보아 조합의 필요경비로 인정되지 아니한다.

향후 노무출자사원 지분비율의 적정성 및 출자가액(지분)의 산정방법, 노무출자의 과대평가를 통한 이익의 분여 등에 대한 평가방법에 대한 제도적 보완이 필요한 분야임은 맞으나, 특정 구성원의 노무출자에 따른 출자가액 산정에 있어서는 그 구성원의 능력의 차이, 공동사업 과정에서의 기여도나 노력도, 개인적 명성 등을 어떻게 금전가치로 평가할 것인지 기준을 마련한다는 것이 쉽지는 않을 것이다.

6) 공동사업장 사업용자산 등에 대한 감가상각

가. 감가상각 개요

공동사업에 사용하는 합유물로서 사업용 자산에 대하여는 감가상각비 계상이 가능하다. 다만 공동사업 구성원 중 법인이 있는 경우 법인의 지분에 해당하는 사업용 자산에 대하여는 법인세법에 따라 법인구성원의 결산서에 감가상각비를 계상하여야 한다.

나. 감가상각자산의 기초가액 계산

공동사업의 구성원만이 변경되는 경우 공동사업장의 자산에 대한 장부가액변동은 없으나, 공동사업에서 단독사업으로 변경되는 경우에는 단독사업자가 다른 공동사업 탈퇴자에게 지급한 대가를 장부가액에 가산하여야 하고, 단독사업에서 공동사업으로 변경되는 경우에는 현물출자 당시의 시가를 장부가액(기초가액)으로 계상한다.

다. 사용권 출자(무상사용권)에 대한 감가상각

사업용 자산에 대한 현물출자가 아닌 그 사용권만을 출자한 경우 해당 자산에 대한 감가상각비나 제세공과금은 필요경비로 산입할 수 없는 것이 타당하다. 다만, 사용권 출자 시 사업용 자산에 부과되는 제세공과금을 공동사업장이 부담하기로 하고 출자지분에 대한 조정이 있었다면 필요경비산입은 가능하다.

선급임차료로 계상한 경우 기간 안분하여 해당 임차료를 필요경비에 산입하여야 한다.

7) 그 밖의 필요경비

거주자인 "갑"과 "병"이 공동사업(50:50)을 경영하기 위하여 "갑"과 "을"이 공동으로 소유하고 있는 부동산에 대하여 "갑"은 해당 부동산의 자기지분을, "병"은 "을"로부터 부동산을 임차하여 해당 부동산을 사용할 수 있는 권리를 공동사업에 출자한 경우 "갑"의 지분에 해당하는 건물에 대한 감가상각비는 공동사업의 필요경비에 산입하는 것이나, "병"이 해당 부동산을 임차하기 위하여 지출한 비용은 공동사업장의 사업소득금액 계산 시 필요경비에 산입하지 아니한다. 또한 "병"이 해당 부동산을 임차하기 위하여 부담한 매입세액은 공동사업장의 매출세액에서 공제하지 아니한다(법규과-3609, 2007.07.27.).

> ※ 이 경우 "병"은 공동사업장에 전대하는 것으로 하여 임차료 및 임대료에 대하여 세금계산서를 수수 하여야 한다.

공동사업장을 1거주자로 보아 해당 사업장의 소득금액을 계산함에 있어 공동사업장에서 발생된 필요경비의 계산은 상기의 특정한 경우를 제외하고는 소득세법의 일반 원칙을 적용한다.

(3) 개인사업자의 차입금 지급이자에 대한 필요경비산입 기준

1) 사실관계

① "갑"은 개인사업자로서 서울 시내에 부동산임대사업장("A", "B", "C", "D"라 합니다)을 소유하고 있다. 이 중 "A", "B"는 단독사업장이고, "C"는 공동사업장으로서 3명의 공동사업구성원 중 "갑"은 비대표자이며, "D"는 부동산매매업을 영위하는 익명조합(영업자는 "갑"임)이다.

② "A"사업장은 2015.01.01. 자기자본 및 차입금 10억원으로 토지를 취득하여 임대사업에 사용하던 중 2018.07.01. 기존 차입금 10억원은 상환하고, "A"사업장을 담보로 30억원(이하 "쟁점차입금")을 차입하여 자기자본 인출로 사용하기로 하고 시행사(신청인과 세법상 특수관계에 있지 아니한 자로서 부동산매매업 법인임)인 "을"에게 30억원을 금전소비대차계약을 맺고 대여하였다.

③ 이 과정에서"갑"은 2018년부터 2020년까지 A사업장의 결산서상에 착오로 차입금을 10억원(차입금 10억원 상환 후 30억원을 신규차입하였음에도 상환전 차입금 기재)으로 과소계상하였으나, 쟁점차입금 30억원에 대한 은행이자 전부를 필요경비로 계상하였다.

④ A사업장은 쟁점차입금 30억원으로 인하여 일부 초과인출금이 발생하기는 하나 A, B, D 사업장 전체의 사업용 자산의 합계액과 부채의 합계액으로 계산하면 초과인출금이 발생하지 아니한다.

※ "을"에게 쟁점 차입금을 대여한 사실, 지급이자에 대한 발생 및 경비계상 여부는 은행대출약정서, 등기 부등본, 자금이체내역(대여금 및 지급이자), 결산서류 등에 의해 명백히 확인된다.

⑤ "을"은 2020.07.01. 원금 30억원과 동 이자 5억원(비영업대금의 이익)에서 이자소득 원천징 수세액을 차감한 잔액(이하 "회수금액")을 "갑"에게 전부 지급하였으며, "갑"은 2021.06.30. 해당 이자소득을 비롯한 사업(임대)소득, 근로소득 등을 합산하여 종합소득세를 신고·납부 하였다.

⑥ "갑"은 위 회수금액을 2018.07.01. 발생시킨 쟁점차입금 상환에 사용하지 아니하고, 부동산 매매업용 토지의 취득, B사업장의 차입금 상환에 사용하고 잔여금은 은행 및 보험사에 예 치(예금)하였다.

⑦ "갑"은 "C"공동사업장에 출자금을 납입하면서 자기자금과 은행차입금으로 출자금을 마련 하였고, 해당 은행차입금에 대하여도 은행이자를 부담하고 있다.

2) 위 사실관계의 쟁점

가. 차입금을 자본인출금으로 사용한 경우 차입금 이자에 대한 필요경비산입 여부

개인사업자가 임대용부동산을 담보로 은행에서 자금을 차입하여 그 차입금을 자본인출금 으로 사용한 경우로서 해당 차입금을 제3자에게 대여한 경우 그 차입금을 총수입금액을 얻기 위해 직접 사용한 부채로 보아 그 차입금에 대한 지급이자를 필요경비에 산입할 수 있는지?

나. 대여금 상환받은 이후 자기자본에 투하하지 아니하여 발생된 쟁점차입금 지급이자의 필요경비산입 여부

자본인출금으로 사용한 차입금을 이자수입과 함께 회수하였으나 회수한 차입원금을 당초 차입금(쟁점 차입금) 상환에 사용하지 아니하고, 자신 명의의 예금·적금으로 예치함에 따라 회 수일 이후에도 쟁점차입금에 대한 이자를 부담하는 경우 회수일 이후 발생되는 은행이자에 대 하여도 필요경비에 산입할 수 있는지?

다. 쟁점차입금이 결산서에 누락되었거나 일부만 표기된 경우 필요경비산입 여부

① 쟁점차입금이 자본인출금으로 사용되었음에도 쟁점차입금의 일부나 전부를 장부나 결

산서에 반영하지 아니하고 지급이자는 전액을 필요경비에 산입하여 신고한 경우 쟁점차입금액을 결산서에 반영되지 않았음을 이유로 해당 지급이자가 필요경비불산입되는지 여부

② 만약 쟁점차입금 및 지급이자가 모두 장부나 결산서에 계상누락한 경우에도 그 지급이자를 필요경비에 산입하여 경정청구가 가능한지 여부

라. 공동사업장의 차입금을 자본인출금으로 사용한 경우 지급이자의 필요경비산입 여부

공동사업 구성원이 "C"공동사업에 각각 자금을 출자한 후 공동사업장 사업용 고정자산을 담보로 자금을 차입하여 "갑"을 비롯한 구성원들에게 출자금 납입비율대로 출자금의 일부를 반환하고 공동사업장에서 그 차입금 이자를 부담하는 경우 해당 차입금의 지급이자를 필요경비에 산입할 수 있는지 여부

마. 익명조합원의 투자금에 대한 이자지급에 대한 처리방법

익명조합인 "D"사업장에서 이익이 발생하여 그 익명조합원들에게 투자금에 대한 수익을 분배하는 경우 세무처리 방법?

3) 국세청의 지급이자 필요경비불산입 주요 과세 사례

① 쟁점차입금(자본인출금으로 사용된 차입금을 말한다. 이하 같다)은 부동산임대사업의 수입금액을 얻기 위해 직접 사용된 것이 아니라 타회사의 채무변제(사업과 관련없이 개인적 물상보증 행위를 해소하기 위한 지출행위 등)에 사용된 것이므로 쟁점차입금 지급이자를 필요경비불산입한 사례

② 각 사업장별로 초과인출금을 계산하지 아니하고 전 사업장의 자산과 부채를 기준으로 하여 초과인출금을 계산하지 아니한 것에 대하여 각 사업장별로 구분·계산하여 초과인출금에 해당하는 지급이자를 필요경비불산입한 사례

③ 당초 종합소득세신고 시 필요경비에 산입하지 아니한 지급이자를 필요경비에 산입하는 문제는 재무제표를 수정하여 과세표준을 감액하는 문제로서 재무제표의 수정사항은 경정청구의 대상이 아니라고 보아 당초 누락신고된 지급이자를 필요경비에 산입할 수 없다고 경

정청구를 거부한 사례

④ 자기자본을 투자하여 사업을 개시한 개인사업자가 쟁점차입금을 사업용으로 사용되지 아니하고 가사용으로 사용된 것으로 확인되므로 그 사업소득금액 계산에 있어 쟁점차입금에 관련된 지급이자를 필요경비불산입한 사례

⑤ 임대사업장에 투입한 자기자본을 회수하여 자본인출금으로 사용한 경우라도 인출금을 투자자산(주식)의 취득에 사용한 경우 업무무관자산 취득에 사용된 것으로 보아 지급이자를 필요경비로 인정하지 아니한 사례

⑥ 상속세 등 국세나 지방세를 납부하기 위하여 임대부동산을 담보로 차입함에 따라 발생된 지급이자는 해당 부동산의 취득을 위한 차입금에 해당하지 아니한다고 보아 그 지급이자를 필요경비불산입한 사례

⑦ 개인사업자가 최초 투입된 자본을 부동산임대수입을 통해 사업기간 동안 회수할 수 있었다면 그 이후 발생한 쟁점차입금은 자본인출금으로 볼 수 없어 그 지급이자를 필요경비불산입한 사례

⑧ 사업자가 초과인출금과 관련 지급이자의 필요경비불산입금액을 사업용 자산의 취득가액을 기준으로 계산함에 따라 처분청이 매월 말 현재의 장부가액을 적용하여 초과인출금을 재계산하여 필요경비 일부를 부인한 사례

⑨ 쟁점차입금을 공동사업의 출자금 마련을 위한 개인적 채무로 보아 관련 지급이자(공동사업 출자와 관련된 것으로 업무무관비용에 해당)를 공동사업장의 필요경비로 인정하지 아니한 사례

⑩ 담보가 설정된 사업용부동산을 공동사업자가 그대로 승계하는 경우 또는 부동산의 출자에 있어 부동산뿐만 아니라 그 부동산을 담보로 설정된 차입금을 모두 공동사업자가 인수하는 경우 차입금은 여전히 개인에게 귀속된다는 이유로 그 지급이자를 공동사업장의 필요경비로 인정하지 아니한 사례

⑪ 공동사업장의 부동산을 담보로 대출받아 공동사업자 중 1인이 타 부동산의 취득 및 개인적으로 사용한 신용카드대금 및 보험료를 납부하는 등 공동사업 외의 용도로 사용하여 해당 대출금의 지급이자를 공동사업장의 필요경비로 인정하지 아니한 사례

4) 단독사업장의 지급이자 필요경비 산입요건 검토

가. 지급이자의 필요경비산입 원칙

소득법 제27조 제1항 및 소득령 제55조 제1항 제13호는 사업소득금액을 계산할 때 필요경비에 산입할 금액을 '해당 과세기간의 총수입금액에 대응하는 비용으로서 일반적으로 용인되는 통상적인 것의 합계액'으로 하면서, '총수입금액을 얻기 위하여 직접 사용된 부채에 대한 지급이자'는 필요경비에 해당한다고 규정하고 있는 반면, 소득법 제33조 제1항 제5호 및 제13호에서 가사와 관련하여 지출한 경비 또는 그 업무와 관련 없이 지출된 경비는 필요경비에서 불산입하도록 규정하고 있다.

아울러 개인사업자의 경우에는 법인사업자와는 달리 출자금을 자유로이 인출할 수 있기 때문에 자기가 출자한 금액을 초과하여 사업용 자금을 인출하는 사례가 발생할 수 있어, 출자금을 과다인출함으로 인하여 업무용 자산의 가액이 부채의 가액에 미달하는 사업자가 차입금의 지급이자를 필요경비로 계산한 경우에는 사업용 자산의 가액이 부채의 가액에 미달하는 금액(초과인출금)에 상당하는 차입금의 지급이자는 설령 차입금이 사업에 직접 사용되었다고 하더라도 가사관련 비용으로 보아 필요경비에 산입하지 않도록 규정하고 있다(소득법§33 ① 5호, 소득령§61 ① 2호).

나. 자본인출금으로 사용한 차입금에 대한 지급이자의 필요경비산입 기준

① 원칙

국세청, 기획재정부, 조세심판원 및 대법원은 일관되게 개인사업자가 사업을 위하여 자기자본을 투입한 후 그 투입한 자본을 회수하기 위하여 금융기관으로부터 자금을 차입하여 그 차입금을 자본인출금으로 사용한 경우 그 차입금으로 인하여 초과인출금이 발생하지 않는 때에는 그 차입금을 총수입금액을 얻기 위해 직접 사용한 부채로 보아 그 차입금에 대한 지급이자는 필요경비에 산입할 수 있다고 해석하고 있다(소득세과-4633, 2008.12.10.; 재소득46073-179, 2002.12.20.; 기획재정부 소득세제과-256, 2008.07.25.;대법원2009두11874, 2010.01.14.; 대법원2017두59932, 2017.12.21.; 조심2008서2832, 2009.07.22.; 조심-2014-부-2969, 2015.01.29.).

특히 법원은 거주자가 사업을 자기자본에 의하여 경영할 것인지 차입금에 의하여 경영할 것인지는 거주자 개인의 선택에 달린 문제로 보고, 임대용 부동산을 자기자본으로 취득한 사람이 이를 담보로 대출을 받아 투하자본을 회수하면 이로써 임대용 부동산을 타인자본으로 보유하는 결과가 되므로 그 대출금은 그 자체로 총수입금액을 얻기 위하여 사용한 것이라 볼 것이고, 이후 회수한 자본을 어디에 사용하였는지는 지급이자의 필요경비 공제와는 전혀 무관하다는 입장이다(서울고등법원2015누70340, 2016.08.17.; 서울행정법원2015구합57420, 2015.11.13.; 서울고등법원2014누52123, 2014.10.15.).

아울러 '거주자의 사업소득금액을 계산함에 있어, 사업용 고정자산의 취득비용으로 사용된 당초의 차입금을 그 후 다른 차입금으로 상환한 경우'는 물론이고, '투하자본을 회수(담보차입)하였다가 다시 자본을 투하(차입금 상환)한 후 이를 재회수(재담보차입)를 할지' 아니면 '투하자본을 회수(담보차입)한 후 다시 자본을 투하(상환)하지 않을지'도 개인의 선택 문제여서 투하자본의 회수라는 측면에서 양자를 다르게 취급해야 할 이유가 없다는 것이 법원의 판단이다.

이처럼 투하자본 회수로서의 차입금은 사용처에 상관없이 그 차입금채무는 자기 사업을 영위하는데 필요한 자산에 대응한 부채로서 사업에 직접 사용된 부채에 해당한다고 보아야 하므로 그 차입금의 지급이자는 총수입금액을 얻기 위하여 직접 사용된 부채에 대한 지급이자로서 필요경비에 해당한다(대법원2000두1799, 2002.01.11.; 대법원2009두11874, 2010.01.14.; 대법원2017두59932, 2017.12.21.; 서울고등법원(춘천)2015누0702, 2017.08.21.; 춘천지법2014구합4663, 2015.07.10.; 서울고등법원2015누70340, 2016.08.17.).

<사례1>

개인단독사업자가 1,500억원의 출자금과 500억원 임대보증금(부채 인수방식)으로 자산을 구입(임차)하여 사업을 시작하다가 300억원의 차입금을 발생시켜 자본인출금으로 회수하였다면 자본인출금 마련을 위한 차입금 300억원에 대한 지급이자가 필요경비가 될 수 있다.

개시 대차대조표

계정과목	금 액	계정과목	금 액
건축물	1,000	임대보증금	500
토 지	700	출 자 금	1,500
차 량	100		
비 품	200		
합 계	2,000	합 계	2,000

⇒

출자금 인출 후 대차대조표

계정과목	금 액	계정과목	금 액
건축물	1,000	임대보증금	500
토 지	700	장기차입금	300
차 량	100	출자금	1,200
비 품	200		
합 계	2,000	합 계	2,000

※ 위 장기차입금 300억원에 대한 지급이자는 위 "①"에 따라 필요경비에 해당함.

② 초과인출금이 발생한 경우

i. 초과인출금의 지급이자 필요경비불산입

임대용 부동산을 담보로 대출을 받아 투하자본을 회수한 경우 임대용 부동산을 타인 자본으로 보유하는 결과가 되므로 그 대출금을 총수입금액을 얻기 위하여 사용한 것이어서 해당 지급이자는 필요경비에 해당하지만 해당 지급이자 중 **초과인출금의 지급이자는 필요경비에 해당되지 아니한다**(대법원-2014-두-44380, 2015.02.12).

다만, 초과인출금 지급이자의 필요경비불산입과 관련하여 법원은 소득령 제61조제1항 제2호(가사관련 경비 필요경비불산입)는 소득법 제33조 제1항 제5호의 모법이 '가사 관련 경비'의 성격을 가지는 것에 한하여 필요경비에 불산입히도록 위임히고 있음에도 가사와 전혀 무관한 그 범위에 포함될 것으로 예측하기 어려운 '사업상 결손으로 인한 부채의 지급이자 등'까지 필요경비에서 부인하는 결과가 되어 모법의 위임범위를 벗어난 것으로 무효라고 판시하였고 대법원의 최종 판결을 기다리고 있다(서울고등법원-2020-누-58412, 2021.12.24.).

ii. 초과인출금의 계산

초과인출금과 관련 지급이자의 필요경비 불산입금액을 계산함에 있어 소득세법령상은 명확하지 아니하나, 조세심판원은 소득법 시행규칙의 서식을 들어 사업용 자산의 합계액은 취득가액이 아닌 매월 말 현재 상태의 부채에서 자산을 차감하는 것으로 **사업용 자산의 합계액은 매월말 현재의 장부가액을 적용하는** 것으로 결정하였다(조심-2020-서-1639, 2020.08.31.).

또한 국세청은 초과인출금계산에 있어 종전에는 각 사업장별로 계산하는 것으로 해석하였으나 법원의 사업장별이 아닌 사업자별로 판단하는 것이라는 판례 생성 이후 초과인출금을 산정하여 지급이자 필요경비불산입액 계산 시 사업자별로 하도록 기존 해석을 변경하였다(기준-2020-법령해석소득-0246, 2020.11.11.; 대구고등법원2013누10367, 2014.06.13.).

③ 차입금의 발생 및 사용내역 등이 확인되지 아니한 경우

부동산임대업을 영위하는 개인사업자가 차입금이 발생한 과세기간에 장부를 기장하지 아니하여 **자산·부채 및 자본의 변동내역을 확인할 수 없어 차입금을 자본인출금으로 회계처리하였는지가 불분명한 경우로서 해당 차입금이 개인적 목적을 위해 사용된 경우에는 해당 차입금에 대한 지급이자는 필요경비에 산입할 수 없다**(서면법규과-1249, 2013.11.14.).

④ 쟁점차입금 또는 그 지급이자의 장부, 결산서 누락 시 필요경비산입 여부

개인사업자가 당초 종합소득세를 신고하면서 자본인출로 주장하는 쟁점차입금과 지급이자를 대차대조표 및 손익계산서 등 장부에 계상하지 아니하거나 과소계상한 경우 법원은 "소득세법령은 필요경비로 산입하기 위한 지급이자의 요건으로 수익과의 관련성 및 통상성을 요구하고 있을 뿐 대차대조표나 손익계산서 등 회계장부에 이를 계상할 것을 규정하고 있지 아니하므로 개인사업자가 실제로 그 지급이자를 지출하였고, 그 발생원인이 된 쟁점차입금이 임대용 자산에 대한 투하자본의 회수로서 수익과의 관련성 및 통상성이 인정되는 이상 필요경비로 공제하여야 한다고 판시하였다(서울행정법원2013구합57150, 2014.05.23.). 이는 소득세법상의 필요경비 규정 및 국세기본법상의 실질과세원칙에 비추어 보편·타당한 법리의 판결이다.

국세청도 자산, 부채 및 자본의 변동내역을 확인할 수 없어 차입금을 자본인출금으로 회계처리하였는지가 불분명한 경우로서 해당 차입금이 개인적 목적을 위해 사용된 경우에 필요경비로 볼 수 없다고 위 "③"과 같이 해석하였을 뿐 장부기재 누락 등을 이유로 무조건 필요경비가 아니라는 취지는 아니었을 것이다(서면법규과-1249, 2013.11.14.).

⑤ 투하자본 회수액의 사용용도에 따른 국세청의 과세

위 "②"의 초과인출금이 발생하지 아니하는 한 투하자본 회수로서의 차입금은 사용처에 **상관없이** 그 지급이자는 총수입금액에 대응되는 필요경비라는 판시에도 불구하고 세무조사 시에는 자본인출금으로서의 차입금을 어디에 사용하였는지를 기준으로 해당 사업과 직접 관련성이 없다는 이유로 지급이자를 필요경비불산입하고, 조세심판원도 세무조사 시의 쟁점차입금 지급이자의 필요경비불산입 논리를 긍정한 사례가 다소 있어 납세자들로서는 혼란스러울 수밖에 없다(무기장 또는 증빙이 불비하여 자산·부채 및 자본의 변동내역을 확인할 수 없어 자본인출금으로 회계처리하였는지가 불분명한 경우의 필요경비불산입은 긍정한다).

특히 위 사실관계에서의 쟁점차입금을 자기의 다른 사업장 차입금 상환, 제3자 대여 금, 부동산매매업을 위한 부동산 취득, 예·적금에 사용한 것이 명백히 확인되므로 가사관련 경비에 사용하지 아니한 것임에도 업무와의 직접 관련성이 없다는 이유로 쟁점차입금에 대한 지급이자를 필요경비로 인정하지 아니한다면 위 "①"의 대법원 판례 취지 및 국세청 해석에 정면으로 부과처분이 된다.

5) 공동사업 관련 차입금에 대한 지급이자

가. 공동사업장 지급이자의 필요경비산입 요건

법원은 공동사업장에 대한 소득금액계산특례는 사업으로 인한 소득의 종국적인 법적 귀속 주체가 누구인지와 상관없이 공동사업장을 소득세계산에 있어 가상의 과세단위로 하는 것이 과세의 효율성과 형평성을 확보할 수 있다는 취지인데, 소득세 계산을 위한 과세단위는 자연인 인지 법인인지 혹은 단체의 법인격이 있는지 없는지 여부와 상관없이 정할 수 있는 것이므로 공동사업장에 관한 필요경비를 인정함에 있어서는 필요경비의 일차적 혹은 종국적인 법적 귀 속주체가 누구인지와 상관없이 그 비용이 공동사업장의 소득창출에 관련되어 있는지 여부를 기준으로 판단함이 타당하다고 판결함으로써 채무의 법적 귀속주체와 상관없이 그 채무가 공 동사업장의 소득창출에 관련이 있다면 채무에 대한 지급이자는 필요경비로 인정된다(서울고법 2011누15864, 2011.11.16.).

즉 공동사업자의 차입금 지급이자를 공동사업장의 필요경비로 인정되기 위해서는 해당 차 입금의 실질적인 차용인이 공동사업장(조합)으로서 공동사업을 위하여 사용된 차입금 지급이 자에 해당하여야 한다(서면1팀-1166, 2005.10.04.).

나. 공동사업 출자금 마련을 위한 차입금의 지급이자

거주자가 공동사업에 출자하기 위하여 차입한 금액에 대한 지급이자는 공동사업장(조합)이 부담하여야 할 지급이자가 아닐 뿐만 아니라 해당 공동사업장의 총수입금액을 얻기 위하여 직 접 사용된 부채에 대한 지급이자도 아니다. 이는 조합원의 개인채무에 대한 지급이자이므로 해 당 공동사업장의 소득금액계산상 필요경비에 산입할 수 없다(소득통칙27-55-41; 재소득-301, 2007.05.29.; 재소득46073-90. 2000.05.01.).

조합의 업무가 되려면 조합의 유지나 공동사업의 경영과 같이 조합원 전원에게 이해관계가 있어야 한다(대법원2011다6335, 2011.09.08.). 2인의 공동사업자 중 1인은 자기자본으로 마련한 적극재산을 출자하는데, 다른 1인은 출자비율에 따른 적극재산을 출자하면서 그 출자금의 마련 을 위하여 개인적인 대출을 받았지만 그 손익분배비율은 출자된 적극재산의 비율만으로 정해 진 경우 또는 개인적인 대출을 받아 일부 공동사업자의 지분을 인수한 경우 그 명의로 제3자에 게 자금을 차입하는 행위는 조합의 업무라 할 수 없어 동 차입금은 조합의 소극적 재산이 아닌 바, 그 차입금의 지급이자는 조합의 구성원이 함께 부담할 것이 아니고 이는 출자금의 마련 내지 출자지분의 인수를 위한 개인채무에 불과하므로 공동사업장의 필요경비로 볼 수 없다(대법원2014 두47938. 2015.04.23.; 기획재정부 소득세제과-149, 2011.04.22.; 조심2010서 1730, 2010.08.24.).

다. 차입금이 출자를 위한 것인지 조합의 소극적 재산인지의 구분

지급이자에 대한 필요경비산입에 있어서 그 차입금이 출자를 위한 차입금인지 아니면 공동 사업장의 사업을 위한 차입금인지 여부는 공동사업 구성원 간에 정한 동업계약의 내용 및 출자 금의 실제 사용내역 등에 따라 판단하는 것이며, 특히 공동사업 결성 전 구성원의 출자금 마련 을 위한 차입금 관련 지급이자는 필요경비에 산입할 수 없고, 공동사업 결성 후 공동사업 수행 과정에서 합유자산 취득이나 운전자금 마련을 위한 공동사업장의 차입금은 그 명의에 불구하 고 관련 지급이자는 필요경비에 산입할 수 있다(대법원-2014-두-47938, 2015.04.23.).

다만, 공동사업자가 금융기관으로부터 차입한 차입금으로 해당 공동사업을 위한 건물(임대 용)을 신축하는 경우 해당 차입금에 대한 준공된 날까지의 지급이자는 건물가액에 가산(자본적 지출)하고, 준공된 날 이후의 지급이자는 해당연도의 필요경비에 산입한다(소득법§33 ① 10, 소 득령§75, 소득법§27 ①, 소득령§55).

대법원은 동 대여금의 지급이자에 대한 지급이자 필요경비 산입기준을 다음과 제시하였다. 동 업계약에 따른 출자의무를 이행하기 위하여 차용한 자금이 아니라 조합이 그 목적사업인 부동산 임대업을 영위하는데 필요한 토지 및 건물을 구입하기 위하여 차용한 자금이라면 해당 대출금의 지급이자는 부동산임대수입을 얻기 위하여 직접 사용된 부채에 대한 지급이자로서 필요경비에 해당한다고 판시하였다(대법원2011두15466, 2011.10.13.; 대전고등법원2010누2812, 2011.06.09.).

- 2018.12.20. : 동업계약 체결 및 출자금 납입(각각 3천만원, 손익분배비율 5 : 5), 사업비는 임대
  보증금과 대출금으로 충당하기로 약정
- 2019.01.15. : 부동산 매매계약체결, 계약금 지급
- 2019.01.16. : 소유권이전등기 경료
- 2019.02.04. : 2019. 2. 1.을 개업일로 하여 부동산임대업 사업자등록
- 2019.02.25. : 쟁점 부동산을 담보로 쟁점 대출금 차입
- 2019.02.26. : 잔금지급

판결요지를 살펴보면 ① 조합이 성립된 시점은 동업계약 체결일인 2018.12.20.이고 그 이후 이루어진 대출금 대출행위는 통상적인 조합활동의 하나이며, ② 동업계약에서 약정한 출자금의 범위 내에서 출자의무가 한정되고 ③ 대출금에 대한 이자비용을 공동사업 수입금에서 지급하기로 약정한 것은 대출금을 조합의 채무로 약정한 것인 바 이와 같은 법률관계는 가장행위에 해당한다거나 조세회피행위로서 그 효력을 부인하는 관련 규정이 없는 이상 그 효력을 존중해야 하며, ④ 공동사업 형태가 아닌 1인이 개인사업자로서 사업을 운영하였다면 관련 지급이자가 필요경비로 인정될 수 있는 것에 비추어 공동사업의 형태로 부동산임대업을 영위하고 있다고 하여 이를 달리 취급하는 것은 동일한 경제적 실질에 대하여 합리적인 이유 없이 차별적인 취급을 하는 것이 된다.

따라서 공동사업을 영위하기 위한 출자금을 차입에 의해 조달한 경우에는 개인적인 채무의 부담이지 공동임대사업 자체와는 무관한 부채라고 봄이 상당하므로 기존 해석과 같이 차입금의 지급이자는 해당 공동사업장의 필요경비에 산입할 수 없는 것이나, 동업계약을 체결하고 출자금을 납입한 이후 해당 공동사업을 위한 운용자금 내지 사업용 고정자산을 취득하기 위한 차입금 (조합채무)의 지급이자는 해당 공동사업장의 필요경비에 산입할 수 있다(동지 : 기획재정부 소득세제과-149, 2011.04.22.). 이는 공동사업자가 부채가 있는 사업장을 인수할 경우에도 그대로 적용된다. 예를 들어 공동사업장 매매대금 중 종전 소유자가 은행권에 부담하고 있던 채무를 인수하는 것으로 갈음하기로 하면서 순자산가액(자본금)에 해당하는 금액을 공동사업구성원이 출연하였을 뿐이라면 동 인수채무는 출자금을 마련하기 위하여 개인적으로 부담한 채무가 아닌 바, 관련 이자도 공동사업장의 필요경비에 산입되어야 한다(서울고법2011누15864, 2011.11.16.).

라. 차입금으로 공동사업장에 투하된 출자금을 반환받는 경우

공동사업자가 조합계약 시 구성원 각자의 자기자본(공동사업 구성원들이 차입금을 통하여 개인적 출자의무를 이행한 경우 포함)으로 출자를 이행하였다가 이후 각자가 자기자본 일부를 회수하면서 공동사업장으로 부채를 발생시키고 공동사업장에서 그 차입이자를 부담하는 경우라면 해당 공동사업장에서 발생된 지급이자는 필요경비로 인정되어야 한다. 부언하면 공동사업을 영위하면서 별도의 조합채무를 발생시킨 뒤 그 금원으로 공동사업 구성원들이 당초 출자하였던 자기자본(차입금 채무)을 상환하는 형태로 당초 납입한 자본금을 인출하였다면, 새로이 발생한 조합채무에 의한 지급이자는 해당 공동사업의 소득금액을 산정함에 있어 필요경비로 인정되어야 한다(대법원2012두7653, 2012.07.26.; 서울고법2011누27638, 2012.02.29.; 서울행법 2011구합8093, 2011.07.22.).

즉 자기자본에 대한 인출금으로 사용한 차입금에 대한 지급이자는 개인사업자이든 공동사업자이든 관계없이 앞서 "1"과 "2"에서 설명한 바와 같이 해당 사업장의 필요경비로 인정되어야 한다.

<사례2>

공동사업 결성 시 기초대차대조표(1)

차 변		대 변	
건축물	1,000	임대보증금	500
토 지	700	출자금(갑)	900
차량운반구	100	출자금(을)	450
비 품	200	출자금(병)	150
합 계	2,000	합 계	2,000

※ "갑", "을", "병"은 각각 출자를 위한 차입금 총 300억원이며, "갑"이 180억원, "을"이 90억원 "병"이 30억원을 부담하였으나 출자금에 대한 차입금이므로 위 대차대조표에 반영되지 않았다.

출자금 인출 후 대차대조표(2)

차 변		대 변	
건축물	1,000	임대보증금	500
토 지	700	장기차입금1)	300
차량운반구	100	출자금(갑)2)	720
비 품	200	출자금(을)	360
		출자금(병)	120
합 계	2,000	합 계	2,000

1) 공동사업 구성원들의 차입금 300억원을 조합(공동사업장)에서 인수하여 장부에 계상하였으며, 이후 차입금 이자도 공동사업장에서 부담할 예정이다.

2) 갑, 을, 병의 동업계약 체결 시 납부한 출자금에서 각자의 차입금에 해당하는 금액을 차감하였다. 공동사업장이 채무를 인수하고 그만큼 출자금의 인출로 처리한 것이다.

3) 차입금으로 출자금 반환이 이루어진 후의 출자금으로 출자지분율을 계산한 바, 종전과 동일하여 지분비율 (손익분배비율) 변동은 없다.

마. 출자자 1인 명의로 발생되는 필요경비

공동사업 구성원 중 1인 명의로 공동사업을 위하여 사업용 자산을 취득하는 경우 합유로 등기하는 경우보다는 '공동소유'로 등기 및 등록하는 것이 일반적이다. 특히 부동산은 구성원 중 1인 명의로 등기하고, 이를 담보로 차입금 또한 구성원 중 1인 명의로 차입하고 있다(출자를 위한 차입금 제외). 이 경우 해당 자산·부채의 유지·수선비용과 지급이자 등의 필요경비는 실질적으로 공동사업을 위해 발생된 비용이므로 공동사업장의 필요경비에 산입하는 것이다(국기통칙14-0-4; 법인통칙4-0-8; 국심1999광925, 1999.11.03.).

6) 질의내용에 대한 답변

가. 쟁점차입금을 대여한 경우 차입금 이자에 대한 필요경비산입 여부

"갑"이 쟁점차입금으로 종전 투하자본을 회수하였다면 이로써 임대용부동산을 타인자본으로 보유하는 결과가 되고, 쟁점차입금으로 인해 초과인출금이 발생하지 않았으므로 그 지급이자는 부동산임대사업장의 필요경비가 된다는 것이 국세청의 해석 및 대법원의 판단이다. "갑"이 쟁점차입금으로 투하자본을 회수하고 쟁점차입금을 제3자에게 금전소비대차에 의하여 대여하였으므로 가사용으로 사용한 경우도 아니어서 쟁점차입금에 대한 지급이자는 필요경비로 인정되어야 한다. 대여금 발생으로 인한 이자수입은 향후 비영업대금의 이익으로 종합소득금액에 합산되어 과세될 것이다.

나. 차입금 상환 후 자기자본에 투하하지 아니한 경우 지급이자 필요경비산입 여부

쟁점차입금과 그 이자수입을 회수하였음에도 자기자본에 투하하지 아니하고 다른 사업장의 매매용부동산 취득, B사업장의 차입금 회수, 예금이나 보험에 예치, 종합소득세의 납부에 사용됨으로써 쟁점차입금의 계속 보유로 지급이자가 계속 발생하더라도 이는 개인의 선택(거주자가 사업을 함에 있어서 자기자본으로 경영할 것인지, 차입금으로 경영할 것인지는 거주자 개인의 선택에 달린 문제임)일뿐이므로 회수 이후에 발생하는 쟁점차입금의 지급이자도 여전히 부동산임대수입금액에 대한 필요경비에 해당한다.

다. 쟁점차입금이 결산서에 누락되었거나 일부만 표기된 경우 필요경비산입 여부

"갑"은 쟁점차입금이 발생한 사업연도(2018년)에 복식장부를 기장하였으나, 쟁점차입금(30억원) 발생액에 대하여 세무대리인에게 차입금 관련 서류를 전달하지 아니하여 차입금이 과소계상(20억원)되었음에도 지급이자는 정상적으로 손익계산서에 반영한 경우로서 쟁점차입금 관련 은행대출약정서, "을"에게 차입금을 송금한 서류, 등기부등본, 지급이자 은행 납부내역서, 결산서상 지급이자 계상액 등 관련 서류에 의해 명백히 확인된다면 소득세법령 및 국세기본법상 실질과세원칙에 따라 관련 지급이자는 필요경비에 산입되어야 한다(위 "2)"의 "④" 참조).

라. 공동사업장의 차입금을 자본인출금으로 사용한 경우 지급이자의 필요경비산입 여부

공동사업자의 경우에도 개인단독사업자와 같이 은행 차입금을 자본인출금으로 그 공동사업구성원들이 인출할 수 있고, 해당 차입금은 조합채무로서 그 지급이자를 공동사업장에서 부담한다면 해당 지급이자는 공동사업장의 필요경비가 된다(위 "5)"의 "라" 참조).

마. 익명조합원의 투자금에 대한 이익분배에 대한 세무처리

익명조합인 "D"사업장에 2020.01.0.1. 익명조합원(출자공동사업자)인 "병(지분 20%)", "정(지분 10%)"이 각각 출자를 이행하고 익명조합("D")에서 2021년에 사업소득(1억원)이 발생하여 이를 익명조합원들에게 지급하는 경우 영업자(업무집행공동사업자) "갑"은 자신의 손익분배비율(70%)에 해당하는 7천만원에 대해서만 사업소득으로 과세하고, 출자공동사업자 "병"과 "정"의 경우 손익분배비율에 해당하는 2천만원, 1천만원에 대하여 배당소득으로 과세된다. 이때 "병"과 "정"의 배당소득은 현행 비영업대금의 이익과 같은 25% 세율로 원천징수하여 당연 종합과세하되 일반금융소득과 같이 14%를 기준으로 비교과세한다(소득법§62 2호 나목).

다만, "갑"이 법인사업자라면 조합원으로부터 출자받은 금액에 대하여 영업이익을 분배한 경우에는 소득세법이 적용되지 아니하므로 배당소득이 아닌 이자비용으로 법인(영업자 "갑")의 손금에 산입하며 원천징수하여야 한다(기획재정부 법인세제과-0026, 2011.01.14.; 서면-2018-법인-2920, 2019.10.06.).

바. 국세청의 지급이자 필요경비불산입 주요 과세 사례에 대한 검토

과세관청은 소득법 제33조 제1항 제13호는 "각 과세기간에 지출한 경비 중 대통령령으로 정하는 바에 따라 직접 그 업무와 관련이 없다고 인정되는 금액"을 필요경비 불산입 항목으로 정하고 있고, 소득령 제55조 제13호는 필요경비를 열거하면서 "총수입금액을 얻기 위하여 직접 사용된 부채에 대한 지급이자"라고 명시하였으며, 소득령 제78조 제3호는 업무와 관련없는 지출을 규정하면서 "사업자가 그 업무와 관련 없는 자산을 취득하기 위하여 차입한 금액에 대한 지급이자"를 별도로 명시하고 있는바, 각 법령은 필요경비 규정에 '직접'이라는 단어를 포함하고 있어 이는 총수입금액과의 인과관계가 인정된 부채의 지급이자에 한하여 필요경비로 인정하는 것이 옳다는 하나의 잣대를 가지고 법원의 판례취지에서 벗어나 **쟁점차입금의 용도가 (부동산임대)사업에 직접 사용된 경우에 한하여 그 지급이자를 필요경비로 인정하고자 하**는 성향이 있다. 아래 앞 "Ⅲ"의 주요 과세사례에서도 그러한 기조가 보이나 **대부분 조세심판원이나 법원은 이러한 부과처분을 부정하고 있다.**

① 쟁점차입금을 타회사의 채무변제(개인적 물상보증 행위 해소하기 위한 지출행위)에 사용된 경우에도 법원이나 국세청 해석상 쟁점차입금의 지급이자를 필요경비산입함이 타당하다고 보았다(조심2008서2832, 2009.07.22.).

② 쟁점차입금에 대한 초과인출금은 개별 사업장별이 아닌 전체 사업장을 기준으로 계산하여 초과인출금 해당 지급이자를 산정하는 것이다(조심2011구1760, 2012.09.10. 및 국세청 해석 참조).

③ 쟁점차입금 및 그 지급이자가 당초 누락신고된 경우에도 누락된 지급이자를 필요경비에 산입하여 경정청구할 수 있다(국심2001서1065, 2001.09.10.).

④ <u>개인사업자가 쟁점차입금을 가사용으로 사용된 것이 명백하다면 조세심판원과 국세청은 법원의 판례와 배치되게 그 지급이자를 필요경비 불산입하고 있다</u>(서면1팀-1209, 2007.08.30.; 소득세과-1759, 2009.11.13.).

⑤ 쟁점차입금을 투자자산(주식)의 취득에 사용한 경우 업무무관 비용으로 보지 않고 그 지급이자를 필요경비에 산입하여야 한다(조심-2014-부-2969, 2015.01.29.). 다만 쟁점차입금으로 주식을 취득한 경우 자본인출금으로 사용한 차입금의 지급이자 판례를 적용하지 아니하고 위 과세관청 논리대로 업무관련성이 입증되지 아니하는 업무무관자산의 취득과 관련한 이자비용으로 보아 필요경비로 볼 수 없다는 결정도 있으나, 청구인과 조세심판원이 자본인출금으로 사용한 차입금의 지급이자에 대한 판례검토에 미진한 부분이 있었던 것으로 보

인다(조심-2017-서-4033, 2018.05.10.).

⑥ 쟁점차입금을 상속세 등 국세나 지방세 납부에 산입한 경우 그 지급이자는 필요경비에 산입하여야 한다(조심-2019-서-1569, 2019.09.03.).

⑦ 개인사업자가 최초 투입된 자본을 부동산임대수입을 통해 사업기간 동안 회수할 수 있었더라도 최초 투하자본은 토지 및 건물로 화체되어 있는데 이를 담보로 대출받는 경우 그 토지 및 건물의 처분가치에서 대출금만큼을 끌어쓴 결과가 되어 투하자본의 회수로 평가되는 것이므로 '투하자본의 회수'와 '그 토지 및 건물을 활용하여 발생한 임대수입금'은 별개의 것이어서 그 이후 발생한 쟁점차입금도 자본인출금으로 보아 그 지급이자를 필요경비에 산입할 수 있다(서울고등법원-2015-누-702, 2017.08.21.).

⑧ <u>초과인출금과 관련 지급이자의 필요경비 불산입금액을 계산함에 있어 사업용 자산의 합계액은 매월말 현재의 장부가액을 적용한다</u>(조심-2020-서-1639, 2020.08.31.).

⑨ 쟁점차입금이 공동사업 출자금 마련을 위한 개인적 채무라면 그 지급이자는 공동사업장 출자와 관련된 업무무관비용에 해당하여 공동사업장의 필요경비로 인정하지 아니한다(서울고등법원-2020-누-59422, 2021.07.16.).

⑩ 담보가 설정된 사업용부동산을 공동사업자가 그대로 승계하는 경우 또는 부동산의 출자에 있어 부동산뿐만 아니라 그 부동산을 담보로 설정된 차입금을 모두 공동사업자가 인수하는 경우 해당 차입금의 지급이자를 공동사업장의 비용으로 부담한다면 공동사업장의 필요경비에 해당한다(조심-2017-전-3118, 2017.12.14.; 조심2012중3552, 2012.11.09.).

⑪ <u>공동사업장의 부동산을 담보로 대출받아 공동사업자 중 1인이 타 부동산의 취득 및 개인적 신용카드대금 및 보험료로 납부한 경우 쟁점차입금의 지급이자는 공동사업장의 필요경비로 인정되지 아니한다</u>(조심-2019-서-4434, 2020.04.28.).

국세청 및 기획재정부는 법원의 판결내용과 같이 개인사업자가 사업을 위하여 자기자본을 투입한 후 그 투입한 자본을 회수하기 위하여 금융기관으로부터 자금을 차입하여 그 차입금을 자본인출금으로 사용한 경우 그 차입금으로 인하여 초과인출금이 발생하지 않는 때에는 그 차입금을 총수입금액을 얻기 위해 직접 사용한 부채로 보아 그 차입금에 대한 지급이자를 필요경비에 산입한다고 유권해석(소득세과-4633, 2008.12.10.; 재소득46073-179, 2002.12.20.)을 하였지만, 정작 세무조사 시에는 쟁점차입금의 사용용도를 따져 해당 사업에 직접 사용하지 않았다면 업무무관자산에 대한 지급이자로 보아 필요경비불산입하여 종합소득세를 과세하고 있다.

판례와 유권해석, 조세심판례에 비추어 다소 보수적 견지에서 보더라도 위 "④" 및 "⑪"의 사례와 같이 자본인출금으로 사용한 차입금을 가사관련 경비로 직접 사용한 경우 외에는 그 차입금에 대한 지급이자는 필요경비로 인정되어야 할 것이다.

4. 공동사업에서 발생한 소득금액의 계산

□ 공동사업에 대한 소득세 과세체계

(1) 공동사업장의 소득금액계산 일반

사업소득이 발생하는 사업을 공동으로 경영하고 그 손익을 분배하는 공동사업의 경우 해당 사업을 경영하는 장소(이하 "공동사업장")를 1거주자로 보아 공동사업장별로 그 소득금액을 계산하며, 총수입금액·필요경비 계산방식은 거주자의 소득금액 계산방식과 동일하다.

1) 접대비 계산

2개 이상의 사업장이 있는 사업자가 소득법 제160조 제5항에 따라 사업장별 거래내용이 구분될 수 있도록 장부에 기장한 경우 각 사업장별로 지출한 접대비로서 각 사업장별 소득금액 계산 시 필요경비에 산입할 수 있는 금액은 다음과 같다.

○ 각 사업장별 접대비한도액 : ㉠ + ㉡

㉠ 기본한도 금액	1,200만원 (중소기업의 경우는 3,600만원)	×	해당 과세기간의 월수 ──────── 12	×	각 사업장의 해당 과세기간 수입금액 ────────────── 각 사업장의 해당 과세기간 수입금액 합계액

㉡ 수입금액별 한도
= 사업장의 해당 과세기간 수입금액 × 적용률*

수 입 금 액	적 용 률
100억원 이하	30/10,000
100억원 초과 ~ 500억원 이하	3천만원 + 100억원 초과금액 × 20/10,000
500억원 초과	1억 1천만원 + 500억원 초과금액 × 3/10,000

공동사업장과 단독사업장 등 2개의 사업장을 운영하는 거주자의 경우 공동사업장에 대한 접대비한도액 계산 시에는 단독사업장과는 별도로 적용한다. 다만 구성원이 같은 공동사업장은 해당 공동사업장들을 사업주체가 동일한 복수의 사업장으로 본다(서면1팀-477, 2008.04.04.).

※ 법인구성원이 있는 경우 공동사업장의 접대비한도액계산 시 법인에 귀속되는 수입금액은 제외한다.

2) 평가방법 등의 신고

공동사업장의 감가상각방법 및 재고자산평가방법은 대표공동사업자의 주소지관할 세무서장에 신고한다(소득령 §150 ⑤). 공동사업 구성원이 법인인 경우에는 공동사업에 속하는 고정자산에 대하여는 공동사업자 지분비율에 의하여 안분한 금액을 각 법인의 자산으로 계상하여 각 사업자별 감가상각방법 및 내용연수에 따라 감가상각한다(서면2팀-340, 2004.03.02.).

3) 금융소득(이자·배당소득)이 발생한 경우

공동사업장에서 발생한 소득금액에 대하여 원천징수된 세액은 각 공동사업자의 손익분배비율에 따라 배분한다(소득법§87 ①).

금융자산의 경우 공동사업장(조합) 명의로 공부상 등록(계좌 개설 등)이 불가능하므로 조합 규약 또는 조합결의로 정한 업무집행조합원이 자기 이름으로 출자재산을 관리하며, 업무집행조 합원이 자기 명의로 관리하는 경우 명의신탁된 것으로 본다.

따라서 사업자가 자산을 공유 또는 합유하거나 공동으로 사업을 경영하면서 출자금을 예금 하거나 주식을 출자하는 등의 사유로 인하여 공동사업 출자자산에서 부수적으로 이자・배당소 득이 발생한 경우 금융소득은 공동사업자의 지분 또는 손익분배의 비율에 의하여 분배되었거 나 분배될 금액을 각 거주자의 금융소득에 합산하는 것이며, 그에 대한 소득세는 업무집행조합 원에게 원천징수하고 손익분배비율에 따라 조합원별로 배분된 이자・배당소득이 종합과세되 는 경우 그 지분별 원천징수세액은 각 조합원의 기납부세액으로 공제하는 것이다(소득 46011-654, 2000.06.16.).

4) 현물출자 토지에 대한 필요경비 및 이중과세 여부

주택신축판매 또는 부동산매매업을 공동으로 운영하기 위하여 공동사업 구성원 중 1인이 자 기 소유의 토지를 현물출자하는 경우 양도소득세가 부과되고, 해당 공동사업자가 건축물을 신축 하여 판매하는 경우 그 분양소득에 대하여 사업소득에 대한 종합소득세가 부과되어 현물출자 토지에 대한 중복과세 문제가 발생한다는 논란이 있었다. 그러나 현물출자 시 해당 토지의 시가 가 공동사업자의 사업소득 계산상 필요경비에 산입되는 것이므로 해당 현물출자토지에 대한 양 도소득세와 종합소득세의 부담은 중복과세에 해당하지 아니한다(소득46011-188, 2000.02.09.;대 법원83누665, 1985.11.26.).

(2) 공동사업의 변경 또는 지분변동이 있는 경우

1) 단독사업에서 공동사업으로 변경하는 경우 소득금액 계산

단독으로 사업을 영위하다가 공동사업으로 변경한 경우에 단독사업장은 공동사업으로 변 경한 날의 전날에 폐업(또는 승계)한 것으로 보고 소득금액을 계산하는 것이며, 공동사업으로 변경 후 해당 공동사업장에서 발생한 소득은 그 손익분배의 비율에 의하여 분배되었거나 분배 될 소득금액에 따라 각 거주자별로 소득금액을 계산하며 이 경우 단독사업장 및 공동사업장에 대하여 각각 별개로 장부를 비치·기장하여야 한다(소득46011-1269, 1999.04.06.).

가. 단독사업장이 된 경우

공동사업장의 재고자산 중 일부에 대해 자기지분을 이전함으로써 다른 공동사업자가 단독으로 소유하는 경우 그 단독소유가 된 해당 재고자산 전체의 시가 상당액을 해당 공동사업장의 총수입금액에 산입한다(법규과-4504, 2007.09.27.).

나. 공동사업이 된 경우

재고자산을 가지고 있는 단독사업자가 지분 일부를 양도하여 공동사업을 개시하는 경우 해당 재고자산은 공동사업체 또는 다른 구성원에게 양도한 것이므로 전체 재고자산의 시가를 단독사업장의 총수입금액에 산입한다.

"갑", "을"이 공동사업장을 별도로 설립한 후에 기존 "갑" 또는 "을"이 기존에 운영하던 단독사업장의 자산 등을 인수하는 경우 그 전체 시가를 "갑"과 "을"의 총수입금액, 공동사업장의 취득가액으로 인식할 수 있는 것이다.

다. 단순 구성원 변동만 있는 경우

공동사업 구성원만이 변동되는 경우 재고자산의 취득가액의 변동은 없는 것이나, 재고자산을 탈퇴자에게 현물반환하는 경우에는 동 재고자산의 시가상당액은 총수입금액산입대상이다.

2) 장부의 기장

과세연도 중 단독사업에서 공동사업자로 변경된 경우 단독사업은 폐업한 것으로 보아 단독사업장과 공동사업장의 장부를 각각 비치·기장하여야 한다(서일46011-10568, 2002.04.30.).

3) 사업연도 중 출자지분 변동이 있는 경우 소득금액 계산

과세기간 중 공동사업 구성원의 탈퇴 등으로 구성원의 지분변동이 발생한 경우 그 변동 시마다 공동사업자별 소득분배의 비율에 따라 각 거주자별로 소득금액을 구분 계산한 후 해당 거주자별로 납세의무를 지며, 소득금액을 계산함에 있어 적용할 비율은 각각의 수입금액과 필요경비가 확정되는 때의 손익분배비율로 한다(제도46011-11504, 2001.06.14.; 서면1팀-19, 2004.01.15.).

(3) 결손금과 이월결손금 통산

1) 결손금 및 이월결손금 공제

　　결손금이란 해당연도의 필요경비가 총수입금액을 초과하는 경우의 초과금액을 말하며, 결
손금 통산이란 특정사업장 또는 특정소득에서 발생한 결손금을 어떻게 다른 사업장소득에서
공제할 것인가에 관한 규정으로 그 내용은 아래와 같다(소득법§45).

① 사업자가 비치·기록한 장부에 의하여 해당 과세기간의 사업소득금액을 계산할 때 발생한
　　결손금은 그 과세기간의 종합소득과세표준을 계산할 때 근로소득금액·연금소득금액·기타
　　소득금액·이자소득금액·배당소득금액에서 순서대로 공제한다.

② 위 "①"에도 불구하고 다음의 어느 하나에 해당하는 사업(이하 "부동산임대업"이라 한다)에
　　서 발생한 결손금은 종합소득 과세표준을 계산할 때 공제하지 아니한다. 다만, 주거용 건물
　　임대업의 경우에는 그러하지 아니한다.

> ▪ 부동산 또는 부동산상의 권리를 대여하는 사업
> ▪ 공장재단 또는 광업재단을 대여하는 사업
> ▪ 채굴에 관한 권리를 대여하는 사업

③ 부동산임대업에서 발생한 결손금과 "①" 및 "②"의 단서에 따라 공제하고 남은 이월결손금
　　은 해당 이월결손금이 발생한 과세기간의 종료일부터 15년 이내에 끝나는 과세기간의 소득
　　금액을 계산할 때 먼저 발생한 과세기간의 이월결손금부터 순서대로 다음의 구분에 따라
　　공제한다. 다만, 국기법 제26조의2에 따른 국세부과의 제척기간이 지난 후에 그 제척기간
　　이전 과세기간의 이월결손금이 확인된 경우 그 이월결손금은 공제하지 아니한다.

- 위 "①" 및 "② 단서"에 따라 공제하고 남은 이월결손금은 사업소득금액, 근로소득금액, 연금소득금액, 기타소득금액, 이자소득금액 및 배당소득금액에서 순서대로 공제한다.

- 부동산임대업에서 발생한 이월결손금은 부동산임대업의 소득금액에서 공제한다.

④ 위 "③"은 해당 과세기간의 소득금액에 대해서 추계신고(소득법 제160조 및 제161조에 따라 비치·기록한 장부와 증명서류에 의하지 아니한 신고를 말한다)를 하거나 소득법 제80조 제3항 단서에 따라 추계조사 결정하는 경우에는 적용하지 아니한다. 다만, 천재지변이나 그 밖의 불가항력으로 장부나 그 밖의 증명서류가 멸실되어 추계신고를 하거나 추계조사결정을 하는 경우에는 그러하지 아니한다.

⑤ "①"과 "③"에 따라 결손금 및 이월결손금을 공제할 때 소득법 제62조에 따라 세액계산을 하는 경우 소득법 제14조에 따라 종합과세되는 배당소득 또는 이자소득이 있으면 그 배당소득 또는 이자소득 중 원천징수세율을 적용받는 부분은 결손금 또는 이월결손금의 공제대상에서 제외하며, 그 배당소득 또는 이자소득 중 기본세율을 적용받는 부분에 대해서는 사업자가 그 소득금액의 범위에서 공제 여부 및 공제금액을 결정할 수 있다.

⑥ 위 "①" 및 "②"에 따라 결손금 및 이월결손금을 공제할 때 해당 과세기간에 결손금이 발생하고 이월결손금이 있는 경우에는 그 과세기간의 결손금을 먼저 소득금액에서 공제한다.

2) 공동사업장에서 발생한 결손금 처리

공동사업장에서 결손금이 발생하였을 경우 소득법 제45조에 따른 소득의 통산과 이월결손금의 필요경비계산은 다음과 같이 계산한다(소득통칙45-0-1).

① 공동사업장에서 발생한 결손금은 각 공동사업자별로 분배된 금액범위 내에서 위 "1)"의 "①"에 따라 각 공동사업자의 다른 사업장의 동일 소득 또는 다른 종합소득과 통산한다.

> ㉠ 동일 소득 간의 통산
> - 공동사업장에서 발생한 소득의 결손금은 먼저 공동사업자별로 각자의 지분 또는 손익분배의 비율에 따라 분배하며, 각 공동사업자는 그 분배된 결손금을 다른 사업장의 동일소득(단독사업장 소득금액, 다른 공동사업장에서 분배된 소득금액 포함)과 먼저 통산함.

ⓒ 다른 소득 간의 통산
- 사업소득에서 발생한 결손금은 해당연도의 종합소득과세표준의 계산에 있어서 부동산임대·근로·연금·기타·이자·배당소득금액에서 순차적으로 공제
- 부동산임대소득에서 발생한 결손금은 타소득과의 통산절차 없이 바로 이월결손금이 되는 것임.

② 이월결손금이 있는 공동사업장의 소득금액계산에 있어서는 이월결손금을 공제하지 아니한 해당 과세기간소득금액을 공동사업자별로 분배한 후 직전과세기간의 소득에 통산하지 아니한 공동사업자의 위 "1)"의 "③"에 따른 이월결손금을 공제한다. 부동산임대소득에서 발생한 이월결손금 공제는 해당 부동산임대소득에서만 공제 가능하다(소득집행기준45-0-3).

※ 공동사업장은 결손금을 각 공동사업자별로 "ⓒ"과 같이 분배하기 때문에 공동사업장 자체의 이월결손금은 실제 존재하지 않는다.

③ 추계 시 이월결손금 적용배제는 위 "1)의 ④"와 동일하게 적용한다.

3) 공동사업에서 단독사업으로 변경 시 결손금의 처리

공동사업이 해지되어 단독사업이 된 경우 종전의 공동사업장에서 발생한 결손금 또는 이월결손금(공동사업 해지 시까지의 결산을 통하여 발생된 결손금과 공동사업 구성원이 소득금액에서 공제하지 못하고 이월된 공동사업장에서 발생한 결손금을 말한다)은 단독사업자가 된 종전 공동사업 구성원들 각자의 소득금액을 계산할 때 결손금 또는 이월결손금으로 공제한다.

또한 소득법 제43조 제3항의 규정은 공동사업장의 소득금액이 결손금인 경우에도 적용하는 것이므로 공동사업 영위 시 그 공동사업구성원들이 특수관계에 있어 공동사업합산과세가 적용되었던 경우 종전 해당 공동사업장에서 발생한 결손금은 공동사업자 중 손익분배비율이 큰 사업자의 결손금으로 보아 소득금액계산상 결손금 또는 이월결손금으로 공제한다(소득46011-3151, 1999.08.10.).

부언하면, 소득법 제43조에 의하면 공동사업의 경우 사업자가 특수관계자인 경우에는 손익분배비율이 큰 공동사업자의 소득으로 보도록 규정하고 있어, 공동사업장에서 결손금이 발생한 경우에도 공동사업장의 총 결손금을 손익분배비율이 큰 특수관계인의 결손금으로 보아야 하는지에 대하여 사업소득이 발생한 경우뿐만 아니라 결손금이 발생한 경우에도 동일하게 적용하

여야 한다는 취지의 해석이다.

4) 단독사업에서 공동사업으로 변경 시 결손금의 처리

가. 단독사업자의 결손금 처리

"갑"사업자가 단독으로 특정사업을 영위하던 중에 "을", "병"과 동업계약을 체결하고 공동 사업자로 사업자등록을 마친 후 특정사업을 공동사업형태로 바꾸어 계속하는 경우가 있을 수 있다. "갑"은 특정사업만을 영위하면서 그 사업에서 발생한 누적 결손금이 있었다고 가정할 때, "갑"이 단독사업에서 발생한 결손금은 "을", "병"에게 손익분배비율에 따라 분배하여 각자의 소득금액에서 차감할 수는 없다(이 가정은 이하 "가", "나," "다"에 공통된다).

이는 상속인이 사업을 상속받은 경우 피상속인의 사업소득에서 발생한 이월결손금을 상속 인의 소득금액을 계산함에 있어서 공제할 수 없다거나, 사업을 포괄 양도 · 양수하는 경우 사업 양도자의 해당 사업에서 발생한 이월결손금을 사업양수자의 양수받은 사업(또는 다른 소득)에 대한 소득금액을 계산함에 있어서 이를 공제할 수 없다는 해석과 법인세법에서 이월결손금은 적격분할, 적격합병 외에는 사실상 승계할 수 없도록 규정하고 있다는 점에서 당연한 귀결일 것이다(서면1팀-1575, 2007.11.16.; 소득46011-3733, 1998.12.02.; 법인법§45, §46의4).

따라서 동업계약을 체결하여 공동사업의 개시하기 전까지 단독사업에서 발생한 결손금은 단독사업자인 "갑"의 (이월)결손금이므로 다른 공동사업자에게 분배하지 아니하고 "갑"이 공동 사업장에서 분배받은 소득 및 다른 사업에서 발생한 소득금액에서 공제하여야 한다.

나. 동업계약 시 비용(손실)분담에 대한 특별한 약정이 있는 경우

"갑"이 운영하던 특정사업의 준비단계에서 초기 투입 비용이 과다하게 발생하여 결손금이 발생하였고 특정사업이 안정단계에 들어서면서 자금부족 등을 이유로 공동사업을 결성할 수 있다. 이때 "을"과 "병"은 "갑"의 초기 투입비용에 대한 분담을 약정하고 공동사업 체결 후 공동 사업장에서 발생한 해당 연도의 분배받을 소득에서 "갑"의 기존 투입비용(기존 투입비용을 별 도 산정하거나 "갑"의 누적결손금액으로 표기할 수도 있을 것이다)을 우선 차감하여 분배하도 록 특약을 둘 수 있으며, 이것은 "갑"의 초기 투입비용을 인정하고 이를 사실상의 출자금으로 인정하려는 것으로 이는 사적자치의 원칙 및 계약자유의 원칙상 인정되어야 하고, 경제적 합리성을 잃었다거나 민법상 조합의 성립요건에 위배되는 것도 아니다.

따라서 동업계약을 체결하면서 손익분배비율을 "을"과 "병"의 출자금, "갑"의 단독사업 영위 시의 기존 투입비용 중 공동사업자 간에 인정한 금액 및 추가 출자금을 감안하여 출자비율이나 손익분배비율을 정하거나, 해당 결손금액을 영업권 취득으로 보아 해당 공동사업장에서 소득금액이 발생하면 그 손익분배비율에 따라 또는 영업권의 감가상각비를 계상한 후의 소득금액을 분배할 수 있다(또는 공동사업 해지 또는 종료 시 출자지분 반환으로 소멸하게 된다).

다. 관련 사례 분석

① 사실관계 및 처분 개요

위 "가"의 사례에 "갑", "을", "병"과의 동업관계에 대한 사실관계를 추가하면 다음과 같다.

① "갑"은 법인사업자로서 오피스텔 및 상가 신축분양사업(이하 "특정사업")만을 2011년부터 영위하다가 2014.01.01.에 "을", "병"과 동업계약을 체결함.

② "갑", "을", "병"은 특정사업의 토지 소유자들로서 공동소유형태로 토지를 보유하다가 "갑"의 특정사업을 위해 "을"과 "병"은 해당 토지소유지분을 "갑"에게 300억원에 장기할부매매 예약 계약을 체결함.

③ "갑", "을", "병"은 위 토지를 국제신탁에 관리형 토지신탁방식으로 신탁함.

④ "갑"은 동업계약 체결 전까지 위 특정사업을 영위하면서 총 100억원의 누적결손금이 발생하였음.

⑤ 2013.12.31. 쟁점건물 준공 후 자금사정으로 장기할부 매매계약을 해제함.

⑥ 2014.01.01. 특정사업에 대한 동업계약을 체결하면서 지분율(손익분배비율)을 위 토지의 공유지분비율과 동일하게 약정하였으며, "을"과 "병"의 공동사업장에 대한 소유토지의 현물출자에 대하여는 양도소득세를 각각 납부하였음.

⑦ 동업계약서에 전체 사업에 투입되는 비용(토지대, 각종 용역비, 허가관련비용, 제세공과금, 공사비 등 기타 사업과 관련된 모든 비용)은 각자의 지분별로 투자하는 것으로 하고, 갑의 동 사업경영으로 인한 손실에 대한 책임은 지분별로 공동책임을 지는 것으로 약정함.

⑧ 2014년 말에 분양이 종료되어 2014년 귀속 공동사업장에서 발생한 소득금액에 대하여 지분

비율대로 "갑", "을", "병"에게 분배하고 "갑"의 이월결손금도 "갑", "을", "병"에게 지분비율대로 분배하여 각자 소득세 및 법인세신고·납부를 이행함.

⑨ 처분청은 위 "갑"의 이월결손금 중 자기지분 해당분을 "을"과 "병"의 소득금액에서 각각 차감할 것이 아니라고 하여 소득세를 추징함.

② "을"의 이월결손금공제 주장 요지

"을"은 "갑"이 특정사업을 시작할 때부터 특정사업에 대한 책임과 비용을 부담한 점과 "갑"의 특정사업에서 발생한 자산, 부채, 수익, 비용을 정산하기로 함에 따라 "갑"의 이월결손금을 지분비율대로 "갑", "을", "병"의 소득금액에서 공제하는 것이 수익비용대응의 원칙에 맞는다고 주장함.

③ 조세심판원의 결정

조세심판원은 갑의 공동사업 결성 전 단독사업장에서 발생한 이월결손금의 경우 개인이 법인 결손금을 승계할 수 있는 법적근거가 없는 점과 "을"이 공동사업 결성 전부터 특정사업에 대한 책임과 비용을 부담하였다는 객관적 증빙이 없다고 보아 당초 처분이 정당하다고 결정함(조심2020중2783, 2021.06.21.).

※ 위 사실관계 및 처분은 이해를 돕기 위해 공동사업 구성원 수, 금액, 일자 등을 단순화한 것임.

④ 조세심판원의 결정 분석

조세심판원 결정내용을 보면 세법에서 단독사업에서 공동사업으로 변경 시 또는 법인의 결손금을 개인이 공제받을 수 있는 예외규정이 전무한 점만을 들어 위와 같이 결정한 것으로 보인다. 물론 세법령만의 규정만으로 볼 때 조세심판원의 결정이 잘못되었다고는 볼 수 없다.

하지만, "갑", "을", "병"간에 동업계약 시 "갑"의 특정사업에서 발생한 자산, 부채, 수익, 비용을 정산하기로 하였다는 점을 주목할 필요가 있다.

① 공동사업 영위 기간 동안 공동사업 구성원들이 얻은 소득을 기준으로 실질과세원칙에 비추어 "을"의 소득금액을 계산해 본다.

ㄱ. "갑" 법인이 공동사업으로 전환하기 직전의 대차대조표는 다음과 같다.

차 변		대 변	
건축물	1,000	부 채	1,100
토 지	300	자 본*	200
합 계	1,300	합 계	1,300

※ 자본은 납입자본금 300억원에 이월결손금 100억원이 반영된 수치이다.

ㄴ. 동업계약 체결 시 "갑"의 특정사업에서 발생한 자산, 부채, 수익, 비용을 정산하기로 약정 (손실 100억원을 지분율에 따라 부담)하였으며, 각 구성원의 지분은 토지소유지분에 따르기로 약정하였다. 따라서 이 사건 공동사업에 대한 "갑"의 지분은 50%, "을"의 지분은 30%, "병"의 지분은 20%이다. 공동사업 결성 후 기초 대차대조표는 아래와 같다.

차 변		대 변	
건축물	1,000	부 채	1,100
토 지	600	출자금(갑)	300
사업권(영업권)	100	출자금(을)	180
		출자금(병)	120
합 계	1,700	합 계	1,700

1) 단독사업의 결손금을 지분비율대로 부담한다는 것은 단독사업의 사업권(영업권)을 인정하는 것이므로 "갑"의 순자산가액 200억원, "을", "병"의 토지현물출자금액 300억, "갑"의 사업권(결손금액) 100억원을 총 출자금(600억원)으로 보아 위 지분비율대로 안분하여 출자금을 계산한다.

2) 위 심판사건에서는 사업권 100억을 장부에 반영하지 아니하고 "갑", "을", "병"의 토지소유지분대로 출자금을 산정한 듯하다.

3) 위 사업권(영업권)은 갑의 순자산가액을 초과하여 지급한 금액으로서 순자산평가증 효과나 영업권 효과가 반영된 것으로서 모두 재고자산인 토지와 건축물에서 발생한 것이므로 기업회계에서는 매각비율에 따라 비용처리하고 만약 감가상각자산인 경우 잔여내용

연수에 따라 상각한다.

ㄷ. "갑"의 단독사업에서는 수입금액 발생 없이 비용(결손금)만 100억원만 발생한 것으로 가정하고, 공동사업이 결성되고 종료된 2014년에는 분양수입금액은 2,200억원으로서 사업권 차감 전 공동사업장의 분배 전 소득금액은 600억원이다.

- 2014년 공동사업장의 소득금액 = 2,200억원(분양수입) - 분양원가(1,600억원)
  = 600억원

ㄹ. "갑"은 법인세 신고 시 단독사업 시 이월결손금 100억원이 아닌 자기의 지분(50%)인 50억원만 과세표준계산 시 공제하였다.

ㅁ. "을"은 2014년 종합소득세 과세표준계산 시 위 "ㄴ"의 공동사업장 소득금액 600억원의 30%를 소득금액으로, "갑"의 이월결손금 100억원 중 30%인 30억원을 이월결손금으로 공제한 150억원에 대한 종합소득세를 납부하였다.

조세심판원은 위 "ㄴ"에서 비용분담약정액 100억원(사업권)의 존재를 인정하지 아니하고 공동사업장의 소득금액 중 을의 분배금액에서 갑의 이월결손금을 공제했다는 이유로 을의 청구를 기각하였다.

물론 2014년 귀속 공동사업장의 소득금액에서 100억원을 차감하지 아니하고 "을"에게 분배한 사업소득 180억원*과 출자금 반환금 180억원 합계 360억원을 "을"이 공동사업장으로부터 수령하였다면 위 기각결정은 그 정당성을 가진다.

* 2014년 귀속 소득금액(2,200억원 - 1,600억원) ×"을" 지분율(30%) = 180억원

그러나, 이 사건에서는 ① "갑"의 특정사업에서 발생한 자산, 부채, 수익, 비용을 정산하기로 약정하여 분배하기로 하는 약정이 존재하는지 ② 실제 그 비용 등의 분담약정에 따라 "을"과 "병"이 공동사업 청산(종료) 시 그 비용분담액(결손금상당액 등)을 차감하고 정산·지급하였는지를 좀 더 판단했어야 했다. 처분청이나 조세심판원은 단지 2014년에 공동사업장에서 발생한 수입금액과 비용만으로 공동사업 구성원별 지분에 따라 분배된 소득금액에서 "갑" 법인의 결손금을 공제했다는 외관만을 가지고 과세하거나 이러한 과세를 인정하는 결정을 하였다.

② 공동사업 구성원이 분담하기로 한 결손금은 사업권으로서 출자금으로 보아야 하므로 2014년 귀속 소득금액은 다음과 같이 실무상 계산하는 것이 타당하다.

위 "①"은 공동사업 결성 후 공동사업 종결에 이르기까지 "을"과 "병"이 실제 분배받은 소득금액과 출자금반환액을 기준으로 살펴 본 것이다. 그러나 2014년 공동사업장의 소득금액을 계산할 때 2014년도에 발생한 총수입금액과 이에 대응하는 필요경비를 토대로 "을"과 "병"의 해당 사업연도의 소득금액을 계산하여야 한다(기간과세 원칙).

이 사건의 경우 2014년 공동사업 개시하여 2014년 분양을 완료했으므로 "갑", "을", "병"이 납부하여야할 법인세와 종합소득세는 결국 "①"의 경우와 같은 세부담이 된다. 하지만 2015년까지 공동사업이 이어진 경우 2014년과 2015년으로 각각 소득세와 법인세를 납부하여야 한다.

이 경우에는 각 사업연도에 발생한 분양수입과 그에 대응하는 원가, 그리고 사업권가액을 두 개 사업연도로 안분하여 손금으로 산입하는 절차가 필요하며, 사업권 100억원의 안분기준은 분양수입금액에 비례하는 것이 합리적이다.

계산의 편리를 위해 이 사건 사례와 같이 2014년에 모두 분양되었으므로 사업권 전액을 2014년 손금으로 처리하면 다음과 같이 계산된다.

ㄱ. 2014년 공동사업장의 소득금액 : 500억원

   = 2,200억원(총수입금액) - 1,600억원(토지 및 건물원가) - 100억원(사업권 상각액)

ㄴ. "을"의 2014년 귀속 소득금액 : 150억원
   = 500억원 × 30%

ㄷ. 만약 2014년과 2015년에 걸쳐 공동사업장에서 분양수입금액이 발생하고 공동사업이 해지된 경우에는 사업권 가액 100억원을 두 개 과세기간에 걸쳐 상각하여야 할 것이다. 다만 이때에도 사업소득만 두 개 과세기간으로 나누어 받을 뿐 "을"이 출자금과 함께 받은 금액은 위 사업소득 150억원과 출자금 180억원의 합계 330억원이 된다.

③ 결론

"갑"이 단독사업을 영위하면서 발생한 결손금을 동업계약 체결 시 분담하기로 한 약정을 무시하고 을과 병에게 각 사업연도에 공동사업장에서 발생한 소득금액을 분배한다면 위 사례에서 "을"과 "병"은 50억원만큼 실제 배분된 소득금액보다 과다하게 종합소득세를 납부하게 되고, "갑"은 실제 "을"과 "병"에게 결손금을 출자금으로 50억원을 보전받았음에도 그 부분까지 이월결손금으로 공제받아 법인세를 과소납부하게 되는 바, 공동사업의 지분율 또는 손익분배비율 산정에 있어 경제적 합리성을 결여하지 아니하는 범위 내에서 자유롭게 정할 수 있다는 민법상의 원칙이나 실질과세의 원칙에 맞지 아니한 신고 또는 부과처분이 될 수 있다.

따라서 이 경우에는 위 "②"와 같이 처리하여 동업계약의 내용과 부합하게 출자금 산정, 소득금액 분배가 이루어지도록 하여야 한다.

*위 사안에 대하여 현재 소송 진행 중에 있으나, 필자와 같은 논리의 주장은 하지 않고 있는 듯하다.

5. 공동사업 출자지분 양도에 따른 소득세 과세

(1) 현행 과세방식의 문제점

지분양도차익에 사업활동으로 인한 소득, 지분의 기초가 된 부동산 양도의 대가, 영업권 양도의 대가 등이 혼재되어 공동사업자의 구성원이 출자지분을 양도하는 경우 소득구분, 소득금액 계산방법(과세표준 안분계산 방법), 필요경비의 계산 등에 대하여 소득세법상의 별도 규정은 없다. 아울러 양도소득 과세대상 자산 및 사업소득 과세대상 자산(재고자산, 외상매출금) 모두 시가를 파악해야 하나 계산이 복잡하고 정확한 시가 파악도 곤란하다.

※ 기획재정부에서 출자지분 양도소득을 기타소득으로 과세하고자 하는 논의가 있었으나 입법화되지는 못하였다.

관련사례

○ A는 현금 4천만원 출자, B는 시가 4천만원의 부동산 출자로 도매업을 공동사업으로 운영(손익분배비율 5 : 5)
○ 공동사업장의 장부상 자산은 상품 3천만원, 외상매출금 3천만원, 부동산 5천만원
○ B가 자신의 지분 전체를 9천만원에 C에게 양도하고 공동사업에서 탈퇴하는 경우 B에 대한 과세문제

위 "B"의 지분양도 대가 9천만원에는 사업소득으로 과세될 상품 양도 대가와 양도소득으로 과세될 부동산 양도 대가가 포함되어 있는데 어떠한 기준으로 대가를 안분하는지 불분명하다. "B"의 경우 공동사업의 지분을 양도하여 사업소득으로 과세한다 하더라도 해당 지분매각에 따른 공동사업 구성원인 지분양도자가 별도의 기장의무가 없어 필요경비 확인에 어려워 소득금액 산정이 불가능하다.

※ 기장의무가 없으므로 공동사업자의 사업소득 계산 시 사업규모에 관계없이 추계소득금액에 의해서만 과세해야 하는지도 불분명하다.

(2) 지분매각에 대한 과세 개요

조합지분의 양도 및 탈퇴로 발생한 소득에 대한 과세문제에 대하여 조합재산의 구성내역에 따라 ㉠ 사업소득, 양도소득, 기타소득으로 구분하여 과세하여야 한다는 견해와 ㉡ 사업소득으로 과세하여야 한다는 견해, ㉢ 양도소득, ㉣ 기타소득으로 과세하여야 한다는 견해가 있다.

과거 판례는 자기조합원 지분을 다른 조합원이나 제3자에게 양도한 경우 그 양도 대가는 당초 출자액과 차액을 양도소득으로 과세하는 것이라는 견해가 있었으나(대법89누 3175, 1989.10.24.), 공동사업체는 소득세법상 소득도관으로 보고 공동사업체가 얻은 소득에 대하여는 공동사업체별로 소득금액을 계산하되, 그 납세의무는 조합원이 그 손익분배비율에 따라 부담하게 되는 것이므로 조합의 사업활동이나 자산의 양도로 인한 소득은 바로 각 조합원의 소득이 되므로 소득구분은 조합소득의 구분에 따르게 되는 것이 도관이론에 부합하다.

따라서 조합이 부동산을 양도함으로써 발생한 소득은 조합원의 양도소득이 되는 것이나 그것이 조합의 부동산매매업 및 건설업 등의 사업활동으로 얻어진 소득이라면 사업소득이 되는 것이 타당하다.

참고로 그 소득금액의 계산은 해당 공동사업장을 1거주자로 보아 계산하여야 하는 것이나, 지분양도로 인한 소득금액의 귀속은 해당 지분을 양도한 자에게 귀속되는 것으로 해당 지분양도로 인한 소득 전부를 지분 양도자에게 분배하여 지분 양도자가 소득세의 납세의무를 진다.

조합의 정상적 사업활동으로 인한 소득과는 달리 조합원이 조합재산에 대한 합유지분을 제3자나 다른 조합원에게 양도하거나 탈퇴하고 받는 대가는 이와 성격이 다르다. 하지만 소득원천설을 따르고 있는 소득세법의 구조에 비추어 볼 때 그 양도차익의 원천을 따져 조합재산이 양도소득세 과세대상인 경우에는 양도소득으로 재고자산에 해당하는 경우에는 사업소득으로 과세함이 타당하다(재일46014-1594, 1999.08.24.).

이때 양도소득의 계산은 각 구성원별로 지분에 따라 자산을 안분한 후 각각 별도로 취득시기, 취득금액, 보유기간을 적용하여 계산하는 것으로 종합소득세 계산 시 조합 전체의 소득금액을 산정하여 손익분배비율로 분배하는 것과는 다름에 유의한다.

(3) 지분매각에 대한 소득구분 및 시가 산정

1) 소득구분

공동사업의 지분매각 대가에는 재고자산, 고정자산, 금융자산, 각종 채권, 영업권 등의 대가로 구성되므로 해당 지분매각 대가에는 사업소득, 양도소득, 기타소득이 복합되어 있다. 이러한 지분매각에 대한 국세청은 공동사업을 영위하는 구성원이 양도하는 지분에 해당하는 재산의 종류에 따라 과세되는 소득의 종류를 달리하는 것으로 회신하고 있다.즉 도·소매업, 건설업, 주택신축판매업, 부동산매매업의 지분을 양도한 경우에는 사업소득으로, 부동산임대업의 지분 (부동산 소유지분)을 양도한 경우에는 양도소득으로 판단한다.

📋 공동사업 탈퇴로 조합원이 받는 현물에 대한 소득구분(대법원 판례)

○ 어느 조합원이 조합체에서 탈퇴하면서 지분의 계산으로 일부 조합재산을 받는 경우에는 마치 합유물의 일부 양도가 있는 것처럼 그 개별 재산에 관한 합유관계가 종료하므로(민법§274 ①), 이와 같은 지분의 계산은 세법상 탈퇴한 조합원과 공동사업을 계속하는 다른 조합원들이 조합재산에 분산되어 있던 지분을 상호 교환 또는 매매한 것으로 볼 수 있다.

　- 이때 공동사업을 목적으로 한 조합체가 조합재산인 부동산을 양도함으로써 얻는 소득은 그것이 사업용 재고자산이라면 사업소득이 되며, 사업용 고정자산으로서 양도소득세 과세대상이라면 양도소득이 된다.

　- 또한 탈퇴한 조합원이 다른 조합원들에게 잔존 조합재산에 관한 자신의 지분을 양도하고 일부 조합재산을 받음으로써 얻는 소득의 성질도 이와 다르지 아니하므로 탈퇴 당시 조합재산의 구성내역에 따라 탈퇴한 조합원의 사업소득 또는 양도소득 등이 된다.

○ 한편 소득법 제17조 제1항 제9호는 '제1호부터 제5호까지, 제5호의2, 제7호에 따른 소득과 유사한 소득으로서 수익분배의 성격이 있는 것'을 배당소득으로 규정하고 있어 탈퇴한 조합원의 소득을 배당소득으로 보는 견해가 있었다.

　- 그러나, 조합체가 공동사업을 통하여 얻는 일정한 소득금액은 각 조합원의 지분 또는 손익분배비율에 따라 분배되어 조합원들 각자에게 곧바로 귀속되고 개별 조합원이 직접 납세의무를 부담하므로 개별 조합원들이 조합체로부터 수익분배를 받는다고 할 수 없으며(소득법§43, §87, §118)

　- 어느 조합원이 탈퇴하면서 지분의 계산으로 일부 조합재산을 받는 경우에도 그로 인한 소득은 곧바로 탈퇴한 조합원에게 귀속할 뿐이어서 탈퇴한 조합원이 탈퇴 당시 지분의 계산으로 얻는 소득은 배당소득이 될 수 없다.

　- 따라서 공동사업 구성원 중 특정인이 동업관계에서 탈퇴하면서 그 지분의 계산으로 재고자산인 부동산을 받았다면 그로 인한 소득이 있다고 하더라도 이는 사업소득이 될 수 있을 뿐 배당소득은 아니다(대법원2012두8977, 2015.12.23.; 대법원2013두21038, 2015.12.23.).

---

2) 현물반환에 따른 시가

사업자가 재고자산을 가사용으로 소비하거나 이를 종업원 또는 타인에게 지급한 경우 이를 소비 또는 지급한 때의 가액에 상당하는 금액은 그 날이 속하는 연도의 사업소득금액의 계산에 있어서 이를 총수입금액에 산입하는 것이므로(소득법§25 ②), 주택신축판매 공동사업자가 해당 사업을 폐지하면서 미분양주택을 구성원의 출자지분에 따라 분할하는 때에는 분할한 주택의 시가상당액을 그 분할 연도의 해당 공동사업장의 소득금액계산에 있어서 총수입금액으로 계산한다(대법 2000두2051, 2001.11.30, 대법 2000두2068, 2001.09.18. 및 서면1팀-108, 2005.01.25.).

아울러 거주자가 단독으로 사업을 영위하다가 공동사업으로 변경한 경우에 단독사업장은 공동사업으로 변경한 날의 전날에 폐업(또는 승계)한 것으로 보고 소득금액을 계산하는 것이므로 2인의 공동사업자 중 1인이 자신의 지분을 다른 구성원에게 양도하는 것은 공동사업을 폐업하고 단독사업으로 변경하는 경우가 되므로 주택신축판매 공동사업의 폐지에 대하여는 그 공동사업 폐지 당시의 재고자산의 가액을 해당 공동사업장의 사업소득금액계산에 있어 총수입금액에 산입하여야 한다(소득46011-21087, 2000.08.22.).

이때 공동사업 구성원 중 다른 구성원의 지분을 인수한 사업자의 소득금액계산에 있어서 취득가액은 공동사업 폐지 당시 주택의 가액을 기준으로 한다.

3) 지분매각소득의 소득금액계산 사례(1)

> **지분매각소득 소득금액 계산**
>
> 아래와 같은 자산과 부채를 가지고 도소매업을 영위하던 공동사업자("갑"의 지분 50%, "을"의 지분 30%, "병"지분 20%)의 구성원인 "갑"이 자신의 지분을 제3자 "정"에게 양도하고 그 대가로 2억2천5백만원(자산별로 별도 구분하여 수령하지 아니함)을 수령한 경우 "갑"의 종합소득금액 및 양도소득금액은?

(ㄱ) 양도일 현재 자산 및 부채 현황

자	산	부	채
현금	1천만원(1천만원)	차입금	1억원(1억원)
외상매출채권	2천만원(2천만원)	외상매입금	5천만원(5천만원)
재고자산	1억원(8천만원)	자본(출자금)	2억5천만원
차량운반구·비품 외	7천만원(4천만원)		
토지와 부속건물	2억원(1.5억원)		
총 계	4억원	총 계	4억원

＜추가내용＞

ⅰ. 자산 및 부채는 감정평가법인이 평가한 가액으로 세법상 시가의 요건을 충족하고 있으며, ( )안의 숫자는 장부가액 또는 취득가액임.

ⅱ. 사업용고정자산인 토지 및 건물의 취득가액(출자금액)은 1.5억원이며, 기타 필요경비는 5백만원, 보유기간은 2년이며 "갑", "을", "병" 명의로 공유 취득하였다.

ⅲ. 공동사업 약정 당시 "갑"의 출자금액은 1.25억원이었다.

ⅳ. 영업권의 상증법상 평가액은 없는 것으로 가정한다.

ⅴ. "갑"지분 탈퇴일까지 공동사업에서 발생한 사업소득금액은 5천만원임.

(ㄴ) 풀이

① "갑"의 탈퇴에 따른 지분양도 대가 재계산

지분양도 대가 = 225,000,000(현금) + 150,000,000(부채) × 50%
= 300,000,000원

※ 공동사업탈퇴로 조합의 부채를 부담하지 않게 되므로 부채에서 자기지분 상당액을 지분양도 대가에 가산하여야 한다.

② 사업소득에 대한 소득금액계산 : (a+b) : 60,000,000

- 재고자산에서 발생된 사업소득금액 계산

a) 양도가액−필요경비 = [3억원 × (1억원/4억원) − 8천만원(취득가액) × 50%(지분)
= 35백만원

- 탈퇴일까지 공동사업장에서 발생한 "갑" 사업소득금액

  b) 50,000,000 × 50% = 25,000,000

※ 지분양도 대가의 소득구분별 안분계산 시 시가가 있는 경우 시가로 안분계산하고 시가가 없는 경우에는 장부가액(또는 취득원가)에 의하여 안분계산 할 수밖에 없다.

③ 토지 및 건물의 양도에 따른 양도소득금액

  a) 건물분 양도가액

  200,000,000 × "갑"지분(50%) = 100,000,000

  b) 취득가액 및 기타 필요경비

  [150,000,000(취득가액) + 5,000,000(기타필요경비)] × "갑"지분(50%)

  = 77,500,000

  c) 양도소득금액(a−b)

  100,000,000 − 77,500,000 = 22,500,000원

④ 기계장치 및 비품 등에 대한 과세문제

사업용 고정자산인 기계장치 및 비품의 매각으로 인한 수입은 총수입금액 제외대상이므로 소득세 과세문제가 발생하지 않으며, 외상매출금과 현금의 경우에도 마찬가지이다.

4) 지분매각소득의 소득금액계산 사례(2)

"갑"과 "을"은 2018.01.01. 공동으로 부동산임대업을 영위하고자 공동사업으로 사업자등록 후 부가가치세 및 소득세 신고를 하여왔으나, "갑"과 "을" 간 분쟁으로 2021.12.31. 동업계약을 해제하고, "갑"이 단독으로 부동산임대업을 영위하게 되었다.

(ㄱ) 양도일 현재 자산 및 부채 현황(장부가액)

자 산		부 채 · 자 본	
토지	4억원	임대보증금	2억원
건물	6억원	순자산가액	8억원
총 계	10억원	총 계	10억원

(ㄴ) 참고사항

○ 공동사업 영위 당시 "갑"과 "을"의 지분은 각각 50%임.

○ 동업계약을 해지하는 과정에서 "갑"은 부동산 임대자산 중 "을"의 공유지분을 7억원[건물 4억, 토지 4억원 및 부채(임대보증금) 1억원 차감]에 양수하기로 함.

○ "갑"은 공유지분을 취득하기 위하여 은행차입금 5억원과 자신의 유휴자금 2억원을 마련하여 지급하였음.

   - 공유지분 취득에 따라 취득세 및 등록세 등 4천만원 납부

   - 2022년 "갑"은 은행차입금에 대한 지급이자 25,000,000원 발생

<물음>

① 2022년 "갑"이 공유지분 취득을 위한 은행차입금과 관련하여 지급한 이자비용(25백만원)의 필요경비산입 여부

② 공유지분 취득과정에서 지급된 양도대금, 취득세·등록세 등의 토지 및 건물의 장부가액에 포함 여부

③ 만약, "을"이 제3자 "병"에게 지분을 동일한 조건으로 양도하고 "갑"과 "병"이 공동사업을 계속하는 경우 "병"이 지급한 양도대금, 취득세·등록세, 지급이자를 공동사업장의 장부가액(토지 및 건물) 반영 및 필요경비에 산입가능 여부

④ 물음 "3"에서 "병"이 해당 지분을 "정"에게 10억원에 양도하는 경우 "병"의 양도세계산을 위한 양도차익은?

   ※ 취득 및 양도비용은 없는 것으로 가정

<답변>

① 동업계약을 해지하고 단독으로 임대사업을 영위하기 위하여 공유지분을 취득하면서 소요된 차입금에 대한 지급이자는 필요경비 산입 가능

② 취득비용을 안분계산하여 토지 및 건물가액의 취득가액에 가산⟹ 장부가액("을"의 지분상당액인 건물 : 3억, 토지 : 2억)을 초과하여 지급한 금액인 건물분 1억과 토지분 2억을 장부

가액에 각각 산입하고 취득세·등록세는 장부가액을 기준으로 안분하여 장부가액에 가산

③ 새로운 공동사업 구성원이 되고자 기존 공동사업 구성원 출자지분을 양수하면서 지급한 양수비용은 공동사업용 자산의 취득가액에 영향을 미치지 아니하는 것이며, 출자지분 취득을 위한 차입금에 대한 지급이자는 공동사업장의 필요경비에 산입할 수 없음.

④ "병"의 양도차익은 자기지분의 양도가액에서 취득가액을 차감한 2억원이 되는 것임(양도가 10억 - 취득가액 8억).

5) 지분매각에 대한 소득구분 사례

① 건설업, 부동산매매업의 경우

개인 단독사업자가 사업을 양도하는 경우에는 (1) 부동산 등 양도소득세의 과세대상이 되는 자산까지 포함하는 경우와 (2) 양도소득세 과세대상 자산 외의 사업만 양도하는 경우가 있으며, 전자의 경우, ① 양도소득세 과세대상 자산인 부동산과 영업권에 대해서는 양도소득세를 과세하고, ② 영업권을 제외한 자산이나 권리 등에 대하여는 기타소득으로 과세하며, ③ 재고 자산에 대하여는 해당 사업의 총수입금액에 산입하여야 하고, ④ 기타 고정자산에 대하여는 소득세를 과세하지 아니한다. 후자의 경우, ① 점포임차권을 포함한 영업권 등 자산이나 권리에 대하여는 기타소득으로 과세해야 하고, ② 재고자산에 대하여는 해당 사업의 총수입금액에 산입하며, ③ 기타 고정자산에 대하여는 소득세를 과세되지 아니한다.

공동사업자의 경우 구성원의 지분양도에 대하여도 개인 단독사업자와 같이 과세함이 타당하므로, 상가신축판매 공동사업자 중 1인이 해당 공동사업장을 탈퇴하면서 자기 지분을 다른 공동사업자에게 양도하고 얻은 소득은 해당 공동사업장의 사업소득(부동산매매업)에 해당하는 것이며(제도46011-10151, 2001.03.19, 소득46011-2180, 1997.08.08, 소득46011-4213, 1995.11.16. 외), 그 소득금액의 계산은 해당 공동사업장을 1거주자로 보아 계산하여야 하는 것이나, 지분양도로 인한 소득금액의 귀속은 해당 지분을 양도한 자에게 귀속되는 것으로 해당 지분양도로 인한 소득 전부를 지분 양도자에게 분배하여 지분 양도자가 소득세의 납세의무를 진다.

② 건설업, 부동산매매업자가 지분양도 후 공동사업 폐지의 경우

주택신축판매업을 영위하는 공동사업자가 판매목적으로 신축한 주택이 판매되지 않아 공

동사업구성원의 지분을 다른 구성원에게 이전하고 공동사업에서 탈퇴(공동사업의 폐지)하는 경우 소득은 해당 공동사업장의 사업소득에 해당한다(서면1팀-1002, 2004.07.21. 및 서일 46011-10297, 2001.10.10. 외).

③ 지분양도를 양도소득으로 과세한 사례

수인이 공동으로 부동산임대업을 영위하거나, 공동사업에 사용하던 사업용 고정자산인 부동산을 취득하여 공동지분등기하고 공동사업을 영위하던 중 그중 1인이 공동사업을 탈퇴하거나 제3자로 교체될 경우, 공동사업에 참여한 구성원이 탈퇴(제3자로 변경하는 경우 포함)함에 따라 자기지분(탈퇴자의 현물출자분 및 출자 후 조합이 취득한 자산 중 탈퇴자의 지분을 말함)에 상당하는 대가를 잔여 또는 신규 가입조합원으로부터 받는 경우 그에 상당하는 지분이 사실상 유상으로 양도된 것으로 본다(재재산46014-302, 1997.08.30.).

④ 조합원이 탈퇴 시 지분의 반환 및 가액의 평가

2인 조합에서 조합원 1인이 탈퇴하면 조합관계는 종료되지만 특별한 사정이 없는 한 조합이 해산되지 아니하고, 조합원의 합유에 속하였던 재산은 남은 조합원의 단독소유에 속하게 되어 기존의 공동사업은 청산절차를 거치지 않고 잔존자가 계속 유지할 수 있다. 이처럼 2인 조합에서 조합원 1인이 탈퇴하는 경우, 탈퇴자와 잔존자 사이에 탈퇴로 인한 계산을 함에 있어서는 특단의 사정이 없는 한 「민법」 제719조 제1항, 제2항에 따라 '탈퇴 당시의 조합재산상태'를 기준으로 평가한 조합재산 중 탈퇴자의 지분에 해당하는 금액을 금전으로 반환하여야 할 것이고, 이러한 계산은 사업의 계속을 전제로 하는 것이므로 조합재산의 가액은 단순한 매매가격이 아닌 '영업권의 가치를 포함하는 영업가격'에 의하여 평가하되, 해당 조합원의 지분비율은 조합 청산의 경우에 실제 출자한 자산가액의 비율에 의하는 것과는 달리 '조합내부의 손익분배 비율'을 기준으로 계산하여야 하는 것이 원칙이다.

또한 2인 조합에서 조합원 1인이 탈퇴하는 경우, 조합의 탈퇴자에 대한 채권은 잔존자에게 귀속되므로 잔존자는 이를 자동채권으로 하여 탈퇴자에 대한 지분 상당의 조합재산 반환채무와 상계할 수 있다(대법원2004다49693(49709), 2006.03.09.).

(4) 지분변동 시 영업권의 계상

1) 개요

단독사업에서 공동사업으로 변경되거나, 공동사업에서 단독사업으로 변경되는 때에 변경 전 사업에 대한 영업권 평가를 통해 영업권 가액에 대한 대가의 수수가 이루어지게 된다. 또한 공동사업장의 구성원이 변경될 때에도 공동사업장의 실물자산, 부채뿐만 아니라 영업권까지 평가하여 지분양도에 따른 대가를 지급하게 된다. 이때 공동사업장은 영업권을 인식하여 감가상각이 가능한지 영업권 대가를 지급받은 탈퇴조합원의 어떠한 소득에 해당하는지에 대한 문제가 발생한다.

2) 단독사업으로 변경 시 영업권 계상 및 감가상각 가능 여부

공동사업 구성원이 순차적으로 탈퇴함에 따라 1인이 단독으로 사업을 영위하게 되는 경우 해당 단독사업자는 최초 탈퇴한 구성원으로부터 취득하여 공유하고 있던 영업권의 잔존가액 및 추가로 탈퇴한 구성원에게 지급한 영업권 상당액을 합산한 가액에 대하여 감가상각 할 수 있다(사전-2017-법령해석소득-0777, 2018.02.07.).

공동사업의 구성원인 거주자가 공동사업을 해지하면서 영업권을 평가하여 탈퇴자 지분 상당액을 지급하고 단독사업을 개시하는 경우 영업권 가액 중 본인 지분에 해당하는 영업권 상당액은 기타소득으로 과세되지 아니하고, 탈퇴자가 받는 영업권 상당액은 기타소득에 해당한다(기획재정부 소득세제과-336, 2010.06.30.; 소득세과-773, 2010.07.05.).

3) 공동사업자로 변경 시 출자한 영업권의 필요경비산입 가능 여부 등

개인사업자 "갑"이 해당 사업장의 자산과 영업권을 적정하게 평가하여 "갑"과 "을"을 구성원으로 하는 공동사업에 출자한 경우 공동사업에 출자된 영업권(해당 영업권 금액을 적절한 평가방법에 따라 평가하였는지 여부는 사실판단할 사항)은 공동사업장의 무형고정자산에 해당하고 따라서 감가상각도 가능하다(서면법규과-1266, 2013.11.19.).

4) 조합원 지분변동만 있는 경우 영업권(권리금)의 필요경비 해당 여부

공동사업을 영위하는 조합의 조합원 지위, 지분 및 권리를 양수하면서 기존 조합원에게 지급한 권리금은 공동사업 소득금액 계산 시 필요경비로 산입할 수 없다(사전-2015-법령해석소득-0194, 2015.10.08.).

5) 공동사업장 탈퇴 시 사업용 고정자산과 영업권 양도 시 소득구분

공동사업자가 토지를 취득하여 건물을 신축하고 건물 및 토지에 대하여 각각 지분별로 공유등기를 한 경우로서 그 공동사업의 구성원 중 1인이 탈퇴하면서 그 공동사업의 다른 구성원에게 자기지분의 사업용 고정자산과 함께 양도하는 영업권은 소득법제94조 제1항 제4호에 따른 양도소득에 해당한다(법규과-1065, 2011.08.19.). 다만, 양도소득세 과세대상 자산 없이 탈퇴자가 받는 영업권 상당액은 기타소득에 해당하고, 공동사업장의 사업용 고정자산 등을 취득하기 전 또는 공동사업이 개시되기 전에 공동사업에 대한 지분양도 대가로 자기 출자금액을 초과하여 받는 금전은 기타소득에 해당한다.

(5) 신규 동업자 추가 시 신규 동업자로부터 받은 대가의 소득구분 등

1) 사실관계

가. 사례1

공동사업 구성원 A와 B가 각각 출자금 5,000,000원인 상태에서 해당 공동사업에 C가 1천만원의 출자금을 납입하여 공동사업에 신규 가입함에 따라 각각의 출자금이 A : 750만원, B : 750만원, C : 5백만원으로 약정하였다. 납입액과 출자금이 차이가 나는 이유는 C의 출자금 10,000,000원 중 5,000,000원은 기존구성원 A 및 B에 대한 기득권 등의 대가로 A와 B의 출자금에 가산한 것에서 기인한다.

나. 사례2

공동사업 구성원 A와 B가 각각 출자금 5,000,000원인 상태에서 해당 공동사업에 C가 참여하기로 하면서 5백만원의 출자금을 납입하여 A, B, C의 출자금은 동일해졌으나, 동업계약서에는 A, B, C의 손익분배비율을 1/6, 1/6, 4/6로 정하였다. 그 이유는 C의 해당 공동사업에 대한 영업능력 및 노하우 등이 풍부하여 해당 공동사업이 향후 급성장이 예상되기 때문이다.

2) 질의내용

가. 사례1

공동사업에 신규 구성원으로 가입하면서 신규가입자의 출자금을 납입하는 외에 기존의 구성원들에 대한 기득권 또는 영업권의 대가로 기존의 구성원들에게 출자금액에 가산하기 위하여 추가로 납입하는 금액의 소득구분은?

나. 사례2

A·B·C가 공동사업을 구성함에 있어 각각 5,000,000원의 출자를 하였으나, 손익분배비율을 달리한 경우 C의 당초 출자비율과 손익분배비율 차이에 따른 금액이 C의 소득에 해당하는지, 약정된 손익분배비율에 따라 소득금액이 C에게 분배되는 경우 출자비율에 따른 소득금액 분배액과의 차액이 C의 소득에 해당하는지 여부?

3) 검토의견

가. 사례1에 대한 검토

증여란 대가성이 없고, 사례금은 감사의 뜻으로 지급하는 금품에 해당하는 것이나, 공동사업에 참여하는 대가(즉 기존 공동사업자의 자기지분의 일부 양도에 대한 대가)로 지급하는 금액이므로 증여 또는 사례금으로 보기는 어렵다. 해당 공동사업에 대한 자기지분의 일부를 양도 대가로 기존 사업자에게 지급하는 금액이므로 영업권으로 봄이 타당하다. 이 경우 상증세법 제4조2 제3항에 따라 수증자에게 소득세 또는 법인세가 과세되는 경우에는 증여세가 과세되지 아니한다.

A, B에게 지급된 금액을 영업권 대가로 충분히 볼 수 있다면 A와 B는 영업권의 대가로 C로부터 각각 250만원씩 지급받은 것이므로 기타소득으로 과세하고 해당 금액은 다시 A와 B의 추가 출자금의 납입으로 본다. 그렇다면 C의 경우 출자금으로 5백만원을 납입한 것으로 보아야 하고, 5백원을 영업권으로 보아야 하나, 공동사업장의 장부에 C의 영업권을 계상하고 감가상각할 수 있느냐의 문제가 발생한다. 공동사업의 경우 공동사업에서 발생한 소득을 손익의 분배비율에 따라 그 구성월별로 과세하는 것이므로 C에게 발생한 영업권을 상각하여 C의 비용으로만 계산할 수 없으며, 또한 특정인에게 발생한 영업권을 전체 공동사업의 영업권으로 보고 상각할

수 없다는 것이 과세관청의 의견이다.

따라서 각 구성원의 출자비율은 7,500,000 : 7,500,000 : 5,000,000(출자금 합계는 20,000,000 원)이 되나, 출자의 취득가액은 A : 7,500,000원, B : 7,500,000원, C : 10,000,000원(출자금 5,000,000원 + 영업권대가 5,000,000)이 되며, 동 영업권의 대가는 출자의 취득가액을 구성하는 것이므로 공동사업의 영업권으로 하여 상각할 수는 없고, C의 출자의 취득가액은 비망기록으로 처리함이 타당하다.

이것은 주식회사의 경우 지분은 동일하나 취득시점의 주식가격에 따라 취득가액이 달라지는 것과 동일하게 생각하면 된다. 이 경우 사업용 자산에 대한 지분대가가 있는 경우에는 그 금액을 차감한 금액을 영업권으로 봄이 원칙적으로 타당할 것이다.

> ※ 토지 또는 건물, 부동산을 취득할 수 있는 권리, 지상권, 전세권과 등기된 부동산임차권과 함께 양도되는 영업권은 양도소득으로 과세됨.

또한 A, B가 공동사업을 개시하여 사업을 영위하던 중에 구성원이 추가된 것이 아니고, A 와 B가 공동사업을 구상하여 계획 등을 수립한 상태에서 C가 추가로 구성원으로 가입하는 것 이라면 위 금액의 성격은 기타소득, 증여로 나누어 생각해 볼 수 있다.

① A·B가 구상한 사업계획이 소득법 제21조 제7항에 해당하는 정도의 경우에는 일종의 산업 재산권(기타소득)의 대가를 C로부터 받은 것으로 봄

② A·B가 구상한 사업계획이 소득법 제21조 제7항 제2호에 해당하지 아니하는 정도나 구성 원으로 받아주는데 대한 일종의 사례금 성격으로서 기타소득에 해당함

③ 공동사업의 참여시 C가 직·간접적으로 지급할 사유가 없는데 지급한 것이므로 A·B가 단순히 증여를 받은 것으로 봄.

나. 사례2에 대한 검토

A, B, C가 공동사업을 영위함에 있어 동일한 출자를 한 C에게 A, B가 영업능력 우수 등을 사유로 당초 출자금액 중 각각 2,500,000원을 준 것으로서 먼저 C에게 A·B가 영업능력 우수 등을 사유로 당초 출자금액 중 각각 2,500,000원을 준 경우, C가 공동사업에 기여할 수 있다고 객관적으로 판단되거나 기여한 내역이 확인되는 경우에는 기타소득(사례금)에 해당한다.

출자비율은 유지하되 손익분배비율만을 위와 같이 하기로 계약한 경우로서 공동사업에 기

여할 수 없다고 객관적으로 판단되거나, 기여한 내역이 확인되지 아니하는 경우(공동사업의 신규 구성원으로 추가되어 수입금액이 증가하고 그에 따른 소득금액의 증가를 가져오는 등의 객관적인 근거가 없는 상태에서의 불균등한 분배비율 산정 등)라면 A · B가 당초 출자금액 중 각각 2,500,000원을 C에게 증여해 준 경우에 해당한다.

또한 출자비율은 유지하되 손익분배비율만을 달리하여 계약한 위 사례가 별다른 사정없이 임의로 손익분배비율을 달리한 것이고 그 손익분배비율에 따라 공동사업장의 소득금액을 분배한다면, 출자지분에 의하여 산정한 손익분배비율을 초과하여 분배받은 금액은 다른 구성원으로부터 증여받은 것으로 보아 증여세가 과세된다.

(6) 공동사업 및 단독사업 전환 시 사업의 동일성 판정

주택신축판매업자로서 단독사업자였던 "갑"이 해당 단독사업 지분의 일부를 양도하여 2인을 공동사업 구성원으로 하는 공동사업을 영위하게 된 경우 단독사업장의 재고자산 중 다른 공동사업구성원 "을"에게 양도한 지분은 "갑"의 총수입금액에 산입하고, 잔여지분은 공동사업에 현물출자한 것이므로 현물출자한 재고자산의 시가상당액을 "갑"의 총수입금액에 산입하여야 하므로 결국 단독사업 종료 시 잔존하는 주택의 시가상당액 전부가 단독사업장의 총수입금액이 된다(또는 "갑"이 단독사업장을 공동사업에 현물출자한 후 출자지분이 "을"에게 이전된 것으로 볼 수 있다).

이처럼 단독사업장의 자산을 공동사업장에 전부 현물출자한 것으로 단독사업장의 준공된 재고자산인 주택과 그 부속토지를 양도한 거래와 공동사업체는 단독사업자로부터 재고자산인 주택과 그 부속토지를 취득하는 이원적 거래행위가 발생한 것으로 사업의 단절이 발생한다.

따라서 당초 주택신축판매업자로서 단독사업을 하다가 준공 이후 공동사업 전환시 공동사업 이후에 발생한 공동사업장의 소득금액을 계산함에 있어 공동사업장의 분양수입금액에 대응되는 취득원가는 단독사업 종료 시의 재고자산 시가를 기준으로 하고, 공동사업자는 주택의 신축행위 없이 완성된 주택을 취득하여 매매한 것이므로 부동산매매업에 해당한다(소득46011-1269, 1999.04.06.).

반면 공동사업에서 단독사업으로 변경하거나 공동사업 구성원 일부가 탈퇴한 경우로서 공동사업 구성원인 "갑"이 다른 공동사업 구성원 "을"로부터 공동사업 출자지분을 현금으로 취득한 경우에는 출자지분의 변경이 있었던 것이므로 사업의 동일성(주택신축판매업)이 변경되지 아니한 것으로 본다(서면1팀-154, 2008.01.31.).

6. 공동사업 합산과세

1) 개요

　사업자가 공동으로 사업을 경영하는 경우에는 손익분배의 비율에 의하여 분배되었거나 분배될 소득금액에 따라 각 거주자별로 그 소득금액을 계산하는 것이나 거주자 1인과 그의 "특수관계인(아래 표의 ①의 ①~③에 따른 관계에 있는 자로서 생계를 같이 하는 자를 말한다)"이 공동사업자에 포함되어 있는 경우로서 손익분배비율을 거짓으로 정하는 등의 사유(아래 ② 의 ㉠과 ㉡ 중 어느 하나)에 해당하는 경우에는 그 특수관계인의 소득금액은 그 손익분배비율이 큰 "주된 공동사업자"(아래 참조)의 소득금액으로 보는 것을 공동사업 합산과세라 한다(소득법§43 ③; 소득령§100).

---

① 특수관계인의 범위 (특수관계인에 해당하는지 여부는 해당 과세기간 종료일 현재의 상황에 의한다)

① 친족관계에 있는 다음의 자

　1. 6촌 이내의 혈족

　2. 4촌 이내의 인척

　3. 배우자(사실상의 혼인관계에 있는 자를 포함한다)

　4. 친생자로서 다른 사람에게 친양자 입양된 자 및 그 배우자·직계비속

② 경제적 연관관계에 있는 자

　1. 임원과 그 밖의 사용인

　2. 본인의 금전이나 그 밖의 재산으로 생계를 유지하는 자

　3. 위 1 및 2의 자와 생계를 함께하는 친족

③ 경영지배관계에 있는 자

　1. 본인이 개인인 경우

　가. 본인이 직접 또는 그와 친족관계 또는 경제적 연관관계에 있는 자를 통하여 법인의 경영에 대하여 지배적인 영향력을 행사하고 있는 경우 그 법인

나. 본인이 직접 또는 그와 친족관계, 경제적 연관관계 또는 가목의 관계에 있는 자를 통하여 법인의 경영에 대하여 지배적인 영향력을 행사하고 있는 경우 그 법인

2. 본인이 법인인 경우

가. 개인 또는 법인이 직접 또는 그와 친족관계 또는 경제적 연관관계에 있는 자를 통하여 본인인 법인의 경영에 대하여 지배적인 영향력을 행사하고 있는 경우 그 개인 또는 법인

나. 본인이 직접 또는 그와 경제적 연관관계 또는 가목의 관계에 있는 자를 통하여 어느 법인의 경영에 대하여 지배적인 영향력을 행사하고 있는 경우 그 법인

다. 본인이 직접 또는 그와 경제적 연관관계, 가목 또는 나목의 관계에 있는 자를 통하여 어느 법인의 경영에 대하여 지배적인 영향력을 행사하고 있는 그 법인

라. 본인이 「독점규제 및 공정거래에 관한 법률」에 따른 기업집단에 속하는 경우 그 기업집단에 속하는 다른 계열회사 및 그 임원

② 손익분배비율을 거짓으로 정하는 등의 사유

㉠ 공동사업자가 소득법 제70조제4항에 따라 제출한 신고서와 첨부서류에 기재한 사업의 종류, 소득금액내역, 지분비율, 약정된 손익분배비율 및 공동사업자 간의 관계 등이 사실과 현저하게 다른 경우

㉡ 공동사업자의 경영참가, 거래관계, 손익분배비율 및 자산·부채 등의 재무상태 등을 고려할 때 조세를 회피하기 위하여 공동으로 사업을 경영하는 것이 확인되는 경우

③ 손익분배비율이 동일한 경우의 주된 공동사업자의 판정

ⅰ) 공동사업소득 외의 종합소득금액이 많은 자

ⅱ) 공동사업소득 외의 종합소득금액이 같은 경우에는 직전 과세기간의 종합소득금액이 많은 자

ⅲ) 직전 과세기간의 종합소득금액이 같은 경우에는 해당 사업에 대한 종합소득과세표준을 신고한 자. 다만, 공동사업자 모두가 해당 사업에 대한 종합소득과세표준을 신고하였거나 신고하지 아니한 경우에는 납세지 관할세무서장이 정하는 자로 한다.

단독사업자가 소득분산을 위한 공동사업 가장을 막기 위한 입법취지로 이해되지만, 사업의 종류나 공동사업자 간이 관계 등이 사실과 현저하게 다른 경우라는 규정은 그 실질내용에 따라 과세하는 것이 응능부담의 원칙이나 실질과세원칙에 부합할 것이고, '사실과 현저하게 다른 경우'라는 불확정 개념을 쓰는 것도 과세요건명확주의에 비추어 바람직하지 않다.

2) 소득공제 및 세액공제

소득법 제51조의3【연금보험료공제】또는 조특법에 따른 소득공제를 적용하거나 소득법 제59조의3【연금계좌세액공제】에 따른 세액공제를 적용하는 경우 공동사업장의 소득금액이 주된 공동사업자의 소득금액에 합산과세되는 특수관계인이 지출·납입·투자·출자 등을 한 금액이 있으면 주된 공동사업자의 소득에 합산과세되는 소득금액의 한도에서 주된 공동사업자가 지출·납입·투자·출자 등을 한 금액으로 보아 주된 공동사업자의 합산과세되는 종합소득금액 또는 종합소득산출세액을 계산할 때에 소득공제 또는 세액공제를 받을 수 있다(소득법§54의2).

3) 공동사업 합산과세제도의 문제점

필자의 견해로는 공동사업자 구성원 간에 허위로 지분 또는 손익분배비율을 정하였다면 그 실질내용에 따라 과세하는 것이 실질과세원칙에 부합할 것인데 그 실질을 무시하고 지분 또는 손익분배비율이 큰 공동사업자에게 무조건 합산과세하는 것이 옳은 법문 규정인지는 의문이 든다.

아울러 공동사업 구성원 중에 특수관계인인 출자공동사업자가 있어 공동사업합산과세가 적용되는 경우로서 주된 공동사업자가 영업자인 경우 소득구분을 사업소득으로 하는지 배당소득으로 할 것인지, 반대로 주된 공동사업자가 출자공동사업자인 경우에는 소득구분이 배당소득인지, 사업소득인지에 대한 법령 규정 또는 해석이 없으며, 출자공동사업자가 납부한 배당소득 원천징수세액을 주된 공동사업자의 납부세액에서 차감해 주어야 하는지도 문제이다(손익분배비율로 나눈다는 것도 비합리적이다. 이 경우 필자의 견해는 영업자의 사업소득으로 보고 출자공동사업자의 원천징수세액은 기납부세액으로 차감하는 것이 타당하다고 본다.

7. 부당행위계산 부인

1) 공동사업장에 대한 부당행위계산부인 적용 여부

납세지 관할 세무서장 또는 지방국세청장은 배당소득(출자공동사업자의 배당소득만 해당), 사업소득 또는 기타소득이 있는 거주자의 행위 또는 계산이 그 거주자와 "특수관계인"과의 거래로 인하여 그 소득에 대한 "조세 부담을 부당하게 감소시킨 것으로 인정되는 경우"에는 그 거주자의 행위 또는 계산과 관계없이 해당 과세기간의 소득금액을 계산할 수 있다(소득법§41 ①).

 소득령§98 【부당행위계산의 부인】

① 소득법 제41조 및 제101조에서 "특수관계인"이란 「국세기본법 시행령」 제1조의2제1항, 제2항 및 같은 조 제3항 제1호에 따른 특수관계인을 말한다.

② 소득법 제41조에서 "조세 부담을 부당하게 감소시킨 것으로 인정되는 경우"는 다음 각 호의 어느 하나에 해당하는 경우로 한다. 다만, 제1호부터 제3호까지 및 제5호(제1호부터 제3호까지에 준하는 행위만 해당한다)는 시가와 거래가액의 차액이 3억원 이상이거나 시가의 100분의 5에 상당하는 금액 이상인 경우만 해당한다.

1. 특수관계인으로부터 시가보다 높은 가격으로 자산을 매입하거나 특수관계인에게 시가보다 낮은 가격으로 자산을 양도한 경우
2. 특수관계인에게 금전이나 그 밖의 자산 또는 용역을 무상 또는 낮은 이율 등으로 대부하거나 제공한 경우. 다만, 직계존비속에게 주택을 무상으로 사용하게 하고 직계존비속이 그 주택에 실제 거주하는 경우는 제외한다.
3. 특수관계인으로부터 금전이나 그 밖의 자산 또는 용역을 높은 이율 등으로 차용하거나 제공받는 경우
4. 특수관계인으로부터 무수익자산을 매입하여 그 자산에 대한 비용을 부담하는 경우
5. 그 밖에 특수관계인과의 거래에 따라 해당 과세기간의 총수입금액 또는 필요경비를 계산할 때 조세의 부담을 부당하게 감소시킨 것으로 인정되는 경우

③ 제2항 제1호의 규정에 의한 시가의 산정에 관하여는 법인령 제89조 제1항 및 제2항의 규정을 준용한다.

④ 제2항 제2호 내지 제5호의 규정에 의한 소득금액의 계산에 관하여는 법인령 제89조 제3항 내지 제5항의 규정을 준용한다.

2) 공동사업장과 그 구성원의 특수관계인 해당 여부 검토

가. 특수관계인 판정 기준

부당행위계산 시 특수관계인의 범위는 소득령 제98조 제1항에 규정되어 있으나, 공동사업장과 그 구성원이 특수관계인에 해당되는지 여부에 관하여 현행 소득법상 명문 규정은 없다. 그러나, 소득법상 공동사업장을 1거주자로 보는 것은 기장의무 및 사업자등록과 소득금액계산의 경우이고, 그 외에는 공동사업장을 도관으로 보아 그 구성원별로 소득금액 및 세액계산을 하고 이

에 대한 납세의무를 부여하고 있는 바, 공동사업장에 관한 특수관계인 해당 여부는 공동사업장 자체를 기준으로 판단할 수는 없고, 구성원 간에 대한 관계를 기준으로 판단함이 타당하다.

나. 공동사업장과 구성원이 특수관계인인지

거주자(A)와 공동사업장의 구성원으로서의 거주자(A')는 동일인으로서 특수관계가 없고, 공동사업장과 그 구성원과 (A')의 관계에 있어서는 특수관계인에 해당하지 아니한다. 기존 해석사례에서도 공동사업장의 구성원 간에 서로 특수관계가 있는 경우에 그 공동사업장과 구성원 간에 부당행위계산 부인의 규정이 적용되는 것으로 해석(서면1팀-936, 2005.07.28. 및 소득 46011-123, 1999.10.04. 외)하고 있으므로 공동사업 구성원 간 서로 특수관계가 없는 경우에는 해당 공동사업장 자체인 조합과 그 구성원인 조합원은 특수관계가 없는 것으로 봄이 타당하며, 해당 공동사업자가 법인에 해당되는 경우에는 법인령 제87조 제1항 제2호에 따라 특수관계인 해당여부를 판단하여야 한다.

다. 공동사업장의 구성원 간 특수관계인인 경우

공동사업장의 구성원 간에 특수관계가 없는 경우 공동사업장과 그 구성원, 구성원 상호 간에는 세법상 특수관계가 없어 부당행위계산부인대상이 아니다. 이 때 공동사업에 있어 부당행위계산 시 공동사업 구성원 간에 특수관계인에 해당하는 지는 소득법 제98조제1항 또는 법인법 제87조제1항에 따른 특수관계에 있는지를 기준으로 판단한다(서면1팀-93, 2006.01.24.).

<구성원 ㉮·㉯가 친족관계 등 특수관계에 있지 아니한 경우>

○ ㉮소유의 부동산을 ㉮·㉯의 부동산임대 공동사업에 무상제공 시 부당행위계산 대상여부
  - 공동사업장과 ㉮, ㉯의 관계는 특수관계가 없음.
  - 거주자로서의 ㉮와 공동사업의 구성원으로의 ㉮는 특수관계가 없음.
  - 공동사업 구성원으로서의 ㉮와 ㉯는 특수관계가 없음.

○ ㉮소유의 부동산을 공동사업에 무상으로 제공하는 경우에는 특수관계가 없음으로 부당행위계산 대상이 되지 아니함.

○ ㉮·㉯가 만약 특수관계인에 해당한다면 ㉮와 ㉯ 사이의 공동사업과 관련된 거래에 대하여는 특수관계인 간의 거래가 되므로 부당행위계산부인대상이 될 수 있다.

라. 특수관계인이 두 개의 공동사업장을 소유한 경우

공동사업장 "갑"과 공동사업장 "을"의 공동사업 구성원이 모두 특수관계에 있는 경우 민법상으로는 별개의 조합이나 세법해석은 "갑"과 "을"사업장은 특수관계가 있다고 해석하고 있다(서면1팀-850, 2008.6.18.).

3) 공동사업장의 손익분배비율 산정과 부당행위계산부인

가. 손익분배비율산정의 원칙

「민법」은 '당사자가 손익분배비율을 정하지 아니한 때에는 각 조합원의 출자가액에 비례하여 이를 정한다'고 규정하고, '이익 또는 손실에 대하여 분배의 비율을 정한 때에는 그 비율은 이익과 손실에 공통된 것으로 추정한다'고 규정하고 있는 바, 손익분배의 비율은 동업자간의 계약으로 정할 수 있고 그 비율은 출자의 비율에 상응할 필요가 없고 이익분배비율과 손실부담의 비율을 다르게 정할 수도 있다(민법§711; 국심2002서3508, 2003.05.02.).

이처럼 공동사업장의 손익분배비율과 출자지분비율은 반드시 같아야 하는 것은 아니지만 공동사업자들 간에 이익분배비율을 정함에 있어서 특별한 사정이 없는 한 출자가액의 비율에 따라 정함이 합리적이다. 하지만 공동사업체의 결성에 기여, 경영능력, 거래형성에 대한 기여도, 명성 및 동 사업체의 노무 또는 신용을 제공하는 자가 있어 이들에 대한 무형의 출자가액 등이 인정되는 등 손익분배의 비율을 출자지분과 달리 정할만한 특별한 사정이 있는 경우에는 당사자 간 약정에 의하여 출자가액 비율과 손익분배비율을 달리 정할 수 있는 것이다(서면1팀-687, 2007.05.25.; 재재산-96, 2006.01.25.).

나. 손익분배비율 산정과 부당행위계산부인 해당여부

배당소득(출자공동사업자의 배당소득만 해당한다), 사업소득 또는 기타소득이 있는 거주자의 행위 또는 계산이 그 거주자와 특수관계인과의 거래로 인하여 그 소득에 대한 조세 부담을 부당하게 감소시킨 것으로 인정되는 경우에는 그 거주자의 행위 또는 계산과 관계없이 해당 과세기간의 소득금액을 계산할 수 있다(소득법§41).

공동사업을 경영하는 거주자가 특수관계 있는 다른 거주자에게 정당한 손익분배비율보다 높은 비율로 손익을 분배하는 등 조세부담을 부당히 감소시킨 것으로 인정되는 경우에는 소득법

제41조의 부당행위계산부인 규정이 적용된다(서면법규과-664, 2013.06.13.).

▌구체적 사례 예시

○ 부자(父子)가 공동사업장을 운영함에 있어 주된 소득자 외의 자인 부가 자신의 토지를 공동사업에 무
  상제공하거나, 부가 자신의 토지출자비율보다 합리적인 사유 없이 손익분배비율을 과소하게 정하여
  소득금액이 그만큼 자에게 이전된 경우 부의 임대소득이 부당하게 감소된 경우 부당행위계산부인이
  적용될 것이다(동지: 소득46011-123, 1999.10.04; 소득-973, 2009.03.11.).

  - 해당 공동사업장은 토지와 건물을 일괄하여 제3자에게 임대함으로써 임대소득을 얻고 이를 손익
    분배비율에 따라 배분하여 공동으로 임대사업을 영위하는 경우이므로 특수관계인 간 토지 등 지분
    비율에 관계없이 사업장별 부동산임대수입금액은 일정하여 공동운영하는 부동산임대업에서 부당
    하게 감소된 조세는 없을 것이나, 다른 특수관계인에게 지분비율보다 많은 소득을 배분함으로써
    소득의 이전 또는 세율차이로 인한 조세부담의 부당한 감소를 초래할 수 있어 부당행위계산 부인
    규정이 적용될 수 있는 것이다(동지: 조심2009서1715, 2010.01.29.; 국심2002서3374, 2003.05.13.; 심
    사소득2005-0130, 2005.06.27.; 소득46011-3330, 1998.11.03.).

다. 출자비율과 손익분배비율이 다른 것으로 판단한 사례

① 부동산임대사업을 공동으로 수행하기 위하여 남편은 토지를 출자하고 그 배우자는 건축비
  를 부담한 경우로서 공동사업구성원인 부부가 토지 및 공장신축비용 외에 별도의 노무나
  신용, 공동사업체 결성의 기여도 등 무형의 출자가액이 있는 것으로 보기 어렵고, 그 외 부
  부 공동사업자들 간 손익분배비율과 출자가액비율을 달리 정할 만한 특별한 사정이 있지
  아니함에도 공동사업자가 임대소득을 배분받음에 있어 출자가액비율과 다르게 손익분배비
  율을 정하여 보다 배분하는 경우에 해당된다면 이러한 공동사업은 손익분배의 비율을 출자
  지분과 달리 정할만한 특별한 사정이 없이 손익분배비율을 거짓으로 정한 경우로 본다.

② 특수관계인인 부(父)와 자(子)들이 부 소유 토지 위에 아들들이 각각 건물을 신축하여 임대
  하였음에도 공동사업 결성이나 부의 토지에 대한 임대료의 수수가 없었다면 이는 부당행위
  계산부인 대상에 해당된다. 부와 자가 소득세법상 공동사업자로 인정받기 위해서는 공동사
  업자로 사업자등록을 하여야 하고, 공동사업자, 지분 또는 손익분배의 비율, 대표자 및 기타
  필요한 사항을 소재지 관할세무서장에게 신고하였어야 함에도 이러한 신고 및 행위가 없었
  으므로 공동사업자로 보아 공동사업장에 무상으로 제공하여 부당행위계산부인대상이 아니
  라는 주장은 이유가 없다(국심96서2213, 1996.12.11.; 국심2000서0874, 2000.06.16.).

라. 출자비율과 손익분배비율이 다른 것에 정당한 사유가 있다고 판단한 사례

① 자산을 공유 또는 합유하거나 공동으로 사업을 경영하는 경우 공동사업장을 1거주자로 보고 소득금액을 계산하고 지분 또는 손익분배비율에 따라 각 거주자에게 분배하는 것이므로 토지지분이 많은 자가 토지지분이 적은 특수관계자에게 무상임대한 것으로 볼 수 없다(대법원2004두1261, 2005.03.11.).

※ 토지소유자는 "갑", 건물지분은 "갑"과 "을" 각각 1/2

② 특수관계인 간에 공동사업을 영위(토지소유자는 "갑", 건물지분은 "갑"과 "을" 각각 2/5, 3/5)하는 경우로써 공동사업자가 당해 공동사업장에 토지를 무상제공하는 경우 자신의 토지를 자신에게 제공한 결과가 되어 부당행위계산부인대상이 될 수 없다(조심2009서1715, 2010.01.29.).

그 행위가 설령 부당하더라도 공동사업장의 소득금액이 부당하게 감소되지 않았고, 자산소득합산과세 등으로 각 거주자의 소득금액이 감소되지 않았거나, 공동사업구성원 모두 최고세율이 적용되어 조세부담이 실지로 부당하게 감소되지 않았다면 무상임대로 보아 부당행위계산부인규정을 적용할 수 없다(국심2002서3374, 2003.05.13.; 심사소득2005-0130, 2005.06.27.).

③ 특수관계에 있는 자들이 부동산임대업을 공동으로 영위하는 경우에 있어서 해당 공동사업장의 구성원 중 그 지분 또는 손익분배비율이 가장 큰 구성원이 그 공동사업장에 무상으로 제공한 토지에 대하여는 부당행위계산 부인의 대상이 되지 않는다(소득46011-3330, 1998.11.03.; 소득46011-1763, 1998.06.30.).

⇨ 자기가 자기에게 공급한 것으로 부당행위계산부인대상 아님.

④ 토지 등의 부동산 소유자가 공동사업을 결성하면서 토지의 소유권을 유보한 채 공동사업에 사용권을 출자하고 그에 상응하는 출자지분을 취득한 경우는 그 경제적 합리성이 인정되는 경우이므로 손익분배비율을 출자비율과 달리 정한 경우라고 볼 수 없다(대법원84누549, 1985.02.13.).

마. 부당행위계산부인대상이 된 임대료에 대한 필요경비 산입 여부

소득법 제27조에 따라 사업소득금액을 계산할 때 필요경비에 산입할 금액은 해당 과세기간의 총수입금액에 대응하는 비용으로서 일반적으로 용인되는 통상적인 것의 합계액으로 한다. 그러나, 공동사업장과 관련하여 부동산을 무상으로 임대 시 부당행위계산에 의하여 산정된 임대료상당액에 대하여 임대인에게 과세한 경우에 해당 임대료 상당액은 무상으로 사용한 사업자가 실제 지급하지 아니한 것이므로 해당 사업자의 소득금액계산상 필요경비에 산입할 수 없다(소득세과-973, 2009.03.11.; 소득46011-383, 2000.03.22.; 서면1팀-1257, 2004.09.13.).

바. 부당행위계산부인 적용 후 소득금액분배

공동사업장 구성원 사이에 부당행위계산이 적용되어 공동사업장의 소득금액을 구성한 경우에도 해당 공동사업장의 소득금액은 손익분배비율에 따라 각 구성원에게 분배하여 각자가 소득세를 납부하는 것이다(소득세과-973, 2009.03.11.).

사. 부가가치세 과세

토지지분이 없는 자가 토지를 소유한 배우자 및 자녀와 함께 해당 토지에 건물을 신축하여 공동사업자로서 부동산임대업을 영위하는 경우에는 부가법 제12조 제2항 단서에 따라 특수관계에 있는 자에게 사업용부동산을 무상으로 사용하게 하는 경우에 해당하지 아니한다(부가가치세과-366, 2013.04.30.). 이는 부가가치세법에서도 구성원간의 손익분배비율이 사실과 다르다는 이유만으로는 소득금액을 다시 구성할 수는 있더라도 계약상 또는 법률상의 원인으로 공동사업장과 구성원 또는 구성원 상호간에 부동산임대용역의 무상제공이 있었던 것으로 보지 않겠다는 해석이다.

출자비율과 손익분배비율이 합리적인 이유 없이 상이하게 정함으로써 소득이 부당하게 특수관계인에게 이전된 경우에는 이를 공동사업 구성원 간 무상임대로 접근할 것이 아니라 손익분배비율을 거짓으로 정한 것이므로(무상임대로 접근한 경우 조세심판원, 법원에서 반복으로 국가가 패소) 그 부당하게 이전된 소득만을 실지 지분비율대로 재계산하는 부당행위계산부인을 적용하거나, 공동사업합산과세대상으로 보아 소득금액을 재계산하는 것이 타당할 것이다(서면4팀-2305, 2007.07.17.).

※ 출자비율과 손익분배비율이 합리적 이유 없이 다른 경우 특수관계자 간 무상임대여부에 대한 부가가치 과세여부에 있어서도 소득금액분배액과 출자지분에 따른 분배액의 차액은 무상임대용역으로 보지 않음.

아. 공동사업 형태별 임대에 대한 부가가치세 과세여부 사례

① 공동사업 구성원 간 공동사업 합유물(부동산)의 임대

A와 B는 공동사업구성원으로 특수관계에 있음(이하 같음).

② 공동사업장과 제3자간의 임대용역 제공

③ 공동사업구성원이 공동사업장에 임대

※ A소유 부동산을 공동사업장에 유상으로 사용하도록 임대차계약 체결

④ 공동사업구성원에게 합유부동산의 일부 유상임대

⑤ 공동사업구성원이 공동사업장으로 무상임대

※ 동 사례의 경우 A의 손익분배비율을 초과하는 부분 또는 전부를 용역의 공급으로 보아야 한다는 주장
   도 있음.

4) 공동사업합산과세와 부당행위계산부인의 중복 적용 여부

가. 공동사업합산과세 개요

거주자 1인과 그와 특수관계 있는 자가 공동으로 사업을 하는 경우로서 아래 중 어느 하나
에 해당하는 경우에는 해당 특수관계인의 소득금액은 그 손익분배비율이 큰 공동사업자의 소
득금액으로 보아 합산과세한다(소득법§43 ③; 소득령§100 ④; 소득세과-234, 2011.03.15.; 서면1
팀-1028, 2007.07.23.).

① 공동사업자가 제출한 신고서와 첨부서류에 기재한 사업의 종류, 소득금액내역, 지분비율,
   약정된 손익분배비율 및 공동사업자간의 관계 등이 사실과 현저하게 다른 경우

② 공동사업자의 경영참가, 거래관계, 손익분배비율 및 자산·부채 등의 재무상태 등을 감안할
   때 조세를 회피하기 위하여 공동으로 사업을 경영하는 것이 확인되는 경우

이는 높은 누진세율의 적용을 피하기 위하여 단독사업을 특수관계자 간 공동사업으로 위장
하는 경우 특수관계자 간의 소득을 주된 소득자의 소득으로 의제하여 소득세를 과세함으로써
과세형평을 제고하고자 함에 있다(자세한 것은 앞 "6. 공동사업 합산과세"에서 설명하였다).

나. 공동사업합산과세와 부당행위계산부인의 중복

특수관계인인 공동사업 구성원 간 손익분배비율을 사실과 다르게 정한 경우 정당하게 계산
된 소득과 실제 배분된 소득금액과의 차액에 대하여 부당행위계산부인을 적용할지 공동사업합
산과세를 적용할 지에 대한 기준이 없고, 중복 적용이 가능한지에 대하여도 명확한 해석은 없는
것으로 보인다.

위 사례에서 공동사업의 거주자 1인과 특수관계에 있는 자에 해당하지만 생계를 같이 하는 자가 아니라면 공동사업합산과세 규정을 적용할 수는 없고 부당행위계산부인이 적용될 것이다. 조세심판원은 거주자 1인과 생계를 같이하는 특수관계인인 경우로서 출자가액비율과 실제 손익분배비율과의 차이가 2.76%로 그 차이가 현저하지 아니한 경우 부당행위계산부인을 적용하여 다른 특수관계인에게 실제보다 더 분배만 소득은 감액하고 그 만큼 본인의 소득에 가산하여 소득금액을 재계산하는 것이 옳다는 결정이 있었다(국심2002서3508, 2003.05.02.).

위 조세심판례에서 만약 그 손익분배비율과의 차이가 현저한 경우라면 소득법 제43조에 따른 공동사업 합산과세가 적용될 것이고, 공동운영하는 부동산임대사업장의 조세부담을 부당히 감소시키거나 그 구성원 간 소득금액을 분산시킨 것이 동 공동사업 합산과세 규정의 적용으로 해소되어 공동사업 구성원 전체가 부당하게 감소된 조세가 없어져 부당행위계산 적용대상이 아니라고 본다.

<부당행위계산 및 공동사업합산과세 시 세액 비교표>

구 분	남편 (주된소득자)	처	비 고
① 공동사업장 소득금액(산출세액)	1억 원 (20,100천 원)		• 공동사업장 전체 소득금액 1)
② 출자가액 비율	80%	20%	• 실제 지분비율
③ 손익분배비율	50%	50%	• 허위로 정한 비율
④ 정상 분배소득금액(산출세액)	8천만 원 (13,980천 원)	2천만 원 (1,920천 원)	• 1억 원 × ② (총 15,900천 원 부담)
⑤ 실제 분배소득금액(산출세액)	5천만 원 (6,780천 원)	5천만 원 (6,780천 원)	• 1억 원 × ③ (총 13,560천 원 부담)
⑥ 이전된 소득금액	–	3천만 원	• 남편 소득 30%가 처에게 이전
⑦ 부당행위 적용 시 추가부담 세액	7,200천 원	△4,860천 원	• 2,340천 원 추징 (④×세율-⑤×세율)
⑧ 공동사업합산과세 시 추가부담세액	13,320천 원 *	△6,780천 원	• 6,540천 원 추징 2) *(①×세율-⑤×세율)

1) 부당행위계산부인을 적용하고 다시 공동사업합산과세를 적용한 경우에도 세부담은 공동사업합산과세만 적용한 경우와 같게 됨.

2) 실제 지분비율이 높은 남편을 주된 소득자로 보아 소득§43조 공동사업 합산과세를 적용함이 부당행위계산부인만 적용한 경우보다 세부담이 큼.

5) 공동사업합산과세와 증여세

가. 지분비율 약정 또는 변경에 정당한 사유가 있는 경우 증여세 비과세

특수관계인 간에 공동사업을 영위하는 경우로서 공동사업장에 출자한 지분에 따른 손익분배의 비율에 의하여 소득금액을 분배받은 경우에는 증여세가 과세되지 아니한다. 또한 공동사업자간의 지분비율이 해당 공동사업자들의 해당 사업에 대한 출자, 노무제공, 경영능력, 거래형성에 대한 기여도, 명성 등을 종합적으로 고려한 사업상 이해관계에 따라 소득분배비율이 변동된 경우 그 변동된 지분비율에 따라 분배된 소득금액에 대하여는 소득법 제43조 제2항 및 상증법 제4조의2 제3항에 따라 종합소득세만 부과된다(재재산-96, 2006.01.25.).

나. 초과분배받은 소득이 있는 경우 증여세 과세

정당한 사유 없이 공동사업에 출자한 지분과 다른 손익분배의 비율에 의하여 소득금액을 분배받은 경우에는 그 출자한 지분에 상당하는 소득금액을 초과하는 금액에 대하여는 증여세가 과세된다(서면1팀-1453, 2005.11.30.).

다. 공동사업합산과세가 적용되는 경우 초과분배금의 증여세 과세

상증법 제4조의2 제3항에 따라 증여재산에 대하여 수증자에게 소득세가 과세되는 경우에는 증여세를 부과하지 아니한다는 규정을 적용함에 있어, 소득법 제43조 제3항에 따라 공동사업에서 발생하는 소득금액 전부에 대해서 손익분배의 비율이 큰 공동사업자의 소득금액으로 보아 공동사업합산과세가 적용되는 경우는 이에 포함되지 아니하므로 초과분배금을 받은 수증자에게 증여세가 과세된다(서면4팀-2079, 2004.12.17.).

6) 특수관계인에게 공동사업지분 양도 시 부당행위계산

공동사업의 지분을 그와 특수관계 있는 다른 구성원이나 특수관계 있는 제3자에게 양도하는 경우 조세의 부담을 부당하게 감소시킨 것으로 인정되는 경우 소득법 제41조에 따른 부당행위계산이 적용된다.

7) 무상임대 시 소득세와 증여세의 중복 과세

특수관계인에게 사업용 부동산을 무상 또는 저가로 임대하는 경우 소득세법상 부당행위계산부인 규정에 따라 증여자인 사업용부동산 소유자에게 소득금액을 재계산하여 종합소득세가 과세되고, 수증자인 임차인은 부동산 무상사용에 따른 이익의 증여규정에 따라 증여세가 과세된다.

8. 각종 신고 및 기장의무

(1) 공동사업장의 사업장현황신고

공동으로 사업을 경영하는 경우에는 대표공동사업자가 해당 공동사업장의 사업장현황신고서를 작성하여 제출(해당 과세기간의 다음 연도 2월 10일까지)하는 것이며 이에 대표자 및 구성원 각각의 사업장현황신고서를 별지로 작성하여 부표로 제출하여야 한다(소득법§78 ①, 소득통칙78-0-2).

공동사업장이 「의료법」에 따른 의료업, 「수의사법」에 따른 수의업 및 「약사법」에 따라 약국을 개설하여 약사(藥事)에 관한 업(業)을 행하는 사업자에 해당하는 경우 사업장현황신고불성실가산세(그 신고하지 아니한 수입금액 또는 미달하게 신고한 수입금액의 1천분의 5에 해당하는 금액)가 적용된다(소득법§81의3).

(2) 종합소득세 과세표준 확정신고 등

1) 종합소득세 확정신고 방법

공동사업자의 종합소득세 신고납부는 각 구성원별로 계산하여 구성원의 주소지 관할 세무서에 신고·납부하여야 한다.

공동사업장의 경우에는 공동사업장을 1거주자로 보아 소득금액을 계산하여 공동사업자별 손익분배의 비율에 따라 그 소득금액을 분배하는 것이므로 공동사업자가 과세표준확정신고를 하는 때에는 과세표준확정신고서와 함께 해당 공동사업장에서 발생한 소득과 그 외의 소득을 구분한 계산서를 제출하여야 한다. 이 경우 대표공동사업자는 해당 공동사업장에서 발생한 소득금액과 가산세액 및 원천징수된 세액의 각 공동사업자별 분배명세서를 제출하여야 한다(소득령§150 ⑥).

공동사업 비대표자는 각각 대차대조표 등 결산서를 작성하여 신고하지 아니하므로 대표공동사업자가 종합소득세 확정신고 시 공동사업장에 대한 대차대조표 등을 제출한 경우 비대표공동사업자가 해당 대차대조표 등을 제출하지 아니한 경우에도 무신고가산세 등을 적용하지 아니한다(소득령§150, 소득법§70 ④ 3; 제도46011-11255, 2001.05.26.).

2) 공동사업장 관련 가산세의 배분

공동사업장에 관련되는 가산세액은 해당 공동사업을 경영하는 각 거주자의 손익분배비율에 의하여 배분한다. 공동사업장에 관련되는 가산세라 함은 소득법 제81조【영수증 수취명세서 제출·작성 불성실 가산세】, 제81조의3조【사업장 현황신고 불성실 가산세】, 제81조의4조【공동사업장 등록·신고 불성실 가산세】, 제81조의6조【증명서류 수취 불성실 가산세】, 제81조의8조【사업용계좌 신고·사용 불성실 가산세】, 제81조의9조【신용카드 및 현금영수증 발급 불성실 가산세】, 제81조의10조【계산서 등 제출 불성실 가산세】, 제81조의11조【지급명세서 등 제출 불성실 가산세】 및 국기법 제47조의5조【원천징수 등 납부지연가산세】에 따른 가산세로서 공동사업장에 관련되는 세액은 각 공동사업자의 손익분배비율에 따라 배분한다(소득법§87 ②).

따라서 공동사업장에 대하여는 상기 외의 가산세(예를 들어 신고 및 납부불성실가산세)는 적용되지 아니한다.

◆ **원천징수 의무이행 시 그 의무자와 소득자를 착오기재한 경우 가산세**

원천징수의무자가 소득법 제127조에 따라 소득세를 원천징수하여 신고·납부한 경우, 단순착오로 원천징수의무자와 소득자 명의를 잘못 기재한 사유만으로는 「구 소득세법」 제158조 제1항(2012.01.01. 개정되어 삭제되기 전의 것)의 원천징수납부 불성실가산세를 적용할 수 없는 것이고, 제출된 지급명세서에 원천징수 의무자와 소득자를 바꿔 기재하여 지급사실을 확인할 수 없는 경우 소득령 제147조 제1항에 따른 보고불성실 가산세가 적용된다(원천세과-590, 2012.11.02.).

3) 토지 등 매매차익 예정신고 및 중간예납

가. 토지 등 매매차익 예정신고

소득법 제69조 및 소득령 제127조에 따른 부동산매매업자에 대한 토지 등 매매차익 예정신고를 함에 있어 공동사업장에 대한 납세지관할세무서장은 대표공동사업자의 주소지 관할세무서장으로 하며 구성원이 자기지분을 양도한 경우에도 동 예정신고가 있는 것이나, 구성원들이 법인인 경우 예정신고의무가 없다(서면2016법령해석소득-4278, 2016.10.25. 서면1팀-1, 2004.01.02.; 소득46011-3202, 1999.08.14.). 이때 토지의 취득원가는 현물출자하기 전의 각 거주자별 토지의 취득가액 비율이 아닌 공동사업계약 시 공동사업자 간에 약정한 손익분배비율에 따라 분배하며(법규소득2012-167, 2012.04.27.).

나. 소득세 중간예납

공동사업장에서 발생한 소득금액은 그 지분 또는 손익분배비율에 의하여 거주자별로 소득금액을 계산하므로 공동사업 각 구성원에게 소득세 중간예납 고지서가 발송된다(소득46011-3202, 1999.08.14.).

직전 과세기간에는 소득법 제43조에 따른 공동사업 합산대상자이었으나 해당 과세기간 종료일 현재에는 이에 해당하지 아니하게 된 경우로서 주된 공동사업자에게 고지되어 기납부된 중간예납세액은 동 중간예납세액이 산출된 직전과세기간의 주된 공동사업자의 종합소득금액(공동사업합산대상인 父의 공동소득금액이 포함된 금액)에서 공동사업합산대상인 父의 소득금액이 차지하는 비율에 따라 계산된 중간예납세액을 해당 연도 산출세액에서 기납부세액으로 공제한다(서면1팀-439, 2006.04.06.).

(3) 결정·경정의 관할

공동사업에서 발생하는 소득금액의 결정 또는 경정은 소득법 제87조 제4항에 따른 대표공동사업자(이하 이 조에서 "대표공동사업자"라 한다)의 주소지 관할세무서장이 한다. 다만, 국세청장이 특히 중요하다고 인정하는 것에 대하여는 사업장 관할세무서장 또는 주소지관할지방국세청장이 한다(소득령§150 ②).

(4) 공동사업장의 기장의무 등

1) 기장의무

가. 장부의 기장

공동사업장에 대해서는 그 공동사업장을 1사업자로 보아 소득법 제160조 제1항(장부의 비치·기록) 및 제168조(사업자등록 및 고유번호의 부여)를 적용한다(소득법§87 ③). 장부기장의무는 해당 공동사업장만의 수입금액을 기준으로 판단한다.

나. 기장의무 판정 방법

장부비치·기장의무를 판정함에 있어서 1거주자가 공동사업과 단독사업장이 있는 경우 공동사업장의 장부비치·기장의무는 공동사업장의 직전연도 수입금액의 합계액만을 기준으로 하여 판정하고 단독으로 경영하는 사업장에 대하여는 각 단독사업장의 직전연도 수입금액의 합계액을 기준으로 판정한다(소득46011-765, 2000.07.26.).

그 밖에 기장의무 등에 관한 사항은 아래를 참조한다.

① 공동사업장의 경우 해당 공동사업장의 직전연도 총수입금액의 합계액이 소득령 제208조 제5항에 규정하는 일정규모 미만에 해당하는 경우에는 간편장부소득금액계산서를 첨부할 수 있다.

② 사업자가 공동사업장과 단독으로 경영하는 사업장이 있는 경우의 과세표준확정신고는 공동사업장의 수입금액과 단독으로 경영하는 사업장별 수입금액을 각각 구분 계산하여 소득령 제208조 제5항에 규정하는 일정규모 미만인 경우에는 간편장부소득금액계산서를 첨부하여 신고할 수 있다(서일46011-11930, 2003.12.29.).

③ 구성원이 동일한 공동사업장(지분율이 다른 경우를 포함)이 여러 개인 경우에는 각 공동사업장의 직전연도 수입금액의 합계액만으로 판단하는 것이며 단독사업장은 각 단독사업장의 직전연도 수입금액의 합계액으로 판단한다(소득46011-510, 1999.12.21.).

④ 단독사업에서 공동사업으로 변경된 경우 단독사업장은 각 단독사업장의 직전연도 수입금액의 합계액으로, 공동사업장은 해당 공동사업장의 직전연도 수입금액으로 판단한다(소득46011-510,1999.12.21.).

⑤ 공동사업장의 공동사업 구성원이 변경되는 경우 그 공동사업은 계속되는 것이므로 공동사업장의 직전 과세연도의 수입금액으로 판단한다(서일46011 -11173, 2002.09.10.).

2) 인출금의 처리

인출금계정은 임시계정인 동시에 자본금 평가계정으로서 각각의 구성원별로 인출금을 관리하되, 공동사업 구성원이 많은 경우는 통제계정으로 자본금(출자금)원장 또는 인출금 원장을 만들어 관리할 수 있다.

3) 공동사업장의 원천징수의무

2006.12.30. 소득세법 개정 시 공동사업에서 부수적으로 발생하는 이자·배당소득 등에 대한 원천징수세액의 귀속을 명확히 하여 공동사업장에서 발생한 소득금액에 대하여 원천징수된 세액은 각 공동사업자의 손익분배비율에 따라 배분한다(소득법§87 ①).

공동사업장에서 사업·이자·배당·근로·연금·기타·퇴직소득 ·봉사료 등을 지급 시 해당 공동사업장이 원천징수의무를 지는 것이며, 공동사업과 관련하여 발생하는 원천징수하여 납부하여야 할 이자소득세에 대하여는 국기법 제25조에 따라 공동사업자가 연대하여 납부할 의무를 진다(서면1팀-1108, 2004.08.11.).

공동사업에서 발생한 소득금액 중 출자공동사업자에 대한 손익분배비율에 상당하는 금액은 소득법 제17조 제1항 제8호에 따라 배당소득으로 보며 공동사업에서 발생한 소득금액 중 출자공동사업자가 손익분배비율에 따라 받는 금액은 배당가산(Gross-up) 대상이 되지 않는 배당소득이다(소득집행기준 17-0-1).

배당소득의 수입시기는 같은 소득법 제39조에 따라 해당 공동사업의 총수입금액과 필요경비가 확정된 날이 속하는 과세기간 종료일로 하며, 원천징수세율은 100분의 25로 한다(소득법§17, §46, §129).

출자공동사업자의 배당소득의 지급시기는 출자공동사업자의 배당소득으로서 과세기간 종료 후 3개월이 되는 날까지 지급하지 아니한 소득에 해당하는 경우 과세기간 종료 후 3개월이 되는 날에 그 소득을 지급한 것으로 보아 소득세를 원천징수한다(소득령§191).

9. 관련 사례

1) 공동사업 해당 여부 및 등록

□ 법인격 없는 단체에 대한 소득세법상 취급

법인격 없는 단체의 대표자 또는 관리인이 선임되어 있고 이익의 분배방법 및 비율이 없는 때에는 그 단체를 1거주자로 보는 것이고 1거주자로 보는 단체 외의 단체는 공동사업자로 보는 것이며, 거주자는 다른 거주자의 소득과 합산하지 않고 각자의 소득에 대한 소득세 납세의무를 지는 것임(소득세과-3650, 2008.10.10.).

□ 소득세법상 공동사업장의 사업자등록 방법

2인 이상의 사업자가 실질적으로 공동사업을 하는 경우 소득법 제43조에 따른 특수관계인에 해당되더라도 같은 법 제87조에 따라 공동사업자 중 1인을 대표 공동사업자로 하여 사업장 관할 세무서장에게 사업자등록하여야 함. 사업장관할세무서장은 출자금의 원천, 사업운영형태 등의 실질적인 공동사업여부를 확인하여 사업자등록증을 발급하여야 함(소득 46011-25, 1996.01.08.).

□ 합동사무소 법무사가 개별적으로 사업영위 시 공동사업 해당여부

법무사 등이 관계법령에 의하여 합동사무소로 등록하였으나 업무수임계약을 거래당사자와 개별적으로 체결하고 동 업무에 따른 소득을 개별적으로 처리하는 경우에는 소득법 제43조에 규정하는 공동사업자에 해당하지 않음(소득46011-1943, 1994.07.06.).

□ 부동산 지분을 소유하였지만 실제 임대업에 관여하지 않은 경우 임대소득의 귀속

유FF이 1997.09.01. 최GG이 사망한 이후로 원고를 비롯한 다른 형제자매들을 배제한 채 이 사건 1 부동산을 단독으로 관리하면서 부동산임대사업을 영위하고 있는 이상 이 사건 1 부동산의 임대로 인한 소득은 유FF에게 모두 귀속되었다고 할 것이고, 원고가 유FF을 상대로 이 사건 1 부동산의 임대로 인하여 발생한 소득 중 원고의 지분에 해당하는 부분을 부당이득금으로 반환할 것을 구하는 소를 제기한 결과, 일부 승소판결을 선고받았고 위 판결에 기해 일부 금액을 수령하였다 하더라도(위 판결의 확정에 의한 소득이 발생하였음을 이유

로 소득세법령에 따른 소득세를 부과할 수 있는지 여부는 별론으로 한다) 이를 들어 이 사건 1 부동산에 대한 원고의 소유지분에 해당하는 임대소득이 원고에게 발생한 것으로 볼 수 없으므로, 이 사건 1 부동산의 임대소득 중 원고의 지분비율에 의하여 계산된 금액이 원고가 공동사업을 통해 분배받았거나 분배받을 소득에 해당함을 전제로 한 과세관청의 이 사건 중간예납결정은 실질과세의 원칙에 위배되어 위법함(대법원95누3909, 1995.08.22.; 서울고등법원2009누32798, 2010.08.27.).

□ 법인격 없는 단체의 구성원의 납세의무 여부

소득법 제1조 제3항에 규정된 법인격 없는 사단·재단·기타 단체 중 국세기본법 제13조에 따라 법인으로 보는 단체 외의 단체가 납부하여야 할 세금을 체납하였을 경우에 해당 단체의 구성원은 연대납세의무가 없음. 국기법 제13조에 따라 법인으로 보는 단체 외의 단체 중 대표자 또는 관리인이 선임되어 있으나 이익의 분배방법이나 분배비율이 정하여져 있지 아니한 것은 그 단체를 소득세법상 1거주자로 보는 것이며, 그 단체의 대표자 또는 관리인은 그 단체에서 발생하는 소득에 대하여는 소득세법상 납세의무가 없음(재소득46073-52, 1996.04.19.).

2) 수입금액

□ 형식적 지분변동 시 공동사업장의 총수입금액을 구성하지 아니함

공동주택 신축판매업을 공동으로 하는 공동사업자가 공동사업자별로 소유권이 된 현물출자 토지에 대해 공동주택의 분양 시에 그 분양자에게 대지권등기를 원활히 해주기 위하여 공동사업을 해지하지 아니하고 형식상 다른 공동사업자 중 1인에게 매매를 원인으로 소유권이전등기를 하는 경우 해당 토지의 가액을 해당 공동사업장의 총수입금액에 산입하지 않음(서면-2016-소득-6196, 2017.01.17.).

□ 부동산임대 공동사업을 해지로 단순분할등기 시 총수입금액 아님

공동사업으로 부동산임대업을 영위하다 공동사업을 해지하면서 해당 임대사업용 부동산을 출자지분에 따라 단순히 분할등기하는 경우에는 소득법 제18조에 따라 해당 공동사업장의 부동산임대소득을 계산함에 있어 총수입금액에 산입하지 아니함(재정경제부 소득세제과-66, 2005.09.06.).

□ 재고자산을 구성원별로 지분등기 시 총수입금액산입 여부

공동사업자가 판매목적으로 신축한 상가를 각 공동사업자의 출자지분에 따라 분할등기(공동사업 해지)하는 때에는 소득법 제25조 제2항에 따라 분할등기한 상가의 시가상당액을 그 분할등기한 연도의 해당 공동사업장의 소득금액계산에 있어 총수입금액에 산입하여야 함(소득46011-2936, 1996.10.23.).

□ 주택임대사업을 공동사업으로 운영 시 비과세요건 판정

소득법 제12조 제2호 나목을 적용할 때 같은 법 제2조의2제1항 본문에 해당하는 주거용 건물임대업의 공동사업의 경우에는 공동사업자별로 분배된 소득금액에 대한 수입금액을 계산하여 비과세 요건을 판단함(서면-2015-소득-0753, 2015.07.07.).

□ 공동으로 어업 영위 시 농가부업소득 판정기준

어민이 소득령 제9조 제1항 및 제5항에 해당하는 어업을 공동으로 하는 경우에는 같은 조 제1항 제2호를 적용할 때 공동사업자별로 분배된 소득금액을 기준으로 비과세 요건을 판단함(서면-2016-소득-3352, 2016.03.30.).

□ 공동사업장 운영자금 예입이자의 소득구분

공동사업을 하는 거주자가 사업자금을 은행에 예입하여 받는 이자에 대하여는 이를 사업소득 또는 부동산임대소득의 총수입금액에 산입하지 아니하고 이자소득으로 봄(소득세과-4590, 2008.12.09).

□ 현물출자 시 취득가액 및 출자시기, 거주목적 주택의 총수입금액 산입 여부 등

공동사업자인 주택신축판매업자의 총수입금액에 대응하는 필요경비 중 토지가액은 공동사업에 현물출자한 당시의 가액으로 하는 것으로 이 경우 공동사업계약을 체결한 날을 현물출자 시기로 보는 것이며, 공동사업자 각자가 거주할 목적으로 사용하는 1주택은 해당 공동사업장의 소득금액계산 시 총수입금액에 산입하지 아니함(제도46011-10615, 2001.04.16.).

3) 필요경비

□ 공동사업장의 기부금 처리

공동사업자의 기부금에 대해서는 공동사업자의 소득금액을 계산함에 있어 공동사업장의 기부금으로 보아 소득법 제34조에 따라 필요경비에 산입함(기획재정부 소득세제과-57, 2016. 02.02.).

□ 지분상속을 위한 차입금이자의 필요경비산입 가능여부

거주자 "甲"이 피상속인 부(父) "乙"과 모(母) "丙"이 공동사업으로 비주거용 건물임대업에 사용하던 부동산을 "乙"의 사망으로 "乙"의 지분 등을 "甲" 명의로 상속등기하면서 해당 부동산을 담보로 자금을 차입하여 "丙"의 상속세 납부 및 "甲"을 제외한 "乙"의 직계비속의 상속지분까지 "甲"이 취득하는 대가로 다른 직계비속에게 현금으로 지급한 경우 해당 차입금에 대한 지급이자는 소득법 제33조에 따라 공동사업장의 필요경비에 산입할 수 없음(서면법규과-1055, 2013.09.27.).

□ 현물출자 토지에 대한 필요경비 산입 방법

○ 거주자가 토지와 건물을 현물출자하여 공동으로 주택신축 판매사업을 영위하는 경우 필요경비에 산입할 금액은 토지가액, 기존건물의 철거비용, 새로운 주택의 건축비용 등의 합계액으로 하는 것이며, 분양하는 주택은 사업용 고정자산이 아니라 재고자산이므로 토지사용을 위해 철거되는 기존건물의 가액은 필요경비에 산입할 수 없음(소득 46011-3210, 1999.08.14.).

○ 토지만을 사용할 목적으로 건축물이 있는 토지를 취득하여 그 건축물을 철거하거나, 자기 소유의 토지상에 있는 임차인의 건축물을 취득하여 철거한 경우 철거한 건축물의 취득가액과 철거비용은 해당 토지에 대한 자본적 지출로 함(소득통칙 33-19).

○ 자기소유의 토지상에 새로운 건축물을 건축하기 위하여 기존건축물을 철거하는 경우 기존건축물의 장부가액과 철거비용은 새로운 건축물에 대한 자본적 지출로 하여 새로운 건축물의 취득원가에 산입한다(서면1팀-236, 2006.02.21.; 서면1팀-495, 2007.04.17.).

○ 거주자가 공동으로 주택을 신축하여 공동사업자 각자가 거주할 목적으로 소유하는 1주택은 해당 공동사업장의 소득금액계산 시 총수입금액에 산입하지 아니함(소득46011-21079, 2000.08.14.).

□ 토지를 공동사업에 출자 시 공동사업장의 취득가액 산정

연립주택의 신축 및 분양사업을 공동으로 경영할 것을 약정하고 대지를 출자한 경우 그 공동사업의 소득에 대한 필요경비로서 위 대지의 가액을 산정함에 있어서는 소득법 제60조 제1항 제1호 소정의 원료의 매입가격과 그 부대비용에 준하여 공동사업체가 사업을 위하여 위 대지를 취득할 당시 즉, 위 공동사업에 출자할 당시의 가액을 기준으로 계산하여야 함 (대법원89누7238, 1990.02.23.).

□ 공동사업장 구성원이 부담하는 지역건강보험료는 공동사업장의 필요경비임

사업을 공동으로 경영하고 그 손익을 분배하는 공동사업장의 소득금액 계산 시 공동사업자의 건강보험료는 소득령 제55조 제1항 제11호의2 및 제11호의3에 따라 공동사업장의 필요경비에 해당한다(기재부 소득세제과-443, 2017.09.18.).

□ 자기자본을 회수하여 타인자본으로 대체함에 따른 지급이자의 필요경비 인정 가능 여부

개인사업자가 사업을 위하여 자기자본을 투입한 후 그 투입한 자본을 회수하기 위하여 금융기관으로부터 자금을 차입하여 그 차입금을 자본인출금으로 사용한 경우 그 차입금으로 인하여 초과인출금이 발생하지 않는 때에는 그 차입금을 총수입금액을 얻기 위해 직접 사용한 부채로 보아 그 차입금에 대한 지급이자는 필요경비에 산입할 수 있음(소득세과-4633, 2008.12.10.).

□ 사업자가 사업활동 중에 본인의 식대를 지출하는 경우 사업자 본인의 식대는 사업소득금액 계산 시 필요경비에 해당하지 아니함(서면-2017-법령해석소득-1981, 2017.09.28.).

□ 부동산임대업을 하던 공동사업자가 부동산매매업을 하기 위하여 소유 토지상의 기존 건축물을 철거하고 새로운 건축물을 건축하는 경우 기존 건물의 장부가액은 새로운 건축물에 대한 자본적 지출로 처리하는 것임(사전-2018-법령해석소득-0525, 2018.12.19.).

4) 소득금액 계산

□ 수익금 횡령과 공동사업 소득금액의 계산

공동사업자 1인의 횡령으로 인하여 실제 수익금을 분배받지 못하였다고 하더라도 해당 공동사업장을 1거주자로 보아 소득금액을 계산하는 것이며, 해당 공동사업을 경영하는 각 거주자 간에 약정된 손익분배비율에 따라 소득금액을 분배함(기준-2015-법령해석소득-0068, 2015.05.26.).

□ 공동사업자에 대한 부가세 과세 여부

실제로 수익금을 전혀 분배받지 못하였다고 하더라도 동업약정의 내용 및 계약 체결경위 등에 비추어 보면 동업약정이 대출금을 변제받기 위한 형식에 불과한 것이라고 볼 수는 없다면 공동사업자에 해당함(대법원2007두8997, 2007.07.12.).

□ 조합원에 대한 수익금 분배가 없는 경우 소득금액 재산정 가능여부

공동사업에서 발생한 수익금을 실제로 전혀 분배받지 못하였다고 하더라도 계약상 채무불이행에 따른 문제에 불과하므로 공동사업자로 보아 신고수입금액이나 매출누락금액에 대하여 소득금액을 계산(재산정)하여 약정된 손익분배비율에 따라 소득금액을 계산하여야 함(대법원2007두8980, 2007.07.12.).

□ 대외적으로 공동사업임을 표방하지 아니한 경우 공동사업장의 소득금액계산

2인 이상이 공동으로 사업을 경영하여 그 이익을 분배하기로 약정한 경우에는 편의상 외부적으로는 그중 1인의 이름으로 활동을 하더라도 실질과세원칙과 소득법 제56조 제2항에 따라 그 공동사업으로 인한 소득은 각 그 지분 또는 손익분배비율에 의하여 분배되었거나 분배될 소득금액에 따라 각 그 소득금액을 계산하여야 한다(대법원94누8884, 1995.11.10.).

□ 소득금액 착오 분배로 공동사업자 중 1인이 소득세를 과다납부한 경우

"갑"이 동업약정에 따라 "을"로부터 분배받을 이득금에 대하여는 "갑" 본인이 소득세를 납부할 의무가 있고, 그 이전에 "을"이 공동사업과 관련하여 "갑"에게 분배해 주어야 할 이득금에 대하여 소득세를 착오로 납부하였다고 하더라도 "갑" 본인의 소득세 납세의무가 소멸되는 것이 아님. 그렇다면 과세관청으로서는 "을"에게 "을" 자신의 소득에 해당하지 아니하는 부분, 즉 "갑"에게 분배해 주어야 할 이득금에 상응하는 소득세 상당액을 감액하여 환급해 줄 의무를 부담할 뿐이므로 동업약정에 따라 "갑"이 "을"로부터 분배받을 이익금을 소득금액으로 소득세를 과세하는 것은 당연한 귀결임(대법원2011두1894, 2011.04.28.).

□ 조합원이 이익분배금 외에 추가로 받기로 한 금전의 소득금액 포함여부

공동사업장에 대한 소득금액계산은 해당 공동사업장을 1거주자로 보아 그 지분 또는 손익분배의 비율에 따라 분배되었거나 분배될 소득금액에 따라 각 거주자별로 계산하는 것이므로, 출자지분에 따라 분배되는 소득금액 외에 추가로 투자금액에 일정 금리를 적용하여 지급받는 약정이자는 해당 공동사업장의 소득금액계산에 있어서 필요경비에 산입하지 아니하는 것이며, 동 약정이자는 이를 지급받은 공동사업자에 대한 소득분배로 보고 해당 공동사업자의 소득분배금액에 가산하는 것임(소득46011-407, 2000.03.30.).

□ 구건물 소유자가 공동으로 재건축 중이던 미완성 건물 등을 양도하는 경우 소득구분

빌라 소유자로 구성된 재건축조합이 그 빌라를 철거하고 새로운 주거용 건물을 건축하여 일반분양 분을 공사대금으로 대물변제 하기로 합의하였으나, 시공사의 건물 건설 중에 토지, 건실 중인 건물, 건축주의 지위를 제3자에게 매각한 경우, 당해 조합을 법인으로 보는 경우 이외에는 토지, 건설 중인 건물, 건축주 지위를 매도함에 따라 발생하는 소득 중 일반분양 분에 해당하는 소득금액은 조합원 공동사업소득에 해당하는 것이고 조합원 입주 분에 해당하는 소득금액은 양도소득에 해당함(사전-2020-법령해석소득-0485, 2020.08.09.).

□ 공동사업자 중 1인이 특정비용을 부담한 경우 필요경비 산입여부 등

1) 원고가 특수관계자인 소외 회사에 이 사건 건물 중 지하 1, 2층을 5개월간 무상으로 임대한 사실은 인정되나, ① 원고가 5개월간 임대료 무상이라는 이익을 제공하지 않은 채 정상적으로 지하 1, 2층을 임차할 자 또는 스포츠센터를 운영할 자를 찾아서 그에게 지하 1, 2층을 임대할 때까지 계속하여 기다렸다면, 당시의 거래 상황에 비추어 지하 1, 2층은 상당한 기간에 걸쳐 빈 사무실로 남아 있었을 가능성도 배제할 수 없을 뿐만 아니라 위 스포츠센터 회원권의 무상지급에 관한 광고를 믿은 수분양자들로부터 허위·과장광고를 하였다는 이유로 손해배상청구 등을 받을 법적 위험까지 있었던 것으로 보이는 점, ② 2004년경에는 ○○시

일부 지역의 경우에 상가 건물 등의 공실률을 낮추기 위해 임대차기간이 장기이거나 임차인이 우량기업인 경우 등에는 입주 초기 몇 달간의 임대료를 받지 않고 임대하는 방식{소위 렌트 프리(rent free)}도 하나의 임대 방식으로 이용하는 사례가 어느 정도 있었던 것으로 보이는 점, ③ 원고와 소외 회사 사이의 임대차계약의 임대차기간이 2년인데, 임대보증금이 6억 7,600만원인데다가 월 임대료가 6,760만원으로 상당한 금액이며, 소외 회사가 원고의 광고를 믿은 수분양자들로부터 보증금을 받지 않고 스포츠센터 회원권을 제공하게 되는 등의 손해를 감수하였던 점에 비추어 볼 때, 원고가 비록 5개월 동안의 임대료를 무상으로 한 것을 고려하더라도 소외 회사에 대한 임대로 인하여 적정수준의 이익을 얻지 못한 것으로 단정하기 어려운 점 등을 종합하여 보면, 원고가 지하 1, 2층의 조속한 임대, 분양광고에 따른 의무이행 등의 목적으로 소외 회사에 2년간 지하 1, 2층을 임대하면서 5개월간의 임대료를 받지 아니한 것이 건전한 사회통념이나 상관행에 비추어 경제적 합리성을 결한 비정상적인 거래라고 할 수 없어 부당행위계산부인의 대상이 아니라고 할 것임.

2) 과밀부담금에 대한 연대채무를 이행한 공동사업자는 다른 공동사업자에 대하여 그 부담 부분의 비율에 따라 그 납부금액에 대한 구상권을 취득하게 되는 것이므로, 그 연대채무의 이행으로 곧바로 그 납부금액에 상당한 필요경비가 발생하였다고 볼 수는 없다고 할 것이고, 다만, 공동사업자가 다른 공동사업자에 대하여 그 납부금액에 대한 구상권을 행사할 수 없는 상태에 있었다면 공동사업자의 위 구상채권은 회수할 수 없는 채권으로서 공동사업자에게 귀속된 필요경비의 금액으로 봄이 상당하다고 할 것임. 원고는 ○○시장이 2004. 12.경 원고와 지BB을 납부의무자로 하여 부과한 과밀부담금 3,059,323,280원을 모두 납부하기는 하였으나, 연대채무를 이 행한 원고는 다른 공동사업자인 지BB에 대하여 그 부담 부분의 비율에 따라 그 납부 금액에 대한 구상권을 취득하게 되는 것이므로, 그 연대채무의 이행으로 곧바로 원고 에게 그 납부금액에 상당한 필요경비가 발생하였다고 볼 수는 없다고 할 것이고, 더욱 이 원고가 다른 공동사업자인 지BB에 대하여 그 납부금액에 대한 구상권을 행사할 수 없는 상태에 있음을 인정할 만한 아무런 증거가 없으므로 원고의 부담 부분을 넘어 납부한 과밀부담금이 원고에게 귀속된 필요경비의 금액으로 볼 수 없다고 할 것임.

3) 피고가 부당행위계산부인 금액을 정함에 있어 인근 토지에 대한 임대사례를 포착할 수 없어서 구 법인세법 시행령(2007.02.28. 대통령령 제19891호로 개정되기 전의 것) 제89조 제4항 제1호에서 정한 방식인 '당해 자산 시가의 100분의 50에 상당 하는 금액에서 그 자산의 제공

과 관련하여 받은 전세금 또는 보증금을 차감한 금액에 정기예금이자율을 곱하여 산출한 금액'을 적정 임대료로 보고 실제 임대료를 차감하되, 위 방식에서 말하는 '당해 자산 시가'는 원고가 824-27 토지를 1995.05.15.자로 취득할 때의 가격인 9,497,261,494원(이하 '1995년 거래가격'이라고 한다)으로 보고 계산하면, 과세기간(2003.11.01.부터 2006.말경까지) 동안의 적정 임대료와 실제 임대료의 차액은 합계 322,882,252원이 되므로, 위 금원을 해당 과세기간의 부가가치세과세표준의 매출세액과 소득세과세표준의 수입금액에 각 산입하여야 한다(이하 '저가 임대 관련 부분'이라고 한다). 피고가 위 과세기간 동안의 824-27 토지의 시가를 1995년 거래가격으로 본 것이 객관성이나 합리성을 결하였다고 보이지 않으므로, 피고가 824-27 토지의 적정 임대료를 산정함에 있어서 보충적인 방법을 택하여 과세기간 동안의 824-27 토지의 시가를 1995년 거래가격으로 보고 계산한 것이 위법하다고 볼 수 없음(서울고등법원2010누1257, 2010.09.09.; 대법원2010두22405, 2011.02.10.).

5) 현물반환

□ 공동사업장의 재고자산 일부를 특정 구성원에게 귀속시킨 경우 공동사업장의 총수입금액이며 부가가치세 과세대상이 될 수 있음

건물 신축판매업을 공동으로 영위하는 거주자가 공동사업장의 재고자산(미분양상가 등) 중 일부에 대해 자기지분을 다른 공동사업자에게 이전하여 다른 공동사업자가 단독으로 소유함에 따라 공동사업장의 재고자산에 해당하지 아니하게 된 경우에는 그 단독소유가 된 해당 재고자산 전체의 시가 상당액을 해당 공동사업장의 총수입금액에 산입하며, 재화의 공급으로 부가가치세가 과세되는 것임(법규과-4504, 2007.09.27.).

□ 공동사업장 신축점포 중 일부를 구성원 1인에게 양도 시 소득세 과세여부

가신축판매를 영위하는 공동사업자 3인 중 2인이 판매용 신축 상가점포에 대한 지분을 나머지 다른 1인의 공동사업자에게 양도하고 얻은 소득은 해당 공동사업장의 사업소득에 해당함(서면-2016-소득-6250, 2017.02.17.).

6) 구성원 변경

☐ 공동사업장 구성원 및 단독사업으로 변경 시 장부가액 및 내용연수 변동 여부

공동사업장의 구성원 3인 중 1인이 건강상의 이유로 공동사업장을 탈퇴하면서 자기 지분을 나머지 2인에게 양도하여 공동사업장의 구성원이 변경된 경우에 해당 공동사업장의 감가상각자산의 장부가액은 구성원 변경 전의 장부가액을 동일하게 적용함(서면-2017-소득-0066, 2017.03.28.). 부동산임대업을 경영하는 공동사업장의 구성원이 지분을 제3자에게 증여(또는 상속)하여 구성원 일부가 변경된 경우, 해당 사업장 감가상각자산의 장부가액 및 내용연수는 구성원 변경 전의 장부가액과 내용연수를 동일하게 적용함(소득세과-487, 2010.04.20.; 사전 -2020-법령해석소득-0468, 2020.06.12.; 사전-2020-법령해석소득-0408, 2020.04.27.).

☐ 사망으로 단독사업 영위 시 장부가액 변동 여부

모(母)와 자(子)가 공동사업을 영위하던 중 모가 사망하여 자가 모의 사업용 고정자산을 상속받아 단독으로 사업을 계속 영위하는 경우 해당 사업용 고정자산의 장부가액은 기존 공동사업의 장부가액을 그대로 적용한다(서면-2015-법령해석소득-0764, 2016.12.23.). 부동산임대업을 상속받은 거주자가 상속으로 자산을 취득한 경우 소득령 제89조 제1항 제3호에 따라 상속이 개시된 날의 시가를 해당 자산의 취득가액으로 하는 것임(기재부 소득세제과 -56, 2014.01.23.).

☐ 지분양도(탈퇴)에 대한 실질과세원칙 적용

세법 중 "과세표준에 관한 규정은 소득·수익·재산·행위 또는 거래의 명칭이나 형식에도 불구하고 그 실질내용에 따라 적용한다"는 국기법 제14조 제2항에 비추어 보면 지분양도 계약 시, 행위 또는 거래의 명칭이나 형식을 사업양도라고 기재하였더라도 조합의 대표자가 타 조합원에게 자기의 공동사업의 지분만을 양도한 것이라면 그 실질내용에 따라 이를 조합 대표자의 조합에서의 탈퇴 또는 대표자의 변경으로 보아야 한다(대법원94누8884, 1995.11.10.).

☐ 다른 구성원으로부터 받는 지분포기 대가의 소득구분

거주자가 공동으로 부동산매매업을 경영하고자 공동사업약정을 체결하였으나 공동사업의

원활한 진행이 이루어지지 않은 과정에서 공동사업약정을 해제하는 조건에 합의하고 공동사업약정서의 다른 구성원으로부터 지급받는 대가는 소득법 제21조 제1항 제17호에 따른 기타소득에 해당한다(소득세과-1220, 2010.12.09.).

□ 공동사업시행 약정 후 사업계획승인 전에 투자금 변제 약정에 따라 지급받은 투자보상금의 소득구분

거주자가 법인과 약정에 따라 공동주택개발 사업을 함께 영위하면서 출자지분과 손익분배비율을 정하지 아니하고, 행정관청으로부터 인가·허가 등을 받기 위한 지대한 공로에 대한 대가를 해당 법인으로부터 지급받는 경우, 그 대가는 당사자 간의 합의에 의해 법적 권리의무 없이 받는 보상금으로 「소득세법」 제21조 제1항 제17호에 따른 기타소득에 해당하는 것임(법규과-1613, 2011.12.06.).

□ 공동사업 탈퇴 시 출자금 초과 금액만 과세대상이나 회수불능의 경우 과세소득은 없음

조합원 1인이 타 조합원에게 자기의 공동사업의 지분을 양도한 것이라면 조합에서의 탈퇴 또는 조합의 해산이라고 볼 수 있을 것이며 과세대상이 되는 채권이 채무자의 도산 등으로 인하여 회수불능이 되어 장래 그 소득이 실현될 가능성이 전혀 없게 된 것이 객관적으로 명백한 때에는 그 소득을 과세소득으로 볼 수 없음(대법원2008두6608, 2008.07.10.).

□ 공동 주택임대사업자의 비과세 여부

소득법 제12조 제2호 나목을 적용할 때 같은 법 제2조의2 제1항 본문에 해당하는 주거용 건물임대업의 공동사업의 경우에는 공동사업자별로 분배된 소득금액에 대한 수입금액을 계산하여 비과세 요건을 판단하는 것임(기준-2015-법령해석소득-0110, 2015.06.29.).

□ 주택임대 공동사업장에 대한 소득금액계산

부부가 단독명의 주택과 공동명의 주택을 임대하는 경우 공동사업장(공동명의주택)에 대한 간주임대료는 공동사업장을 1거주자(구성원이 동일한 공동사업장은 동일 1거주자로 봄)로 보아 소득세법 제25조, 같은 법 시행령 제8조의2 및 제53조에 따라 계산하며, 간주임대료와 월 임대료를 합산하여 공동사업장별로 소득금액을 계산한 후 각 공동사업장의 손익분배비율에 따라 공동사업자별로 분배하는 것임(서면-2018-소득-3299, 2019.09.18.).

7) 부당행위계산부인

□ 공동사업장의 토지를 공동사업 구성원에게 무상임대 시 부당행위부인대상인지 여부

"갑"이 그 소유의 토지상에 건물을 신축하여 동생 "을"과 각 1/2 지분으로 소유권보존등기를 마친 다음 "을"과 공동으로 토지 및 건물을 일괄임대하는 사업을 영위하는 경우 "갑"이 특수관계자인 "을"에게 그 토지 중 1/2을 무상으로 사용하게 한 것이 소득법 제41조 제1항에 따른 부당행위계산에 해당하는지에 대하여 대법원은 소득법 제87조는 부동산임대소득이 있는 공동사업을 경영하는 장소(공동사업장)에 대하여는 해당 소득이 발생한 공동사업장별로 그 소득금액을 계산한다고 규정하고 있고, 소득법 제43조 제1항, 제2항은 위 공동사업장에 대한 소득금액계산에 있어서는 해당 공동사업장을 1 거주자로 보고 사업자가 자산을 공유 또는 합유하거나 공동으로 사업을 경영하는 경우에는 그 지분 또는 손익분배의 비율에 의하여 분배되었거나 분배될 소득금액에 따라 각 거주자별로 그 소득금액을 계산한다고 규정하고 있으므로 공동사업의 경우에는 소득이 발생한 공동사업장별로 그 소득금액을 계산한 다음 소득분배비율에 따라 각 공동사업자별로 계산하면 된다고 할 것이어서 "갑"이 공동사업장 토지의 일부를 "을"에게 무상으로 임대한 것으로 보아 소득법 제41조 제1항 소정의 부당행위계산 부인규정을 적용하고 그에 대한 임대소득을 "갑"의 종합소득에 가산한 부과처분은 위법하다고 판결하였음(대법원 2004두1261, 2005.03.11.).

□ 특수관계인으로 구성된 두 개 공동사업장 운영 시 특수관계인 해당여부 등

거주자인 '갑'과 '을'이 공동으로 임대하는 부동산(이하 'A사업장'이라 함) 중 일부를 '병'과 '정'이 임차하여 공동으로 독서실(이하 'B사업장'이라 함)을 운영하는 경우로서 '갑'의 배우자가 '병'이고 '을'의 배우자가 '정'인 경우에 'A사업장'과 'B사업장'은 소득령 제98조 제1항의 규정에 따른 특수관계 있는 자에 해당한다. 이 경우, 소득법 제41조의 규정에 따라 소득금액을 계산함에 있어서 'A사업장'과 'B사업장'을 각각 1거주자로 보아 해당 공동사업장별로 그 소득금액을 계산하고, 약정된 손익분배비율에 의하여 각 공동사업자별 귀속 소득금액을 분배한다(법규과-1309, 2008.03.24.).

□ 공동사업장을 공동사업 배우자가 임차하여 사용하는 경우 각 사업장은 특수관계 있는 자에 해당함

거주자인 '갑'과 '을'이 공동으로 임대하는 부동산(이하 'A사업장'이라 함) 중 일부를 '병'과 '정'이 임차하여 공동사업(이하 'B사업장'이라 함)을 경영하는 경우로서 '갑'의 배우자가 '병'이고 '을'의 배우자가 '정'인 경우에 'A사업장'과 'B사업장'은 소득령 제98조 제1항에 따른 특수관계 있는 자에 해당하는 것임(서면1팀-0850, 2008.06.18.).

□ 부당행위계산부인의 대상 여부

조세부담이 부당하게 감소되었는지 여부는 조세가 부과된 당사자를 기준으로 하여야 할 것이고, 당사자의 조세부담이 감소된 이상 특수관계인 전체의 조세부담이 감소된 바 없다 하더라도 부당행위계산부인의 대상이 됨(대법원97누13184, 2000.02.11.).

□ 특수관계자간에 공동사업을 영위하는 경우로서 공동사업자가 당해 공동사업장에 토지를 무상 제공하는 경우 자신의 토지를 자신에게 제공하는 결과가 되어 부당행위계산부인 대상이 될 수 없다(국심2002서3374, 2003.05.13., 대법원 2004두1261, 2005.03.11.).

□ 공동사업장과 구성원간의 특수관계자 해당 여부를 판단함에 있어 소득령 제98조 제1항 제1호 내지 제6호에 해당되지 아니하면 해당 공동사업장과 그 구성원은 특수관계자에 해당되지 않음(서면1팀-93, 2006.01.24.).

□ 특수관계인간에 공유하고 있는 부동산을 그 특수관계인 중 1인에게 무상임대함으로 인하여 다른 특수관계인의 부동산 임대소득금액을 감소시킨 경우에는 소득법 제41조에 따라 부당행위계산의 대상임(서면1팀-426, 2005.04.20.; 소득세과-973, 2009.03.11.).

8) 기장

□ 공동사업 구성원 일부 변경 시 해당 공동사업자는 신규자로 보지 않음

소득법 제87조에 규정하는 공동사업자에 대한 소득금액계산에 있어서 해당 공동사업장을 1거주자로 보는 것이며, 공동사업장의 공동사업자 구성원 중 일부를 변경하고 그 공동사업을 계속하는 경우 소득령 제208조 제5항 제1호에서 규정한 '해당 연도에 신규로 사업을 개시한 사업자'에 해당하지 아니함(서일46011-11173, 2002.09.10.).

□ 구성원이 상이한 수 개 공동사업장 운영 시 기장의무 판정

기존의 공동사업장과는 구성원이 상이한 별개의 1사업자로 보는 신규의 공동사업장은 각각 별개의 조합에 해당하므로 소득법 제160조 제2항 및 제3항과 소득령 제208조 제5항에 따라 간편장부대상자에 해당한다. 그러면서도 신규 사업장이 기존 사업장의 일부 구성원이 단순히 변경된 것으로서 실질적으로 구성원이 동일한 복수의 공동사업자에 해당하는지는 구성원의 변동사항 및 직전 업종과의 동일성 여부 등 해당 동업계약의 내용 등을 종합적으로 검토할 사항이라고 국세청은 해석하고 있음(서면1팀-953, 2005.08.08.).

□ 공동사업자에 대한 기장의무 판정

○ 거주자가 간편장부대상자에 해당하는 공동사업장으로부터 분배받은 소득금액에 대하여 소득법 제56조의2에 따른 기장세액공제를 적용함에 있어 기장세액공제는 거주자별로 계산한다. 기장세액공제는 해당 거주자별로 100만원을 초과할 수 없음.

○ 거주자가 공동사업과 단독으로 영위하는 사업이 있는 경우 공동사업장의 기장의무는 공동사업장의 총수입금액만을 기준으로 하여 판정하고 단독으로 경영하는 사업장에 대하여는 그 단독사업장의 총수입금액의 합계액을 기준으로 판정하는 것이며, 사업자가 소득법 제160조에 따른 장부를 비치·기장하지 아니한 경우에는 종합소득금액에 대하여 그 기장하지 아니한 해당 소득금액이 차지하는 비율을 산출세액에 곱하여 계산한 금액의 100분의 20에 상당하는 금액을 무기장가산세로 부담하여야 하나, 소득령 제147조의2 제4항에서 정하는 소규모사업자는 무기장가산세대상에서 제외되는 것임(소득세과-962, 2009.06.25.).

□ 구성원이 다른 공동사업장에 대한 간편장부대상자 여부 판단

기존의 공동사업장과는 구성원이 상이한 별개의 1사업자로 보는 신규의 공동사업장은 소득법 제160조 제2항 및 제3항과 소득령 제208조 제5항에 따라 간편장부대상자에 해당하는 것이나, 신규 사업장이 기존 사업장의 일부 구성원이 단순히 변경된 것으로서 실질적으로 구성원이 동일한 복수의 공동사업자에 해당하는 지는 구성원의 변동사항 및 직전 업종과의 동일성 여부 등 해당 동업계약의 내용 등을 종합적으로 검토할 사항임(서면1팀-953, 2005.08.08.).

□ 공동사업장의 성실신고확인대상사업자 판단기준

소득법 제70조의2에 따른 성실신고확인대상사업자를 판단함에 있어, 사업을 공동으로 경영
하고 그 손익을 분배하는 공동사업의 경우에는 해당 공동사업장을 1사업자로 보아 성실신
고확인대상사업자 여부를 판단함(기획재정부 소득세제과-447, 2017.09.18.).

□ 구성원이 동일한 공동사업장의 성실신고확인대상사업자 여부 판단기준

공동사업장에서 발생한 수입금액은 공동사업장을 1거주자로 보아 성실신고확인대상사업자
여부를 판단하는 것이며, 구성원이 동일한 공동사업장이 2 이상인 경우에는 「소득세법 시
행령」 제208조제7항을 준용하여 계산한 수입금액을 기준으로 판단하는 것임(사전-2020-
법령해석소득-0447, 2020.06.12.).

□ 법인이 구성원인 공동사업장의 사업용계좌 사용방법

2개의 법인으로 구성된 공동사업자가 개인으로 사업자등록을 한 후 대표자가 개인에 해당
하지 않아 「금융실명거래 및 비밀보장에 관한 법률」에 따라 법인명의의 계좌를 개설하여
사업용계좌로 사용하여야 하는 부득이한 경우 그 구성원 중 어느 1개의 법인 명의의 계좌를
별도로 개설한 후 해당 계좌를 그 공동사업만을 위하여 사용하는 때에 한하여 소득법제160
조의5에 따른 사업용계좌로 신고할 수 있는 것이며, 신고된 사업용계좌와 연계하여 체크카
드 등을 발급받아 그 공동사업을 위하여 사용하는 비용은 소득법제160조의2에 따른 경비
등의 지출증명서류로서 인정받을 수 있음(법규소득2011-0398, 2011.11.16.).

□ 동업기업으로부터 분배받은 소득은 성실신고확인대상사업자 판정 시 수입금액에 포함
하지 않음

소득법 제70조의2 및 소득령 제133조에 따른 성실신고확인대상사업자를 판정함에 있어 해
당 과세기간의 수입금액의 합계액에는 「조세특례제한법」 제100조의18에 따라 동업기업
으로부터 배분받은 소득금액에 해당하는 수입금액은 포함하지 않음(법규소득2013 -214,
2013.07.01.).

□ 공동사업장에서 발생한 수입금액은 공동사업장을 1거주자로 보고 성실신고확인대상사업자 해당 여부를 판단하는 것이므로, 거주자 "갑"은 단독사업장 수입 금액의 합계액으로 단독사업자의 성실신고확인대상사업자 해당 여부를 판단하는 것임(소득세과-364, 2012.04.30.).

9) 세액공제 및 감면

□ 단독사업 변경 시 수입금액증가세액공제의 계산

거주자가 공동으로 성형외과를 경영하다 탈퇴 후 단독사업으로 전환하여 동일 업종을 계속 경영하는 경우, 조특법 제122조 제2항 제1호에 따른 수입금액 증가 등에 대한 세액공제를 적용함에 있어 같은 법 시행령 제117조 제1항에 따른 "1년 이상 계속하여 해당 사업을 경영한 기간"은 동 세액공제를 받고자 하는 과세연도의 직전과세연도 종료일로부터 해당 거주자가 성형외과를 단독사업으로 시작한 날까지 소급하여 계산하는 것임(법규과-512, 2012.05.10.).

□ 공동사업에 현물출자한 경우 임시투자세액공제액의 이월공제 등

조특법 제26조에 따라 사업용 자산에 대하여 임시투자세액공제를 적용받은 개인사업자가 공제받아야 할 세액의 일부를 공제받지 못하고 공동사업을 경영할 것을 약정하는 동업계약에 의해 해당 사업용 자산을 공동사업에 현물출자한 경우 그 미공제된 금액은 이월하여 공제받을 수 없음(소득세과-210, 2010.02.08.).

□ 공동사업장 총수입금액과 신고수입금액에 신규사업자의 수입금액 포함여부

조특법 제122조에 따른 수입금액의 증가 등에 대한 세액공제는 공동사업장의 구성원이 증가한 경우에도 공제대상에 해당되는 것이며, 공동사업장 각 구성원에 대한 공제세액은 신규사업자의 수입금액을 포함한 공동사업장의 총수입금액과 신고수입금액에 의하여 계산하는 것임(서일46011-10477, 2002.04.13.).

□ 공동사업장의 사업용계좌 신고의무 미이행 시 단독사업장에 대한 중소기업특별세액 감면을 적용할 수 있는지 여부

조특법 제7조에 따른 중소기업에 대한 특별세액감면을 적용함에 있어, 단독사업과 공동사

업을 하는 거주자가 단독사업장에 대하여 소득법 제160조의5 제3항에 따른 사업용 계좌의 개설·신고의무를 이행한 경우 공동사업장의 사업용 계좌의 개설·신고의무의 이행 여부에 관계없이 단독사업장에 대하여는 조특법 제128조 제4항 제1호에 따른 감면배제를 적용하지 아니함(소득세과-1179, 2009.07.29.).

☐ 공동사업장의 현금영수증가맹점 미가맹 시 단독사업장에 대한 중소기업특별세액 감면을 적용할 수 있는지 여부

조특법 제7조에 따른 중소기업에 대한 특별세액감면을 적용함에 있어, 단독사업과 공동사업을 하는 거주자가 단독사업장에 대하여 소득법 제162조의3 제1항에 따른 현금영수증가맹점의 가입의무를 이행한 경우 공동사업장의 현금영수증가맹점가입의무의 이행 여부에 관계없이 단독사업장에 대하여는 조특법 제128조 제4항 제2호에 따른 감면배제를 적용하지 아니함(소득세과-1179, 2009.07.29.).

☐ 단독사업에서 공동사업으로 변경한 경우 창업중소기업 세액감면 적용 여부

"갑"이 창업중소기업 등에 대한 세액감면 대상 사업을 실질적으로 창업하여 종합소득세 세액 신고 시에 동 세액감면을 적법하게 적용하던 중에 다른 사람과의 동업계약으로 해당 사업을 폐업하지 않고 계속하는 경우에 "갑"은 동 세액감면의 잔존감면기간 동안에 소득법 제43조에 따라 분배되는 소득금액 상당액에 대하여 동 세액감면을 적용받을 수 있음(서면 -2016-소득-3358, 2016.03.21.).

☐ 창업감면기간 중 단독사업으로 변경 시 잔존기간에 대한 감면 여부

거주자 2인(A, B)이 「조세특례제한법」 제6조에 따른 창업중소기업 등에 대한 세액감면 대상사업을 창업하여 공동사업을 영위하던 중, 동업계약 해지로 공동사업 구성원 중 1인(A)이 탈퇴한 다른 1인(B)으로부터 공동사업의 지분을 양수하여 단독으로 해당 사업을 계속하는 경우, 해당 계속사업자(A)는 그 잔존감면기간 동안 공동사업장의 창업 당시 약정된 손익분배 비율에 의한 소득금액상당액에 대하여 동 규정의 세액감면을 적용받을 수 있는 것이며, 해당 공동사업에서 탈퇴한 거주자(B)가 사업을 다시 개시하여 동종의 사업을 영위하는 경우는 「조세특례제한법」 제6조제4항에 따른 창업으로 보지 아니함(소득세과-4277, 2008.11.19.).

□ 공동사업을 단독사업으로 전환 후 공장 이전 시 「조세특례제한법」 제63조의 2년의 기산일

　수도권과밀억제권역에서 2년 이상 계속하여 공장시설을 갖추고 공동사업을 하던 내국인이 단독사업으로 전환한 후 수도권과밀억제권역 밖으로 해당 공장시설을 전부 이전하여 2011년 12월 31일까지 사업을 개시한 경우, 해당 내국인에 대하여 「조세특례제한법」(2010.12.27. 법률 제10406호로 일부 개정된 것)제63조 제1항을 적용함에 있어서 "2년"의 기산일은 단독사업 전환 전의 해당 공동사업을 개시한 날임(기획재정부 조세특례제도과-0063, 2012.01.27.).

□ 공동사업자의 「조세특례제한법」 제7조 제1항 제3호에 따른 중소기업에 대한 특별세액감면 한도는 공동사업을 영위하는 구성원별로 각각 한도를 적용하는 것임(서면-2019-소득-3328, 2019.09.25.).

□ 공동사업에 사용하던 자산을 그 공동사업 구성원 1인에게 양도하고 지방 이전하는 경우에는 공장양도차익에 대한 법인세 등의 면제대상이 되지 아니함(재일46014-3404, 1993. 10.06.).

제5절 조합에 대한 양도소득세 과세

1. 공동사업자의 양도소득세 납세의무 개요

"양도"란 자산에 대한 등기 또는 등록과 관계없이 매도, 교환, 법인에 대한 현물출자 등을 통하여 그 자산을 유상(有償)으로 사실상 이전하는 것을 말한다. 이 경우 부담부증여(負擔附贈與)의 채무액에 해당하는 부분은 양도로 본다(소득법§88). 양도를 구성하기 위한 전제 조건은 대가관계가 있는 유상거래이어야 하고 형식에 관계없이 실질적인 지배권의 이전으로 유효한 법률행위가 있어야 한다.

다만, 다음의 어느 하나에 해당하는 경우에는 양도로 보지 아니한다.

① 「도시개발법」이나 그 밖의 법률에 따른 환지처분으로 지목 또는 지번이 변경되거나 보류지(保留地)로 충당되는 경우

② 토지의 경계를 변경하기 위하여 「공간정보의 구축 및 관리 등에 관한 법률」 제79조에 따른 토지의 분할 등의 방법과 절차로 하는 토지 교환의 경우

③ 위탁자와 수탁자 간 신임관계에 기하여 위탁자의 자산에 신탁이 설정되고 그 신탁재산의 소유권이 수탁자에게 이전된 경우로서 위탁자가 신탁 설정을 해지하거나 신탁의 수익자를 변경할 수 있는 등 신탁재산을 실질적으로 지배하고 소유하는 것으로 볼 수 있는 경우

따라서 출자자 소유의 부동산을 그 출자자가 포함된 공동사업에 현물출자하고 그 출자지분을 취득하는 것과 공동사업을 영위하던 중 동 지분을 매각하는 것은 부동산에 대한 권리주체가 유상으로 이전된 경우로서 양도에 해당하며, 이 경우 공동사업에서 분배된 소득에 대한 소득세의 납세의무는 소득세법이 국세기본법에 우선하는 것이므로 공유물 양도에 대한 양도소득세는 연대납세의무가 없다(소득법§2; 대법원94누13152, 1995.04.11.).

2. 유형별 양도소득의 계산

(1) 현물출자와 양도소득

1) 현물출자의 개념

출자라 함은 법인·공동사업체 또는 개인사업체에 동 단체의 목적달성을 위하여 금전, 현물, 노무 등 경제적 수단을 제공하는 것이며, 현물출자라 함은 민법상의 출연행위에 해당하는 것으로서 금전 외의 재산을 그 목적으로 출자하는 것을 말한다.

> **유 의 사 항**
>
> 개인이 자기소유의 자산을 자기의 개인사업체에 투자하는 경우에는 자산이 사실상 이전되는 것이 아니다. 투자 전과 후의 소유자산에 대한 지배권(소유권의 이전)의 변화가 없고, 대가관계가 있는 유상거래에도 해당하지 않기 때문이다.

2) 공동사업에 대한 현물출자

> **양도소득 해당요건**
>
> 1. 조합(공동사업체 등)에 대한 현물출자이어야 함.
> 2. 조합(공동사업체 등)에 대한 자산의 사실상 유상이전(출자)에 해당하여야 함.
>   ⇒ 조합구성원이 등기여부에 관계없이 사실상의 조합지분을 취득(유상)하고, 반대급부로 부동산 등의 출자의무를 이행(이전)하는 경우에 해당
> 3. 조합원(공동사업 구성원)은 해당 공동사업에 대한 채권·채무·손익분배 등에 대하여 공동으로 책임을 지고 경영을 하여야 함.
>   ⇒ 공동사업에의 참여 없이 단순히 부동산 등의 사용권만을 준 경우 또는 소유권자체를 유보한 채 토지의 사용권만을 출자한 경우는 양도로 볼 수 없음(대법84누549, 1985.02.13. 등).

3) 현물출자(양도) 시기

거주자가 공동사업(부동산임대업 등)을 경영할 것을 약정하는 계약에 의해 토지 등을 해당 공동사업에 현물출자하는 경우 소득법 제88조에 따라 등기에 관계없이 현물출자한 날 또는 등기접수일 중 빠른 날에 해당 토지가 유상으로 양도된 것으로 보아 양도소득세가 과세된다(서면

4팀-376, 2006.02.23.).

동업계약서가 작성되지 아니하였거나 그 작성일이 객관적으로 확인되지 아니하는 경우 "현물출자한 날"이 구체적으로 언제인지 여부는 당사자 간에 묵시의 합의가 성립한 날 또는 사실상 공동사업이 개시된 날 등을 밝혀 관할세무서장이 사실판단할 사항이다(서일46011-1709, 2003.11.25.).

4) 과세 방식

가. 개 요

법인이나 단체 또는 조합을 비롯한 공동사업체에 현물출자를 하게 되면 해당 현물출자 대상이 되는 재화는 그 공급에 대한 반대급부로서 주식 또는 출자지분을 취득하게 되므로 일종의 교환거래로서 부가가치세 과세대상이 되고 현물출자 대상 재산이 부동산 등 양도소득세 부과대상이 되는 경우에는 유상양도로서 양도소득세가 부과된다. 이때 양도대상이 되는 현물출자가 공동사업 구성원 본인의 출자지분을 포함한 전부인지 아니면 본인이 갖는 지분을 제외한 나머지 조합원 지분인지에 대하여 문제가 발생된다.

즉 공동사업구성원 "갑"과 "을"이 75:25의 손익분배비율로 공동사업 약정을 하고 "갑"이 자기의 부동산을 공동사업에 출자한 경우 "갑"이 자기의 부동산 전부를 공동사업체로 양도한 것인지, 다른 공동사업자인 "을" 지분에 해당하는 25%만을 양도한 것인지에 대한 문제이다.

나. 대법원 판례의 입장

조합에 출자한 자산은 출자자의 개인 재산과는 별개로 조합재산을 이루어 조합원의 합유가 되고 출자자는 그 대가로 조합원의 지위를 취득하는 것이라는 입장인 바, 쟁점 문제에 대한 판결은 아니지만 그 내용으로 보아 전부양도설을 취한 것으로 판단된다(대법86누771, 1987.04.28.; 대법93누12848, 1993.09.28.; 대법84누545, 1985.05.28.; 대법84누549, 1985.02.13.; 대법2000두5852, 2002.04.23.).

판례는 출자재산 가운데 자기지분에 해당하는 부분도 당초 조합에 대한 출자에 의하여 조합이 전부 취득한 것을 전제하여 출자를 받은 조합의 사업소득금액계산에 있어 조합이 출자받은 재산의 취득가액을 현물출자 당시의 출자가액을 기준으로 산정하여야 한다는 입장으로 보인다.

다. 국세청 해석과 조세심판원의 결정

국세청과 조세심판원은 그간 전부 양도설을 취한 것과 일부 양도설을 취한 것으로 나뉘어 졌었다.

구 분	관 련 사 례
㉠ 전부 양도설	국심98서1762, 1999.06.17.; 재일46014-1026, 1997.04.29.; 심사양도2002-87, 2005. 05.10.; 재일46014-707, 1996.03.15.; 재경원재산46014-328, 1996.10.08.
㉡ 일부 양도설	국심1995서1811, 1996.06.24.; 국심82부335, 1982.05.28.; 국심85부1355, 1985.10.31.; 국심90서4418, 1994.11.28.; 재일46014-4390, 1993.12.10.

국세청은 1996.03.15. 유권해석 이후 자기지분 감소분만 아니라 사시시분을 포함한 현물출자 재산 전부가 양도소득세 과세대상이 된다고 기존 유권해석을 변경하였고 이후 기획재정부도 같은 취지의 답변을 계속하고 있다.

위 "㉠", "㉡"과 같은 사례를 분석해 보면, 민법상 조합은 권리의무의 주체는 아니지만 구성원인 조합원 개인재산과 구별되는 조합체 자체의 고유재산(조합재산)을 갖고 있고 조합원의 지분은 공유자의 지분소유권과는 그 성질이 다른 점에 비추어 조합에 대한 현물출자의 대가로서 받는 것이 조합원의 지위인 점을 고려하면 현물출자 조합원 외의 다른 구성원의 지분만 양도된 것으로 볼 수 없다는 것이 과세관청의 입장이고 다수설이다.

5) 현행 양도소득세 과세방식에 대한 비판

대법원은 조합에 양도소득세 과세대상 자산을 현물출자하는 경우 출자된 자산은 조합원의 합유가 되고 그 대가로 조합원의 지위를 취득하게 되므로 자산의 유상이전으로서 양도소득세 과세대상으로 판시하였다. 현재 대법원의 입장은 조합에 현물출자함에 있어 조합 실체설을 인정하고 양도소득의 범위계산에 있어서도 종전의 일부 양도설에서 전부양도설의 입장으로 변경되었다.

국세청이나 기재부도 소득세법에 공동사업에의 현물출자에 대한 양도차익의 과세문제에 대하여 별도 규정을 두고 있지 않으면서 조합에 자산을 출자할 때 비과세한다는 명문규정이 없는 상황 하에서 입법의 보완 없이 대법원 판결을 그대로 수용하고 있는 입장이다(재경부 재산46014-328, 1996.10.08.).

그러다 보니, 조합원이 자산을 조합에 출자할 때는 양도로 보아 과세하고 조합이 그 자산을 조합원에게 반환할 때에는 과세하지 아니하는 것은 논리적 불일치가 발생하고 있다.

출자할 때는 실체설의 입장에 서고 반환할 때는 도관론의 입장에 서는 것은 쉽게 이해하기 어려울 것이다. 따라서 일관성을 유지할 수 있는 법적·제도적 보완이 요구된다. 그에 대한 보완책으로

㉠ 실체가 아닌 도관에 대한 현물출자는 경제적으로 보나 실질상으로 보나 도관으로 보는 사업에 대하여 구성원 자산의 단순한 재배치에 불과하다고 보아 입법으로서 공동사업(민법상 조합)에 대한 현물출자는 양도소득세 비과세대상으로 규정하는 방법

㉡ 현물출자하는 자산의 출자자 본인 지분만 비과세하고 다른 조합원의 지분에 해당하는 부분만 양도소득세로 과세하는 방법(일부 양도설)

㉢ 조합의 도관성이나 합유개념에 비추어 출자에 대한 양도차익을 미실현소득으로 보아 이연하여 과세하는 방법 등이 있다.

조합은 별개의 권리의무의 주체로서 권리능력이 부여된 人이 아니기 때문에 조합에 대한 현물출자는 본인을 비롯한 조합원들의 조합재산인 합유재산으로 이전하는 것으로 자기에게도 양도하는 것으로 보는 것은 불합리하다.[2] 반면 이를 비과세하거나 이연 과세하는 경우 미실현 이익을 다른 구성원에게 전가하거나 출자 후 자산의 분배를 통해 소득분류를 변경하는 등 조세회피가 있을 수 있다. 이러한 모든 것을 아우를 수 있는 방안으로 ㉡의 일부 양도설이 민법상 조합의 본질과 실질과세원칙을 조화시킬 수 있는 입법이 될 수 있다고 본다.

6) 부동산의 공동사업 출자에 대한 양도소득세 과세가 이중과세인지

조합은 두 사람 이상이 서로 출자하여 공동사업을 경영할 것을 약정함으로써 성립하고 모든 조합원은 조합계약에서 약정한 출자의무를 부담하며 각 조합원이 출자하는 각종 자산은 조합재산이 되는 것으로 조합원의 합유가 되고, 출자자는 그 출자의 대가로 조합원의 지위를 취득하는 것이므로 조합에 대한 자산의 현물출자는 소득법 제4조 제1항 제3호에서 규정한 자산의 유상이전으로 양도소득세의 과세원인인 양도에 해당한다.

---

2) 이성식 논문, 조합에 대한 과세상의 문제, 27면

연립주택을 신축하여 분양하는 사업은 소득세법상 건설업에 해당하여 그 사업으로 얻은 이익은 사업소득세의 과세대상이나, 그 사업소득의 필요경비는 소득령 제55조 제1항 제1호 전단의 원료의 매입가격과 그 부대비용에 준하여 조합에 출자한 당시의 자산가액을 기준으로 하여 계산하게 되어 있으므로 동 출자자가 부담한 양도소득세와 조합이 부담하는 사업소득세는 사이에는 중복과세가 될 수 없다(대법원84누544, 1985.03.12.).

7) 합유등기하지 아니한 부동산 양도가 미등기인지[3]

공동사업에 사용하는 부동산을 취득 시부터 합유가 아닌 공유형태로 소유하다가 매각하는 경우 현행 규정상 조세회피목적이 없더라도 미등기양도로 볼 수 있는 여지가 많다. 그러나 현재 과세관청에서 이를 미등기로 보아 과세하는 경우는 거의 없는 것으로 보이는 바, 유권해석이나 세법개정을 통해 정비하여야 할 것이다.

8) 관련 사례

☐ 공동사업에 토지 등을 현물출자한 것인지는 공동사업의 성격 및 제공한 자의 의사 등을 감안하여 판단하는 것임

공유토지의 현물출자약정을 기재한 동업계약서, 위 토지가 조합재산임이 나타내는 부동산 등기 자료(합유등기), 가치평가, 현물 출자를 이유로 한 양도소득세 신고·납부 자료 등은 확인되지 아니하고 공동사업에 현물출자 당시의 가액으로 장부에 계상되어 있지 않는다면 현물출자로 보기 어려운 바, 토지가 현물출자된 것인지 여부는 동업약정의 체결 경위와 내용, 당사자의 의사, 공동사업의 목적과 내용 등에 비추어 보아 그 구성원이 공동사업 시 토지지분을 현물출자하였는지를 판단하여야 함(서울행정법원2012구단22921, 2013.10.30.; 서울고등법원2013누-31327, 2014.12.10.).

☐ 현물출자의 양도시기

거주자가 공동사업(주택신축판매업 등)을 경영할 것을 약정하는 계약에 의해 종전 주택과 그 부수 토지를 공동사업에 현물출자하는 경우 소득법 제88조 제1항에 따라 등기에 관계없

---

3) 백운일, 공동사업·동업기업 세무실무, 2012, 431면

이 현물출자한 날 또는 등기접수일 중 빠른 날에 해당 주택과 부수 토지가 유상으로 양도된 것으로 보아 양도소득세가 과세되는 것임(서면5팀-902, 2008.04.28.).

□ 현물출자로 양도소득세 부담 후 공동사업 해지 시 납부세액 환급여부

거주자가 공동사업을 경영할 것을 약정하는 계약에 의해 토지 등을 해당 공동사업에 현물출자하는 경우에는 등기에 관계없이 토지 등이 유상으로 양도된 것으로 보아 양도소득세가 과세되는 것으로서, 공동사업을 영위하다 당사자 간의 약정에 의해 해당 공동사업을 해지하는 경우에도 당초 신고 · 납부한 양도소득세는 환급하지 아니하는 것임(재산세과-4376, 2008.12.24.).

□ 합유건물을 멸실하고 신건물을 신축하는 것은 현물출자가 아님

공동사업을 영위하던 자가 공동사업에 공하던 건물을 멸실하고 공동사업자의 당초 지분변동 없이 공동소유로 건물을 신축하는 것은 소득법 제88조에서 규정하는 현물출자에 해당하지 아니함(재산46014-1021, 2000.08.23.).

□ 현물출자에 대한 과세

조합에 출자된 자산은 출자자의 개인재산과 구별되는 별개의 조합재산을 이루어 조합원의 합유로 되고 출자자는 그 출자의 대가로 조합원의 지위를 취득하는 것이므로, 조합에 대한 자산의 현물출자는 자산의 유상이전으로서 양도소득세의 과세원인인 양도에 해당하고, 그 양도 시기는 조합에 현물출자를 이행한 때임(대법원2000두5852, 2002.04.23.; 서울고법2013누31327, 2014.12.10.).

□ 부동산의 사용권만 출자 시 양도세과세대상 아님

공동사업자(부동산임대업)로 사업자등록을 하였으나 토지를 현물출자하지 않고 토지사용권의 출자에 해당하는 경우에는 양도소득세 과세대상이 되지 않는 것으로 귀 질의가 이에 해당하는지 여부는 사실 판단할 사항임(재산세과-1138, 2009.06.09.).

□ 공익사업법에 따라 토지로 보상받기로 결정된 권리를 공동사업에 현물출자 시 추징 방법

「조세특례제한법」 제77조의2 제1항에 따라 양도소득세를 과세이연 받은 거주자가 대토

를 공급받는 다른 자와 함께 공동사업자 등록한 후, 해당 공익사업의 시행으로 공익사업법 제63조 제1항 단서에 따라 토지로 보상받기로 결정된 권리를 공동개발사업에 현물출자하는 경우 「조세특례제한법 시행령」 제73조 제4항 각 호의 어느 하나에 해당되지 않아 과세이 연받은 세액은 양도소득세로 납부하여야 함(기획재정부 재산세제과-114, 2013.02.15.).

□ 공동사업자가 자가 사용 후 양도하는 주택의 취득가액계산

공동사업자가 공동으로 주택을 신축하여 그중 본인들이 자가 사용하는 건축물을 양도하고 양도차익을 산정함에 있어 그 양도하는 주택(그 부수 토지를 포함)의 취득가액은 양도하는 주택에 대한 공동사업에 현물출자한 날 현재 해당 토지 등의 가액과 공사비의 합계액이 되는 것임(서면5팀-3105, 2007.11.28.).

□ 공동사업으로 주택신축판매업 영위 시 양도소득세 및 1세대 1주택 판정

1. 거주자가 공동사업(주택신축판매업 등)을 경영할 것을 약정하는 계약에 의해 종전 주택과 그 부수 토지를 공동사업에 현물출자하는 경우 「소득세법」 제88조 제1항의 규정에 의하여 등기에 관계없이 현물출자한 날 또는 등기접수일 중 빠른 날에 당해 주택과 부수 토지가 유상으로 양도된 것으로 보아 양도소득세가 과세되는 것임.

2. 거주자들이 주택과 그 부수 토지를 현물출자하여 20세대 미만의 주택을 신축하고 당해 신축 주택 중 본인들이 1주택을 사용하고 나머지 주택을 일반분양하는 경우, 공동사업자 본인들이 자가 사용하는 신축주택에 대한 「소득세법 시행령」 제154조 제1항의 1세대 1주택 비과세를 판정함에 있어 보유기간 기산일은 사용검사필증교부일(사용검사 전에 사실상 사용하거나 사용승인을 얻은 경우에는 그 사실상의 사용일 또는 사용승인일)이 되는 것임(부동산거래관리과-850, 2010.06.24.).

□ 공동사업으로 토지의 현물출자가 양도인지

토지소유자 각인이 소유할 건물 등을 공동으로 건축할 목적으로 신탁법 등에 의하여 소유 토지를 사업시행자에게 신탁등기하는 것은 「소득세법」 제88조에 규정된 "양도"로 보지 아니하나, 거주자가 공동사업을 경영할 것을 약정하는 계약에 의해 토지 등을 당해 공동사업에 현물출자하는 경우에는 등기에 관계없이 현물출자한 날 또는 등기접수일 중 빠른 날

에 당해 토지가 유상으로 양도된 것으로 보아 양도소득세가 과세되는 것으로, 귀 질의의 경우 "양도"에 해당하는지 여부는 동업계약서 등 제반사항을 통하여 판단할 사항임(재산세과-1963, 2008.07.28.).

☐ 공동사업용 재고자산 부동산을 공유물분할 원인으로 단독 등기 시 취득시기

공동사업장의 재고자산인 주택을 공동사업 구성원이 단독 소유하는 것으로 분할등기한 후 해당 구성원이 해당 주택을 공동사업과 무관한 개인 소유 자산으로서 제3자에게 양도한 경우에는 실질적으로 공동사업을 폐지함에 따라 출자지분을 현물로 반환받은 날에 해당 자산 전체를 새로 취득한 것으로 보아 「소득세법 시행령」 제154조 제1항에 따른 보유기간 요건을 판정하는 것임(기준-2019-법령해석재산-0630, 2020.12.07.).

☐ 공동사업자 소유 임대주택에 대한 양도소득세 감면 적용

「조세특례제한법」 제97조 및 같은 법 시행령 제97조의 장기임대주택에 대한 양도소득세 감면규정을 적용함에 있어 임대주택을 지분형태로 소유하는 공동사업자의 경우에는 임대주택의 호수에 지분비율을 곱하여 5호 이상인 경우 해당 감면규정이 적용되는 것임(기획재정부 재산세제과-525, 2018.06.18.).

☐ 토지의 이전이 단순양도인지 현물출자인지

법인과의 공동사업계약에 따라 토지를 법인으로 소유권 이전하였으나, 공동사업에 있어서의 실질적인 역할은 토지를 제공하는 것뿐이고 공동사업에 따른 이익과 손실 등이 모두 법인에 귀속된 사실과 양도시기 전후의 제반 사정을 참작하여 보면 이 사건 토지의 양도는 단순양도에 해당함(대법원2012두10062, 2012.08.30.).

☐ 공동사업(주택신축판매업)에 토지를 출자하는 경우 현물출자 시점에 양도소득세가 과세되고, 공동사업의 사업소득 계산에 있어서는 출자 당시의 시가를 취득원가(필요경비)가 되는 것임(소득46011-2104, 1997.07.30.).

☐ 부동산임대업에 사용하던 현물출자한 토지 또는 신축한 건물을 양도하는 경우에는 양도소득세가 과세되는 것임(재일46014-1026, 1997.04.29.).

□ 실지거래가액이라 함은 실지의 거래대금 그 자체 또는 거래 당시 급부의 대가로 실지 약정된 금액을 말하는 것이며, 공동사업에 현물출자하는 경우 현물출자 당시 감정가액은 실지거래가액에 해당하지 아니함(서면4팀-2700, 2006.08.04.).

□ 동업계약내용에 토지를 현물출자한다는 내용이 없고 부동산의 소유권이 공동사업체에 이전되지 아니하였으며, 손익분배비율이 부동산가액이 아닌 사용권의 가액을 기준으로 산정되어 부동산의 사용권을 출자한 것으로 판단되는 경우에는 이를 부동산을 유상 양도한 경우로 볼 수 없음(국심2002서682,2002.07.30.; 국심2002서2252, 2002.10.04. 등).

□ 공동사업을 영위할 목적으로 자기의 부동산을 공동사업에 무상임대하는 것은 자산의 양도에 해당하지 않음(재일46014-1176, 1997.05.13.).

(2) 조합지분의 양도, 조합 탈퇴에 양도소득세 과세

1) 공동사업장의 부동산 양도

구 분	부가가치세	종합소득세 (재고자산(사업소득), 영업권(기타소득))		양도소득세 (부동산)
		조합	조합원	
지분양도	–	▪ 과세 안함 ▪ 단, 조합 해산시 사업소득	사업소득 또는 기타소득	과세
현물반환	과세	사업소득	사업소득 (출자금 초과액)	– (지분 변동분은 과세)
현금반환	–	–	〃	과세

가. 양도소득금액의 계산

공동사업자가 공동사업장 소유재산을 양도함으로써 양도소득세가 과세되는 경우 각 공동사업자는 각각의 지분으로 안분한 자산에 대하여 양도소득세의 납부의무자가 된다(자기지분을 현물자산으로 그대로 받는 경우 제외).

즉 공동사업장을 1거주자로 보아 소득금액을 계산하는 소득법 제43조 제2항 규정은 종합소득세 계산에 한정되므로 양도소득세계산에는 적용할 수 없다.(서면5팀-796, 2006.11.19.; 재일 46014-1594, 1999.08.24.).

공동사업장의 합유부동산의 양도소득세 계산방법은 종합소득세의 계산방법과는 달리 각각의 구성원별로 지분에 따라 자산을 안분한 후 각각 별도로 취득시기, 취득금액, 보유기간 등을 적용하여 양도소득금액을 계산한다.

나. 양도자산에 대한 지분비율과 손익분배비율이 다른 경우

양도소득세는 양도소득세 과세대상자산을 양도하는 경우 공동사업 소유 합유재산에 대한 소유자로서의 권리는 지분비율에 의하는 것이므로 양도소득금액을 실지거래가액으로 계산하는 경우에는 자기지분을 초과하여 분배받는 금액은 해당 분배받은 자의 양도가액에 포함되어 양도소득금액계산에 영향을 미치게 된다(재산세과-2476, 2008.08.27.).

다. 합유자 1인 사망 후 양도 시 양도세의 납세의무자

토지를 공동으로 취득하여 매매를 원인으로 합유자 3인 명의로 소유권 이전등기한 이후 합유자 중 1인이 사망하여 나머지 2인의 명의로 소유권 변경등기를 완료하고 그 토지를 양도한 경우, 해당 토지의 양도에 따른 양도소득세 납세의무자는 합유자 1인이 사망 후 소유권 변경등기한 나머지 2인이 된다(법규과-782, 2005.10.25.).

2) 조합 탈퇴(구성원 변경 포함)로 출자자산 반환 시 양도소득세 과세

공동사업에 참여한 조합원이 탈퇴(제3자로 변경하는 경우 포함)함에 따라 자기지분(탈퇴자의 현물출자분 및 출자 후 조합이 취득한 자산 중 탈퇴자의 지분을 말함)에 상당하는 대가를 잔여 또는 신규가입조합원으로부터 받는 경우 및 사용권만을 출자한 자산을 다른 자산과 교환한 경우에는 그에 상당하는 지분이 사실상 유상으로 양도된 것으로 보는 것이나, 자기지분을 조합의 현물자산으로 그대로 반환받는 경우(단순히 공유물을 분할하는 경우 포함)에는 양도로 보지 아니한다(재재산-550, 2005.11.10.; 부동산거래관리과-336, 2010.03.05.; 부동산거래관리과 -548, 2012.10.12.).

◆ 출자지분 반환 관련 과세요약

○ 조합원이 공동사업을 탈퇴하는 경우 조합원의 지분은 탈퇴 당시의 조합재산 상태에 의하여 계산하며, 출자재산의 종류 여부에 불구하고 금전으로 반환이 가능함

- 이 경우 조합자산은 공동사업 필요상 제한을 받게 되나 그 실질적 주체는 조합원으로서 조합의 취득·양도는 조합원이 각각 그 지분만큼 취득·양도한 것이 되기 때문에

- 탈퇴자의 출자 해당분과 조합이 취득한 재산에 대하여 탈퇴자의 지분 해당분 중 양도소득세 과세대상 자산에 대하여는 양도소득세의 과세대상임

- 다만, 조합원의 변동이 있더라도 해당 조합이 별도의 해산사유에 해당하지 아니하는 경우에는 조합은 동일성을 계속 유지·존속하는 것임

○ 현물출자자산 중 탈퇴자의 출자지분 해당분이나 출자 후 조합이 취득한 자산 중 탈퇴자의 지분에 해당하는 자산을 그대로 탈퇴자가 현물로 받는 경우에는 사실상 유상의 이전에 해당하지 아니하여 양도소득세 과세대상이 아님

- 이는 탈퇴자의 출자분대로 현물로 받는 것은 합유지분으로 제한된 소유권을 탈퇴에 의하여 자기 자신의 것으로 그 소유권을 온전히 회복하는 것에 불과하여 유상이전으로 볼 수 없기 때문임

- 그러나, 자기의 출자지분에 비해 현물반환이 적은 경우에는 탈퇴자가, 출자지분에 비해 현물반환이 많은 경우에는 잔여 조합원이 그 상대방에게 사실상 유상이전한 것으로 양도소득세의 과세대상이며

- 조합재산이 아닌 타 부동산으로 반환받는 경우 자산의 교환거래에 해당하여 출자지분 전부가 양도소득세의 과세대상임(부동산거래관리과-336, 2010.03.05.; 부동산거래관리과-548, 2012. 10.12.).

○ 공동사업자로부터 자신의 지분비율에 해당하는 양도소득금액을 지급받지 못한 경우라 하더라도 다른 공동사업자에 대하여 약정에 따른 이익분배청구권이 있을 뿐 양도소득금액은 권리의무확정주의에 따라 자신에게 귀속되는 것임(대법원2011두4275, 2011.06.10.).

3) 출자금의 일부 반환으로 출자비율과 등기비율이 달라진 경우 과세여부

가. 사실관계

○ 본인과 본인의 장남, 차남은 아래의 임대빌딩을 공동 구입하여 각각 지분을 50%, 30%, 20%를 기재한 공동소유등기한 후 임대 중에 있음

- 아 래 -

구분	취득가격	소유자 및 출자금			비고
		본인	장남	차남	
계	10억원	5억(50%)	3억(30%)	2억(20%)	

○ 위 장남은 자기의 개인적 용도로 출자금 2억원을 인출하였으나 등기상의 변동내역은 없음

○ 장남의 인출로 인하여 부동산 등기비율과 출자비율에는 아래와 같이 변경됨

- 아 래 -

계	본인		장남		차남		비고
	등기비율	출자비율	등기비율	출자비율	등기비율	출자비율	
100%	50%	62.5%	30%	12.5%	20%	25%	

나. 쟁점

○ 이 경우 양도소득세 과세 여부

(갑설)

- 위 공동 소유자산의 소유자별 지분(50/100, 30/100, 20/100)에 불구하고 공동사업의 출자지분 (62.5/100, 125/100, 25/100)이 변동되면 양도소득세를 과세하여야 한다.

- 문제점 : 공동 사업의 경우 사업연도 중 수시로 일시적인 출자자별 인출금 변동이 있는데 그 때마다 양도소득세는 과세하기가 곤란하고, 양도소득세가 과세된 후 인출금을 입금한 경우 다시 역으로 과세하여야 하는 현상이 발생됨

(을설)

- 공동사업자가 신규 출자하거나 탈퇴하는 것이 아니고 공동사업 기간 중 소유부동산의 공유지 분에도 변동이 없는 한 단순 출자금액의 변동이 있는 것이므로 양도소득세 과세대상이 아님.

다. 국세청 회신

소득세법상 "자산의 양도"라 함은 소득세법 제4조 제3항에 의하여 자산에 대한 등기 또는

등록에 관계없이 매도, 교환, 법인에 대한 현물출자 등으로 자산이 사실상 유상으로 이전된 경우를 말하는 것이며, 귀 질의의 경우 부동산의 공유지분이 변동되는 때는 양도소득세가 과세되는 것이라고 회신하였다(재일46014-1882, 1995.07.24.). 공유지분 변동을 전제로 한 것도 의문이고, 출자지분 양도 시 부동산 등기 지분별로 양도소득세를 계산한다는 회신사례에 비추어 타당한 회신인가하는 의문이 드는 회신이다.

4) 관련 사례

□ 현금반환이 있는 경우

○ 공동사업을 해지하거나 구성원 중 어느 한 명이 탈퇴하는 경우 지분권이 변동하게 되며, 구성원의 지분환급권 자체는 채권이나 이의 실행으로 탈퇴자가 금전을 수령하게 되면 탈퇴자는 합유자산의 소유권을 상실하고 동시에 조합자산에 대한 지분은 감소됨으로써 실질적으로 자산의 유상이전이 발생하게 되므로 양도소득세의 과세대상임.

○ 공동사업에 참여한 조합원이 탈퇴(제3자로 변경하는 경우 포함)함에 따라 자기지분(탈퇴자의 현물출자분 및 출자 후 조합이 취득한 자산 중 탈퇴자의 지분을 말함)에 상당하는 대가를 잔여 또는 신규가입조합원으로부터 받는 경우 그에 상당하는 지분이 사실상 유상으로 양도된 것으로 보는 것임(재재산46014-302, 1997.08.30.; 대법89누3175, 1989.10.24.).

□ 출자지분을 현물로 반환하는 경우

○ 현물출자자산 중 탈퇴자의 출자해당분이나 출자 후 조합이 취득한 자산 중 탈퇴자의 지분에 해당하는 자산을 탈퇴자가 그대로 현물로 반환받은 경우에는 사실상 유상대가의 이전이 없으므로 양도에 해당하지 아니함(재재산-550, 2005.11.10.).

○ 합자회사에 토지를 현물출자하고 유한책임사원이 되었다가 퇴사 시 지분환급으로 위 토지를 받은 경우에는 원상회복에 해당되므로 양도세 부과처분은 위법함(대법원86누111, 1986.06.24.; 국심2005중1241, 2005.07.08.; 재재산46014-302, 97.8.30.(후반부); 재재산-550, 2005.11.10.).

○ 공동사업에 참여한 조합원이 탈퇴(제3자로 변경하는 경우 포함)함에 따라 자기지분(탈퇴자의 현물출자분 및 출자 후 조합이 취득한 자산 중 탈퇴자의 지분을 말함)에 상당하는 대가를 잔여 또는 신규가입 조합원으로부터 받는 경우 그에 상당하는 지분이 사실상 유상으로

양도된 것으로 보는 것이나, 공동사업 구성원이 공동사업을 해지하고 출자지분을 반환받음에 있어서 공동사업의 현물자산(토지 및 건물) 중 자기의 지분에 상당하는 현물자산을 그대로 환원하는 경우에는 소득법 제88조의 규정에 의한 유상이전(양도)에 해당하지 아니함(재재산-550, 2005.11.10.; 재산01254-3230, 1985.10.29.; 제도46014-11902, 2001.07.04.).

□ 합유부동산의 구성원 공유지분 변동은 양도세 대상임

소득세법상 "자산의 양도"라 함은 자산에 대한 등기 또는 등록에 관계없이 매도, 교환, 법인에 대한 현물출자 등으로 자산이 사실상 유상으로 이전된 경우를 말하는 것이므로, 부동산의 공유지분이 변동되는 때는 양도소득세가 과세되는 것임(재일46014-1882, 1995.07.24.).

□ 단순분할등기

○ 공동소유의 토지를 소유지분별로 단순히 분할만 하는 경우 및 대가관계 없이 '합유'에서 '공유'로 등기만 경료하는 경우에는 「소득세법」 제88조 제1항에서 규정하는 양도에 해당하지 아니하는 것임(서면4팀-1611, 2005.09.07.; 재재산46014-285, 1998.09.30.).

※ 공동사업에 현물출자한 후 그 출자지분이 감소하는 경우, 공유물 분할 시 소유지분이 변경되는 경우 그 변경(감소)되는 부분이 유상 또는 무상으로 이전되는지에 따라 양도소득세 또는 증여세 부과됨.

○ 공유하고 있는 부동산을 실질적인 지분 변동 없이 단순히 분할등기만 하는 경우에는 양도에 해당하지 아니하는 것이나, 공동사업자가 사업용 건물을 취득하여 공동사업을 영위하다 공동사업을 해지하고 건물을 각각 구성원의 지분별로 분할등기하는 것은 소득법 제88조의 자산의 유상이전에 해당하여 양도소득세의 과세대상이 되는 것이며, 이는 또한 출자지분의 현물반환에 해당하여 부가법 제9조 제1항에 따라 부가가치세가 과세되는 것임(서면4팀-1831, 2006.06.16.).

□ 장부에서 인출하여 새로운 공동사업용으로 사용하는 경우

공동사업을 영위하던 사업자가 사업용 자산의 일부를 장부에서 인출하여 소유권의 변동 없이 공동사업자의 당초 출자 지분 비율대로 새로운 공동사업을 개시하는 경우에는 자산의 유상양도에 해당하지 아니함.

제6절 조합원에 대한 상속·증여세 과세

1. 공동사업과 상속세

1) 상속재산

상속세는 상속·유증·사인증여 또는 상속인이 없이 민법규정에 따라 특별연고자에게 상속재산의 일부가 귀속되어 재산이 무상으로 이전되는 경우에 그 상속재산에 대하여 부과하는 조세로서 상속세의 과세대상이 되는 상속재산에는 피상속인에게 귀속되는 재산으로 금전으로 환가할 수 있는 경제적 가치가 있는 모든 물건과 재산적 가치가 있는 법률상 또는 사실상의 모든 권리를 포함하며 거주자의 사망으로 인하여 상속이 개시되는 경우에는 상속개시일 현재 피상속인이나 상속재산에 관련된 공과금, 장례비용, 채무 등은 상속재산가액에서 차감한다.

2) 상속재산가액 등의 계산

가. 국세청의 해석

피상속인이 공동사업자인 경우 해당 공동사업체의 사업용재산 중 피상속인 단독명의의 재산은 전액 상속재산가액에 포함하며, 개인별 소유구분이 없는 자산과 부채는 공동사업자의 투자비율에 따라 안분계산하여 피상속인의 지분상당액을 각각 상속재산가액 및 채무에 포함한다(재산세과-950, 2009.05.15.). 즉 피상속인의 공동사업과 관련된 상속개시일 현재 채무는 자신의 지분비율에 해당하는 금액만큼 상속재산가액에서 공제한다(재삼01254-2183, 1992.08.25.; 재산01254-1991, 1988.07.16.).

피상속인이 공동사업과 관련하여 재산의 처분 또는 채무의 변제 등이 있는 경우 상증법 제15조에 규정하는 상속개시일 전 처분재산 등의 상속추정 등 해당여부 판정에 있어 이를 공동사업 외의 처분재산 등과 동일하게 통산하여 판단한다.

공동사업장이 소유한 재산은 합유 또는 합유적으로 그 공동사업 구성원 간의 지분 형태로 소유하게 되므로 동 재산에 대한 권리와 의무는 단독소유권과 동일시되어야 하므로 그 공동사업지분에 상당하는 재산을 상속재산가액에 산입하여야 하는 것이 실질과세원칙에 부합할 것이다.

그러나, 현재까지 국세청은 공동사업에 속한 재산이더라도 단독명의의 자산(부동산 등)은 전액 상속재산가액에 포함하여 과세하는 것으로 해석하면서 한편으로는 상속재산 중 피상속인이 타인과 함께 합유등기가 되어 있는 경우 그 부동산 가액 중 피상속인의 몫(지분)에 대하여 상속세가 부과되는 것으로 해석하고 있다(재삼46014-887 , 1997.03.31.).

나. 국세청 세법해석에 대한 비판

"갑"과 "을(피상속인)"의 조합 내부 손익분배비율이 50 : 50이라면 임대용 토지의 1/2 지분만을 상속재산가액에 포함하여야 하는데, 과세관청은 해당 토지 전체를 상속재산가액에 포함하여 상속세 과세가액을 산정하고 있다. 공동사업인 임대업에서 발생한 임대보증금반환채무는 손익분배비율에 따라 안분하는 것이 적법하다면 피상속인이 공동사업에 출자한 해당 토지의 1/2 지분만큼 상속세 과세가액을 높게 정하여 결정한 처분에 위법이 있다는 것이 대법원의 판결이다(대법원2019두56609, 2020.02.13.).

양도 시 또는 상속세 계산시 소유지분비율대로 과세한다는 국세청의 해석은 위 판례나 실질과세원칙에 비추어도 타당하지 않다고 본다. 아울러 조합에의 현물출자를 등기 여부에 불문하고 양도소득세를 과세한다거나, 손익분배비율 변동 시에도 양도소득세를 과세한다는 해석에 비추어도 앞 "1)"의 해석은 정당성을 찾을 수 없다.

소유지분비율대로 과세한다는 것은 지극히 과세행정편의적이고 국고적인 해석으로 보이며, 적어도 양도소득세 과세가 이루어진 경우에는 그 양도소득세 과세 당시의 현황을 반영하여 상속세 과세가액을 산정하여야 할 것이다.

3) 공동사업과 관련된 상속재산의 평가

공동사업에 사용하는 자산과 부채의 평가방법에 대하여 세법에 달리 규정한 바가 없으므로 상속개시일 현재 상증법 제60조 내지 제66조에 따라 평가하여야 한다(재산세과-950, 2009.05.15.).

4) 관련 사례

□ 잔존합유자가 부동산에 대한 양도 대가 중 일부를 10년 이상 경과 후 사망한 합유자의 상속인에게 지급하는 경우

○ 토지를 합유로 공동소유한 4인의 합유자 중 2인이 사망(「민법」 제717조에 따른 비임의 탈퇴에 해당함)한 후 잔존합유자가 해당 토지를 양도하는 경우 합유자의 사망일에 사망한 합유자의 소유지분을 균분 취득한 것으로 보아 양도차익을 산정하는 것임.

- 이 경우, 사망한 합유자의 상속인은 상속개시일 현재 해당 지분 상당의 가액에 대한 지분환급(출급)청구권은 상속인의 상속재산가액에 해당하는 것임. 또한 상속인이 잔존 합유자에 대해 지분출급채무를 면제한 경우에는 상증법 제36조에 따라 그 채무면제로 인한 이익에 상당하는 금액을 잔존합유자의 증여재산가액으로 하는 것이며, 이 경우, 증여시기는 청구권(채권)포기 또는 채무면제의 의사를 표시한 때이며, 「민법」 제162조에 따른 소멸시효가 완성된 경우에는 소멸시효가 완성된 날임.

○ 지분출급채무가 소멸된 잔존합유자가 해당 부동산의 양도 대가 중 일부를 사망한 합유자의 상속인에게 지급하는 경우 해당 가액은 증여재산가액에 포함됨(사전-2016-법령해석재산-0226, 2016.09.09.; 기준2015 법령해석재산-0047, 2015.04.20.).

□ 부동산 합유자 중 일부가 사망한 경우 소유권이 합유자 상속인에게 승계되는지 여부

○ 합유는 법률의 규정 또는 계약에 의하여 수인의 조합체로서 물건을 소유하는 형태이고, 조합은 2인 이상이 상호출자하여 공동사업을 경영할 것을 약정함으로써 성립되며, 합유가 성립되면 합유물의 처분 또는 변경과 합유지분의 처분에는 합유자 전원의 동의가 필요하고, 합유자는 합유물의 분할을 청구하지 못함.

○ 부동산의 합유자 중 일부가 사망한 경우 합유자 사이에 특별한 약정이 없는 한 사망한 합유자의 상속인은 합유자로서의 지위를 승계하는 것이 아니므로 해당 부동산은 잔존 합유자가 2인 이상일 경우에는 잔존 합유자의 합유로 귀속되고 잔존 합유자가 1인인 경우에는 잔존 합유자의 단독소유로 귀속됨.

- 따라서 합유자로서의 지위는 원칙적으로 피상속인의 일신전속적인 권리의무관계로서 상속인에게 승계되지 않음(대법원93다39225, 1994.03.25.).

○ 예컨대 합유자인 "갑"과 "을" 사이에 합유지분을 상속인에게 승계한다는 특별한 약정이 있음을 인정할 아무런 자료가 없는 이상, 합유재산 중 "을"의 지분은 "을"의 사망으로 인한 조합탈퇴에 따라 잔존 합유자인 "갑"에게 단독으로 귀속된다고 할 것이므로, "을"의 상속인인 "병"이 "을" 지분에 해당하는 지분출급청구권을 포기하거나 "갑"에게 지분출급채무를 면제한 때에 지분출급금액 상당을 증여한 것으로 보는 것은 별론으로 하더라도 "갑"이 "을" 소유 합유지분에 관하여 "갑" 명의로 소유권변경등기를 경료한 것에 대하여 "병"이 이를 상속한 다음 "갑"에게 증여한 것으로 볼 수는 없으므로 합유재산 중 "을" 소유의 지분 자체가 상속재산에 해당함을 전제로 부과처분은 위법함(대법원2009두10765, 2009.10.15.).

□ 비법인사단의 사원 지위는 정관 등으로 달리 정함이 없는 이상 상속되지 아니하므로 조합의 구성원 지위로 받은 임대소득은 상속인에게 귀속되지 않음

○ A조합은 권리능력 없는 사단으로 조합원이었던 망인을 비롯한 조합원들이 상가를 신축하여 분양·임대·관리하는 사업을 위하여 조합을 설립하고 부속 토지 중 그 소유 부분에 대한 사용권을 조합에 출자하였으며, A조합은 동 토지를 수분양자들에게 임대하여 발생한 소득 등 이익을 토지 소유권 상실 여부와 관계없이 확정된 지분율에 따라 구성원인 조합원들에게 분배하고 있어 해당 조합의 사업에서 발생하는 이익은 그 구성원들을 납세의무자로 하여 각자에게 분배되는 소득금액에 대하여 소득세를 납부하는 것임.

○ 그러나, 비법인사단의 사원 지위는 정관 등으로 달리 정함이 없는 이상 상속되지 아니하고 A조합의 정관에서도 사원의 지위 상속을 정하고 있지 아니하므로 망인은 2009.05.19. 사망과 동시에 A조합의 구성원 지위를 상실하였는 바, 동 조합의 토지임대에 따른 2010년분 소득은 망인이나 망인의 상속인에게 귀속된다고 할 수 없음(서울행정법원2017구합51358, 2017.11.10.).

□ 공동사업자의 가업상속공제 여부

○ 피상속인(51%)과 상속인(49%)이 공동으로 출자하여 공동대표자로 경영한 개인사업체의 피상속인 지분을 공동출자한 상속인이 전부 상속받는 경우 상증법 제18조 제2항 및 같은 법 시행령 제15조에 따라 가업상속공제를 적용할 수 있는 것임(서면-2015-법령해석재산 -0448, 2015.07.02.).

○ 특수관계없는 개인 A, B가 50%의 지분으로 개인 공동사업을 경영하던 중 공동 사업자 A의 사망으로 상속이 개시되어 A의 상속인 1인이 가업을 상속받아 상증법 제18조 제2항 제1호에 따른 가업상속공제를 적용 받은 이후 다른 공동사업자 B가 사망한 경우 B의 상속인에 대해서는 상증령 제15조 제3항 단서에 따라 가업상속공제를 적용할 수 없음(서면법규과 -556, 2014.05.30.).

○ 상증법 제18조 제2항 제1호에 따른 가업이 소득법을 적용받는 가업인 경우, 상속개시일 현재 18세 이상이면서 상속개시일 2년 전부터 계속하여 직접 가업에 종사한 상속인 1명이 상속재산 중 가업에 직접 사용되는 토지, 건축물, 기계장치 등 사업용 자산 전부를 상속받아 상속세 과세표준 신고기한까지 임원으로 취임하고, 상속세 신고기한부터 2년 이내에 대표이사로 취임한 경우에는 가업상속공제를 적용받을 수 있음.

  - 다만, 2011.01.01.이후 상속분부터는 상증령 제15조 제3항 단서에 따라 피상속인인 최대주주 또는 최대출자자 중 1인에 한하여 가업상속공제가 적용되는 것으로, 부모가 공동사업(중국음식점)을 영위하다가 순차적으로 상속이 개시되는 경우로서 귀 질의 1의 경우 가업상속을 받은 장남이 모로부터 받는 가업상속재산에 대해서는 가업상속공제가 적용되지 아니하나, 질의 2의 경우 가업상속을 받은 모로부터 장남이 받는 가업상속재산에 대해서는 가업상속공제가 적용됨(재산세과-375 , 2012.10.15.).

□ 공동사업에 대한 토지와 건물은 등기부상 지분율을 적용하고 그 외의 자산 및 부채는 액만을 상속재산가액에서 차감한 처분은 정당함(대법원2010두18062, 2010.12.09.).

□ 공동사업에 대한 토지와 건물은 등기부상 지분율을 적용하고 그 외의 자산 및 부채는 손익분배비율에 따라 피상속인의 지분을 결정한 것은 타당함(국심2005서99, 2006.05.03.).

□ 피상속인이 공동사업자로 사업자등록을 하여 부가가치세 및 종합소득세 신고·납부를 이행하였고 과세관청이 이러한 신고를 적정하다고 인정한 경우 상속개시일 현재 임대보증금을 지분비율만큼 상속재산가액에서 차감할 채무로 인정함이 타당함(국심2005서2808, 2006.10.30.).

□ 공동사업자가 환급받을 부가가치세액 중 피상속인 외의 사업자에게 귀속될 금액까지 피상속인의 납부할 다른 세목의 세금에 충당됨으로써 피상속인이 상속개시일 현재 그 금액을 변제해 주어야 할 것으로 확인되는 때에는 채무로 공제받을 수 있음(재산46014-1935, 1999.11.03.).

□ 공동사업의 금융재산으로서 상속재산가액에 포함되는 것은 금융재산 상속공제가 가능한 것이나, 공동사업에 현물출자함에 따라 취득한 출자지분은 금융재산 상속공제 대상에 해당하지 아니함(재삼46014-1543, 1999.08.13.; 재재산46014-249, 2001.10.10.).

2. 공동사업과 증여세

1) 증여 및 증여세 과세가액

타인의 증여에 의하여 재산을 취득한 자(수증자)는 증여세를 납부할 의무가 있다. 이 경우 「증여」라 함은 "그 행위 또는 거래의 명칭·형식·목적 등에 불구하고 경제적 가치를 계산할 수 있는 유형·무형의 재산을 타인에게 직접 또는 간접적인 방법으로 무상으로 이전(현저히 저렴한 대가로 이전하는 경우 포함)하는 것 또는 기여에 의하여 타인의 재산가치를 증가시키는 것"을 말한다. 증여세 과세가액은 증여일 현재 상증법에 따른 증여재산가액의 합계액에서 해당 증여재산에 담보된 채무로서 수증자가 인수한 금액을 차감한 금액으로 한다.

2) 공동사업에 따른 증여세 과세

특수관계 없는 자 간에 부동산을 무상 또는 시가보다 낮거나 높은 대가를 지급하고 사용하는 경우에는 거래의 관행상 정당한 사유가 있다고 인정되는 경우를 제외하고는 상증법 제42조

제1항 및 상증령 제27조에 따른 이익상당액에 대하여 증여세가 부과된다(서면4팀-143, 2004.02.26.).

소득법에 따른 공동사업을 영위하는 경우로서 정상적인 대가를 지급하고 취득한 출자지분에 대하여는 증여세가 과세되지 아니하는 것이나, 공동사업에 출자한 지분과 다른 손익분배의 비율에 의하여 소득금액을 분배받은 경우에는 그 출자한 지분에 상당하는 소득금액을 초과하는 금액에 대하여는 증여세가 과세된다(서면1팀-1453, 2005.11.30.).

2인 이상이 공동으로 건물을 신축하고 소유권보존등기를 함에 있어서 상증법상 건물평가액의 비율이 자기가 부담한 건축비용의 비율을 초과하는 경우 그 초과부분에 대하여는 증여가 된다(재삼46014 - 2402, 1995.09.12.).

거주자가 특수관계인에게 토지를 무상으로 임대하는 행위는 용역의 무상공급에 해당되고 소득법상 부당행위계산의 부인대상에 해당되나, 직계존비속 간 또는 그 밖에 특수관계인 간에 공동사업을 영위하는 경우로서 공동사업장에 무상임대하고 손익분배의 비율에 의하여 공동사업장의 소득금액을 분배받은 경우에는 소득세 및 증여세가 부과되지 않는다.

3) 출자지분에 대한 증여

가. 증여가액의 산정

공동사업에 출자한 지분이 증여세의 과세대상이 되는 경우 해당 출자지분은 금전뿐만 아니라 공동사업에 출자의 대상이 되는 기타재산 또는 노무를 반영한 출자의 대상이 되는 모든 자산을 의미한다(서면4팀-2533, 2005.12.19.; 서면1팀-1453, 2005.11.30.). 따라서 父子가 공동사업체를 운영하다가 子 단독사업체(父의 지분 무상취득)로 전환하는 경우 父의 지분에 해당하는 사업체 재산에 대하여 증여세가 과세되는 것이며, 해당 공동사업체 재산에는 영업권도 당연히 포함된다. 다만, 직계존비속 간에도 이미 과세(비과세 또는 감면받은 경우 포함)받았거나 신고한 소득금액 또는 상속·수증재산의 가액 및 본인 소유재산의 처분금액으로 그 대가를 지출한 사실이 입증되는 때에는 증여세가 과세되지 아니한다(재삼46014-1797, 1994.07.04.).

◆ 부담부증여 시 증여가액에서 공제하는 채무는 증여재산에 담보된 채무에 한하는 것이므로 외상매입금 등 특정재산에 담보되지 아니한 사업상 부채는 공제되지 않는 것이나,

- 부담부증여에 관한 규정은 개별재산의 증여에 적용되는 것이고, 공동사업체 출자지분 인수와 같이 개인사업체의 자산·부채를 포괄적으로 증여받는 경우에 적용하는 것은 타당하지 아니한 것이므로
- 공동사업체의 출자지분을 자녀가 포괄적으로 증여받아 사업을 계속하는 경우에는 공동사업체의 자산총액(영업권가액 포함)에서 그 자산에 담보된 채무이든, 별개의 사업상 채무이든 구분 없이 공동사업장의 모든 부채를 차감한 가액 중 증여자의 출자지분에 상당하는 금액을 증여재산가액으로 봄이 타당함

나. 손익분배비율에 따른 소득금액 및 지분가액을 초과한 대가

「소득세법」의 규정에 의한 공동사업을 영위하는 경우로서 정상적인 대가를 지급하고 취득한 출자지분에 대하여는 증여세가 과세되지 아니하는 것이나, 공동사업에 출자한 지분과 다른 손익분배의 비율에 의하여 소득금액을 분배받은 경우에는 그 출자한 지분에 상당하는 소득금액을 초과하는 금액에 대하여는 증여세가 과세된다(서면1팀-1453, 2005.11.30.).

공동사업자가 탈퇴하면서 그 대가를 받지 아니하고 무상으로 탈퇴하는 경우 탈퇴자가 잔여 조합원에게 증여한 것으로 보아 탈퇴자의 지분상당액에 대하여 증여세를 과세한다.

공동출자자의 지분을 초과하여 자산을 배분하는 것은 그 자산에 대한 유상 또는 무상여부에 따라 양도소득세 또는 증여세가 과세된다(서면4팀-612, 2008.03.11.).

다. 기여도 등을 반영한 지분율 변동이 있는 경우

공동사업을 영위하는 자 간에 당초 지분율을 변경하기로 약정하고 지분율을 변경한 경우로서 공동사업자 간의 지분비율이 해당 공동사업자들의 해당 사업에 대한 출자, 노무제공, 경영능력, 거래형성에 대한 기여도, 명성 등을 종합적으로 고려한 사업상 이해관계에 따라 변동된 경우 그 변동된 지분비율에 따라 분배된 이득금액에 대하여는 소득법 제43조 제2항에 따라 소득세가 부과된다(재재산-96, 2006.01.25.). 다만, 별도의 약정이 없는 한 합유재산은 균등한 지분으로 소유하고 있는 것으로 보며, 이를 공유로 변경 등기함에 있어 당초 자기지분을 초과하는 경우 그 초과부분은 다른 공유자로부터 증여받은 것으로 본다. 즉 자기지분을 초과하여 받은 재산에 대하여는 증여세가 부과된다.

4) 관련 사례

□ 공동사업 구성원에 대한 증여가 있었는지

토지의 소유자들이 각 소유 토지 위에 공동으로 건물을 건축하는 경우 다른 약정이 없는 한 그 건물의 소유관계는 출자한 건축비의 비율에 따라 정해지고, 건축비의 실제 출자액을 확정할 수 없는 단계에서는 아직 증여의 여부도 단정할 수 없는 바, 수인이 공유인 대지들 위에 연립주택을 건축, 분양하는 공동사업을 경영하기로 하고 건축비는 연립주택의 분양대금으로 충당하기로 하여 이를 건축한 후 그들 공유로 보존등기를 마쳤는데 과세관청의 증여세 부과처분 당시까지 일부가 분양되고 일부가 임대되었으며 이후에도 임대 및 분양이 계속되었음이 인정된다면, 특별한 사정이 없는 한 위 연립주택의 건축비의 실제 출자액이 확정되지 않아 아직 증여여부도 확정되지 아니한 상태에 있다면 과세관청이 그 상태에서 건물 소유권의 일정 지분에 대한 증여가 있다 하여 증여세 부과처분을 한 것은 위법함(대법원96누5032, 1997.03.28.).

□ 특수관계인 간 공동사업 영위 시 무상임대에 대한 증여 여부

○ 아버지와 아들이 소득세법의 규정에 의한 공동사업자로서 부동산임대업을 영위하는 경우에는 상증법 제37조 제1항에 따른 특수관계에 있는 자의 토지를 무상으로 사용하는 경우에 해당하지 않는 것임(재재산46014-396, 1997.11.19.).

○ 토지를 공동소유하고 있는 자가 해당 토지 위에 토지소유지분과 다르게 건물을 신축하여 소득법에 따른 공동사업자로서 부동산임대업을 영위하는 경우에는 같은 법 제37조 제1항에 따른 특수관계에 있는 자의 부동산을 무상으로 사용하는 경우에 해당하지 아니하는 것임(서면4팀-1922, 2004.11.29.).

○ 상증법 제37조에 따라 특수관계에 있는 자의 부동산을 무상으로 사용함에 따라 이익을 얻은 경우에는 해당 이익상당액을 부동산 무상사용자의 증여재산가액으로 하는 것이나, 토지지분이 없는 자가 토지를 소유한 배우자 및 자녀와 함께 해당 토지에 건물을 신축하여 소득세법의 규정에 의한 공동사업자로서 부동산임대업을 영위하는 경우에는 부가가치세법상 특수관계에 있는 자의 부동산을 무상으로 사용하는 경우에 해당하지 아니함(서면3팀-1090, 2004.06.08.; 서면4팀-791, 2004.06.04.).

○ 공동사업을 영위하지 아니하고 토지소유자에게 정상적인 토지임대료를 지급하는 경우에도 이익의 증여는 없다(재산세과-37, 2012.02.03.).

□ 구성원 1인 명의 예금계좌의 입금액에 대한 증여세 과세

형제들이 부동산임대사업을 공동으로 영위하는 경우로서 임차인으로부터 받은 임대료를 편의상 1인 명의의 예금계좌에 입금한 후 공동사업의 손익분배비율에 따라 다른 형제들에게 분배하는 경우에는 증여세 과세문제가 발생하지 않는 것이나, 증여목적으로 배우자 등의 명의의 예금계좌에 현금을 입금한 경우 그 입금시기에 배우자 등에 증여한 것으로 보는 것임(재산상속46014-1337, 2000.11.07.; 서면4팀-156, 2005.01.20.).

□ 공동사업장의 임대보증금에 대한 귀속자

○ 공동으로 소유하는 토지와 건물에 대하여 임대차계약이 체결된 경우 증여재산가액에서 차감할 임대보증금은 실지 임대차계약 내용에 따라 그 귀속을 판정하는 것이며, 공동소유자 중 1인만이 임대차계약을 체결한 경우에 있어서 해당 임대보증금은 임대차계약의 당사자에게 귀속되는 것으로 하는 것임(서면4팀-2161, 2004.12.31.; 상증통칙 14-0…3).

○ 공동으로 부동산 임대업을 영위하는 父子(각각 1/2지분)가 인상된 임대보증금 5억원 중 子가 3억원을 인출하여 사용한 경우 지분 초과액 5천만원은 증여한 것으로 인정되는 것임(국심2003전2395, 2003.11.28.; 국심2000중4, 2000.07.25.).

□ 4인 공동으로 부동산 취득 시 1인 명의로 대출받은 금전에 대하여 취득자금 출처 인정여부

4인이 공동으로 부동산을 취득함에 있어서 금융기관으로부터 1인 명의로만 금전을 대출받아 그 대출금으로 부동산 취득자금에 충당하였으나, 그 대출금에 대한 이자지급, 원금의 변제상황 및 담보제공 사실 등에 의하여 사실상의 채무자가 공동으로 부동산을 취득한 4인인 것으로 확인되는 경우에는 4인 각자가 부담하는 대출금은 각자의 취득자금출처로 인정받을 수 있는 것임(재산세과-426 , 2012.11.28.).

□ 부부가 공동사업을 영위하는 경우로서 소득금액을 부부 중 1인이 모두 분배받은 경우 증여세 과세여부

부부가 공동사업을 영위하는 경우로서 공동사업장에 출자한 지분에 따른 손익분배의 비율에 의하여 소득금액을 각자가 분배받은 경우에는 증여세가 과세되지 아니하는 것이나, 부부 중 1인이 모두 분배받은 경우에는 소득금액 중 다른 1인의 출자지분에 상당하는 소득금액을 증여받은 것으로 보아 증여세가 과세되는 것임. 다만, 그 증여재산이 상증법 제46조제5호 및 상증령 제35조에 따른 사회통념상 인정되는 피부양자의 생활비에 해당하는 경우에는 증여세가 비과세되는 것임(서면4팀-2305 , 2007.07.27.).

□ 공동사업체의 출자지분 증여 시 증여가액 산정방법

사업용재산 중 부동산의 소유지분을 포함한 출자 비율과 손익분배비율이 동일한 공동사업체의 지분을 공동사업자 중 1인으로부터 포괄적으로 증여받은 경우에는 평가기준일 현재 당해 공동사업체의 재산별로 상증법 제60조 내지 제66조의 규정에 의하여 평가한 가액의 합계액에서 부채를 차감한 가액 중 증여자의 지분에 상당하는 가액을 수증자의 증여재산가액으로 하는 것이며, 이 경우 공동사업체의 재산가액에는 상증령 제59조 제2항에 따라 계산한 영업권의 가액이 포함되는 것임(서면4팀-1395, 2007.04.30.).

□ 지분감소에 따른 증여세 부과여부

양도소득세 과세대상자산을 공동사업에 현물출자한 후 공동사업자의 지분이 감소하는 경우 그 지분감소에 따른 대가를 받았으면 양도소득세, 무상인 경우에는 증여세가 과세되는 것임(서면1팀-687, 2007.05.25. 외).

제7절 조합에 대한 법인세법 적용

1. 법인세법 적용 개요

개인 공동사업장의 구성원 중에 법인이 포함되어 있는 경우가 많다. 구성원의 인격이 개인이든 법인이든 관계없이 민법상 조합에 해당됨을 부인할 수 없고, 그 구성원이 조합(공동사업장)에 현물출자하여 그것이 조합의 합유물이 된다면 그 합유물은 더 이상 법인 조합원의 자산이 아니다. 즉 조합원 중에 법인이 있다고 하여 민법상 조합에 해당하지 아니한다거나 특별한 예외규정이 있는 것도 아니어서 민법상 조합의 규정은 그대로 적용되어야 한다.

국세청의 유권해석은 조합이 법인이 아닌 거주자 형태로 공동사업(민법상의 조합)을 경영하는 경우 해당 공동사업장에서 발생한 수익 및 비용은 동업계약에 따른 지분비율에 의하여 안분한 금액을 해당 법인의 익금과 손금으로 계상하고, 조합에 출자한 자산에 대한 자기지분만큼을 법인의 결산서에 반영하고 감가상각을 하도록 해석하고 있다.

1) 법인과 개인이 개인사업자 형태로 공동사업을 영위하는 경우

법인과 개인이 동업계약으로 공동사업을 영위하는 경우, 해당 공동사업장이 개인사업자로 운영한다면 해당 공동사업장의 자산·부채 및 수입·지출 등에 관한 거래금액 중 해당 법인 구성원의 지분에 해당하는 금액에 대하여만 법인세를 적용하여 해당 법인의 익금과 손금으로 인식한다.

2) 법인과 법인이 개인사업자로 사업자등록을 하여 공동사업을 영위하는 경우

법인과 법인이 동업계약에 의하여 공동사업을 영위하는 경우, 해당 공동사업장이 거주자 형태(개인사업자)로 운영한다면 해당 공동사업장에서 발생하는 수익과 손비는 동업계약에 의한 지분비율로 안분하여 이를 각 법인의 익금과 손금으로 계산한다. 공동사업장의 합유물인 사업용 자산에 대해서도 공동사업자 지분비율에 의하여 안분한 금액을 각 법인의 자산으로 계상하여 각 사업자별 감가상각방법 및 내용연수를 적용하여 감가상각비를 계상한다.

3) 법인과 법인, 법인과 개인이 법인형태로 공동사업을 영위하는 경우

법인과 법인 간 또는 법인과 개인 간 동업계약에 의하여 공동사업을 영위하는 경우로써 해당 공동사업장에 대하여 법인설립등기를 하거나 국기법 제13조에 따라 법인으로 보는 단체가 되는 등 법인형태로 공동사업을 경영하는 경우 해당 공동사업체는 법인세법에 따라 법인세의 납세의무를 진다(소득46011-3086, 1997.11.29.). 이때 공동사업 구성원인 개인과 법인은 공동사업체에 투자한 개인의 주식 또는 출자금으로 회계처리하며, 공동사업체인 법인으로부터 받은 배당금에 대해서는 출자법인 또는 개인의 배당소득으로 본다.

4) 법인과 개인이 동업기업을 설립하여 영위하는 경우

법인과 개인이 조특법 제100조의 15의 동업기업과세특례규정을 적용받는 법인조직을 설립하여 동업기업을 경영하는 경우 해당 동업기업은 법인세 납세의무는 없고, 그 동업기업에 출자한 법인 동업자는 법인세 납세의무, 개인 동업자는 소득세 납세의무가 있다.

2. 구체적 세무처리 방법

1) 공동사업장의 인격과 사업자등록

법인과 개인 또는 법인과 다른 법인이 동업계약에 의하여 공동사업을 영위하는 경우에는 해당 공동사업체의 인격에 따라 법인 또는 개인으로 사업자등록을 하여야 하며 인격이 불분명한 경우에는 국기법 제13조에 따라 판정한다(법인22601-286, 1992.01.31.).

2) 기장의무 및 소득금액계산

법인들이 개인으로 공동사업자등록을 한 경우 소득법에서는 공동사업장을 1거주자(사업자)로 보아 소득금액을 계산하고 장부의 비치·기장의무를 부여하고 있지만 이처럼 공동사업 구성원이 법인인 경우 소득금액계산 등에 관한 별도의 규정을 두고 있지 않다(소득법§87 ③). 다만, 공동사업의 구성원인 법인의 과세소득은 공동사업장에서 발생한 손익을 해당 법인의 경리의 일부로 보아 손익분배비율에 따라 각 사업연도소득을 계산하도록 유권해석으로 운용하고 있을 뿐이다.

예를 들어 "갑"법인과 "을"건설이 민법상 조합으로서 (개인)공동사업자에 해당하는 경우 소득법 제43조 제87조에 따라 소득법에 따른 전체 소득금액을 계산한 뒤 이를 각 법인의 지분비율로 안분하여 각 법인의 익금에 산입하여야 하는지 논란이 있었다.

위 소득법 규정은 개인과 개인이 조합으로 공동사업을 경영할 경우에 적용되는 것이지 법인과 법인이 조합으로 공동사업을 경영할 경우 조특법에 따른 동업기업에 대한 과세특례를 신청하는 경우 외에는 일단 사업장 단위로 소득금액을 계산하도록 하는 규정이 없는 이상, 공동사업장에서 발생한 자산, 부채 및 수입, 지출의 거래금액 중 법인 구성원의 지분에 해당하는 금액을 그 법인의 수익과 손비로 보고 법인세법을 적용하여 법인세 과세표준 및 세액을 신고·납부하여야 하는 것이다(서울행정법원2010구합10365, 2011.05.27.).

3) 수입금액의 신고 및 기장

법원의 판단과 국세청 해석에 따라 법인만으로 구성된 공동사업자는 해당 사업장에 대한 부가가치세 신고·납부 및 사업장 현황신고 의무를 이행하면 되며, 비록 공동사업장이 기장을 하지 않더라도 소득세법상 무기장가산세가 적용될 여지가 없다.

※ 금융기관이 조합의 대표자명의로 되어 있는 예금에 대한 이자를 지급하는 경우 조합으로부터 손익분배비율을 제출받아 조합원별로 소득세 또는 법인세를 원징징수함(법인46013-2672, 1998.09.19.; 서면1팀-287, 2004.02.25.).

◆ **법인이 포함된 공동사업 요약**

○ 법인세법은 공동사업의 소득과세에 대한 별도의 규정이 없고, 소득법은 개인의 소득을 규율하는 법이므로 법인이 구성원인 공동사업에 있어 법인 구성원의 소득계산에 적용할 수 없다.

○ 실무적으로 법인과 법인으로 구성된 공동사업장, 법인과 개인으로 구성된 공동사업장에 대하여 법인 구성원은 자기지분 해당 분을 총액법에 따라 각 사업연도의 소득금액을 산정하면 된다.

○ 해당 공동사업장의 자산, 부채 및 수입, 지출 등에 관한 거래 금액 중 자신의 지분에 해당하는 금액에 대하여 법인세법을 적용해 산출된 금액을 해당 법인의 수익과 손비로 하여 법인세 과세표준과 세액을 신고·납부하는 것이다.

3. 공동사업에서 발생한 익금·손금의 처리

1) 공동사업 법인 구성원의 세무처리 방법

공동으로 사업을 경영하는 법인구성원은 그 공동사업장의 자산·부채 및 수입·지출 등에 관한 거래금액 중 자신의 지분에 해당하는 금액에 대하여 법인세법을 적용하여 산출된 금액을 해당 법인의 수익과 손비로 하여 법인세 과세표준 및 세액을 신고·납부하는 것인 바, 이는 개인 소득세의 경우 총수입금액은 계속적·경상적으로 발생하는 소득만을 과세대상으로 하고(소득원천설), 이에 대응되는 경비만을 비용으로 인정하고 있는 데 반하여 법인의 각 사업연도소득은 순자산 증가설에 의하여 소득의 종류 또는 발생원천을 불문하고 순자산의 증가시키는 거래로 인하여 발생되는 모든 소득에 대하여 과세하는 방법을 채택하고 있어 그 구성원인 법인인 경우 순자산 증가설에 따라 공동사업의 자기 지분율만큼 각각 손익을 인식하여야 하기 때문이다(서면2팀-2498, 2006.12.07.; 법인46012-300, 1998.02.05.; 법인46012-636, 1998.03.14.).

법인이 특수관계 없는 개인과 공동사업을 영위하다 사업부진으로 사업부분을 폐업하는 경우 해당 사업부문에 대한 출자금을 회수할 수 없는 경우의 해당 출자금도 법인의 손금으로 하는 것이며, 공동사업 부문에서 발생한 외상매출금의 대손처리는 법인법상 대손금의 범위에 해당하는 경우 법인의 대손금으로 손금산입할 수 있다(서면2팀-2637, 2004.12.15.).

2) 국세청 및 회계기준원의 해석사례

① 개인과 법인의 공동사업체에 대하여 세무조사를 한 결과 손금불산입할 금액이 있거나 익금에 산입할 금액이 있어 이를 당초 신고한 소득금액에 가산하는 경우 법인에게 분배되는 금액에 대하여는 적출된 금액총액을 단순히 익금에 산입하는 것이 아니고, 조사 시 적출된 내용에 산입하고 그 귀속에 따라 상여, 유보, 기타 사외유출로 소득처분한다(법인46012-2371, 1996.08.26.).

② 법인이 개인사업자와 공동으로 사업을 영위함에 있어서 명시적으로 이익의 분배방법이나 분배율이 정하여져 있지 아니하더라도 사실상 이익이 분배되는 경우에는 그 단체의 구성원이 공동으로 사업을 영위하는 것으로 보며, 법인과 개인이 동업계약에 의하여 공동사업을 영위(손익분배비율이 정해짐)함에 있어 해당 공동사업장을 개인사업자로 사업자등록 한 경우 해당 공동사업장에서 발생하는 자산·부채 및 수입·비용 등에 관한 거래금액에 대해

동업계약에 의한 지분비율(사실상 분배되는 금액의 비율)로 안분한 금액을 해당 법인의 경리의 일부로 보아 법인세법을 적용하여 산출된 금액을 법인의 익금과 손금으로 한다(사전-2019-법령해석법인-0089, 2019.06.11.; 서면1팀-389, 2006.03.27.).

③ A법인과 B법인 사이에 분양사업을 공동으로 수행하고 공동으로 위험과 효익을 나눈다는 약정이 있으며 그러한 약정에 따라 A법인 명의의 토지와 은행차입금에 대하여 B법인이 자신의 지분율만큼 권리를 갖고 의무를 부담한다면 A법인과 B법인은 해당 토지와 은행차입금 중 약정에 의한 공동사업 지분율만큼을 각각 인식하는 것이 타당하다(한국회계기준원 질의회신01-168, 2001.02.26.).

3) 공동사업에 대한 세무처리 사례

┌───┐
│ **공동사업자에 대한 소득처분 사례**

□ 개인사업자 "갑"(지분 50%)과 법인사업자 "을"(지분 50%)이 공동사업을 영위하던 중 2006년 귀속에 대한 세무조사 시 다음과 같이 매출누락 등이 적출되었을 경우 "을"에 대한 익금산입 및 소득 처분할 내용은?

[적출내역]

매 출 누 락	30,000,000원
가 공 경 비	10,000,000원
미사용 재고자산	20,000,000원
접대비성질 지출	20,000,000원 (판매부대비용으로 처리)
합 계	80,000,000원
└───┘

<풀이>

▌법인에 대한 익금산입 및 소득처분할 내용

㉠ 매출누락 30,000,000 × 50% = 15,000,000원 ⇒ 익금산입, 대표자 상여

㉡ 가공경비 10,000,000원 × 50% = 5,000,000원 ⇒ 손금불산입, 대표자 상여

㉢ 미사용 재고자산 20,000,000원 × 50% = 10,000,000원 ⇒ 익금산입, 유보

㉣ 접대비 성질의 지출 20,000,000원 × 50% = 10,000,000원

⇒ "을" 법인의 당초 접대비와 합산하여 접대비 시부인계산을 다시함.

4. 공동경비 배분 등

1) 개요

① 법인이 해당 법인 외의 자와 동일한 조직 또는 사업 등을 공동으로 운영하거나 영위함에 따라 발생되거나 지출된 손비 중 법인령 제48조 제1항 및 법인규칙 제25조에 따른 분담금액을 초과하는 금액은 해당 법인의 소득금액계산에 있어서 이를 손금에 산입하지 아니한다.

② 사업연도가 다른 법인이 공동사업을 영위함에 따라 발생한 공동경비에 대하여 공동경비 배분액을 계산하는 경우 직전 사업연도의 매출액 총액은 해당 공동경비가 발생한 날이 속하는 사업연도의 직전 사업연도 각 법인별 매출액을 합산한 금액으로 한다(법인46012 - 3961, 1999.11.12.).

③ 사업을 공동으로 영위하는 다수의 법인을 대표하여 광고선전에 소요되는 공동경비를 광고업자 등에게 지급한 후 해당 공동경비에 대하여 매출액 등을 기준으로 다수의 개별법인에 배부함에 있어 해당 다수의 개별법인을 대표하는 법인이 광고업자 등으로부터 광고용역을 공급받은 대가로 지급한 금액에 대한 지출증빙서류로 세금계산서, 계산서, 및 신용카드매출전표 중 하나를 수취하지 아니한 경우에는 법인법 제75조의5에 따라 그 수취하지 아니한 금액에 대하여 증명서류 수취불성실가산세가 적용된다(법인46012-2174, 1999.06.08.). 이 때 소요된 경비를 동 개별 법인으로부터 금전으로 받는 것은 재화 또는 용역의 공급에 해당하지 아니하는 것이며, 그 경비 중 세금계산서 수취분은 부가령 제65조 제14항 및 제15항의 규정(공동매입에 따른 세금계산서 수수)에 따라 처리한다(서면2팀-1200, 2004.06.10.).

2) 분담기준 요약

공동경비 중 다음 기준에 의한 분담금액을 초과한 금액은 손금불산입한다(법인령§48).

출자에 의한 공동사업 영위 시	비출자 공동사업 영위 시
· 출자총액 중 당해 법인이 출자한 금액의 비율	가. 특수관계가 없는 법인 간 : 비출자 공동사업자 사이의 약정에 따른 분담비율. 다만, 해당 비율이 없는 경우에는 나, 다의 비율에 따른다. 나. 특수관계가 있는 법인 간 : 직전 사업연도 또는 해당 사업연도의 매출액 총액과 총자산가액(한 공동사업자가 다른 공동사업자의 지분을 보유

	하고 있는 경우 그 주식의 장부가액은 제외) 총액 중 법인이 선택하는 금액(선택하지 아니한 경우에는 직전 사업연도의 매출액 총액을 선택한 것으로 보며, 선택한 사업연도부터 연속하여 5개 사업연도 동안 적용하여야 한다)에서 해당 법인의 매출액(총자산가액 총액을 선택한 경우에는 총자산가액을 말한다)이 차지하는 비율
	다. 특수관계가 있는 법인 간 : 공동행사비 및 공동구매비 등
	– 공동행사비 등 참석인원의 수에 비례하여 지출되는 손비 : 참석인원비율
	– 공농구매비 등 구매금액에 비례하여 지출되는 손비 : 구매금액비율
	– 공동광고 선전비
	· 국외 공동광고 선전비 : 수출금액(대행수출금액은 제외하며, 특정 제품에 대한 광고 선전의 경우에는 해당 제품의 수출금액)
	· 국내 공동광고 선전비 : 기업회계기준에 따른 매출액 중 국내의 매출액(특정 제품에 대한 광고 선전의 경우에는 해당 제품의 매출액을 말하며, 주로 최종 소비자용 재화나 용역을 공급하는 법인의 경우에는 그 매출액의 2배에 상당하는 금액 이하로 할 수 있다)
	– 무형자산의 공동사용료 : 해당 사업연도 개시일의 기업회계기준에 따른 자본의 총 합계액

※ '비출자 공동사업자'라 함은 출자에 의한 공동사업 외의 경우로서 공동으로 운영하는 조직이나 사업과 관련된 모든 법인 등을 말함

3) 관련 사례

□ 그룹의 이미지 제고를 위하여 지출한 스포츠행사 후원금이 공동광고 선전비에 해당하는지 여부

그룹의 지주회사로서 상표권을 소유하면서 자회사 등으로부터 매출액에서 광고 선전비를 차감한 금액의 일정 비율에 해당하는 금액을 상표권 사용료로 수취하는 내국법인이 그룹 전체의 이미지 제고 및 브랜드 가치 향상을 위해 스포츠행사를 후원하기로 하고 스포츠행사 주최

자에게 지출하는 후원금 등이 법인령 제48조 제1항에 따른 공동광고 선전비에 해당하는지는 해당 후원금 등이 지주회사로서 상표권을 관리하는 본연의 업무에 대응하는 비용인지, 자회사 등으로부터 수취하는 상표권 사용료에 해당 후원금에 상응하는 대가가 반영되어있는지 여부 등 제반사항을 고려하여 사실판단할 사항임(법규법인2013-76, 2013.03.18.).

□ 경영기획실의 운영에 소요된 경비는 그룹의 공동경비에 해당함

회사가 운영하여 왔던 경영기획실 또는 구조조정본부는 그룹 내 관계회사들의 업무를 조정하고 지원하는 업무를 수행한 것이며, 구조조정본부의 업무내용이 기존 경영기획실의 업무내용과 본질적으로 달라진 것이 아니므로 경영 기획실의 운영에 소요된 이 사건 경비는 그룹의 공동경비에 해당함(대법원2012두16305, 2012.11.29.).

□ 특수관계 있는 비출자 공동사업자 간 공동경비 분담기준

특수관계 있는 비출자 공동사업자 간 공동경비 분담기준으로 직전 사업연도 또는 해당 사업연도의 매출액 비율 중 하나를 선택하여 분담금액을 손금산입하던 내국법인은 해당 매출액 비율 기준을 선택한 사업연도부터 5개 사업연도(이하 "의무적용 기간"이라 함) 이내에 해당하는 2016.01.01. 이후 최초로 개시한 사업연도에 같은 규정(2016.02.12. 대통령령 제26981호로 개정된 것)에 따라 직전 사업연도 또는 해당 사업연도의 총자산가액 비율을 선택할 수 있는 것임. 이때 직전 사업연도 또는 해당 사업연도의 총자산가액 비율을 선택하지 아니한 경우에는 남은 의무적용 기간 동안 종전 선택 기준을 계속하여 적용하는 것임(서면-2016-법령해석법인-3012, 2016.04.28.).

□ 본인 분담 분 광고 선전비를 초과 부담하는 경우 손금불산입됨

법인이 해당 법인 외의 자와 동일한 조직 또는 사업 등을 공동으로 운영하거나 영위함에 따라 발생되거나 지출된 손비 중 법인령 제48조 제1항의 기준에 의한 분담금액을 초과하는 금액은 해당 법인의 소득금액 계산에 있어서 이를 손금에 산입하지 않는 것이며, 이 경우 해당 법인의 손금에 산입하지 않는 금액은 동일한 조직 또는 사업 등을 공동으로 운영하거나 영위하는 다른 법인의 손금에 추가로 산입되지 않는 것임(법인세과-534, 2010.06.10.).

5. 공동사업 지분의 취득·매각과 법인세

1) 공동사업에 현물출자하는 경우

법인이 소유하고 있는 토지를 공동사업에 출자함으로 인하여 그 토지의 일부가 사실상 유상으로 이전되는 경우에는 해당 공동사업에 출자한 토지의 소유권이전등기에 불구하고 그 출자계약을 체결한 날에 양도된 것으로 보아 출자계약일이 속하는 사업연도의 익금에 산입하여야 한다(기획재정부 법인세제과-0080, 2008.02.12.; 서면2팀-1993, 2005. 12.06.; 법인46012-4595, 1995.12.16.).

조합에 출자된 자산은 출자자의 개인재산과 구별되는 별개의 조합재산을 이루어 조합원의 합유로 되고 출자자는 그 출자의 대가로 조합원의 지위를 취득하는 것이므로, 조합에 대한 자산의 현물출자는 자산의 유상이전으로서 양도소득세의 과세원인인 양도에 해당하고, 그 양도시기는 조합에 현물출자를 이행한 때이다(대법원2000두5852, 2002.04.23.).

또한 개인사업자와 공동으로 사업을 경영하는 법인은 해당 공동사업장의 자산·부채 및 수입·지출 등에 관한 거래금액 중 자신의 지분에 해당하는 금액에 대하여 법인세법을 적용하여 산출된 금액을 해당 법인의 익금과 손금으로 하여 법인세 과세표준 및 세액을 계산하도록 하고 있어 조합원인 법인은 현물출자 시점에 현물출자하는 자산의 시가를 익금에 산입하고 해당 시가의 법인지분율 상당액을 법인의 자산으로 장부에 계상하는 방식이 현행 법원 및 유권해석에 맞는 세무처리라고 판단된다.

법인이 자신이 속한 공동사업장에 300만원(원가 0으로 가정)의 재화를 공급했다면 300만원을 공급가액으로 기재한 세금계산서를 공동사업장에 발급하여야 하고, 법인의 장부상에는 자신의 지분(예를 들어 30%)에 해당하는 재고자산 90만원을 계상하여야 하므로 동 금액은 사실상 미실현이익이 된다.

2) 공동사업의 지분을 취득하는 경우

공동사업의 지분을 취득하는 경우 각각의 자산을 취득하는 것과 동일하게 그 법인 구성원의 실지거래가액을 취득가액으로 하고, 토지 및 건물과 기계장치 등을 일괄취득하여 그 개별자산에 대한 시가가 불분명한 경우 해당 자산별 취득가액은 법인령 제89조 제2항 각호의 규정을 순차적으로 적용하여 계산한 금액을 기준으로 안분계산하는 것이며, 이 경우 토지 및 건물만을 사용할 목적으로 첨가 취득한 기계장치 등을 처분함에 따라 발생하는 처분손실은 토지, 건물의 취득가액에 의하여 안분계산한 금액을 각각 해당 자산에 대한 자본적 지출로 한다(서이 46012-10645, 2002.03.27.; 서면2팀-1618, 2005.10.10.).

개인이 기존 조합원 지위를 양수하면서 공동사업장의 자산별 장부가액 등을 초과하여 지분대가를 지불한 경우로서 해당 자산이 매각된 경우 공동사업장은 매각금액과 장부가액을 기준으로 소득금액을 계산하여 소득금액을 분배하므로 장부가액을 초과하여 지불한 지분대가에 대한 소득세까지 과중하게 부담하게 된다.

반면 법인이 기존 조합원의 지위를 양수하여 조합원이 되는 경우 위와 같이 실제 지불한 대가만큼 해당 자산별 시가를 안분하여 장부에 계상함으로써 해당 자산이 매각된 경우 그 차익만큼에 대하여 법인세를 부담하게 되어 개인이 기존 조합의 조합원 지위를 양수하는 경우와 달리 중복과세가 발생하지 않는다.

3) 공동사업의 지분을 양도하는 경우

공동사업의 지분을 양도하는 경우 그 지분은 재고자산, 고정자산, 금융자산, 미수채권, 영업권 등으로 구성되지만, 법인이 공동사업 지분을 양도하는 때에는 법인은 개인과 달리 익금에서 손금을 공제하여 각 사업연도의 소득을 산출하게 되므로 양도한 지분을 자산의 종류별로 구분할 실익은 없다. 다만, 접대비한도액 계산이나 세법상 각종 감면소득의 계산 등을 위하여 구분이 필요한 경우도 있으므로 공동사업장 및 법인은 증빙 등을 갖추고 성실히 기장하여야 한다.

6. 공동사업과 그 법인구성원 간의 거래

공동사업자(1거주자)와 그 구성원인 법인사업자와의 거래에 대하여 합유체인 조합(공동사업)과 독립된 별개의 거래로 볼 것인지 아니면 공동사업장의 손익을 법인사업자에게 귀속시키므로 동 거래를 출자자인 법인이 자신과 거래한 것으로 볼 것인지에 대하여는 전자로 보는 것이 타당하다. 하지만, 개인과는 달리 공동사업장과의 거래에 있어서 출자자인 법인은 자신의 지분에 해당하는 만큼은 내부거래로 보아 미실현 손익의 정리절차를 거친 후 재무제표를 작성하여야 한다.

제8절 공동사업과 조세범칙

1. 조세범칙조사의 흐름

(1) 조세범칙조사의 의미

"조세범칙행위"란 「조세범처벌법」 제3조부터 제16조까지의 죄에 해당하는 위반행위를 말하고, "조세범칙조사"란 세무공무원(관할 지방검찰청의 검사장이 지명하는 공무원을 말함)이 조세범칙 행위 등을 확정하기 위하여 조세범칙사건에 대하여 행하는 조사활동을 말한다(조세 범처벌절차법§2 1호 및 3호).

(2) 조세범칙조사 대상의 선정

위 조세범칙 행위 15가지 중 세금계산서의 발급의무위반과 그에 따를 수 있는 조세포탈 등에 대한 범칙조사 실시기준에 한정하여 알아보기로 한다.

1) 조세포탈 범칙조사 실시기준

아래 기준에 해당하면 지방국세청장 또는 세무서장은 조세범칙조사를 실시하여야 한다(조세범처벌절차법§7).

가. 포탈 혐의금액(비율) 기준(조세범처벌절차법 시행령§6 ① 제1호, ② ~ ⑤)

연간 신고수입금액	연간 조세포탈 혐의금액	연간 조세포탈 혐의비율
100억원 이상	20억원 이상	15% 이상
50억원 이상 100억원 미만	15억원 이상	20% 이상
20억원 이상 50억원 미만	10억원 이상	25% 이상
20억원 미만	5억원 이상	-

① 신고수입금액은 개별 세법에 따른 법정신고기한 이내에 신고하거나 기한 후 신고한 수입금액으로 하며, 무신고자 또는 미등록자는 연간 신고수입금액을 20억원 미만으로 간주

② 세목별로 구분적용하되, 부가세 포탈로 인한 소득세 또는 법인세 포탈의 경우에는 두 세목을 합산함

③ 법인의 사업연도가 12개월 미만인 경우 1년으로 환산하지 않고 1억년의 기간을 합산하여 판단

④ 사업연도가 2개 연도에 걸친 경우 사업연도 종료일이 속하는 연도의 과세기간을 조사대상 과세기간으로 본다.

⑤ 조세포탈 혐의비율은 조세포탈 혐의금액을 신고수입금액으로 나눈 비율로 하며, 범칙금액(비율) 판단 시 동일 과세기간에 대한 과거 조사 등에서 범칙처분 기준에 미달하여 범칙처분하지 않은 행위에 대하여도 이를 합산하여 범칙조사 선정기준을 적용한다.

⑥ 조세포탈 혐의금액은 「조세범처벌법」 제3조 제6항에 따른 사기나 그 밖의 부정한 행위로써 조세를 포탈하거나 조세의 환급·공제를 받은 혐의가 있는 금액으로 한다.

나. 포탈혐의 예상세액 기준(조세범처벌절차법 시행령§6 ① 제2호, ⑥)

　　과세기간별 조세포탈 예상세액 합계액이 연간 5억원 이상인 경우를 말한다(1과세기간의 법인세, 소득세, 부가세, 양도세, 상속증여세를 모두 합산하여 판단). 이 때 조세포탈 예상세액은 조세포탈 혐의금액에 대하여 세법에 따라 산정한 포탈세액(가산세는 제외)으로 한다.

다. 개별기준

　　위 "가", "나"에 미달하더라도 조세범칙혐의 문건을 발견하였으나 임의제시 요구에 동의하지 않는 경우, 범칙증빙 물건의 은닉혐의가 뚜렷하여 압수나 수색등이 필요한 경우, 장부나 서류 등의 파기나 방해 및 거짓진술로 정상적 조사가 불가능한 경우, 포탈행위가 세법질서 확립차원에서 범칙조사를 실시하는 것이 타당하여 범칙위원회 회부의 필요가 인정되는 경우, 외부 수사기간이나 감사원 등의 고발요청이 있는 경우 조세범칙조사(일반세무조사에서 전환도 가능)를 실시할 수 있다.

라. 기타 범칙조사대상 선정사유

① 외부기관(수사기관 및 감사원 등)의 고발요청이 있는 경우 선정기준에 관계없이 범칙조사

대상자로 선정

② 죄를 범한 자의 정상을 참작할 때 범칙처분 필요성이 있는 경우

2) 세금계산서 수수의무 위반 범칙조사 판단기준

가. 선정기준

구분	적용 법령	범칙처분 혐의기준금액
처벌 (원칙)	「조세범처벌법」 §10 ①	① 세금계산서 미발급 및 거짓세금계산서(실물거래는 있으나 거짓기재 및 과다기재 등이 있는 경우, 이하 같음) 발급 합계액이 1과세기간 ❀억원 이상
		② 매출처별세금계산서합계표 중 거짓기재(과다기재 등, 실물거래를 전제함. 이하 같음)한 합계액이 1과세기간에 ❀억원 이상
	「조세범처벌법」 §10 ②	③ 세금계산서 미수취(통정에 의한 미수취에 한함) 및 거짓세금계산서 수취 합계액이 1과세기간 ❀억원 이상
		④ 매입처별세금계산서합계표 중 거짓기재한 합계액이 1과세기간 ❀억원 이상
	「조세범처벌법」 §10 ③, ④ <계산서 포함>	㉠ 실물거래없이 (세금)계산서를 발급한 혐의금액이 1과세기간 ❀억원 이상
		㉡ 실물거래없이 (세금)계산서를 수취한 혐의금액이 1과세기간 ❀억원 이상
		㉢ 실물거래없이 (세금)계산서 발급한 혐의금액이 1과세기간의 총 발급금액 대비 ❀0% 이상
		㉣ 실물거래없이 (세금)계산서 수취한 금액이 1과세기간의 총 수취금액 대비 ▽0% 이상
		㉤ 실물거래없이 매출처별(세금)계산서합계표에 거짓기재한 혐의금액 합계액이 1과세기간 ❀억원 이상
		㉥ 실물거래없이 매입처별(세금)계산서합계표에 거짓기재한 혐의금액 합계액이 1과세기간 ❀억원 이상
		㉦ 매출처별(세금)계산서합계표에 실물거래없이 거짓기재한 혐의금액 합계액 비율이 1과세기간 매출처별합계표에 기재된 총 합계액의 ❀0% 이상
		㉧ 매입처별(세금)계산서합계표에 실물거래없이 거짓기재한 혐의금액 합계액 비율이 1과세기간 매입처별합계표에 기재된 총 합계액의 ▽0% 이상
		㉨ 위 ㉠~㉧의 범칙행위를 알선 또는 중개한 자

구분	적용 법령	범칙처분 혐의기준금액
처벌 (예외)	「조세범처벌법」 §10	ⓐ 외부기관의 고발요청이 있는 경우
		ⓑ 범칙처분 대상기준에 미치지 아니하는 범칙행위를 한 자를 다른 조세 범칙행위로 범칙처분하는 경우
		ⓒ 그 밖에 죄를 범한 자의 정상(情狀)을 참작할 때 범칙처분의 필요성이 상당한 경우
특가법상 고발대상 (특가법§8의2)		• 영리목적으로 「조세범처벌법」 §10 ③, ④을 위반한 자로서 공소시효(10년, 「조세범처벌법」 7년) 기간 내 (세금)계산서에 기재된 공급가액이나 합계표에 기재된 공급가액 또는 매출·매입금액 합계액이 30억원 이상인 자는 즉시 고발

※ 위 표상의 금액이나 비율은 국세청의 비공개대상 수치여서 금액, 비율을 표시하지 않음

나. 선정기준의 예외

가공세금계산서를 1과세기간에 2억 미만 발급 또는 수취하거나, 실물거래없이 1과세기간에 2억원 미만의 매출(매입)처별세금계산서합계표를 제출한 경우로서 관서장이 거래정황 등을 감안하여 범칙조사를 실시하지 아니할 수 있다. 이는 "가" 표상의 비율기준에 해당되어 혐의금액이 ❀억원 미만도 범칙조사대상이 될 수 있음을 감안한 조치이다.

다. 구체적 선정기준

① 위 "① ~ ④", "㉠ ~ ㉺"의 유형 중 어느 하나에 해당되면 범칙조사대상이며, 각 유형을 합산하여 계산하는 것이 아님(예를 들어 "②"의 혐의금액 산정 시 "①"의 혐의금액과 합산하지 않음).

② 위 "①"의 경우 미발급 혐의금액과 거짓기재 혐의금액은 합산하여 판정("③"도 동일)

③ 세금계산서합계표 제출 범칙행위와 세금계산서 범칙행위는 별도로 구분하여 범칙금액이나 비율을 산정

④ 계산서의 미발급, 미수취 및 과다기재와 합계표 관련해서는 2019.01.01. 이후 기수시기가 도래하는 분부터 적용함(가공계산서 수수는 이전분도 가능).

⑤ 계산서 관련 범칙조사대상 선정 시 과세기간은 부가법상의 과세기간을 준용하되, 계산서 혐의금액과 세금계산서 혐의금액을 합산하지 아니하고 각각 판단함.

⑥ 전자세금계산서 발급 및 수취분은 세금계산서합계표 제출의무가 면제되므로 세금계산서합계표 관련 범칙혐의금액에서 제외함(대법원2017도11628, 2017.12.28.; 기획재정부 조세법령운용과-525, 2016.09.29.).

⑦ 범칙조사대상자 선정은 사업장 기준으로 하되 법인은 본·지점을 합산하며, 범칙행위자가 다수 사업장에서 범칙행위를 한 경우 범칙행위금액을 모두 합산함.

⑧ 범칙행위자에 대한 동일 과세기간 내 수정신고, 기 경정사항이 있는 경우 이를 합산하여 위 기준금액(비율) 해당 여부를 판정하되, 이미 통고처분을 이행하거나 공소시효의 경과분과 고발 후 형 확정판결을 받은 범칙행위는 합산대상에서 제외

⑨ 1과세기간 내 범칙행위가 범칙처분기준에 해당하는 경우 다른 과세기간의 범칙행위에 대하여 모두 범칙처분

⑩ 조세포탈 등 다른 포탈행위에 대하여 범칙처분을 하는 경우 (세금)계산서 수수의무 위반행위가 기준금액에 미달하여도 범칙처분

⑪ 거짓세금계산서 및 허위기재 세금계산서합계표상의 공급가액 합계액이 30억 이상인 경우(특가법 적용대상) 즉시 고발대상임(대법원2009도3355, 2011.09.29.).

⑫ 세금계산서 수수의무 위반과 조세포탈범 요건이 충족되는 경우 각각 중복 적용

⑬ 2년 이내 수정신고 및 6월 이내 기한 후 신고·납부하는 경우 일정비율(50, 20, 10%) 감경함. 통고처분 시 세금계산서 수수의무 위반 관련 범칙처분은 수정신고 감면규정을 적용할 수 없음.

⑭ 혐의금액이 위 "가"의 선정기준에 해당된다고 보아 범칙조사를 실시하였으나 확인된 금액이 기준금액(비율)에 미달하더라도 확인된 기수시기 도래 범칙행위 모두에 대하여 범칙처분하며, 혐의금액 외의 범칙행위에 대하여도 범칙처분하고, 선정된 과세기간 외의 과세기간에서 범칙행위가 확인되어도 범칙처분하는 것임.

⑮ 세금계산서 관련 범칙행위와 세금계산서합계표 제출 관련 범칙행위는 각각 별도로 범칙처분하는 것임(실체적 경합 관계에 있으며, 벌금상당액 양정도 각각 합산).

⑯ 세금계산서 범칙행위는 범칙행위자별로 통고처분하며, 양벌규정에 따라 법인 및 업무주(개인)도 통고처분

⑰ 거짓영세율세금계산서 발급에 대하여도 일반세금계산서와 동일하게 적용(대법원2010도10133, 2010.10.14.)

⑱ 세금계산서를 정보통신망(팩스 등)에 의해 전송하고 사후 취소요청하거나 원본을 파기한 경우에도 범칙행위 해당(대법원2008도6268, 2008.09.25.)

⑲ 하나의 매출매입처별 세금계산서합계표에 수 건의 허위의 기재사실이 기재되었더라도 전체로서 하나의 합계표를 제출한 것이므로 하나의 「조세범처벌법」 위반죄가 성립함(대법원2008도9634, 2009.08.20.).

⑳ 특정과세기간에 대한 범칙조사 시 다른 여러 과세기간에 걸쳐 범칙행위가 확인되었다면 과세기간에 관계없이 모두 범칙처분

3) 세금계산서 부정발급에 대한 범칙처분과 가산세 적용

거래흐름	범칙처분	가산세
공급자(甲) → 실물(100원) → 공급받는자(A) / 공급자(甲) → (세금)계산서(100원) → 공급받는자(B)	1. 갑(갑→A) : T/I 미발급(100) - 조처법§10 ① 1 2. 갑(갑→B):T/I 가공발급(100) - 조처법§10 ③ 1 3. A(갑→A) : T/I 미수취(100) - 조처법§10 ② 1 4. B(갑→B) : T/I 가공수취(100) - 조처법§10 ③ 1	1. 상관관계가 없는 경우(갑) ○ 갑→A : T/I 미발급 - 100×2%(부가법§60 ② 2) ○ 갑→B : T/I 가공발급 - 100×3%(부가법§60 ③ 1) 2. 상관관계가 있는 경우(갑) ○ 갑→A, B: 위장발급 - 100×2%(부가법§60 ③ 3) 3. B : T/I 위장수취 - 100×3%(부가법§60 ② 2)
공급자(甲) → 실물(100원) → 공급받는자(A) / 공급자(甲) → (세금)계산서(130원) → 공급받는자(B)	1. 갑(갑→A) : T/I 미발급(100) - 조처법§10 ① 1 2. 갑(갑→B) : T/I 가공발급(130) - 조처법§10 ③ 1 3. A : T/I 미수취(100) - 조처법§10 ② 1 4. B : T/I 가공수취(130) - 조처법§10 ③ 1	1. 상관관계가 없는 경우(갑) ○ 갑→A: T/I 미발급 - 100×2%(부가법§60 ② 2) ○ 갑→B: T/I 가공발급 - 130×3%(부가법§60 ③ 1) 2. 상관관계가 있는 경우(갑) ○ 갑→A, B: 위장발급 - 130×2%(부가법§60 ③ 3) 3. B : T/I 가공수취 - 100×3%(부가법§60 ③ 2)

거래흐름	범칙처분	가산세
공급자(甲) → 공급받는자(A) 실물(100원) (세금)계산서(130원)	1. 갑(갑→A) : T/I 거짓발급(30) 　- 조처법§10 ① 1 2. A : T/I 거짓수취(30) 　- 조처법§10 ② 1	1. 갑(갑→A) : T/I 과다발급 　- 30×2%(부가법§60 ③ 5) 2. A : T/I 과다수취 　- 30×2%(부가법§60 ③ 6)
공급자(甲) → 공급받는자(乙) 실물(100원) (세금)계산서(40원)	1. 갑(갑→을) : T/I 거짓발급(60) 　- 조처법§10 ① 1 2.을 : T/I 거짓(과소)수취(60) 　- 조처법§10 ③ 1	○ 갑(갑→을) : T/I 과소발급 　- 60×1%(부가법§60 ② 5) 　※ 재부가 - 140, 2011.03.10.
공급자(甲), 자료상(B) → 공급받는자(A) 실물(100원) (세금)계산서(100원)	1. 갑(갑→A) : T/I 미발급(100) 　- 조처법§10 ① 1 2. A(B→A) : T/I 가공수취 　- 조처법§10 ③ 1 3. A(갑→A) : T/I 미수취(100) 　- 조처법§10 ② 1 4. B(자료상, B→A) : 자료상행위자(100) 　- 조처법§10 ③ 1	1. 갑(갑→A) : T/I 미발급 　- 100×2%(부가법§60 ② 2) 　※ 상관관계 없음 2. B : 자료상행위자(자료상 아니어도 가산세는 같음) 　- 100×3%(부가법§60 ④) 3. A(A←갑, A←B): 위장수취 　- 100×2%(부가법§60 ③ 4)
공급자(甲) → 공급받는자(丙) 실물(100원) (세금)계산서(100원) (세금)계산서(100원) 자료상(乙)	1. 갑(갑→을): T/I 가공발급(100) 　- 조처법 §10 ③ 1 2. 갑(갑→병): T/I 미발급(100) 　- 조처법 §10 ① 1 3. 을(을←갑): T/I 가공수취(100) 　- 조처법 §10 ③ 1 4. 을(을→병): T/I 가공발급(100) 　- 조처법 §10 ③ 1 5. 병(병←갑) : T/I 미수취(100) 　- 조처법 §10 ② 1 6. 병(병←을): T/I 가공수취(100) 　- 조처법 §10 ③ 1	1. 갑(갑→을): 위장발급 　- 100×2%(부가법 §60 ③ 3) 2. 갑(갑→병): 미발급 　- 100×2%(부가법§60 ② 2) 3. 을(자료상 행위자) 　- 200×3%(부가법§60 ④) 4. 병(병←을): 위장수취 　- 100×2%(부가법§60 ③ 6)

거래흐름	범칙처분	가산세
A사업장 실사업자(갑) 명의대여자(을) 실물거래 없음 → 공급받는자(병) T/I 100	1. 갑(실사업자) : T/I 가공발급(100) 　- 조처법§10 ③ 1 2. 명의위장자 갑 : 허위등록 　- 조처법§11 ① 3. 명의대여자 을 　- T/I 가공발급(100)의 공범 　- 명의대여(조처법§11 ②) 4. 병 : T/I 가공수취(100) 　- 조처법§10 ④ 1	1. 갑 : T/I 가공발급 　- 100×3%(부가법§60 ③ 1) 2. 갑 : 명의위장등록가산세 　- 100×1%(부가법§60 ① 2) 3. 병 : T/I 가공수취 　- 100×3%(부가법§60 ③ 2)
A사업장 실사업자(갑) 명의대여자(을) 실물 100 → 공급받는자(병) T/I 100	1. 갑(실사업자): 명의위장 　- 조처법§11 ① 2. 을(명의대여자): 명의대여 　- 조처법§11 ②	○ 갑 : 명의위장등록가산세 　- 100×1%(부가법§60 ① 2)
공급자(갑) → 도관(끼워넣기)(을) T/I 100 공급받는자(병) T/I 100 / T/I 100	1. 갑에 대한 처벌 　- 을에게 T/I 가공발급(100)(조 　　처법§10 ③ 1) 　- 병에게 T/I 미발급(100)(조처 　　법§10 ① 1) 2. 을에 대한 처벌 　- 갑으로부터 T/I 가공수취 　　(100)(조처법§10 ③ 1) 　- 병에게 T/I 미발급(100)(조처 　　법§10 ① 1) 3. 병에 대한 처벌 　- 병으로부터 T/I 미수취(100) 　　(조처법§10 ② 1) 　- 을로부터 T/I 가공수취(100) 　　(조처법§10 ③ 1)	1. 갑에 대한 가산세(위장발급) 　- 100×2%(부가법§60 ③ 3) 2. 을에 대한 가산세(위장발급 및 　　위장수취) 　- 100×3%(부가법§60 ③ 1) 　- 100×3%(부가법§60 ③ 2) 3. 병에 대한 가산세(위장수취) 　- 100×2%(부가법§60 ③ 4)

※ 근거 : 조사기획과-2486, 2011.12.23.; 법규과-1089, 2009.08.03.

가. 세금계산서 부정발급 등에 대한 「조세범처벌법」의 적용과 가산세

하나의 거래와 연관하여 거래당사자 및 세금계산서 수수자 사이에 세금계산서 미발급, 미수취, 허위기재, 허위기재수취, 가공발급, 가공수취의 사유가 발생하는 경우 각각 별도의 거래행위로 보아 「조세범처벌법」 제10조의 해당 조항을 각각 적용한다. 즉 미발급·미수취에 대해서는 거래행위 1건마다 1개의 죄로, 허위기재·가공거래에 대해서는 세금계산서 1건마다 1개의 죄로 보되, 허위기재의 경우 여러 장의 세금계산서를 동일 장소에서 동일한 기회에 동일인에게 발급하였거나 발급받은 때에는 포괄일죄에 해당되어 그 여러 장의 세금계산서를 1개의 죄로 보며, 실제 거래금액과의 차액을 적용한다(법규과-1089, 2009.08.03.).

대법원도 세금계산서 교부죄는 각 세금계산서마다 하나의 죄가 성립하고, 「조세범처벌법」에 근거하여 세금계산서를 발행하지 아니하거나 가공발행하는 경우에는 각각 별개의 범죄행위가 성립한다고 판시하고 있다(대법원2009두2139, 2009.04.23.; 대법원82도1362, 1982.12.14.; 대법원2000도3945, 2000.11.24.). 따라서 세금계산서 부정발급으로 「조세범처벌법」의 적용을 받는 경우 상관관계에 있는 하나의 거래에 해당하더라도 미발급, 미수취, 허위기재, 허위기재수취, 가공발급, 가공수취의 사유별로 각각 벌금을 산정하게 됨에 유의하여야 한다.

다만, 사업자가 재화 또는 용역을 공급하고 세금계산서는 실제 공급받는 자가 아닌 자에게 발급하는 경우로서 거래의 형태·금액이 상관관계를 갖는 하나의 거래에 해당하는 경우에는 부가법 제32조에 따라 재화 또는 용역의 공급을 받은 자에게 발급하지 아니한 것이므로 부가법 제60조 제3항 제3호의 가산세를 적용한다(재부가-567, 2010.08.23.; 재부가-342(5), 2011.05.30.). 여기서 "상관관계가 있다"는 것에 대한 명확한 정의가 법령규정이나 유권해석은 없으나, 기존 회신사례를 보면 '재화 또는 용역을 공급한 사실과 세금계산서를 발급한 사실이 거래의 형태·금액 등에 비추어 서로 대응되는 하나의 거래에 해당되는 경우로서 단지 재화의 공급과 세금계산서의 발급이 사실과 다른 경우에 해당되는 때'로 회신한 바 있다(부가46015-305, 2000.02.03.).

① 세금계산서 불성실가산세 부과

사업자가 부가법 제32조에 따른 세금계산서를 미발급·가공발급·허위발급하거나 발급한 분에 대한 세금계산서의 필요적 기재사항의 전부 또는 일부가 기재되지 아니하거나 사실과 다른 경우 등에는 그 공급가액의 1% 내지 3%를 세금계산서 불성실가산세로서 납부세액에 가산하거나 환급세액에서 공제한다.

② 발급상대방에 대한 제재

재화 또는 용역을 공급받는 사업자가 세금계산서를 발급받지 아니하거나 사실과 다른 세금계산서를 발급받는 경우에는 거래징수당한 매입세액을 매출세액에서 공제할 수 없도록 하여 경제적 불이익을 주고 있다.

또한 재화 또는 용역을 공급받지 아니하고 세금계산서를 발급받은 경우(가공세금계산서 수취)와 재화 또는 용역을 공급받고 실제로 재화 또는 용역을 공급하는 자 외의 자의 명의로 세금계산서를 발급받은 경우(허위 세금계산서 수취)에는 그 공급가액에 대하여 100분의 3에 상당하는 금액을 세금계산서 불성실가산세로서 납부세액에 가산하거나 환급세액에서 공제한다.

나. 가공매출에 대한 벌과금 납부 시 세금계산서가산세 중복적용

부가가치세가 과세되는 재화 또는 용역을 공급하는 사업자가 재화 또는 용역을 공급함이 없이 세금계산서를 발급하고 매출처별세금계산서합계표를 작성하여 제출함으로써 「조세범처벌법」에 의해 벌과금을 납부한 경우에도 가공세금계산서 발급가산세가 부과된다(재소비-182, 2004.02.19.).

다. 가공세금계산서를 신고 시 제출하지 아니한 경우에도 가산세 부과

사업자가 재화 또는 용역을 제공받지 아니하고 세금계산서를 수취한 경우 이에 대한 매입처별세금계산서합계표를 제출하지 아니하거나 부가가치세 신고를 하지 아니한 경우에도 세금계산서기재불성실가산세가 부과되는 것이고, 동 세금계산서가 부가가치세 신고 외의 목적(단순 은행대출용 등)으로 발행되었다 하여도 달리 볼 것은 아니다(조심2012중661, 2012.04.26.; 조심2012중2907, 2012.11.23.).

(3) 범칙처분의 종류

범칙조사 결과에 따라 범칙행위자에게 행하는 준사법적 행정처분으로서 범칙처분에는 통고처분, 고발, 무혐의가 있다(조세범처벌절차법§13). 범칙조사가 종결되면 포탈세액의 규모 등에 상관없이 행위자 및 양벌규정 적용 법인(업주)에 대하여 범칙심의위원회의 심의(납세자는 서면의견 제출이나 의견진술을 할 수 있다)를 거쳐 범칙처분을 하게 된다.

세금계산서 범칙사건은 관서장 판단 하에 조세범칙조사심의위원회 심의 없이 범칙처분을 할 수 있다(조세범처벌절차법§15, §17). 다만, 양벌규정이 적용되는 업무주가 있는 경우 심의를 거쳐 법인(업무주)을 범칙처분하며, 범칙혐의금액이 일정금액(서울·중부청 50억원) 이상인 경우로서 범칙혐의자의 고의성 여부, 범칙혐의 유무에 대한 판단이 어려운 경우에도 심의요청을 할 수 있다.

(4) 통고처분

지방국세청장 또는 세무서장은 조세범칙행위의 확증을 얻었을 때에는 그 대상이 되는 자에게 그 이유를 구체적으로 밝히고 벌금상당액(추징금에 해당하는 금액 포함), 몰수·몰취에 해당하는 금액이나 물품을 납부할 것을 통고할 수 있다. 이러한 통고처분을 하는 경우 조세범칙조사를 마친 날(위원회의 심의를 거친 조세범칙사건의 경우에는 위원회의 의결이 있는 날을 말한다)부터 10일 이내에 조세범칙행위자 및 「조세범처벌법」 제18조에 따른 법인 또는 개인별로 통고서를 작성하여 통고하여야 한다(「조세범처벌법」§15, 조세범처벌절차법 시행령§12).

1) 통고처분의 의의

통고처분은 형사적 제재에 앞서 벌금 등 일정한 장소에 납부할 것을 알리는 준사법적 행정처분으로 강제적인 집행력은 없고 행정쟁송의 대상이 되지 아니한다. 통고처분을 이행(통고받은 날로부터 15일 이내 납부)한 경우에는 확정판결과 같은 효력이 발생하여 동일 사건으로 조세범칙조사나 처벌을 받지 않는다.

고발사유에 해당하지 아니하면 통고처분을 하여야 하며, 특가법 해당자는 통고처분권한이 없으므로 즉시 고발하여야 한다. 아울러 통고처분의 경우 납기유예가 없음에 주의하여야 한다(조세범처벌절차법§15).

통고처분이 있는 경우에는 공소시효의 진행이 중단된다(조세범처벌절차법§16).

2) 벌과금 상당액 부과기준

벌과금 상당액의 부과기준은 조세범 처벌절차법 시행령 별표의 벌금상당액 부과기준에 따른다. 벌과금 상당액 양정은 각 죄수(범죄의 수)별로 하며, 조세포탈죄는 1과세기간에 1개의 세목을 포탈한 경우 하나의 죄가 성립하고, 세금계산서 관련 범칙행위는 각 세금계산서 1매 단위로 1죄가 성립한다. 이 때 죄수가 여럿인 경우 「조세범처벌법」§3~§6, §10, §12~§14에 해당하는 범칙 행위는 모든 범칙행위 벌금상당액을 합산하여 산정한다.

3) 위반횟수에 따른 가중처벌

범칙행위의 기수시기 이전 3년간 같은 범칙행위(「조세범처벌법」 각 조문별 행위, 각 항별)로 통고처분 납부(납부일)나 유죄의 확정판결(고발한 경우 확정판결일)이 있는 경우 위반회수에 따라 가중하여 벌금상당액을 적용한다(벌과금 상당액 양정규정§3, §10).

이 밖에도 조세포탈의 경우 조세포탈을 상습적(공소시효 기간 이내인 죄수가 10개 이상인 것을 의미하며)으로 범한 경우 개별기준에 따른 벌금상당액의 1/2을 가중한다(「조세범처벌법」 §3 ④, 벌과금 상당액 양정규정§3 ③).

대구분	구 분	기준금액	위반횟수		
			초범	2회	3회
조세 포탈	소액포탈(「조세범처벌법」 §3 ①)	포탈세액	0.5배	1배	2배
	고액포탈(「조세범처벌법」 §3 ① 단서)		1배	2배	3배
세금 계산서	「조세범처벌법」 §10 ①, ②	공급가액에 대한 부가세액상당액	0.5배	1배	2배
	「조세범처벌법」 §10 ③		1배	2배	3배

4) 감경

법정신고기한이 지난 후 6개월 이내에 수정신고·납부하거나 1개월 이내에 기한후 신고를 한 때에는 그 벌금상당액을 면제하고, 법정신고기한이 지난 후 6개월 초과 2년 이내에 수정신고(납부한 경우에 한함)하거나 1개월 초과 6개월 이내에 기한후 신고(납부한 경우에 한함)를 한 때에는 정해진 양정액의 100분의 50에 해당하는 금액을 감경한다. 그러나 국가기관에서 조세범 칙에 관한 조사에 착수(조세범칙조사로 전환한 세무조사는 당초의 세무조사 착수) 후에 수정신고 또는 기한후 신고한 경우에는 감경을 적용하지 아니한다(벌과금상당액양정규정 §16).

※ 2010.01.01. 이후 세금계산서 관련 범칙행위는 수정신고하여도 감경하지 않는다.

5) 통고처분의 취소 가능 여부

「조세범처벌법」 제15조에 따른 통고처분은 재판에 의한 판결과 같은 확정력이 있으므로 이미 이행한 통고처분은 취소·변경할 수 없는 것이 원칙이나, 범칙행위가 당초부터 없었음이 객관적으로 밝혀진 경우로서 그 통고처분이 당연 무효로 되는 경우에 한하여 예외적으로 직권 취소가 가능하다(기준-2017-법령해석기본-0143, 2017.06.22. ; 조사기획과-846, 2012.05.01.).

6) 그 밖의 사항

① 행위자(단독정범, 공동정범, 방조범) 또는 양벌규정에 따른 범칙처분자 중 일부만 납부한 경우 납부하지 않는 행위자 등만 고발한다.

② 부가가치세 및 개별소비세 등 사업장 관련 포탈세액은 행위자 모두에게 전체 세액을 각자에게 적용하고, 소득세 포탈세액은 가담자 구성원 각자 지분에 따라 각각 통고처분하되, 미가담자인 공동사업 구성원 지분에 해당하는 포탈세액은 가담 행위자의 포탈세액에 가산한다.

③ 세금계산서 범칙행위는 그 행위자별로 통고처분하고 양벌규정에 따라 법인 및 업무주에게도 통고처분한다.

④ 범칙조사 결과에 따라 불복이 진행 중인 경우에도 범칙처분은 하여야 한다.

⑤ 범칙조사도 세무조사결과통지를 하여야 하나, 범칙조사 결과 통고처분 또는 고발할 경우에는 해당 범칙행위에 대해서는 과세전적부심의 대상이 아니다.

⑥ 범칙행위를 인식하지 못하는 등 고의가 없다면 범칙처분대상이 아니다(고의여부에 대한 판단은 심의위원회나 사법부에 맡기는 것이 국세청의 현실임).

⑦ 한 사업장 내에서 다수가 범칙행위를 한 경우 행위자 모두 범칙처분한다.

⑧ 공동사업자의 경우 범칙행위 가담자 모두에게 범칙금액 전부에 대하여 통고처분하며, 가담하지 아니한 구성원은 행위자 처벌이 불가하고, 양벌규정은 적용하여 통고처분하여야 한다(통고처분을 이행하지 아니한 자만 고발).

⑨ 법인에 대한 양벌규정 적용 시 청산중인 법인은 청산중의 법인에게 적용되나, 합병 등으로 소멸한 경우에는 처벌의 주체가 없어 처벌할 수 없다.

⑩ 조사관서장은 고발사유에 해당하지 않는 한 통고처분하여야 한다.

⑪ 통고처분된 벌금상당액은 전액을 납부하지 않은 경우 고발대상이며, 일부 납부분은 돌려주어야 한다(전속고발권에 따라 완납을 유도한 후 미납 시 고발 가능).

⑫ 고발 후 고발과 관련된 세액이 취소된 경우에도 고발을 취소하지 않으며, 포탈세액이 감액된 경우 고발장 변경의 방법으로 감액사실을 사법부에 통보.

(5) 고발

1) 즉시 고발

특가법 적용대상(연간 포탈세액이 5억원 이상인 자 포함), 범죄행위의 수법, 성격, 정황 등으로 보아 세법질서 확립 차원에서 고발이 필요하다고 판단되어 범칙심의위원회 심의결과에 따라 고발대상으로 결정된 경우, 통고내용대로 납부할 능력이 없다고 인정되거나 거소 불분명 등, 도주나 증거인멸의 우려가 있는 경우 바로 직고발할 수 있다(조세범처벌절차법§17 ①).

이 밖에 통고처분을 이행(통고를 받은 날로부터 15일 이내 이행)하지 아니한 경우 고발하여야 한다(고발前 납부 시 제외), 일부만 납부한 경우에도 고발하되 기 납부금액은 반환 조치한다(조세범처벌절차법§17 ②).

2) 고발권자

「조세범처벌법」에 따른 범칙행위에 대해서는 국세청장, 지방국세청장 또는 세무서장의 고발이 없으면 검사는 공소를 제기할 수 없다(「조세범처벌법」§21). 다만, 특가법에 해당하는 조세포탈범의 경우 국세청장 등의 고발이 없어도 사법기관에서 독립적으로 처벌할 수 있다. 고발은 관할 지방검찰청 검사장, 지청장에게 고발하되 특가법이 적용되지 아니하는 세금계산서 범칙조사 고발은 관할 경찰서에 가능하며, 고발요청이 있는 경우 그 고발 요청한 기관에 고발 가능하다.

3) 고발 이후의 진행

고발권자의 고발 이후 유·무죄에 대한 판단은 사법부에 있으므로 고발을 취소할 수 없다. 다만 고발 이후 판결 전에 포탈세액이 감액된 경우 고발한 세무서장 등은 고발장 변경의 방법으로 통보하여 검사로 하여금 공소장을 변경하게 하여야 한다.

4) 기수시기

기수시기는 범죄의 성립시기로서 공소시효의 기산점이 되며, 범죄의 실행에 착수하여 어떠한 죄가 될 사실의 전부가 실현된 때로 범죄가 완료된 것을 의미한다.

신고납부하는 조세인 법인세, 소득세, 부가가치세 등의 경우 신고 · 납부기한이 종료된 때

(부가가치세의 경우 과세기간 종료 후 25일 이내)이고 부정환급은 실제 환급을 받은 때가 기수시기이다(「조세범처벌법」 §3 ⑤).

세금계산서 수취·교부·미수취·미발급 범칙행위의 경우 가공세금계산서 또는 거짓(과다기재) 세금계산서를 수취하는 또는 교부하는 때, 세금계산서 미발급과 미수취 범칙행위는 부가가치세법상 공급시기를 기수시기로 하며, 세금계산서합계표 제출 범칙행위는 합계표를 정부에 제출하는 때(예정신고, 수정신고, 기한 후 신고 포함)를 기수시기로 한다.

구　분	기　수　시　기
세금계산서	• 세금계산서 발급(수취)일 • 미발급·미수취는 부가법상 공급시기
세금계산서 합계표	• 동 합계표 제출일(기한 후 신고·수정신고 제출일 포함)
일반 조세포탈	• 부가가치세는 과세기간 종료 후 25일이 지난 때 • 부정환급에 의한 포탈의 경우 실제 환급을 받은 때

5) 공소시효

공소시효는 검사가 어떤 범죄에 대하여 일정기간 동안 공소를 제기하지 아니하고 방치하는 경우에 국가의 소추권을 소멸시키는 제도로서 범죄행위가 종료한 때(기수시기)부터 진행된다.

범죄의 종류		연간 포탈세액 또는 거짓세금계산서 수수액	공소시효	근거법률
구분				
행위자	조세포탈(「조세범처벌법」§3~5)	10억원 이상(특가법)	15년	형사소송법§249
		5~10억원 미만(특가법)	10년	형사소송법§249
		5억원 미만 (「조세범처벌법」)	7년	조세범처벌법§22
	세금계산서(「조세범처벌법」§10)	가공발급 등 30억원 이상(특가법)	10년	형사소송법§249
		그 밖의 경우	7년	조세범처벌법§22

		5년	조세범처벌법§22
양벌규정	조세포탈, 기타 범칙행위(세금계산서 포함)	행위자가 특가법§8 적용받는 경우 그 양벌규정 적용받는 법인은 10년	조세범처벌법§22

(6) 벌과금과 과태료

벌금이나 과료는 형법이 규정하는 재산형의 일종으로 다같이 재산적 이익을 박탈하는 형벌이다(형법 §41). 벌과금이란 이 양자를 통칭하는 개념이다.

가. 벌금

일정금액을 국가에 납부하게 하는 형벌로 과료(科料)·몰수(沒收)와 더불어 재산형의 일종으로 그 금액이 많다는 점에서 과료와 다르고, 재산권을 일방적으로 국가에 이전시키는 물권적 효과를 수반한 부과형의 성질을 가진 몰수와 구별된다.

나. 과료

범인으로부터 일정액의 금액을 징수하는 형벌로 벌금보다는 그 금액이 적고 비교적 경미한 범죄에 대해서 과해진다는 점에서 벌금과 다르다. 그러나 형벌이 아닌 과태료(過怠料)와는 엄연히 구분된다.

다. 과태료

벌금이나 과료(科料)와 달리 형벌의 성질을 가지지 않는 법령위반에 대하여 과해지는 금전벌이다.

라. 조세범처벌법 등 세법상 과태료 부과대상 요약

조세범처벌법

면세유 부정유통(§4 ②,④)
(부과대상) 농어민용 면세유 부정유통, 선박용 면세유 등의 용도 외 반출 석유류를 취득하여 판매하는 경우
(부 과 액) 판매가격의 3배 이하, 2010.01.01. 시행

현금영수증 발급 의무 위반(§15 ①), 2018.12.31.까지 적용
(부과대상) 의무발급 업종*을 영위하는 자가 건당 10만원** 이상인 재화·용역을 공급하고 현금영수증 미발급한 경우
*변호사 등 52개 업종　　**2014.07.07.부터 30만원→10만원
(부 과 액) 미발급 거래대금의 100분의 50, 2010.04.01. 시행

세무공무원에게 금품을 공여한 자(§16)
(부과대상) 세무공무원에게 금품공여
(부 과 액) 금품상당액의 2배 이상 5배 내(형사처벌 받은 경우 제외)

명령사항 위반(§17)
(부과대상) 「주세법」,「개별소비세법」 등 명령사항 위반
(부 과 액) 2천만원 이하

국제조세조정에 관한 법률

해외금융계좌 신고의무 불이행 등 (§62)
(부과대상) 매월 말일 중 어느 하루라도 해외금융계좌 잔액의 합이 5억원을 초과하는데도 무(과소)신고한 경우
(부 과 액) 미(과소)신고 금액에 따라 10%~20%, 2011년 신고분부터

조세정보 및 금융정보의 교환(§61)
(부과대상) 조세조약에 따라 금융정보의 제공을 요구받고 정당한 사유 없이 제공하지 않거나 거짓으로 제공한 경우
(부 과 액) 3천만원 이하, 2012.01.01. 시행

국제거래에 대한 자료제출의무 불이행(§60)
(부과대상) 특수관계인과의 국제거래에 대해 국제거래명세서 등을 정당한 사유 없이 제출하지 않거나 거짓으로 제출하는 경우
(부 과 액) 1억원 이하, 1996.01.01. 시행

법인세법(§121의3)
소득세법(§165의3)

해외 현지법인 등에 대한 자료제출 의무 불이행
(부과대상) 해외현지법인 지분율 10% 이상 소유한 개인 및 법인투자자로서 해외현지법인 자료 미제출·거짓 제출한 경우
(부 과 액) 1천만원 이하, 법인 2010.01.01., 개인 2014.01.01. 시행

마. 과태료 부과절차 흐름도

① 과태료를 납부한 이후 이의제기를 할 수 있는지 여부

　「질서위반행위규제법」 제20조 제1항에서 "행정청의 과태료 부과에 불복하는 당사자는 제

17조 제1항에 따른 과태료 부과 통지를 받은 날부터 60일 이내에 해당 행정청에 서면으로 이의 제기를 할 수 있다"고 규정하고 있어 이에 대한 이의제기는 ① 행정청의 과태료부과처분에 대한 것이어야 하고, ② 과태료를 부과받은 당사자가 제기하여야 하며, ③ 이의제기 기간인 과태료 부과통지를 받은 날부터 60일 이내에 하여야 하고, ④ 해당 행정청에 서면으로 하여야 한다.

「질서위반행위규제법」 제18조 제1항에 따라 의견제출기한 이내에 자진납부감경된 과태료를 모두 납부한 경우에는 해당 질서위반행위에 대한 과태료 부과 및 징수절차는 종료되므로 당사자는 이미 종료한 과태료 절차에 대해 이의를 제기할 수 없다(질서법 §18 ②).

② 이미 납부완료된 과태료를 감액할 수 있는지?

- 「질서위반행위규제법」은 질서위반행위의 성립요건과 과태료의 부과·징수 및 재판 등에 관한 사항을 규정하는 법률로서 과태료의 부과·징수·재판·집행 등의 절차에 관한 다른 법률보다 우선적으로 적용한다.

- 그러나 질서법은 법원의 결정문을 근거로 한 과태료의 감경근거를 마련하거나 이미 과태료를 납부한 자에 대해 환급을 할 수 있는 근거를 규정하고 있지 않다.

- 과태료 부과처분이 취소사유가 인정되어 행정청에 의해 직권취소되지 않는 이상 계속 유효한 것이므로 이미 납부한 과태료를 환급할 수는 없다(당연무효이면 직권취소 가능).

- 다만 행정청 스스로 과태료부과처분을 취소한 다음에는 과태료금액을 새로 산정하여 다시 부과하거나 과오납된 과태료를 반환하는 것이 질서법에 의해 금지되는 것은 아니다.

③ 감경고지서를 동봉하여 사전통지한 경우 중복감경의 방법

- 행정청이 사전통지시에 자진납부감경고지서를 동봉하는 경우가 있는 바, 이 경우 당사자는 의견제출기간(=감경고지서의 납부기간) 내에 감경된 고지서로 납부를 완료함으로써 절차를 종료시킬 수 있으며, 절차가 종료된 이후에는 더 이상 의견제출을 할 수 없다.

- 자진납부감경고지서에 의한 납부를 보류하면서 의견제출기간 내에 의견제출을 함으로써 개별법령상의 감경사유를 주장할 수도 있는데, 이 경우에도 자진납부감경에 관한 질서법 제18조의 적용이 가능하므로 당사자는 개별법령에 따른 50%의 감경을 적용한 금액에 추가적으로 20% 자진납부감경한 금액으로 새로이 고지서를 발급받아 이를 남은 의견 제출 기간 이내에 납부하여야 한다.

④「질서위반행위규제법」 제8조의 위법성의 착오에 관한 '정당한 이유'의 판단방법 및 기준

일반적으로 질서위반행위가 되는 경우이지만 자기의 특수한 경우에는 법령에 의하여 허용된 행위로서 질서위반행위가 되지 아니한다고 잘못 인식하고, 그와 같이 잘못 인식함에 정당한 이유가 있는 경우에는 과태료를 부과하지 아니한다는 취지로 '정당한 이유'가 있는지 여부는 행위자에게 자기 행위의 위법의 가능성에 대해 심사숙고하거나 조회할 수 있는 계기가 있어 자신의 지적능력을 다하여 이를 회피하기 위한 진지한 노력을 다하였더라면 스스로의 행위에 대하여 위법성을 인식할 수 있는 가능성이 있었음에도 이를 다하지 못한 결과 자기 행위의 위법성을 인식하지 못한 것인지 여부에 따라 판단하여야 할 것이며, 이러한 위법성의 인식에 필요한 노력의 정도는 구체적인 행위정황과 행위자 개인의 인식능력, 그리고 행위자가 속한 사회집단에 따라 달리 평가되어야 한다(대법원2005도3717, 2006.03.24.).

2. 특정범죄가중처벌 등의 적용

1) 개요

조세포탈액 및 세금계산서 교부의무 위반 등의 금액이 아래에 해당되는 경우 특정범죄가중처벌 등에 관한 법 제8조 및 제8조의2에 따라 가중처벌된다.

구 분	판 정 기 준
조세포탈의 가중 처벌 §8	포탈세액 10억원 이상, 무기 또는 5년 이상 징역
	포탈세액 5억원 이상 ～ 10억 미만, 3년 이상 징역
	세액의 2 ～ 5배 벌금형 병과
세금계산서 교부의무 위반 등의 가중 처벌 §8의 2	공급가액 등의 합계액이 50억원 이상, 3년 이상 징역
	공급가액 등의 합계액이 30억원 이상 ～ 50억 미만, 1년 이상 징역
	세액의 2 ～ 5배 벌금형 병과

※ 세금계산서교부의무 위반 등의 가중처벌은 영리를 목적으로 죄를 범한 경우임

2) 포탈세액

포탈세액은 가산세는 제외하고 본세에 부가되는 농특세와 교육세 부정환급세액은 포함되고, 소득공제나 감면, 세액공제 등은 반영하여 계산하며, 수정신고 세액도 포탈세액에 포함되나 소득처분에 의한 금액은 법인세 포탈세액 계산 시 포함되지 않는다.

연간 포탈세액은 기수시기를 기준으로 01.01.~12.31.까지 각 세목별 포탈세액을 계산한 후 납세의무자와 행위자별로 각각 합산한다.

> ※ 조세탈루란 조세포탈의 성립여부나 고의 또는 과실의 유무, 부정행위가 개입되었는지와 관계없이 조세의 납부를 면한 행위를 총괄하는 개념이고, 사기나 그 밖의 부정한 행위가 개입되어 있을 때는 포탈이라 한다.

3) 영리목적의 의미

「특정범죄가중처벌 등에 관한 법률」 제8조의2 제1항에서 정하고 있는 영리목적이란 널리 경제적인 이익을 취득하기 위한 것을 말하는 것으로서 무거래 세금계산서 등의 수수, 허위기재한 매출·매입처별 세금계산서합계표 등의 제출행위는 그러한 행위 자체를 대가로 하는 경우 외에 거짓기재한 세금계산서합계표를 제출함으로써 허위의 거래실적을 만들어 금융기관으로부터 대출을 받거나 부당하게 부가가치세를 환급(공제)받으려는 것은 물론, 매출을 부풀려 수주를 유지하거나 받기 위한 주된 목적과 코스닥에 상장시키는 데 도움이 되도록 하기 위한 부수적인 목적도 이에 해당한다(대법원2011도4397, 2011.09.29.; 헌법재판소2019.11.28.자 2017헌바504, 2018헌바336(병합) 결정; 대법원2013도5758, 2014.09.24.).

3. 사법부의 판단 사례

(1) 주요 법원 판결

1) 세금계산서 질서벌 관련

가. 「조세범처벌법」 제10조 제3항 제1호 의미

「조세범처벌법」 제10조 제3항 제1호는 '재화 또는 용역을 공급하지 아니하거나 공급받지 아니하고 세금계산서를 발급하거나 발급받은 행위'를 처벌하고 있는데, 여기에는 재화 또는 용역을 아예 공급하지 아니하거나 공급받지 아니하고 세금계산서만을 발급하거나 발급받는 행위(자료상이 대표적)뿐만 아니라, 재화 또는 용역을 공급받은 자가 그 재화 또는 용역을 실제로 공급한 자가 아닌 다른 사람이 작성한 세금계산서를 발급받은 경우도 포함된다(대법원2007도10502, 2010.01.28.).

마찬가지로 재화 또는 용역을 공급한 자가 그 재화 또는 용역을 실제로 공급받은 자가 아닌 다른 사람에게 세금계산서를 발급한 경우도 포함되고, 이러한 경우 재화 또는 용역을 공급한 자가 그 재화 또는 용역을 실제로 공급받은 자에게 세금계산서를 발급하지 아니한 행위에 대해서는 「조세범처벌법」 제10조 제1항 제1호에서 정한 세금계산서 미발급으로 인한 죄가 별개로 성립한다(대법원2013도10554, 2014.07.10.).

※ 재화 또는 용역을 공급하였다는 의미는 거래당사자 사이에 구속력 있는 합의가 있음을 의미하는 것으로서 세금계산서에 기재할 사항 중 공급가액, 품목, 단가, 수량 등에 대한 합의가 있었음을 의미한다(대법원 2010도11382, 2012.11.15.).

나. 「조세범처벌법」 제10조 제3항 제3호 및 제4호의 문제

「조세범처벌법」 제3항 본문이 가공거래를 전제로 함에도 불구하고 같은 항 제3호와 제4호는 실제 재화나 용역을 공급하거나 공급받으면서 매출·매입처별 세금계산서(또는 계산서) 합계표를 사실과 다르게 거짓 기재하여 제출하는 행위를 규정하고 있다.

대법원은 위와 같은 문제점에도 불구하고 특정범죄가중법 제8조의2 제1항을 적용함에 있어서 매입처별 세금계산서합계표에 기재된 매입처의 공급가액에 해당하는 실물거래가 전혀 존재하지 않거나 일부 실물거래가 존재하더라도 전체적으로 그 공급가액을 부풀려 허위로 기재한 합계표를 정부에 제출한 경우에는 그 가공 혹은 허위의 공급가액 부분 전체에 관하여 위 허위 기재를 내용으로 하는 「조세범처벌법」 제10조 제3항 제3호에 해당한다고 판시하였다. 즉 가공거래가 아니라 실물거래를 하면서 공급가액을 부풀려 기재한 경우에도 부풀린 금액 부분은 「조세범처벌법」 제10조 제3항 제3호에 해당하여 특정범죄가중법 제8조의2의 처벌대상이 된다는 것이다(대법원2010도336, 2010.05.13.).

다만, 「조세범처벌법」 제10조 제3항 제3호 및 제4호는 세금계산서합계표의 기재 내용이 모두 가공거래인 경우에 한하여 적용되는 것으로 해석하는 것이 본문의 문언에 부합하고, 이 규정을 인용하고 있는 특정범죄가중법 제8조의2 제1항도 동일하게 해석하는 것이 죄형법정주의에 부합한다고 본다.

다. 「조세범처벌법」 제10조 제2항 제1호의 의미

세금계산서를 발급받아야 할 자가 재화 또는 용역을 공급받으면서 공급자와의 통정에 의하여 공급가액을 부풀리는 등 허위 기재를 한 세금계산서를 발급받은 경우 이러한 행위는 「조세범처벌법」 제10조 제2항 제1호에서 정한 거짓으로 기재한 세금계산서를 발급받은 죄에 해당하고, 마찬가지로 세금계산서를 발급하여야 할 자가 재화 또는 용역을 공급하면서 공급가액을 부풀리는 등 허위 기재를 한 세금계산서를 발급한 경우 이러한 행위는 「조세범처벌법」 제10조 제1항 제1호에서 정한 세금계산서를 거짓으로 기재하여 발급한 죄에 해당한다(대법원 2010도11382, 2012.11.15.; 대법원2013도10554, 2014.07.10.).

라. 감액수정세금계산서 수취가 「조세범처벌법」 위반죄에 미치는 영향

재화나 용역을 공급하지 아니하거나 공급받지 아니하고 가공의 세금계산서를 발급·수취한 후 이를 취소하는 의미에서 같은 공급가액에 음의 표시를 하여 작성한 수정세금계산서를 발급·수취한 경우, 뒤의 공급가액이 음수인 수정세금계산서를 발급·수취한 행위는 새로이 재화나 용역을 공급하거나 공급받은 것을 내용으로 하는 가공의 세금계산서를 발급·수취하기 위한 것이 아니라 앞선 실물거래 없이 가공의 세금계산서를 발급·수취한 행위를 바로잡기 위한 방편에 불과하므로, 「조세범처벌법」 제10조 제3항 제1호에서 정한 죄에 해당하지 않는다고 봄이 타당하다. 나아가 실물거래 없이 가공의 세금계산서를 발급·수취함으로써 「조세범처벌법」 제10조 제3항 제1호의 죄가 기수에 이르고, 그 후 이러한 가공의 세금계산서를 취소하는 취지로 음수의 수정세금계산서를 발급·수취하였다 하더라도 이미 완성된 위 범죄의 성립에 아무런 영향을 미칠 수 없다. 따라서 특정범죄가중법 제8조의2 제1항에 따라 가중처벌을 하기 위한 기준인 '공급가액 등의 합계액'을 산정할 때에도 이와 같이 실물거래 없이 발급·수취한 가공의 세금계산서를 취소하는 의미에서 발급·수취한 음수의 수정세금계산서의 공급가액은 고려(공제)할 필요가 없다(대법원 2020도118, 2020.10.15.).

마. 월합계세금계산서 작성 시 공급가액을 부풀린 경우

월합계세금계산서를 발급하면서 그 공급가액란에 실제 재화를 공급한 가액보다 부풀려서

금액을 기재한 경우 가공세금계산서가 아니라 사실과 다른 세금계산서로 본다(대법원2016두 31920, 2016.11.10.)

바. 허위세금계산서 발급 및 수취가 있는 경우

「조세범처벌법」 제10조 제3항 제1호가 세금계산서를 발급한 사람과 발급받은 사람을 모두 처벌하고 있는 바, 재화 또는 용역을 공급하는 사업자가 허위 세금계산서를 발급하는 한편, 다른 별개의 사업자로서 실제로는 재화나 용역을 공급받지 않으면서 위 허위세금계산서를 발급받은 경우, 특정범죄가중법 제8조의2 제1항 각호 및 제2항에서 정한 공급가액 등의 합계액을 산정할 때에는 발급하는 사업자로서의 공급가액과 발급받는 사업자로서의 공급가액을 합산한다(대법 원2019도12842, 2020.02.13.).

사. 수정발급하지 아니하고 일반세금계산서를 발급 시 「조세범처벌법」 대상인지

재화 또는 용역을 공급받은 자가 매매계약에 따른 매입세금계산서를 발급받은 이후에 그 계약이 해제되어 수정세금계산서를 발급받아야 함에도 공급자에게 다시 재화 또는 용역을 공급한 것처럼 매출세금계산서를 발행하였다면, 설령 그 과세기간 내의 매출세액과 매입세액의 합계액에 아무런 영향을 미치지 아니한다고 하더라도, 실제로 그에 상응하는 재화 또는 용역을 공급하지 아니한 이상 허위의 매출세금계산서를 발급한다는 사정에 대한 법의가 부정된다고 볼 것은 아니다(대법원2012도7768, 2014.04.30.).

아. 가공세금계산서를 시정하고자 발급한 감액수정세금계산서에 대한 처벌

법인의 종업원이 재화 또는 용역을 공급하지 아니하고 매출세금계산서를 발급하였으나 법인의 대표자가 후에 이를 발견하여 종전 매출세금계산서를 취소하기 위하여 이후 과세기간에 부(負)의 세금계산서를 발급한 경우 부의 세금계산서는 「조세범처벌법」 제10조에서 규정하는 '세금계산서를 거짓으로 기재하여 발급한 경우'에 해당하지 아니한다(법규과-1454, 2013.01.23.).

자. 과세표준을 부풀린 수입세금계산서에 대한 처벌

수입업자가 인보이스 상 단가를 과다하게 수입신고를 한 후, 세관장으로부터 수입세금계산서를 발급받은 것은 거래상대방과 "통정하여" 발급받은 것이 아니므로 「조세범처벌법」 제10조 제2항을 적용할 수 없다(법규과-1268, 2014.12.31.).

차. 착오에 기인한 세금계산서 미발급이 조세범처벌대상인지 여부

주사업장 총괄납부자를 신청하지 아니하고 본·지점 간 내부거래에 대해 착오로 세금계산서 발급하지 않은 경우에는 「조세범처벌법」 제10조 제1항 제1호에 해당하지 않는 것이나, 세금계산서를 발급하지 않은 사유가 착오에 의한 것인지 여부는 총괄납부신청 사유·시기 부가가치세 신고·납부상황 등을 종합적으로 검토하여 사실판단할 사항이다.

다만, 부가가치세법의 규정에 의하여 세금계산서를 작성하여 발급하여야 할 자가 고의로 세금계산서를 발급하지 아니한 때에는 「조세범처벌법」 제11조의2에 따라 1년 이하의 징역 또는 공급가액에 부가가치세의 세율을 적용하여 계산한 세액의 2배 이하에 상당하는 벌금에 처한다(조사기획과-455, 2013.03.28.; 부가46015-261, 1995.02.09.).

※ 부가가치세 탈루목적이 전혀 없음을 감안할 때 고의의 미발급으로 볼 수 없을 것이다.

카. 미등록자로부터 세금계산서를 미수취한 경우 미수취죄 성립여부

「조세범처벌법」은 부가세 과세대상 재화 또는 용역을 공급받으면서 세금계산서를 수취하지 않은 경우, 세금계산서 발급을 강제하여 거래를 양성화하고 세금계산서 미발급으로 인한 조세의 부과와 징수를 불가능하게 하거나 현저히 곤란하게 하는 것을 막고자 조세수입의 감손이라는 결과발생에 관계없이 그 자체만으로 세금계산서 미수취죄라는 범죄가 성립한다.

사업자등록을 하지 아니한 사업자가 세금계산서를 발급하지 아니한 경우 과거 대법원은 세금계산서 미수취죄를 부정하였으나 부가법이 2013.06.07. 전부 개정되면서 2013.07.01. 이후 공급분부터는 세금계산서 발급의무자가 '납세의무자로 등록한 사업자'에서 '사업자'로 변경됨에 따라 사업자는 부가법상 사업자등록 유무에 불문하고 사업목적이 영리이든 비영리이든 관계없이 사업상 독립적으로 재화 또는 용역을 공급하는 자를 말하는 것인 바 부가법상 사업자라면 사업자등록 여부에 관계없이 「조세범처벌법」상 세금계산서를 작성하여 발급할 자에 해당하여 세금계산서 발급의무를 위반한 것이고 그러한 사업자와 거래한 상대방도 세금계산서 미수취죄가 성립된다(대법원2018도16168, 2019.07.24.).

다만, 공급받는 자가 공급자와 거래 당시 상호 통정하여 세금계산서를 발급하지 아니한 것인지는 별도로 판단하여야 한다(대법원2018도16168, 2019.07.24.).

2) 세금계산서합계표 질서벌 관련

가. 세금계산서와 세금계산서합계표상의 공급가액 합산 여부

재화 또는 용역을 공급하지 아니하고 세금계산서나 계산서를 수수한 때 또는 매출·매입처별 세금계산서합계표나 매출·매입처별 계산서합계표를 제출한 때에 각 문서마다 1개의 죄가 성립하는 것이 원칙이므로, 동일한 거래에 대한 허위 세금계산서 발급·수취행위와 허위의 매출·매입처별 세금계산서합계표 제출행위는 서로 구별되는 별개의 행위로서 각 행위에 따른 결과라고 할 수 있는 '공급가액' 역시 별도로 산정하여야 한다.

특정범죄가중처벌 등에 관한 법률 제8조의2 제1항은 영리의 목적과 공급가액등의 합계액이 일정액 이상이라는 가중사유를 구성요건화하여 「조세범처벌법」 제10조 제3항의 행위와 합쳐서 하나의 범죄유형으로 하고 그에 대한 법정형을 규정한 것이므로 세금계산서, 계산서, 매출·매입처별 세금계산서합계표에 기재된 공급가액을 합산한 금액이 해당 법률 조항 소정의 금액 이상인 때에는 해당 법률조항위반의 1죄만이 성립한다.

따라서 특정범죄가중법 제8조의2에 따라 가중처벌을 하기 위한 기준인 '공급가액 등의 합계액'을 산정할 때에도 「조세범처벌법」 제10조 제3항 제1호 소정의 세금계산서와 같은 항 제3호 소정의 매출·매입처별 세금계산서합계표상의 공급가액을 합산한다(대법원2011도4397, 2011.09.29.; 대법원2009도3355, 2011.09.29.; 대법원2013도7219, 2013.09.26.; 대법원2020도118, 2020.10.15.; 대법원2017도10054, 2017.09.07.; 대법원2017도11628, 2017.12.28.).

나. 공급가액 부풀린 매입처별세금계산서합계표 제출의 형사 책임

매입처별세금계산서합계표에 기재된 매입처의 공급가액에 해당하는 실물거래가 전혀 존재하지 않거나 일부 실물거래가 존재하더라도 전체적으로 그 공급가액을 부풀려 허위로 기재한 합계표를 정부에 제출한 경우에는 그 가공 혹은 허위의 공급가액 부분 전체에 관하여 위 허위 기재를 내용으로 하는 「조세범처벌법」 제10조 제3항 제3호에 해당하고, 이 경우에 통정하여 일부 실물거래가 존재하나 전체적으로 공급가액을 부풀려 거짓으로 기재한 매입처별세금계산서합계표를 정부에 제출한 부분에 대하여는 「조세범처벌법」 제10조 제2항 제3호가 별도로 성립하며, 양자는 상상적 경합범의 관계에 있다(대법원2010도336, 2010.05.13.).

다. 범칙행위에 대한 합산기간

특정범죄가중법 제8조의2 제1항은 영리를 목적으로 「조세범처벌법」 제10조 제3항 및 제4항 전단의 죄를 범한 사람에 대하여 가중처벌을 규정하고 있어, 이 법률조항은 특정범죄가중법 제8조(조세포탈)의 경우와 달리 공급가액 등의 합산 기간에 제한이 없다.

대법원은 '이 사건 법률조항은 영리의 목적과 공급가액 등의 합계액이 일정액 이상이라는 가중사유를 구성요건화하여 「조세범처벌법」 제10조 제3항 위반과 합쳐서 하나의 범죄유형으로 정하고 공급가액 등의 합계액에 따라 구분하여 법정형을 정하고 있음에 비추어 보면, 「조세범처벌법」 제10조 제3항의 각 위반행위가 영리를 목적으로 단일하고 계속된 범의 아래 일정기간 계속하여 행하고 그 행위들 사이에 시간적·장소적 연관성이 있으며 범행의 방법 간에도 동일성이 인정되는 등 하나의 이 사건 법률조항 위반행위로 평가될 수 있고, 그 행위들에 해당하는 문서에 기재된 공급가액을 모두 합산한 금액이 이 사건 법률조항에 정한 금액에 해당하면, 그 행위들에 대하여 포괄하여 이 사건 법률조항 위반의 1죄가 성립된다'고 판시하였다(대법원 2015도2207, 2015.06.23. 선고 판결).

따라서 대법원은 이 사건 법률조항 위반죄를 포괄일죄로 보고 단일하고 계속된 범의 하에 일정기간 동안 동일한 방법으로 이루어진 경우라면 그 기간 내에 수수한 세금계산서(또는 계산서)와 과세관청에 제출된 매출·매입처별 세금계산서(또는 계산서)합계표의 공급가액을 모두 합산할 수 있다는 입장이다.

그러나 이 사건 법률조항은 「조세범처벌법」에 대한 가중처벌규정이라는 점에서 합산 기간을 규정하지 아니한 것은 구성요건의 명확성을 요하는 죄형법정주의에 반한다는 비판이 있는 바, 합산기간을 명시하는 것으로 법령을 개정하는 것이 바람직하다고 본다.

라. 가공전자세금계산서 발급 시 세금계산서합계표 제출행위에 대한 처벌 가능 여부

동일한 거래행위에 대하여 세금계산서의 발급 및 수취행위와 세금계산서합계표의 제출행위는 서로 구별되는 별개의 행위로서 각 행위에 따른 결과라고 할 수 있는 공급가액 역시 별도로 산정하여야 하며, 특가법상 제8조의2에 따라 가중처벌을 하기 위한 기준인 "공급가액 등의 합계액"을 산정할 때에도 이처럼 별도로 산정된 각 공급가액을 합산하여야 함. 다만 전자세금계산서의 경우 매출·매입처별세금계산서합계표를 제출할 의무가 없어 "공급가액 등의 합계액"에 산입할 수 없다(대법원2017도 11628, 2017.12.28.; 대법원2017도10054, 2017.09.07.).

마. 명의대여자가 발급한 가공세금계산서

명의를 대여하고 일정한 이익을 얻으면서 가공세금계산서를 수수한 경우 재화 또는 용역을 공급함이 없이 세금계산서를 교부하거나 교부받은 경우에 해당한다(대법원2002도4520, 2003.01.10.).

3) 조세포탈과 관련된 판례

가. 가공거래의 부가세를 납부한 경우 범죄수익에서 얻은 이익에서 제외되는지

뇌물수수나 알선수재에 이용된 공급계약이 실제 공급이 없는 형식적 계약에 불과하여 부가가치세 과세대상이 아니라면 그에 관한 납세의무가 없으므로, 설령 부가가치세 명목의 금전을 포함한 대가를 받았다고 하더라도 그 일부를 부가가치세로 거래 징수하였다고 할 수 없어 수수한 금액 전부가 범죄로 얻은 이익에 해당하여 추징대상이 되며, 이를 부가가치세로 신고·납부하였다고 하더라도 달리 볼 수 없다(대법원2012도7571, 2015.1.15.).

나. 조세포탈의도를 가진 수정세금계산서 발급도 조세범처벌 대상임

부가가치세를 포탈할 의도로 법령에서 정하고 있는 수정세금계산서 발급사유에 해당하지 않음에도 이에 해당하는 것처럼 허위의 수정세금계산서를 발급하였다면 이는 부가가치세의 부과와 징수를 불가능하게 하거나 현저히 곤란하게 하는 '사기 기타 부정한 행위'에 해당하고 그 행위로 인하여 조세포탈의 결과가 발생한다는 사실을 인식하면서 부정행위를 감행하거나 하려고 하는 경우에 조세포탈의 범의가 인정된다(대법원2012도 11972, 2014.05.29.; 대법원2004도 817, 2006.06.29.; 대법원2010도 10968, 2011.06.30.).

다. 조세포탈죄로 기소된 후에 부과처분이 취소된 경우의 법리

「조세범처벌법」제3조와 특정범죄가중법 제8조에서 정한 조세포탈죄가 성립하기 위해서는 조세법률주의에 따라 세법이 정한 과세요건이 충족되어 조세채권이 성립해야 하므로, 과세요건을 갖추지 못해 조세채무가 성립하지 않으면 조세포탈죄도 성립할 여지가 없다. 한편, 조세의 부과처분을 취소하는 행정심판이 확정되거나 조세심판원 등의 결정에 따라 과세관청이 당초 처분을 직권 취소한 경우 그 부과처분의 효력은 처분 시에 소급하여 효력을 잃게 되어 그에 따른 납세의무가 없으므로, 이러한 사유는 형사소송법 제420조 제5호에 정한 재심사유인 '무죄로 판단하거나 원심판결이 인정한 죄보다 경한 죄를 인정할 명백한 증거가 새로 발견된 때'에 해당하여 해당 조세포탈죄 부분에 대해서는 무죄를 선고하게 된다(대법원89도1356, 1989.09.29.; 대법원2003도5631, 2005.06.10.; 대법원2018도16864, 2020.05.28.; 대법원83도2933, 1985.10.22.; 대법원2013도14716, 2015.10.29.; 대법원2017도11812, 2019.09.26.; 대법원2018도14753, 2020.12.30.).

※ 당초의 처분사유가 아닌 다른 사유로 부과처분이 직권 취소되는 경우에도 조세포탈죄는 성립할 수 없다.

라. 형사판결이 후발적 경정청구사유인 "판결"에 해당되는지

후발적 경정청구사유인 "판결"에 해당되는지 여부는 민사판결, 형사판결, 조세소송 판결 등 판결의 유형으로 판단할 것이 아니라, 판결의 주문과 이유에서 당초 과세표준 및 세액의 계산 근거가 된 거래 또는 행위 등의 존부나 법률효과 등이 다른 것으로 확정되었는지 여부로 판단하는 것이 타당하다. 이에 따라 확정된 판결에 의하여 거래 또는 행위 등의 존부나 법률효과 등이 다른 것으로 확정되었다면 판결 유형에 관계없이 후발적 경정청구사유인 판결로 봄이 타당하다고 보여지나, 우리 대법원은 형사사건의 재판절차에서 납세의무의 존부나 범위에 관한 판단을 기초로 판결이 확정되었다 하더라도, 형사판결은 엄격한 증거법칙 하에서 증거능력이 제한되고 무죄추정의 원칙이 적용되는 바, 형사소송에서의 무죄 판결은 그러한 증명이 없다는 의미일 뿐이지 공소사실의 부존재가 증명되었다는 의미는 아니므로 국기법이나 관세법에서 말하는 후발적 경정청구사유인 판결에 해당한다고 볼 수 없다고 판시하고 있다(대법원2018두61888, 2020.01.09.; 대법원2006다27055, 2006.09.14.).

마. 조세포탈의 고의 요건

조세포탈의 고의가 있다고 하려면 허위의 세금계산서에 의해 매입세액을 공제받는다는 것이 국가의 조세수입을 감소하리라는 인식이 있어야 한다(대법원99도2358, 2001.02.09.; 대법원2009도11138, 2010.01.14.; 대법원2005도5772, 2007.06.01.).

바. 기업회계와 세무회계의 차이는 부정행위로 보지 않음

적극적 은닉이나 적극적으로 서류를 조작하고 장부상 허위기재를 하는 경우 외에 단순한 기업회계와 세무회계의 차이(세무조정금액)로 인한 금액은 사기 그 밖의 부정한 행위로 보지 아니한다(대법원2013두7667, 2013.12.12.; 대법원2004도817, 2006.06.29.).

(2) 주요 불기소 사례 모음

- 세법해석, 시가평가방법의 차이로 세금계산서가 미발급된 경우 등 거래처와의 통정의 입증이나, 고의성이 없는 경우(조사기획과-455, 2013.03.28.)
- 실물거래가 없음을 입증하는 증거가 부족한 경우
- 행위자가 범칙행위임을 인식하지 못한 경우
- 단순히 명의대여자인 경우(신용불량자 등)
- 공소시효가 임박해 고발하거나 공소시효를 잘못 적용한 경우
- 실물공급자와 세금계산서 미수취자가 통정하였다고 볼 수 없는 경우
- 당사자가 합의된 실제 공급가액으로 세금계산서를 교부하였다면 시가로 교부하지 않았다는 사유로 기소할 수 없음(대법원2002두1588, 2004.09.23.).
- 실제로는 위탁매매에 해당하나 재화의 공급으로 세금계산서를 수수하였더라도 업무주가 이를 지시하거나 승인하지 않았다면 고의로 볼 수 없음.
- 양도담보거래에 대하여 무지 또는 착오로 계산서 수수한 경우 조세범처벌 불가함(법규과-1545, 2009.12.24.).
- 조세포탈에 있어서는 적극적 소득 은닉행위가 없다고 인정되는 경우, 조세포탈의 고의성이 입증되지 않은 경우, 매출누락에 대응하는 필요경비를 충분히 인정하지 않은 경우

4. 공동사업장의 포탈세액 계산 예시

1) 포탈세액의 계산

가. 공동사업장에 대한 조사결과 추징세액

○ 4인 공동사업자로서 연간 포탈세액
- 부가가치세 포탈세액 : 4억 2천 4백만원
- 소득세 포탈세액
  갑) 5천만원, 을) 6천만원, 병) 7천만원, 정) 8천만원

○ 각인별 지분율은 25%로 동일

나. 공동사업자 각인별 포탈세액 계산방법

공동사업자에 대한 부가가치세는 국기법 제25조 제1항에 따르면 연대납세의무가 있고, 부가법 제6조 제1항에 따라 공동사업장은 하나의 사업장으로 보아야 하므로 조세포탈세액의 계산에 있어서도 각각 그 전액을 포탈한 것으로 계산함이 타당하며, 소득세는 소득법 제2조의2 제1항에 의하면 공동사업에 대한 소득금액을 계산하는 때에는 해당 거주자별로 납세의무를 진다고 규정하고 있어 개인과세주의를 원칙으로 하는 소득세법의 특성상 각인의 지분별로 계산한 소득세를 포탈세액으로 봄이 타당하다.

<계산>

갑) 4억2천4백만원(부가가치세) + 5천만원(소득세) = 4억7천4백만원

을) 4억2천4백만원(부가가치세) + 6천만원(소득세) = 4억8천4백만원

병) 4억2천4백만원(부가가치세) + 7천만원(소득세) = 4억9천4백만원

정) 4억2천4백만원(부가가치세) + 8천만원(소득세) = 5억　4백만원

다. 공동사업자 각인별 특가법 해당 여부

4인의 공동사업자가 공모하여 조세를 포탈하였을 경우 그 중 1인이 특가법 처벌 대상이 되는 때에는 4인은 특가법(「특정범죄가중처벌 등에 관한 법률」, 이하 같다) 처벌 대상이 되는 1인의 공동정범에 해당하므로 모두 특가법 처벌대상으로 본다.

"정"의 경우 부가세 포탈세액과 개인 소득세 포탈세액을 합하여 5억원 이상이 되어 특가법 처벌대상이 되기 때문에 공동사업자 4명 모두가 특가법에 의한 처벌대상이다.

라. 공동사업자에 대한 통고처분 방법

「조세범처벌절차법」 제9조 제1항에 의한 통고처분은 조세포탈행위에 대하여 과하여지는 일종의 형벌로써 그 통고처분에 의하여 가해지는 벌금 등은 각 범칙자마다 개별적으로 가해지는 것이므로 공동사업자 각인이 별개의 행위자이기 때문에 각인에게 통고처분하여야 한다.

2) 대리인 지위에서 타 조합원 소득세까지 포탈한 경우

◆ 다른 공동사업자의 대리인의 지위에서 다른 공동사업자에게 귀속될 소득세까지 포탈한 이상, 공동사업자의 소득세 전액을 포탈한 책임이 있음

조세포탈죄에 있어서 수입·지출에 관한 장부 기타 증빙 서류를 허위 작성하거나 이를 은닉하는 등의 방법으로 그 수입금액을 줄이거나 지출경비를 늘림으로써 조세를 포탈한 경우 그 포탈세액의 계산기초가 되는 수입 또는 지출의 각개 항목에 해당하는 사실 하나 하나의 인정에까지 확실한 증거를 요한다고 고집할 수는 없는 것인 바, 이러한 경우에는 그 방법이 일반적으로 용인될 수 있는 객관적, 합리적인 것이고 그 결과가 고도의 개연성과 진실성을 가진 것이라면 추정계산도 허용된다.

「조세범처벌법」 제3조 제1항 소정의 조세포탈범의 범죄주체는 같은 조항에 의한 납세의무자와 같은 법 제18조 소정의 법인의 대표자, 법인 또는 개인의 대리인, 사용인, 기타의 종업원 등 행위자라 할 것이고, 연간 포탈세액이 일정액 이상에 달하는 경우를 구성요건으로 하고 있는 특가법 제8조 제1항의 규정은 이러한 조세포탈범을 가중처벌 하기 위한 규정이므로, 같은 조항의 적용에 있어서는 납세의무자로서 포탈한 세액과 「조세범처벌법」 제3조 소정의 행위자로서 포탈한 세액을 모두 합산하여 그 적용 여부를 판단하여야 한다.

이러한 관점에서 볼 때 공동사업자들 중 일부가 다른 공동사업자들의 대리인 지위에서 그들에게 귀속될 소득세까지 포탈하였다면 공동사업자들의 소득세 전액을 포탈한 형사상 책임을 져야 한다(대법원2004도7141, 2005.05.12.).

▌탈세에 공모하지 않는 구성원에 대한 조세범 처벌 여부

공동사업자 2인 중 1인이 실행한 조세포탈행위에 대한 통고처분을 함에 있어 자본만 투자하였을 뿐 조세포탈을 공모하거나 사기 기타 부정한 행위에 전혀 가담함이 없는 다른 공동사업자에게는 「조세범처벌법」 제3조가 적용되지 않으므로 벌금형에 대한 통고처분을 할 수 없는 것이며 다른 공동사업자가 사기 기타 부정한 행위에 전혀 가담하지 않았는지 여부는 구체적 사실에 따라 판단하는 것이다(법규과-3210, 2007.06.29.). 「조세범처벌법」 제3조의 책임벌 규정은 범칙행위자 이외에 이를 선임·감독할 지위에 있는 자에게도 처벌하도록 규정되어 있는 바, 이 경우에도 선임·감독상의 책임을 인정하기 위해서는 실질적으로 경영한 경우에 적용되는 것이며 실질적으로 공동사업을 하지 않은 경우에는 해당 사업자에게만 책임이 있다(同旨 대법2004도7141, 2005.05.12.; 지도 1266-341, 1980.07.05.).

5. 가공·허위세금계산서 발급에 대한 명단 공개

특가법 제8조의2에 따른 범죄(세금계산서 교부의무 위반 등의 가중처벌)로 유죄판결이 확정된 사람(2022.01.01. 이후 유죄판결이 확정된 자로서 "세금계산서발급의무등위반자"라 한다)에 대하여도 조세포탈범(조세포탈, 면세유 부정유통 및 가짜석유판매에 대한 범죄로 유죄판결이 확정된 자로서 포탈세액이 연간 2억원 이상), 해외금융계좌신고의무위반자와 같이 인적사항, 부정기재한 공급가액 등의 합계액 등을 공개할 수 있다(국기법§85의5 ① 5호).

세금계산서발급의무등위반자의 명단을 공개할 때 공개할 사항은 세금계산서발급의무등위반자의 성명·상호(소속 법인의 명칭을 포함한다), 나이, 직업, 주소, 특가법 제8조의2제1항제1호에 따른 공급가액등의 합계액, 판결 요지와 형량 등으로 한다(국기법§66 ⑯).

제9절 조합에 대한 지방세와 종합부동산세

1. 지방세기본법상 공동사업에 대한 과세특례

(1) 개념

「공동사업」이라 함은 그 사업이 당사자 전원의 공동의 것으로서, 공동으로 경영되고 당사자 전원이 그 사업의 성공 여부에 대하여 이익배분 등 이해관계를 가지는 사업을 말한다(지방세기본통칙44-1).

(2) 공동사업장에 대한 과세특례

소득법 제43조에 따른 공동사업장에서 발생한 소득금액에 대하여 특별징수된 세액과 제99조 및 「지방세기본법」 제56조에 따른 가산세로서 공동사업장에 관련되는 세액은 각 공동사업자의 손익분배비율에 따라 배분한다. 공동사업장에 대한 소득금액의 신고, 결정, 경정 또는 조사 등 공동사업장에 대한 과세에 필요한 사항은 소득법 제87조에서 정하는 바에 따른다(지방세법§102).

(3) 연대납세의무 및 독촉

① 공유물(공동주택의 공유물은 제외한다), 공동사업 또는 그 공동사업에 속하는 재산에 관계되는 지방자치단체의 징수금은 공유자 또는 공동사업자가 연대하여 납부할 의무를 진다(지방세기본법§44).

② 「공유물」이라 함은 「민법」 제262조(물건의 공유)의 규정에 의한 공동소유의 물건을 말한다(지방세기본통칙 44-1).

③ 공유물·공동사업자 등 연대납세의무자에 대한 독촉은 연대납세의무자 각 개인별로 독촉장을 발부하여야 하며, 각각 독촉장을 발부하지 아니한 경우에는 그 효력이 없다(지방세기본통칙 61-1).

2. 자산의 취득 및 보유에 따른 지방세

(1) 취득세

1) 개요

「지방세법」 제6조 제1호에서는 법인에 대한 현물출자를 취득의 한 유형으로 정의하고 있고, 같은 법 제7조 제1항에서는 취득세는 부동산 등을 취득한 자에게 부과한다고 하면서, 같은 조 제2항에서는 부동산 등의 취득은 민법 등 관계 법령에 따른 등기·등록 등을 하지 아니한 경우라도 사실상 취득하면 각각 취득한 것으로 보고 해당 취득물건의 소유자 또는 양수인을 각각 취득자로 규정하고 있다.

부동산 취득세는 재화의 이전이라는 사실 자체를 포착하여 거기에 담세력을 인정하고 부과하는 유통세의 일종으로서 부동산의 취득자가 그 부동산을 사용·수익·처분함으로써 얻어질 이익을 포착하여 부과하는 것이 아니므로 '부동산취득'이란 부동산 취득자가 실질적으로 완전한 내용의 소유권을 취득하는지 여부와 관계없이 소유권 이전의 형식에 의한 부동산취득의 모든 경우를 포함하는 것으로 해석된다(대법원2005두9491, 2007.04.12.).

2) 취득과 취득세의 정의

"취득"이란 매매, 교환, 상속, 증여, 기부, 법인에 대한 현물출자, 건축, 개수(改修), 공유수면의 매립, 간척에 의한 토지의 조성 등과 그 밖에 이와 유사한 취득으로서 원시취득(수용재결로 취득한 경우 등 과세대상이 이미 존재하는 상태에서 취득하는 경우는 제외한다), 승계취득 또는 유상·무상의 모든 취득을 말한다(지방세법§6).

취득세는 부동산, 차량, 기계장비, 항공기, 선박, 입목, 광업권, 어업권, 골프회원권, 승마회원권, 콘도미니엄 회원권, 종합체육시설 이용회원권 또는 요트회원권(이하 "부동산 등"이라 한다)을 취득한 자에게 부과한다(지방세법§7 ①).

3) 신고와 납부

취득세 과세물건을 취득한 자는 그 취득한 날(「부동산 거래신고 등에 관한 법률」 제10조 제1항에 따른 토지거래계약에 관한 허가구역에 있는 토지를 취득하는 경우로서 같은 법 제11조에 따른 토지거래계약에 관한 허가를 받기 전에 거래대금을 완납한 경우에는 그 허가일이나 허가구역의 지정 해제일 또는 축소일)부터 60일[상속으로 인한 경우는 상속개시일이 속하는 달의 말일부터, 실종으로 인한 경우는 실종선고일이 속하는 달의 말일부터 각각 6개월(외국에 주소를 둔 상속인이 있는 경우에는 각각 9개월)] 이내에 그 과세표준에 「지방세법」 제11조부터 제15조까지의 세율을 적용하여 산출한 세액을 부동산 소재지 관할 시·군·구청에 신고하고 납부하여야 한다(지방세법§20 ①).

취득세 납세의무자가 신고 또는 납부의무를 다하지 아니하면 「지방세법」 제10조부터 제15조까지의 규정에 따라 산출한 세액 또는 그 부족세액에 「지방세기본법」 제53조부터 제55조까지의 규정에 따라 산출한 가산세(무신고가산세, 과소신고·초과환급신고가산세, 납부지연가산세)를 합한 금액을 세액으로 하여 보통징수의 방법으로 징수한다(지방세법§21 ①).

4) 주택조합등의 조합원용 취득분에 대한 과세

「주택법」 제11조에 따른 주택조합과 도시정비법 제35조제3항 및 「빈집 및 소규모주택 정비에 관한 특례법」 제23조에 따른 재건축조합 및 소규모재건축조합(이하 "주택조합 등"이라 한다)이 해당 조합원용으로 취득하는 조합주택용 부동산(공동주택과 부대시설·복리시설 및 그 부속토지를 말한다)은 그 조합원이 취득한 것으로 본다(취득일은 사용승인서 교부일). 다만, 조합원에게 귀속되지 아니하는 부동산("비조합원용 부동산" 또는 일반분양분)은 공동주택 등의 원시취득에 대한 취득세 납세의무는 주택조합 등에 있다(지방세법§7 ⑧; 세정13407-157, 1999.02.03.).

5) 조합에 현물출자하는 경우 취득세 과세

개인 "갑"과 "을"이 민법상 조합(개인 공동사업)을 하기로 약정을 하고 "갑"은 자신의 단독 소유 부동산을 공동사업에 현물출자(사용권출자가 아니고 부동산 자체의 출자임)하고, "갑"과 "을"은 해당 현물출자 부동산을 공동사업(갑은 90% 을은 10%의 지분을 가짐)의 합유로 하기로 하였다면(공동사업체의 재산으로 귀속시키고 소유자 전원의 의사에 기해 전원의 계산으로 처분한 후 그 이익을 분배하기로 하는 명시적 또는 묵시적 의사의 합치가 있는 경우), 해당 부동산을 현물출자 시점에 공동사업(조합)이 "갑"으로부터 새로이 취득한 것으로 보아 부동산 전체에 대해서 공동사업(조합)이 취득세의 납세의무가 있는 것인지, 또한 "을"이 "갑"으로부터 해당 부동산을 10%만큼 취득한 것으로 보아 "을"에게만 취득세의 납세의무가 있는 것인지의 여부에 대하여 주택조합 외의 조합으로서 해당 조합이 부동산을 현물출자받는 경우라면 그 조합이 부동산을 새로이 취득하는 것으로 보아 출자대상 전체에 대하여 취득세 납세의무가 발생한다고 해석하고 있다(대법원2005다5140, 2007.06.14.; 세정13407-1057, 2003.09.04.).

다만, 토지를 소유한 법인과 노무를 제공하는 법인이 별도의 법인설립 없이 공동사업자등록만을 하여 사업을 시행하는 경우라면 해당 공동사업자에 대하여는 토지분 취득세 납세의무가 없다(행정자치부 지방세정-2129, 2006.05.25.; 세제-4189, 2015.03.20.). 아울러 2개 법인의 공동으로 건물을 시공하기 위하여 토지를 각각 취득·등기한 후 별도의 법인설립 없이 공동사업자등록만을 하여 사업을 시행하는 경우라면 당해 공동사업자에 대하여 토지분 취득세가 다시 과세되는 것은 아니다(세정-2129, 2006.05.25.).

※ 취득세 과세대상물건이 동일하다면 공유물이든 합유물이든 총유물이든 그 소유형태에 관계없이 취득세율은 동일하다.

6) 출자지분 변동이 발생한 경우 취득세 과세

공동사업(조합)의 구성원이 변경(출자지분의 양도, 상속, 증여 등)되어 특정 구성원의 합유지분이 증가하는 경우 지분권의 권리의 성질이나 효력은 소유권과 다를 바 없으므로 증가된 지분만큼은 새로운 취득으로 보아 취득세를 과세한다.

7) 합유물(공유물)분할에 대한 취득세 과세

토지와 건물을 2인 이상이 공유지분으로 소유하고 있는 자 중 1인이 공유권을 분할하는 경우에는 특정부동산을 새로이 취득하는 것이 아니라 공유지분만큼 분할하여 단독으로 등기하는 것으로 유상취득이 아닌 형식적인 취득으로 보아 자기소유의 공유지분을 초과하지 않는 범위 내에서 취득세는 과세하며 저율(1천분의 23)로 과세된다. 합유물 또는 총유물에 대한 분할도 이와 같다(지방세법§11 ① 5, 6호). 다만, 자기소유지분을 초과하여 취득하는 경우라면 그 초과분에 대해서는 「지방세법」 제11조 제1항 각호(5, 6호 제외)에 따른 취득세 납세의무가 있다.

8) 관련 사례

□ **공동시공을 위해 별도 법인설립 없이 사업자등록하여 사업시행 시 취득세 과세**

2개 법인의 공동으로 건물을 시공하기 위하여 토지를 각각 취득·등기한 후 별도의 법인설립 없이 공동사업자등록만을 하여 사업을 시행하는 경우라면 해당 공동사업자에 대하여 토지분 취득세가 다시 과세되는 것은 아니라고 하겠지만, 이에 해당하는지 여부는 과세권자가 사실관계를 확인하여 판단할 사항임(세정-2129, 2006.05.25.).

□ **공동주택신축사업을 위한 신탁등기의 경우 취득세 납세의무**

「지방세법」 제110조 제1호에서 신탁법에 의한 신탁으로 인한 신탁재산의 취득(「주택건설촉진법」 제44조의 규정에 의한 주택조합과 조합원 간의 신탁재산 취득을 제외)으로서 위탁자로부터 수탁자에게 신탁재산을 이전하는 경우의 취득과 신탁의 종료 또는 해지로 인하여 수탁자로부터 위탁자에게 신탁재산을 이전하는 경우의 취득에 대하여는 취득세를 비과세하도록 규정하고 있는 바, 토지소유자들이 공동주택 신축사업을 하면서 「주택건설촉진법」 제44조의 규정에 의한 주택조합을 구성하지 아니하고 토지소유자 중 대표자 개인 명의로 토지에 대한 신탁등기를 하여 이전하는 경우라도 추후 공동주택을 신축·분양하는 경우에는 해당 공동사업의 대표자는 토지를 새로이 취득하는 것이 아니므로 해당 대표자에 대하여 취득세 납세의무가 없으나, 이에 해당여부는 과세권자가 사실 조사 후 판단할 사항임(세정-84, 2003.06.05.).

□ **취득세 과세대상이 되는 '취득'의 의미**

「지방세법」 제105조에서 사실상 취득이란 일반적으로 등기와 같은 소유권 취득의 형식적 요건을 갖추지 못하였으나 대금의 지급과 같은 소유권 취득의 실질적 요건을 갖춘 경우를 의미함(대법2004두6761, 2006.06.30.).

□ **합유자 사망으로 인한 취득세 과세**

「민법」 제271조 제1항에 따르면, 합유(合有)란 법률 규정 또는 계약에 의해 수인이 조합체로서 물건을 소유하는 것을 말하는 것으로서 그 특성상 부동산 합유자 중 일부가 사망하고 합유자 사이에 특별한 약정이 없는 경우에는 사망한 합유자의 상속인이 합유자로서의 지위를 승계하는 것이 아니라 잔존 합유자에게 사망한 합유자의 소유권이 귀속되는 것임 (대법원93다39225, 1994.02.25).

- 아울러, 「민법」 제1000조 제1항 및 제1003조 제1항 등에 따라 피상속인의 재산에 대한 상속은 피상속인의 직계비속, 피상속인의 직계존속의 순서로 되는 것이며 원칙적으로 피상속인의 배우자는 이와 같은 상속인과 공동상속인이 되는 것임.

- 따라서, 합유자 사이에 특별한 약정 없이 합유자 중 일부가 사망하였을 경우에는 사망한 합유자의 소유권이 잔존 합유자에게 귀속되는 점, 피상속인의 배우자라고 하여 피상속인의 재산을 당연히 단독으로 상속받는 것은 아닌 점 등을 감안했을 때, 부부가 합유(合有)로 재산을 소유하고 있던 중 남편이 사망하여 부인 단독명의가 되는 경우에는 「지방세법」 제11조 제1항 제2호에 따른 무상취득세율을 적용하는 것이 합리적일 것으로 판단됨(지방세운영과-3488, 2013.12.26.).

□ 합유자 명의변경 등기

종전의 합유자가 아닌 자를 새로운 합유자로 하는 합유자 명의변경 등기를 하는 경우에도 합유자 지분이전 등기로 보아 해당 부동산(합유 지분)에 대하여 등록세(현행 취득세)를 납부하는 것임(세정-3, 2007.01.02.).

□ 미분양 아파트를 각각의 법인이 2분의 1씩의 지분을 소유하다가 단독 소유로 구분 소유하기 위해 상호 교환등기하는 경우, '교환 취득'으로서 각 법인은 취득세 납부의무 있음

아파트 공동사업을 시행하고 난 후 미분양 아파트를 각각의 법인이 2분의 1씩의 지분을 소유하고 있다가 단독소유로 구분소유하기 위해 상호교환하여 등기를 하는 경우라면 교환취득에 해당되므로 각 법인은 취득세를 납부하여야 함(세정13407-569, 2001.05.26.).

□ 주택건설사업 추진과 관련하여 공동사업자의 권리를 양수하면서 지급한 금액을 토지 취득가액에 포함하여 취득세 등을 부과한 처분은 적법함

청구인은 공동사업자에게 지급한 정산금은 공동사업자가 그 지위를 포기하여 향후 향유할 이익을 선배분한 것으로서, 이는 권리의 대가라 하겠으므로 취득세 과세표준에 포함되지 아니한다 할 것임에도, 이를 토지 취득비용에 해당된다고 보아 이 사건 취득세 등을 부과한

처분은 부당하다고 주장하므로 이에 관하여 보면, 지방세법 제111조 제5항 본문 및 제3호에서 법인장부 중 대통령령이 정하는 것에 의하여 취득가격이 입증되는 취득에 대하여는 사실상의 취득가격에 의한다고 규정하고 있고, 같은 조 제7항에서 취득세의 과세표준이 되는 가액, 가격 또는 연부금액의 범위 및 그 적용과 취득시기에 관하여는 대통령령으로 정한다고 규정하고 있으며, 같은 법 시행령 제82조의2 제1항 본문 및 제2항에서 법 제111조 제5항 제3호에서 "법인장부 중 대통령령이 정하는 것"이라 함은 법인이 작성한 원장·보조장·출납전표·결산서를 말한다고 규정하고 있고, 같은 법 시행령 제82조의 3 제1항에서 취득세의 과세표준이 되는 취득가격은 과세대상 물건의 취득의 시기를 기준으로 그 이전에 해당 물건을 취득하기 위하여 거래상대방 또는 제3자에게 지급하였거나 지급하여야 할 일체의 비용 [소개수수료, 설계비, 연체료, 할부이자 및 건설자금에 충당한 금액의 이자 등 취득에 소요된 직접·간접비용(부가가치세를 제외한다)을 포함하되, 법인이 아닌 자가 취득하는 경우에는 연체료 및 할부이자를 제외한다] 을 말한다고 규정하고 있는 바, 여기서 말하는 "취득가격"에는 과세대상물건의 취득 시기 이전에 거래상대방 또는 제3자에게 지급원인이 발생 또는 확정된 것으로서 해당 물건 자체의 가격(직접비용)은 물론 그 이외에 실제로 해당 물건 자체의 가격으로 지급되었다고 볼 수 있거나 그에 준하는 취득절차비용도 간접비용으로서 이에 포함된다(같은 취지의 대법원 판결 95누4155, 1996.01.26.) 할 것으로, 청구인의 경우 2005.09.15. 대구광역시 ○○구 ○○동 XX번지 일대 아파트 신축사업추진과 관련하여 공동사업자인 청구 외 ○○○(주) 및 (주)○○○과 포괄사업 양도계약을 체결하면서 이들이 사업의 공동수행자로서 가지고 있는 대구 △△지구 2블럭 아파트 신축사업 관련 부동산의 소유권 및 부지에 설정된 일체의 권리(제한물권 등), 사업부지 소유자와의 사이에 체결된 일체의 계약상의 권리 등 이와 관련된 일체의 권리, 사업부지 내의 모든 건축물(건축 중인 건물 포함), 부착 설치된 일체의 시설물 및 조경, 식수, 기타부대시설에 관한 소유권 및 그에 관련된 일체의 권리, 본 사업과 관련된 인·허가 및 사업시행자의 지위 및 이에 부수하여 사업시행자로서 체결한 계약 일체에 있어 계약당사자로서의 지위를 양수하기로 한 점, 이러한 계약내용에 따라 분할 지급하고 있는 정산금을 법인장부상 건설용지계정에 기장한 점 등으로 미루어 볼 때, 청구인이 공동사업자인 청구 외 ○○○(주)와 (주)○○○이 사업을 포기함에 따라 지급한 정산금은 이 사건 토지의 취득을 위해 추가로 지급한 비용으로서 실질적으로는 토지취득 대가의 일부에 해당하는 것으로 봄이 타당하다 하겠고, 그렇다면 이는 이 사건 토지가 아닌 다른 물건이나 권리에 관하여 지급된 것은 아니라고 보아야 하겠으므로, 청구인이 이 사건 토지 취득신고 당시 취득과표 일부를 누락한 것으로 보아 처분청이 이에 대하여 이 사건 취득세 등을 부과한 처분은 잘못이 없다 할 것이다(지방세심사2007-26, 2007.01.29.).

☐ 토지를 조성하는 공동사업을 수행하는 경우 취득세 납세의무

본 사업의 경우 별도의 법인 설립 없이 갑사업자가 토지를 제공하고 민간사업자는 공사용역을 제공하는 내용의 「공공주택지구 조성사업 협약」을 체결하였고, 해당 실시협약에 따라 사업을 완료한 후 갑사업자 단독명의로 조성토지에 대한 보존등기를 하되, 민간사업자에게는 조성 토지 중 3필지를 우선 공급할 수 있도록 하고, 우선공급 받은 조성 토지를 사용하기 위해서는 매매대금을 완납하고 갑사업자의 사용승낙을 받도록 약정하였고, 민간사업자의 이윤율은 지구조성사업 이윤 산정 시 적용하는 최대 이윤율로서 공모 시 사업계획서에서 제시한 이윤율인 *.*%를 한도로 하였다.

- 위와 같이 별도 법인을 설립하지 않고 사업자등록만을 이행하고 사업 시행을 위한 실시협약을 체결하면서 토지소유는 갑사업자 소유로 하되 민간사업자에게 우선 공급할 수 있다고 약정한 것을 볼 때, 토지를 공동소유로 전환하려는 의사의 합치가 있었다고 볼 수 없으므로 협약체결로 인해 갑사업자가 이미 소유권 취득을 완료한 해당 토지에 대해 민간사업자에게 취득세 납세의무가 추가적으로 발생한다고 보기는 어렵다(동지: 행정자치부 세정-2129, 2006.05.25.)

- 아울러 민간사업자는 공사대금 회수와 별개로 조성된 토지 중 3필지를 매매대금을 완납하고 갑사업자로부터 우선 공급받았는데, 이는 해당 토지가 갑사업자의 소유임이 전제된 것이며, 만일 공동사업 협약 체결에 따라 민간사업자에게 토지에 대한 취득세 납세의무가 발생하였다고 본다면 이미 취득한 토지를 다시 매매대금을 지급하고 분양 받고 재차 취득세를 납부하게 되어 불합리한 측면이 있음.

- 갑사업자와 민간사업자가 토지를 조성하는 공동사업을 수행하고 조성된 토지는 갑사업자 단독 명의로 소유권보존등기를 이행하였으므로, 조성된 토지의 지목변경에 따른 대외적인 소유권은 갑사업자에게 있는 것으로 보아야 하며, 토지 지목변경에 따른 간주취득세 납세의무도 갑사업자에게 있다고 보는 것이 타당해 보임. 다만, 「지방세기본법」 제44조에서는 공동사업 또는 그 공동사업에 속하는 재산에 관계되는 지방자치단체의 징수

금은 공동사업자가 연대하여 납부할 의무를 지도록 규정하고 있으므로, 민간사업자에게는 공동사업으로 조성된 토지에서 발생하는 지방세에 대한 연대납세의무가 있다고 보아야 할 것임(부동산세제과–806, 2019.10.23.).

(2) 재산세

1) 원칙

재산세 과세기준일(매년 6월 1일) 현재 재산을 사실상 소유하고 있는 자는 재산세를 납부할 의무가 있다. 다만, 다음의 어느 하나에 해당하는 경우에는 해당 자를 납세의무자로 본다(지방세법§107 ①).

① 공유재산인 경우 : 그 지분에 해당하는 부분(지분의 표시가 없는 경우에는 지분이 균등한 것으로 본다)에 대해서는 그 지분권자

② 주택의 건물과 부속토지의 소유자가 다를 경우 : 그 주택에 대한 산출세액을 제4조제1항 및 제2항에 따른 건축물과 그 부속토지의 시가표준액 비율로 안분계산(按分計算)한 부분에 대해서는 그 소유자

대 상	납부기한	납부방법	소관기관
건물분 재산세 주택분 재산세의 1/2	07.16. ~ 07.31.	고지납부	시군구청
토지분 재산세 주택분 재산세의 1/2	09.16. ~ 09.30.		

1) 주택분 재산세액이 10만원 이하이면 7월에 전액 고지할 수 있음.
2) 주택분과 건물분은 물건별 과세, 토지분 재산세는 인별 지방자치단체의 관내 합산과세

2) 예외

위 "가"에 불구하고 재산세 과세기준일 현재 다음의 어느 하나에 해당하는 자는 재산세를 납부할 의무가 있다(지방세법§107 ②).

① 공부상의 소유자가 매매 등의 사유로 소유권이 변동되었는데도 신고하지 아니하여 사실상

의 소유자를 알 수 없을 때에는 공부상 소유자

② 상속이 개시된 재산으로서 상속등기가 이행되지 아니하고 사실상의 소유자를 신고하지 아니하였을 때에는 행정안전부령으로 정하는 주된 상속자

③ 공부상에 개인 등의 명의로 등재되어 있는 사실상의 종중재산으로서 종중소유임을 신고하지 아니하였을 때에는 공부상 소유자

④ 국가, 지방자치단체, 지방자치단체조합과 재산세 과세대상 재산을 연부(年賦)로 매매계약을 체결하고 그 재산의 사용권을 무상으로 받은 경우에는 그 매수계약자

⑤ 「신탁법」 제2조에 따른 수탁자(이하 이 장에서 "수탁자"라 한다)의 명의로 등기 또는 등록된 신탁재산의 경우에는 제1항에도 불구하고 같은 조에 따른 위탁자(「주택법」 제2조 제11호 가목에 따른 지역주택조합 및 같은 호 나목에 따른 직장주택조합이 조합원이 납부한 금전으로 매수하여 소유하고 있는 신탁재산의 경우에는 해당 지역주택조합 및 직장주택조합을 말하며, 이하 이 장에서 "위탁자"라 한다). 이 경우 위탁자가 신탁재산을 소유한 것으로 본다.

⑥ 「도시개발법」에 따라 시행하는 환지(換地) 방식에 의한 도시개발사업 및 「도시 및 주거환경정비법」에 따른 정비사업(재개발사업만 해당한다)의 시행에 따른 환지계획에서 일정한 토지를 환지로 정하지 아니하고 체비지 또는 보류지로 정한 경우에는 사업시행자

⑦ 외국인 소유의 항공기 또는 선박을 임차하여 수입하는 경우에는 수입하는 자

이 외에도 재산세 과세기준일 현재 소유권의 귀속이 분명하지 아니하여 사실상의 소유자를 확인할 수 없는 경우에는 그 사용자가 재산세를 납부할 의무가 있다(지방세법§107 ③).

3) 합유재산에 대한 재산세 과세

지방세법에 합유재산에 대한 재산세 납세의무자나 과세방법에 대한 규정은 없으나 위 규정에 따라 유추해 보면 재산세의 납세의무자는 원칙적으로 사실상의 소유자이므로 현물출자로 합유물이 되었다면 그 조합이 납세의무자가 될 것이나 보통 공유이거나 소유권변동에 따른 등기(합유등기)를 하지 않고 있으므로 등기부상 소유권자(지분권자)가 납세의무자가 될 것이다(동지 : 세정13407-1057, 2003.09.04.).

3. 공동사업 운영단계에서의 지방세

(1) 주민세

주민세는 개인분, 사업소분, 종업원분 주민세로 나뉘며, "개인분"은 지방자치단체에 주소를 둔 개인에 대하여 부과하는 주민세를, "사업소분"이란 지방자치단체에 소재한 사업소 및 그 연면적을 과세표준으로 하여 부과하는 주민세를, "종업원분"이란 지방자치단체에 소재한 사업소 종업원의 급여총액을 과세표준으로 하여 부과하는 주민세를 말한다(지방세법§74).

1) 균등분 주민세

가. 납세의무자

개인분의 납세의무자는 과세기준일 현재 지방자치단체에 주소(외국인의 경우에는 「출입국관리법」에 따른 체류지를 말한다)를 둔 개인으로 한다. 다만, 다음의 어느 하나에 해당하는 사람은 제외한다(지방세법§75 ①).

① 「국민기초생활 보장법」에 따른 수급자

② 「민법」에 따른 미성년자(그 미성년자가 성년자와 「주민등록법」상 같은 세대를 구성하고 있는 경우는 제외한다)

③ 「주민등록법」에 따른 세대원 및 이에 준하는 개인으로서 「지방세법 시행령」 제79조제1항에서 정하는 사람

④ 「출입국관리법」 제31조에 따른 외국인등록을 한 날부터 1년이 경과되지 아니한 외국인

나. 납세지

개인분의 납세지는 과세기준일 현재 주소지로 한다(지방세법§76 ①).

다. 징수방법 등

개인분은 납세지를 관할하는 지방자치단체의 장이 보통징수의 방법으로 징수한다. 개인분의 과세기준일은 매년 7월 1일로 하며, 납기는 매년 8월 16일부터 8월 31일까지로 한다(지방세법§79).

2) 사업소분 주민세

가. 납세의무자

사업소분의 납세의무자는 과세기준일 현재 다음의 어느 하나에 해당하는 사업주(과세기준일 현재 1년 이상 계속하여 휴업하고 있는 자는 제외한다)로 한다. 다만, 사업소용 건축물의 소유자와 사업주가 다른 경우에는 이미 부과된 사업소분을 사업주의 재산으로 징수해도 부족액이 있는 경우 건축물의 소유자에게 제2차 납세의무를 지울 수 있다(지방세법 시행령§ 80).

① 지방자치단체에 일정 규모 이상[사업소를 둔 개인 중 직전 연도의 「부가가치세법」에 따른 부가가치세 과세표준액(부가가치세 면세사업자의 경우에는 소득법에 따른 총수입금액을 말한다)이 4천800만원 이상인 개인으로서 담배소매인, 연탄·양곡소매인, 노점상인 중 어느 하나에 해당하지 않는 사람을 말한다. 다만, 동 사업 중 어느 하나에 해당하는 사람으로서 다른 업종의 영업을 겸업하는 사람은 제외한다]의 사업소를 둔 개인

② 지방자치단체에 사업소를 둔 법인(법인세의 과세대상이 되는 법인격 없는 사단·재단 및 단체를 포함)

나. 납세지

사업소분의 납세지는 과세기준일 현재 각 사업소 소재지로 한다(지방세법§76 ②).

다. 과세표준

사업소분의 과세표준은 과세기준일 현재의 사업소 및 그 연면적으로 한다(지방세법§ 80).

라. 세율

사업소분의 기본세율은 다음의 구분에 따른다(지방세법§ 81).

① 사업주가 개인인 사업소: 5만원

② 사업주가 법인인 사업소

- 자본금액 또는 출자금액이 30억원 이하인 법인: 5만원

- 자본금액 또는 출자금액이 30억원 초과 50억원 이하인 법인: 10만원

- 자본금액 또는 출자금액이 50억원을 초과하는 법인: 20만원

- 그 밖의 법인: 5만원

연면적에 대한 세율은 ③사업소 연면적 1제곱미터 당 250원. 다만, 폐수 또는 「폐기물관리법」 제2조제3호에 따른 사업장폐기물 등을 배출하는 사업소로서 대통령령으로 정하는 오염물질 배출 사업소에 대해서는 1제곱미터 당 500원으로 한다.

마. 세액의 계산

사업소분의 세액은 라의 ①, ②의 세율에 따라 각각 산출한 세액을 합산한 금액으로 한다. 다만, 사업소 연면적이 330제곱미터 이하인 경우에는 라의 ③에 따른 세액을 부과하지 아니한다(지방세법§ 82).

바. 징수방법과 납기 등

① 사업소분의 징수는 신고납부의 방법으로 한다(지방세법§ 83).

② 사업소분의 과세기준일은 7월 1일로 한다.

③ 사업소분의 납세의무자는 매년 납부할 세액을 8월 1일부터 8월 31일까지를 납기로 하여 납세지를 관할하는 지방자치단체의 장에게 신고하고 납부하여야 한다.

사. 공동사업장에 대한 사업소분 주민세

수 인이 민법상 조합을 결성하여 공동사업을 영위하는 경우로서 해당 사업장의 위 "가" 요건에 해당한다면 그 구성원을 연대납세의무자로 하여 해당 조합(공동사업장)이 납세의무를 부담한다(공동사업장마다 1사업자로 보아 납세의무 부담).

3) 즉시 고발

가. 납세의무자

종업원분의 납세의무자는 종업원에게 급여를 지급하는 사업주(민법상 조합인 경우 해당 조합)로 한다.

나. 납세지

종업원분의 납세지는 급여를 지급한 날(월 2회 이상 급여를 지급하는 경우에는 마지막으로 급여를 지급한 날을 말한다) 현재의 사업소 소재지(사업소를 폐업하는 경우에는 폐업하는 날 현재의 사업소 소재지를 말한다)로 한다. (지방세법§76 ③).

다. 과세표준

종업원분의 과세표준은 종업원에게 지급한 그 달의 급여 총액으로 한다(지방세법§84의2).

라. 세율

종업원분의 표준세율은 종업원 급여총액의 1천분의 5로 하되, 지방자치단체의 장은 조례로 정하는 바에 따라 종업원분의 세율을 표준세율의 100분의 50의 범위에서 가감할 수 있다(지방세법§84의3).

마. 징수방법과 납기 등

종업원분의 징수는 신고납부의 방법으로 하며, 종업원분의 납세의무자는 매월 납부할 세액을 다음 달 10일까지 납세지를 관할하는 지방자치단체의 장에게 대통령령으로 정하는 바에 따라 신고하고 납부하여야 한다(지방세법§84의6).

(2) 지방소득세

1) 주요개념

가. 납세의무자

"개인지방소득"이란 소득세법 제3조 및 제4조에 따른 거주자 또는 비거주자의 소득을, "법인지방소득"이란 법인법 제4조에 따른 내국법인 또는 외국법인의 소득을 말한다(지방세법§85). 소득법에 따른 소득세 또는 법인법에 따른 법인세의 납세의무가 있는 자는 지방소득세를 납부할 의무가 있다(지방세법§86).

나. 지방소득의 범위 및 구분 등

거주자의 개인지방소득의 범위는 소득법 제16조부터 제22조까지, 제94조 및 제95조에서 정하는 바에 따르고, 신탁의 이익의 구분에 대해서는 소득법 제4조제2항에 따르며, 비거주자의 개인지방소득은 소득법 제119조에 따라 구분한다.

내국법인 및 외국법인의 법인지방소득은 다음과 같이 구분하고, 법인의 종류에 따른 각 호의 소득의 범위는 법인법 제4조에서 정하는 바에 따른다(지방세법§87).

① 각 사업연도의 소득

② 청산소득(淸算所得)

③ 법인법 제55조의2 및 제95조의2에 따른 토지등 양도소득

④ 조특법 제100조의32에 따른 미환류소득

다. 과세기간 및 사업연도

개인지방소득에 대한 지방소득세(이하 "개인지방소득세"라 한다)의 과세기간은 소득법 제5조에 따른 기간으로 한다. 법인지방소득에 대한 지방소득세(이하 "법인지방소득세"라 한다)의 각 사업연도는 법인법 제6조부터 제8조까지에 따른 기간으로 한다(지방세법§88).

라. 납세지

지방소득세의 납세지는 다음과 같다(지방세법§89).

① 개인지방소득세 : 「지방세기본법」 제34조에 따른 납세의무 성립 당시의 소득법 제6조 및 제7조에 따른 납세지

② 법인지방소득세 : 사업연도 종료일 현재의 법인법 제9조에 따른 납세지. 다만, 법인 또는 연결 법인이 둘 이상의 지방자치단체에 사업장이 있는 경우에는 각각의 사업장 소재지를 납세지로 하며, 이 경우 대통령령으로 정하는 기준에 따라 법인지방소득세를 안분하여 그 소재지를 관할하는 지방자치단체의 장에게 각각 신고납부하여야 한다.

공동사업장은 1사업소로 보아 과세하고 연대납세의무도 부담한다.

2) 과세표준

가. 종합소득 및 퇴직소득

거주자의 종합소득에 대한 개인지방소득세 과세표준은 소득법 제14조 제2항부터 제5항까지에 따라 계산한 소득세의 과세표준(조특법 및 다른 법률에 따라 과세표준 산정과 관련된 조세감면 또는 중과세 등의 조세특례가 적용되는 경우에는 이에 따라 계산한 소득세의 과세표준)과 동일한 금액으로 하며, 거주자의 퇴직소득에 대한 개인지방소득세 과세표준은 소득법 제14조 제6항에 따라 계산한 소득세의 과세표준(조특법 및 다른 법률에 따라 과세표준 산정과 관련된 조세감면 또는 중과세 등의 조세특례가 적용되는 경우에는 이에 따라 계산한 소득세의 과세표준)과 동일한 금액으로 한다(지방세법§91).

나. 거주자의 양도소득

거주자의 양도소득에 대한 개인지방소득세 과세표준은 종합소득 및 퇴직소득에 대한 개인지방소득세 과세표준과 구분하여 계산한다. 양도소득에 대한 개인지방소득세 과세표준은 소득법 제92조에 따라 계산한 소득세의 과세표준(조특법 및 다른 법률에 따라 과세표준 산정과 관련된 조세감면 또는 중과세 등의 조세특례가 적용되는 경우에는 이에 따라 계산한 소득세의 과세표준)과 동일한 금액으로 한다(지방세법§103).

다. 비거주자에 대한 과세방법

비거주자에 대하여 과세하는 개인지방소득세는 해당 국내원천소득을 종합하여 과세하는 경우와 분류하여 과세하는 경우 및 그 국내원천소득을 분리하여 과세하는 경우로 구분하여 계산한다. 비거주자의 국내사업장 및 국내원천소득의 종류에 따른 구체적인 과세방법은 소득법 제120조, 제121조 제2항부터 제6항까지의 규정에서 정하는 바에 따른다(지방세법§103의10).

라. 내국법인의 각 사업연도 소득에 대한 지방소득세 과세표준

① 내국법인의 각 사업연도의 소득에 대한 법인지방소득세의 과세표준은 법인법 제13조에 따라 계산한 법인세의 과세표준(조특법 및 다른 법률에 따라 과세표준 산정과 관련된 조세감면 또는 중과세 등의 조세특례가 적용되는 경우에는 이에 따라 계산한 법인세의 과세표준)과 동일한 금액으로 한다.

② 내국법인의 각 사업연도의 소득에 대한 법인세 과세표준에 국외원천소득이 포함되어 있는 경우로서 법인법 제57조에 따라 외국 납부 세액공제를 하는 경우에는 위 "①"에 따른 외국법인세액(이하 "외국법인세액"이라 한다)을 "①"에 따른 금액에서 차감한 금액을 법인지방소득세 과세표준으로 한다. 이 경우 해당 사업연도의 과세표준에 법인법 제57조 제2항 단서에 따라 손금에 산입한 외국법인세액이 있는 경우에는 그 금액을 "①"에 따른 금액에 가산한 이후에 전단의 규정을 적용한다.

③ 위 "②" 전단에 따라 차감하는 외국법인세액이 해당 사업연도의 "①"에 따른 금액을 초과하는 경우에 그 초과하는 금액은 해당 사업연도의 다음 사업연도 개시일부터 15년 이내에 끝나는 각 사업연도로 이월하여 그 이월된 사업연도의 법인지방소득세 과세표준을 계산할 때 차감할 수 있다(지방세법§103의19).

3) 지방소득세의 계산 및 신고·납부

가. 거주자의 종합소득 퇴직소득에 대한 지방소득세

과세표준에 「지방세법」 제92조의 세율을 적용하여 지방소득세를 산출한다(지방세법§91, 92).

거주자가 소득법에 따라 종합소득 또는 퇴직소득에 대한 과세표준확정신고를 하는 경우에는 해당 신고기한까지 종합소득 또는 퇴직소득에 대한 개인지방소득세 과세표준과 세액을 대통령령으로 정하는 바에 따라 납세지 관할 지방자치단체의 장에게 확정신고·납부하여야 한다. 이 경우 거주자가 종합소득 또는 퇴직소득에 대한 개인지방소득세 과세표준과 세액을 납세지 관할 지방자치단체의 장 외의 지방자치단체의 장에게 신고한 경우에도 그 신고의 효력에는 영향이 없다. 해당 과세기간 동안 종합소득 또는 퇴직소득에 대한 개인지방소득세 과세표준이 없거나 종합소득에 대한 결손금액이 있는 때에도 적용한다(지방세법§95 ①). 다만, 소득법 제81조, 제81조의2부터 제81조의13까지의 규정에 따라 소득세 결정세액에 가산세를 더하는 경우에는 그 더하는 금액의 100분의 10에 해당하는 금액을 개인지방소득세 결정세액에 더한다. 이 때 소득법 제81조의5에 따라 더해지는 가산세의 100분의 10에 해당하는 개인지방소득세 가산세와 「지방세기본법」 제53조 또는 제54조에 따른 가산세가 동시에 적용되는 경우에는 그중 큰 가산세액만 적용하고, 가산세액이 같은 경우에는 「지방세기본법」 제53조 또는 제54조에 따른 가산세만 적용한다(지방세법§99).

나. 양도소득에 대한 지방소득세

① 예정신고와 납부

거주자가 소득법 제105조에 따라 양도소득과세표준 예정신고를 하는 경우에는 해당 신고기한에 2개월을 더한 날(이하 "예정신고기한"이라 한다)까지 양도소득에 대한 개인지방소득세 과세표준과 세액을 납세지 관할 지방자치단체의 장에게 신고(이하 "예정신고"라 한다)하여야 한다. 이 경우 거주자가 양도소득에 대한 개인지방소득세 과세표준과 세액을 납세지 관할 지방자치단체의 장 외의 지방자치단체의 장에게 신고한 경우에도 그 신고의 효력에는 영향이 없다(지방세법§103의5).

예정신고납부를 할 때 납부할 세액은 양도소득에 대한 개인지방소득세 과세표준에 지방세법 제103조의3의 세율을 적용하여 계산한 금액으로 한다. 해당 과세기간에 누진세율 적용대상자산에 대한 예정신고를 2회 이상 하는 경우로서 거주자가 이미 신고한 양도소득금액과 합산하여 신고하려는 경우에는 소득법 제107조제2항의 산출세액 계산방법을 준용하여 계산한다(지방세법§103의6).

② 확정신고와 납부

거주자가 소득법 제110조에 따라 양도소득과세표준 확정신고를 하는 경우에는 해당 신고기한에 2개월을 더한 날(이하 이 조에서 "확정신고기한"이라 한다)까지 양도소득에 대한 개인지방소득세 과세표준과 세액을 대통령령으로 정하는 바에 따라 납세지 관할 지방자치단체의 장에게 확정신고·납부하여야 한다. 이 경우 거주자가 양도소득에 대한 개인지방소득세 과세표준과 세액을 납세지 관할 지방자치단체의 장 외의 지방자치단체의 장에게 신고한 경우에도 그 신고의 효력에는 영향이 없다(지방세법§103의7).

예정신고를 한 자는 제1항에도 불구하고 해당소득에 대한 확정신고를 하지 아니할 수 있다. 다만, 해당 과세기간에 누진세율 적용대상 자산에 대한 예정신고를 2회 이상 하는 경우 등으로서 대통령령으로 정하는 경우에는 그러하지 아니한다.

③ 기장 불성실가산세

소득법 제115조에 따라 소득세 산출세액에 가산세를 더하는 경우에는 그 더하는 금액의 100

분의 10에 해당하는 금액을 양도소득에 대한 개인지방소득세 산출세액에 더한다. 다만, 소득법 제115조에 따라 더해지는 가산세의 100분의 10에 해당하는 양도소득에 대한 개인지방소득세 가산세와 「지방세기본법」 제53조 또는 제54조에 따른 가산세가 동시에 적용되는 경우에는 그중 큰 가산세액만 적용하고, 가산세액이 같은 경우에는 「지방세기본법」 제53조 또는 제54 조에 따른 가산세만 적용한다(지방세법§ 103의8).

다. 내국법인의 지방소득세

① 과세표준 및 세액의 확정신고와 납부

법인법 제60조에 따른 신고의무가 있는 내국법인은 각 사업연도의 종료일이 속하는 달의 말일부터 4개월 이내에 그 사업연도의 소득에 대한 법인지방소득세의 과세표준과 세액을 납세 지 관할 지방자치단체의 장에게 신고하여야 한다. 해당 신고를 할 때에는 그 신고서에 다음의 서류를 첨부하여야 한다(지방세법§ 103의23).

- 기업회계기준을 준용하여 작성한 개별 내국법인의 재무상태표·포괄손익계산서 및 이 익잉여금처분계산서(또는 결손금처리계산서)

- 대통령령으로 정하는 바에 따라 작성한 세무조정계산서

- 대통령령으로 정하는 법인지방소득세 안분명세서. 다만, 하나의 특별자치시·특별자치 도·시·군 또는 자치구에만 사업장이 있는 법인의 경우는 제외한다.

- 그 밖에 대통령령으로 정하는 서류

또한 둘 이상의 지방자치단체에 법인의 사업장이 있는 경우에는 본점 소재지를 관할하는 지방자치단체의 장에게 위 첨부서류를 제출하면 법인의 각 사업장 소재지 관할 지방자치단체 의 장에게도 이를 제출한 것으로 보며, 지방소득세의 신고 시 위 서류를 첨부하지 아니하면 이 법에 따른 신고로 보지 아니한다(다만, 법인법 제4조 제3항 제1호 및 제7호에 따른 수익사업을 하지 아니하는 비영리내국법인은 그러하지 아니한다).

② 특별징수의무

법인법 제73조 및 제73조의2에 따른 원천징수의무자가 내국법인으로부터 법인세를 원천징 수하는 경우에는 원천징수하는 법인세(「조세특례제한법」 및 다른 법률에 따라 조세감면 또

는 중과세 등의 조세특례가 적용되는 경우에는 이를 적용한 법인세)의 100분의 10에 해당하는 금액을 법인지방소득세로 특별징수하여야 한다. 이때 특별징수를 하여야 하는 자를 "특별징수의무자"라 한다.

특별징수의무자는 특별징수한 지방소득세를 그 징수일이 속하는 달의 다음 달 10일까지 관할 지방자치단체에 납부하여야 한다(지방세법§ 103의29).

특별징수의무자가 징수하였거나 징수하여야 할 세액을 납부기한까지 납부하지 아니하거나 과소납부한 경우에는 「지방세기본법」 제56조에 따라 산출한 금액을 가산세로 부과하며, 특별징수의무자가 징수하지 아니한 경우로서 납세의무자가 그 법인지방소득세액을 이미 납부한 경우에는 특별징수의무자에게 그 가산세액만을 부과한다. 다만, 국가 또는 지방자치단체와 그 밖에 대통령령으로 정하는 자가 특별징수의무자인 경우에는 특별징수 의무불이행을 이유로 하는 가산세는 부과하지 아니한다.

법인지방소득세의 특별징수에 관하여 이 법에 특별한 규정이 있는 경우를 제외하고는 법인법에 따른 원천징수에 관한 규정을 준용한다.

③ 가산세

납세지 관할 지방자치단체의 장은 납세지 관할 세무서장이 법인법 제75조, 제75조의2부터 제75조의9까지의 규정에 따라 법인세 가산세를 징수하는 경우에는 그 징수하는 금액의 100분의 10에 해당하는 금액을 법인지방소득세 가산세로 징수한다. 다만, 법인법 제75조의3에 따라 징수하는 가산세의 100분의 10에 해당하는 법인지방소득세 가산세와 「지방세기본법」 제53조 또는 제54조에 따른 가산세가 동시에 적용되는 경우에는 그 중 큰 가산세액만 적용하고, 가산세액이 같은 경우에는 「지방세기본법」 제53조 또는 제54조에 따른 가산세만 적용한다(지방세법§103의30 ①).

법인의 사업장 소재지가 둘 이상의 지방자치단체에 있어 각 사업장 소재지 관할 지방자치단체의 장이 제89조제2항에 따라 안분하여 부과·징수하는 경우에는 징수하려는 법인지방소득세 가산세도 안분하여 징수한다(지방세법§103의30 ②).

4. 종합부동산세

1) 과세대상 개요

과세기준일(매년 6월 1일) 현재 주택(부속토지 포함), 종합합산토지(나대지, 잡종지 등), 별도합산토지(사업용 토지인 빌딩·상가·사무실 등의 부속토지)로 구분하여 일정한 기준금액을 초과하여 부동산을 보유한 자에게는 1차적으로 시·군·구에서 동 부동산에 대하여 재산세를 과세하고 2차적으로 국세청에서 세대별 또는 인별로 전국의 소유 부동산가액이 일정기준을 초과하는 자를 대상으로 종합부동산세를 과세한다.

> ※ 재산세가 분리과세되는 전, 답, 과수원, 목장용지, 골프장·고급오락장용 부속토지, 공장용지 등과 별장은 종합부동산세의 대상에 되지 아니함.

2) 과세기준금액 산정

부동산가액이 일정기준을 초과하여 종합부동산세가 과세되는 "공제기준금액"이란 아래와 같이 과세대상부동산을 인별로 전국 합산한 공시가격이 아래 기준금액을 초과하는 경우를 말한다(종합부동산세법§8, §13).

과세대상 유형 및 과세단위의 구분		과세기준금액
주 택	인별 전국 합산	개별(공동)주택 공시가격 : 6억원 (1세대1주택자는 11억원)
종합합산토지		개별공시지가 : 5억원
별도합산토지		개별공시지가 : 80억원

토지의 경우 과세표준산정방법은 국내에 있는 종합합산토지와 별도합산토지의 공시가격(개별공시지가)을 각각 인별로 합산한 후 일정금액을 공제하고 공정시장가액비율을 곱하여 과세표준을 산정한다.

3) 신고(결정) 및 납부

종합부동산세는 관할세무서장이 납부할세액을 결정·고지하며 납세의무자는 납부기간(12월

1일부터 12월 15일) 내에 납부하여야 한다. 납세자가 신고를 원할 경우에는 고지와 관계없이 위 납부기간 내에 신고·납부할 수 있으며, 이 경우 당초 고지된 세액은 취소된다.

4) 공유재산 등에 대한 과세

공유재산은 그 지분소유자의 다른 재산과 합산하여 기준금액 초과여부를 판정한다. 다만 민법상 조합의 합유물인 경우 조합을 기준으로 종합부동산세를 부과하는지 공유물과 같이 조합원 지분으로 나누어서 각각 판정하는지에 대한 규정이 없고, 실무적으로 공유재산과 동일한 방식으로 구성원의 지분비율(손익분배비율)을 확인받아 그 소유지분과 다른 재산과 합산하여 과세여부를 판정한다.

제 3 장

조합 유사단체 등과 세법적용

제3장 | 조합 유사단체 등과 세법적용

제1절 상법상 익명조합(匿名組合)

1. 익명조합의 의의와 법적 성질 등

1) 의의

익명조합이란 당사자의 일방이 상대방의 영업을 위하여 출자를 하고 상대방은 그 영업으로 인한 이익을 분배할 것을 약정하는 계약에 의하여 성립된 공동기업의 한 형태이다(상법§78).

익명조합은 출자능력은 있지만 사회적 지위, 경영능력의 부족, 법률적인 제한 등으로 영업을 할 수 없는 자가 익명의 출자자가 되어 경영에 직접 참여하지 않으면서 영업이익에 참여할 수 있는 기능이 부여되고, 민법상의 조합이 조합원 전원의 업무집행과 조합재산의 조합원 합유로 인한 복잡한 법률관계를 피하기 위하여 상행위에 알맞게 변형된 것이 익명조합이다. 익명조합의 목적은 자본가(익명조합원)와 유능한 경영자(영업자)가 합작하여 기업을 형성하는 것을 목적으로 하고 있다.

익명조합은 익명조합원에게는 자신의 사회적 지위 또는 경영능력 부족이나 경영활동의 법률상의 제한으로 인하여 직접 경영에 참여하지 않으면서 영업이익에 참여할 수 있는 기능을 부여하고, 영업자에게는 타인으로부터 이자 없는 자금을 공급받으면서도 타인의 간섭 없이 경영활동을 수행할 수 있는 기능을 한다.

2) 법적 성질

익명조합이 유상·쌍무의 낙성계약이라는 점에서는 이론이 없고, 한때는 민법상의 조합으로 이해하는 견해, 소비대차의 일종으로 이해하는 견해도 있었으나, 오늘날 학설은 익명조합을 상법상의 특수한 계약으로 보는 데에 일치되어 있다. 결국 익명조합은 유상·쌍무·낙성·불요식

계약이지만 민법상의 14가지 전형계약 중 어디에도 속하지 않는 상법상의 특수한 독자적인 제도이다. 즉 익명조합은 상법이 인정하고 있는 공동기업의 한 형태이지만, 공동기업으로서의 의의는 익명조합원과 영업자의 내부관계에서 찾을 수 있을 뿐이고, 대외적으로는 영업자의 단독기업이라는 데 그 특징이 있다.

3) 익명조합의 특징

익명조합은 경제적으로는 출자자와 영업자의 공동기업 형태의 일종이면서 법률상으로는 영업자의 단독기업이다.

이는 기업거래의 특수한 수요를 위하여 민법상의 조합이 수정된 상법상의 특수한 계약형태로서 내부적으로 조합관계가 존재하는 "내적 조합성"이 있어 그 내부관계에 있어서는 공동기업이나 단지 대외적인 법률관계에 대해서만 영업자의 단독기업으로 보는 것이므로, 익명조합원과 영업자의 내부관계에 관해서는 민법상의 조합을 유추적용되나, 공동관계를 대외적으로 나타내지 않는 점에서 민법상 조합과 차별된다.

2. 익명조합의 요소

1) 당사자

익명조합은 쌍방 당사자의 계약으로서 당사자의 일방은 출자자(익명조합원)가 되고 상대방은 그 출자를 받아 영업을 하는 영업자가 된다. 익명조합원이나 영업자의 자격에는 개인이든 법인이든, 상인이든 비상인이든 제한이 없다.

2) 본질적 요소

① 출자의무

익명조합의 당사자는 상인인 영업자와 출자자인 익명조합원이 되며 익명조합원은 영업자의 이익을 위하여 출자를 하여야 하고 해당 출자는 법률상 영업자의 재산에 귀속된다. 익명조합은 익명조합원의 자본참가를 전제로 한 제도이므로 금전이나 재산출자에 한하며, 노무출자나 신용출자는 할 수 없는 바, 신용 및 노무출자는 인정하지 않는다(상법§79, 79, 86).

② 이익의 분배

영업수행으로 이익이 발생하면 영업자는 익명조합원에게 이익을 분배하여야 한다. 이익배당은 출자의 대가를 이루며 출자의무와 더불어 익명조합의 본질적 요소이다. 따라서 이익이 발생하면 익명조합원은 그 발생과 동시에 이익배당청구권을 취득하며, 특약이 없는 한 이익을 차기로 이월하거나 익명조합원의 출자에 가산할 수 없다.

◆ 이익여부에 관계없이 일정액을 지급하는 계약이 익명조합계약인지 여부

「상법」 제535조는 익명조합계약은 당사자의 일방이 상대방의 영업을 위하여 출자를 하고 그 영업에서 생하는 이익을 분배할 것을 약속함으로 인하여 그 효력이 발생한다 규정하였으므로 당사자의 일방이 상대방의 영업을 위하여 출자를 하는 경우라 할지라도 그 영업에서 이익이 발생히였는지 여부를 따지지 않고 상대방이 정기적으로 일정한 금액을 지급하기로 약정한 경우에는 가령 이익이라는 명칭을 사용하였다 하더라도 그것은 상법상의 익명조합계약이라고 할 수 없다(대법원62다660, 1962.12.27.).

3) 대내적 효력

① 출자의무

익명조합원은 조합계약에서 정한 바에 따라 출자의무를 부담하는 바, 출자의 종류와 금액은 조합계약으로 정하여야 하고, 이행시기도 조합계약으로 정해지는 것이나 특약이 없으면 영업자가 청구한 때에 이행하면 된다(상법§78).

② 영업의 수행

익명조합에서 출자의 대상이 되는 영업은 영업자의 단독기업이므로 그 영업수행도 영업자가 단독으로 하며, 익명조합원은 영업에 관한 업무를 집행하지 못한다(상법§86). 익명조합원이 영업자를 대리하여 업무를 집행하는 것도 익명조합의 취지에 반한다.

통설은 영업자의 경업금지(경쟁업종을 하는 것을 금지)의무를 인정하고 있다. 한편 익명조합원은 경업금지의무를 지지 아니한다. 그 이유는 익명조합원은 영업에서 제외되므로 이익충돌의 염려가 없기 때문이다.

③ 감시권

익명조합원은 영업의 성과에 중대한 이해를 가지지만, 영업에의 관여가 배제되므로 영업자의 전횡으로부터 자신을 지킬 수단이 필요하다. 이 점이 합자회사의 유한책임사원과 같다고 할 수 있으므로 상법은 유한책임사원의 감시권을 익명조합에 준용하고 있다(상법§86). 따라서 익명조합원은 영업연도 말에 영업시간 내에 한하여 영업자의 회계장부·대차대조표 기타의 서류를 열람할 수 있고 영업자의 업무와 재산상태를 검사할 수 있다. 그러나 중요한 사유가 있을 때에는 익명조합원은 언제든지 법원의 허가를 얻어 열람·조사할 수 있다.

④ 이익의 분배와 손실분담

영업자는 이익이 발생할 경우만 미리 정한 비율에 따라 분배하며, 출자범위 내에서는 손실을 분담한다. 반면 익명조합원의 출자가 손실로 인하여 감소된 때에는 그 손실을 전보한 후가 아니면 이익배당을 청구하지 못한다. 손실이 출자액을 초과한 경우에도 익명조합원은 이미 받은 이익의 반환 또는 증자할 의무가 없다. 위 규정은 당사자 간에 다른 약정이 있으면 적용하지 아니한다.

익명조합원의 손실분담이란 익명조합원의 출자액이 감소함을 뜻하는 것으로 익명조합원의 출자가 손실로 인해 감소한 후에는 그 손실을 전보한 후가 아니면 이익배당을 청구하지 못한다. 또한 손실이 커서 출자액이 부수가 되더라도 익명조합원은 추가적 출자의무나 이미 배당받은 이익을 반환할 필요는 없다(상법§82).

아울러 손실의 분담은 익명조합의 요소가 아니므로 당사자 간의 특약으로 익명조합원이 전혀 손실을 분담하지 않기로 하는 것도 가능하다.

⑤ 지위의 양도 등

익명조합계약은 당사자 간의 인적 신뢰를 전제로 하는 것이다. 익명조합원의 출자는 영업자에 대한 고도의 신뢰를 전제로 한 것이므로 특약이 없는 한 익명조합원은 출자의무를 이행한 후 영업자의 동의가 없으면 그 지위를 타인에게 이전할 수 없을 뿐만 아니라, 상속·합병에 의해서도 그 지위는 이전되지 않는다. 그리고 익명조합원도 영업자의 동의가 없는 한 그 지위를 타인에게 양도할 수 없다.

⑥ 그 밖의 사항

- 익명조합은 그 채무에 대하여 영업자만이 무한책임을 지며 영업상의 채권자에 대한 관계에서 익명조합원이 책임을 지지 아니한다.

- 익명조합에 있어 별도의 상호란 존재할 수 없고 영업자의 상호만이 있으며, 동 익명조합계약은 등기 사항도 아니다.

- 익명조합원이 자기의 성명을 영업자의 상호 중에 사용하게 하거나 자기의 상호를 영업자의 상호로 사용할 것을 허락한 때에는 그 사용 이후의 채무에 대하여 영업자와 연대하여 변제할 책임이 있다(상법§81).

4) 대외적 효력

대외적으로 영업자만이 제3자와 법률관계를 가지므로 영업자는 대리인으로서가 아닌 자기의 명의로 영업을 하게 된다. 또한, 익명조합원은 제3자에 대하여 권리나 의무를 가지지 아니할 뿐만 아니라 제3자와의 사이에 아무런 법률관계도 생길 수 없는 것이며, 영업을 대리할 권한 및 제3자에 대한 책임도 부담하지 아니한다(상법§80). 익명조합원이 출자한 재산은 전부 영업자의 영업재산으로 편입되어 영업자의 대외적인 책임재산을 구성하게 되는 것이다. 그러므로 익명조합원의 채권자는 이 재산에 대해 압류할 수 없다.

> **상법과 소득세법의 충돌**
>
> 상법상 익명조합은 대외적으로 영업자만이 제3자와 법률관계를 가지므로 영업자는 대리인으로서가 아닌 자기의 명의로 영업을 하게 되므로 영업자의 사업으로 보고 있으며, 소득세법에서 영업자가 아닌 별도의 공동사업자를 사업실체로 인식한다면 상법규정과의 또 다른 상충이 발생한다.

5) 계약의 해지 및 종료

조합계약으로 익명조합의 존속기간을 정하지 아니하거나 존속기간을 어느 당사자의 종신까지로 할 것을 약정한 때에는 각 당사자는 6월 전에 상대방에게 예고하고 영업연도 말에 계약을 해지할 수 있다(상법§83 ①).

조합계약이 종료(위 해지 외에 영업의 폐지 또는 양도, 영업자의 사망 또는 금치산, 영업자 또는 익명조합원의 파산의 사유 발생)한 때에는 영업자는 익명조합원에게 그 출자가액을 반환하여야 하고, 손실로 인하여 출자재산이 감소된 때에는 그 잔액만 반환한다. 물론 종료 당시 이익이 있으면 출자의 반환과 별도로 이익을 분배하여야 한다(상법§85).

6) 조합과의 비교

민법상의 조합에서는 각 조합원의 출자와 조합활동으로 취득한 재산이 合有라는 형태로 조합원 전원에게 공동으로 귀속하며, 업무집행에 조합원 전원이 직·간접적으로 관여하므로 조합원 전원의 공동기업이라는 것이 대외적으로 표시된다(민법§704, §706 ①).

한편 익명조합은 조합의 재산과 채무가 영업자의 단독소유에 속하고 대외적인 거래 또한 영업자 단독으로 수행하므로 법적으로는 영업자의 단독기업이다. 하지만 익명조합도 경제적 의미에서는 물론 법적으로도 내부조직면에서는 공동기업이다. 그러므로 익명조합원과 영업자의 내부관계에 관해서는 내적조합의 관계를 인정하고 민법상의 조합에 관한 규정을 유추적용하는 것이 타당하다.

7) 소비대차와의 비교

익명조합은 영업자금의 조달을 위한 제도라는 점과 영업자에 대하여 계약상의 채권자라는 점에서는 소비대차와 유사한 점도 있지만, 다음과 같은 차이점이 있다. 익명조합은 영업자의 영업으로 인한 불확정한 이익의 분배를 요소로 하나, 소비대차는 이자부의 경우 확정이자의 지급을 요소로 한다.

그리고 익명조합은 특약에 의하여 배제하지 않는 한 손실도 분담한다는 점에서 소비대차와 다르다. 또한 익명조합의 출자자의 지위는 원칙적으로 양도할 수 없는 데 반하여, 소비대차의 의한 채권은 양도할 수 있다.

영업자가 파산한 경우에 익명조합원은 소비대차에 의한 일반채권자와 동렬의 지위에 있다. 끝으로, 익명조합원은 업무의 감시권이 있는 등 영업자의 영업에 관여하나, 소비대차의 대주는 차주의 원본사용에 관여할 권리가 없다.

3. 익명조합에 대한 과세

(1) 소득세법

1) 익명조합 및 익명조합원에 대한 과세 개요

① 공동사업의 개념을 사업소득이 발생하는 사업을 공동으로 경영(경영에 참여하지 아니하고 출자만 하는 출자공동사업자가 있는 공동사업을 포함)하는 경우로서 각 구성원이 지분을 보유하고 해당 사업에서 발생한 손익을 분배하는 형태의 사업으로 공동사업 개념을 확대함으로써 상법상 익명조합이 공동사업에 추가되었다(소득법§43① 개정에 따라 2007.01.01. 이후 발생하는 소득분부터 적용).

② 익명조합에 참여하는 공동사업자를 업무집행공동사업자와 출자공동사업자로 구분하여 업무집행공동사업자는 손익분배비율에 해당하는 부분에 대해서만 사업소득으로 과세하고, 출자공동사업자는 손익분배비율에 해당하는 소득에 대해 배당소득으로 과세한다.

  - 동 배당소득은 현행 비영업대금의 이익과 같은 25% 세율로 원천징수하여 당연 종합과세하되 일반금융소득과 같이 14%를 기준으로 비교과세한다(소득법§62 2호 나목).

③ 이와 같은 소득세법의 개정취지는 익명조합이 당사자 간에 손익을 분배함에도 지분비율, 손익분배비율 등이 전혀 공시되지 않아 조세회피 여지가 있어 익명조합 형태의 사업을 할 경우도 공동사업장의 등록의무를 부여하여 구성원·지분비율 등 공시효과 기대하고자 함에 있다.

2) 출자공동사업자의 범위

출자공동사업자란 다음 중 어느 하나에 해당하지 아니하는 자로서 공동사업의 경영에 참여하지 아니하고 출자만 하는 자를 말한다(소득령 §100 ①).

① 공동사업에 성명 또는 상호를 사용하게 한 자

② 공동사업에서 발생한 채무에 대하여 무한책임을 부담하기로 약정한 자

출자공동사업자란 공동사업의 경영에 참여하지 않고 출자만 하는 자를 말하되, 공동사업에 성명 또는 상호를 사용하게 한 자(명의대여자)와 공동사업에서 발생한 채무에 대하여 무한책임을 부담하기로 약정한 자(공동사업에서 발생한 채무에 대하여 무한책임을 부담하기로 약정한 자는 유한책임을 지는 익명조합원이 아니라 민법상 조합의 조합원이라 할 수 있으므로 이 경우의 공동사업에 대해서는 민법상 조합에 대한 공동과세가 적용됨)는 제외한다.

3) 공동사업장의 사업자등록

공동사업장은 해당 공동사업장을 1사업자로 보아 사업자등록을 하여야 하며, 사업자등록을 하는 때에는 공동사업자(출자공동사업자 해당 여부에 관한 사항 포함), 약정한 손익분배비율 대표공동사업자, 지분·출자명세 그밖에 필요한 사항을 사업장소재지관할세무서장에게 신고하여야 한다(소득법§87 ④, 소득령§150 ③).

이때 공동사업장의 사업자등록은 대표공동사업자가 공동사업장등이동신고서에 의하여 해당 사업장관할세무서장에게 하여야 한다.

대표공동사업자는 다음에 해당하는 자를 말하는 것이나, 출자공동사업자는 제외한다(소득령§150 ①).

① 공동사업자들 중에서 선임된 자

② 선임되어 있지 아니한 경우에는 손익분배비율이 가장 큰 자. 다만, 그 손익분배비율이 같은 경우에는 사업장소재지관할세무서장이 결정하는 자

익명조합은 대외적으로 영업자의 단독사업에 해당하므로 영업자가 기존에 (단독)사업자등록을 하였을 것이므로, 중도에 출자공동사업자가 된 경우 출자공동사업자를 공동사업 구성원으로 하는 사업자등록정정신고를 하면 된다. 이 때 대표공동사업자는 영업자가 된다. 영업자가

법인인 경우에는 소득법상의 공동사업 규정이 적용되지 아니한다.

> ※ 영업자가 개인사업자인 익명조합에 대하여 관할세무서장이 발급한 사업자등록증을 살펴보면 대표자를
> "OOO외 ＊인"으로 표시하여 발급하고 있다(OOO은 영업자 성명, ＊인은 출자공동사업자 수를 기재하고, 사
> 업자등록증에 출자공동사업자 즉 익명조합원의 이름과 주민등록번호 앞자리를 표시하여 발급한다). 상법
> 상으로나 세법상으로도 익명조합은 영업자의 단독사업이고 익명조합원은 경영에 관여하지 않음에도 민
> 법상 조합과 동일하게 사업자등록증을 발급하고 있어 이에 대한 업무처리 개선이 필요하다.

(2) 익명조합 사업장에 대한 소득금액계산 특례

1) 익명조합 사업장의 소득금액 계산

사업소득이 발생하는 사업을 공동으로 경영하고 그 손익을 분배하는 공동사업(출자공동사업자가 있는 공동사업 포함)의 경우에는 해당사업을 경영하는 장소(공동사업장)를 1거주자로 보아 공동사업장별로 그 소득금액을 계산하도록 하고 있다(소득법§43 ①).

소득금액 산정 시 익명조합단위로 과세소득금액을 산정함에 있어서는 그 조합(공동사업장)을 1거주자로 의제하여 익명조합을 소득금액의 계산단위로 함으로써 익명조합을 과세소득 산정의 주체로 본다(소득령§100 ①).

2) 익명조합 사업의 소득분배

소득세법은 공동사업체, 즉 조합을 조합원의 소득도관(income conduit)로 이해하여 조합이 소득을 얻는 경우에도 조합 자체는 소득세의 납세의무를 지지 않고 조합단위로 산정한 과세소득금액을 그 지분 등의 비율에 따라 각 조합원에게 배분하여 각자에게 소득세의 납세의무를 지우도록 하고 있다. 따라서 공동사업에서 발생한 소득금액은 해당 공동사업을 경영하는 각 거주자(출자 공동사업자 포함) 즉 공동사업자 간에 약정된 손익분배비율(약정된 손익분배비율이 없는 경우에는 지분비율)에 의하여 분배되었거나 분배될 소득금액에 따라 각 공동사업자별로 분배한다(소득법§43 ②). 또한 공동사업에서 발생한 소득금액 중 각 공동사업자의 손익분배비율에 상당하는 금액은 각 공동사업자의 사업소득금액으로 하여 종합과세한다.

다만, 공동사업에서 발생하는 소득금액 중 출자공동사업자에 대한 손익분배비율에 상당하는 금액은 그 출자공동사업자의 배당소득으로 보고 당연 종합과세한다(소득법§17 ① 8).

영업자는 자기의 손익분배비율에 해당하는 소득금액에 대하여 사업소득으로 보아 자기의 다른 소득과 합산하여 종합소득세를 신고·납부한다.

3) 익명조합에 대한 사업소득합산과세

거주자 1인과 그와 특수관계에 있는 자가 공동사업자(출자공동사업자 포함)에 포함되어 있는 경우로서 손익분배비율을 허위로 정하는 등의 사유가 있는 때에는 손익분배비율에 따른 소득분배 규정에 불구하고 해당 특수관계자의 소득금액은 그 지분 또는 소득분배의 비율이 큰 공동사업자의 소득금액으로 보도록 하고 있다(소득법§43 ③).

4) 그 밖의 사항

가. 신고 및 경정

공동사업장에 대한 과세관할을 사업장소재지 세무서장으로 일원화하여 사업자등록 관할세무서와 공동사업 소득금액 및 사업자별 분배내역을 신고하는 관할세무서가 서로 다름으로 하여 발생하는 세원관리의 어려움을 해결하였다.

나. 확정신고 시 첨부서류 제출

대표공동사업자(익명조합)가 공동사업장소재지 관할 세무서장에게 해당 공동사업장에서 발생한 소득금액과 가산세액 및 원천징수된 세액의 각 공동사업자별 분배명세서를 제출한다.

(3) 익명조합원의 배당소득에 대한 과세방법

1) 수입시기

익명조합원의 배당소득은 해당 공동사업의 총수입금액과 필요경비가 확정된 날이 속하는 과세기간 종료일로 한다(소득령§46 3의2). 즉 매년 12월 31일에 납세의무가 성립하고 다음 해 5월 31일에 종합소득세과세표준신고서를 제출하는 때에 납세의무가 확정된다.

2) 원천징수

일반적인 금융소득에 대한 원천징수세율은 14%이나, 익명조합원의 배당소득에 대한 원천징수세율은 25%로 한다(소득법§129 ① 2). 그리고 익명조합원의 배당소득은 지급을 받은 날에 원천징수하되, 과세기간 종료 후 3개월이 되는 날까지 지급되지 않은 때에는 3개월이 되는 날에 지급된 것으로 보고 원천징수한다(소득령§191 3).

3) 금융소득 종합과세

금융소득 종합과세 여부 판정대상금액을 산정함에 있어서 익명조합원의 배당소득은 제외하며, 무조건 다른 종합소득에 합산하여 과세하고, 이중과세의 조정이 필요하지 않으므로 Gross-Up대상이 되는 배당소득에서 제외된다(소득법 §14 ③, §17 ③).

금융소득이 2천만원을 초과하는 지를 판단하는 경우에 출자공동사업자의 배당소득은 금융소득에 포함하지 아니한다.

4) 출자공동사업자의 배당소득에 대한 세액계산

아래 "가"와 "나"의 금액 중 큰 금액을 종합소득세 산출세액으로 한다.

가. 종합과세방법에 따른 산출세액

= 2천만원 × 14% + [(2천만원 초과 금융소득 + 배당가산액 + 다른 종합소득금액 - 소득공제) × 기본세율]

나. 분리과세방법에 따른 산출세액

= [금융소득금액 × 원천징수세율]에 "㉠"과 "㉡" 중 큰 금액을 합한 금액

㉠ : (다른 종합소득 - 소득공제) × 기본세율

㉡ : 출자공동사업자의 배당소득 × 14% + (다른 종합소득 - 소득공제)× 기본세율

(4) 부당행위계산

배당소득(출자공동사업자의 배당소득에 한함) · 사업소득 · 기타소득이 있는 거주자의 행위 또는 계산이, 그 거주자와 특수관계 있는 자와의 거래로 인하여 해당 소득에 대한 조세의 부담을 부당하게 감소시킨 것으로 인정되는 때에, 그 거주자의 행위 또는 계산에 관계없이 해당 과세기간의 소득금액을 계산한다(소득법§41).

(5) 익명조합원인 종업원이 받는 급여의 소득구분

공동사업장의 종업원이 해당 사업장의 출자자로부터 지분 일부를 증여받아 출자공동사업

자가 되었으나 공동사업 구성원이 된 이후에도 해당 사업장에서 기존 업무만을 계속적으로 수행하고 근로의 제공에 따른 대가를 지급받는 경우, 그 대가는 근로소득에 해당한다(소득세과 -891, 2010.08.10.).

(6) 익명조합에 대한 부가가치세 적용

당사자의 일방이 상대방의 영업을 위하여 출자하고 상대방은 그 영업으로 인한 이익을 분배받을 것을 약정함으로써 그 효력이 발생하는 「상법」 제4장에 따른 익명조합이 부가가치세가 과세되는 사업을 영위하는 경우 익명조합원들이 그 지분만큼 독자적으로 경영에 참여하고, 의결권을 행사하는 등의 공동사업자로서의 역할을 수행한 것으로 보기 어려워 부가가치세 납세의무자는 익명조합의 영업자이다. 다만, 「상법」 제81조에 따라 익명조합원이 자기의 성명·상호의 사용을 허락한 때에는 영업자 및 익명조합원이 공동사업을 영위하는 것으로 본다(부가가치세과-491, 2012.04.30.; 부가46015-336, 1999.02.06.).

이는 익명조합원의 성명·상호의 사용 이후 성립된 거래로 인한 채권이나 채무는 거래의 안전을 보호하기 위하여 외관법리에 의하여 인정한 책임으로 익명조합원이 영업에 일정 책임을 지고 있어 동 익명조합을 공동사업을 영위하는 것으로 해석한 것이다.

> ◆ 상호 사용 허락에 대한 책임
>
> 익명조합원이 영업자의 상호 중에 자기의 성명을 사용하게 하거나 자기의 상호를 영업자의 상호로 사용할 것을 허락한 때에는 그 사용 이후의 채무에 대하여 영업자와 연대하여 변제할 책임이 있다(상법§81). 이 경우에 「그 사용 이후의 채무」란 성명·상호의 사용 이후에 성립한 거래로 인하여 생긴 채무로서 사용 이전의 거래로 인하여 사용 이후에 생긴 채무는 포함되지 않는 것이며, 이것은 거래의 안전을 보호하기 위하여 외관법리에 의하여 인정한 책임이다.

또한 출자공동사업자인 익명조합의 경우 상법상 연대채무의무가 없는 바, 영업자와 익명조합원 간에 연대납세의무도 당연히 없어야 한다.

익명조합원은 상법 제80조에 따라 영업자의 행위에 관하여는 제3자에 대하여 권리나 의무가 없는 사실상 영업자의 단독사업과 같으므로 영업자는 단독사업자로 보아 부가가치세 세무처리를 하는 것이고 다만 소득금액을 계산하여 분배할 때만 사업소득, 배당소득으로 구분하게 된다.

(7) 영업자가 익명조합의 자금유용 시 횡령죄 성립 여부

조합재산은 조합원의 합유에 속하므로 조합원 중 한 사람이 조합재산 처분으로 얻은 대금을 임의로 소비하였다면 횡령죄의 죄책을 면할 수 없고, 이러한 법리는 내부적으로는 조합관계에 있지만 대외적으로는 조합관계가 드러나지 않는 이른바 내적 조합의 경우에도 마찬가지이다.

조합 또는 내적 조합과 달리 익명조합의 경우에는 익명조합원이 영업을 위하여 출자한 금전 기타의 재산은 상대편인 영업자의 재산이 되므로 영업자는 타인의 재물을 보관하는 자의 지위에 있지 아니하므로 영업자가 영업이익금 등을 임의로 소비하였더라도 횡령죄가 성립할 수는 없다.

어떠한 법률관계가 내적 조합에 해당하는지 아니면 익명조합에 해당하는지는 당사자들의 내부관계에 공동사업이 있는지, 조합원이 업무검사권 등을 가지고 조합의 업무에 관여하였는지, 재산의 처분 또는 변경에 전원의 동의가 필요한지 등을 모두 종합하여 판단하여야 한다.

판례를 들어 설명하면

"을"이 "갑"과 특정 토지를 매수하여 전매한 후 전매이익금을 정산하기로 약정한 다음 "갑"이 조달한 돈 등을 합하여 토지를 매수하고 소유권이전등기는 피고인 등의 명의로 마쳐 두었는데, 동 토지를 제3자에게 임의로 매도한 후 "갑"에게 전매이익금 반환을 거부함으로써 이를 횡령하였다는 내용으로 기소된 사안에서 "갑"이 토지의 매수 및 전매를 "을"에게 전적으로 일임하고 그 과정에 전혀 관여하지 아니한 사정 등에 있다면, 비록 "갑"이 토지의 전매차익을 얻을 목적으로 일정 금원을 출자하였더라도 이후 업무감시권 등에 근거하여 업무집행에 관여한 적도 없을 뿐만 아니라 "을"이 아무런 제한 없이 재산을 처분할 수 있었는 바, "을"과 "갑"의 약정은 조합 또는 내적 조합에 해당하는 것이 아니라 '익명조합과 유사한 무명계약'에 해당하여 "을"이 타인의 재물을 보관하는 자의 지위에 있지 않고 따라서 횡령죄가 성립하지 아니한다(대법원2010도5014, 2011.11.24.).

---

(8) 익명조합 및 익명조합원이 법인인 경우

1) 법인과 개인으로 구성된 조합에 대한 소득세법 적용 여부

법인과 개인으로 구성된 익명조합의 경우 소득법 제43조에 따른 공동사업장의 규정이 적용되지 아니한다(소득세과-604, 2010.05.20.). 소득법은 거주자나 비거주자에게 적용되는 조세법이므로 영업자가 법인인 경우에도 소득법의 범주에 포함시켜 과세하게 됨은 조세법 체계상 문제 소지가 있음이 다분하다.

이는 공동사업구성원 중 법인이 있는 경우 소득세법에 따라 산출한 소득금액에 법인 구성원의 손익분배비율에 상응하는 소득금액을 법인의 소득에 귀속시키는 것이 아니라 공동사업에 발생한 수익과 비용을 법인경리의 일부로 보아 수익과 비용에 대한 자기지분에 해당하는 금액을 법인에 귀속시켜 법인세법에 따라 과세표준과 세액을 계산하도록 한 것을 보면 알 수 있다. 따라서 소득법 제43조의 규정은 영업자가 개인에게는 해당되는 것이므로 영업자가 법인인 익명조합의 경우에는 적용할 수 없다.

기획재정부나 국세청도 법인사업자 간에 「상법」 제78조에 해당하는 익명조합계약에 따라 익명조합의 영업에서 발생한 이익금을 분배하는 경우 해당 이익분배금은 이자소득으로서 법인법 제73조에 따라 원천징수하여야 한다고 회신하였다(기재부 소득세제과-189, 2010.04.15.; 법규소득2013-193, 2013.06.19.).

2) 내국법인인 익명조합원이 받는 금전의 성격에 대한 법원의 판단

법인법 제18조의3 제1항에 따라 익금불산입 대상이 되는 '내국법인이 출자한 다른 내국법인으로부터 받은 수입배당금'은 내국법인이 다른 내국법인에 출자를 함으로써 법인의 주식 등을 취득하고 주주 등의 지위에서 다른 내국법인에 대한 출자지분 등에 비례하여 받는 '이익의 배당액이나 잉여금의 분배액과 제16조의 규정에 따른 배당금 또는 분배금의 의제액'을 의미한다.

반면 내국법인이 익명조합계약을 체결하여 다른 내국법인의 영업을 위하여 출자하고 다른 내국법인은 영업으로 인한 이익을 분배하기로 약정한 다음 이에 따라 익명조합원의 지위에 있는 내국법인이 영업자의 지위에 있는 다른 내국법인에 출자를 하는 경우 내국법인이 출자를 통하여 다른 내국법인의 주식 등을 취득하거나 주주 등의 지위에 있게 되는 것이 아니므로 출자를 한 내국법인이 영업자의 지위에 있는 다른 내국법인으로부터 지급받는 돈은 익명조합원의 지위에서 출자 당시 정한 손익분배약정에 따라 지급받는 것에 불과할 뿐 주주 등이 받는 배당액이나 법인법 제16조의 의제배당금 등에 해당할 여지가 없다.

따라서 익명조합원의 지위에 있는 내국법인이 익명조합계약에 따라 영업자의 지위에 있는 다른 내국법인으로부터 지급받는 금전은 구 법인세법 제18조의3 제1항에 따라 익금불산입 대상이 되는 '수입배당금액'이 아니다(대법원2015두48693, 2017.01.12.).

◆ 익명조합 이익분배금의 손금해당 여부

법인이 자신의 영업을 위하여 개인과 「상법」 제78조에 따른 익명조합계약을 체결하고 조특법 제100조의17 규정에 따라 동업기업 과세특례의 적용을 신청하지 않은 경우 익명조합원으로부터 출자받은 금액에 대하여 「상법」 제82조의 규정에 따라 이익분배 시 해당 이익분배금은 당해 법인의 각 사업연도 소득금액 계산상 손금(이자비용)에 산입한다(서면-2018-법인-2920, 2019.10.06.).

3) 내국법인이 익명조합원인 일본 법인에 지급하는 이익분배금의 소득구분

내국법인이 자신의 영업을 위하여 국내사업장이 없는 일본법인 등과 「상법」 제78조에 의한 익명조합계약을 체결하고 익명조합원으로부터 출자받은 금액에 대하여 같은 법 제82조에 따라 그 영업으로 인한 이익을 분배함에 있어, 해당 익명조합이 조특법 제100조의17 규정에 따라 동업기업 과세특례의 적용을 신청하지 아니한 경우, 익명조합원인 일본법인이 분배받는 금액은 법인법 제93조 제1호 및 「한 · 일 조세조약」 제11조에 따른 이자소득에 해당한다(서면법규과-1001, 2013.09. 12.).

4) 법인과 개인으로 구성된 익명조합에 대한 사업자등록

법인과 개인으로 구성된 익명조합은 소득세법의 규정을 적용받지 못하므로 영업자의 사업으로 보아 별도의 공동사업자로의 사업자등록은 불필요하다.

(8) 민법상 조합과 상법상 익명조합의 비교

구 분	민법상 조합	익명조합
성 립	2인 이상이 공동사업을 경영할 것을 약정함으로써 성립	당사자 일방(익명조합원)이 상대방(영업자) 영업에 출자하고 상대방은 영업으로 인한 이익을 분배할 것을 약정함으로써 성립
재 산	구성원의 合有	영업자 개인의 재산
출 자	금전, 기타재산, 노무 출자	익명조합원은 재산출자 의무를 지는 것이나, 영업자는 재산출자 의무가 없음

사 무 집 행	조합원 과반수로 결정	영업자만이 업무집행 권한 행사
손 익 분 배	조합원간 약정 비율에 따라 분배(약정이 없는 경우 출자가액에 비례)	당사자 간의 약정에 따라 분배(익명조합원은 손실을 분담하지 않을 수 있음)
탈 퇴	언제든지 탈퇴 가능(탈퇴 당시 조합재산 가액에 따라 지분반환)	6개월 전 예고 후 계약해지 가능
종 료	청산인을 선임해 청산하며 각 조합원의 출자가액에 비례해 잔여재산 분배	영업자가 익명조합원에게 출자가액(손실이 있을 경우 잔액) 반환

(9) 공동사업 과세이론 및 적용

구 분	집합설(도관설)	실체설	적 용
1. 의의	공동사업(조합)을 독립적인 실체(인격체)로 인정하지 아니하고 단순히 그 구성원들의 집합체로서 구성원들에게 공동사업에서 발생한 소득을 분배하기 위한 하나의 수단 또는 도관으로 보는 이론	공동사업(조합)을 사회적 또는 경제적 제도(실체)로서 그 구성원과는 별개의 독립적인 과세상 실체로 인식하는 이론	
2. 납세의무	공동사업은 별도의 납세 의무를 지지 아니하며, 공동사업구성원들에게 분배된 소득에 대하여 과세	공동사업은 그 구성원과는 별도의 인격체로서 납세의무를 지게되며, 공동사업구성원들에게 분배된 소득에 대하여는 과세하지 아니함	집합설
3. 소득금액 계산	각 구성원 지분별로 소득금액 계산(양도소득세)	공동사업 전체의 소득금액계산(종합소득세 : '1거주자'로 봄)	실체설
4. 기장의무	각 구성원 별로 기장의무 부여	공동사업장을 1사업자로 보아 기장의무 부여. 구성원의 단독사업장과는 별개로 보며, 구	실체설

		성원이 같은 공동사업장은 동일 사업장으로 봄.	
5. 금융소득 종합과세	분배된 소득금액을 기준으로 종합과세여부 판단	공동사업장 전체의 소득으로 종합과세여부 판단	집합설
6. 결손금 및 이월결손금	지분별로 분배 후 각 구성원별로 통산 및 이월공제	공동사업장별로 통산 및 이월공제	집합설
7. 부당행위계산	미적용	적용(각 구성원별로 특수관계여부 판단)	실체설
8. 현물출자		양도소득세 과세	실체설
9. 가산세	각 지분별로 분배	원천징수납부불성실 가산세의 분배여부	집합설
10. 출자관련 지급이자	필요경비 산입	필요경비불산입	실체설
11. 접대비 한도 계산	각 구성원별 한도계산	공동사업장별로 한도 계산	실체설
12. 세액공제 및 감면	각 구성원별 적용(기장세액공제, 투자세액공제 등)		집합설
13. 기준 (단순) 경비율		공동사업장 단위로 적용	실체설
14. 구성원 급여	필요경비불산입(사업소득)	필요경비산입(근로소득)	집합설
15. 재무제표 등의 제출		대표공동사업자만 제출	실체설
16. 원천징수 의무		공동사업장별로 원천징수 납부	실체설
17. 원천납부	소득을 지급받을시 각 지분별로 원천납부		집합설

익명조합계약서

동 계약서는 익명조합원을 "박○○", "정○○", "강○○"으로(이하 "갑"이라 한다), 영업자(자기명의로 상행위를 하는 상인으로 익명조합에서 영업을 수행하는 자)인 "김○○"을 "을"로 하여 「상법」 제4장 제78조내지 제86조에서 정하는 익명조합을 결성하고자 본 익명조합계약서를 작성한다.

제1조 [계약의 목적]

① 익명조합원 "갑"은 영업자 "을"이 경영하는 아래 사업을 위하여 제2조에 따라 출자할 것을 약정하고, 영업자 "을"은 이에 응하여 그 영업에서 발생하는 이익을 분배할 것을 약정한다.

② 영업자가 운영하는 사업은 아래와 같으며, 동 익명조합계약에서 정하는 영업의 범위는 부동산 매매업에 한정한다.

- 아 래 -

```
○ 상 호 : 가나다개발
○ 대표자(영업자, "을") : 김 ○ ○
○ 사업자등록번호 : 101-01-*****
○ 업태 / 종목 : 부동산 / 부동산매매업
○ 사업장 주소 : 서울 **구 중계동 000-00
```

③ 익명조합의 사업범위가 제2항에 따라 부동산매매업으로 한정되므로 영업자는 회계 및 세무장부를 작성함에 있어 구분경리하여야 한다.

④ 익명조합의 사업장은 "서울 노원구 중계동 000-00 501호"으로 한다.

제2조 [익명조합의 운영]

① 익명조합원(갑)은 영업자(을)가 경영하는 위 사업과 관련하여 영업상의 거래로 인하여 발생하

는 모든 권리와 의무는 영업자에게 귀속되고, 익명조합원은 거래상대방에 대하여 어떠한 권리와 의무를 갖지 아니한다.

② 익명조합의 재산과 부채는 모두 영업자에게 단독으로 귀속된다.

③ 익명조합원은 영업자의 경영에 관여할 수 없다.

④ 익명조합원은 익명조합에 속한 재산의 처분이나 변경, 부채의 발생 및 상환과 관련하여 익명조합원의 동의를 요하지 아니한다.

제3조 [출자의 이행]

① 익명조합원은 출자를 이행하여야 하며, 출자이행완료일은 20**.00.00. 까지로 한다.

② 박○○의 출자금은 일금 00억원, 정○○의 출자금은 일금 00억원, 강○○의 출자금은 일금 00억원으로 한다.

③ 박○○, 정○○, 강○○의 출자지분비율은 각각 **%, *0%, 00%로 한다.

④ 사업용부동산을 추가취득하는 때마다 익명조합원은 제3항의 출자지분비율대로 추가 출자할 수 있다.

⑤ 제4조에 따른 추가출자를 이행하지 아니하는 익명조합원이 있는 경우 추가취득한 부동산에 대한 출자지분비율을 달리 정할 수 있다.

제4조 [결산 및 승인]

① 영업자는 해당 연도의 영업실적에 대하여 익년 2월 말일까지 세무대리인이 작성한 대차대조표 및 손익계산서(이하 "결산서"라 한다)를 작성하여 익명조합원에게 제출하여야 한다.

② 영업자가 제1항의 제출기한까지 결산서를 작성하지 아니한 때에는 익명조합원은 3개월 내의 기한을 정하여 연장할 수 있다.

제5조 [이익의 분배]

① 영업자는 본 익명조합계약의 익명조합에서 이익이 발생한 경우에는 해당 연도의 이익의 **%를 익명조합원들에게 제3조 제3항에 따른 비율대로 분배하여야 한다.

② 익명조합원의 출자가 손실로 인하여 감소된 때에는 그 손실을 전보한 후가 아니면 이익배당을 청구하지 못한다.

③ 손실이 출자액을 초과한 경우에도 익명조합원은 이미 받은 이익의 반환 또는 증자할 의무가 없다.

④ 익명조합에서 이익이 발생한 후의 연도에 손실이 발생하더라도 전년도 이전에 분배한 이익에 대하여는 효력이 미치지 아니한다.

제6조 [손실의 분담]

① 익명조합원은 손실을 분담하지 않는다.

② 익명조합원은 사업하는 도중 발생한 손실이 출자액을 초과했다 하더라도 이미 받은 이익을 반환하거나 증자하지 않는다.

제7조 [익명조합원의 조사권]

① 익명조합원은 영업년도말에 있어서 영업시간 내에 한하여 회사의 회계장부·대차대조표 기타의 서류를 열람할 수 있고 익명조합의 업무와 재산상태를 검사할 수 있다.

② 익명조합원은 영업자의 사업에 중대한 위기에 있거나 영업자가 신의와 성실로 사업을 수행하지 아니한다고 인정되어 익명조합원 과반의 동의가 있는 경우 영업자의 업무나 재산상황에 대한 자료열람을 요구할 수 있다.

제8조 [익명조합의 존속기간]

본 익명조합의 존속기간은 5년으로 하되, 존속기간의 종료일 전 6개월 전까지 존속기간 연장을 합의할 수 있다.

제9조 [계약의 해지]

① 본 익명조합계약의 각 당사자는 영업연도말에 계약을 해지할 수 있다. 그러나 이 해지는 6월 전에 상대방에게 예고하여야 한다.

② 본 익명조합은 영업자가 제4조, 제5조, 제7조의 의무를 2회 이상 이행하지 아니한 경우 익명 조합원과 영업자의 합의로써 계약을 제8조에 불구하고 종료할 수 있다.

③ 익명조합원이 출자의무를 이행하지 아니한 경우 본 익명조합계약은 자동 해지된다.

④ 조합의 존속기간의 약정의 유무에 불구하고 부득이한 사정이 있는 때에는 각 당사자는 언제 든지 계약을 해지할 수 있다.

제10조 [계약의 종료]

조합계약은 다음의 사유로 인하여 종료한다.

1. 영업의 폐지 또는 양도

2. 영업자의 사망 또는 성년후견개시

3. 영업자 또는 익명조합원의 파산

제11조 [출자금의 반환]

① 제9조에 따라 계약이 해지된 때에는 영업자는 익명조합원에게 그 출자의 가액을 반환하여야 한다. 그러나 출자가 손실로 인하여 감소된 때에는 그 잔액을 반환한다.

② 제10조에 따라 조합계약이 종료한 때에도 제1항과 같이 잔액을 반환하여야 한다.

제12조 [그 밖의 사항]

위 제2조 내지 제11조에서 정한 사항 외의 본 익명조합에 대한 해석과 분쟁에 대하여는 상법 상의 익명조합 규정에 따른다.

제13조 [분쟁의 관할 법원]

본 계약과 관련된 분쟁이 발생한 경우에 관할 법원은 영업자의 사업장 주소지 관할 법원으로 한다.

위 익명조합계약을 증명하기 위하여 익명조합계약서 4부를 작성하여 각각 서명날인하고 보관 하기로 한다.

20**. 00. 00.

[익명조합원(갑)]

성 명 : 정○○(7*****-2000000)

주소지 : 서울 노원구 상계동 000

연락처 : 010 - 1000 - 1111

[영업자(을)]

성 명 : 김○○(5*****-1000000)

주소지 : 서울 노원구 상계동 111

연락처 : 010 - 5000 - 1010

제2절 공동수급체

1. 개요

(1) 현황

현대의 건설공사가 대형화·종합화·전문화되어 감에 따라 하나의 건설업사가 모든 공사를 수행함에는 한계가 있어 여러 건설사가 공동수급체를 구성하여 공사수행능력을 서로 보완하고 리스크를 감소시키고 있다.

자본이 영세한 중소건설업체는 단독으로 중·대형공사를 수행할 수 있는 건설업면허나 공사실적을 구비하지 못하여 다른 업체와 공동으로 필요한 면허나 실적을 충족함으로써 공사를 수주할 수 있다.

공동수급제도는 발주자에게 공동수급업체의 연대책임을 통한 공사이행의 확실성을 담보하고, 수급인은 자금조달능력 강화 및 공사수행능력의 보완을 통한 수주기회 확대효과를 얻을 수 있고, 국가 정책적으로도 공동수급계약은 중소건설업체의 수주기회를 확대하여 중소기업의 육성 및 지방 건설업체의 수주참여를 통한 지역경제 활성화에 기여할 수 있다.

그러나 공동수급제도의 주요한 기능인 공사수행능력의 상호보완을 통한 공사수행능력의 증대, 위험의 분산 등을 위하여 공동수급체가 자발적으로 구성되는 것이 아니라 공사수주를 위한 역할에만 치중되어 있고, 수주만을 위하여 공동수급체를 구성하고 계약을 체결한 이후에는 전혀 시공에 참여하지 않는 가장 공동수급체인 경우가 많고 구성원 전원이 시공에 참여하는 경우에 공동이행방식임에도 불구하고 내부적으로는 분담이행방식으로 시공하는 경우가 많다.

향후 공동수급체 구성원의 진정한 의사에 부합하면서도 도급인, 하수급인 등 이해관계인의 권리를 해치지 않도록 타당하고도 합리적인 해결 방안이 필요하며, 이를 위하여 건설관련 종사자의 자정노력과 정부의 현실에 적합한 관련법 제도의 개선이 요구된다.

(2) 공동도급계약 및 공동수급체의 정의

가. 공동도급계약

공동도급계약이란 공사·제조·기타의 도급계약에 있어서 발주관서와 공동수급체가 체결하는 계약으로 1개의 건설공사현장에서 2이상의 사업자(공동수급체)가 각각 자기의 지분 또는 공동의 지분에 대하여 건설공사를 수행하기 위하여 원사업자와 공동수급체가 체결하는 도급계약의 형태이다.

나. 공동수급체

공동수급체란 "구성원을 2인 이상으로 하여 수급인이 해당 계약을 공동으로 수행하기 위하여 잠정적으로 결성한 실체" 또는 "건설공사를 공동으로 이행하기 위하여 2인 이상의 수급인이 공동수급협정서를 작성하여 결성한 조직"을 말한다(공동계약 운용요령, 건설공사 공동도급운영규정). "잠정적으로 결성한 실체" 또는 "공동수급협정서를 작성하여 결성한 조직"이 조합인지 권리능력 없는 사단인지 등에 대한 명확한 기준은 없다. 공동수급체의 구성원 중 대표자로 선임된 자를 공동수급체 대표자로 보아 공동수급체 구성원 상호 간의 권리·의무 등 공동도급계약의 수행에 관한 중요사항을 이행하게 할 수 있다.

공동수급체는 건설공사를 위하여 법적 실체없이 잠정적으로 결성된 공동기업체로서 조인트벤처라고 불리기도 한다.

다. 관련 법령

공동수급체 관련 법령으로는 건설산업기본법, 지방자치단체를 당사자로 하는 계약에 관한 법률, 국가를 당사자로 하는 계약에 관한 법률 §25 및 동법 시행령 §72, 공동도급계약 운영 요령, 공동도급 운영기준, 회계예규(제136-11, 2004.08.16.), 기획재정부 예규(제125호, 2012.10.26.), 국토교통부 예규 (제2012-399, 2012.08.24.) 등이 있다.

(3) (하)도급계약과의 차이점

당사자의 일방(수급인)이 어느 일을 완성할 것을 약정하고 상대방(도급인)이 그 일의 결과에 대하여 보수를 지급할 것을 약정함으로써 성립하는 계약을 도급(都給)이라 하고, 수급인이 자기가 인수한 일의 완성을 다시 제3자에게 도급시키는 것을 하도급이라 한다. 따라서 발주자와 도급자(하도급자)의 관계는 수직적인 관계가 형성되나, 발주자와의 관계에 있어 공동수급체 구성원들 간의 관계는 수평적 관계라는 점에서 차이가 있음.

(4) 공동수급체의 대표자 선임

「국가를 당사자로 하는 계약에 관한 법률」 제8조에 따른 입찰공고에서 요구하는 일정한 자격을 갖춘 자를 대표자로 우선 선임하여야 하며, 그 외에는 공동수급체 구성원간 상호협의하에 대표자를 정할 수 있고, 대표자는 발주자 및 제3자에 대하여 공동수급체를 대표하며 대금의 청구, 수령 및 공동수급체의 재산을 관리하게 된다.

2. 공동수급체의 법적성질

(1) 학설의 대립

공동수급체의 법적 성질(성격)에 대하여 조합설, 지분적 조합설, 비법인사단설, 이분설 또는 도급계약 경합설로 나뉘고 있다. 현재 법원은 대체로 조합설, 국세청은 도급설을 취하고 있다.

공동수급체의 법적성질을 기존 민법의 테두리 내에서 단일의 성질을 갖는다거나 독자적으로 파악할 것이 아니라, 공동수급체라는 하나의 비전형 계약(또는 단체)개념 안에서 이행방법에 따라 파생하는 개개의 특성이 조합적 또는 지분적으로 녹아있는 단체로 파악하는 것이 바람직하다.

1) 조합설

공동이행방식의 공동수급체는 공동수급체의 형성에 있어서 구성원 상호간의 계약이 전제가 되며, 법인 또는 비법인사단으로 보기 위한 최소한의 요건으로서 정관을 갖추고 있지 않을 뿐만 아니라 '건설공사 공동도급운영규정'이나 '공동계약운용요령'에 따를 경우, 공동수급체의 대표자가 발주자 및 제3자에 대하여 공동수급체를 대표하며 재산관리 및 대금청구 등의 권한을 가진다는 점 등을 근거로 하여 이를 민법상 조합으로 보는 견해이다.

공동수급체가 아닌 개별 구성원으로 하여금 지분비율에 따라 직접 도급인에 대하여 권리를 취득하게 하는 약정을 하는 것은 발주자인 국가등이 공사대금을 대표자가 일괄로 수령하여 다른 구성원들에게 나눠주지 않고 횡령하는 경우를 방지하기 위함에 불과하다.

그러나 공동수급체의 조합설과 관련하여 아래와 같은 비판이 있다.

① 조합으로 본다면 구성원이 1인인 경우에는 해산사유인데 공동수급체의 경우에는 구성원이 1인이 되더라도 존속시켜야 할 필요성이 있다.

② 「민법」 제716조 제2항은 조합의 존속기간을 정한 때에도 조합원은 부득이한 사유가 있으면 탈퇴할 수 있다고 하는데 공동수급표준협정서 공동이행방식 제12조 각 호에 규정된 사유 외에는 이행이 완료하는 날까지 탈퇴하지 못하도록 하고 있다.

③ 조합이라면 대금지급청구권이 모든 구성원에게 합유적으로 귀속되어야 하는데 공동계약운용요령 제11조 제2항 및 공동도급운영규정 제11조 제2항은 공사대금을 공동수급체 구성원 각자에게 지급하도록 규정하고 있다.

④ 선급금 정산에서는 연대책임의 예외를 인정하고 있다.

⑤ 제3자와 계약체결에 있어서 조합의 경우에는 대표자 또는 전원의 명의로 체결하여야 하는데 실무상으로는 공동수급체 구성원 개별명의로 체결되기도 한다.

2) 지분적 조합설

조합계약에서 각 조합원들이 조합재산을 지분적 공동소유하는 것을 합의할 수 있다. 이러한 경우에 합유재산이 없는 조합이 성립하는데 이를 지분적 조합이라고 한다(우리 민법에 규정된 전형계약으로서 조합과는 거리가 있다).

실무상 공동수급체의 경우 구성원이 그 출자비율에 따라 시공의무를 연대하여 부담하고 공사수익금에 대한 이익금을 분배하며, 선금과 공사대금은 구성원 각자가 개별적으로 정산하도록 되어 있으므로 공동수급체는 구성원들이 공동수급체를 결성할 때 지분적 소유권을 보유하기로 합의한 지분적 조합으로 보아야 한다는 견해이다.

공동도급운영규정이나 공동계약운용요령에서 공사대금의 지급이나 보증금의 납부 등과 관련하여 출자비율에 따라 공동수급체 구성원 각자에게 지급하도록 하고 있더라도 이들 규정은 공동수급체 대표자의 자금유용 등의 폐단을 막기 위한 것에 불과하다는 점에서 지분적 조합설은 다소 문제점을 갖고 있다.

3) 비법인 사단설

1인 조합은 조합의 본질에 반하기 때문에 공동수급체를 권리능력 없는 사단으로 보는 견해이다. 공동수급체의 구성원이 1인이 되더라도 그 잔존 구성원이 공사를 계속할 수 있는데 그 근거가 공동수급체의 사단성이 인정되기 때문이며, 건설현장단위로 공동수급체가 구성되고 공동수급체를 구성원과 구별되는 단체로 볼 수 있게 할 뿐만 아니라, "공동수급체를 사단으로 보아 구성원을 하수급인"으로 다룰 경우 법률관계를 간명하게 처리할 수 있다는 점을 들고 있다.

그러나 공동수급체에서 구성원 사이에 대표자를 정한다고 하더라도 단체로서의 조직과 재산에 관한 정관이 없고, 단체성도 각 구성원을 초월하여 독자적인 존재라고 볼 수 없으며, 공동수급체를 비법인사단으로 본다면 공동수급체의 구성원이 단순한 변제수령권이 아니라 각각 대금지급청구권을 갖게 되는 문제를 설명하기도 어렵다는 문제점을 갖고 있다.

4) 이분설 또는 도급계약 경합설

공동이행방식의 공동수급체와 분담이행방식의 공동수급체를 나누어 공동이행방식의 공동수급체는 민법상 조합에 해당하지만 분담이행방식은 여러 개의 도급계약을 형식상 1개의 계약형태로 체결하였다고 보는 견해이다. 조합은 구성원이 공동출자를 하여 공동사업을 경영하는 점을 요소로 하는 것인데 분담이행방식의 경우는 어느 요소도 갖추지 못하였기 때문이다. 분담이행방식의 경우에는 계약이행의 책임 및 제3자에 대한 책임은 분담내용에 따라 구성원별로 각자 책임을 지고, 각 구성원은 자기 책임으로 분담부분의 일부를 하도급 줄 수 있으며 공사대금도 각자 지급받으면서, 손익분배도 분담공사별로 배분하도록 되어 있다는 것을 근거로 한다.

분담이행방식의 공동수급체를 여러 개의 도급계약이 체결된 것이라고 볼 경우에도 주계약자 관리방식의 경우에는 주계약자가 업무집행조합원인 일종의 조합의 형태라고 본다(이는 학설의 하나일 뿐이고 아직까지 판례는 존재하지 않는다).

우리 법원도 분담이행방식의 공동수급체의 법적 성질에 대해 직접적으로 다룬 판례는 없으나 "공동수급인이 분담이행방식에 의한 계약을 체결한 경우에는 공사의 성질상 어느 구성원의 분담 부분 공사가 지체됨으로써 타 구성원의 분담 부분 공사도 지체될 수밖에 없는 경우라도 특별한 사정이 없는 한, 공사 지체를 직접 야기한 구성원만 분담 부분에 한하여 지체상금의 납부의무를 부담한다"고 한 판시 내용을 보면 분담이행방식의 공동수급체를 민법상 조합으로 보지 않고 도급인과 수급인 사이의 개별적인 도급계약관계로 본 것으로 이해될 수도 있다.

(2) 법원의 입장

대법원은 공동수급체의 대표자로 하여 구성원 상호간의 권리와 의무 등 공동도급계약의 중요사항을 이행하게 되고(공동도급계약운용요령 제3조), 공동계약의 이행방식(공동이행방식 또는 분담이행방식 공동수급표준협정서 작성)에 따라 출자비율 또는 분담내용에 따라 권리의무를 확정하게 되므로 공동수급체는 2인 이상이 서로 출자하여 공동사업을 영위할 것을 약정하는 민법상 조합개념으로 파악하고 있다(대법원2000두8356, 2001.10.09. 외 다수).

다만, 분담이행방식 공동수급체는 각 구성원이 각 자가 부담한 공사에 대해서만 책임을 지므로 준합유로 볼 수 없어 공동이행방식 공동수급체와 같이 조합의 성질을 가지지 아니하므로 해당 조합채권을 압류할 수 있다고 판시한 바 있어 분담이행방식 공동수급체는 조합성을 부인하는 듯하다(서울행법2008구합28707, 2008.11.04.).

(3) 결론

공동수급체의 법적성질을 '공동사업을 위한 조합'으로 일의적으로 판단할 것이 아니라 단순히 '이행공동을 위한 인적 결합' 또는 단순한 공동도급계약의 체결을 통한 '다수당사자의 채권관계'에 다름이 없는 것으로 볼 여지도 있음을 인정하여야 할 것이다.

> ※ 건설공동수급체가 체결한 계약은 실질적으로 보아 분담부분에 관한 여러 개의 도급계약을 형식상 1개의 계약형태로 체결한 공동도급계약에 불과한 것들이 많다는 것을 인정하여야 한다는 것이다.

3. 공동수급체의 유형분류와 법적성격 분석

(1) 공동수급체의 유형 분류 [4]

공동수급체를 이행방식, 존속기간, 구성원 등의 기준에 따라 다양한 유형으로 분류할 수 있으나 공동이행방식, 분담이행방식, 주계약자 관리방식으로 분류하고 있다.

공동이행방식은 구성원 전원이 일정 출자비율에 따라 연대하여 공동이행하는 방식이며, **분담이행방식**은 구성원이 각자의 분담내용에 따라 전체 공사를 일정한 부분으로 나누어서 이행하는 방식이고, **주계약자관리방식**은 공동수급체의 구성원 중 주계약자를 선정하고 주계약

---

4) 이춘원, 공동수급체의 법적 성격에 관한 일 고찰, 792면

자는 전체 건설공사 계약의 수행에 관하여 종합적인 계획·관리 및 조정을 하며 전체 계약에 대하여 공동이행방식으로 개별 구성원들은 분담이행방식으로 각각 책임을 지는 공동이행방식과 분담이행방식이 결합된 형태이다.

(2) 계약이행방식에 의한 공동도급의 형태

1) 공동이행방식

공동이행방식이란 공동수급체의 각 구성원이 재정·경영 및 기술능력과 인원 및 기자재를 동원하여 공사·물자 또는 용역에 대한 계획, 입찰, 시공 등을 위하여 공동연대하여 사업을 이행하는 방식으로서 공동수급체의 구성원은 발주자에 대한 계약상의 의무이행에 대하여 연대하여 책임을 부담하고, 공동수급체의 하도급자 및 납품업자에 대해서도 공동연대로 책임을 진다. 다른 구성원의 동의 없이 자기의 분담부분에 대해 하도급이 불가하며 구성원의 분담내용이 출자비율로 표시된다.

수 개의 건설업체가 공사수행능력 상호보완, 입찰자격 구비, 공사에 따른 위험분담 등의 목적으로 공동수급체를 구성하여 하나의 건설공사를 공동 수주하여 공동으로 시공하는 공동이행방식 공동도급계약형태는 대규모 관급공사 및 민간공사에서 보편화되어 있다.

2) 분담이행방식

분담이행방식이란 공동수급체의 각 구성원이 계약의 목적물을 분할하여 각자 그 분담부분에 대하여 각자의 책임하에 공사를 수행하고 공동비용에 대해서만 분담공사비율에 따라 각각의 구성원이 분담하여 공사를 이행하는 방식으로 공동수급협정서에는 각 구성원이 부담하여야 할 공통경비의 분담에 관한 사항만 명시되고 공동이행방식과 같이 출자비율과 손익배분에 관한 사항은 명시되지 아니한다.

분담이행방식은 공사의 전체 사업규모나 전체의 공사원가가 구성되지 아니하기 때문에 공사의 실태를 정확히 표시할 수 없는 단점이 있으나, 공사의 책임과 권한이 명확하기 때문에 공동수급체의 각 구성원과의 분쟁의 소지가 적다(공동도급계약운용요령에 의한 공동도급표준협정서 참조).

공동이행방식과는 달리 다른 구성원의 동의 없이도 각자의 책임하에 일부 하도급도 가능하며, 구성원의 분담내용이 출자비율로 표시되지 않고 분담공사별로 표시된다.

| 공동이행방식과 분담이행방식 비교 |

내 용		공동이행방식	분담이행방식
공동수급체의 구성내용		출자비율에 의한 구성(실적보완)	공사를 분담하여 구성(면허보완)
공동수급체 대표자의 권한		대금의 청구, 수령 및 공동수급체의 재산 관리	좌 동
계약이행 책임		구성원전체가 연대책임	분담내용에 따른 구성원별 각자책임
계약이행요건		구성원 각각이 당해 계약의 이행에 필요한 면허·등록등 요건을 갖출 것	구성원 공동으로 계약이행에 필요한 면허·등록등 요건을 갖출 것
하 도 급		다른 구성원의 동의 없이 공사일부의 하도급불가	각 구성원은 자기책임하에 분담부분의 일부하도급 가능
대가지급		선금 : 대표자 대가 : 각자 지급 * 구성원의 계약이행참여의 실효성 확보를 위한 조치	선금, 대가 모두 각자 지급
하자담보책임		공동수급체 해산 후 당해 공사에 하자발생 시 연대책임	분담내용에 따라 각 구성원별 각자 책임
손익의 배분		출자비율에 의한 배분	• 분담공사별로 배분 • 다만, 공동비용의 경우는 분담공사금액의 비율에 의한 배분
중도 탈퇴에 대한 조치	연대보증인 입보	잔존구성원→잔존구성원+연대보증인*→잔존구성원+구성원 추가** * 잔존구성원만으로는 잔여계약이행에 필요한 요건을 갖추지 못한 경우 **연대보증인이 없거나 연대보증인이 계약을 이행하지 않은 경우	연대보증인→잔존구성원*→잔존구성원+구성원 추가** * 연대보증인이 없거나 연대보증인이 계약을 이행하지 않은 경우 **잔존구성원만으로는 잔여계약이행에 필요한 요건을 갖추지 못한 경우
중도 탈퇴에 대한 조치	공사이행 보증서 제출	잔존구성원 → 보증기관* * 잔존구성원이 잔여계약이행요건을 갖추지 못한 경우/계약불이행시	보증기관* * 잔존구성원의 자격요건 구비 여부와 관계없이 제출
효력기간		• 서명과 동시에 발효, 당해 계약의 이행으로 종결 • 다만 발주자 또는 제3자에 대하여 공사와 관련한 권리의무관계가 남아있는 한 협정서의 효력은 존속	좌 동

3) 주계약자 관리방식

주계약자 관리방식은 공동수급체 구성원 중 주계약자를 선정하여 주계약자가 건설공사의 수행에 관한 종합적인 계획·관리 및 조정을 하는 계약을 말한다.

4) 형식적 공동수급체(가장 공동수급체)

수주를 목적으로 형식적인 공동도급체를 구성하여 입찰에 참여하고 입찰된 이후에는 특정 구성원이 공사를 단독으로 수행하고 다른 참여사(구성원)는 명의를 빌려준 대가만 받는 가장 공동수급체가 있다. 하지만 명의대여자는 「상법」 제24조에 따라 연대하여 변제할 책임이 있으며 적발 시 입찰참가자격을 제한받을 수 있다.

(3) 공동수급체의 계약이행방식별 법적 성격 5)

1) 공동이행방식

가. 민법상 조합설

공동이행방식의 공동수급체의 법적 성격은 민법상의 조합으로 본다는 것이 다수설의 입장으로 그 이유는 공동수급체는 계약에 의해서 결성되고 구성원의 변동이 예정되어 있지 않은 점, 정관이 없으며 대표자에 의해서 업무집행이 이루어지지만 그 법적 효과가 각 구성원에게 귀속하는 점, 각 구성원은 대외적으로 개인재산으로 무한책임을 지는 점 등이 조합에 가깝다는 것이다. 이는 표준협정서의 내용에 기초한 판단으로 실제 계약에서 협정에 어떠한 내용이 부가 또는 수정되느냐에 따라 구체적 개별적으로 그 법적성격을 규명하여야 하며, 형식상 공동이행방식의 범주에 있다고 하여 무조건 민법상 조합이라고 단정해서는 아니 될 것이다.

대법원 판례도 공동수급인 사이에 연대하여 수급의무를 이행하기로 약정되어 있는 공동이행방식의 공동수급체의 법적성격과 관련하여 민법상 조합으로 보며, 특별한 사정이 없는 한 그 법률관계에 대하여는 조합에 관한 민법의 규정이 적용된다고 판시하였다. 이처럼 다수설 및 판례가 공동이행방식의 공동수급체를 조합으로 파악하고, 공동이행방식의 공동수급체가 조합의 성질을 다수 포함하고 있어 현행법 테두리 내에서는 가장 타당성이 있다고 보여진다.

---

5) 이춘원, 공동수급체의 법적 성격에 관한 일 고찰, 1196~1200면 요약

따라서 공동이행방식의 공동수급체에 관하여 조합의 법리를 적용하여 왔고 조합이라는 합의점이 어느 정도 형성되어 있으나, 실제 공동수급체의 결합관계는 우리 민법상의 조합 또는 사단과는 다른 점을 가지고 있으므로 그 형태를 일의적으로 조합이라고 단정할 수는 없다.

나. 지분적 조합설

건설공사 실무에서 공동수급체의 각 구성원은 출자비율에 따라 각자가 전체에 대하여 시공의무를 연대하여 부담하고 출자비율에 따라 이익금을 분배하고 선금과 공사대금은 구성원 각자가 개별적으로 정산하도록 되어 있으므로 공동수급체는 지분적 소유권을 보유하기로 합의한 지분적 조합으로 본다.

실무에서 선급금과 공사대금을 구성원 각자가 개별적으로 정산하도록 하고 있다는 점, 도급공사의 시공은 거의 구성원 상호 간에 공사구간과 공종을 나누어 시행하는 분담이행방식으로 이루지는 점을 근거로 공동이행방식의 공동수급체를 지분적 조합이라고 본 이유이다. 이는 공동수급체 구성원의 법 감정 및 실무를 적절히 반영한 것으로 비교적 현실에 접근한 이론이지만, 공동이행방식의 경우 실무상 구성원 상호 간에 분담이행방식으로 행하여지는 측면도 있으나, 도급인의 입장에서는 모든 구성원에 대하여 연대책임을 물을 수 있다는 점, 공동수급체와 거래한 제3자의 보호에 미흡한 점에서 공동수급체를 지분적 조합으로 보는 것에도 한계를 가진다.

다. 비법인사단설

조합에서는 조합원이 1명이 되면 조합의 해산사유로 보고 있는데 공동수급체의 구성원 2명 중 1명이 파산한 경우에 일반적으로 계약서에서 잔존 구성원이 공사를 시공·완성할 것을 정하고 있어, 구성원이 1명이 되더라도 공동수급체가 존속하도록 하는 바, 1인 조합은 조합의 본질에 반하기 때문에 권리능력 없는 사단으로 본다.

공동이행방식의 공동수급체의 법적성격을 비법인 사단으로 구성하면 구성원의 변동의 경우에 이론구성이 용이한 면은 있으나, 비법인사단으로 의제한다면 공동수급체의 구성원의 대금지급청구권 등을 설명할 수 없고, 공동수급체의 대표자는 정할 수 있으나 단체로서의 조직과 재산에 관한 정관이 없고, 단체성도 각 구성원을 초월하여 독자적인 존재라고 할 수 없어 비법인사단으로 보기도 어렵다.

2) 분담이행방식

가. 도급계약 경합설

분담이행방식의 경우에는 여러 개의 도급계약을 형식상 1개의 계약형태로 체결하였다고 보는 견해로 계약이행의 책임 및 제3자에 대한 책임은 분담내용에 따라 구성원별로 각자 책임을 지고 각 구성원은 자기 책임으로 분담부분의 일부를 하도급 줄 수 있으며 공사대금도 각자 지급받으며 손익분배도 분담공사별로 배분하도록 되어 있다는 것을 근거로 한다.

나. 조합설

분담시공의 경우에도 각 건설업자가 개개의 공사를 분할하여 수급한 경우와는 달리 구성원이 도급계약의 이행에 관하여 연대하여 책임을 부담하기로 특약하거나 또는 하자담보책임을 각 구성원이 공동으로 연대하여 책임을 지기로 하는 특약이 있는 경우에는 공동시공과 마찬가지로 하나의 사업을 행하는 것을 목적으로 한다는 구성원 사이의 인적결합이 인정될 것이고 이러한 경우에 분담시공은 공동수급체 내부에서 수급한 공사를 완성시키기 위한 역할분담의 합의에 불과하여 분담이행방식도 민법상의 조합으로 볼 수 있다는 견해이다.

분담이행방식에 관해서 판례는 법적성격을 명시하지는 않았으나 공동수급인이 분담이행방식에 의한 계약을 체결한 경우에는 공사의 성질상 어느 구성원의 분담 부분 공사가 지체됨으로써 타 구성원의 분담 부분 공사도 지체될 수밖에 없는 경우라도 특별한 사정이 없는 한 공사지체를 직접 야기한 구성원만 분담 부분에 한하여 지체상금의 납부의무를 부담한다고 하여 분할 채무의 입장에서 판시하고 있어 조합성을 대체로 부정하는 입장이다(직접적인 판례는 아직까지 없다).

3) 주계약자 관리방식

주계약자 관리방식의 공동수급체의 법적성격에 관하여 대다수의 학설은 언급하지 않고 조합으로 보는 견해가 소수 있을 뿐 주계약자관리방식에 의한 공동수급체에 관한 판례는 아직 없다. 소수설은 분담이행방식의 공동수급체를 여러 개의 도급계약이 체결된 것이라고 볼 경우 주계약자 관리방식의 경우에는 주계약자가 업무집행조합원인 일종의 조합의 형태라고 본다.

4) 결어

공동수급체의 법적성격에 있어 공동계약 운용요령이 규정하는 취지가 공동이행방식이나 분담이행방식 주계약자관리방식은 공사의 이행방법의 차이로서 규정할 뿐이고 3가지를 전혀 다른 조직체로 보는 것은 아닐 것이다.

공동이행방식이나 분담이행방식, 주계약자 관리방식에 따라 공동수급체를 독자적으로 파악할 것이 아니라 공동수급체라는 하나의 비전형 계약 또는 단체 개념 안에서 이행방법에 따라 파생하는 개개의 특성이 조합적 또는 지분적으로 발현되는 것이니 만큼 공동수급체에 대한 법적성격을 민법에 별도 규정하거나, 세법 개정을 통해 일의적으로 조합으로 볼 것인지 아니면 각 구성원들의 단독사업자로 볼 것인지를 명확히 해야 한다고 본다.

4. 공동수급체의 사업자등록

(1) 국세청 해석

최근까지도 국세청은 공동수급체를 2인 이상의 수급인이 해당 계약을 공동으로 수행하기 위하여 잠정적으로 결성된 실체로 인식하여 민법상 조합이라기보다는 구성원의 개성이 비교적 강한 특수한 형태의 조합으로서 공동수급체의 대표사가 비록 대가의 수령권한 등을 가지더라도 동 수급체를 공동사업으로 보지 않고 있다(부가46015-1088, 1997.05.17.; 서면3팀-986, 2006.05.30.; 국심2000구3001, 2001.05.01. 외 다수).

따라서 공동수급체가 독자적인 사업체(부가가치세법상의 사업자)로서 세금계산서를 발행할 수 없고, 각 구성원이 부담한 출자비율 또는 분담부분에 따라 각자에게 귀속되는 대가에 대하여 세금계산서를 발급하는 것이며, 해당 건설공사에 공통으로 발생된 경비에 대하여는 부가령 제69조 제15호에 따라 세금계산서를 수수하도록 하고 있다.

※ 일본도 공동수급체의 법인격을 인정하지 않아 권리 및 의무의 귀속이 공동수급체가 아닌 각 구성원에게 귀속된다.

공동수급체의 기업형태에 대한 법적성격의 정의가 없어 사업자등록을 별도 하여야 하는지 부가가치세의 과세방법 등 명시적 규정이 없고, 단지 부가령 제69조에 발주자, 공동수급체, 및 구성원 간의 세금계산서 수수방법을 규정하고 있을 뿐이다. 또한 공동수급체를 민법상 조합으로 본 판례와 공동사업자로 인식하지 아니한 국세청의 기존 해석이 다르고 공동사업자로 인식할 경우에 사업장 소재지를 과연 어디로 할 것인지에 대한 입법적으로 보완이 필요하다.

(2) 조세심판원의 견해

조세심판원은 공동수급체를 구성원 내부간의 조합으로 볼 수는 있을 지라도 적어도 외부적으로는 민법상 조합으로서의 단체성을 인정하기 어렵다 할 것이고, 그 실질이 별도의 사업자등록을 하지 아니하는 공동사업자에 해당한다(국심2000구3001, 2001.05.04.).

조세심판원도 공동수급체가 어느 정도 조합의 성격을 가졌음을 인정하면서도 사업자등록이나 세금계산서 수수나 문제에 있어서는 단순한 공동수급체 구성원 간의 공동조직처럼 처리할 수 있다는 입장을 보이고 있다. 즉 별도의 사업자등록을 하지 않을 수 있으며, 건설업자인 각 구성원의 업무총괄장소인 본점에서 자신의 지분에 해당하는 세금계산서를 수수하거나 공동매입 형식으로 주간사가 명의자적 지위에서 수수하여 실수요자 및 공급자에게 세금계산서를 발급한 것은 사실과 다른 세금계산서로 볼 수 없다고 결정하였다(국심2006서1274, 2007.02.07. 외 다수).

(3) 공동사업으로 사업자등록신청이 가능한지 여부

대법원에서 공동수급체를 민법상의 조합으로 파악하는 판결이 나오고 어느 정도 이에 대한 공감이 형성되고 있는 이상, 국세청으로서는 공동수급체(공동이행방식)를 형성하고 그 구성원과 별도의 공동사업 사업자등록신청이 있는 경우 공동사업자등록증 발급이 가능하다고 본다.

(4) 공동시행사와의 비교

국세청은 건설업을 영위하는 둘 이상의 법인이 주상복합건물을 신축·분양하기 위하여 공동사업협약을 체결하고 공동사업자로 사업자등록 하는 경우로서 토지 매입, 건물 신축 및 분양을 공동으로 수행하며 해당 사업과 관련된 모든 비용과 수익을 약정된 비율대로 분담(배분)하는 경우, 공동사업과 관련된 세금계산서는 해당 공동사업자의 명의로 발급하거나 발급받아야 한다고 회신하였다(사전-2017-법령해석부가-0623, 2017.11.01. ;서면법규과-1292, 2014.12.09.).

공동수급체와는 달리 분양사업의 공동시행에 대하여는 공동사업자 등록을 다소 강하게 요구하고 있는 듯하며, 사업자등록 미이행으로 인하여 시행사들이 겪게 되는 부가가치세 부담은 엄청나기 때문에 출자 및 손익분배약정이 있다면 공동사업 해당여부를 반드시 검토해야 할 것이다(법규과-5117, 2007.10.31.).

반면 조세심판원은 "갑", "을" 두 건설법인이 각 법인의 본사에서 대부분의 업무를 수행하고 있고 두 건설업 법인은 사업장마다 사업자등록을 하는 것이 아니라 그 법인의 등기부상 소재지를 사업장으로 하면 되는 것이고, 갑 건설법인은 을 건설법인이 사용 중인 건물을 철거하고 신축하였으므로 건설업의 확장으로서 해당 건물 신축과 관련하여 발생한 매입세액은 기존사업장에서도 공제할 수 있으므로 각 법인의 본점 사업자번호로 발급받은 세금계산서는 정당한 세금계산서이고 관련 매입세액은 공제 가능하다고 결정하였다.

위 결정에 대해, 두 건설업 법인이 공동사업에 대한 약정을 체결하고 수익·비용 등의 배분비율을 정하는 등 두 건설업 법인이 공동사업을 영위하는 것에 대해서는 동의하나, 두 건설업 법인이 공동사업을 영위하더라도 각 법인이 각자의 본사에서 업무를 수행하였으므로 사업자등록을 별도로 할 필요가 없다는 결정은 공동사업은 인정하되 공동사업자는 인정하지 않을 수 있다는 것은 논리상의 모순이 있다고 보여진다. 부가령 제8조의 사업장 조항은 특수한 업종의 업무 편의를 위한 규정일 뿐, 이를 확대해석하여 공동사업을 하더라도 상기 조항을 적용하여 건설업 법인이 공동사업을 하는 경우 공동사업자에 대한 사업자등록 없이 기존 사업장을 공동사업자에 대한 사업장으로 적용할 수 있다는 의미는 아니다.

또한, 공동사업자가 분양목적으로 취득한 부동산의 매입세액을 기존 사업자등록번호로 발급받은 경우 매입세액 공제가 가능하다는 결정에 대하여 국세청과 기재부는 사업자가 사업장의 이전 또는 확장을 목적으로 타 지역에 건물 등을 매입하는 경우 신규 건물 등에 대한 매입세액은 기존 사업장에서 공제받을 수 있다고 해석하였으나 이는 어디까지나 매입세액의 공제주체가 동일하다는 것이나(부가46015-3443, 2000.10.09. 외 다수)

기존 사업장과 별개로 공동사업(조합)을 영위하는 자가 공동사업과 관련된 매입세액을 기존 사업자 명의로 발급받은 경우 해당 매입세액은 기존 사업자의 사업과 관련 없는 매입세액에 해당하므로 매입세액 불공제 대상에 해당함에도 불구하고 공동사업과 관련된 매입세액을 기존 사업의 연장선 상에 있다고 본 조세심판원의 결정(조심2009서1637, 2010.05.04. 외)은 사업장별 과세 원칙에 부합하지 않으며 공제 대상 매입세액의 범위를 지나치게 확대해석한 면이 있다.

납세자에게 유리한 결정이지만 논리적 모순점을 갖고 있음은 부인할 수 없고, 향후에도 조세심판원이 일관된 입장을 보임으로서 일관성이 유지되었으면 한다.

◆ 신축분양사업을 공동으로 영위하는 건설사들이 수취한 세금계산서 정당여부에 대한 조세심판원 결정

○ '공동사업약정서'에서 사업상 위험 및 비용분담 등 의무사항과 사업시행에 따른 수익의 배분기준을 정하여 쟁점사업을 원활하게 실행할 수 있도록 하고, 공동사업과 관련하여 지급하는 도급공사비, 용역비, 부담금, 임차료, 분양경비를 비롯한 각종 사업비와 사업자금 조달 및 상환, 사업상 위험을 토지의 지분율(60:40)에 따라 공동으로 부담하기로 하였으며, 분양 및 운영으로 인한 수입금을 토지지분율에 따라 배분하기로 한 것과 쟁점 토지 신탁계약, PF대출 약정을 공동으로 추진한 점, 건축허가 명의를 갑과 공동명의로 변경한 점, 갑과 을이 2007년 2기분 ~ 2008년 2기 매입분에 대하여 실제 전체지의 지분율에 비례하여 각 수취한 것을 종합하여 볼 때, 쟁점사업은 공동사업에 해당한다고 볼 수 있겠다.

○ 쟁점사업을 공동으로 운영한다고 하더라도 쟁점사업의 신탁계약, 회계처리 등 사업에 관한 대부분의 업무를 각 건설업법인의 본사에서 직접 수행하였으며, 갑이 공급받은 재화·용역에 대한 부가가치세 신고는 처분청을 통해 정상적으로 이루어져 처분청의 쟁점사업에 대한 부가가치세 세원관리에는 별다른 문제가 있다고 보기 어려운 한편, 쟁점사업은 갑이 영위하는 기존 건설업의 확장으로서 그 신규 건설사업 관련 매입세액을 기존사업장에서도 공제받을 수 있다고 할 것인바, 건설업법인인 갑이 다른 건설업법인 을과 공동의 쟁점사업을 추진하는 과정에서 부가가치세 신고 등에 대한 납세지를 처분청 관할인 쟁점사업 장소로 하면서 쟁점세금계산서의 사업자등록번호를 갑의 본점 사업장의 사업자등록번호로 교부받은 것은 사실과 다른 세금계산서로 보기 어렵다고 하겠으므로 이러한 상황 하에서 건설업 법인간 공동사업(부동산 신축·분양사업임) 영위 시 별도의 공동사업 사업자등록 없이 각 건설업 법인 본점에서 해당 공동사업과 관련된 세금계산서를 수수할 수 있다(조심2009서1637, 2010.05.04.).

(5) 결어

분담이행방식 공사를 수행하는 경우 수급인 간 이해관계 및 손익분배비율에 대한 언급이 없고 공사를 각자의 책임과 계산 하에 자기영역의 공사만을 수행하므로 공동사업으로 보지 아니하는 국세청 해석이 타당할 것이나, 공동이행방식의 경우에는 수급인 간 손익의 분배에 대하여 규정하고 있으므로 민법상의 조합으로 판단한 대법원의 판례와 배치되는 해석이어서 납세자로서는 혼란이 있을 수밖에 없다.

공동수급체를 잠정적인 실체라 하여 공동사업으로 사업자등록을 하지 아니한다는 국세청

의 유권해석은 건설사들이 공동수급체를 결성할 때마다 사업자등록을 하여야 하는 불편을 제거하여 납세편의 제공을 위한 해석이고, 공동수급체의 성격이 민법상 조합에 포섭할 수 없는 예외적 규정을 갖고 있는 점을 고려할 때 국세청의 해석도 일응 타당성이 인정된다.

다만, 건설사 등이 공동수급체를 결성하면서 손익의 분배, 공동경영 등의 민법상 조합의 요건을 갖추어 사업자등록을 신청한 경우에는 공동사업으로서 실체를 인정함이 타당하고, 민법상 파생되는 문제는 사업자등록과는 별론으로 민법에 따라 판단하는 것이 맞다고 본다.

마지막으로 공동도급(공동수급체)에 대한 세법 규정은 부가령 제69조만 있을 뿐이고 그 밖에 공동수급체의 과세방법에 대한 명시적 규정이 없으며, 동 규정도 공동수급체가 조합이 아니라는 전제 하에 만들어진 것인 바 공동수급체를 독립된 부가가치세 납세의무자로 볼 것인지, 법원의 판결과는 별도로 독립된 납세의무자(조합)로 보지 아니하고 부가령 제69조에 따른 세금계산서 수수만을 인정할 것인지에 대한 법 조항의 신설 또는 보완이 요구된다.

(6) 관련 사례

① 주계약자관리방식에 의한 공동계약에서의 세금계산서 발급방법

주계약자관리방식에 따른 공동수급체의 대표자가 발주자로부터 대가를 지급받아 공동수급체의 구성원에게 약정된 지분에 따라 분배하는 경우에는 대표자가 발주자에게 세금계산서를 발급하고 구성원이 대표자에게 세금계산서를 발급할 수 있음(사전-2015-법령해석부가-0445, 2015.12.28.).

② 공동이행방식 사업추진 중 시공권 양도 대가의 과세여부

공동이행방식으로 도급공사를 수행하던 중 지분 참여회사의 일부가 자기의 지분에 해당하는 시공권을 포기하고 해당 시공권을 나머지 참여회사가 승계하여 사업을 계속하는 경우 해당 시공권의 양도는 부가가치세 과세대상임(사전-2015-법령해석부가-0072, 2015.04.29.).

③ 공동도급공사 구성원이 지역별 책임 준공조건으로 시공하는 경우 부가가치세 과세표준 산정 방법 등

공동수급체를 구성하는 건설업자가 운영협약서에 따른 책임분담 시공비율에 따라 공동수급체가 사업시행자에게 세금계산서를 발급하는 경우에는 이를 사실과 다른 세금계산서로 볼 수 없는 것이며, 구성원의 과세표준은 운영협약서에서 구분한 지역별 공사지분율에 대한 과세 공급비율에 따라 계산하는 것임(법규과-540, 2013.05.10.).

④ 공동수급체의 주간사와 비주간사 간 하자공사비용 안분금액 세금계산서 발급방법

공동수급체의 주간사가 해당 공사에 소요되는 공동비용에 대한 세금계산서를 발급받은 경우로서 부가령 제69조제15항에 따라 공동지분에 따라 나머지 공동수급체에게 세금계산서를 발급하는 경우에는 동 세금계산서의 공급받은 날을 발행일자로 한 세금계산서를 발급하는 것임(서면-2016-법령해석부가-4045, 2016.11.21.).

⑤ 공동수급체 대표사의 통합 간접비 청구 및 배분에 따른 세금계산서 발행방법

공동도급공사에 있어서 세금계산서의 발급은 공동수급체의 구성원 각자가 해당 용역을 공급받는 자에게 자기가 공급한 용역에 대하여 각각 세금계산서를 발급하는 것이 원칙이나, 공동수급체의 대표자가 그 대가를 지급받아 공동수급체 구성원이 공급한 용역에 따라 배분한 경우 부가령 제69조제15항을 준용하여 공동수급체의 구성원은 공동수급체의 대표자에게 세금계산서를 발급하고 그 대표자는 발주자에게 세금계산서를 일괄하여 발급할 수 있는 것임(서면-2015-법령해석부가-1373, 2016.02.29.).

5. 공동수급체의 세무처리

(1) 부가가치세 분야

1) 공동수급체를 잠정적으로 결성된 실체로 볼 경우

국세청의 그간 일관된 유권해석에 따라 공동수급체를 공동사업장으로 별도 사업자등록을 한 예는 실무상 드물 것으로 파악되며 공동수급인들이 제공한 건설용역에 대하여 각자의 기존 사업자등록번호로 그 지분비율 등에 따라 발주처에 세금계산서를 발급하거나, 대표사가 발주자에게 공동도급공사와 관련하여 세금계산서를 발급한 경우에는 공동수급인들이 대표사에게 지분비율만큼 세금계산서를 발급하고 있는 실정이다(서면3팀-2227, 2004.01.02.; 부가46015-1746, 1999.06.22.).

부가령 제69조 제15항에서 국가를 당사자로 하는 계약에 관한 법률에 의한 공동도급계약에 의하여 용역을 공급하는 경우의 세금계산서 발급특례규정은 발주처가 민간기업인 경우에도 이 규정을 준용한다(부가46015-1088, 1997.05.17.).

※ 공동사업자로 등록하여 공동사업자 명의로 세금계산서가 수수된 경우에도 물론 정당한 세금계산서로 인정된다.

> ◆ 대표사의 영수증 수취 시 문제점
>
> ○ 대표사가 공동도급공사와 관련하여 영수증을 발급받은 경우에는 동 규정을 적용할 수 없으므로 각 구성원 지분에 해당하는 만큼 각자가 영수증을 발급받는 것이 바람직할 것이다(부가22601-1265, 1992.08.12.).
>
> ○ 대표사가 외부업체로부터 용역을 공급받고 신용카드매출전표 등이나 영수증을 발급받은 경우 공동매입에 대한 세금계산서 발급특례가 적용될 수 없어 다른 구성원들은 매입세액공제를 받을 수 없는 문제점이 있다.
>
> - 세금계산서를 수취한 경우 명의자인 대표사뿐만 아니라 부가령 제69조제15항에 따라 다른 공동수급인들도 매입세액을 공제받을 수 있듯이 세금계산서 대신 신용카드매출전표등을 수취한 경우에도 매입세액공제가 허용될 수 있도록 특례 규정을 두어야 할 것이다. 대표사가 공급시기에 신용카드매출전표등을 발급받은 경우 공급자는 세금계산서 교부가 금지되기 때문이다.

가. 공동비용

공동수급체가 해당 공사에 소요되는 공동비용에 대하여 세금계산서를 발급받음에 있어서 공동 지분에 따라 각각 발급받을 수 있는 경우에는 그 지분금액대로 각각 발급받을 수 있는 것이며, 이 경우 공동수급체 중 대표사가 전체로 발급받아 부가령 제69조 제15항에 따라 각 공동 지분에 따라 나머지 공동수급체에게 세금계산서를 발급하는 경우 해당 규정에 따라 발급한 세금계산서는 해당 대표사가 재화 또는 용역을 공급한 대가로 발급한 것이 아니므로 부가가치세 과세표준에는 포함되지 아니하는 것이나(공동수급업체 대표법인의 수입금액 또는 공사원가에서 차감하여 각 사업연도 소득금액을 계산하는 것임), 수수한 세금계산서에 대해서는 매출 및 매입처별세금계산서합계표를 제출하여야 한다.

또한 해당 대표사의 면세사업과 관련된 해당 매입금액 중 다른 수급체에게 발급한 금액을 차감한 자기 지분금액에 해당하는 매입세액은 불공제된다(서삼46015-10405, 2001.10.06.; 법인46012-2194, 2000.10.31.).

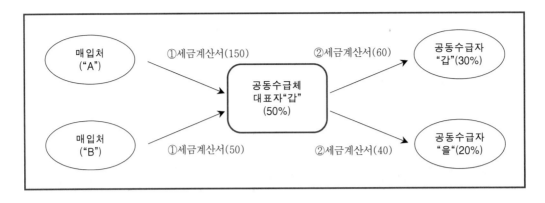

나. 공사수입

공동도급공사에 있어 세금계산서의 발급은 공동수급체의 구성원 각자가 해당 용역을 공급받는 자에게 자기가 공급한 용역에 대하여 각각 세금계산서를 발급하는 것이 원칙이나, 공동수급체의 대표자가 그 대가를 지급받는 경우에는 법인격이 없는 공동수급체가 독자적인 세금계산서를 발급할 수 없을 것이므로 해당 공동수급체의 구성원은 각자 공급한 용역에 대하여 공동수급체의 대표자에게 세금계산서를 발급하고 그 대표자는 발급자에게 세금계산서를 일괄하여 발급 가능하다(부가46015-1956, 1999.07.08.).

또한 "갑", "을"사가 비록 행정기관과 공동도급계약을 체결한 경우에도 경제적 또는 대외적 실질관계에 있어서는 모든 계약과 관리 및 공사를 "갑"사의 주관하에 수행하고, "을"사는 행정기관과의 공동도급비율과 무관하게 별도의 하도급계약을 체결하여 공사를 수행하는 경우라면 "갑"사는 발주자에게 전액 세금계산서를 발급하고 "을"사는 실제 하도급계약내용에 따라 "갑"에게 세금계산서를 발급한다(부가46015-109, 1995.01.13. 외).

⇒ 국세청은 실질과세원칙에 충실하게 해석한 것으로 보이나, 공동수급체의 민법상 성질을 외면한 해석으로서 조세심판원과 법원은 달리 해석하고 있다. 이하 후술하기로 한다.

① 대표사가 공사대금을 일괄 수령한 경우

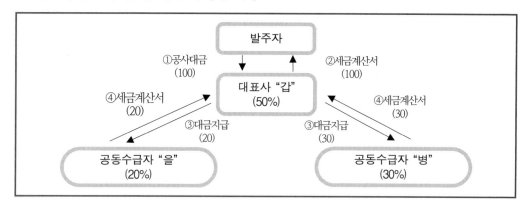

<회계처리 예시>

○ 사실관계

 - 공사 도급금액 : 1억원(공사기간 6월 미만의 단기공사)

 - 공동수급인 : 갑(70%, 대표사), 을(30%)

 - 공동매입액 : 5천만원(전액 세금계산서 수취)

 - 계약금 2천만원 수령 후 세금계산서 발급

○ 회계처리

 - 공사 계약금 수령 시

• "갑"사

(차변)		(대변)	
현　금　22,000,000		공사선수금	14,000,000
		부가세예수금	2,000,000
		미지급금(을)	6,000,000

(차변)		(대변)	
미지급금(을)	6,000,000	현　금　6,600,000	
부가세대급금	600,000		

• "을"사

(차변)		(대변)	
현 금	6,600,000	공사선수금	6,000,000
		부가세예수금	600,000

－공동매입 발생시

• "갑"사

(차변)		(대변)	
재 료 비 등	35,000,000	현 금	55,000,000
미 수 금	15,000,000		
부가세대급금	5,000,000		

(차변)		(대변)	
현 금	16,500,000	미 수 금	15,000,000
		부가세예수금	1,500,000

• "을"사(공동매입 세금계산서 수취 시)

(차변)		(대변)	
재 료 비 등	15,000,000	현 금	16,500,000
부가세대급금	1,500,000		

-공사 완료와 함께 잔금 수령 시

• "갑"사

(차변)		(대변)	
현 금	88,000,000	공 사 매 출	70,000,000
공사선수금	14,000,000	부가세예수금	8,000,000
		미지급금(을)	24,000,000

(차변)		(대변)	
미지급금(을)	24,000,000	현　　금	26,400,00
부가세대급금	2,400,000		

• "을"사

(차변)		(대변)	
공사선수금	6,000,000	공 사 매 출	30,000,000
현　　금	24,400,000	부가세예수금	2,400,000

② 공동수급체 구성원이 각각 공사대금을 수령한 경우

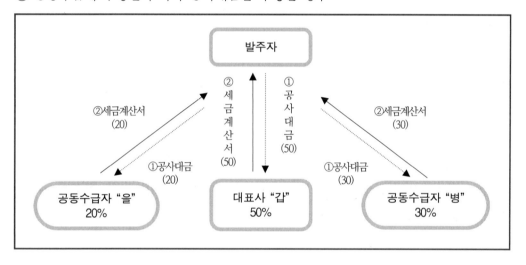

③ 공동수급 비율과 달리 용역수행이 이루어진 경우

　　정부발주공사를 공동이행방식 공동도급계약에 의하여 건설용역을 공급하고 발주자에게 세금계산서를 발급한 후 실제 공사진행에 따른 각자의 공사진행 차이분을 공동수급인간에 정산하기로 한 경우 해당 공사진행 차이에 따른 정산금액에 대하여는 부가령 제69조 제14항 및 제15항에 따라 세금계산서를 발급할 수 있다.

※근거 : 부가 46015-235, 1995.2..4.(국세청 예규)

2) 공동수급체를 조합으로 볼 경우 세금계산서 수수방법

공동이행방식의 공사를 수행하는 공동수급체가 조세심판원이나 법원의 판례에 따라 민법상 조합의 요건을 충족하여 관할세무서에 별도의 공동사업자로서 사업자등록증을 발급받은 경우 공동수급체는 구성원과는 다른 별도의 공동사업자 명의로 외부거래에 대해서만 세금계산서를 수수하면 될 것이다. 따라서 공동수급체 구성원 간 내부 비용정리(정산금 등) 등에 대하여 별도의 세금계산서 발급은 불필요할 것이다.

(2) 가장공동수급체의 세금계산서 수수

1) 가장(형식적) 공동도급 개요

공동도급제도는 1983년 예산회계법에 처음 도입되어 현재는 건설산업기본법, 국가계약법 또는 지방계약법 등에서 일정 규모 이상의 공사에 대하여 공동도급 및 지역의무공동도급을 필수적 입찰조건으로 하여 의무적 공동도급을 시행하고 있으며, 구체적인 운용요령은 기획재정부 예규 및 국토교통부 예규에서 고시하고 있다.

공동도급은 공동수급체의 구성원 모두가 공사에 실질적으로 참여하여야 하지만 발주자와 공동도급계약만 체결하고, 일부 구성원(이하 "주간사"라 한다)만이 공사를 이행하고 다른 구성원(이하 "비주간사"라 한다)은 명의만 빌려주고 형식상의 출자비율에 따른 지분이익금을 받는 경우가 있는데 이러한 공동도급을 가장(형식적) 공동도급이라 한다. 이러한 가장 공동수급체는 공사수행능력이 없는 비주간사가 수주만을 위해 형식적으로 입찰에 참여하고 시공은 하지 않은 채 지분포기에 따른 지분이익금만을 받게 된다. 그러면서 공사실적을 인정받게 되어 국가 경제적 관점에서 많은 문제점을 안고 있다.

이러한 가장 공동도급의 비주간사(명의대여자)에 대하여는 「상법」 제24조에 따라 연대하여 변제할 책임이 면제되지 않고, 국가계약법 등에 따라 입찰참가자격 제한 등을 받게 된다.

2) 가장공동수급체에 대한 법원의 판단

대법원은 공동수급체를 민법상 조합으로 보아 공동수급체 구성원간의 실질적 용역제공 행위없이 지분비율에 근거하여 세금계산서를 수수한 경우 사실과 다른 세금계산서로 보지 아니하였다(대법2004다7019, 2006.06.16.).

이는 공동수급체의 구성원 중 비주간사가 현실적으로 공사에 참여하지 아니함에 따라 출자의무를 이행하지 아니할 경우 비주간사가 조합원 출자의무를 불이행하였디라도 조합원의 출자채권과 이익분배청구권을 직접 상계할 수 있을 뿐 공동수급협정서에 출자의무이행과 이익분배를 직접 연계시키는 특약이 없는 한 출자의무불이행을 이유로 이익분배 자체를 거부할 수 없다는 판시와도 맥락을 같이 한다(대법2005다16955, 2006.08.25.).

3) 건설형 공사계약에 대한 일반기업회계기준

가장 공동도급계약으로 주간사가 단독 시행한 경우 기업회계기준은 실질에 따라 단독공사를 수행한 주간사가 공사수익과 그 원가를 총액으로 인식하여야 한다는 입장이다. 사실상 수주업무에만 참여한 비주간사는 공사와 관련된 위험이 사실상 주간사 등에 전가되어 수익의 성격의 공사수익이 아닌 용역보수 또는 수수료이므로 본인(비주간사)에게 귀속될 금액만을 수익으로 인식하여야 한다는 입장이다.

그러나, 가장 공동도급은 앞서 살펴본 바와 같이 건설산업기본법 등의 제재대상으로서 공동도급의 취지와 맞지 않아 입찰참가자격 제한조치 등의 불이익이 있으므로 기업회계와 같이 경제적 실질에 따라 주간사의 단독공사로 처리하는 경우는 거의 없다.

4) 형식적 공동수급에 대한 세금계산서 수수

국세청은 '갑'(주간사), '을'(비주간사) 사업자가 발주자와 형식적인 공동도급계약을 체결하였을 뿐 실제 공사용역은 주간사가 전부 제공하고 '비주간사는 자기 공사지분에 대한 권리를 주간사에게 양도하고 그 대가만을 받거나 또는 비주간사가 주간사에게 별도 하도급계약에 의해 용역을 제공하고 그 대가만을 받는 경우' 형식적인 공동도급계약에 관계없이 국기법상의 실질과세원칙에 따라 그 실질내용에 따라 주간사는 발주자에게 전액 세금계산서를 발급하고 비주간사는 해당 받은 대가에 대하여만 주간사에게 세금계산서를 발급하는 것이고, '주간사와 비주간사가 공동으로 공사를 수행한 경우로서 공동도급비율과 실제 각자에게 귀속되는 도급금액 분배비율이 다른 경우'에는 각 수급인은 실제 각자에게 귀속되는 도급금액 분배비율에 따라 세금계산서를 발급하여야 한다고 회신하였다(부가46015-2716, 1996.12.20.; 부가46015-2201, 1994.11.01.).

반면, 조세심판원과 대법원에서는 주간사와 비주간사는 업무집행자와 조합원의 관계에 있으므로 비주간사가 주간사에게 이면약정으로 시공을 위임하는 것은 당사자 사이에 효력이 있을 뿐 공동수급체의 구성원으로서 법률상 의무를 그대로 보유하게 되는 바, 공동도급공사 이행여부도 조합 구성원이 아닌 조합이 공사 이행시 구성원 전부가 이행한 것으로 보아야 한다는 결정(판시)을 하였으므로 구성원 모두가 공사를 이행한 것으로 보아 세금계산서를 수수한 것은 사실과 다른 세금계산서로 볼 수 없다고 결정하였다. 따라서 가장 공동도급을 단독시공으로 보아 세금계산서를 수수하도록 한 위 국세청 해석은 더 이상 유지될 수 없다고 본다.

5) 가장공동수급체 관련 심판결정례

◆ 공동수급체의 비주간사가 대표사에게 전체 공사를 위임한 경우 세금계산서 발급 의무에 대한 국세심판원 결정내용이다(국심2006서1274, 2007.02.07.).

□ 사실관계 및 처분개요

가. 사실관계

공동수급체가 발주처에서 발주한 관급공사를 수주함에 있어 국가를 당사자로 하는 계약에 관한 법률 및 공동도급계약운용요령에 따라 컨소시엄을 구성, 공동으로 공사를 수주한 후 공동도급계약을 체결하였음에도 공동노급운영협성서라는 별도의 약정을 하여 그 중 청구인(주간사)이 공동수급체구성원(비주간사)으로부터 참여지분에 대한 권한을 위임받아 실제로는 단독 시공하였음을 확인하여, ① 청구인이 대표사인 경우 비주간사가 발주처에 매출한 것으로 하여 신고한 분에 대하여는 대표사가 매출 누락한 것으로, 비주간사의 원가배분과 관련하여 청구인이 비주간사에 매출한 것으로 하여 신고한 분에 대하여는 매출이 없는 것으로 하여 과세하고, ② 청구인이 비주간사인 경우 청구인이 발주처에 매출한 것으로 하여 신고한 분에 대하여는 매출이 없는 것으로, 대표사로부터 원가배분과 관련하여 청구인이 대표사로부터 매입한 것으로 하여 신고한 분에 대하여는 매입이 없는 것으로, 청구인이 대표사에 공동도급공사 지분위임에 따른 대가에 대하여는 매출 누락한 것으로 과세하였다.

나. 쟁점

건설사가 형식상으로는 공동이행방식의 공동도급계약을 국가와 체결하였으나, 수주사간 별도의 약정에 따라 주간사가 공사 전체(비주간사의 공사지분 포함)를 실질적으로 단독 시공하고, 매출세금계산서 등은 주간사 및 비주간사가 각자의 지분 해당 분을 발급한 경우 사실과 다른 세금계산서 해당 여부

□ 결정 개요

■ 결정 개요
주간사가 이면협약에 의해 단독으로 시공을 하였다고 하더라도

① 공동수급체는 민법상 조합이며(대법2004다7019, 2006.06.16.), 공사이행 여부도 조합원이 아닌 조합을 기준으로 판단
② 수주사간 원가율 약정은 당사자 사이에만 효력이 발생하며 대외적(발주처, 하도급자 등)으로는 구성원이 연대하여 책임을 부담하므로 주간사 단독시공으로 볼 수 없음.
③ 거래과정에서 세금계산서 수수질서를 저해하거나 조세회피목적이 없음.

① 공동이행방식은 공동수급체구성원이 일체가 되어 공동도급공사를 시공하고 그 시공책임도 공사 전체에 대하여 구성원 전원이 연대하여 책임을 지는 것이나, 공동이행방식의 공동도급공사는 공동수급체구성원의 지분율에 의하여 공동으로 공사를 시행하는 것이 현실적으로 어려우며 가능하더라도 비효율적이어서 대부분의 공동도급공사는 공동수급체구성원이 운영위원회를 통하여 잠정적으로 실행예산율을 정하고 그 범위 내에서 대표사가 공사를 주도적으로 시행하고 있는 것이 관행이다.

② 법원은 공동도급공사의 공동수급체를 민법상의 조합이라고 판시하고 있어 대표사와 비주간사 사이에는 업무집행자와 조합원의 관계에 있는 바, 공동수급체는 조합이므로 공동수급체가 공동도급공사를 이행하였는지 여부도 조합의 구성원이 아닌 조합을 기준으로 판단되어야 하고, 조합이 공사를 이행한 경우 그 효과는 구성원에게 미치는 것이므로 각 구성원도 공사를 이행한 것이 된다 할 것이고, 전 조합원이 대외적으로 연대책임도 지므로 대표사만이 공사를 이행한 것이 아니라 조합의 구성원들이 공사를 이행한 것으로 보아야 한다.

③ 시설공사도급계약서, 공동수급표준협정서, 공동도급운영협정서 및 공동도급공사와 관련하여 청구인이 제출한 증빙서류를 보면, 공동도급운영협정서는 공동수급체구성원이 부담하여야 하는 권리와 의무를 구체화한 것이고, 비주간사가 대가를 받고 대표사에게 지분을 양도한 계약이 아니라 공사의 효율적 수행을 위해 공사를 주도적으로 수행할 업무집행조합원과 공사수행에 따른 손익분배방법을 약정하는 계약으로 보인다.

④ 공동수급체구성원간의 손익분배비율은 당사자간의 약정에 의하여 지분비율과 달리 정할 수 있으므로 공정한 정산을 위하여 비주간사가 대표사에게 실행예산율의 범위 내에서 모든

공사를 책임 시공하도록 약정하는 것도 조합 구성원간의 손익분배비율 약정의 한 방법으로 보아야 하며, 대표사가 책임지고 시공하는 공동도급공사에 비주간사가 참여한 사실이 공사 진행 관련 문서 등 청구인이 제시한 증빙서류에 일부 나타나는 점 등을 볼 때, 대표사가 공동도급공사를 단독으로 시공하였다고 단정하기는 어렵다.

⑤ 발주처 및 공동수급체간의 관계에 있어서 계약사의 시공, 하자담보책임 등 공동도급계약서 상의 용역제공에 대하여 공동수급체 구성원 모두가 연대하여 이행채무를 부담하므로 공동 수급체 구성원에 대해 공동도급계약서상의 당사자로서의 지위를 부인하는 것은 무리이다 (국심2006서1274, 2007.02.07.; 국심2006전3230, 2007.05.29.).

□ 결론

이와 같이 원가율약정은 공동수급체의 구성원으로서 법률상 의무는 그대로 보유한 채 공동 수급체구성원들 사이에 내부관계를 약정한 것에 불과하고, 실행률 약정이든 원가율약정이든 비 용지출은 공사 기성금에서 지출되므로 참여지분비율대로 지출된 것으로 보아야 한다.

발주처로부터 비주간사가 공사대금을 수령하면 공동도급계약운용요령에 의거 비주간사는 발주처에 세금계산서를 발급하고 대표사로부터는 구 부가칙 제18조 제2항에 의거 공동도급계 약에 의하여 공동수급체의 대표사가 하도급업자 등으로부터 발급받은 매입세금계산서에 대해 공동수급체 구성원에게 세금계산서를 발급할 수 있게 되어 있으며, 또한 공동수급체가 재화 또 는 용역을 공급받고 세금계산서를 공동수급체의 대표사가 발급받은 경우 해당 공동수급체의 대표사는 발급받은 세금계산서의 공급가액의 범위 내에서 재화 또는 용역을 실지로 사용·소 비하는 공동수급체의 구성원을 공급받는 자로 하여 세금계산서를 발급할 수 있는 것이므로 각 거래과정에서 세금계산서 수수질서를 저해하거나 조세회피목적이 없다고 보여지므로 이러한 세금계산서를 사실과 다른 세금계산서로 보기 어렵다고 판단된다.

법원에서도 비주간사가 대표사에게 자기지분에 해당하는 시공권과 공사대금청구권을 모두 양도하여 발주처에 용역을 제공한 바가 없다는 원고의 주장에 대하여 대표사가 비주간사의 이 행보조자로서 시공을 담당하되 공사대금을 내부적으로 정산한 것에 불과하고 발주처도 비주간 사의 공동수급체 탈퇴를 승인한 사실도 없어 비주간사가 시공에 참여하지 않았다는 주장은 실 질과세원칙에 비추어 받아들이기 어렵다고 판단하였다(서울고법 2012누 2384, 2012.11.14.).

(3) 법인세 분야

법인사업자와 개인사업자의 공동도급공사의 경우 자신의 지분율에 따라 기존 사업장의 거래에 포함하여 손익을 인식하게 되며, 동 사업을 수행하면서 공동구입한 고정자산은 각각의 지분율에 따라 안분한 금액을 자산으로 계상하고 감가상각한다.

사업자등록을 별도로 하지 않은 공동도급과 관련된 원천징수의무는 그 구성원이 실제로 고용한 각각의 공동수급인이 지게 된다. 법인이 법인법 제62조에 따라 장부를 비치·기장하고 장부와 관련된 증빙서류를 비치·보존함에 있어 2인 이상이 공동으로 수행하는 공동도급공사에 대한 장부와 증빙서류를 대표사가 작성·보관하고 있는 경우에는 공동수행자는 그 장부와 증빙서류의 사본을 비치·보존하여야 하며(법인46012-2411, 1996.08.31.; 법인46012-2174, 1999.06.08.), 증빙서류를 수취하지 아니한 경우에는 증빙불비가산세가 적용되고 이때 각 지분(출자)비율대로 안분하여 각각의 법인세 등에 가산하여 납부하여야 한다.

(4) 원천징수

공동수급체에서 원천징수대상 소득을 지급하는 경우 공동수급체가 별도 사업자등록이 되어 있다면 해당 사업자등록번호로 원천징수하여 신고·납부하고 사업자등록이 되어 있지 않다면 공동수급체의 대표사 명의로 신고·납부하여야 한다(법인46012-1425, 1995.05.24.).

근로소득에 대한 원천징수의무의 경우 근로소득을 지급하는 자에 있는 것이므로 해당 근로소득자와 연봉계약(근로제공, 급여지급 등)을 체결하고 이를 지급하는 사업자에게 원천징수의무가 있다.

금융기관이 조합의 대표자 명의로 되어 있는 예금 등에 대한 이자를 지급하는 경우에 조합으로부터 조합원별 손익분배비율을 제출받아 조합원별로 소득세 또는 법인세를 원천징수하는 것이며, 이 경우 조합원이 금융보험업을 영위하는 법인인 경우에는 법인령 제111조 제2항에 따라 원천징수하지 아니한다(법인46013-2672, 1998.09.19.; 법인46013-3123, 1995.08.01.).

(5) 지방소득세의 납부

공동도급공사를 수행하기 위한 현장사무소 등의 경우 실제 사용면적의 산정이 불가능한 경우 각 참여업체의 도급공사 지분별로 안분하는 것이 타당하나(행정자치부 세정13430-1115,

2000.09.18.), 공동도급공사를 수행함에 있어 법인의 사업연도 종료일 현재 해당 법인의 종업원 및 직접 사용하는 건축물이 없는 공사현장이라면 지방소득세(구 법인세할 주민세) 안분대상 사업장에서 제외된다(세정-867, 2004.04.20.).

(6) 지출증빙의 보관

공동도급건설공사에 소요되는 비용에 대하여 대표법인이 일괄정산하기로 하여 동 공사에 소요되는 재화 또는 용역에 대한 대가를 지불한 대표법인이 구성원법인에게 청구하는 비용에 대하여는 지출증빙서류 수취 규정을 적용하지 아니하는 것이나, 동 재화 또는 용역에 대한 지출증빙서류는 대표법인이 수취하여야 하는 것이다(법인46013-1994, 2000.09.26.). 물론 별도의 공동사업자등록이 되어 있는 경우는 공동사업장 명의로 지출증빙을 수취, 발급 보관하여야 한다.

6. 공사대금채권 귀속과 공동원가 분담금의 부담 주체

(1) 공동이행방식 공동수급체의 공사대금채권의 귀속 6)

> 공동이행방식의 공동수급체와 도급인이 공사도급계약에서 발생하는 채권을 공동수급체가 아닌 개별 구성원이 지분비율에 따라 직접 권리를 취득하기로 명시적 또는 묵시적으로 약정하였다면, 도급인에 대한 공사대금채권은 공동수급체 구성원 각자에게 지분비율에 따라 귀속될 수 있다.

1) 사실관계

"갑", "을", "병", "정" 4개 건설사는 공동이행방식 공동수급체를 결성하여 환경관리공단과 공사도급계약을 체결하였다. 이후 공동수급체 구성원 "을"사가 국세와 산재·고용보험료 등을 체납하자 대한민국과 근로복지공단이 각각 "을"사의 공사대금 채권 일부를 압류하였다. 공사가 진행되는 도중에 "을"사가 다른 구성원들에 대한 공사비 구상의무를 이행하지 못한 상태에서 공동수급체를 탈퇴하자, 나머지 "갑", "병", "정"사는 동 압류가 무효라고 주장하며 유보된 공사대금 전액을 지급하라는 소송을 제기하였다.

---

6) 출처 : 법률신문, 2012.07.02. 박주봉 변호사 공동이행방식 공동수급체의 공사대금채권 귀속문제 일부 인용

2) 쟁점

개정된 「공동도급계약운용요령」 제11조가 적용되는 공동이행방식 공동수급체의 경우에도 공사대금채권이 합유적으로 귀속되는지 여부.

3) 판례의 흐름

조합재산의 합유에 관한 민법규정의 적용을 배제하는 특약이 가능한지에 대해 학설상 견해 대립이 있다. 민법상 조합에 관한 규정은 강행규정이라는 취지의 견해로서 이에 반하는 당사자의 약정은 유효하지 않다고 한다는 특약의 유효성을 부인하는 견해와 「민법」 제271조 제2항에서 '합유에 관하여 계약에 의할 수 있다'는 취지로 규정하고 있으므로 「민법」 제272조 내지 제274조의 규정은 계약자유의 원칙상 당연히 임의규정으로 보는 특약의 유효성을 인정하는 견해가 있다.

공동이행방식 공동수급체의 경우에도 공사대금채권이 합유적으로 귀속되는지 여부에 대하여 아래 "가"와 "나"와 같이 서로 다른 취지의 판결이 혼재되어 있어 2012년 대법원 전원합의체 판결이 있기까지 업계와 실무에서는 해석상 논란이 있었다.

가. 합유적으로 귀속된다는 판례

도급인이 공동도급계약운영요령에 따라 공사대금채권을 공동수급체 구성원 각자에게 지급하고 공동수급체가 그와 같은 지급방식에 의하여 그 대금을 수령한 사정만으로 조합 구성원 사이에 민법규정을 배제하려는 의사가 표시되어 있다는 등 특별한 사정이 있었다고 할 수는 없는 바, 공사대금채권은 조합원에게 합유적으로 귀속되는 조합채권으로서 조합원 중 1인이 조합의 채무자에 대하여 출자비율에 따른 급부를 청구할 수 없다고 판시하였다.

공동이행방식의 공동수급체는 기본적으로 민법상의 조합의 성질을 가지므로 공동수급체가 공사를 시행함으로써 도급인에 대하여 가지는 채권은 원칙적으로 공동수급체의 구성원에게 합유적으로 귀속하는 것이어서 특별한 사정이 없다면 그 구성원 중 1인이 단독으로 도급인에 대하여 출자지분의 비율에 따른 급부를 청구할 수 없고, 구성원 중 1인에 대한 채권으로써 그 구성원 개인을 집행채무자로 하여 공동수급체의 도급인에 대한 채권에 대하여 강제집행을 할 수 없다(대법원97다4401, 1997.08.26.; 대법원99다49620, 2000.12.12.; 대법원2000다68924, 2001.02.23.; 대법원2000다32482, 2000.11.24.).

이는 대금지급이 구성원 개인에게 직접 이루어진다고 하여 공사대금채권이 구성원의 개별적 채권으로 바뀐 것으로 보지는 않겠다는 취지로 주류적 입장이기도 하였다.

나. 개별적 청구를 인정한 판례

대법원은 공동수급체가 기본적으로 민법상 조합의 성질을 가지는 것이라고 하더라도 공동수급체가 공사도급계약과 관련하여 도급인에 대하여 갖게 되는 모든 채권이 반드시 공동수급체의 구성원에게 합유적으로 귀속되어야만 하는 것이 아니고, 공동이행방식의 공동수급체와 도급인이 공사도급계약에서 발생한 채권과 관련하여 공동수급체가 아닌 개별 구성원으로 하여금 그 지분비율에 따라 직접 도급인에 대하여 권리를 취득하게 하는 약정을 한 경우와 같이 공사도급계약의 내용에 따라서는 공사도급계약과 관련하여 도급인에 대하여 가지는 채권이 공동수급체의 구성원 각자에게 그 지분비율에 따라 구분하여 귀속할 수 있으며 이와 같은 약정은 명시적으로는 물론 묵시적으로도 할 수 있다고도 판시하였다(대법원99다68584, 2001.07.13.; 대법원2001다75332, 2002.01.11.).

4) 대법원 전원합의체 판결

가. 판결의 요지

2012년 공동이행방식의 공급수급체와 도급인이 공사도급계약에서 발생한 채권과 관련하여 공급수급체가 아닌 개별 구성원으로 하여금 그 지분비율에 따라 직접 도급인에 대하여 권리를 취득하게 하는 명시적 또는 묵시적 약정을 한 경우에는 공동수급체의 채권이 구성원 각자에게 그 지분비율에 따라 구분하여 귀속될 수 있다고 대법원 전원합의체 판결 시 재확인하였다(대법원2009다105406, 2012.05.17.).

대법원은 ① 공동이행방식 공동수급체는 민법상 조합의 성질을 가지는 것이나, ② 공동수급체와 도급인이 개별 구성원으로 하여금 공사도급계약에서 발생한 채권을 그 지분비율에 따라 직접 도급인에 대하여 권리를 귀속시키는 약정도 가능하고 이와 같은 약정은 명시적으로는 물론 묵시적으로도 이루어질 수 있으며, ③ 공동도급계약운용요령 제11조 및 공동수급표준협정서와 같은 약정내용이 담긴 공동수급협정서가 수수된 후 공동도급계약이 체결되었다면, 공동수급체의 개별 구성원으로 하여금 공사대금채권에 관하여 그 출자지분의 비율에 따라 직접 도급인에 대하여 권리를 취득하게 하는 묵시적인 약정이 이루어졌다고 봄이 타당한 바, 공동수급체 구성원들은 각 지분비율로 구분하여 공사대금채권을 가진다고 판시하였다.

나. 대상판결의 의의

① 대상판결은 공동이행방식 공동수급체에 있어서 대가의 개별지급에 관한 법률관계의 불명확성(위 "3)"의 "가"와 "나"의 논란)을 해소하였다는 점에서 의의를 가진다.

② 공동이행방식 공동수급체의 법적 성질은 민법상 조합설을 따르고 있음을 분명히 하였다.

③ 공동수급체와 도급인이 공사도급계약에서 공동수급체가 아닌 개별 구성원으로 하여금 그 지분비율에 따라 직접 도급인에 대하여 권리를 취득하게 하는 약정을 하는 경우에는 공동수급체 구성원 각자에게 그 지분비율에 따라 구분하여 귀속하게 할 수 있다는 것은 계약자유의 원칙상 가능하다. 이는 공동수급체 구성원들이 명시적으로 민법상 조합으로서의 성질 결정에 의도한 것이 아니라 법관에 의하여 민법상 조합이라는 법적 성질이 부여되었을 뿐이고, 당사자인 공동수급체가 민법상 조합임을 처음부터 의식하지 아니하였음에도 임의규정을 배제하기 위하여 권리구속의 법적구성까지 명시하여야 할 의무는 없다는데서 출발하여 대금지급방식에 관한 민법규정이 예정하고 있는 것과 다른 의사를 밝혔다면 결론적으로 합유에 관한 민법규정을 배제한 판단으로 보인다.

④ 공동이행방식의 공동수급체의 구성원들이 재정경제부 회계예규인 공동도급계약운용요령 별첨1의 공동수급표준협정서(공동이행방식) 제8조를 참고하여 기성대가 등을 공동수급체의 구성원별로 직접 지급받기로 하는 공동수급협정을 체결하였다면 이는 도급인에 대한 관계에서 공사대금채권을 공동수급체의 구성원 각자가 그 출자지분의 비율에 따라 구분하여 취득하기로 합의한 것으로 보아야 하고, 공동수급체의 대표자가 공동도급계약운용요령 제11조에 따라 공동수급체 구성원 각자에게 공사대금채권을 지급할 것을 예정하고 있는 도급인에게 위와 같은 공사대금채권의 구분귀속에 관한 공동수급체 구성원들의 합의가 담긴 공동수급협정서를 입찰참가신청서류와 함께 제출하고 도급인이 별다른 이의를 유보하지 않은 채 이를 수령한 다음 공동도급계약을 체결하였다면, 공동수급체와 도급인 사이에서 공동수급체의 개별 구성원으로 하여금 공사대금채권에 관하여 그 출자지분의 비율에 따라 직접 도급인에 대하여 권리를 취득하게 하는 묵시적 약정이 이루어졌다고 보아야 한다(대법원2009다105406, 2012.05.17.; 대법원2010다41997, 2012.05.24.; 대법원2010두5219, 2012.06.28. 판시내용 포함).

⑤ 후술하는 "(2)" "2)"의 "가" 사실관계와 같이 공동도급계약이 체결되었다면, 공동수급체와

발주자는 공동수급체의 구성원 각자로 하여금 공사대금채권에 관하여 그 출자지분의 비율에 따른 권리를 취득하게 하는 묵시적인 약정을 한 것이고, 공동수급체의 구성원들은 발주자에 대하여 각 지분비율에 따라 각자에게 구분하여 귀속하는 공사대금채권을 가진다고 볼 수 있는 바, 동 공동수급협약서상 공사대금채권을 공동수급체의 구성원들에게 합유적으로 귀속하는 조합채권으로 보아 구성원들 각 채권압류를 무효라고 할 수는 없다(대법원2010두5219, 2012.06.28.판시내용 포함).

다. 해당 판결의 문제점

① 조합재산이 합유임을 부정한 점

조합재산이 합유인 것은 강행규정으로 원칙적으로 민법상 조합의 채권은 조합원 전원에게 합유적으로 귀속하는 것이어서 특별한 사정이 없는 한 조합원 개인에 대한 채권을 원인으로 조합의 채권에 대하여 강제집행을 할 수 없다(대법원2000다30622, 2002.06.14.).

조합재산의 합유적 성질은 조합원 간의 합의로 변경할 수 있는 것이 아니다. 조합채권이 조합원에게 직접 분할하여 귀속되는 것이 아니라 공동수급체가 합수적으로 가지는 채권에 대한 지급방식에 대한 합의로 보아야 한다는 반대의견도 상당한 설득력이 있다는 점에서, 합유는 물건을 소유하는 법형태로서 당사자 합의에 의하여 그 제도적 증표를 달리할 수 있다면 거래의 안전을 위협할 수 있기 때문이다.

그럼에도 위 판결에서는 공동수급체가 단순 공유관계와 조합으로서의 성격이 혼재된 형태로서 민법상 상당한 조합요건을 갖추어 전체적으로 조합이라고 보면서도 결합형태 및 재산의 귀속형태를 볼 때 공유법리를 적용하는 것이 더 현실적 타당성이 있다고 본 판결로서 공동수급체 외의 다른 조합에 공통적으로 적용될 수 있는 판결로 보아서는 아니 될 것이다.

② 공동계약운용요령 제11조 해석상 문제

공동계약운용요령 제11조는 대표자가 도급인으로부터 기성금을 수령하고도 구성원에게 그 지급을 지체하거나 유용하는 일이 많아 이를 막기 위한 방편으로 개정된 것일 뿐이다. 해당 규정은 공사대금채권의 귀속에 관한 규정이 아니라 대금지급 업무처리 방식에 관한 것이라고 볼 수 있다. 더욱이 공동수급체의 입장에서 본다면 공사대금채권을 공동수급체의 합유로 하지 않고 개별 구성원에게 귀속시킬 경우 그 위험부담이 더 크다고 볼 수 있는 바, 이를 의도했다고 보기도 어렵다. 따라서 공동수급협정서가 수수되었음을 근거로 개개 구성원의 개별 채권화 시키는 묵시적 약정이 있었던 것으로 해석한 것은 당사자간 법률행위를 지나치게 확대해석하였다.

③ 공동이행방식 공동수급체 제도의 효용 저해

공동이행방식 공동도급계약에 있어 공동수급체 구성원의 지분권리를 전면적으로 인정할 경우 공동수급체 구성원들에게 제한된 권리만을 부여하면서 그 의무에 대해서는 무제한으로 부담지우는 불합리한 결과를 초래하는 것이 되어 오히려 공동이행방식 공동수급체 제도의 효용을 저해할 우려가 있다.

④ 공동수급체 잔존 구성원의 불측의 피해 발생

각 구성원의 연대책임 및 출자비율에 따른 공동수급체 구성원 간 손익분배와 직접적으로 모순·충돌되고, 건실한 구성원이 불측의 손해를 입게 만드는 결과를 초래할 우려가 있다. 판례와 같이 공사대금채권을 개별 구성원에게 귀속되는 것으로 해석하여 제3자에 의한 강제집행을 용인한다면 잔존 공동수급체 구성원을 희생시켜 공동사업 목적달성에 심각한 영향을 줄 우려가 있다.

(2) 공동수급체의 공동원가 분담금의 부담주체 7)

1) 개요

공동이행방식의 공동수급체의 그 법적성질은 민법상 조합에 해당한다는 것이 일반적 견해이면서 법원의 입장이기도 하였다. 이에 따라 공동수급체의 대표사가 공동수급체를 위하여 공동원가분담금을 선집행한 후 공동수급체의 구성원 중 어느 하나가 회생절차에 들어가거나 파산하는 등 무자력이 된 경우 그 구성원이 부담해야 할 공동원가 분담금을 대표사와 나머지 구성원이 지분비율대로 부담하는 것이 관행이었다.

그러나, 2016.06.10. 대법원은 공동이행방식의 공동수급체 구성원 사이의 공동원가 분담금은 각 구성원의 개별채무로서 나머지 구성원이 지분비율대로 이를 부담하는 것으로 볼 수 없다는 판결을 선고하였다(대법원2013다31632, 2016.06.10.).

---

7) 출처 : 율촌, 부동산건설 News Alert, 공동수급체의 공동원가 분담금의 주체 참조

2) 대상판결의 사실관계

가. 사실관계

① "갑"(원고, 대표사), "을"(피고), "병"으로 구성된 공동수급체가 공기업 "정"과 아파트 건설 공사에 대한 이 사건 도급계약을 체결하였고, 이 사건도급계약을 체결하면서 제출된 공동 계약운용요령, 공동수급표준협정서(공동이행방식)의 주된 내용은 다음과 같다.

[공동계약운용요령]

제11조(대가지급)

① 계약담당공무원은 선금·대가 등을 지급함에 있어서는 구성원별로 구분 기재된 신청서를 공동수급체 대표자가 제출하도록 하여야 한다.

② 계약담당공무원은 제1항의 규정에 의한 신청이 있을 경우 신청된 금액을 공동수급체 구성원 각자에게 지급하여야 한다.

[공동수급표준협정서(공동이행방식)]

제8조(거래계좌)

회계예규 공동계약운용요령 제11조의 규정에 정한 바에 의한 선금, 기성대가 등은 다음 계좌로 지급받는다.

---

② 갑, 을, 병은 이후 아래 사항이 포함된 공동도급운영협약서를 작성하였다.

[공동도급운영협약서]

제3장 경리,회계에 대한 공동도급관리지침

제6조(자금의집행)

1. 자금의 집행은 업무의 편의상 대표사인 원고의 자금처리규정에 의거하며 다음과 같이 지급한다.

   공사비: 대표사인 원고가 집행 후 각 구성원의 지분율에 의거한 공동원가 청구

제7조(자금의조달)

 3. 각 구성원은 상기 제2항에 정해진 기일에 청구된 소요자금을 반드시 입금시켜 자금집행을 원활하게 하여야 하며, 만약 지연입금 시에는 연9%에 해당하는 지연이자를 가산하여 대표사인 원고에게 입금하여야 한다.

 5. 각 회원사에 청구된 공동원가가 2개월 이상 지연입금 시에는 발주처로부터 받은 매월 기성금을 대표 사가 대신 받을 수 있도록 관련서류(합의서 및 동의서)를 대표사에게 제출한다.

---

③ "갑"은 이 사건 공사과정에서 발생한 공동원가를 선집행하고, 지분율에 따라 "병"에게 공동원가분담금의 지급을 요구하였으나, "병"은 공동원가분담금을 지급하지 않았고, 이후 회생절차가 개시되었다.

④ "갑"은 "을"을 상대로 "병"이 지급하지 않은 공동원가분담금 중 "을" 지분비율에 상응하는 부분의 지급을 구하였으나, "을"이 지급을 거절하자 소송을 제기하였다.

나. 대상판결의 요지

공동수급체 구성원들이 부담하는 공동원가 분담금 지급채무가 조합채무에 해당하는지 아니면 개별채무에 해당하는지에 관하여 대법원은 ① 조합에 해당하는 이 사건 공동수급체의 내부관계는 먼저 그 구성원인 "갑", "을", "병"이 체결한 약정의 내용에 따라야 한다고 전제한 후 ② 공동수급체 사이에 체결된 협약서 등 당사자 간의 약정에 따른 사실을 기초로 "을"이나 "병"은 "갑"에 대하여 그 지분비율에 따른 개별적인 공동원가분담금 지급채무를 부담하는 것이나, ③ 위 채무가 조합구성원들에게 합유적으로 귀속되는 조합채무로서 「민법」 제712조, 「상법」 제57조제1항에 따라 "을"이 "병"의 분담금에 대하여 연대책임을 부담하지 않는다고 판시하였다(대법원2013다31632, 2016.06.10.).

다. 대상 판결의 의의

공동원가분담금 지급채무의 성격을 해당 공동수급체 구성원들 사이에 체결한 개별약정의 내용에 따라 해석하여야 하는 바, 개별약정상 공동수급체 구성원들의 의사해석을 통해 공동수급체 구성원들이 공동원가분담금 채무를 조합채무로 할 의사였다기보다는 개별채무로 할 의사였으므로 공동원가분담금 지급채무를 개별채무라고 판시한 것이다.

이러한 법원의 판결은 위 "(1)"에서 밝힌 바와 같이 공동수급체의 공사대금채권을 개별채권으로 본 "대법원 2012.05.17. 선고 2009다105406 전원합의체 판결"의 논리를 그대로 반영한 것으로 판단된다.

3) 대상판결에 대한 대응

공동이행방식의 공동수급체의 대표사가 해당 공사에 소요되는 공사원가를 선집행한 후 구성원 중 일부가 회생·파산·부도 등의 사유로 인하여 공사원가분담금을 대표사에게 지급하지 못하게 될 경우 대표사는 그 구성원(비대표사)이 부담하였어야 할 공동원가 분담금을 다른 구성원에게 지분비율대로 청구할 수 없게 되었는 바, 건설사들은 공동수급체 결성 시에 위 판시내용에 대비할 수밖에 없을 것이다.

따라서 공동수급체를 구성하고자 한다면, 공동수급협정서 등 공동수급체를 구성하는 약정서를 작성할 때 구성원이 공동원가분담금 납부를 불이행할 경우 다른 구성원들이 지분비율대로 이를 부담하기로 하는 조항을 구체적으로 명시하면서 공동원가분담금을 지급하지 않는 구성원의 처리방안, 탈퇴 구성원의 공사대금채권 및 공동원가분담금의 귀속방안 등도 함께 규정함으로써 공동원가 분담금 지급채무를 불이행하는 구성원의 처리에 관한 법률관계를 명확히 기재하여야 한다.

또한, 공공발주공사에 있어 발주처가 제공하는 공동수급표준협정서를 사용하는 경우에도 공동수급표준협정서를 수정하여 어떤 구성원이 공동원가분담금을 지급하지 못할 경우 다른 구성원들이 지분비율대로 이를 부담하기로 하는 내용을 구체적으로 규정할 필요가 있으며, 만약 공동수급표준협정서의 수정이 여의치 않을 경우에는 전체 공동수급체 구성원들 연명으로 해당 내용을 담은 구체적인 약정을 별도로 체결해 두어 두어 사후를 대비할 필요가 있다.

(3) 출자비율과 시공비율이 불일치하는 경우 등 [8]

가. 원칙

공동도급계약운용요령과 공동수급협정서에서 공동이행방식의 공동수급체 대표자가 부도 등 부득이한 사유로 (공사대금)신청서를 제출할 수 없는 경우 공동수급체의 다른 모든 구성원의 연명으로 이를 제출하게 할 수 있다고 규정하고 있거나, 공동수급체 구성원들의 각 출자비율과 실제 시공비율이 일치하지 아니하더라도 묵시적 약정에 따라 공동수급체들은 **각 지분별로 권리를 취득하는 것이** 원칙이다.

나. 정산금 수수는 내부정산에 불과

개별 구성원들은 실제 공사를 누가 어느 정도 수행하였는지에 상관없이 도급인에 대한 관계에서 공사대금채권 중 각자의 지분비율에 해당하는 부분을 취득하고, 공사도급계약의 이행에

---

8) 출처 : 2018.02.22. 법무법인 바른 이응세 변호사 "건설공동수급체의 공사대금채권의 귀속(2)" 일부 참조

있어서의 실질적 기여비율에 따른 공사대금의 최종적 귀속 여부는 도급인(발주자)과는 무관한 공동수급체 구성원들 내부의 정산문제일 뿐이다.

따라서 공동수급체의 일부 구성원만이 실제로 공사를 수행하거나 일부 구성원이 그 공사대금채권에 관한 자신의 지분비율을 넘어서 수행하였다고 하더라도 이를 이유로 도급인에 대한 공사대금채권 자체가 그 실제의 공사비율에 따라 귀속한다고 할 수는 없다.

다. 특별한 약정이 있는 경우의 예외

공사도급계약 자체에서 개별 구성원의 실제 공사 수행 여부나 정도를 지분비율에 의한 공사대금채권 취득의 조건으로 약정하거나 일부 구성원의 공사 미이행을 이유로 공동수급체로부터 탈퇴·제명하도록 하여 그 구성원으로서의 자격을 아예 상실되는 것으로 약정하였다면, 지분비율에 따라 권리귀속이 이루어지지 않을 수는 있을 것이다(대법원2012다107532, 2013.03.28.; 대법원2011다60759, 2013.07.11.).

라. 정산금 수수와 세금계산서의 발급

부가가치세 유권해석에서는 위와 같은 내부 정산문제로 발생한 정산금의 지급에 대하여 세금계산서 발급대상으로 해석하고 있다. 이는 근본적으로 공동수급체를 국세청이 공동사업자로 보지 않는다는 해석에서 기인한다. 공동사업자로 해석한다면 공동원가나 실제 시공비율 차이 정산에 대한 세금계산서 발급문제 자체가 문제되지 않는다. 이에 불구하고 국세청이 공동사업자로 보지 않는다는 전제하에서 보더라는 정산금의 수수는 용역공급대가라기 보다는 부가가치세의 매출세액과 매입세액을 조정하기 위한 일종의 공동매입(매출) 관련 형식적 세금계산서 수수로 봄이 타당하다고 본다.

◆ 공동도급공사에 대한 세금계산서 발급방법

공동이행방식 공동도급계약에 의하여 "갑", "을" 사업자가 건설용역을 제공함에 있어서 동 공사에 소요되는 공동비용에 대한 세금계산서를 대표사인 "갑"사업자가 발급받은 경우에는 해당 "갑"사업자는 부가령 제69조 제14항, 제15항을 준용하여 "을"사업자에게 세금계산서를 발급하여야 하는 것이며, 동 공동도급계약에 의하여 건설용역을 공급하고 발주자에게 공동수급인의 지분대로 세금계산서를 발급한 경우, 실제 공사진행에 따른 각자의 공사진행 차이분을 공동수급인간에 정산하기로 한 경우, 해당 공사진행 차이에 따른 정산금액에 대하여는 부가령 제69조 제14항, 제15항을 준용하여 세금계산서를 발급할 수 있다(부가46015-235, 1995.02.04.).

7. 공동수급체 구성원 1인 탈퇴 시 계약이행보증계약상 보증사고의 인정 기준 9)

가. 사실관계

도급인인 원고가 4개 회사로 구성된 공동수급체와 공사도급계약을 체결하고, 각 구성원들이 피고 공제조합과 각 계약이행보증계약을 체결하였는데 구성원 중 1인인 "갑"이 회생절차개시결정을 받았고, 채무자회생법에 따라 도급계약을 해지하였다. 잔존 구성원들은 "갑"의 지분을 분할하여 자신의 지분에 가산하고 원고와 도급계약을 다시 체결하였는데 결국 도급계약을 이행하지 못하였고 원고는 피고에게 구성원 전원에 관한 보증금을 청구하였는데 피고는 "갑"의 보증금은 잔존 구성원이 면책적으로 인수하였으므로 보증사고가 없었다는 이유로 지급을 거부하였다.

나. 대상판결의 요지

대법원은 이 사건 약관상 '수급인이 의무를 이행하지 않는 것'을 보증사고로 규정하고 있고, '잔존 구성원의 의무불이행'을 보증금 청구요건으로 규정함으로써 보증사고와 보증채무의 이행청구요건을 별도로 정한 점을 근거로 하여, "갑"의 해지 시 보험사고가 발생한 것(탈퇴한 구성원이 자신의 주채무인 도급계약상 의무를 불이행하고 도급계약을 해지한 때에 보증사고가 발생)으로 보아야 하고, 이후 잔존 구성원들이 이 사건 도급계약상 의무를 이행하지 않았을 때 "갑"에 관한 보증금의 지급을 청구할 수 있다고 판단하였다.

나아가 이 판결은 잔존 구성원들이 "갑"의 지분을 분할하여 자신의 지분에 가산하였다는 점만으로는 "갑"의 채무를 면책적으로 승계하였다고 볼 수 없다는 점을 전제하고 있다(대법원 2017다271995, 2020.11.26.).

면책적 채무가 인정될 경우에는 탈퇴조합원의 의무가 불이행되었다고 볼 수 없으므로 보험사고가 부정될 수 없다.

---

9) 출처 : 법무법인 세종 윤재윤 대표변호사 저, 2020년 분야별 중요판례분석 "22. 건설업" 일부 참조

8. 주요 사례 모음

□ 공동수급체의 공사채권에 대한 압류 가능 여부(대법원)

체납처분으로서 압류의 요건을 규정하는 「국세징수법」 제24조 각항의 규정을 보면 어느 경우에나 압류의 대상을 납세자의 재산에 국한하고 있으므로 납세자가 아닌 제3자의 재산을 대상으로 한 압류처분은 그 처분의 내용이 법률상 실현될 수 없는 것이어서 당연 무효이다. 따라서 수개의 회사가 공동으로 공사를 시행하는 경우 '조합'에 해당되고 민법상 조합의 채권은 조합원 전원에게 합유적으로 귀속하는 것이어서 특별한 사정이 없는 한 조합원 중 1인에 대한 채권으로서 그 조합원 개인을 집행채무자로 하여 조합의 채권에 대하여 강제집행(압류등 체납처분)을 할 수 없음(대법원 1996.10.15. 선고, 96다 17424 ; 대법2000다68924, 2001.02.23. ;대법원 1997.08.26. 선고, 97다 4401; 대법원 1997.11.28. 선고, 95다 35302 판결 등 참조).

□ 공동수급체의 공사채권에 대한 압류 가능 여부(조세심판원)

5개사 합동으로 공동수급체를 구성하여 인테리어 공사를 수급하여 공사를 수행하던 중 1개사의 부도로 인하여 관할세무서장이 체납세액에 대해 동 1개사의 공사대금 채권전액을 압류한데 대하여 해당 공동수급체의 구성경위나 그 구성원들 간의 약정내용 및 그 후의 경과 등을 종합적으로 볼 때 공동수급체를 구성한 사실은 확인이 되나 대외적인 명칭은 (주)○○의 명칭을 그대로 사용함으로써 구성원사인 ○○과 별도로 구분되지 아니하는 명칭을 사용하였고, 이 건 공동사업과 관련하여 별도의 사업자등록을 한 사실도 없고, 손익에 대한 회계처리 또한 각 구성원사 지분의 비율에 따라 각 구성원별로 별도로 구분하여 한 것으로 이러한 공동수급체는 구성원 내부 간의 조합으로 볼 수는 있을지라도 적어도 외부적으로는 민법상 조합으로서의 단체성을 인정하기 어렵다 할 것이고 그 실질이 별도의 사업자등록을 하지 않은 공동사업자에 해당한다 할 것임. 따라서 처분청이 ○○의 체납세액과 (주)○○의 명칭을 그대로 사용한 위 공동수급체의 체납세액을 구분하지 않고, ○○의 체납세액 전액에 대하여 위 공동수급체의 공사대금 미수령액 전액을 압류한 처분은 부당하고 발주자가 공동수급체에 지급할 공사대금 중 공동수급체 및 이 건 공사와 직접 관련이 있는 공동수급체로서의 ○○의 체납세액에 대하여는 구성원간 연대납세의무가 있는 범위 내의 체납세액에 상당하는 공사대금만을 압류할 수 있고 위 공동수급체 및 이 건 공사와 직접 관련이 없는 ○○ 단독의 체납세액에 대하여는 ○○의 지분비율에 따른 공사대금만을 압류할 수 있음(국심2000구3001, 2001.05.04.).

□ 공동수급체의 한 구성원에게 확정된 이익을 보장한 경우 공동사업 여부

공동도급공사의 공동수급체는 민법상 조합으로서 공동수급체가 공동도급공사를 이행하였
는지 여부는 조합을 기준으로 판단하여야 하고, 공사이행에 대해 조합원이 대외적으로 연
대책임도 부담하므로 어느 한 구성원이 다른 구성원에게 확정된 이익을 보장하였다고 하여
그 한 구성원이 단독으로 시공하였다고 볼 수 없음(조심2009중3702, 2010.09.15.).

□ 공동매입분에 대하여 자기지분을 초과하여 공제받은 경우 가산세

공동도급계약에 의하여 건설용역을 공급하는 공동수급체가 공동도급공사에 소요되는 재화
또는 용역을 다른 사업자로부터 공동으로 공급받음에 있어 대표자가 구성원에게 세금계산
서를 발급하지 아니하고 부가가치세 예정 또는 확정신고 시 자기의 지분을 초과하여 공제
받은 매입세액에 대하여는 매출세액에서 불공제하고 국기법 제47조의 3 내지 제47조의 5에
서 규정하는 가산세를 적용하는 것이나, 부가법 제60조에 따른 가산세는 적용하지 아니하
는 것임(부가-2165, 2008.07.22.).

□ 공동수급체 구성원 중 1인 부도 후 그 외 구성원이 잔여공사를 완성하는 경우 세금계산서
발급

"갑"사업자와 "을"사업자가 「국가를 당사자로 하는 계약에 관한 법률」에 따른 공동도급계
약에 의하여 지방자치단체에 직접 도시철도건설용역을 공급하는 경우로서 "을"이 부도로
인하여 건설용역을 제공하지 못하게 되어, "을"의 부도 이후 "갑"이 "을"의 공사지분에 대한
도시철도건설용역을 제공함으로써 "을"은 도시철도건설용역의 공급이 없는 경우, "을"의
부도 이후 "갑"이 공급한 용역에 대하여 "갑"은 조특법 제105조 제3호 및 부가법 제32조
제1항에 따라 지방자치단체에 부가가치세 영세율을 적용하여 세금계산서를 발급하여야 하
는 것이며, "을"에게 세금계산서를 발급할 수 없는 것임. 한편 "을"은 부도 이후 지방자치단
체에 세금계산서를 발급할 수 없는 것임(부가46015-1747, 2000.07.22.).

□ 분담이행방식에 의한 국민주택 공동창호공사 시 세금계산서 또는 계산서 발급 방법

제조업자와 건설업법에 의한 면허를 가진 자가 국민주택건설공사를 분담이행방식에 의하

여 공동수급받아 각자의 계산과 책임하에 제조업자는 창호 등 재화를 공급(과세거래)하고, 건설업자는 그 설치용역의 공급(면세거래)을 전담하여 그 대가를 지급받는 경우 각자의 명의로 세금계산서 또는 계산서를 발급할 수 있는 것임(부가46015-735, 1993.05.20.).

□ 분담이행방식으로 각각 과세공사, 면세공사를 수행하는 경우 세금계산서 발급

부가가치세가 과세되는 용역은 "갑"이, 부가가치세가 면제되는 용역은 "을"이 공정별로 구분하여 분담이행방식으로 공동도급을 받아 각각 해당 용역을 공급하고 그 대가를 받는 경우 "갑"과 "을"은 각각 자기가 공급한 용역에 대하여 "갑"은 세금계산서를, "을"은 계산서를 발급하여야 하는 것임(부가 46015-2233, 1999.07.30.).

□ 건설업을 영위하는 두 개의 법인이 공동으로 사업을 진행할 경우 세금계산서 발급방법

건설업을 영위하는 두 법인이 공동으로 복합건물을 신축·분양하기 위한 공동사업약정을 체결하고 토지를 구입, 건물 신축 및 분양을 공동으로 수행하며 해당 사업에서 발생하는 모든 수익과 비용을 약정된 비율대로 분담(배분)하는 경우, 공동사업과 관련된 세금계산서는 해당 공동사업자의 명의로 발급하거나 발급받는 것임(서면법규과-1292, 2014.12.09.).

□ 건설공사를 '갑'·'을'·'병'이 공동수주받아 동 용역제공 시 외주비 및 노무용역에 대한 세금계산서 발급방법 등

발주처로부터 건설공사를 공동수주받아 '갑'·'을'·'병' 회사가 건설용역을 제공함에 있어서 동 공사에 소요되는 공동비용 중 외주비 등에 대한 세금계산서를 대표사인 '갑'회사가 발급받은 경우에는 해당 '갑'회사가 구 부가령 제69조 제15항을 준용하여 세금계산서를 '을'과 '병'회사에게 발급할 수 있는 것이나, 이 경우 동 공사에 소요되는 노무용역을 '갑'회사가 자체인력으로 제공하고 그 소요된 비용(인건비) 중 자기지분을 초과한 분에 대하여 다른 공동수급자로부터 받는 경우 해당 금액은 용역제공 대가로 보아 세금계산서를 발급하는 것이며, 또한 법인법 및 소득법에 따른 수입금액에 산입되는 것임(법규부가2009-64, 2009.04.09.; 재소비46015-355, 1997.12.16.).

□ 공동수급체의 '자기지분'을 양도하는 경우 양도회사는 세금계산서 발급해야 함

수 개의 건설회사가 공동이행방식으로 도급공사를 수행하던 중에 지분참여회사 중의 일부

가 자기의 지분을 포기하고 해당 지분을 새로운 참여회사에게 양도하는 때에는 해당 지분(해당 공사에 대하여 투입된 원가에 대한 미성분 포함)을 양도하고 받는 대가에 대하여 해당 지분을 양도하는 회사가 양수받는 회사를 공급받는 자로 하여 세금계산서를 발급하여야 하는 것임(부가 46015-2744, 1997.12.06.).

⇒ 공동사업의 지분양도는 본래 부가가치세 과세대상이 아니나, 공동수급체를 조합(공동사업체)로 보지 않기 때문에 권리의 양도로 보아 과세대상으로 해석한 것으로 보인다.

□ 공동수급체의 공동비용에 대한 세금계산서 발급

발주처로부터 건설공사를 공동수주받아 '갑', '을', '병' 회사가 각각 자기의 책임과 계산하에 건설용역을 제공함에 있어서 동 공사에 소요되는 공동비용인 외주비와 소모품비에 대한 세금계산서와 영수증을 대표사인 '갑' 회사가 발급받은 경우에는 해당 '갑' 회사가 부가령 제69조 제15항에 준하여 세금계산서와 영수증을 '을'과 '병' 회사에게 발급할 수 있는 것이나, 공동비용 중 일용노무자에 대한 인건비는 세금계산서, 계산서 또는 영수증 발급대상이 아니므로 지출된 인건비의 배분에 따른 문제는 일반적으로 공정·타당하다고 인정되는 회계관습에 의하여 해결할 사항임(부가46015-1211, 1995.07.04.).

□ 공동수급체의 공동비용에 대한 세금계산서 발급

건설업을 영위하는 법인이 재건축조합과 지분제계약을 맺어 도급금액(수입금액)을 조합원분담금과 일반분양금액을 합산한 금액에서 조합의 사업경비를 제외한 금액으로 받기로 약정하고 건설용역을 제공한 경우로서 해당 건설용역이 완료된 시점에 당초 분양예정가액으로 수입금액을 계상하였으나 이후 미분양주택의 할인분양에 따라 당초 수입금액과 실제 수입금액과의 차액이 발생한 경우, 그 차액은 그 가액이 확정된 날이 속하는 사업연도의 손금으로 계상하는 것임(서면법규과-1429, 2012.11.30.).

□ 지분제 형태 공사계약에 있어 분양대금 감소로 회수할 수 없게 된 시공사 공사비의 세무처리

건설업을 영위하는 법인("시공사")이 재건축조합과 지분제계약을 맺어 공사도급금액(수입금액)을 조합원분담금과 일반분양금액을 합산한 금액에서 조합의 사업경비를 공제한 금액으로 받기로 약정하고 건설용역을 제공한 경우로서, 시공사가 건설용역이 완료된 시점에 분양예정가액으로 수입금액을 산정하였으나 이후 미분양주택을 할인분양함에 따라 당초

계상한 수입금액과 실제 수입금액과의 차액이 발생한 경우, 그 차액은 시공사와 조합이 분양대금을 최종 정산하여 그 가액이 확정된 날이 속하는 사업연도의 손금으로 계상하는 것임(법규법인2013-421, 2013.10.31.).

□ 당초 분양가액과 익금산입한 분양예정가액과의 차액의 세무처리방법

건설업을 영위하는 법인이 재건축조합으로부터 재건축아파트를 신축해주는 대가로 조합원분을 제외한 잔여아파트 및 상가분양 수입금액을 받기로 약정하고 해당 건설용역이 완료된 시점에 미분양된 상가 등의 분양예정가액을 해당 사업연도의 수입금액으로 계상하였으나, 추후 그 상가 등의 실제 분양가액과 익금에 산입한 분양예정가액과의 차액이 발생한 경우 그 차액에 상당하는 금액은 실제 분양일이 속하는 사업연도의 손익으로 계상하는 것임(법인46012-219, 2001.01.29.; 법인세과-3245, 2008.11.04.).

□ 원전사업과 관련하여 재원 및 지분투자에 대한 부담과 인력 및 기술지원하기로 하는 등 제반 사실관계로 볼 때 공동사업을 수행한 것으로 볼 수 없음

AAA(시공사이 CCC(발주자) 원자력공사와 000에 원자력발전소 설계, 기자재 공급, 시공, 연료공급 및 발전소 운영지원 등을 수행하고 대가를 받기로 하는 계약을 체결한 후, BBB(일종의 하도급?)과 체결한 『원전 공동사업관리에 관한 협정』에 따라 AAA은 CCC 원자력공사에 대하여 주계약서상의 모든 책임을 지고 모든 사업비에 대한 재원 및 지분투자에 대한 부담을 지며, BBB은 인력과 기술을 지원하기로 하고 그 대가로 원전사업이 완료된 후 발생되는 이익 또는 손실에 대하여 일정 비율로 서로 분배받거나 부담하기로 하는 등 제반 사실관계로 볼 때 공동으로 원전사업을 수행한 것으로 보기 어려우므로 AAA과 BBB은 공동사업자로 볼 수 없음(법규부가2010-308, 2010.12.31.).

□ 건설공사를 시공사에게 일괄도급을 준 경우(지분제 방식 포함)에는 시공사 등의 작업진행률에 의하여 수입금액을 계산할 수 있는 것임(서면2팀-1521, 2007.08.13.).

□ 공동수주업체의 주간사 소유의 자산을 참여사와 공동사용하고 임차료 등을 받는 경우 주간사가 참여사에게 세금계산서를 발급하는 것임(부가46015-1737, 1996.08.27.).

제3절 조인트 벤처(JOINT VENTURE)

1. 조인트벤처 개요

1) 정의

"조인트벤처"(이하 "JV" 또는 "조인트벤처")는 둘 이상의 당사자가 공동지배의 대상이 되는 경제활동을 수행하기 위해 만든 계약구성체를 말한다.

조인트벤처의 종류에는 공동지배 대상사업, 공동지배 대상자산, 공동지배 대상기업의 세 가지 유형이 있으며, 법인세법상 공동사업(공동지배 대상사업), 공유자산(공동지배 대상자산), 투자유가증권(공동지배 대상기업)에 대한 규정을 적용받게 된다(이하에서는 일반기업회계기준 제9장 조인트벤처 투자, 2016.10.28.을 참조하여 설명하기로 한다).

2) 개념 정의

① **공동지배** : 계약상 약정에 의하여 경제활동에 대한 지배력을 공유하는 것으로 경제활동에 관련된 전략적 재무정책과 영업정책에 관한 의사결정에 지배력을 공유하고 있는 당사자(참여자) 전체의 동의가 필요할 때에만 존재한다.

② **별도재무제표** : 지배기업, 관계기업의 투자자 또는 공동지배기업의 참여자가 투자자산을 피투자자의 보고된 성과와 순자산에 근거하지 않고 직접적인 지분투자에 근거한 회계처리로 표시한 재무제표

③ **비례연결** : 공동지배기업의 자산, 부채, 수익, 비용에 대한 참여자의 지분을 참여자의 재무제표에서 유사한 항목과 결합하거나 별도의 항목으로 보고하는 회계처리 방법

④ **조인트벤처** : 둘 이상의 당사자가 공동지배의 대상이 되는 경제활동을 수행하기 위해 만든 계약상 약정

⑤ **조인트벤처 투자자** : 조인트벤처에 대해서는 당사자이지만 조인트벤처에 대한 공동지배는 가지고 있지 않은 자

⑥ **유의적인 영향력** : 경제활동에 대한 재무정책과 영업정책에 관한 의사결정에 참여할 수 있

는 능력. 그러나 그러한 정책에 대한 지배력이나 공동지배를 의미하는 것은 아니다. 유의적인 영향력은 지분소유, 법규 또는 계약에 따라 획득할 수 있다.

⑦ **지배력** : 경제활동에서 효익을 얻기 위하여 재무정책과 영업정책을 결정할 수 있는 능력

⑧ **지분법** : 공동지배기업 투자지분을 최초에 원가로 인식하고, 취득시점 이후 발생한 공동지배기업의 순자산 변동액 중 참여자의 지분을 해당 투자지분에 가감하여 보고하는 회계처리방법. 참여자의 당기순손익은 공동지배기업의 당기순손익 중 참여자의 지분에 해당하는 금액을 포함한다.

⑨ **참여자** : 조인트벤처에 대한 당사자이며 그 조인트벤처에 대하여 공동지배를 가지고 있는 자

3) 조인트벤처의 특징

참여자가 계약합의사항에 의하여 구속을 받게 되고 계약합의사항에 의하여 공동지배가 성립한다. 계약합의사항은 계약이나 회의록 등의 다양한 형태로 나타날 수 있으나, 항상 문서화되어야 한다.

조인트벤처의 활동, 존속기간, 보고의무사항, 이사회구성, 출자 비율 등의 내용을 포함시켜야 하며, 무엇보다도 조인트벤처의 산출물, 수익, 비용 등에 대한 분배기준이 명확히 설정되어 있어야 한다.

2. 조인트벤처의 법적 성격

공동지배사업체의 형태를 제외한 JV의 법적 성격은 민법상의 조합과 유사한 성격을 가지고 있다. 예를 들어 2 이상의 건설업자가 서로 출자하여 공동의 목적인 건설공사를 공동으로 시공할 것을 약속하는 경우로서 이는 민법상 조합요건을 다수 충족한다.

JV는 공동기업체로서 유기적인 조직체를 이루고 있기는 하나, 그 자체로서는 독립적인 법인격을 갖는 것은 아니므로 권리의무의 귀속주체는 공동기업체가 아니라 그 구성원 각각이 된다. 발주자와의 관계에 있어서는 공사의 완성의무가 공동책임으로 이루어지며, 각 구성원은 공동으로 공사를 완성시켜야 한다.

3. 조인트벤처의 형태

조인트벤처는 다양한 형태를 가지나, 일반기업회계기준 제9장에서는 조인트벤처를 공동지배사업, 공동지배자산 그리고 공동지배기업이라는 세 가지 유형으로 분류한다. 한편, 조인트벤처의 분류와 무관하게 모든 조인트벤처는 다음의 두 가지 공통적인 특징을 가지고 있다.

① 참여자가 계약상 약정에 의하여 구속을 받는다.

② 계약상 약정에 의하여 공동지배가 성립한다.

공동지배를 위한 투자는 계약상 약정이 존재한다는 점에서 유의적인 영향력 행사를 위한 투자와 다르며, 공동지배를 위한 계약상 약정이 존재하지 않는 경우에는 조인트벤처로 보지 아니한다. 또한 공동지배는 계약상 약정에 의하여 성립하므로, 어떠한 참여자도 일방적으로 조인트벤처의 활동을 지배할 수 없다.

형 태	조인트벤처 형태 요약	회계 처리 방법
공동지배 대상사업	사업만 같이 영위할 뿐 참여자 각자의 명의로 자산을 보유하고 채무를 부담함	각 기업의 개별재무제표에 기반영 되어 추가적 회계처리 없음 ＊ 독립된 법인이 아님
공동지배 대상자산	참여자 각자의 명의로 자산을 보유하고 채무를 부담하나, 공동 사업에 있어서 공동소유 자산 및 부채가 존재	각 기업의 개별재무제표에 기반영 되어 추가적 회계처리 없음 ＊ 독립된 법인이 아님
공동지배 대상기업	참여자가 각각 투자(공동출자)하여 별도 사업체를 설립하여 자체적으로 회계기록 및 재무제표 작성·공시	지분법 적용

조인트벤처의 유형 중 공동지배기업은 독립된 법적기업이므로 조인트벤처 자신의 자산, 부채, 수익 및 비용을 가지고 개별적인 재무제표를 작성하며, 참여자는 출자자로서 조인트벤처에 대한 투자지분에 대하여 지분법을 적용하며, 공동지배사업이나 공동지배자산의 경우 이들은 독립된 법적기업이 아니므로 참여자의 재무제표에 이들 조인트벤처의 자산, 부채, 수익 및 비용이 지분에 따라 반영된다.

1) 공동지배 대상사업

가. 개요

공동지배사업은 이를 운영하기 위해 법인, 파트너십이나 그 밖의 실체 또는 참여자와 분리된 별개의 재무적 조직 등으로 설립되지 아니하고 참여자의 자산과 그 밖의 자원을 사용하여 운영된다. 각 참여자는 자신의 유형자산을 사용하고 자신의 재고자산을 보유하고 또한 참여자는 비용과 부채를 발생시키며 자금을 조달함으로써 자체적으로 채무를 부담한다.

나. 회계처리 등

조인트벤처의 활동은 참여자의 유사한 활동과 함께 참여자의 종업원이 수행하기도 한다. 조인트벤처의 합의에는 통상 공동생산제품의 판매로 발생한 수익과 공통적으로 발생한 비용을 참여자 간에 분배하는 방법에 대한 조항이 있다. 참여자는 공동지배사업 투자지분에 대하여 다음의 사항을 재무제표에 인식한다.

① 참여자가 지배하는 자산과 발생시킨 부채

② 참여자가 발생시킨 비용과 조인트벤처의 재화나 용역의 판매수익 중 참여자에 대한 분배금액

자산, 부채, 수익, 비용이 이미 참여자의 재무제표에 인식되어 있기 때문에 참여자가 연결재무제표를 표시할 때는 이러한 과목과 관련하여 조정이나 그 밖의 연결절차는 필요하지 않다.

조인트벤처 자체를 위한 별도의 회계기록은 필요하지 않을 수도 있으며, 조인트벤처의 재무제표가 작성되지 않을 수도 있으나, 참여자는 조인트벤처의 성과를 평가하기 위하여 관리목적의 보고서를 작성할 수도 있다.

다. 사례

둘 이상의 참여자가 항공기와 같은 특정한 생산물을 공동으로 제조·판매·공급하기 위하여 참여자들의 경영·자원·기술 등을 결합하는 경우 각 참여자는 제조공정의 다른 부분을 담당하며 자신의 원가를 부담하고 항공기 판매수익을 분배받게 된다.

2) 공동지배 대상자산

가. 개요

조인트벤처에는, 조인트벤처의 목적으로 출자되거나 취득되고 조인트벤처의 목적에 사용되는 하나 이상의 자산을 참여자가 공동지배하고 흔히 공동소유하는 경우를 포함한다. 공동지배자산은 참여자를 위하여 효익의 획득에 사용되고, 각 참여자는 자산으로부터의 산출물을 분배받고 발생비용 중 합의된 부분을 부담한다.

조인트벤처가 공동지배자산의 형태로 운영될 경우 참여자는 법인, 파트너십이나 그 밖의 실체 또는 참여자와 분리된 별개의 재무적 조직으로 설립되지 아니한다. 각 참여자는 공동지배자산에 대한 각자의 지분을 통하여 미래 경제적 효익 중 자신의 지분을 지배한다.

나. 회계처리 등

공동지배자산은 조인트벤처의 실질과 경제적 현실 및 법적형식을 반영하여 회계처리하여야 한다. 조인트벤처 자체의 별도 회계기록은 참여자들이 공동으로 발생시키고 참여자들이 합의된 지분에 따라 궁극적으로 부담하게 되는 비용으로 제한될 수 있으며, 조인트벤처 자체의 재무제표는 작성되지 아니할 수 있으나, 참여자는 조인트벤처의 성과를 평가하기 위하여 관리목적의 보고서를 작성할 수 있다.

한편, 참여자의 재무제표를 작성할 때에는 자산, 부채, 수익 및 비용이 이미 참여자의 재무제표에 인식되어 있기 때문에 참여자가 연결재무제표를 표시할 때는 이러한 과목과 관련하여 조정이나 그 밖의 연결절차는 필요하지 않다. 참여자는 공동지배자산 투자지분에 대하여 다음 사항을 회계기록에 포함시키고 재무제표에 인식한다

① 하나의 투자자산이 아니라 자산의 성격에 따라 분류된 공동지배자산 중 참여자의 지분. 예를 들면, 공동으로 지배하는 송유관 중 참여자의 지분에 해당하는 금액을 유형자산으로 분류

② 참여자가 발생시킨 부채. 예를 들면, 자산 중 참여자의 지분을 확보하기 위하여 조달한 부채

③ 조인트벤처와 관련하여 다른 참여자와 공동으로 발생시킨 부채 중 참여자의 지분

④ 참여자의 지분에 해당하는 조인트벤처의 산출물을 판매하거나 사용하여 발생한 수익과 조인트벤처가 발생시킨 비용 중 참여자의 지분

⑤ 조인트벤처에서의 참여자의 지분과 관련하여 참여자가 발생시킨 비용. 예를 들면, 조인트벤처의 자산에 대한 참여자의 지분확보를 위한 자금조달과 참여자의 지분에 해당하는 산출물의 판매와 관련된 비용

다. 사례

원유, 가스 및 광물 추출산업의 많은 활동들이 공동지배자산의 형태로 수행된다. 다수의 원유생산기업이 하나의 송유관을 공동으로 지배하고 운영하는 경우, 각 참여자는 각자의 원유를 수송하기 위하여 그 송유관을 사용하고 그 대가로 송유관을 운영하기 위한 비용 중 합의된 부분을 부담한다.

다른 예를 들면, 둘 이상의 기업이 하나의 부동산을 공동지배하고, 지분율에 따라 수입임대료의 일부를 분배받고 비용의 일부를 부담하는 경우가 있다.

3) 공동지배 대상기업

가. 개요

공동지배기업은 참여자 사이의 계약상 약정을 통하여 경제활동에 대한 공동지배가 성립된다는 것을 제외하고는 다른 기업과 동일하게 운영되기 때문에 조인트벤처의 자산을 지배하고 부채와 비용을 발생시키며 수익을 획득하게 되며, 공동지배 대상기업은 조인트벤처의 활동을 위하여 자신의 명의로 계약을 체결하거나 자금을 조달하며, 각 참여자는 공동지배 대상기업의 성과에 대하여 분배를 받을 권리를 가지고 경우에 따라서 공동지배 대상기업이 참여자와 함께 조인트벤처의 산출물에 대하여 일정한 분배를 받기도 한다.

공동지배기업은 법인, 파트너십 또는 각 참여자가 지분을 소유하는 그 밖의 형태의 기업으로 설립된 조인트벤처로서 공동지배기업은 참여자 사이의 계약상 약정을 통하여 경제활동에 대한 공동지배가 성립된다는 것을 제외하고는 다른 기업과 동일하게 운영된다.

공동지배기업은 조인트벤처의 자산을 지배하고 부채와 비용을 발생시키며 수익을 획득하고, 또한 조인트벤처의 활동을 위하여 자신의 명의로 계약을 체결하거나 자금조달을 할 수 있다. 각 참여자는 공동지배기업의 성과에 대하여 분배를 받을 권리가 있으나, 경우에 따라서는 공동지배기업이 조인트벤처의 산출물에 대하여 분배를 하기도 한다.

공동지배기업은 그 실질에 있어 공동지배사업이나 공동지배자산 형태의 조인트벤처와 유사한 경우가 많다. 예를 들면, 참여자는 세금이나 그 밖의 이유로 송유관과 같은 공동지배자산을 공동지배기업으로 이전하거나, 참여자가 공동으로 운영될 자산을 공동지배기업에 출자할 수도 있다. 경우에 따라서 공동지배사업은 제품의 설계, 판매, 물류 및 판매 후 용역 등 특정 활동을 수행하기 위하여 공동지배기업의 설립을 수반하기도 한다.

나. 형식과 실질이 다른 경우

형식적으로는 공동지배기업인데, 경제적 실질은 공동지배사업이나 공동지배자산인 경우 해당 회사의 행위는 기업으로서의 행위가 아니라, 참여자를 위해 자산과 부채를 관리하고 수익과 비용을 이전하는 단순운영에 불과하다. 또한 해당 회사는 자산을 지배하지도 자산으로부터 이익을 얻지도 못하며, 부채에 대한 책임도 지지 아니하고, 각 참여자는 자산과 부채로부터 발생하는 모든 수익, 비용, 이득 및 손실을 자기의 지분에 따라 배분한다. 따라서 이러한 경우 각 참여자는 자기의 지분에 해당하는 자산, 부채, 수익, 비용, 이익 및 손실을 자신의 재무제표에 반영한다. 이것은 독립된 법적 기업에 적용되는 비례연결과는 다른 것이며, 단순히 각 참여자의 행위로부터 발생되는 자산, 부채, 수익, 비용을 자신의 재무제표에 반영하는 회계에 불과하다.

다. 회계처리

공동지배기업은 일반적인 다른 기업처럼 자체의 회계기록을 유지하고 한국채택국제회계기준 등을 준수하여 재무제표를 작성하고 표시한다. 각 참여자는 일반적으로 현금이나 다른 자원을 공동지배기업에 출자하고, 이러한 출자는 참여자의 회계기록에 포함되고 참여자의 재무제표에 공동지배기업 투자로 인식된다.

> ① 공동지배 대상기업은 일반 다른 기업처럼 자체의 회계기록을 유지하고 재무제표를 작성하여 공시하며, 각 참여자는 일반적으로 현금 또는 다른 자원을 공동지배 대상기업에 출자함. 이러한 출자는 참여자의 회계기록에 포함되고 공동지배 대상기업에 대한 투자로서 그 참여자의 재무제표에 인식됨
>
> ② 참여자는 공동지배 대상기업에 대한 투자지분에 대하여 지분법에 관한 기업회계기준을 적용하며, 조인트벤처투자자는 공동지배대상기업에 대한 투자지분을 유가증권에 관한 기업회계기준에 따라 회계처리하되, 조인트벤처에 중대한 영향력을 행사할 수 있는 경우에는 지분법에 관한 기업회계기준에 따라 회계처리하여야 함. 참여자가 공동지배 대상기업에 비화폐성 자산을 출자한 경우, 이로부터 발생하는 손익 중 해당 참여자의 지분을 제외한 부분은 당기손익으로 인식하게 됨

③ 지분법 적용의 예외

- 벤처캐피탈, 뮤추얼펀드, 기타 이와 유사한 기업(자본시장률에 의해 설립된 투자회사, 기업구조조정투자회사법에 의해 설립된 기업구조조정투자회사, 중소기업창업지원법에 의해 설립된 창업투자회사 등)이 소유하고 있는 공동지배기업에 대한 투자지분에 대하여는 원칙적으로 일반기업회계기준 제9장에 따라 지분법에 의해 평가하여야 한다.

- 그러나 벤처캐피탈, 뮤추얼펀드, 기타 이와 유사한 기업이 소유하는 유가증권 중, 공정가치로 평가하여 공정가치 변동을 당기손익으로 회계처리하기로 최초 인식시 지정하거나 단기매매증권으로 분류하여 일반기업회계기준 제6장 '금융자산·금융부채'의 제2절 '유가증권'에 따라 회계처리하는 투자지분에 대하여는 일반기업회계기준 제9장을 적용하지 아니한다.

- 12개월 이내에 매각할 목적으로 투자주식을 취득하여 적극적으로 매수자를 찾고 있는 경우 당해 공동지배기업에 대한 투자주식은 단기매매증권으로 분류하고 일반기업회계기준 제6장 '금융자산·금융부채'를 적용하여 회계처리한다.

④ 참여자의 공동지배 상실

- 공동지배기업에 대하여 공동지배를 상실한 참여자는 이전 공동지배기업이 종속기업이나 관계기업이 되는 경우가 아니라면, 그 때부터 일반기업회계기준 제6장 '금융자산·금융부채'에 따라 회계처리한다.

라. 사례

참여자는 세금이나 그 밖의 이유로 송유관과 같은 공동지배자산을 공동지배기업으로 이전하는 경우가 있다. 마찬가지로 참여자가 공동으로 운영될 자산을 공동지배기업에 출자할 수도 있다. 경우에 따라서 공동지배사업은 제품의 설계, 판매, 물류 및 판매 후 용역 등 특정 활동을 수행하기 위하여 공동지배기업의 설립을 수반하기도 한다.

4. 조인트벤처의 회계

조인트벤처의 조직과 형태에 따라 적용되는 회계처리방법이 다르므로 그 구분이 중요하다. 이 때 형식보다는 경제적 실질에 따라 조인트벤처의 형태를 분류하고, 분류된 형태에 따라 적절한 회계처리를 하여야 한다.

1) JV를 별도 법인으로 설립하지 아니한 경우의 회계처리

① JV를 독립회계단위로 하는 방법
  - JV를 독립회계단위로 할 경우 JV의 회계단위는 독립되지만, JV구성원들의 출자금 납입과 공사수익의 분배과정이 필요로 함
  - 관리는 스폰서회사가 행하며 기성금의 입금도 스폰서회사가 받아 비 스폰서 회사에 직접 분배해주는 것이므로 기성금의 입금시 JV에서는 출자금의 대조 계정인 출자분배금계정을 사용하여 회계처리함

② JV를 독립회계단위로 하지 않는 방법
  - JV를 별도 회계처리 없이 JV구성원인 각 회사들만 개별적으로 회계처리

2) JV를 별도 법인으로 설립한 경우의 회계처리

① 참여업체들이 그 사업에 직접적으로 영향을 미치지 않고 별도의 실체가 구성되어 그 실체가 독립적으로 사업을 수행
② 별도의 실체로 독립적인 회계시스템을 설정하게 되므로 참여회사와는 회계적으로 단절
③ JV에 현금 또는 현물을 출자한 경우 투자자산으로 처리하며, 동 출자자산에 대하여 대가를 받은 경우에는 그 대가를 차감함. 또한 JV에서 이익분배금을 수령한 경우 이익으로 인식하고 손실이 발생될 것이 분명한 경우에는 동 손실액을 영업외비용으로 계상
④ JV로부터의 분배금이 이익의 분배가 아니고 출자금의 회수가 분명한 경우 당연히 출자금을 감소시켜야 하며, 이익의 분배인지 출자금의 회수인지 불분명한 경우에는 이를 출자금의 회수로 처리함
⑤ 참여업체와 JV와의 거래는 내부거래로 간주되므로 JV에 원자재, 용역 등을 판매하였다 할지라도 JV가 이것을 제3자에게 매각하기 전까지는 판매수익으로 인식하지 않음

3) 기타 특수한 상황에 따른 회계처리 사례

① 형식상 투자자 A, B, C의 지분율이 각각 55%, 25%, 20%인 조인트벤처이지만 중대한 재무정책과 영업정책에 관한 의사결정은 A와 B의 합의사항에 의하여 A와 B의 동의가 이루어지는 경우에는 A와 B만이 조인트벤처 참여자이므로 기업회계기준서 제18호가 적용되나, C는 단순한 투자자에 불과하다.

② 형식적으로는 지분법적용대상인 공동지배 대상기업이나, 경제적 실질은 공동지배대상사업인 경우(참여자를 위해 자산과 부채를 보유할 지주회사나 신탁회사를 설립하는 경우 등)에

는 그 실질에 따라 공동지배대상사업으로 보아 기업회계기준서를 적용한다.

③ 공동지배 대상기업의 형태로 참여한 조인트벤처 참여자가 12개월 이내 매각 목적을 갖는 경우 매수시점에 1년 이내 매각의도가 문서화된 경우에 유가증권 기업회계기준서를 적용한다. 다만, 1년 이내 매각하지 못하면 매수시점에 소급하여 지분법 적용하고 재무제표 재작성한다.

④ 참여자가 공동지배 대상기업에 자산을 매각하는 내부거래가 발생한 경우 자산의 소유권 이전여부를 고려하여 자산의 소유에 따른 중대한 위험과 효익이 이전되지 않았다면 내부거래로 간주하여 회계처리 하지 않는다. 자산의 소유권이 이전되었다면, 우선 자산처분손익을 인식하되 참여자의 지분만큼만 자산처분손익을 인식하고, 공동지배 대상기업이 참여자로부터 매입한 자산을 제3자에 매각하는 경우 유보한 참여자 지분에 해당하는 자산처분손익을 인식한다.

5. 참여자와 조인트벤처 간의 거래

1) 참여자의 자산출자 및 매각

참여자가 조인트벤처에 자산을 출자하거나 매각하는 경우, 그 거래에서 발생하는 손익의 일부분을 인식할 때 거래의 실질을 반영한다. 조인트벤처가 자산을 보유하고 참여자가 소유에 따르는 유의적인 위험과 보상을 이전하였다면, 참여자는 손익 중 다른 참여자의 지분에 해당되는 금액만큼만 인식한다. 출자나 매각거래가 자산의 순실현가능가치 감소나 자산손상의 증거를 제공하는 경우에는 참여자는 손실을 전액 인식한다.

2) 참여자의 자산구입

참여자가 조인트벤처로부터 자산을 구입하는 경우, 참여자는 그 자산을 제3자에게 재매각하기 전까지는 조인트벤처의 이익 중 참여자의 지분에 해당하는 금액을 인식하지 아니한다. 참여자는 이러한 거래에서 발생하는 손실 중 참여자의 지분에 해당하는 금액도 이익의 경우와 동일한 방법으로 인식한다. 그러나 그러한 손실이 자산의 실현가능가치 감소나 자산손상의 증거를 제공하는 경우에는 참여자는 손실을 즉시 인식한다.

3) 참여자와 조인트벤처 간 거래의 자산손상

참여자와 조인트벤처 간의 거래가 자산손상의 증거를 제공하는지를 판단하기 위하여 참여자는 기업회계기준서 제1036호 '자산손상'에 따라 자산의 회수가능액을 결정한다. 사용가치를 측정할 때 참여자는 조인트벤처가 자산을 계속 사용하고 궁극적으로 자산을 처분한다는 것에 근거하여 자산에서 발생하는 미래현금흐름을 추정한다.

4) 참여자의 비화폐성 자산 출자

참여자가 공동지배기업에 비화폐성자산을 출자한 경우, 이로부터 발생하는 손익 중 당해 자신의 지분에 해당하는 부분을 제외하고 당기손익으로 인식한다. 다만, 참여자의 비화폐성자산의 출자가 다음 중 하나에 해당하는 경우 손익은 발생되지 않은 것으로 보아 인식하지 아니한다.

① 출자된 비화폐성자산의 소유에 따른 유의적인 위험과 보상이 공동지배기업에 이전되지 않은 경우이 경우에는 자산의 소유에 따른 위험과 효익이 이전되지 않았으므로 수익인식 요건을 충족하지 못하여 참여자의 장부에서 해당 비화폐성사산을 제거할 수 없다.

② 비화폐성자산의 출자와 관련된 손익을 신뢰성 있게 측정할 수 없는 경우이 경우에는 손익을 신뢰성 있게 측정할 수 없으므로 참여자의 장부에서 해당 비화폐성자산을 제거는 하되, 수령한 조인트벤처 투자지분을 출자한 비화폐성자산의 장부금액으로 평가하므로 손익이 발생하지 아니한다.

③ 비화폐성자산의 출자거래에 상업적 실질이 결여되어 있는 경우 : 이 경우에는 교환거래의 결과 미래현금흐름이 얼마나 변동될 것인지를 고려하여 해당 교환거래에 상업적 실질이 있는지를 결정한다. 다음 ㉠ 또는 ㉡에 해당하면서 ㉢을 충족하는 교환거래는 상업적 실질이 있다고 본다.

㉠ 취득한 자산과 관련된 현금흐름의 구성(위험, 유출입시기, 금액)이 제공한 자산과 관련된 현금흐름의 구성과 다르다.

㉡ 교환거래의 영향을 받는 영업 부분의 기업특유가치가 교환거래의 결과로 변동한다.

㉢ 위 "㉠"이나 "㉡"의 차이가 교환된 자산의 공정가치에 비하여 유의적이다.

한편, 비화폐성자산의 출자에 따른 회계처리의 절차를 구체적으로 살펴보면 다음과 같다.

① 일반기업회계기준 제16장 '수익'의 수익인식 요건 및 제10장 '유형자산'의 회계처리를 적용하여, 비화폐성자산의 출자에 따른 처분이익 또는 손실이 발생되었는지 여부를 판단한다. 이 경우 비화폐성자산의 출자 대가로 투자지분만 수령한 경우뿐만 아니라 투자지분과 함께 화폐성자산 또는 다른 비화폐성자산을 수령한 경우에도 각각 비화폐성자산의 출자에 따른 처분이익 또는 손실의 발생 여부를 고려한다. 다만, 상기에서 예시적으로 열거된 항목들의 경우에는 손익이 발생되지 아니한 것으로 본다.

② 비화폐성자산의 출자에 따른 처분이익 또는 손실이 발생된 경우, 참여자는 자신의 조인트벤처 투자지분을 고려하여 실현손익과 미실현손익을 산정한다. 참여자는 현물출자 후에 공동지배기업에 대하여 공동지배를 행사한다. 이것은 참여자가 출자 후에도 여전히 출자한 자산에 대하여 참여자 자기의 지분에 대해서는 계속적인 관리적 참여를 갖는다는 것을 의미한다. 따라서, 참여자는 비화폐성자산의 출자에 따른 처분이익 또는 손실 중 당해 참여자의 지분을 미실현손익으로 처리한다.

5) 조인트벤처의 운영 및 관리

계약상 약정에 의하여 참여자 중에서 조인트벤처의 운영자 또는 관리자를 지정할 수 있으며, 운영자는 조인트벤처를 지배하는 것이 아니라 계약상 약정에 의하여 정해지고 운영자에게 위임된 조인트벤처의 재무정책과 영업정책의 범위 내에서 활동한다. 만약 운영자가 조인트벤처의 재무정책과 영업정책을 지배할 수 있다면, 조인트벤처는 운영자의 종속기업이 되며 더 이상 조인트벤처가 아니다.

한편, 하나 또는 그 이상의 참여자가 조인트벤처의 운영자 또는 관리자로서 직무를 수행할 수 있다. 이 경우 직무수행의 대가로 일반적으로 보수를 받으며, 해당 보수는 조인트벤처의 비용으로 처리되고, 조인트벤처의 운영자 또는 관리자는 받은 보수를 일반기업회계기준 제16장 (수익)에 따라 회계처리한다.

6. 조인트벤처의 세무처리

1) 유형별 사업자등록

공동지배대상기업은 참여기업과는 다른 별도의 사업체이므로 해당 기업의 인격에 따라 개인 또는 법인으로 사업자등록하여 독립적 기업으로서 거래를 인식하고 세무처리한다. 공동지배대상사업은 조합으로 볼 수 있는 경우 사업자등록을 하여야 하고 그 외의 공동지배 대상사업이나 공동지배 대상자산의 경우에는 법인 경리의 일부로 보아 각 참여사가 지분만큼 수익과 비용을 인식한다.

공동지배 대상사업은 민법상 조합으로서의 요건을 상당부분 갖추고 있으므로 그 협약내용에 따라 공동사업으로 사업자등록이 가능할 수 있다. 다만, 공동지배 대상사업이 공동의 목적을 위하여 비용분담을 하고 그 결과물을 각자가 소유하면서 판매하는 등 독립성이 강하다면 공동조직을 운영하는 것에 불과하고, 공동비용에 대하여는 참여자 각자가 부담하는 비용분담금에 대하여 공동매입에 대한 세금계산서 발급방법 등에 따라 처리하고 매출은 각자 자기의 매출로 보아 세금계산서를 발급하면 된다.

2) 공동수급체인 조인트벤처의 사업자등록 및 세금계산서 수수

조인트벤처가 공동수급체에 해당하는 경우 관련 국세청 해석이 있다. 내국법인 을이 국외에서 내국법인 갑과 국내사업장이 없는 외국법인 A가 협정한 Joint Ventuer에 건설용역을 제공하는 경우 내국법인 갑에게는 국외제공용역으로 영세율 세금계산서를 발급하고, 외국법인 A에게는 세금계산서 발급의무를 면제한다(법규부가2009-0262, 2009.08.04.). 국세청은 공동수급체 성격을 가진 위 조인트벤처를 별도의 조합 즉 공동사업자로 보지 아니하여 조인트벤처의 각 구성원들을 대상으로 하여 세금계산서발급대상인지를 판단하도록 한 해석이다.

3) 공동지배자산 관련 세금계산서 수수와 매입세액공제

조인트벤처의 참여자가 공동지배 대상자산을 가지고 사업을 하는 경우 각 참여자는 해당 자산을 취득할 때 대표사를 통해 발급받은 세금계산서 또는 각 참여자가 각 지분별로 수취한 세금계산서에 의해 매입세액공제가 가능하며, 해당 자산을 매각한 경우에도 이에 준하여 세금계산서를 발급한다. 공동지배 대상자산을 유지 및 관리하면서 발생한 공동경비에 대하여는 법인령 제48조를 준용하여 처리한다.

4) 조인트벤처 지분양도소득의 소득구분

외국법인(캐나다 법인)이 국내에서 개인공동사업(Joint Ventue)을 영위하다가 자기지분을 양도하고 지급받는 대가는 법인법 제93조 제5호 및 한·캐나다조세조약 제7조의 사업소득에 해당한다(서이46017-11128, 2003.06.11.).

5) 조인트벤처의 외국납부세액공제

내국법인이 다른 내국법인과 해외(오만)에서 정유공장의 운영과 유지보수에 관한 공동사업체(Joint-Venture, 내국법인 각각 "공동사업계약서"에서 정한 분담비율대로 손익 등을 분담)를 설치하고 이에 따라 동 공동사업체에서 발생된 소득을 과세표준으로 하여 과세된 소득세를 납부함에 있어 해외 과세당국에 공동사업체(또는 공동사업체 중의 하나의 내국법인) 명의로 납부하였으나, "공동사업계약서" 및 외국 과세당국으로부터 "납부영수증" 등에 의하여 각 공동사업자의 외국납부세액 부담액이 확인되는 경우, 내국법인이 실제로 부담한 외국납부세액은 각 사업연도 소득금액계산상 「법인세법」 제57조의 외국납부세액공제 대상 세액에 해당되는 것이다(국제세원담당관실-347, 2009.06.29.; 서면2팀-1536, 2006.08.18.).

제4절 정비사업조합 등

1. 정비사업조합의 개요

(1) 정비사업조합

1) 정비사업조합의 의의

"정비사업"이라 함은 「도시 및 주거환경정비법(이하 "도시정비법")」이 정한 절차에 따라 도시기능을 회복하기 위하여 정비구역 안에서 정비기반시설을 정비하고 주택 등 건축물을 개량하거나 건설하는 사업을 말한다. 시장·군수 또는 주택공사 등이 아닌 자가 정비사업을 시행하고자 하는 경우에는 토지 등의 소유자로 구성된 조합을 설립하여야 한다.

2) 정비사업조합의 성격

도시정비법에 따른 주택재건축 또는 주택재개발을 위한 정비사업조합(이하 "정비사업조합"이라 한다)은 도시정비법 제38조에 따라 법인격이 부여되는 법인으로서 일정한 목적(주택재건축 또는 주택재개발)의 달성 후에는 해산이 예정되어 있다.

정비사업조합은 그 공공성 때문에 공공사무를 하는 공공법인이자 비영리법인의 성격과 건축물 또는 토지의 출자와 이에 따라 영리추구 여지가 있는 영리법인으로서의 성격도 가진다. 주택재건축의 경우에는 영리성이 주택재개발의 경우보다 강하고, 창출되는 수익의 크기와 배분되는 것도 주택재개발의 조합원보다 많다는 점이 특징이기 때문이다.

3) 조합의 설립

조합을 설립하려는 경우에는 정비구역 지정·고시 후 추진위원회 위원, 추진위원회의 운영규정 등의 사항에 대하여 토지등소유자 과반수의 동의를 받아 조합설립을 위한 추진위원회를 구성하여 국토교통부령으로 정하는 방법과 절차에 따라 시장·군수등의 승인을 받아야 한다(도시정비법§31 ①, §34 ①).

시장·군수등, 토지주택공사등 또는 지정개발자가 아닌 자가 정비사업을 시행하려는 경우에는 토지등소유자로 구성된 조합을 설립하여야 한다. 다만, 정비사업법 제25조제1항제2호에 따라 토지등소유자가 재개발사업을 시행하려는 경우에는 그러하지 아니한다(도시정비법§35 ①).

재개발사업의 추진위원회(추진위원회를 구성하지 아니하는 경우에는 토지등소유자)가 조합을 설립하려면 토지등소유자의 4분의 3 이상 및 토지면적의 2분의 1 이상의 토지소유자의 동의를 받아 다음 각 호의 사항을 첨부하여 시장·군수등의 인가를 받아야 한다(도시정비법§35 ②).

재건축사업의 추진위원회(제31조제4항에 따라 추진위원회를 구성하지 아니하는 경우에는 토지등소유자를 말한다)가 조합을 설립하려는 때에는 주택단지의 공동주택의 각 동(복리시설의 경우에는 주택단지의 복리시설 전체를 하나의 동으로 본다)별 구분소유자의 과반수 동의(공동주택의 각 동별 구분소유자가 5 이하인 경우는 제외한다)와 주택단지의 전체 구분소유자의 4분의 3 이상 및 토지면적의 4분의 3 이상의 토지소유자의 동의를 받아 시장·군수등의 인가를 받아야 한다(도시정비법§35 ③).

주택단지가 아닌 지역이 정비구역에 포함된 때에는 주택단지가 아닌 지역의 토지 또는 건축물 소유자의 4분의 3 이상 및 토지면적의 3분의 2 이상의 토지소유자의 동의를 받아야 한다(도시정비법§35 ④).

조합은 조합설립인가를 받은 날부터 30일 이내에 주된 사무소의 소재지에 등기하는 때에 성립하며, 조합은 명칭에 "정비사업조합"이라는 문자를 사용하여야 한다(도시정비법§38).

4) 정비사업조합의 영리성 인정 여부

주택재건축과 주택재개발을 수행하는 정비사업조합은 양자 모두 공공성을 어느 정도 가진 조직이긴 하지만, 본질적으로 주택을 재건축하는 경우에는 공공성보다 영리성과 조합원의 수익 창출이 중심이고, 주택재개발은 도시정비의 공공적 성격과 조합설립 및 관리의 엄격성이 재건축의 경우보다 더 많이 요구된다는 점에서 비영리적 성격이 강하다고 할 수 있다. 다만, 조특법에서 일괄적으로 비영리법인으로 의제하는 것은 주택재건축정비사업조합이 다수인에 대해 주거정비 및 도시환경정비사업의 일환으로 가진 성격을 감안한 것이지, 그 영리적 성격까지 부정하는 것은 아니라고 할 수 있다. 특히 조특법이 가진 조항이 일몰 규정인 점을 감안할 때 정비사업조합의 영리성은 후술할 정리사업 조합의 실체에 관한 논의와 함께, 정비사업조합에 대한 과세문제의 방향성을 결정하는 중요한 기준이 될 수 있다.

(2) 정비사업의 절차

주택재건축사업과 주택재개발사업은 2003.06.30. 이전에는 근거법이 서로 달랐으나 2003.07.01 이후에는 근거법이 도시정비법으로 통일되었고 동일한 절차에 의해 사업이 시행되게 되었다.

현행 도시정비법에 의한 주택정비사업의 시행절차를 보면, ① 도시·주거환경정비 기본계획의 수립, ② 정비계획의 수립 및 정비구역의 지정, ③ 조합의 설립 및 추진위원회의 구성, ④ 정비사업시행계획 작성 및 인가, ⑤ 분양신청, ⑥ 관리처분계획의 수립 및 인가, ⑦ 이전 고시, ⑧ 청산의 순서로 진행된다.

(3) 정비사업 시행방법

가. 주거환경개선사업

도시저소득 주민이 집단거주하는 지역으로서 정비기반시설이 극히 열악하고 노후·불량건축물이 과도하게 밀집한 지역의 주거환경을 개선하거나 단독주택 및 다세대주택이 밀집한 지역에서 정비기반시설과 공동이용시설 확충을 통하여 주거환경을 보전·정비·개량하기 위한 사업을 말한다(도시정비법§2 2 가목).

① 도시정비법 제24조에 따른 사업시행자가 정비구역에서 정비기반시설 및 공동이용시설을 새로 설치하거나 확대하고 토지등소유자가 스스로 주택을 보전·정비하거나 개량하는 방법

② 도시정비법 제24조에 따른 사업시행자가 제63조에 따라 정비구역의 전부 또는 일부를 수용하여 주택을 건설한 후 토지등소유자에게 우선 공급하거나 대지를 토지등소유자 또는 토지등소유자 외의 자에게 공급하는 방법

③ 도시정비법 제24조에 따른 사업시행자가 제69조제2항에 따라 환지로 공급하는 방법

④ 도시정비법 제24조에 따른 사업시행자가 정비구역에서 제74조에 따라 인가받은 관리처분계획에 따라 주택 및 부대시설·복리시설을 건설하여 공급하는 방법

나. 재개발사업

정비기반시설이 열악하고 노후·불량건축물이 밀집한 지역에서 주거환경을 개선하거나 상업지역·공업지역 등에서 도시기능의 회복 및 상권활성화 등을 위하여 도시환경을 개선하기 위한 사업을 말한다. 이 경우 이 법이 정하는 요건을 모두 갖추어 시행하는 재개발사업을 "공공재개발사업"이라 한다(도시정비법§2 2 나목).

다. 재건축사업

정비기반시설은 양호하나 노후·불량건축물에 해당하는 공동주택이 밀집한 지역에서 주거환경을 개선하기 위한 사업. 이 경우 다음 요건을 모두 갖추어 시행하는 재건축사업을 "공공재건축사업"이라 한다(도시정비법§2 2 다목).

① 시장·군수등 또는 토지주택공사등(조합과 공동으로 시행하는 경우를 포함한다)이 도시정비

법 제25조제2항 또는 제26조제1항에 따른 재건축사업의 시행자나 제28조제1항에 따른 재건축사업의 대행자(이하 "공공재건축사업 시행자"라 한다)일 것

② 종전의 용적률, 토지면적, 기반시설 현황 등을 고려하여 대통령령으로 정하는 세대수 이상을 건설·공급할 것. 다만, 도시정비법 제8조제1항에 따른 정비구역의 지정권자가 「국토의 계획 및 이용에 관한 법률」 제18조에 따른 도시·군기본계획, 토지이용 현황 등 대통령령으로 정하는 불가피한 사유로 해당하는 세대수를 충족할 수 없다고 인정하는 경우에는 그러하지 아니한다.

라. 종전 도시환경정비사업

정비구역 안에서 인가받은 관리처분계획에 따라 건축물을 건설하여 공급하거나 환지로 공급하는 방법.

(4) 정비사업조합의 실체

1) 개요

주택재건축 또는 주택재개발사업에 있어서 정비사업조합은 대단위 건축사업이 이루어지는 과정에서 효율성과 효과적인 사업을 기하고, 개인에게 지워지는 부담을 덜어주는 역할을 하고 있다.

정비사업조합의 실체에 관해서는 크게 두 가지 견해에 따라 파악해 볼 수 있는데, ① 단순히 조합원의 사업을 위한 수단일 뿐이라는 '도관설'(Conduit Theory)과, ② 법인으로서 독자성과 실체성을 인정하는 '실체설'(Entity Theory)로 나누어 파악할 수 있다.

도관설은 조합원이 각 개인적인 이익추구 행위가 일치하여 결성된 조직으로서 실질적으로는 공동의 사업을 행하기 위한 수단으로서의 역할만 강조하고 실체설은 조합이 법인으로 인정되는 한 이에 대한 독립성을 강조하고 있다.

2) 도관설(Conduit Theory)

도관설은 법인 또는 조합은 일종의 사업을 위한 수단으로서의 역할만 할 뿐, 실체는 공동으로 사업을 하고 있는 법인 또는 조합의 구성원 개인이라고 판단함으로써 정비사업조합의 일련의

활동들은 모두 해당 조합의 조합원에게 그대로 귀속되며, 조합은 단지 통로로서(Pass-through)의 역할만 하게 된다.

정비사업조합은 법인격을 가지나, 조합원의 공동사업의 수단임을 감안하여 과세제도를 정비 또는 해석·적용해야 함을 의미하므로 정비사업조합의 조합원이 현물출자를 하고, 출자지분 이상을 취득하게 되는 경우 양도소득세를 과세할 수 있으며 주택재건축 또는 재개발에 따른 수익 역시 조합원에게 바로 소득과세를 하게 된다.

조합계약이 해지된 후 해당 부동산을 처분하면 조합원의 현물출자 당시의 가액을 기준으로 하여 조합원의 차익을 계산하게 된다.

3) 실체설(Entity Theory)

실체설은 법인 또는 조합이 독자성을 갖추고 있는 존재로서 구성원과는 별도로 취급하는 것으로 정비사업조합은 법인격 있는 법인으로서 독자성을 갖추고 이에 따라 법인으로서 과세상 취급을 받게 된다. 따라서 정비사업조합의 조합원이 현물출자를 하면 이에 대한 양도소득세 과세문제가 발생하며, 주택재건축 또는 재개발에 따른 수익에 대한 법인세 과세문제가 발생하고, 다시 조합원에게 수익배분 시 조합원의 소득세 과세문제가 발생한다. 또한 조합계약이 해지되어 조합부동산을 처분하게 되면 조합원은 차익계산에 있어서 조합이 해당 부동산을 조합원에게 반환한 때의 가액을 기준으로 과세대상소득을 계산해야 한다.

구 분	도 관 설	실 체 설
조합에 대한 출자	① 과세 없음 ② 다만, 조합원이 자신의 출자 이상의 지분을 취득한 경우 과세	① 조합원에 대하여 양도소득세 과세 ② 조합에게 취득세 과세
사업에 따른 수익	조합원에게 소득세 과세	① 조합에게 법인세(소득세) 과세 ② 이익 분배시, 조합원에게 소득세 과세
조합계약 해지에 따른 과세	과세 없음	① 조합에 대해 양도소득세 과세 ① 조합원에 대해 취득세 과세
출자했던 부동산의 조합계약 해지 후 처분 (양도세 계산시 기준)	조합 출자 당시 부동산 가액	조합계약 해지 당시(조합으로부터 돌려받을 때) 부동산가액

※ 출처 : 이준규·이은상, 조합과세의 문제점과 개선방안, 세무학연구 제18권 제1호, 한국세무학회 2001

2. 정비사업조합에 대한 과세

정비사업조합과 조합원에 대한 과세문제와 관련해서는 ① 출자 또는 새로운 부동산 취득에 따른 양도소득 과세문제, ②정비사업조합의 법인세 과세문제, ③정비사업조합의 수익사업(조합원의 출자 초과취득분 또는 일반분양 등 수익사업)에 따른 이익의 소득성격, ④부가가치세 과세문제로 나뉜다.

(1) 과세 개요

1) 전환정비사업조합에 대한 소득법 적용 등

2003년 6월 30일 이전에 구 「주택건설촉진법」 제44조제1항에 따라 조합설립의 인가를 받은 재건축조합으로서 「도시 및 주거환경정비법」(이하 "도시정비법"이라 한다) 제38조에 따라 법인으로 등기한 조합(이하 "전환정비사업조합")에 대해서는 법인법 제3조에도 불구하고 전환정비사업조합 및 그 조합원을 각각 소득법 제87조제1항 및 같은 법 제43조제3항에 따른 공동사업장 및 공동사업자로 보아 소득법을 적용한다. 다만, 전환정비사업조합이 법인법 제60조에 따라 해당 사업연도의 소득에 대한 과세표준과 세액을 납세지 관할 세무서장에게 신고하는 경우 해당 사업연도 이후부터는 그러하지 아니하다(조특법§104의7 ①).

2) 정비사업조합에 대한 법인세법 적용 등

다음의 어느 하나에 해당하는 조합(이하 "정비사업조합"이라 한다)에 대해서는 법인법 제2조에도 불구하고 비영리내국법인으로 보아 법인법(법인법 제29조는 제외한다)을 적용한다. 이 경우 전환정비사업조합은 위 "1)"의 단서에 따라 신고한 경우만 해당한다(조특법§104의7 ②).

① 도시정비법 제35조에 따라 설립된 조합(전환정비사업조합을 포함한다)

② 「빈집 및 소규모주택 정비에 관한 특례법」(이하 "소규모주택정비법"이라 한다) 제23조에 따라 설립된 조합(가로주택조합, 소규모재건축조합)

※ "②"의 경우 2022.01.01. 이후 설립된 조합부터 적용한다.

3) 관리처분계획에 따라 조합원에게 공급하는 토지 등의 부가가치세 과세 제외

정비사업조합이 도시정비법 및 소규모주택정비법에 따라 해당 정비사업에 관한 공사를 마친 후에 그 관리처분계획에 따라 조합원에게 공급하는 것으로서 종전의 토지를 대신하여 공급하는 토지 및 건축물(해당 정비사업의 시행으로 건설된 것만 해당한다)은 부가법 제9조 및 제10조에 따른 재화의 공급으로 보지 아니한다(조특법§104의7 ③).

※ 위 "2)"의 "②" 조합은 2022.01.01. 이후 공급분부터 적용한다.

(2) 정비사업조합에 대한 법인세 과세특례

1) 정비사업조합에 대한 법인세 과세

도시정비법 등에 따라 설립된 조합(법인법 제60조에 따라 해당 사업연도의 소득에 대한 과세표준과 세액을 납세지 관할세무서장에게 신고하는 전환정비사업조합을 포함. 이하 "정비사업조합")에 대하여는 법인법 제1조의 규정에 불구하고 비영리내국법인으로 보아 법인세법을 적용하나 비영리법인에게 적용되는 법인법 제29조에 따른 고유목적사업준비금의 손금산입 규정이 배제된다.

조특법 제104조의7 제2항을 적용할 때 정비사업조합이 도시정비법 등에 따라 해당 정비사업에 관한 관리처분계획에 따라 조합원에게 종전의 토지를 대신하여 토지 및 건축물을 공급하는 사업은 법인법 제3조제3항에 따른 수익사업이 아닌 것으로 본다(조특령§104의4).

정비사업조합의 조합원이 조합의 해산으로 인한 잔여재산의 분배로서 취득하는 금전 기타 재산의 가액이 해당 조합의 주식 및 출자지분 또는 지분을 취득하기 위하여 소요된 금액을 초과하는 경우 그 초과금액은 소득법 제17조제2항제3호에 따라 의제배당에 해당하므로 원천징수의무는 있으나 해당 정비사업조합의 청산소득에 대한 법인세 납세의무는 없다(서면2팀-904, 2004.04.29.; 서이46012-11344, 2003.07.16.).

2) 조합원 주택 신축비용에 충당된 일반분양이익

주택재건축사업을 시행하는 정비사업조합이 일반분양하는 주택 및 상가에서 발생하는 소득을 조합원분의 주택에 대한 건축비로 충당하는 경우 그 조합원 건축비로 충당된 금액은 소득법 제17조제1항제1호에 따라 조합원의 배당소득에 해당된다. 일반분양사업분은 수익사업으로서 해당 수익사업에서 발생된 소득을 조합원이 분배받는 경우에는 조합원의 배당소득임을 확인한 것이다(법규과-1791, 2005.12.29.; 서이46012-11344, 2003.07.16.; 서면1팀-394, 2006.03.27.; 서울고등법원2008누10388, 2008.08.26.).

주택재건축정비사업조합의 경우 영리법인의 성격과 도관의 성격을 모두 갖추고 있는 점을 감안한다면 SPC형부동산투자회사들과 마찬가지로 출자분을 제외한 나머지 수익에 대하여 배당소득으로 규정한 위 해석은 상당한 설득력을 갖고 있다.

조합원의 배당부분에 대한 산정은 조합원의 출자지분에 해당하는 부분까지는 자본의 환수로 보고, 그 초과분은 배당소득으로 계산함이 타당할 것이다.

3) 정비사업조합 설립인가 등의 취소에 따른 채권의 손금산입

가. 의의

시공사가 추진위원회나 조합에 보유한 채권은 담보권이 설정되어 있어 회수가능성이 있으므로 채권을 포기하여도 손금으로 인정되지 아니하므로 뉴타운 등 정비사업의 원활한 출구전략 지원을 위하여 2014.01.01. 이후 포기한 채권분부터 아래와 같이 과세특례를 적용하며, 2014.01.01. 이전에 도시정비법에 따라 승인 또는 설립인가가 취소된 추진위원회와 조합에 대하여도 적용하도록 하였다.

나. 시공자등의 손금산입 요건

도시정비법 제113조에 따라 추진위원회의 승인 또는 조합 설립인가가 취소된 경우 해당 정비사업과 관련하여 선정된 설계자·시공자 또는 정비사업전문관리업자(이하 "시공자등")가 다음에 따라 2023년 12월 31일까지 추진위원회 또는 조합(연대보증인을 포함하며, 이하 "조합등"이라 한다)에 대한 채권을 포기하는 경우에는 해당 채권의 가액은 시공자등이 해당 사업연도의 소득금액을 계산할 때 손금에 산입할 수 있다(조특법§104의26 ①).

① 시공자등이 도시정비법 제133조에 따른 채권확인서를 시장·군수에게 제출하고 해당 채권확인서에 따라 조합등에 대한 채권을 포기하는 경우

② 시공자등이 아래와 같이 "조합등에 대한 채권을 전부 포기하는 경우"

"조합등에 대한 채권을 전부 포기하는 경우"란 과세표준신고와 함께 다음의 사항을 포함하는 채권의 포기에 관한 확인서를 납세지 관할 세무서장에게 제출한 경우를 말한다. 이 경우 설계자·시공자 또는 정비사업전문관리업자가 추진위원회 또는 조합에게 채무를 면제하는 의사를 표시한 것으로 보며, 확인서를 접수한 관할 세무서장은 즉시 해당 확인서 사본을 시장·군수·구청장에게 송부하여야 한다(조특령§104의23).

- · 채권의 금액과 그 증명자료
- · 채권의 포기에 관한 내용
- · 도시정비법 제133조제3호에 따라 시·도조례로 정하는 사항

다. 조합등의 과세특례

위 "나"에 따라 시공자등이 채권을 포기함에 따라 조합등이 얻는 이익에 대해서는 「상속세 및 증여세법」에 따른 증여 또는 「법인세법」에 따른 익금으로 보지 아니한다(조특법§104의26 ②).

4) 구분경리

정비사업조합을 비롯한 비영리법인이 수익사업을 하는 경우에는 자산·부채 및 손익을 그 수익사업에 속하는 것과 수익사업이 아닌 그 밖의 사업에 속하는 것을 각각 다른 회계로 구분하여 기록하여야 한다(법인법§113 ①; 법인규칙§76).

① 비영리법인이 구분경리하는 경우 수익사업과 기타의 사업에 공통되는 자산과 부채는 이를 수익사업에 속하는 것으로 하고, 수익사업의 자산의 합계액에서 부채(충당금을 포함한다)의 합계액을 공제한 금액을 수익사업의 자본금으로 한다.

② 비영리법인이 기타의 사업에 속하는 자산을 수익사업에 지출 또는 전입한 경우 그 자산가액은 자본의 원입으로 경리한다. 이 경우 자산가액은 시가에 의한다.

③ 비영리법인이 수익사업에 속하는 자산을 기타의 사업에 지출한 경우 그 자산가액 중 수익사업의 소득금액(잉여금을 포함한다)을 초과하는 금액은 자본원입액의 반환으로 한다. 이 경우 조특법 제74조제1항제1호의 규정을 적용받는 법인이 수익사업회계에 속하는 자산을 비영리사업회계에 전입한 경우에는 이를 비영리사업에 지출한 것으로 한다.

비영리법인이 법인법 제113조제1항에 따라 수익사업과 기타의 사업의 손익을 구분경리하

는 경우 공통되는 익금과 손금은 다음에 따라 구분 계산하여야 한다.

다만, 공통익금 또는 손금의 구분 계산에 있어서 개별손금(공통손금외의 손금의 합계액을 말한다)이 없는 경우나 기타의 사유로 다음의 규정을 적용할 수 없거나 적용하는 것이 불합리한 경우에는 공통익금의 수입항목 또는 공통손금의 비용항목에 따라 국세청장이 정하는 작업시간·사용시간·사용면적등의 기준에 의하여 안분계산한다.

㉠ 수익사업과 기타의 사업의 공통익금은 수익사업과 기타의 사업의 수입금액 또는 매출액에 비례하여 안분계산

㉡ 수익사업과 기타의 사업의 업종이 동일한 경우의 공통손금은 수익사업과 기타의 사업의 수입금액 또는 매출액에 비례하여 안분계산

㉢ 수익사업과 기타의 사업의 업종이 다른 경우의 공통손금은 수익사업과 기타의 사업의 개별 손금액에 비례하여 안분계산

위 안분 시 공통되는 익금은 과세표준이 되는 것에 한하며, 공통되는 손금은 익금에 대응하는 것에 한한다.

일반분양수입(수익사업)과 조합원분양수입(비수익사업)에 대한 공사원가 배분을 면적비율로 구분계산함에 있어 조합원분양(비수익사업)면적과 일반분양(수익사업)면적이 수시로 변동되는 경우 각 사업연도말 현재 확정된 일반분양면적비율에 의하여 법인세 신고를 한 후 최종 일반분양면적이 확정되는 날이 속하는 사업연도의 법인세신고 시 이전 각 사업연도 배분원가를 정산하여 신고한다(서면2팀-1693, 2006.09.07.).

(3) 부가가치세의 과세특례

1) 조합과 조합원간의 거래에 대한 이론[10]

가. 현물 출자설

조합원이 조합에 소유부동산을 현물출자하고, 조합이 출자받은 재산으로 정비사업 등을 시행하여 사업완료 후 출자원본을 반환하는 사업으로 보는 이론이다.

---

10) 출처: 세무와회계저널 제12권 제2호, 2011년 6월, 재개발·재건축조합의 부가가치세 매입세액공제제도의 개선방안 (박승식, 황명철)

조합원이 출자한 부동산소유권은 조합에 귀속되고 조합원은 출자지분에 대한 권리만 소유하게 되는 것으로, 조합의 사업으로 인한 수익은 사업시행자인 조합에 귀속되고 조합원은 지분권자로서 조합이익에 대한 지분권만 가지게 된다.

이 이론에 따라 조합과 조합원의 거래를 현물출자로 보게 되므로 사업자인 조합원이 부가가치세 과세대상 재화를 현물출자에 의하여 인도하는 것은 재화의 공급에 해당된다. 조합이 조합원에게 출자지분을 현물(신축된 국민주택규모 초과주택 및 상가)로 반환하는 것은 재화의 공급에 해당한다. 따라서 현물출자 및 출자지분의 현물반환에 따른 부가가치세 문제를 해결하여 재개발·재건축을 촉진하고 지원하기 위하여 조특법 104조의 7 제3항에 따라 조합과 조합원 간의 거래를 재화의 공급으로 보지 않도록 규정하고 있다.

나. 환지처분설

환지처분설은 조합의 사업을 도시개발법상의 환지처분으로 보아 조합원의 부동산의 소유권은 그대로 조합원에게 있고 조합은 환지처분사업에 의하여 위치, 형상, 면적을 바꾸어 주는 사업으로 보는 이론이다.

조합이 사용처분한 조합원의 재산은 조합원의 재산이며 환지처분사업으로 인한 보류지나 체비지는 사업시행자인 조합의 재산이 되어 이를 처분하여 사업비에 충당하고, 잔여이익은 사업시행자인 조합에게 귀속된다. 도시정비법 제87조 제2항을 보면 조합이 조합원에게 분양하는 대지 또는 건축물은 도시개발법 제40조에 따라 환지로 보며, 도시개발법에 따른 보류지와 일반에게 분양하는 대지 또는 건축물은 도시개발법 제34조에 따른 보류지 또는 체비지로 본다고 하고 있다.

이 이론은 조합원이 분양받은 신축분은 환지처분으로 보아 양도소득세를 비과세한다는 해석의 근거가 된다. 부가가치세법에서도 조합이 조합원에게 분양하는 것은 환지처분으로 보아 재화의 공급으로 보지 않는다는 해석이 있는데, 해당 환지처분설에 의하면 조특법 제104조의 7 제3항은 환지처분으로 보는 부분을 명확화한 것으로 볼 수 있으며 이 규정의 신설 이전에도 유권해석으로 부가가치세를 과세하지 않았었다.(우리 법원의 입장도 환지 또는 권리의 변환으로 보는 환지처분설의 입장이다.)

다. 신탁사업설

조합의 사업을 신탁법에 의한 신탁관계로 보아, 조합원이 소유재산을 조합에 신탁법에 따라 (공동)신탁하고 조합은 수탁자의 지위에서 신탁목적에 따라 사용·관리처분하여 사업완료 후에 신탁재산을 위탁자인 조합원에게 신탁해지에 의하여 반환하는 사업으로 보는 이론이다. 이 이론에 따르면 조합이 사용처분한 자산은 모두 조합원의 신탁재산이므로 조합원소유재산이며 조합사업에서 발생한 이익은 모두 위탁자인 조합원에 귀속된다.

이 이론은 취득세, 등록세에서는 해당 거래를 신탁 또는 신탁해지로 보아 형식적인 취득이므로 취득세, 등록세를 과세하지 아니한다는 해석의 논거를 제시한다.

법인세법 또는 소득세법에서는 신탁거래인 경우는 도관에 불과한 거래로 보아 인격(주체)으로 보지 않아 과세되지 않는 경우가 있으며, 부가가치세법도 신탁거래로 보면 조합원(위탁자)이 조합(신탁회사)에 신탁재산을 이전하거나 반환받는 것은 과세대상으로 보지 않는다.

라. 공동사업설

공동사업설은 조합을 조합원간의 공동사업으로 파악하여 조합원이 조합이라는 공동사업체를 구성하여 자기의 부동산을 출자하여 공동의 사업목적에 사용하도록 하고 있는 것으로 보는 이론이다. 재산의 소유형태는 총유형태로 보며 조합과 조합원을 분리하지 않고 하나의 결합체로 본다. 조합원이 출자한 부동산은 조합에 귀속되고 공동사업 종료 시에 사업자인 조합원에게 출자자산을 반환하는 것이며, 공동사업에서 발생한 조합의 이익은 조합원에게 귀속된다.

이 이론은 2003년 7월 1일 이전의 재개발·재건축사업은 공동사업으로 보아 소득세를 과세했던 규정의 논리를 뒷받침한다. 즉 재건축조합이 주택 또는 상가를 분양하여 얻은 이익은 각 조합원이 분담할 건축비용에 충당되므로 실질적으로 각 조합원이 건축비 경감액만큼 이익을 분배 받은 것과 같아서 사실상 이익의 분배비율이 정하여진 것으로 보아야 할 것이므로 각 조합원이 공동사업을 한 것으로 보아 조합원 각자의 소득에 대하여 소득세를 과세했었다.

조합과 조합원간의 거래는 거래로 보지 않고 조합의 일반분양분에 대하여 공급하는 것은 조합원이 공급하는 것이지만 부가가치세 과세에 있어서는 사업장과세의 원칙상 조합이 일반분양분의 공급자가 된다.

2) 관리처분계획에 따른 조합원 분양분 과세

가. 개요

개개인이 개축하는 경우에 난개발로 인하여 도로·공원 등 공공시설을 확보하지 못하여 주거환경이 더욱 열악해질 수도 있으며 또한 집합건물인 경우에는 개개인이 재건축할 수도 없어 도시정비법 등에 따라 개발하여 조합에 참여한 자가 자기지분을 분양받는다. 정비사업은 건축법상 개축에 해당하는 것으로 조합원이 종전건물을 철거하고 새로운 주택을 건설하여 조합원이 입주하고 잔여분은 분양처분하여 공사비에 충당하는 구조이다. 조합원분양은 도시정비법에서 분양에 대한 기본원칙을 제시하고 관리처분계획에 의하여 확정하고 있다. 정비사업지구에는 주택뿐만 아니라 상가, 업무용건물, 공장 기타 시설이 포함될 수 있으며, 정비사업 지구내에 이러한 건물을 소유한 자는 조합원이 될 수 있어 조합원 분양에는 주택 조합원뿐만 아니라 상가조합원, 업무용건물조합원, 기타시설 조합원 등 다양하다.

나. 세법상 규정

정비사업조합이 도시정비법 및 소규모주택정비법에 따라 해당 정비사업에 관한 공사를 마친 후에 그 관리처분계획에 따라 조합원에게 공급하는 것으로서 종전의 토지를 대신하여 공급하는 토지 및 건축물(해당 정비사업의 시행으로 건설된 것만 해당한다)은 부가법 제9조 및 제10조에 따른 재화의 공급으로 보지 아니한다(조특법§104의7 ③).

정비사업의 시행자가 도시정비법에 따라 관리처분계획에 따라 종전의 토지 등의 소유자에게 공급하는 토지 및 신축 건축물을 재화의 공급으로 보지 아니하는 이유는 이를 "환지"의 규정을 준용하고 있기 때문이다. 있는 것으로 볼 수 없으며, 소득법 제88조제2항에서도 「도시개발법」 기타 법률의 규정에 의한 환지처분으로 지목 또는 지번이 변경되거나 체비지로 충당되는 경우에는 양도소득세의 과세대상에 해당되는 '양도'로 보지 아니하고 있다.

또한 재화의 공급으로 보지 아니하는 범위가 관리처분계획에 따라 출자한 토지 및 건축물 상당금액인지 해당금액 전액인지 아니면 토지가격에 상당하는 금액만 해당되는지에 대한 논란이 있으나, 관리처분계획에 따라 조합원에게 공급되는 토지 및 건축물 전부에 대해서 재화의 공급으로 보지 않는 것이 타당하다.

다. 법원판례

대법원은 도시정비법에 의한 관리처분계획에 따라 종전 토지 등의 소유자가 취득하는 건축물 등은 그 취득하는 분양가액의 범위 안에서 종전 소유 토지 등에 대한 권리변환으로서의 성질을 가지고 그 권리로서의 동질성이 유지되므로 관리처분계획에 따라 분양된 건축물 등의 분양가액에 상응하는 부분도 양도소득세의 과세대상이 되는 자산의 양도가 아닌 것으로 판시하고 있다(대법원2002두6149, 2004.06.11.).

라. 그 밖의 법령

도시정비법에서는 토지 등의 소유자에게 분양되는 대지 및 건축물은 「도시개발법」 제39조에 따라 행하여진 환지로 보며, 도시정비법에 따른 보류지와 일반에게 분양하는 대지 또는 건축물은 보류지 또는 체비지로 규정하고 있다.

「주택법」 제32조에 따른 주택조합과 도시정비법에 따른 주택재건축조합이 해당 조합원용으로 취득하는 조합주택용 부동산(공동주택과 부대·복리시설 및 그 부속토지를 말한다)은 그 조합원이 취득한 것으로 규정하고 있고, 주택조합이 재건축사업을 추진하는 경우로서 정비사업으로 공동주택을 신축한 후 일반분양한 부분의 토지는 조합에게 취득세 납세의무가 있으며 조합 명의의 소유권 이전등기일을 취득일로 보아 취득세를 과세하고 있는 바, 관리처분계획에 따라 조합이 구 부동산을 출자한 조합원에게 분양하는 경우에 있어 조합과 조합원의 관계를 민법상 동일인으로 보아 납세자를 조합원으로 일원화하여 납세의무를 판단하고 있다.

3) 조합과 조합원 간에 이전되는 부동산에 대한 과세

가. 과세대상에 해당하지 아니하는 경우

일반적으로 토지 및 상가(이하 "구 부동산"이라 함)를 조합(공동사업)에 현물출자하는 경우 해당 부동산은 공동사업목적에 의하여 통제되고 그 구성원의 집합체인 조합의 합유재산이 되는 것이므로 출자시점에 유상으로 재화가 인도 또는 양도된 경우에 해당하여 부가가치세 또는 양도소득세의 과세대상이 된다. 다만, 도시정비법의 적용을 받는 정비사업조합이 구 부동산을 소유한 조합원으로부터 정비사업 시행에 따라 해당 부동산을 양도받는 경우에는 환지의 규정이 준용되므로 부가가치세의 과세대상이 되지 아니한다(재소비46015-81, 1999.10.28.; 소비

22601-1216, 1985.12.05.).

「주택법」제32조에 따른 주택조합과 도시정비법에 의한 정비사업조합 등이 조합원용으로 취득하는 조합주택용부동산은 그 조합원이 취득한 것으로 보고 있으므로 주택조합 등이 취득하는 토지 중 관리처분계획에 의하여 조합원에게 이전되는 부분에 대하여는 형식적인 소유권 취득으로 보아 조합원이 납세의무가 있으므로 동 조합은 취득세의 납세의무가 없으며(세정 13407-1057, 2003.09.04.; 세정13407-679, 2002.07.24.), 조합원용이 아닌 일반분양을 위한 토지 부분은 조합이 취득세의 납세의무가 있는 것으로 해석하고 있어 지방세법상 취득세의 과세대상판정에 있어서도 부가가치세법이나 소득세법과 그 해석을 같이 하고 있다.

따라서 주택조합 등이 정비사업시행을 위하여 조합원으로부터 현물출자(또는 신탁등기)받는 경우에는 조합원이 현물출자하는 부동산에 대하여는 부가가치세의 과세대상이 아니다(서면 4팀-2173, 2007.07.13.).

나. 과세대상에 해당하는 경우

다음에 해당하는 경우로서 조합원이 조합으로부터 받는 금전은 조합원 소유의 구 부동산이 권리의 변환 또는 환지에 의하여 정비사업으로 신축된 상가 및 아파트 등을 받는 것에 해당하지 아니하고, 구 부동산이 조합으로 경제적 또는 실질적 소유권이 이전된 것이므로 사실상 유상양도한 것으로 보아 부가가치세 및 양도소득세의 과세대상이 된다(서면2팀-991, 2004.05.10. 외).

㉠ 구 부동산의 소유자인 조합원이 정비사업의 시행으로 신축된 상가 및 아파트에 대한 분양 신청을 하지 아니하거나 철회하여 그 대가를 금전으로 받는 경우

㉡ 관리처분계획에서 분양을 하지 않기로 정함으로써 구 부동산의 지분가액을 평가하여 금전으로 지급받는 경우

㉢ 관리처분계획인가일 이전에 입주권으로 전환되기 전에 양도하는 경우

㉣ 조합설립에 미동의한 토지등소유자가 현금청산금을 받는 경우

㉤ 조합설립에 동의하였으나 분양자격이 없는 조합원(무주택자가 아닌 조합원 또는 권리가액 이 최저 분양가액에 미달한 조합원 등)이 현금청산금을 받는 경우

㉥ 그 초과액을 금전으로 지급받는 경우(이러한 청산금을 지급받는 것은 종전부동산의 분할양

도로 본다)

따라서 그 지급을 받는 때(재화의 공급이 확정되는 때)에 부가법 제9조에 따라 재화의 공급으로 보아 정비사업조합으로부터 부가가치세를 거래징수하여 신고·납부하여야 하는 것이며 (서면3팀-920, 2007.03.28.), 대가로 받은 금액에 부가가치세가 별도로 표시되어 있지 않거나 불분명한 경우에는 거래금액 또는 영수할 금액의 110분의 10에 상당하는 금액을 해당 부가가치세로 거래징수하여 납부하여야 하고, 해당 거래금액에 부가가치세를 별도로 구분하여 징수할 것인지 또는 거래금액에 포함하여 징수할 것인지는 계약당사자 간 계약에 의하여 결정할 사항으로 상기 유상이전분 중 상가 등 부가가치세 과세대상 건축물에 대한 공급가액의 계산은 부가령 제64조에 따라 안분계산하여야 한다.

4) 조합의 초과부담금 등에 대한 부가가치세 과세

조합사업의 경우 일반적으로 총사업비를 일반분양수입으로 충당하되 잔여부분에 대해서는 조합원들에게 배분하고, 충당하고도 부족한 부분에 대해서는 조합원들이 분담금으로 하여 추가로 부담하게 되는데 이 분담금의 성격에 대해서 여러 가지 설이 있다.

가. 환지처분에 의한 청산금

조합이 조합원에게 분양하는 것은 환지처분 또는 최종소비자(주택의 경우)로 보아 재화의 공급에 해당하지 아니한다.

① 조합원이 최종소비자로서 조합의 명의를 빌려 자기건물을 직접 신축하는 것으로 본다면 종전면적보다 증가하여 신축하는 것은 조합원이 자기건물을 더 넓게 신축하는 것이므로 재화의 공급에 해당하지 않는다.

② 환지처분으로 보는 경우의 증가환지처분에 해당하며 종전면적보다 증가하여 환지되었다하더라도 그 환지를 종전의 토지로 본다는 효과에는 아무런 영향이 없다

나. 현금출자

조합원이 조합에 투자하는 행위를 자본출자로 본다면 종전토지 등은 현물출자에 해당하고 조합원분담금은 현금출자에 해당한다. 조합은 출자받은 재산으로 건물을 신축하여 조합원에게 출자지분을 현물로 반환하는 것으로 본다. 법인 또는 공동사업자가 출자지분을 현물로 반환하

는 것은 재화의 공급에 해당되므로 조합이 출자지분을 현물로 반환하는 것은 부가가치세가 과세되게 된다.

다. 건물분양대가

조합원분담금은 종전보다 증가된 분양면적에 대한 대가라고 볼 수 있는데, 증가된 건물에 대한 대가라면 조합원분담금은 부가가치세 과세대상이 된다. 조합원이 조합에게 현금을 주고 증가된 부분에 대한 건축물을 공급받는 것이 되기 때문이다. 따라서 재화의 공급으로 당연히 과세가 되는 것이다. 이는 주택(국민주택 규모 초과분)이든 상가 등이든 상관없이 재화의 공급에 해당되어 과세되는 것이다.

위와 같이 조합원부담금의 성격을 어떻게 보느냐에 따라 과세대상 또는 비과세대상이 될 수 있는데, 과세대상으로 보는 이론도 현행 조특법 제104조의7 제3항에 따라 재화의 공급으로 보지 아니하고 있다.

부언하면, 조합원이 자기 건축물비용을 부담하는 경우의 금전은 자기의 사업을 위하여 지출하는 비용(출자금)으로 관리처분계획 내에서는 조합원분담금과 같이 수입금액에 산입하지 않는 것이 조세형평상 타당할 것이므로 정비사업으로 인하여 관리처분계획에 따라 처분되는 분양가액의 범위 안에서 구 부동산의 지분가액이 정비사업으로 처분되는 상가 등의 분양가액에 미달하여 지급하는 조합원의 부담금(정산금 등) 부분 및 구 건축물의 면적을 초과하여 분양한 부분에 대하여는 재화의 공급으로 볼 수 없다(부가46015-2591, 1998.11.21.; 서면3팀-399, 2005.03.23.; 부가46015-2473, 1998.11.02.).

5) 정비사업조합의 매입세액 공제

가. 조합원분양분의 매입세액 불공제

정비사업조합이 정비사업을 시행하여 관리처분계획에 따라 조합원에게 공급하는 주택 및 상가 등의 신축과 관련하여 부담한 매입세액은 자기(정비사업조합)의 매출세액에서 공제되지 아니한다. 이처럼 정비사업의 사업시행자(정비사업조합)가 부가가치세가 과세되지 아니하는 사업 또는 부가가치세가 면제되는 사업과 관련하여 지출한 비용과 관련된 매입세액은 사업시행자의 매입세액으로 공제되지 아니하는 것이 원칙이기 때문이다.

나. 일반분양분의 부가가치세 매입세액 공제

조합은 정비사업 시행과정에 신축건물을 조합원이 아닌 일반분양자에게 공급하는 것은 조합구성원이 아닌 제3자와의 거래이며, 분양계약에 의하여 재화의 대가를 받고 양도하는 유상매매이므로 재화의 공급에 해당된다. 이 경우 조합원 외의 자에게 국민주택규모 이하의 주택 공급하는 분에 대응하는 신축관련 매입세액은 면세사업 관련 매입세액으로 불공제되고, 신축건물이 상가 및 국민주택규모 초과되는 주택의 건물에 대한 부분만 부가가치세가 과세가 되므로 그에 대응되는 매입세액(건설비 관련 매입세액 등)은 부가법 제38조에 따라 해당 조합의 매출세액에서 당연히 공제되어야 한다.

<재건축조합, 정비사업조합이 공급하는 건축물에 대한 과세 요약>

구 분	공급 대상	부가가치세 과세 여부	건설·취득관련 매입세액 공제	
			조 합	조합원 등[2]
조합원 분양[1]	국민주택	비과세	불공제	
	국민주택 초과	비과세	불공제	불공제[3]
	상가 등	비과세	불공제	공제[4]
	부속토지	비과세	불공제	
일반 분양	국민주택	면세	불공제	
	국민주택 초과	과세	공제	불공제[3]
	상가 등	과세	공제	공제
	부속토지	면세	불공제	

1) 관리처분계획에 따라 조합원에게 공급하는 것으로서 종전의 토지 등을 대신하여 공급하는 토지 및 건축물.

2) 조합원이 관리처분계획에 따라 이전받은 건축물에 대하여 구 부가칙 제18조에 따라 세금계산서를 수취한 경우 또는 조합원 외의 수분양자가 세금계산서를 수취한 경우.

3) 과세사업에 사용하지 않는 경우.

4) 구 부가칙 제18조에 따라 상가분양분에 대한 세금계산서를 수취하고 과세사업을 위하여 사용하는 경우.

다. 관리처분계획인가나 변경이 있는 경우 공통매입세액안분계산 및 정산

과세사업과 면세(비과세)사업을 겸영하는 정비사업조합이 실지귀속을 구분할 수 없는 건축설계 및 건설용역 등과 관련된 공통매입세액이 발생한 경우 사업계획승인 고시 등에 따라 그 공통매입세액이 발생한 과세기간마다 예정사용면적비율이나 예정공급가액의 비율로 부가령 제81조에 따라 안분하고, 관리처분계획이나 관리처분계획변경인가가 있는 과세기간과 그 이후 관리처분계획변경인가가 다시 있는 과세기간 전까지는 그 계획 및 변경계획에 따른 변동비율(이 비율은 확정된 정산비율이 아닌 각 과세기간별 안분계산에 불과하다)을 적용하고, 해당 사업이 종료되거나 분양등이 모두 종료된 경우 확정된 면적비율 또는 확정된 공급가액비율(전 과세기간의 과세 및 면세공급가액으로 계산된 비율)로 정산한다는 것이 국세청의 해석이다(법규과-1326, 2011.10.07.). 다만, 각 과세기간마다 부가령 제81조에 따라 안분계산하지 아니하고 전액 불공제하여 신고한 경우 각 과세기간의 해당 공통매입세액에 대하여 국기법 제45조의2에 따른 경정청구할 수 있고 부가령 제82조에 따라 정산하지 아니한 경우에도 정산하지 못한 과세기간에 대하여 경정청구할 수 있다(서면법규과-1284, 2013.11.27.).

그러나, 국세청의 입장과 다르게 조세심판원은 불충분한 공통매입세액 안분계산은 관리처분계획 변경 인가 등 추후 계속 변동되는 예정사용면적에 따라 해당 과세기간의 공통매입세액을 안분계산하고, 사용면적이 최종적으로 확정되는 과세기간 확정신고 시 정비사업과 관련된 전체 공통매입세액을 확정된 사용면적에 따라 정산하는 것이 사업초기에 불공제한 매입세액을 수 개의 과세기간이 지나 조합이 해산되기 직전 총사용면적이 확정되는 시점에 정산하는 것보다 더 합리적이라고 납세자에게 유리한 결정하였다(조심2012서2267,2013.01.09.; 조심2009서3619, 2009.12.21.).

만약 정비사업조합이 각 과세기간별로 건축비 관련 공통매입세액을 전부 불공제하여 신고한 경우 조세심판원 결정에 따르면 사업계획승인 등에 따라 과세기간별로 안분계산하고, 관리처분계획인가 및 변경이 있을 때마다 정산하여 경정청구 또는 수정신고하여야 하며, 국세청 회신에 따르면 사업계획승인, 관리처분계획인가 및 변경 시 그 과면세예정비율에 따라 안분하고 분양이 종료되거나 사업종료 시에 확정된 과면세비율에 따라 정산한 내용에 따라 심판결정에 따르면 관리처분계획인가 및 변경 시마다 경정청구 또는 수정신고하여야 한다.

6) 조합원들에 대한 매입세액공제

가. 정비사업조합의 조합원인 경우

정비사업조합의 일반분양분에 대하여는 정비사업조합이 신축 및 분양의 당사자로서 세금계산서를 수수하고 일반분양에 대한 매출세액과 신축관련 매입세액을 차가감하여 부가가치세를 납부하게 된다.

다만, 조특법 104조의7 제3항에 따라 관리처분계획에 따라 조합원에게 공급되는 신축건물에 대하여 재화의 공급으로 보지 않는다고 규정하여 조합을 하나의 도관으로 취급하고 있으므로 조합이 해당 매입세액을 공제받을 수 없나. 조합원들은 자가건축과 관련되어 거래징수당한 건설매입세액을 직접 공제받아야 하는데, 공제받기 위해서는 건설사로부터 개별적으로 건설대가를 지급하고 직접 세금계산서를 발급받거나 조합이 건설사로부터 건설관련 세금계산서를 수취하여 실부담인 조합원들에게 아래와 같이 세금계산서를 발급함으로써 과세사업자인 조합원들이 매입세액공제를 받을 수 있도록 유권해석으로 운용해 오고 있다.

> **▌조합원 분양분 상가등에 대한 매입세액공제 방법 회신**
>
> 사업시행자인 정비사업조합이 시공자 등으로부터 해당 상가의 건설용역 대가에 대하여 세금계산서를 발급받은 경우 그 발급받은 세금계산서상 공급가액의 범위 안에서 실제로 해당 건설용역을 공급받은 조합원(관리처분에 의해 상가를 분양받은 조합원)에게 해당 조합원이 부담한 현금·토지 등의 비용을 기준으로 부가령 제69조제15항에 따라 세금계산서를 발급할 수 있는 것이며, 조합원은 해당 매입세액이 자기의 과세사업과 관련된 경우에는 자기의 매출세액에서 공제받을 수 있다(서면3팀-1707, 2005.10.06.).
>
> 이 경우 조합이 발급한 세금계산서의 공급가액은 그 조합의 부가가치세 신고 시 과세표준에 포함하는 것이며 시공사로부터 발급받은 세금계산서의 매입세액 중 조합원에게 발급한 세금계산서에 대응되는 세금계산서의 매입세액은 조합의 매출세액에서 공제받을 수 있다(법규과-698, 2013.06.19.).

나. 정비사업조합이 아닌 조합의 조합원인 경우

도시정비법 등을 적용받지 아니하는 조합(이하 "임의조합"이라 한다)도 그 실체가 인정되는 경우(민법상 조합 및 1거주자로 보는 단체 포함) 신축 및 분양의 당사자로서 세금계산서를 수수하고 조합원 외의 자에게 분양함에 따른 매출세액과 신축관련 매입세액을 차가감하여 부가가치세를 납부하게 된다.

다만, 조합원 분양분에 있어서는 해당 임의조합이 독립적인 (법적)실체로 볼 수 있느냐, 민법상 조합이냐, 독립된 실체가 아닌 도관으로 보아야 하느냐에 따라 세무처리가 달라진다.

독립적인 실체로 파악하고 있으면 재화의 공급으로 보아 관련 건설관련 매입세액을 공제받을 수 있는 것이고, 하나의 도관으로 보아 실체를 인정받지 못하면 재화의 공급으로 보지 않게 되어 임의조합은 건설관련 매입세액을 공제받을 수 없게 된다. 후자의 경우에는 조합원이 직접 시공사와 거래관계를 맺어서 세금계산서를 수취하고 발급받아 매입세액공제를 받아야 할 것이다. 즉, 위 "가"와 동일하게 처리될 수 있다.

조합원들이 조합을 결성하여 신축된 건축물의 자가사용부분은 도관으로, 일반분양분은 민법상 조합이 행한 것으로 보아 조합이 이부분에 대하여 세금계산서 수수의 주체로 인식할 수 있는지에 대하여 과세관청의 명확한 해석이나 입장은 없어 보이고 단지 보수적으로 실무상은 자가사용분을 포함한 전부를 공동사업으로 보아 과세하려고 한다.

다. 현행 공동매입 유추적용 규정의 문제점

조합은 시공사로부터 세금계산서를 발급받은 과세기간과 동일한 과세기간 내에 조합원들에게 세금계산서를 발급하여야 조합원들이 해당 매입세액을 공제받을 수 있다. 그러나 조합들이 이러한 내용을 모르거나 귀찮아하여 세금계산서 발급시기가 경과되어 조합원들이 건설매입세액을 공제받지 못하는 경우가 많이 발생한다.

우선 매입세액을 공제받을 수 있는 세금계산서 지연발급시기가 세금계산서 발급시기가 속한 과세기간의 확정신고기한 경과 후 6개월 이내로 개정되었고, 2022년부터는 1년으로 연장되었음에도 유권해석은 과세기간 내에 발급이라는 해석에서 벗어나지 못하고 있다. 조합의 건설관련 공동매입 세금계산서 발급시기를 탄력적으로 운용하여 조합원들이 거래징수당한 부가가치세를 공제받도록 하여야 한다.

조합원들이 자기사업과 관련하여 발생한 건설매입세액 등을 형식적 불비로 매입세액공제를 불허하는 것은 지나친 국고주의적 해석이다. 법령으로 보완하거나 신속한 해석변경이 필요한 부분이다.

(4) 양도소득세 과세

1) 조합원 출자의 경우

일반적으로 조합에 대해서 조합원이 출자를 하는 것은 양도에 해당하지만 주택재건축정비사업조합 또는 주택재개발정비사업조합의 경우에는 일반적인 조합의 경우와 다르게 판단한다.

도시정비법 및 세법은 주택재개발·재건축사업에서의 정비사업조합에 대한 출자를 환지처분의 일부로 보므로 환지처분은 소득세법상 양도가 아닌 것으로 파악하고 있다.

또한 현물출자의 가액에 대한 평가도 도시정비법에 따라 "분양대상자별 종전의 토지 또는 건축물의 명세 및 사업시행인가의 고시가 있는 날을 기준으로 한 가격(사업시행인가 전에 도시정비법에 따라 철거된 건축물의 경우에는 시장·군수에게 허가받은 날을 기준으로 한 가격)"을 기준으로 하고 있다. 이는 현재 우리법 체계내에서 정비사업조합에 대해서는 도관임을 인정하고 있는 사례라 할 것이며, 현물출자 당시의 시가를 기준으로 현물출자액을 평가하겠다는 뜻으로 파악된다.

2) 조합이 조합원에게 새로운 부동산을 양도하는 경우

조합이 관리처분계획에 따라 조합원에게 새로운 부동산을 양도하는 것은 조합원의 출자에 대응하여 그 출자 부분을 돌려주는 부분(즉, 조합원 분양분 내 조합원 출자가액과 합치된 부분), 출자 부분을 초과하여 조합원에게 이전하는 부분(조합원 분양분 내 출자가액을 초과한 부분)이 있을 수 있다. 정비사업조합을 도관으로 파악한다면 전자의 경우 양도로 볼 수 없을 뿐만 아니라 세법이나 도시정비법 모두 양도로 파악하지 않는다.

다만, 후자는 일반분양에 의해 취득한 부동산이나 관리처분계획에 따른 조합원 분양분 외로 취득한 부동산에 대해서는 조합원에게 양도소득세 부담의무가 있다.

쟁 점	세무처리 요약
① 정비사업으로 조합원이 취득하는 신규 부동산의 취득시기	㉠ 토지 : 조합원의 당초 취득시점 ㉡ 신건물 : 완성시점 즉 청산금 등의 납입일 　※ 대법92누12735, 1993.09.14.
② 환지과정의 환지청산금	㉠ 지급분 : 종전 부동산의 분할양도 ㉡ 납부 : 신건축물에 대한 자본적 지출 내지는 추가출자금
③ 관리처분계획상 종전 부동산을 대신해 공급하는 건축물(당초지분 초과분)	종전 부동산평가액과 추가불입청산금(현금 출자금) 범위내에서 재화의 공급이 아님
④ 종전 부동산의 현물출자	㉠ 임의조합에의 출자는 과세(부가가치세 및 양도소득세) ㉡ 정비조합 등에의 출자는 과세 제외 　※ 서면4팀-1281, 2007.04.20.; 서울고법2011누34810, 2012.07.06.
⑤ 관리처분계획 인가 후 동, 호수 변경	㉠ 관리처분계획의 변경으로 인한 변경 : 양도 아님 ㉡ 관리처분계획에 의하지 않은 임의 변경은 교환거래로 양도임 　※ 재산세과-765, 2009.04.17.
⑥ 관리처분계획 인가 후 조합원 입주권 포기하고 받는 청산금	조합원입주권의 취득 후 양도로 봄(기획재정부 재산세제과-26, 2013.01.10.)
⑦ 협의매수에 의한 종전부동산의 양도	공익사업법에 따른 부동산의 양도는 부가세 과세대상 아니나, 사업인정 고시 전에 협의매수에 의한 양도는 부가가치세 과세대상임(사전-2017-법령해석부가-0891, 2018.01.12.)
⑧ 정비사업조합에 토지제공 후 받는 청산금의 양도시기	도시정비법에 따라 토지를 제공하고 청산금을 수령하는 경우 양도시기는 잔금 청산일이 되는 것임
⑨ 정비사업조합의 조합원이 무상으로 지급받는 이사비용	해당금액이 일반분양분과 조합원분양분 으로 배분되는 경우에는 일반분양분에 배분된 금액은 배당소득(소득세과-579, 2010.05.18.)
⑩ "출자토지평가액>신축 아파트가액"에 따라 조합이 조합원에게 지급하는 금전의 성격	조합은 동 지급액을 그 조합원에 대한 출자의 감소로 처리(법인세과-669, 2009.02.18.)

(5) 제2차 납세의무의 특례

정비사업조합이 관리처분계획에 따라 해당 정비사업의 시행으로 조성된 토지 및 건축물의 소유권을 타인에게 모두 이전한 경우로서 그 정비사업조합이 납부할 국세 및 강제징수비를 납부하지 아니하고 그 남은 재산을 분배하거나 인도한 경우에는 그 정비사업조합에 대하여 체납처분을 집행하여도 징수할 금액이 부족한 경우에만 그 남은 재산의 분배 또는 인도를 받은 자가 그 부족액에 대하여 제2차 납세의무를 진다. 이 경우 해당 제2차 납세의무는 그 남은 재산을 분배 또는 인도받은 가액을 한도로 한다(조특법§104의7 ④).

> ※ 본 규정은 조합이 설립목적 달성 후에도 조세회피를 위해 해산하지 않는 경우 조세채권을 확보할 수 있도록 보완한 것으로 2004년 01월 01일이 속하는 과세연도분부터 적용

(6) 정비사업조합의 회계처리

가. 개요

정비사업조합의 회계처리에 대하여는 대체로 국토교통부가 제정한 정비사업조합 표준정관에 의거 기업회계기준에 따라 회계처리하고 있으며, 별도의 체계를 갖춘 독립적 회계처리기준은 존재하지 않는다. 정비사업조합의 경우 조합의 비영리성, 정비사업조합은 청산을 가정하기 때문에 계속기업 회계공준 유지불가, 이해관계자의 회계정보 수요의 차이 등으로 한국채택국제회계기준 및 일반기업회계기준과 같이 일반 영리기업에 적용되는 회계기준을 그대로 적용하기는 어렵다고 본다.

또한 도시정비법 제76조, 제77조, 제81조제1항, 동 시행령 제68조 및 동 시행규칙 제22조제1항에 따르면 재무제표에 대한 외부감사를 받아야 하고 이러한 감사는 도시정비법에서 규정하는 법적의무이다.

나. 공사비 및 부담금 등의 회계처리

재개발 또는 재건축사업은 주택신축이라는 하나의 사업을 위하여 조합원들이 모여 주택조합을 구성하고 조합원은 재산을 조합에 출자, 신탁, 환지처분하여 주택을 신축하고 신축주택을 조합원이나 일반인에게 분양한 후 잔여재산을 처분하여 조합원에게 분배하면 해산하게 된다. 이 과정에서 조합원 분양분과 일반분양분 아파트를 어떤 계정과목으로 재무제표에 계상할지는 다음의 방식이 있다.

① 조합원 아파트 공사비의 유형자산 인식

조합원아파트 공사비를 유형자산(공사 진행 중인 경우 건설중인 자산)으로 인식하고 일반 분양분 공사비는 재고자산으로 인식하며, 조합원 부담금은 현금 출자금, 조합원 소유 종전 재산은 현물 출자금(현물출자)으로 인식하는 방법으로서 조합과 조합원을 동일 실체로 보고 조합원이 자기 건물을 신축하여 일부 분양하는 것으로 보고자 하는 데에서 근거를 찾는다.

② 조합원 아파트 공사비의 재고자산 인식

조합원 아파트 공사비를 재고자산(조합원분양 아파트, 공사 진행중일 경우 미완성 건물)으로, 일반분양 아파트 공사비는 재고자산(일반분양 아파트)로 처리한다. 조합원 부담금은 분양 선수금으로 처리하고 분양수입금을 인식하며 조합원 종전 재산도 마찬가지로 인식한다. 이는 청산을 가정으로 하는 정비사업조합의 특성에 비추어 조합원 아파트는 영업활동용 자산인 유형자산보다 재고자산으로 보는 것이 더 타당하다는 데에서 근거를 찾는다.

다만 이 방법은 일반분양수입만을 부가가치세 또는 법인세 과세대상으로 세법체계에 맞지 않아 그 차이에 대한 세무조정이 필요하고 국민주택 초과 아파트 및 상가 일반분양분에 대한 부가가치세 부과는 별도로 판정하여야 한다.

(7) 도시정비법상 공동사업시행 시 공동사업 해당 여부

주택건설사업을 공동으로 시행하는 주택조합(토지소유자들의 조합)과 등록업자(건설업자)는 단순한 도급인과 수급인의 관계에 그치는 것이 아니라 공동으로 주택건설사업을 시행하기 위하여 **민법상 조합에 유사한 단체를 결성**한다고 보아야 한다. 따라서 주택건설사업의 공동사업 주체들이 공동사업계약을 체결하면서 그 계약체결 이전에 공동사업주체들 중 1인과 제3자 사이에 이루어진 법률행위를 공동사업의 목적을 달성하는 데 필요한 행위로 인정하고, 그 법률행위에 기하여 제3자로부터 취득하게 되는 권리를 그 공동사업에 이용하기로 하는 한편 제3자에 대하여 부담하기로 한 채무를 이행하기로 약정한 경우, 이는 그 법률행위에 의하여 제3자에게 부담하고 있는 채무를 민법상 조합에 유사한 단체로서의 공동사업주체들 전원이 병존적으로 인수하기로 하는 내용의 제3자를 위한 계약에 해당한다고 할 것이므로 그 제3자는 수익의 의사표시를 하고 공동사업 주체들 전원에 대하여 그 법률행위에 따른 권리를 행사할 수 있다 (대법원2005다52214, 2007.12.13.).

세법상 해석에서도 토지소유자들과 공동사업주체로 해당 사업을 시행하더라도 해당 공동사업주체간에 실질적인 공동사업 여부는 이익의 분배방법 및 비율이 정해져 있는지 등의 동업계약내용과 도급, 약정내용에 따라 판단하는 것으로, 위 건설업체가 단순히 토지소유자들에게 신축도급 용역만을 제공하고 그 대가를 받는 경우에는 그 대가에 대해서만 부가가치세 및 법인세를 과세하는 것이나, 분양된 토지 등의 양도차익이 실질적으로 해당 법인건설업체에게도 귀속하는 경우에는 부가가치세뿐만 아니라 법인세 등도 부담하는 것으로 해석하고 있다(심사부가1999-0202, 1999.05.21.; 부가46015-262, 1995.02.09.; 부가46015-270, 2001.02.07.).

(8) 도시정비법 주요 용어 정리

가. 관리처분계획

관리처분계획이란 정비사업구역 안에 있는 종전 토지 또는 건축물의 소유권과 지상권, 전세권, 임차권, 저당권 등 소유권 이외의 권리를 정비사업으로 조성된 토지와 축조된 건축시설에 관한 권리로 변환시켜 배분하는 일련의 계획으로 손실보상, 계약, 수용 등에 의한 취득, 청산 또는 권리의 해지로 소멸시키거나 이행하는 관리계획과 공공시설의 귀속 및 시행자에게 귀속된 대지 또는 건축시설의 처분에 관한 과정에 대한 계획이다.

> ※ 동 관리처분계획에는 분양설계, 분양대상자의 주소 및 성명, 분양대상자별 분양예정인 대지 또는 건축물의 추산액, 분양대상자별 종전의 토지 또는 건축물의 명세 및 사업시행인가의 고시가 있은 날을 기준으로 한 가격, 정비사업비의 추산액 및 그에 따른 조합원 부담규모 및 부담시기, 분양대상자의 종전의 토지 또는 건축물에 관한 소유권 외의 권리명세 등이 포함됨(도시정비법§74)

사업시행자가 위의 내용이 포함된 관리처분계획을 수립하여 조합시행의 경우 조합 총회의 결의를 거쳐 인가신청서를 시장·군수·구청장에게 접수하면 시장 등은 관계기관, 부서의 협의하고 제출된 의견서를 심사하여 이를 인가하고 이를 고시한 후 지체없이 분양신청자에게 인가내용을 통지한다(도시정비법§72~§82).

나. 청산금 징수 및 지급

대지 또는 건축물을 분양받은 자가 종전에 소유하고 있던 토지 또는 건축물의 가격과 분양받은 대지 또는 건축물의 가격 사이에 차이가 있는 경우 사업시행자는 이전고시가 있은 후에 그 차액에 상당하는 금액(이하 "청산금"이라 함)을 분양받은 자로부터 징수하거나 분양받은 자에게 지급해야 한다(도시정비법§89 ①).

다. 비용부담의 원칙 및 예외

재건축사업비는 도시정비법 또는 다른 법령에 특별한 규정이 있는 경우를 제외하고는 사업시행자가 부담한다(도시정비법§92 ①). 시장·군수등이 아닌 사업시행자가 시행하는 재건축사업의 정비계획에 따라 설치되는 아래 시설에 대하여는 그 건설에 드는 비용의 전부 또는 일부를 부담할 수 있다(도시정비법§92 ②, 도시정비령§77).

> 도시·군계획시설 중 도로, 공원, 상·하수도, 공원, 공용주차장, 공동구, 녹지, 하천, 공공공지, 광장에 해당하는 주요 정비기반시설 및 공동이용시설·임시거주시설

라. 정비기반시설 관리자의 비용부담

시장·군수 등은 자신이 시행하는 정비사업으로 현저한 이익을 받는 정비기반시설의 관리자가 있는 경우에는 도시정비법 시행령 제78조로 정하는 방법 및 절차에 따라 해당 정비사업비의 일부를 그 정비기반시설의 관리자와 협의하여 그 관리자에게 부담시킬 수 있다(도시정비법§94 ①).

사업시행자는 정비사업을 시행하는 지역에 전기·가스 등의 공급시설을 설치하기 위하여 공동구를 설치하는 경우에는 다른 법령에 따라 그 공동구에 수용될 시설을 설치할 의무가 있는 자에게 도시정비법 시행규칙 제16조에 따라 공동구의 설치에 드는 비용을 부담시킬 수 있습니다(도시정비법§94 ②, ③).

마. 재건축부담금의 의의

"재건축부담금"이란 재건축초과이익 중 「재건축초과이익 환수에 관한 법률」에 따라 국토교통부장관이 부과·징수하는 금액을 말하며, 국토교통부장관은 재건축사업에서 발생되는 재건축초과이익을 재건축부담금으로 징수해야 합니다(재건축초과이익 환수에 관한 법률§2 3호, §3).

바. "소규모재건축사업"과의 구분

"소규모재건축사업"이란 정비기반시설이 양호한 지역에서 소규모로 공동주택을 재건축하기 위하여 빈집정비법에서 정한 절차에 따라 아래 지역에서 시행하는 정비사업을 의미하며, 도시정비법에 따른 재건축사업과는 구분된다(빈집정비법§2조 ① 3호 및 빈집정비령§3 3호).

> **▌ 해당지역 : 도시정비법 제2조제7호의 주택단지로서 다음의 요건을 모두 충족한 지역**
>
> - 해당 사업시행구역의 면적이 1만㎡ 미만일 것
> - 노후·불량건축물의 수가 해당 사업시행구역 전체 건축물 수의 2/3 이상일 것
> - 종전주택의 세대수가 200세대 미만일 것

3. 조합설립추진위원회

(1) 조합설립추진위원회 개요

가. 조합설립추진위원회의 의의

도시정비법에 따른 정비사업의 시행자는 주로 정비사업조합이 되며 동 정비사업조합의 전 단계 조직으로 추진위원회가 있으며 동 추진위원회는 정비사업과 관련된 일반적인 준비행위를 하고 그 행위의 결과가 정비사업조합에게 승계되는 단체이다.

> **도시정비법 제31조 【조합설립추진위원회의 구성·승인】**
>
> ① 조합을 설립하려는 경우에는 제16조에 따른 정비구역 지정·고시 후 다음 각 호의 사항에 대하여 토지등소유자 과반수의 동의를 받아 조합설립을 위한 추진위원회를 구성하여 국토교통부령으로 정하는 방법과 절차에 따라 시장·군수 등의 승인을 받아야 한다.

나. 추진위원회의 구성과 기능 등

추진위원회 설립요건은 토지등소유자의 1/2 이상의 동의를 얻어 위원장과 추진위원을 구성한 후 시장·군수의 승인을 얻어야 하며 공정한 운영을 위하여 운영규정을 관보에 게시하여야 한다.

추진위원회와 정비사업조합 사이에 설립절차, 구성조직, 운영, 업무범위 등이 다르기는 하지만 정비사업의 시행을 목적으로 한 조직이고 추진위원회가 행한 업무와 관련된 권리와 의무는 조합이 포괄승계한다(도시정비법§31~§34).

다. 추진위원회의 인격(人格)

추진위원회는 운영규정 작성 및 위원장, 이사·감사 등을 선임하여 조직을 구성하므로 일정 단계를 거치면 조합설립인가를 받기 전이라도 사실상의 단체로서 조직과 실체를 가진 '비법인 사단'이라고 볼 수 있다.

이와 같이 추진위원회는 등기되지 아니한 사단으로서 도시정비법에 따라 시장·군수·구청장의 승인을 받아야 구성되는 단체이므로 국기법 제13조제1항제1호에 따른 '법인으로 보는 단체'로서 비영리법인으로 보는 것이 타당하다.

(2) 추진위원회의 정비사업조합 승계

도시정비법에서 추진위원회는 정비사업조합에 모든 업무를 포괄·승계하도록 명문화하고 있으며, 정비사업조합을 설립하고자 하는 자는 추진위원회를 구성하여 승인을 받아야 하므로 해당 추진위원회는 정비사업조합 설립의 전제조건이 된다(도시정비법§34 ③).

추진위원회의 경제적·법률적 효과는 정비사업조합에 승계되는 것이고, 추진위원회 구성의 절차적인 부분이 무효라면 정비사업조합의 설립도 당연히 무효에 해당하는 것으로 추진위원회는 별도의 청산절차를 거칠 필요가 없으며, 이월결손금 등의 경우에도 당연히 정비사업조합에 승계되는 것이다.

국토교통부에서도 추진위원회와 정비사업조합은 형식에 있어서는 하나의 단체가 아니지만 그 실체에 있어서는 하나의 단체로 보아야 할 것이라고 보았다.

(3) 사업자등록

도시정비법에 따른 조합설립추진위원회는 국기법 제13조에 따른 법인으로 보는 단체로 정비사업을 시행하면서 정비사업 중에 일반분양(상가 및 국민주택 초과분 분양)이 있는 경우 부가법 제8조에 따른 사업자등록을 하여야 한다(서면3팀-1506, 2007.05.16.). 또한 해당 조합설립 추진위원회가 행한 업무와 관련된 권리와 의무를 조특법 제104조의7제2항에 따른 정비사업조합이 포괄승계하는 경우에는 그 조직을 변경한 것으로 보므로 사업자등록 정정신고를 하여야 한다(부가집행기준 5-7-1).

부언하면, 부가가치세법상 추진위원회와 정비사업조합은 법률적으로는 추진위원회가 정비사업조합으로 조직이 변경된 것이고 실질에 있어서 동일한 실체로 보는 것이 타당하며, 실무적으로도 납세자의 편의를 도모할 수 있으므로 두 단체는 동일한 하나의 납세자에 해당하여 사업자등록정정 사유로 보는 것이 타당하다(서면3팀-1506, 2007.05.16.).

(4) 추진위원회 기간 동안 발생한 비용의 회계처리

추진위원회는 조합설립목적을 가지고 있는 비영리조직으로서 조합설립을 위한 기본적인 작업인 기본설계안, 정비구역지정을 위한 도시설계 및 조합설립을 위한 조합원 동의서 징취 및 각종 안건 추인을 위한 주민총회 업무를 정비사업자에게 대행하게 하면서 대행사업비와 운영비, 총회비 등의 비용이 발생하게 된다. 또 이러한 비용을 포함한 업무와 관련된 권리와 의무는 도시정비법에 따라 조합에 포괄적으로 승계된다.

여기서 추진위원회 기간 동안 발생한 이들 비용을 자산화(선급비용 처리)할지 당기 비용(발생기간의 비용처리)으로 처리할 지에 대하여 이론이 있다. 물론 설계비 및 정비사업 대행사업비와 같이 재개발사업을 위한 연속적인 비용지출로서 당연한 선급비용처리대상인 항목에 대하여 자산화하는 것에는 이견이 없을 것이다.

하지만 앞서 살펴 본 바와 같이 추진위원회의 설립목적이 정비사업조합을 설립하여 정비사업을 수행하는 것이므로 추진위원회 단계에서 정비사업과 관련하여 발생한 모든 비용은 전액을 선급비용으로 처리한 후 조합이 공사원가 또는 기간비용으로 배분하는 것이 타당할 것이다.

(5) 조합설립추진위원회의 매입세액공제 여부

해당 추진위원회의 운영 및 업무는 안전진단, 정비사업전문관리업자 선정, 개략적인 사업시행계획서 작성, 기타 비용부담 관련 사항 등으로서 국민주택규모 초과 주택을 일반분양하거나 상가 분양을 하는 등 부가가치세 과세사업을 영위하는 경우에는 추진위원회는 부가가치세법상 과세사업자의 지위에 있는 것이므로 해당 사업과 관련하여 지출한 비용이 부가법 제39조에 따른 매입세액 불공제 항목이 아니라면 관련 매입세액은 공제가능하다(서면3팀-1506, 2007.05.16.).

4. 도시개발사업조합에 대한 세무처리

(1) 도시개발조합의 법적성격

특별법에 따라 설립된 법인으로서 「민법」 제32조에 규정된 목적과 유사한 목적을 가진 법인(이익배당할 수 있는 법인 제외)은 비영리법인으로 규정하고 있으며, 비영리법인은 경제적 이익을 도모하는 것이 아닌 사업, 즉 학술, 종교, 자선 기타 영리 아닌 사업을 목적으로 하는 법인을 말하는데, 여기서 '영리'란 단순히 이윤추구를 목적으로 영위하는 것에 그치지 않고 그러한 사업에서 발생한 이윤을 구성원에게 분배하는 것을 말한다.

도시개발조합은 「도시개발법」에 따라 설립된 법인으로서 체비지 매각대금, 청산금의 징수금, 부담금과 보조금 등은 해당 도시개발사업의 목직이 아닌 다른 목적으로 사용될 수 없으며, 도시개발사업의 목적으로 사용한 후 집행잔액은 지방자치단체의 특별회계에 귀속시켜야 하므로 발생한 이윤을 구성원인 조합원에게 분배하는 것으로 볼 수 없어 도시개발조합은 법인세법 제1조에서 규정하는 비영리법인에 해당한다(도시개발법 §15, §70 ②, ③).

※ 도시개발사업의 수익이 발생한 경우 현행법상 조합원에게 배분할 수 있어 영리법인적 성격도 가지고 있다.

(2) 도시개발조합에 대한 세법 적용

도시개발조합의 법인세법상 취급, 부가가치세 과세여부, 비영리법인 여부, 청산소득에 대한 과세 등 세법규정이 없어 유권해석에 의존하여 도시정비법상 주택재개발, 재건축사업의 경우에 준용하여 업무처리하고 있다.

1) 부가가치세법상 취급

도시개발조합의 조합원은 조합에 종전의 대지 또는 건축물 등 부동산을 제공하고 관리처분계획에 따라 장차 새로운 부동산을 취득할 권리를 취득하며 그 이후 분양처분에 의하여 새로운 부동산에 관하여 소유권을 취득하되, 종전 부동산에 대한 가액과 새로이 취득하는 부동산 가액과의 차액 상당액을 청산금으로 지급하는 것에 불과할 뿐, 조합원이 법인인 조합의 재산에 대하여 사적소유 형태인 지분권을 가진다거나, 조합의 이득에 대하여 분배를 받는 것이 아니다. 따라서 조합원이 조합에 종전의 대지 또는 건축물 등 부동산을 제공하거나 조합이 관리처분계획에 따라 새로운 부동산을 제공하는 것은 환지 또는 권리의 변환으로 보아 부가가치세 과세대상이 아니다(대법원90누509, 1990.06.22.).

사업구역 내의 지목변경, 토지교환·분합·형질변경, 도로나 공원 등의 공공시설 설치공사만을 수행한다는 정관을 가진 도시개발사업조합의 경우 부가가치세법상의 사업자등록이 불필요하고 동 정관상의 목적사업을 수행하면서 발생한 매입세액은 토지관련 또는 면세사업관련 매입세액에 해당하지 않으면 그 비용을 분담한 조합원이 공제받을 수 있다(도시개발법§41, §42; 대법원2004두7214, 2005.07.01.).

이는 일반법인에 대한 출자 및 출자의 반환으로 파악하여 종국적으로 조합원이 부담한 매입세액을 불공제함은 동 조합의 설립취지에 반하는 것이므로 동 조합을 도관으로 파악하여 조합원이 부담한 현금, 토지 등의 비용을 기준으로 부가령 제69조제15항에 따라 세금계산서를 발급하고 조합원은 해당 매입세액이 자기의 과세사업과 관련된 경우 자기의 매출세액에서 공제할 수 있도록 하려는 배려이다(서면3팀-1707, 2005.10.06.; 부가-1441, 2010.10.29. 등 다수). 다만, 도시개발사업조합이 위 사업범위를 넘어 실질적인 분양사업까지 영위하는 경우에는 사업자등록을 하여야 하고 분양수입(부가가치세 과세분)에 대응하는 매입세액은 자기의 매출세액에서 공제받을 수 있다.

2) 법인세법상 취급

도시개발조합은 비영리법인으로 보아 정비사업조합과 동일하게 법인세법을 적용한다. 도시개발조합이 환지계획에 따라 조합원에게 공급하는 토지 또는 건축물 중 자본 또는 출자의 납입을 제외한 부분 즉 일반인에게 분양되는 부분(체비지 매각수익, 이자소득, 수익사업 관련 고정자산처분수익) 등에 대하여는 순자산증가설에 따라 동 조합의 익금으로 본다.

> ▌구 도시재개발법상 원고조합이 법인세법상 비영리법인에 해당하는지 여부
>
> 정관에 따라 잔여재산인 이 사건 보류시설 분양대금을 해산 당시 조합원에게 종전 토지 등의 가액의 비율에 따라 분배하였다는 사정만으로는 원고 조합을 비영리내국법인이 아니라고 할 수는 없다. 원고 조합이 관련 규정에 따라 이 사건 보류시설을 일반 분양한 것은 조합 해산 전에 이미 종결된 부동산수익사업을 계속 영위한 것이 아니라, 해산일 이후에 잔여재산인 이 사건 보류시설을 환가하여 조합원들에게 분배하기 위한 것이어서 이 사건 보류시설의 분양수입대금은 비영리내국법인인 원고 조합의 청산소득에 해당하므로 법인세과세대상이 아니다(대법원2004두7214, 2005.05.27.).

(3) 조합원 부담 추가 사업비(정산금) 등의 원가인식

1) 기업회계기준 입장(건설업자인 조합원일 경우)

회사(조합원이면서 건설업자)를 비롯하여 다수의 토지소유주들이 합의하에 도시개발사업을 목적으로 관할 관청으로부터 인가를 받은 독립적인 실체인 도시개발사업조합이 환지방식의 도시개발사업(토지정지 및 개발업)을 시행하고 있는 경우로서 건설업을 주된 사업으로 하고 있는 회사는 도시개발사업의 공사수행을 비롯한 동 사업에 따르는 일체의 시행업무를 대행하는 용역을 조합으로부터 도급받는 계약을 체결하고 토지에 대한 도시개발사업 시공과 그 대지 위에 공동주택을 시공하여 분양하는 자체사업을 병행 추진하는 경우, 동 조합은 도시개발사업을 위하여 관할 관청으로부터 인가 받은 사업계획상의 사업비 전체금액으로 싱기 용역계약을 체결하였으며, 회사는 동 용역제공에 따른 대가로 체비지를 지급받고 도시개발사업의 인가 받은 사업비를 초과하는 추가적인 공사비가 발생할 것으로 예상되는 경우 인가받은 사업계획서상의 사업비를 초과하는 추가적인 공사비의 회계처리방법에 대하여 도시개발사업을 '타조합원의 환지예정지에 대한 부분'과 '회사의 환지예정지에 대한 부분'으로 구분하여, '타조합원의 환지예정지에 대한 부분'은 타조합원에 대한 도급공사로 회계처리하고, '회사의 환지예정지에 대한 부분'은 회사의 공동주택사업의 수행으로 회계처리하며, 추가적인 공사비를 '타조합원의 환지예정지에 대한 부분'과 '회사의 환지예정지에 대한 부분'으로 구분하여, '타조합원의 환지예정지에 대한 부분'은 도급공사 원가의 증가로 회계처리하고, '회사의 환지예정지에 대한 부분'은 공동주택사업 원가의 증가로 회계처리한다(회계기준원 05-041, 2005.11.25.).

2) 판례의 입장

가. 청산금 지급이 양도대가인지

「도시개발법」에 따른 사업시행방식에 있어 도시개발조합의 조합원이 각자 지분권을 가지고 지분권의 양도가 가능하지만 조합 해산 시 잔여재산을 분배받음이 없이 토지의 정리작업과 공공시설 설치로 사업목적이 종료되며 이 과정에서 토지소유자로부터 추가사업비를 징수하는 것은 기존 토지소유자에게 종전 토지를 대신하여 새로운 토지를 환지받게 되는 과정에서 신·구 토지의 권리변환의 성질을 가지고 그 권리로서의 동일성을 유지되는 것이므로 양도의 개념이 성립할 수 없다(대법원2002두6149, 2004.06.11.).

나. 조합원 청산금의 익금 산입 여부에 관한 판단

비영리내국법인에 대하여는 부동산 양도소득 외에 각 사업연도의 소득에 대해서만 법인세를 부과하는데, 여기서 각 사업연도의 소득은 수익사업에서 생기는 소득을 말한다. 그리고 2003.06.30. 이전에 주택건설촉진법에 의하여 조합설립 인가를 받은 재건축조합으로서 도시정비법에 따라 법인으로 등기한 조합이 법인세법에 따라 법인세 신고를 한 경우에는 해당 사업연도부터 비영리내국법인으로 보아 법인세법을 적용한다(조특법§104의7 ①, ②). 이하에서는 (전환)정비사업조합, 도시개발조합 모두 같은 법적 성격을 가지고 있으므로 이를 구분하지 않고 설명하기로 한다.

법인세법상 비영리내국법인에 관한 규정이 적용되는 전환정비사업조합이 조합원들에게 토지 및 건축물을 분양하여 얻은 수입이 비영리법인의 과세대상인 각 사업연도의 소득, 즉 수익사업에서 생기는 소득에 해당하는지 여부에 관하여 보건대, 조특령 제104조의4에서는 도시정비법상의 정비사업조합이 해당 정비사업에 관한 관리처분계획에 따라 조합원에게 종전의 토지를 대신하여 토지 및 건축물을 공급하는 사업은 수익사업이 아닌 것으로 본다고 규정하고 있는바, 위 사업에서 어떠한 소득이 생기더라도 이는 법인세 과세대상인 수익사업에서 생긴 소득이라고 할 수 없으므로 이에 대하여 법인세를 부과할 수 없다.

이에 대하여 국세청은 위 시행령에서 말하는 조합원분양사업은 재건축조합이 조합원에게 조합원 소유 종전 토지 및 건물과 동일한 가치의 토지 및 건물을 공급하는 경우만을 가리킨다고 주장하기도 하였으나, 위 시행령 규정을 그와 같이 축소 해석할 합리적인 근거를 찾을 수 없고, 오히려 이와 같이 해석한다면 조합원 분양사업의 익금과 손금은 항상 동일할 것이므로 조합원분양사업에 관하여 과세대상이 아니라고 특별히 규정할 이유도 없다.

또한, 내국법인의 각 사업연도의 소득은 그 사업연도에 속하는 익금의 총액에서 손금의 총액을 공제한 금액을 말하는데, 여기서의 익금은 해당 법인의 순자산을 증가시키는 거래로 인하여 발생하는 수익의 금액으로서, 자본 또는 출자의 납입은 익금에서 제외되고, 손금은 해당 법인의 순자산을 감소시키는 거래로 인하여 발생하는 손비의 금액으로서, 자본 또는 출자의 환급은 손금에서 제외되며, 구체적인 익금과 손금의 범위에 관해서는 법인세법 시행령에서 정하고 있다.

설령 국세청이 주장하는 바와 같이 재건축조합이 조합원에게 조합원 소유 종전 토지 및 건물과 동일한 가치의 토지 및 건물을 공급하는 경우를 제외한 나머지 경우를 수익사업으로 본다고 하더라도, 재건축조합이 조합원들에게 토지 및 건축물을 공급하고 조합원들이 종전에 소유하고 있던 토지 또는 건축물의 가격과 분양받은 대지 또는 건축물의 가격의 차액에 해당하는 청산금을 조합으로부터 수령하거나 조합에 지급하는 것을 법인세법이 정하는 조합의 '순자산을 증가 또는 감소시키는 거래'로 보아 익금 또는 손금에 산입할 것인지, 또는 출자의 납입 또는 환급으로 보아 제외시킬 것인지에 관하여 아래와 같은 이유에서 법인세 과세대상에서 제외함이 명백하다고 본다.

> 재건축조합의 사업은 조합설립에 동의한 토지 및 건물의 소유자들을 조합원으로 하여 이들로부터 토지 및 건물을 현물출자 받아 건물을 신축한 후 이를 조합원들에게 공급하는 사업인바, 조합원이 현물출자한 가액에 미달하는 토지와 건물을 공급받고 그 차액에 해당하는 청산금을 조합으로부터 수령하는 경우 그 청산금이 출자의 환급에 해당함은 분명해 보이므로 그 반대의 경우인 조합원이 현물출자한 가액을 초과하는 토지와 건물을 공급받고 그 차액에 해당하는 청산금을 조합에 지급하는 것은 추가적인 출자의 납입이라고 봄이 타당하다.
> 뿐만 아니라, 동 조합은 토지 등 소유자들을 구성원으로 하는 법인인 단체로서, 법인세법에서 말하는 익금은 법인의 순자산을 증가시키는 '거래'를 전제로 하는 것인데, 원고 조합과 그 조합원들 사이에 현물출자 외에 어떠한 별도의 '거래'가 있다고 보기도 어렵고, 법인세법 시행령에 의하더라도 위와 같은 청산금을 익금의 범위에 포함시킬 근거가 될 만한 규정을 찾을 수 없다. 따라서 원고가 자기 지분을 초과하여 분양을 받은 조합원으로부터 받은 조합원 청산금은 법인세 과세대상에서 제외된다(대법원2018두54040, 2018.12.06.; 부산고법2018누20238, 2018.07.20).

3) 국세청의 해석

도시개발사업조합(정비사업조합도 포함된다)이 도시개발사업을 수행함에 있어 당초에는 이에 소요되는 사업비를 체비지 매각대금 등으로 충당하고자 하였으나, 이후 추가 사업비가 발생하여 이를 사업비분담 약정에 따라 토지소유자인 조합원에게 토지면적 기준으로 안분하여 분담하게 하는 경우 해당 조합원이 부담한 사업비 분담금은 출자금에 해당한다(법인세과-315, 2012.05.22.).

조합원이 관리처분계획에 따라 자기지분에 상당하는 신축 상가 등을 공급받으면서 납부한 추가부담금은 소득법 제24조제1항에 따른 총수입금액에 해당하지 않는다. 그러나 자기지분 초과분에 대하여 조합원으로부터 받는 대금에 대해서는 조합의 총수입금액산입 대상이라는 것이 국세청의 해석이다(서일46011-11168, 2002.09.06.; 서일46011-10229, 2003.03.28.).

하지만 후단의 국세청 해석은 위 대법원 판례에 비추어 타당하지 않은 해석으로 조속히 삭제 내지는 정정해야 할 것이다.

5. 주택조합

(1) 주택조합의 정의

"주택조합"이란 많은 수의 구성원이 「주택법」 제15조에 따른 사업계획의 승인을 받아 주택을 마련하거나 「주택법」 제66조에 따라 리모델링하기 위하여 결성하는 다음의 조합을 말한다(주택법§2 11호).

① 지역 주택조합 : 다음 구분에 따른 지역에 거주하는 주민이 주택을 마련하기 위하여 설립한 조합

② 직장 주택조합 : 같은 직장의 근로자가 주택을 마련하기 위하여 설립한 조합

③ 리모델링 주택조합 : 공동주택의 소유자가 그 주택을 리모델링하기 위하여 설립한 조합

(2) 주택조합 사업개요

1) 조합의 설립과 절차 등

가. 지역주택조합의 설립등

많은 수의 구성원이 주택을 마련하거나 리모델링하기 위하여 주택조합을 설립하려는 경우(직장주택조합의 경우는 제외)에는 관할 특별자치시장, 특별자치도지사, 시장, 군수 또는 구청장의 인가를 받아야 한다. 인가받은 내용을 변경하거나 주택조합을 해산하려는 경우에도 또한 같다(주택법§11 ①).

나. 사업시행절차

토지 물색·선정

⇩

임의단체 구성 (조합추진위원회)

⇩

조합원 모집

- 토지확보(사용승락서)
- 조합규약 작성(조합원 전원 자필로 연명)

⇩

창립총회

⇩

주택조합설립 인가

- 건설예정세대수 1/2 이상 조합원 구성
- 건설예정대지 80% 이상 토지사용승낙서

⇩

(조합원 추가모집 승인)

- 사업계획승인 신청일까지

⇩

등록사업자와 협약체결

⇩

사업계획승인

- 자격을 갖춘 등록 사업자와 공동으로 신청
- 건설대지의 95% 이상 소유권 확보

⇩

등록사업자와 공사계약

- 조합총회 의결

⇩

착공신고

⇩

사용검사 및 입주

⇩

청산

⇩

주택조합해산 인가

- 조합원 동의 얻은 정산서 제출

2) 지역주택조합의 장단점

가. 장점

○ 일정한 자격이 되면 조합에 가입할 수 있으므로 주택청약통장이 필요 없고 청약 경쟁 순위에 관계없이 주택을 마련할 수 있다.

○ 조합원이 사업시행의 주체가 되어 직접 주택을 건설하므로 사업시행 이윤 절감 및 일반 분양주택에 비해 저렴한 비용으로 주택을 마련할 수 있다.

○ 조합원에게 주택을 우선 공급할 수 있으므로 잔여세대의 일반분양분 보다 양호한 호수를 배정받을 수 있다.

○ 재개발·재건축 조합과 비교하여 정비구역지정 및 관리처분계획 등이 생략되므로 절차가 보다 간소하다.

나. 단점

○ 지역주택조합의 주택건립은 토지소유자와 조합 간에 협의매수 하여야 한다. 토지사용권한의 미확보, 조합원 간의 분쟁 또는 조합 및 사업자 간의 분쟁 등으로 사업이 장기화될 수 있으며, 토지매입이 실패로 돌아가는 등 경우에 따라서 조합이 해산될 수도 있어 사업 추진 기간은 일정하지 않다.

○ 사업 장기화에 따른 추가 분담금 상승 및 조합 내부 분쟁 등으로 인한 정신적 금전적 피해는 조합원들에게 돌아가므로 조합가입에 신중을 요구한다.

○ 주택조합 사업은 조합원이 사업 진행 전반에 대하여 책임을 지는 사업이며, 한번 가입하면 임의탈퇴는 원칙적으로 불가하다.

3) 주택의 공급

가. 조합원 우선공급

주택조합(리모델링주택조합은 제외한다)은 그 구성원을 위하여 건설하는 주택을 그 조합원에게 우선 공급할 수 있으며, 직장주택조합에 대하여는 사업주체가 국민주택을 그 직장주택조합원에게 우선 공급할 수 있다(주택법§11 ⑥).

나. 조합주택 잔여분 일반분양

조합원에게 공급하고 남은 세대에 대하여는 일반에게 아래와 같이 분양할 수 있다.

① 분양세대가 30세대 이상 : 입주자모집공고 승인을 얻어 일반분양

② 분양세대가 30세대 미만 : 임의분양 가능

다. 청산 및 해산

입주 및 등기절차가 완료된 후 주택조합의 청산 및 해산절차를 밟게 된다. 조합규약에는
사업이 종결된 때의 청산절차, 청산금의 징수·지급방법 및 지급절차 등에 관한 사항들이 포함
되도록 하고 있으며, 해산은 이에 근거하여 시행한다.

(3) 지역주택조합의 성격

가. 주택조합의 법적 성격

① 주택조합이 공동주택 건설사업이라는 단체 고유의 목적을 가지고 활동하며 규약 및 단체로
서의 조직을 갖추고 집행기관인 대표자가 있고 의결이나 업무집행 방법이 총회의 다수결의
원칙에 따라 행해지며 구성원의 가입 탈퇴에 따른 변경에 관계없이 단체 그 자체가 존속하
는 등 단체로서의 중요사항이 확정되어 있는 경우에는 비법인사단이 된다(대법원2000다
18271, 2000.07.07.).

② 비법인사단인 주택조합의 대표자가 조합총회의 결의를 거쳐야 하는 조합원 총유에 속하는
재산의 처분에 관하여는 조합원 총회의 결의를 거치지 아니하고는 이를 대리하여 결정할
권한이 없다. 주택조합의 대표자가 행한 총유물인 건물의 처분행위에 관하여는 표현대리에
관한 규정은 준용되지 않는다(대법원2001다57679, 2002.02.08.).

③ 분양계약이 비법인사단인 주택조합의 대표자에 의하여 적법하게 체결된 경우, 그 책임은
독립한 권리의무의 주체인 주택조합에게 귀속되는 것이지 그의 구성원들인 주택조합을 제
외한 나머지 조합원들이 부담하는 것은 아니다.

④ 주택조합이 주체가 되어 신축·완공한 건물로서 조합원 외의 일반인에게 분양되는 부분은
조합원 전원의 총유에 속한다. 따라서 이러한 아파트의 분양방법에 관하여는 총유물의 관
리 및 처분에 관하여 주택조합의 정관이나 규약에 정한 바가 있으면 이에 따르고 그에 관한

정관이나 규약이 없으면 조합원 총회의 결의에 의하여야 하며, 이러한 절차를 거치지 않은 행위는 무효에 해당한다(대법원2005다52214, 2007.12.13.).

※ 2020.01.09., 김주덕 법무법인 태일 대표변호사, 월간 건축사, "지역주택조합아파트의 위험성과 대응방안" 중에서 일부 발췌

⑤ 도시정비법상의 조합과는 달리 법인등기를 강제하지 아니하므로 법인등기를 한 경우에는 **비영리법인**(비법인사단에 해당)에 해당하고, 그 외는 **공동사업자 또는 1거주자로 보는 단체**로 볼 수 있을 것이다.

나. 국세청의 해석

국세청은 일반분양수익이 조합원의 공사비에 충당되는 등 이익이 조합원에게 사실상 분배되는 경우에는 법인으로 보는 단체로 보지 아니하고 공동사업으로 보고 있다(재조세-717, 2007.06.11.; 법규부가2008-0100, 2009.01.07.).

그 밖에 지역 주택조합설립추진위원회도 법정단체가 아니라 임의단체로서 조합설립이 되면 소멸 또는 조직변경으로 조합에 승계되는 비법인사단으로서의 성격을 갖는다.

(4) 세무처리

① 주택조합 및 지역 주택조합설립추진위원회에 대한 회계처리는 앞서 언급한 법적 성격에 따라 정비사업조합이나 재개발조합 및 그 추진위원회와 동일하게 세무처리한다.

② 주택조합이 조합원의 공동명의로 취득한 대지위에 주택과 상가를 신축하여 조합원 또는 일반인에게 분양함에 있어 동 주택을 조합원에게 분양하는 경우에는 부가법 제9조의 재화의 공급에 해당하지 아니하여 부가가치세가 과세되지 아니하는 것이나, 잔여주택 및 상가를 일반인에게 분양하는 경우에는 동법 제9조에 따른 재화의 공급으로 부가가치세가 과세되며, 해당 주택이 국민주택규모 이하인 경우에는 부가가치세가 면제된다.

③ 아울러 주택조합이 부가가치세가 과세되는 사업을 영위하는 경우에는 조합명의의 사업자 등록을 하여야 하며, 자기의 과세사업을 위하여 사용되었거나 사용될 재화 또는 용역의 공급에 대한 세금계산서상의 매입세액은 자기의 매출세액에서 공제받을 수 있다(부가 22601-395, 1990.03.29.).

④ 지역 주택조합이 종전 토지 등의 소유자인 조합원에게 각자의 지분대로 거주목적의 주택

및 그 부수토지를 공급하는 것은 수익사업에 해당하지 아니하나 그 외의 일반분양 등의 경우 소득세(법인의 경우 법인세)가 과세된다.

6. 임의재건축조합

1) 의의

노후화된 주택을 헐고 새로운 주택을 취득하기 위해서는 도시정비법에 따른 재건축 또는 재개발사업을 하거나, 주택법에 따른 주택조합을 결성하여 수행하면 앞서 "1"부터 "5"까지에서 살펴본 바와 같은 조세상의 혜택을 받을 수 있을 수 있다.

그러나 소규모 조합원이 참여하는 재건축, 재개발 사업의 경우 행정절차 등의 복잡성, 주택법에 따른 주택건설업자의 등록 등의 어려움으로 인하여 이러한 절차의 필요없이 시공사의 자금조달과 일반분양분 수입금액을 통하여 공사비를 충당하는 사업형태로 진행하게 되는 바 이를 임의재건축사업이라 한다.

※ 출처 : 삼일아이닷컴, 2019. 8.27. 이강오 저, 임의재건축과 양도소득세 및 사업소득세 과세상 쟁점 일부

2) 임의재건축사업이 공동사업인지

도시정비법 등이 아닌 건축법을 적용받는 임의재건축조합은 1세대를 소유한 구주택소유자 등이 이를 공동사업에 현물출자하고 신축한 주택을 구주택소유자등이 1채씩 소유하고 잔여세대는 일반분양하여 건설비 등에 충당하는 방식으로 사업을 진행하며, 구주택 소유자등이 결성한 조합에 해당한다.

또한 「빈집 및 소규모주택 정비에 관한 특례법」(이하 "소규모주택정비법")을 적용받는 경우, 토지소유자들이 조합을 결성(시장·군수, 토지주택공사, 건설업자나 신탁업자 등과 공동으로 시행할 수도 있다)하고 사업시행계획인가를 받기는 하나, 법인설립 인가나 등기, 관리처분계획인가의 의무는 없으므로 이러한 경우에는 민법상 조합으로서 공동사업을 영위하는 것으로 보아 사업자등록을 하고 재건축사업을 진행하는 것이 보통이다(빈집정비법§16, §17, §29, §30). 관리처분계획이 없는 사업시행계획을 수립·인가받고 자율주택사업지구내 부동산을 신축하여 토지주들에게 배분하고 나머지는 일반분양 판매하는 등 자율주택정비사업 시행자로서 진행하

는 단체 또는 조합도 임의재건축조합과 성격을 같이한다.

2022.01.01. 이후 소규모주택정비법 제23조에 따라 설립된 조합은 비영리내국법인으로 보아 법인세법을 적용하고, 해당 정비사업에 관한 공사를 마친 후에 그 관리처분에 따라 조합원에게 공급하는 것으로서 종전의 토지를 대신하여 공급하는 토지 및 건축물은 재화의 공급으로 보지 아니하므로 이하에서는 2021.12.31. 이전에 설립된 소규모주택정비법에 따른 조합(임의재건축 조합 포함)을 의미한다.

따라서 위 두 조합은 민법상 조합으로서의 요건을 갖추고 있으므로 공동사업자로 보아 부가가치세법, 소득세법(종합소득세 및 양도소득세)을 적용한다.

3) 임의재건축조합 설립에 따른 양도소득세 과세문제

가. 종전부동산 이전에 따른 양도소득세 과세문제

20세대 미만의 임의재건축사업에서 토지소유자들이 종전부동산을 임의재건축조합에 현물 출자하고 새로운 주택을 1채식 소유하는 경우는 현물출자로 보아 양도소득세를 과세하지는 않는다. 반면 조합원 분양분과 더불어 일반분양하여 해당 분양수입금액으로 공사비로 충당(토지 일부가 건축비로 충당되는 경우는 양도세 과세됨)하는 방식으로 사업을 시행하는 경우 종전부동산의 조합 이전은 소득법 제88조 제2항 및 소득령 제152조에 따른 환지처분에 의하여 양도로 보지 아니하는 경우에 해당하지 아니하므로 유상의 현물출자로서 양도소득세가 과세된다(상속증여세과-23, 2013.03.29.; 재일46014-525, 1999.03.16.; 조심2015서1835, 2015.10.29.; 조심2011서 2406 , 2012.07.18.).

> ※ 공동사업자 각자가 거주할 목적으로 사용하는 1주택은 당해 공동사업장의 소득금액계산시 총수입금액에 산입하지 아니하는 것임(제도46011-10615, 2001.04.16.)

나. 자율주택정비사업에 종전부동산 출자시 양도소득세 과세

국세청은 주택 소유자들이 소규모주택정비법에 따라 공동으로 같은 법 제2조제1항제3호가목의 자율주택정비사업을 시행하면서 해당 공동사업에 주택과 그 부수토지를 현물출자하는 경우 소득법 제88조에 따른 양도로 해석하였다(서면-2017-법령해석재산-3139, 2018.09.27.). 소득법상 양도로 보지 않는 환지처분은 환지계획의 수립·인가 및 처분 등 법률에 근거한 환지처분을 의미한다고 본 것이다.

소규모주택정비법 제56조에서 소유권을 이전한 경우의 대지 및 건축물에 대한 권리 확정 등에 관하여는 도시정비법 제87조 환지의 규정을 준용하도록 하고 있는데 이는 소규모주택정비법 제56조가 「도시개발법」 제40조의 환지규정을 준용하고 있는 것으로 해석할 수 있다는 주장이 있을 수 있다.

그러나, 해당 규정은 주택의 정비 및 재건축에 따른 종전에 설정된 권리등의 승계에 관한 일반적이고, 포괄적인 규정으로 보아야 하고, 환지처분의 인가 및 시행방법 등 절차에 관한 자체 또는 준용규정을 두고 있지 않은 소규모주택정비법에서 도시정비법 제87조 제2항과 제3항은 실효적 의미가 없다고 보았으며, 본 건 자율주택정비사업은 관리처분계획 인가 등의 절차도 없는 순수한 자가건축 방식의 재건축 사업으로 소득법상 양도로 보지 않는 환지처분에 해당하지 않는 것으로 판단한 것이다.

※ 자율주택정비사업 : 단독(10호 미만), 다세대주택(20세대 미만) 집주인 2명 이상이 모여 주민합의체를 만든 후 건축허가, 건축협정 등의 방법으로 자율적으로 공동주택을 신축하는 소단위 필지 사업

다. 임의재건축한 주택 양도 시 취득시기

공동사업자가 공동으로 주택을 신축하여 본인들이 거주할 1주택씩에 대하여 공동지분을 교환·등기하여 자가사용하고 잔여주택 및 부수토지를 일반분양한 경우로서 자가로 사용하던 새로운 주택을 양도함에 따라 해당 주택의 양도차익을 산정함에 있어 그 취득시기는 소득령 제162조 제1항 제4호에 따라 주택은 사용검사필증교부일(다만, 사용검사 전에 사실상 사용하거나 사용승인을 얻은 경우에는 그 사실상의 사용일), 그 부수토지는 현물출자일이 된다(서면4팀-271, 2007.01.19.; 서면4팀-122, 2005.01.14.). 이와 같은 해석은 종전주택은 공동사업(임의재건축조합) 결성 후에 현물출자된 것으로 보기 때문에 신축주택과 종전주택의 보유 및 거주기간을 통산할 수 없다.

> ■ 임의 재건축한 주택의 부수토지에 대한 장특공제 보유기간
>
> "노후 등으로 인해 종전주택을 멸실하고 (임의)재건축한 주택으로서 '소득세법' 제89조 제1항 제3호에 따른 비과세대상에서 제외되는 고가주택을 양도하는 경우, 해당 고가주택의 부수토지에 대한 장기보유특별공제액을 계산할 때 같은법 제95조 제2항 표2에 따른 공제율은 종전주택의 부수토지였던 기간을 포함한 보유기간별 공제율을 적용한다(기획재정부 재산세제과-34, 2017.01.16.).

4) 임의재건축조합의 분양에 따른 종합소득세 납부

가. 개요

임의재건축조합의 수행사업은 주택신축판매업(부동산공급업)에 해당하므로 일반분양수입금액에서 그에 상응하는 토지, 건설비 등의 필요경비를 제외하여 동 조합의 소득금액을 계산하며, 조합원(토지소유자)에게 손익분배비율에 해당하는 소득금액을 분배하여야 한다.

나. 분담금의 총수입금액 산입 여부

건설비부족으로 각 조합원이 부담한 분담금은 추가출자금으로서 총수입금액에 산입하지 않는다(소득46011-3411, 1997.12.27.).

다. 조합원 공급분에 대한 총수입금액산입 여부

임의재건축조합 등이 당초부터 조합원용으로 분양할 목적으로 신축하여 조합원에게 분양하는 주택 등은 임의재건축조합 등의 총수입금액에 산입하지 않는다. 즉 조합원에게 귀속된 각 1채의 새로운 주택은 총수입금액에 산입하지 아니하고 그에 대응되는 원가도 필요경비에 산입하지 아니한다(서면4팀-122, 2005.01.14.).

5) 구주택 소유자의 토지등 이전에 따른 양도소득세 과세

구주택 등의 소유자들이 임의재건축조합을 결성하는 등 공동사업으로, 또는 구주택 등의 소유자가 단순도급을 주어 자신의 책임과 계산하여 주택을 신축하여 소유자들이 1채씩 주택을 소유하고 잔여세대는 일반분양하여 공사비 등에 충당하는 방식으로 사업을 진행하게 된다. 이 때 신축주택 및 구 토지등의 이전에 대한 종합소득세 또는 양도소득세 과세문제가 발생하는 바, 구체적 사례는 다음과 같다.

가. 단순도급방식

구주택 등의 소유자가 직접 시행사업의 주체가 되어 시공사에 주택신축에 대하여 단순한 도급을 주어 주택을 건설하게 하고 소유자들이 1채씩 소유하고 잔여 세대를 일반 분양하여 도급금액에 충당하는 방식이다.

※ 건설용역을 제공받음에 있어 공동구매의 형식을 취하게 된다.

구주택 등의 소유자들이 도급을 주어 주택을 신축하여 일부는 자기소유로 하고, 잔여 세대는 일반분양하므로 소유자들은 일반분양분에 대하여 종합소득세(사업소득) 납세의무가 있다(소득46011-81, 1996.01.11.).

나. 시공사 단독사업 방식

시공사가 구주택 등의 토지 전부를 출자받아 시공사의 책임과 계산으로 주택등을 신축하여 분양하는 방법으로서 구주택등의 소유자들은 토지 출자대가로 주택 1채씩을 받는 방식이다.

토지 등에 대한 소유권이 시공사에게 완전히 이전되어 시공사가 분양사업을 주도하는 것이므로 구주택 등의 소유자는 토지양도에 대한 양도소득세를, 시공사는 분양으로 인한 사업소득에 대한 소득세나 법인세를 부담하게 된다(소득46011-81, 1996.01.11.).

다. 소유자 및 시공사 공동사업 방식

구주택 등의 소유자와 시공사가 공동사업으로 주택을 신축하여 구주택등의 소유자들은 토지 출자대가로 주택 1채씩을 받고, 잔여세대는 일반분양하는 방식

구주택 등의 소유자와 시공사가 별도의 조합을 결성하여 공동사업으로 분양사업을 진행하는 것이므로 구주택 등의 소유자는 토지등의 현물출자에 따른 양도소득세를 부담하게 되고, 구주택 등의 소유자가 자가사용목적으로 소유하게 되는 각 1채의 주택을 제외한 나머지 일반분양분에 대하여는 공동사업의 각 구성원들이 사업소득에 대한 종합소득세(시공사가 법인인 경우 법인세)를 부담하게 된다.

라. 공동사업 방식의 변형

구주택 등의 조합을 결성하여 사업을 진행하며, 조합원 분양분과 일반분양분에 대응되는 토지지분을 산정하여 일반분양분에 해당하는 토지지분만을 조합에 현물출자(공동사업을 위한 신축용 토지)하고, 시공사가 조합으로부터 도급받아 주택을 신축하고 공사비를 신축주택 중 일부를 대물변제받는 방법으로서 단순 공동신축과 현물출자에 의한 공동사업용 신축이 병존하는 방식이다.

이 방식의 경우, 구주택 등의 소유자의 토지등을 조합원용(비수익사업)과 일반분양용(수익사업)으로 구분하여 후자에 해당하는 토지등의 지분만 공동사업에 현물출자한 것으로 약정한

경우 이를 부분양도로 인정할 수 있느냐에 대하여 국세청과 법원은 대체로 전부 양도설[토지 전체가 공동사업에 출자(양도)된 것으로 보는 입장]의 입장을 취하고 있는 듯하다.

기획재정부도 토지를 공동매입한 개인소유자들이 조합형태의 실무위원회를 구성하여 공동 건축허가를 받은 후 공동으로 자금을 출자하여 1동의 상가를 신축, 각 출자비율에 의하여 상가를 배정받아 각자 명의로 보존등기를 한 후 이를 각 개인별로 임대 등의 사업을 하는 경우에 배정되는 상가의 부가가치세 과세여부에 대하여 기획재정부는 조합등이 조합원등의 출자를 받아 건물을 신축하여 출자자인 조합원등에게 출자비율에 의하여 당해 건물을 이전하는 경우에는 재화의 공급으로 부가가치세가 과세된다고 회신하였다(재소비46015-136,1996.05.07.).

그러나, 동업계약서 작성에 있어 현물출자 시에 일반분양을 위하여 (임의재건축)조합으로 현물출자되는 토지의 범위와 조합원 분양용 토지로서 조합에 현물출자하지 아니하는 토지의 범위를 미리 산정하고 이를 명확히 기재하였다면, 합유물이 되지 아니한 후자의 조합원 소유의 토지까지 조합에 출자된 것으로 보아 양도소득세를 과세할 수는 없다고 본다.

이러한 동업계약이 민법상 조합의 규정이나 그 밖의 법률에 반하는 계약내용이라고 볼 수 없어 유효한 법률적 효력을 가진다고 보아야 하며, 단지 공동신축을 통한 조합원들의 자가 사용분 신축과 부동산공급(일반 분양)을 위한 공동사업이 병존할 뿐이다. 예를 들어 10명의 구주택 소유자들이 소유한 토지 상에 가동과 나동으로 구분하여 가동은 10명이 신축주택을 각 1채씩 소유하고 나동은 전부 일반분양하기로 하면서 나동 부속토지만을 현물출자하기로 약정한 것이 민법이나 강행법규 어디에도 저촉되지 않는 바 이를 두고 10명 소유자의 토지가 전부 공동사업에 현물출자된 것으로 의제할 수 있냐는 것이다.

특히 아래 회신사례들에서 보면 필자의 논리를 뒷받침한다.

① 종전주택을 철거하고 공동으로 건물 신축 시 자가취득한 건물(근린생활시설 및 주택)을 각 인 명의로 소유권보존등기한 부분에 대하여 공동사업의 출자지분 반환에 해당하는지에 대한 회신에서 부가가치세 과세대상(출자지분의 현물반환)에 해당하지 아니하고 소유자가 부담하는 건축비는 공동매입형식에 따라 세금계산서를 발급하고 과세사업을 영위하는 소유자는 매입세액공제를 받을 수 있으며, 잔여주택을 분양(일반분양)한 것은 부가가치세 과세대상이다(부가46015-1143, 2000.05.23. 참조)

② 2인 이상의 개인이 각각 독립적으로 주거 및 사업용으로 사용하기 위한 건물(주택 및 근린 생활시설)을 공동으로 신축하여 각자의 지분에 따라 분할등기하는 것은 부가가치세 과세대상에 해당하지 아니하고, 이 경우 건물을 신축하면서 공급받은 재화나 용역에 대하여는 당해 재화 또는 용역의 공급자로부터 각자가 부담하는 건축비에 따라 각각 세금계산서를 교부받아야 한다(부가46015-1143, 2000.05.23.; 법규과-1788, 2005.12.28.).

③ 국세청 이의신청사례에서도, 청구인과 토지소유자들은 공동사업체를 구성하지 아니 하였으며 공동사업자로 사업자등록을 하지 아니 하였고, 각자의 능력대로 쟁점토지를 취득하였을 뿐 공동사업체에 토지 소유권을 이전하지 아니한 점은 쟁점토지를 공동사업에 현물출자한 것으로 볼 수 없으며, 토지소유자들이 공동사업에 관한 이익분배 비율을 약정한 바 없이 단지 청구인과 토지소유자들은 건물신축을 상호 협력하였을 뿐이고 사업은 각자 한 것을 알 수 있는 바, 토지 소유자들이 각자의 토지지분대로 쟁점건물의 소유권을 등기한 것은 공동사업에 출자하여 그 지분을 현물로 반환 받은 것으로 볼 수 없다(심사부가2002-2172, 2004.03.08.).

반면 국세청은 주택신축 전후의 각 토지소유주들이 보유했던 토지의 면적, 지번, 위치, 소유형태 등의 변동(사실상 교환 등)이 발생하였음에도 이를 두고 양도소득세를 과세하지 아니할 법적 근거가 없어 전부양도설을 취하고 있는 것으로 보인다. 구 주택 소유자 등이 사업시행으로 자가사용분으로 취득하는 1채에 대하여 그것이 조합의 합유물이 이전되는 것임에도 불구하고, 부가가치세 과세대상으로 보지 않고 총수입금액에도 포함하지 않으며 그에 대응하는 건설비 관련 매입세액 공제나 필요경비 산입도 인정하지 않는다고 유권해석하고 점에 비추어 볼 때, 사업시행 후 구 주택소유주들이 소유하게 되는 신축주택 1채씩에 상응하는 구 주택소유주들의 토지면적 만큼은 양도소득세 과세대상에서 제외된다는 세법해석내지 법령개정이 요구된다.

정비사업조합, 도시개발조합, 지역주택조합 등과 달리 건축법이 적용지만 이는 법적제약의 정도의 차이만 있을 뿐으로 자가소유하게 되는 신축주택에 있어서는 사업성을 인정하기는 어려워 세법적용에 차이를 두는 것은 불합리하다.

※ 위 "④" 방식은 공동사업과 자가신축(공동매입)이 병존하므로 자가신축에 소요되는 토지는 동업계약의 약정에 따라 현물출자대상에서 제외할 수 있다는 결론은 필자의 개인적 견해로서 실제 사업진행 시에는 국세청에 세법해석사전답변신청을 받아 처리하는 것이 세무상 리스크를 줄일 수 있다.

제5절 동업기업에 대한 조세특례

1. 동업기업조세특례제도의 도입

(1) 도입 배경

주요 선진국에서는 개인 또는 법인이 사업을 공동수행함에 있어 설립이 자유롭고 운영상 사적 자치가 보장되는 인적회사 형태를 선택하여 지식·기술·자본의 용이한 결합이 가능한 파트너십 과세제도를 운영하고 있는 바, 우리나라도 조합이나 인적 회사적 성격이 있는 법인에 적합한 과세체계를 도입함으로써 지식기반서비스업 등의 발전 토대를 마련하고, 기업과세제도를 선진화하기 위하여 「조세특례제한법」의 개정을 통하여 동업기업 조세특례를 도입하고 2009년 01월 01일 이후 최초로 개시하는 과세연도분부터 적용한다.

동업기업조세특례제(이하에서는 "동업기업 과세특례"라 한다)도 도입을 통하여 인적회사 성격의 사업자에 대하여 법인세와 소득세의 이중과세 문제가 해소되고, 사업을 공동으로 수행하는 기업형태가 합명·합자회사 등인 경우에도 그 실질이 조합과 같다면 조합과 동일하게 과세함으로써 기업형태 선택의 다양성이 보장된다.

(2) 동업기업과세특례의 기대효과

민법상 조합 등의 경우에는 법인이 동업자로 참여하는 조합에 대한 과세방법이 현재 정립되어 있지 아니하나, 동업기업(Partnership)을 형식적 측면에서 실체로 보아 파트너십을 소득계산 및 신고의 실체로 인정하고 실질적 측면에서 도관으로 각각 취급하여 동업자에게 배분된 소득에 대하여 과세하게 되어 납세편의 및 과세행정의 효율성이 제고될 수 있을 것으로 기대되는 한편, 공동사업을 영위하기 위한 사업형태를 자유롭게 선택하고, 그 실질에 맞는 과세방식을 적용받을 수 있게 되며, 결손이 발생한 동업기업의 동업자가 법인이거나 사업소득이 있는 개인인 경우에는 그 결손금을 배분받아 동업자의 사업소득 등과 공제할 수 있게 되어 사업의 실질적 성과에 부합하는 과세가 가능하다.

또한 조합의 경우 현재 법인이 동업자로 참여하는 조합에 대한 과세방법이 정립되어 있지 아니하나 앞으로는 동업기업을 하나의 실체로 보아 소득을 계산하고 신고가 가능하게 되어 납세편의 및 조세행정의 효율성이 제고될 것이다.

현행 소득세법상의 공동사업장 과세제도는 개인으로 구성된 조합의 과세에 적합한 제도로
한계가 있다.

<기대효과 요약>

구 분	실 질 적 측 면 도 관 론	형 식 적 측 면 실 체 론
세 무 상 취 급	○ 과세소득에 대한 과세 · 동업기업을 납세의무가 없는 도관 　으로 취급 · ⇒동업자에게 배분하여 과세	○ 과세소득의 계산 및 신고 · 동업기업을 실체로 취급
기 대 효 과	① (동업기업) 공동사업의 형태 선택 　및 전환에 따른 조세중립성 제고 ② (동업자) 이중과세 완전조정 및 결손 　금 통산 등을 통한 세부담 경감 및 사 　업의 전체적 성과에 부합하는 과세	① (납세자) 납세편의 제고 ② (과세기관) 조세행정의 효율성 제고

(3) 일반 법인 과세체계와 동업기업과세특례 비교

(4) 동업기업과세특례 관련 용어의 정의(조특법§100의14)

① 동업기업(Partnership)

"동업기업"이란 2명 이상이 금전이나 그 밖의 재산 또는 노무 등을 출자하여 공동사업을 경영하면서 발생한 이익 또는 손실을 배분받기 위하여 설립한 단체를 말한다.

② 동업자(Partner)

"동업자"란 동업기업의 출자자인 거주자, 비거주자, 내국법인 및 외국법인을 말한다.

③ 배분(Allocation)

"배분"이란 동업기업의 소득금액 또는 결손금 등을 각 과세연도의 종료일에 자산의 실제 분배 여부에 관계없이 동업자의 소득금액 또는 결손금 등으로 귀속시키는 것을 말한다.

④ 동업자군(群)별 동업기업 소득금액 또는 결손금

"동업자군(群)별 동업기업 소득금액 또는 결손금"이란 동업자를 거주자, 비거주자, 내국법인 및 외국법인의 네 개의 군(이하 "동업자군"이라 한다)으로 구분하여 각 군별로 동업기업을 각각 하나의 거주자, 비거주자, 내국법인 또는 외국법인으로 보아 소득법 또는 법인법에 따라 계산한 해당 과세연도의 소득금액 또는 결손금을 말한다.

⑤ 동업자 군별 손익배분비율

"동업자 군별 손익배분비율"이란 동업자 군별로 해당 군에 속하는 동업자들의 손익배분비율을 합한 비율을 말한다.

⑥ 동업자 군별 배분대상 소득금액 또는 결손금

"동업자 군별 배분대상 소득금액 또는 결손금"이란 동업자 군별 동업기업 소득금액 또는 결손금에 동업자 군별 손익배분비율을 곱하여 계산한 금액을 말한다.

⑦ 지분가액(Outside Basis)

"지분가액"이란 동업자가 보유하는 동업기업 지분의 세무상 장부가액으로서 동업기업 지분의 양도 또는 동업기업 자산의 분배시 과세소득의 계산 등의 기초가 되는 가액을 말한다.

⑧ 분배(Distribution)

"분배"란 동업기업의 자산이 동업자에게 실제로 이전되는 것을 말한다.

⑨ 동업기업과세특례 (Partnership Taxation)

동업기업을 도관(Pass-through)으로 보아 동업기업에서 발생한 소득에 대해 동업기업 단계에서는 과세하지 않고, 이를 구성원인 동업자에게 귀속시켜 동업자별로 과세하는 제도로서 동업기업을 소득계산 및 신고의 실체(Entity)로 인정

⑩ 인적회사

내외적으로 동업자가 무한책임을 부담하고, 대내적으로 동업자가 사적자치에 의해 경영활동을 수행하는 특성(현행 상법상 합명·합자회사는 인적회사, 유한·주식회사는 물적회사)

⑪ 동업기업의 사업연도

동업기업의 과세연도에 대한 조특법상 별도 규정이 없어 법인세법을 따를 수밖에 없으나, 동업자의 과세연도가 동업기업의 과세연도와 다를 경우 동업기업으로부터 받는 소득이 이연되어 과세되는 문제가 발생하므로 이에 대한 보완장치 마련이 필요하다.[11]

(5) 동업기업과세특례 적용범위

1) 적용 범위

동업기업과세특례는 동업기업(조합이나 인적회사적 성격이 있는 법인)으로서 특례적용신청을 한 경우에 한하여 해당 동업기업 및 그 동업자에 대하여 적용한다. 동업기업과세특례를 신청한 경우에 한하여 적용하는 것은 이를 강제 적용할 경우 납세자에게 다소 복잡한 新제도에 적응해야 하는 부담을 지우게 되고, 기업의 사정에 따라 동업기업과세특례의 적용이 오히려 불리한 경우(사내유보율이 높고, 그 사원들이 고소득자에 해당하는 법인의 경우)도 있음을 고려한 것이다.

---

11) 이준규 외, 삼일인포마인 동업기업 과세특례, 2018, 139면

2) 적용대상 동업기업

"동업기업과세특례"는 동업기업으로서 다음의 어느 하나에 해당하는 단체가 조특법 제100조의17에 따라 적용신청을 한 경우 해당 동업기업 및 그 동업자에 대하여 적용한다. 아래 "⑤"외 국단체의 경우 국내사업장을 하나의 동업기업으로 보아 해당 국내사업장과 실질적으로 관련되거나 해당 국내사업장에 귀속하는 소득으로 한정하여 동업기업과세특례를 적용한다(조특법 §100의15 ①).

① 「민법」에 따른 조합

② 「상법」에 따른 합자조합 및 익명조합(자본시장법상 투자합자조합 및 투자익명조합 제외)

③ 「상법」에 따른 합명회사 및 합자회사(자본시자법상 투자합자회사 중 기관전용 사모집합투자기구가 아닌 것은 제외)

④ 위 ①호부터 ③까지의 규정에 따른 단체와 유사하거나 인적용역을 주로 제공하는 단체로서 다음의 것

- 「변호사법」 제40조 및 제58조의18에 따른 법무법인 및 법무조합

- 「변리사법」 제6조의3 및 같은 법 시행령 제14조에 따른 특허법인

- 「공인노무사법」 제7조의2에 따른 노무법인

- 「법무사법」 제33조에 따른 법무사합동법인

- 전문적인 인적용역을 제공하는 법인으로서 「변호사법」 제58조의2에 따른 법무법인(유한), 「변리사법」 제6조의12에 따른 특허법인(유한), 「공인회계사법」 제23조에 따른 회계법인, 「세무사법」 제16조의3에 따른 세무법인, 「관세사법」 제17조에 따른 관세법인

⑤ 법인법 제2조제3호의 외국법인 또는 소득법 제2조제3항에 따른 비거주자로 보는 법인 아닌 단체 중 위 ①부터 ④까지의 규정에 따른 단체와 유사한 단체로서 아래의 외국단체

- 위 ①부터 ④(③에 따른 단체 중 기관전용 사모집합투자기구는 제외)까지의 규정에 해당하는 단체와 유사한 외국단체

- 법인법 제94조 또는 소득법 제120조에 따른 국내사업장을 가지고 사업을 경영하는 외국단체

- 설립된 국가(우리나라와 조세조약이 체결된 국가에 한정)에서 동업기업과세특례와 유사한 제도를 적용받는 외국단체

3) 다단계 동업기업에 대한 적용배제

동업기업과세특례를 적용받는 동업기업의 동업자에 대하여는 다단계 파트너십 형성을 통한 조세회피를 방지하기 위하여 동업기업과세특례를 적용받는 동업기업의 동업자는 동업기업의 자격으로 동업기업과세특례를 적용받을 수 없다(조특법§100의15 ①).

※ 수직적 중복적용은 불허(☞ <사례1>)하되, 수평적 중복적용은 허용(☞ <사례2>)

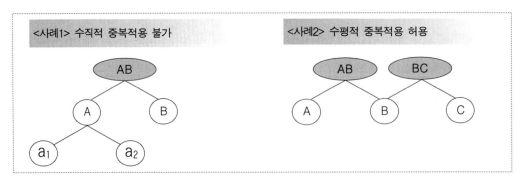

<사례1>

○ A가 동업기업 AB의 동업자로서 특례를 적용받는 동시에, 다시 A가 동업자a1과 동업자a2로 구성된 동업기업으로서 특례를 적용받을 수는 없음

⇒ A가 개인 간 조합이면 공동사업장 과세제도, 법인이 포함된 조합이면 개별적인 경리의 일부로 계산하여 소득세법 및 법인세법, 인적회사 성격의 법인이면 법인세법 적용

<사례2>

○ B가 동업기업 AB의 동업자로서 특례를 적용받는 동시에, 다시 B가 동업기업 BC의 동업자로서 특례를 적용받는 것은 가능

⇒ 동업기업과세특례는 기업의 신청에 의해 적용되는 특례임을 감안하여 법령 간 충돌을 방지하기 위하여 동업기업과세특례를 적용받는 동업기업과 그 동업자에 대해서는 각 세법의 규정에 우선하여 동 조특법의 규정을 적용한다(조특법§100의15 ②).

4) 동업기업과세특례의 적용 및 포기신청

가. 동업기업과세특례 적용신청(기업 선택권 인정)

동업기업과세특례의 적용에 대한 기업의 자유로운 선택을 인정하여, 동업기업과세특례를 적용받으려는 기업은 동업기업과세특례를 적용받으려는 최초의 과세연도의 개시일 이전(기업을 설립하는 경우로서 기업의 설립일이 속하는 과세연도부터 적용받으려는 경우에는 그 과세연도의 개시일부터 1개월 이내)에 동업자 전원의 동의서(외국단체의 경우에는 제100조의15제2항 각 호에 해당하는 사항을 입증할 수 있는 서류를 포함한다)와 함께 기획재정부령으로 정하는 동업기업과세특례 적용신청서를 납세지 관할 세무서장에게 제출하여야 한다. 이 경우 동업자의 구성, 약정한 손익분배비율, 지분·출자내역 그 밖에 필요한 사항도 함께 제출하여야 한다(조특법§100의17 ①, 조특령§100의16 ①).

나. 동업기업과세특례 포기신청

동업기업과세특례를 적용받고 있는 동업기업이 동업기업과세특례의 적용을 포기하려면 동업기업과세특례를 적용받지 아니하려는 최초의 과세연도의 개시일 이전에 동업자 전원의 동의서와 함께 동업기업과세특례 포기신청서를 납세지 관할 세무서장에게 제출하여야 한다(조특법§100의17 ②, 조특령§100의16 ②).

다만, 동업기업이 과세방법의 자의적 변경을 통해 조세부담을 회피하는 것을 방지하기 위하여 동업기업과세를 적용받게 되는 경우 최소 5년간 계속 적용할 의무 부여하여, 동업기업과세특례를 최초로 적용받은 과세연도와 그 다음 과세연도의 개시일부터 4년 이내에 끝나는 과세연도까지는 동업기업과세특례의 적용을 포기할 수 없다(조특법§100의17 ②, 조특령§100의16 ②).

(6) 동업기업 및 동업자의 납세의무 개요

1) 동업기업 소득에 대한 납세의무

동업기업에 대해서는 소득법 제2조제1항 및 법인법 제2조제1항·제2항에도 불구하고 소득법 제3조 및 법인법 제4조제1항 각 호의 소득에 대한 소득세 또는 법인세를 부과하지 아니하며, 동업자는 조특법 제100조의18에 따라 배분받은 동업기업의 소득에 대하여 소득세 또는 법인세를 납부할 의무를 진다(조특법§100의16 ①, ②).

2) 준청산소득에 대한 납세의무

가. 개요

동업기업 과세특례 적용 시 과세체계가 근본적으로 달라지는 점을 감안하여 기존에 법인세가 과세되지 않은 유보소득 등에 대한 과세문제를 정리하고자 준청산소득에 대한 법인세 제도를 도입하였다.

내국법인이 동업기업과세특례를 적용받는 경우 해당 내국법인(이하 "동업기업 전환법인")은 법인법 제79조제1항의 "해산에 의한 청산소득"의 금액에 준하여 계산한 과세표준에 법인법 제55조제1항에 따른 세율을 적용하여 계산한 금액을 법인세(이하 "준청산소득에 대한 법인세")로 납부할 의무가 있다(조특법§100의16 ③).

나. 과세표준의 계산

준청산소득에 대한 법인세의 과세표준(이하 "준청산소득금액")은 해당 내국법인이 동업기업과세특례를 적용받는 최초 사업연도의 직전 사업연도의 종료일(이하 "준청산일"이라 한다) 현재의 "잔여재산의 가액1)"에서 "자기자본의 총액 2)"을 공제한 금액으로 한다(조특법§100의16 ③ 조특령§103의16 ④, ⑤, ⑥).

---

1) **"잔여재산의 가액"**은 자산총액에서 부채총액을 공제한 금액으로 한다. 이 경우 자산총액 및 부채총액은 장부가액으로 계산한다.

2) **"자기자본의 총액"**은 자본금 또는 출자금과 잉여금의 합계액으로 하되, 준청산일 이후 「국세기본법」에 따라 환급되는 법인세액이 있는 경우 이에 상당하는 금액은 준청산일 현재의 자기자본의 총액에 가산하고, 준청산일 현재의 「법인세법 시행령」 제18조제1항에 따른 이월결손금의 잔액은 준청산일 현재의 자기자본의 총액에서 그에 상당하는 금액과 상계한다. 다만, 상계하는 이월결손금의 금액은 자기자본의 총액 중 잉여금의 금액을 초과하지 못하며, 초과하는 이월결손금은 없는 것으로 본다.

   ※ 준청산소득금액을 계산할 때 조특령 100의16 제3항부터 제5항까지에 규정하는 것을 제외하고는 법인법 제14조부터 제54조까지를 준용한다.

다. 신고납부

동업기업 전환법인은 동업기업과세특례를 적용받는 최초 사업연도의 직전 사업연도 종료일 이후 3개월이 되는 날까지 준청산소득에 대한 법인세의 과세표준과 세액을 납세지 관할세무서장에게 신고하여야 한다. 동업기업 전환법인은 준청산소득에 대한 법인세의 세액을 위 신고기한부터 3년의 기간 동안 균분한 금액 이상 납부하여야 한다(조특법§100의16 ④, ⑤).

◆ **과세표준 및 세액의 계산** (조특령§100의16 ③)

- 과세표준(준청산소득금액) = 준청산일 현재(잔여재산가액 − 자기자본총액)
  - ・잔여재산가액 = 자산총액* − 부채총액*
    - * 평가차손익 제외(장부가액으로 계산)
  - ・자기자본총액 = 자본금+(잉여금 − 이월결손금 잔액*)+환급 법인세
    - * 잉여금 초과분은 소멸
  - ・법인세법 §14~§54 준용
- 준청산소득에 대한 법인세액 = 과세표준×일반 법인세율

---

2. 동업기업에 대한 과세특례의 적용

(1) 과세방식 개요

○ 동업기업 소득에 대한 이중과세를 조정하기 위하여 동업기업에 대해서는 동업기업에 대하여는 소득에 대한 소득세 또는 법인세를 부과 하지 아니하고 동업자에게 배분
  - 동업자는 동업기업으로부터 배분받은 소득에 대한 소득세 또는 법인세 납세의무 부담한다.

○ 동업자가 단독사업자로서 소득을 얻는 경우와 동업기업을 통해 소득을 얻는 경우 간에 소득의 성격이 전환되지 않도록
  - 과세체계가 동일한 동업자 군별로 동업기업 소득금액 또는 결손금을 계산 하여 동업자에게 배분
  - 배분받은,소득금액 또는 결손금을 동업자 군별로 소득법 또는 법인법에 따라 구분하여 동업자의 해당 과세연도 소득세 또는 법인세 과세표준을 계산

○ 동업기업의 결손금은 동업자에게 지분가액을 한도로 배분
  - 동업자는 배분받은 결손금을 다른 사업소득 등과 공제

○ 세액공제・감면금액, 원천징수세액, 가산세 등 동업기업 관련 세액은 동업 기업 단계에서 세액을 계산하여 동업자에게 배분
  - 동업자는 해당 과세연도 소득세・법인세 신고・납부시 배분받은 세액을 공제・가산

---

(2) 동업기업 소득금액의 계산 및 배분

1) 소득금액 및 결손금의 계산 및 배분 개요

가. 동업자에 대한 배분

동업자 군별 배분대상 소득금액 또는 결손금은 실제 자산의 분배 여부에 관계없다. 따라서 동업자군별 배분대상 소득금액 또는 결손금은 각 과세연도의 종료일에 해당 동업자군에 속하는 동업자들에게 동업자 간의 손익배분비율에 따라 배분한다(조특법§100의18 ①).

> ※ 동업자 군별 배분대상 소득금액 또는 결손금
>   = (동업자 군별 동업기업 소득금액 또는 결손금) × (동업자 군별 손익배분비율)

나. 결손금의 배분한도 및 이월배분

위 "가"에 따라 각 동업자에게 배분되는 결손금은 동업기업의 해당 과세연도의 종료일 현재 해당 동업자의 지분가액을 한도로 한다. 이 경우 지분가액을 초과하는 해당 동업자의 결손금은 해당 과세연도의 다음 과세연도 개시일 이후 15년 이내(2021.01.01. 이후 개시 과세연도 발생분부터 적용, 종전은 10년이며 이하에서 같다)에 끝나는 각 과세연도에 이월하여 배분한다(조특법§100의18 ②).

이때 지분가액을 초과하는 해당 동업자의 결손금(이하 "배분한도 초과결손금")은 이월된 각 과세연도에 배분하는 동업기업의 각 과세연도의 결손금이 지분가액에 미달할 때에만 그 미달하는 금액의 범위에서 추가로 배분하며, 이 경우 배분한도 초과결손금에 해당하는 금액은 소득법 제45조 및 법인법 제13조제1호에 따라 이월결손금의 공제를 적용할 때 해당 배분한도 초과결손금이 발생한 동업기업의 과세연도의 종료일에 발생한 것으로 본다(조특령§100의18 ④).

동업자 군별로 둘 이상으로 구분된 결손금이 발생한 때에는 배분한도 초과결손금은 각각의 구분된 결손금의 크기에 비례하여 발생한 것으로 본다(조특령§100의18 ⑤).

> ※ 이월배분된 배분한도 초과결손금 상당액에 대한 결손금 이월공제 적용시 이월공제기간(10년)의 기산점은 이월배분연도가 아닌 배분한도 초과결손금의 당초 발생연도임

2) 동업자의 소득구분

동업자는 동업기업의 과세연도의 종료일이 속하는 과세연도의 소득세 또는 과세표준을 계산할 때 위 "가"에 따라 배분받은 소득금액 또는 결손금을 익금 또는 손금으로 보아 계산한다(조특법§100의18 ③).

3) 동업자 군별 소득금액 및 결손금 배분과 이월공제 방법

가. 거주자군

거주자군으로 구성된 동업자군은 동업기업의 과세연도 종료일이 속하는 과세연도의 소득세 과세표준을 계산하는 때에 배분받은 소득금액 또는 결손금을 다음(소득법)의 구분에 따른 소득에 대한 해당 동업자의 익금 또는 손금으로 보아 계산한다(조특령§100의18 ③, ⑥, ⑦).

① 소득금액의 구분

소득법 제16조부터 제19조까지, 제21조 및 제94조에 따른 이자, 배당, 사업, 기타 양도소득에 대한 수입금액

② 배분대상 결손금

소득법 제19조 및 제94조에 따른 사업소득, 양도소득에 대한 필요경비

③ 결손금의 이월공제

소득법 제45조에 따른 결손금 및 이월결손금의 공제 규정을 적용한다.

나. 비거주자군

비거주자군으로 구성된 동업자군은 동업기업의 과세연도 종료일이 속하는 과세연도의 소득세 과세표준을 계산하는 때에 배분받은 소득금액 또는 결손금을 다음(소득법)의 구분에 따른 소득에 대한 해당 동업자의 익금 또는 손금으로 보아 계산한다(조특령§100의18 ③, ⑥, ⑦).

① 소득금액의 구분

㉠ 국내사업장 또는 부동산소득 및 양도소득이 있는 비거주의 경우(소득법 제121조제2항 및 제5항에 따른 비거주자의 경우)

- 이자소득, 배당소득, 부동산소득, 선박·항공기 등의 임대소득, 사업소득, 인적용역소득, 사용료소득, 기타소득, 유가증권 양도소득 및 양도소득에 대한 수입금액(소득법 제119조 제1호부터 제6호까지, 제9호부터 제12호까지에 따른 각 소득에 대한 수입금액)

ⓒ 위 "ⓐ" 외의 비거주자의 경우

- 이자소득, 배당소득, 선박·항공기 등의 임대소득, 사업소득, 인적용역소득, 사용료소득, 기타소득, 유가증권 양도소득에 대한 수입액(소득법 제119조제1호, 제2호, 제4호부터 제6호까지 및 제10호부터 제12호까지에 따른 각 소득에 대한 수입금액

② 결손금의 계산

위 ①의 ⓐ에 해당하는 소득이 있는 경우 또는 국내사업장이 있는 경우[소득법 제119조제3호부터 제6호까지, 제9호부터 제11호까지에 따른 각 소득에 대한 필요경비(소득법 제121조제2항 및 제5항에 따른 비거주자에 한정한다)]

부동산소득, 선박·항공기 등의 임대소득, 사업소득, 인적용역소득, 사용료소득, 유가증권 양도소득 및 양도소득에 대한 필요경비

③ 결손금의 이월공제

소득법 제122조에 따른 비거주자 종합과세 시 과세표준과 세액의 계산을 적용한다.

소득법 제121조제2항 또는 제5항에서 규정하는 비거주자의 소득에 대한 소득세의 과세표준과 세액의 계산에 관하여는 이 법 중 거주자에 대한 소득세의 과세 표준과 세액의 계산에 관한 규정을 준용한다. 다만, 제51조제3항에 따른 인적공제 중 비거주자 본인 외의 자에 대한 공제와 제52조에 따른 특별 소득공제, 제59조의2에 따른 자녀세액공제 및 제59조의4에 따른 특별세액공제는 하지 아니한다.

소득법 제121조제2항 또는 제5항에서 규정하는 비거주자의 소득에 대한 소득세의 과세표준과 세액의 계산에 관하여는 이 법 중 거주자에 대한 소득세의 과세 표준과 세액의 계산에 관한 규정을 준용한다. 다만, 제51조제3항에 따른 인적공제 중 비거주자 본인 외의 자에 대한 공제와 제52조에 따른 특별 소득공제, 제59조의2에 따른 자녀세액공제 및 제59조의4에 따른 특별세액 공제는 하지 아니한다.

다. 내국법인군

내국법인군으로 구성된 동업자군은 동업기업의 과세연도 종료일이 속하는 과세연도의 소득세 과세표준을 계산하는 때에 배분받은 소득금액 또는 결손금을 다음의 구분에 따른 소득에 대한 해당 동업자의 익금 또는 손금으로 보아 계산한다(조특령§100의18 ③, ⑥, ⑦).

① 소득금액의 계산

법인법 제15조에 따른 익금으로 구분한다.

② 결손금의 계산

법인법 제19조에 따른 손금으로 구분한다.

③ 결손금의 이월공제

법인법 제13조제1항제1호를 적용한다.

▌법인세법 【과세표준】

① 내국법인의 각 사업연도의 소득에 대한 법인세의 과세표준은 각 사업연도의 소득의 범위에서 다음 각 호의 금액과 소득을 차례로 공제한 금액으로 한다. 다만, 제1호의 금액에 대한 공제는 각 사업연도 소득의 100분의 60[「조세특례제한법」 제6조제1항에 따른 중소기업(이하 "중소기업"이라 한다)과 회생계획을 이행 중인 기업 등 대통령령으로 정하는 법인의 경우는 100분의 100]을 한도로 한다.

1. 제14조제3항의 이월결손금 중 다음 각 목의 요건을 모두 갖춘 금액

   가. 각 사업연도의 개시일 전 15년 이내에 개시한 사업연도에서 발생한 결손금일 것

   나. 제60조에 따라 신고하거나 제66조에 따라 결정·경정되거나 「국세기본법」 제45조에 따라 수정신고한 과세표준에 포함된 결손금일 것

라. 외국법인군

외국법인군으로 구성된 동업자군은 동업기업의 과세연도 종료일이 속하는 과세연도의 소득세 과세표준을 계산하는 때에 배분받은 소득금액 또는 결손금을 다음(법인법)의 구분에 따른 소득에 대한 해당 동업자의 익금 또는 손금으로 보아 계산한다(조특령§100의18 ③, ⑥, ⑦).

① 소득금액의 구분

㉠ 법인법 제97조제1항에 따른 외국법인의 경우(국내사업장 또는 부동산소득이 있는 외국법인)

⇒ 법인법 제92조제1항에 따른 익금으로 한다.

ⓛ 위 "㉠" 외의 외국법인의 경우

⇒ 이자소득, 배당소득, 선박·항공기 등의 임대소득, 사업소득, 인적용역소득, 사용료소득, 기타소득, 유가증권 양도소득에 대한 수입금액(법인법 제93조제1호, 제2호, 제4호부터 제6호까지 및 제8호부터 제10호까지에 따른 각 소득에 대한 수입금액)

② 결손금의 계산

법인법 제92조 제1항에 따른 손금으로 한다(국내사업장이 있거나 부동산소득이 있는 외국법인 또는 부동산소득이 있는 외국법인에 한하여 배분됨)

③ 결손금의 이월공제

법인법 제91조에 따른 외국법인의 각 사업연도소득에 대한 과세표준계산을 적용한다.

▌법인세법 91조 【과세표준】

① 국내사업장을 가진 외국법인과 제93조제3호에 따른 국내원천 부동산소득이 있는 외국법인의 각 사업연도의 소득에 대한 법인세의 과세표준은 국내원천소득의 총합계액(제98조제1항, 제98조의3, 제98조의5 또는 제98조의6에 따라 원천징수되는 국내원천소득 금액은 제외한다)에서 다음 각 호에 따른 금액을 차례로 공제한 금액으로 한다. 다만, 제1호의 금액에 대한 공제는 각 사업연도 소득의 100분의 60을 한도로 한다.

1. 제13조제1항제1호에 해당하는 결손금(국내에서 발생한 결손금만 해당한다)

2. 이 법과 다른 법률에 따른 비과세소득

3. 선박이나 항공기의 외국 항행(航行)으로 인하여 발생하는 소득. 다만, 그 외국법인의 본점 또는 주사무소가 있는 해당 국가가 우리나라의 법인이 운용하는 선박이나 항공기에 대하여 동일한 면제를 하는 경우만 해당한다.

② 제1항에 해당하지 아니하는 외국법인의 경우에는 제93조 각 호의 구분에 따른 각 국내원천소득의 금액을 그 법인의 각 사업연도의 소득에 대한 법인세의 과세표준으로 한다.

③ 제1항에 해당하는 외국법인의 국내원천소득으로서 제98조제1항, 제98조의3, 제98조의5 또는 제98조의6에 따라 원천징수되는 소득에 대한 법인세의 과세표준은 제93조 각 호의 구분에 따른 각 국내원천소득의 금액으로 한다.

④ 제1항제3호는 국내사업장을 가지고 있지 아니하는 외국법인에 대하여도 적용한다.

⑤ 제1항의 과세표준을 계산할 때 같은 항 제1호에 따른 이월결손금은 먼저 발생한 사업연도의 결손금부터 차례로 공제하고, 해당 사업연도에 공제되지 아니한 비과세소득은 해당 사업연도의 다음 사업연도 이후로 이월하여 공제할 수 없다.

---

4) 수동적 동업자에 대한 배분

가. 소득금액 등의 계산 및 배분

수동적 동업자는 적극적 사업자라기보다는 소극적 투자자의 성격을 가지므로 결손금 배분을 인정하지 않고, 소득구분도 배당소득으로 일원화하였다. 다만, 동업기업에게 상호·성명을 사용케 한 결과 대외적으로 무한책임을 부담하게 되거나, 무한책임을 부담하기로 약정하였거나 동업기업의 임원으로서 경영에 참여하는 경우는 동업기업의 사업경영에 적극적으로 참여하거나 동업기업의 사업결과에 대해 무한책임을 부담하는 점에서 적극적 사업자로서의 지위를 인정한다.

> **▌수동적 동업자의 범위**
>
> 다음의 어느 하나에 해당하는 동업자를 말한다.
> ① 다음의 요건을 모두 갖춘 동업자
>   가. 동업기업에 성명 또는 상호를 사용하게 하지 아니할 것
>   나. 동업기업의 사업에서 발생한 채무에 대하여 무한책임을 부담하기로 약정하지 아니할 것
>   다. 「법인세법 시행령」 제40조제1항 각 호에 따른 임원 또는 이에 준하는 자가 아닐 것
> ② 해당 동업기업이 기관전용 사모집합투자기구인 경우에는 그 유한책임사원

동업기업의 경영에 참여하지 아니하고 출자만 하는 자로서 "수동적동업자"에게는 결손금을 배분하지 아니하되, 해당 과세연도의 종료일부터 15년 이내에 끝나는 각 과세연도에 그 수동적 동업자에게 소득금액을 배분할 때 배분되지 아니한 결손금을 그 배분대상 소득금액에서 다음과 같이 공제하고 배분한다(조특법§100의18 ① 단서).

해당 동업자 군별 배분대상 결손금이 발생한 과세연도의 종료일부터 15년 이내에 종료하는 각 과세연도에 그 수동적동업자에게 동업자 군별 소득금액을 배분하는 경우에는 "㉠"의 금액에서 "㉡"의 금액을 공제하고 배분한다.

이 경우 조특법 제100조의18제3항 본문 또는 제100조의24제3항 단서가 적용되는 수동적동업자에게 배분하는 경우 "㉠"과 "㉡"의 배분대상 소득금액 및 배분대상 결손금은 소득법 제119조 또는 법인법 제93조의 구분에 따라 계산한 금액으로 한다.(조특령§100의18 ②)

㉠ 해당 과세연도에 그 수동적동업자에게 배분할 소득금액으로서 다음의 금액

$$
\text{해당 과세연도의 해당 동업자군별 배분대상 소득금액} \times \frac{\text{해당 과세연도의 그 수동적동업자의 손익배분비율}}{\text{해당 과세연도의 해당 동업자군별 손익배분비율}}
$$

㉡ 해당 동업자군별 배분대상 결손금이 발생한 과세연도에 그 수동적동업자에게 배분되지 **않은 결손금으로서 다음의 금액**(해당 결손금이 발생한 과세연도 이후 과세연도에 공제되지 않은 금액만 해당한다)

$$
\text{해당 동업자군별 배분대상 결손금이 발생한 과세연도의 해당 동업자군별 배분대상 결손금} \times \frac{\text{해당 동업자군별 배분대상 결손금이 발생한 과세연도의 그 수정적동업자의 손익배분비율}}{\text{해당 동업자군별 배분대상 결손금이 발생한 과세연도의 해당 동업자군별 손익배분비율}}
$$

나. 수동적동업자가 배분받는 소득의 소득구분

수동적동업자(자본시장법 제9조제19항제1호에 따른 기관전용 사모집합투자기구의 수동적동업자 중 우리나라와 조세조약이 체결된 국가에서 설립된 연금·기금 등으로서 배분받는 소득이 해당 국가에서 과세되지 아니하는 다음의 수동적동업자*는 제외한다)의 경우에는 배분받은 소득금액을 소득법 제17조제1항, 제119조제2호 및 법인법 제93조제2호에 따른 배당소득으로 본다(조특법§100의18 ③ 단서; 조특령§100의18 ⑨).

* 수동적동업자란 다음에 모두 해당하는 자를 말한다.

① 우리나라와 조세조약이 체결된 국가에서 설립된 것일 것

② 다음의 어느 하나에 해당하는 기관 또는 연금·기금일 것

    가. 정부, 지방자치단체, 중앙은행 또는 우리나라의 「한국투자공사법」에 준하는 법률에 의해 설립된 투자기관으로서 해당 정부, 지방자치단체, 중앙은행, 공공기관 등의 자산을 위탁받아 관리·운용하는 투자기관

나. 우리나라의 「국민연금법」, 「공무원연금법」, 「군인연금법」, 「사립학교교직원 연금법」 및 「근로자퇴직급여 보장법」 등에 준하는 법률에 따라 설립된 연금

다. 법률에 따라 설립된 비영리단체로서 수익을 구성원에게 분배하지 아니하는 기금

③ 기관전용 사모집합투자기구로부터 분배받은 소득에 대해 해당 국가에서 비과세·면제 등으로 실질적인 조세부담이 없을 것

5) 손익배분의 비율

손익배분비율은 사적자치를 보장해 주기 위해 원칙적으로 약정에 따른 단일의 비율을 인정(지분비율과 다른 손익배분비율 인정)하되, 조세회피 우려가 있는 경우에 한하여 일정기간 계속 적용의무를 부여한다.

① 손익배분비율은 동업자 간에 서면으로 약정한 해당 사업연도의 손익의 분배에 관한 단일의 비율로서 신고한 비율(이하 "약정손익분배비율"이라 한다)에 따르되, 약정손익분배비율이 없는 경우에는 출자지분의 비율에 따른다(조특령§100의17 ①).

② 또한 "①"을 적용할 때 "조세회피의 우려가 있다고 인정되는 사유"가 발생하면 해당 사유가 발생한 과세연도에 대하여는 직전 과세연도의 손익배분비율에 따른다(조특령§100의17 ②).

◆ "조세회피의 우려가 있다고 인정되는 사유"란 다음의 어느 하나에 해당하는 경우로서 직전 과세연도의 손익배분비율과 해당 과세연도의 손익배분비율을 달리 적용하는 경우를 말한다.

○ 해당 동업기업 내 어느 하나의 동업자군의 동업자 군별 동업기업 소득금액 및 결손금의 합계가 직전 과세연도에는 영(零)보다 크고 해당 과세연도에는 영보다 적은 경우

○ 해당 동업기업 내 어느 하나의 동업자군의 동업자 군별 동업기업 소득금액 및 결손금의 합계가 직전 과세연도에는 영보다 적고 해당 과세연도에는 영보다 큰 경우

◆ 구체적 적용방법

① 이익(+) 또는 손실(-) 발생 여부는 동업자 군별로 동업자 군별 동업기업 소득금액 및 결손금 합계가 (+)인지 (-)인지 여부에 따라 판단

⇒ 직전 과세연도와 해당 과세연도의 동업자 군별 동업기업 소득금액 및 결손금 합계가 거주자 동업자군은 (+)에서 (-)로 달라졌지만 내국법인 동업자군은 (+)에서 (+)로 변화가 없는 경우, 내국법인 동업자군에 대해서는 달라진 배분비율을 적용할 수 있으나 거주자 동업자군에 대해서는 전년도 손익배분비율을 그대로 적용하여야 함

---

② 동업자의 가입·탈퇴로 해당 과세연도 중 동업자가 변경된 경우에는 변경되지 않은 동업자만을 대상으로 전년도 배분비율을 그대로 적용

⇒ 직전 과세연도와 해당 과세연도의 동업기업 소득금액 합계가 (+)에서 (−)로 달라졌는데 해당 과세연도에 새로운 동업자가 가입한 경우, 기존 동업자 간에는 전년도 손익배분비율을 그대로 적용하나 기존 동업자와 새로운 동업자 간에는 새로운 손익배분비율 약정 가능

위의 사유가 발생한 동업자군에 속하는 동업자에 한하여 적용하며, 해당 과세연도 중 동업자가 가입하거나 탈퇴하여 변경된 경우에는 변경되지 아니한 동업자에 한하여 적용한다.

③ 특수관계자 간 동업기업에 있어 지분비율과 다른 손익배분비율의 약정에 의한 조세회피를 방지하기 위하여 위 "①" 본문을 적용할 때 어느 동업자의 출자지분과 그와 특수관계에 있는 자(소득령 제98조제1항에 따른 "특수관계에 있는 자" 또는 법인령 제87조제1항에 따른 "특수관계에 있는 자"를 말함. 이하 "특수관계자"라 한다)인 동업자의 출자지분의 합계가 가장 큰 경우에는 그 동업자와 특수관계자인 동업자 간에는 출자지분의 비율에 따른다(조특법§100의17 ③).

④ 동업자 군별 배분대상 소득금액 또는 결손금은 각 과세연도의 종료일에 해당 동업자군에 속하는 동업자들에게 동업자 간의 손익배분비율에 따라 배분함에 있어 과세연도 중 동업자가 가입하거나 탈퇴하여 손익배분비율이 변경되면 변경 이전과 이후 기간별로 산출(가결산)한 동업자 군별 배분대상 소득금액 또는 결손금을 각각의 해당 손익배분비율에 따라 계산한다(조특법§100의17 ⑤; 조특법§100의18 ①).

6) 세액의 계산 및 배분

동업기업은 각 과세연도 종료일에 다음 금액을 손익배분비율에 따라 동업자에게 배분하며, 이때 아래 "①"의 ㉠~㉣의 금액은 동업기업을 하나의 내국법인으로 보아 계산한다(조특령§100의19 ①).

① 동업기업과 관련된 다음의 금액은 각 과세연도의 종료일에 동업자 간의 손익배분비율에 따라 동업자에게 배분한다. 다만, "㉣"의 금액은 내국법인 및 외국법인인 동업자에게만 배분한다(조특법§100의18 ④, ⑤).

> ㉠ 법인법 및 조특법에 따른 세액공제 및 세액감면금액: 산출세액에서 공제
>
> ㉡ 동업기업에서 발생한 소득에 대하여 「법인세법」 제73조 및 제73조의2에 따라 원천징수된 세액: 기납부세액으로 공제*
>
> ㉢ 법인법 제75조 및 제75조의2부터 제75조의9까지의 규정에 따른 가산세 및 조특법 제100조의25에 따른 가산세: 산출세액에 합산
>
> ㉣ 법인법 제55조의2에 따른 토지 등 양도소득에 대한 법인세 : 산출세액에 합산하는 방법. 이 경우 토지 등 양도소득에 대한 법인세에 상당하는 세액은 동업기업을 하나의 내국법인으로 보아 산출한 금액에 내국법인 및 외국법인인 동업자의 손익배분비율의 합계를 곱한 금액으로 한다(내국법인·외국법인에 한정)
>
> ※ 위 금액은 동업기업을 하나의 내국법인으로 보아 계산한다(조특령§100의19 ①).

* 다만, 다음 의 어느 하나에 해당하는 경우에는 동업기업이 조특법 제100조의24 또는 소득법 제127조에 따라 해당 동업자가 배분받은 소득에 대한 소득세 또는 법인세를 원천징수할 때 해당 세액에서 공제하되, 해당 세액을 초과하는 금액은 없는 것으로 본다(조특령§100의19 ②).

– 거주자·비거주자·외국법인인 수동적동업자의 경우

– 거주자인 동업자(수동적 동업자는 제외)로서 배분받은 소득이 조특령 제100조의18제6항제1호에 따라 소득법 제16조, 제17조 또는 제21조의 배당소득에 대한 수입금액으로 구분되는 경우

② 동업자는 동업기업의 과세연도의 종료일이 속하는 과세연도의 소득세 또는 법인세를 신고·납부할 때 "①"에 따라 배분받은 금액 중 "㉠" 및 "㉡"의 금액은 해당 동업자의 소득세 또는 법인세에서 공제하고, "㉢" 및 "㉣"의 금액은 해당 동업자의 소득세 또는 법인세에 가산한다(조특법§100의18 ⑤). 이때 "①"에 따라 동업자가 배분받은 금액은 다음의 방법에 따라 공제하거나 가산한다(조특령§100의19 ②).

③ 동업자에게 배분하는 가산세는 다음의 가산세로 한다(조특령§100의19 ③).

법인세법에 따른 가산세	조특법에 따른 가산세
· 장부의 기록보관불성실가산세 · 원천징수불이행가산세(§76②) · 증명서류수취불성실가산세 · 지급명세서제출불성실가산세 · 계산서등제출불성실가산세 · 신용카드등발급불성실가산세	· 동업기업의 소득계산·배분명세신고 불이행가산세(§100의25①) · 동업기업의 원천징수불성실가산세(§100의25②)

(3) 동업자와 동업기업 간의 거래

가. 제3자 자격으로 거래한 경우

세무상 동업기업은 소득계산 및 신고 외에는 도관으로 취급되므로 동업기업과 동업자는 원칙적으로 상호거래에서 발생하는 손익을 인식할 수 없으나, 동업자가 동업기업과 동업자의 자격이 아닌 제3자의 자격으로 거래한 것으로 인정되는 경우에는 거래의 실질에 따라 관련 손익을 인식할 수 있도록 허용하고 있다.

동업자가 동업자의 자격이 아닌 제3자의 자격으로 동업기업과 거래를 하는 경우 거래의 실질에 따라 관련 손익을 인식할 수 있도록 동업기업과 동업자는 해당 과세연도의 소득금액을 계산할 때 그 거래에서 발생하는 수익 또는 손비를 익금 또는 손금에 산입한다(조특법§100의19 ①).

여기서 "동업자가 동업자의 자격이 아닌 제3자의 자격으로 동업기업과 거래하는 경우"란 동업자가 동업기업으로부터 얻는 거래대가가 동업기업의 소득과 관계없이 해당 거래를 통하여 공급되는 재화 또는 용역의 가치에 따라 결정되는 경우로서 다음의 어느 하나에 해당하는 거래를 말한다(거래대가가 동업기업의 영업성과에 영향을 받는 경우에는 제3자 거래로 인정하지 않고 동업기업 자산의 분배로 취급한다)(조특령§100의20 ①).

① 동업자가 동업기업에 재화를 양도하거나 동업기업으로부터 재화를 양수하는 거래
② 동업자가 동업기업에 금전, 그 밖의 자산을 대부하거나 임대하는 거래 또는 동업기업으로부터 금전, 그 밖의 자산을 차입하거나 임차하는 거래
③ 동업자가 동업기업에 용역(해당 동업기업이 영위하는 사업에 해당하는 용역은 제외한다)을 제공하는 거래 또는 동업기업으로부터 용역을 제공받는 거래
④ 그 밖에 ①부터 ③까지의 규정과 비슷한 거래로서 기획재정부령으로 정하는 거래

나. 부당행위계산부인 규정의 준용

동업기업과 동업자 간 거래에 대해 조세회피 방지를 위하여 납세지 관할 세무서장은 동업기업 또는 동업자가 소득을 부당하게 감소시킨 것으로 인정되면 법인법 제52조에 따른 부당행위계산부인 규정을 준용하여 해당 소득금액을 계산할 수 있으며, 이 경우 동업기업과 동업자는 법인법 제52조제1항에 따른 특수관계인으로 본다(조특법§100의19 ②).

다. 동업자 자격으로 거래한 경우

동업자가 동업자의 자격으로 동업기업과 거래하는 경우 동업자 간의 약정에 따라 손익이 배분되는 것으로 본다. 동업기업의 소득은 동업자 간 약정에 따라 정해진 손익분배비율에 따라 해당 동업자에게 배분되며 그 동업자가 제공하는 용역대가는 해당 동업자에게 배분될 금액에 포함된 것으로 본다.

(4) 지분양도 및 자산분배

1) 지분양도

가. 지분가액의 조정

동업기업 과세제도하에서는 실제 자산분배와 관계없이 과세연도말에 손익을 동업자에게 배분하여 과세하거나 공제하기 때문에 기과세(공제)된 배분 소득(결손금)이 지분양도 또는 자산분배 시점에서 양도소득·배당소득(양도차손)으로 이중과세(공제)되지 않도록 지분가액을 증액 또는 감액하는 조정이 필요하다.

① 최초의 지분가액

동업자의 최초 지분가액은 동업기업과세특례를 적용받는 최초 과세연도의 직전 과세연도의 종료일(기업의 설립일이 속하는 과세연도부터 적용받는 경우에는 그 과세연도의 개시일) 현재의 동업기업의 출자총액에 해당 동업자의 출자비율을 곱하여 계산한 금액으로 한다(조특령§100의21 ①).

② 증액조정

동업자가 동업기업으로부터 소득을 배분받는 경우 등 아래 사유가 발생하면 동업자의 지분가액을 증액 조정한다(조특법§100의20 ①; 조특령§100의21 ②).

사 유	금 액
• 동업기업에 자산을 출자하는 경우	• 출자일 현재의 자산의 시가
• 동업기업의 지분을 매입하는 경우 또는 상속·증여받는 경우	• 지분의 매입가액 또는 상속·증여일 현재의 지분의 시가
• 동업기업으로부터 소득금액을 배분받는 경우	• 소득금액(소득법, 법인법 및 조특법에 따른 비과세소득을 포함)

③ 감액조정

동업자가 동업기업으로부터 자산을 분배받는 경우 등 아래 사유가 발생하면 동업자의 아래 지분가액을 감액 조정한다(조특법§100의20 ②; 조특령§100의21 ③).

사 유	금 액
• 동업기업의 자산을 분배받는 경우	• 분배일 현재의 자산의 시가
• 동업기업의 지분을 양도하거나 상속·증여하는 경우	• 지분의 양도일 또는 상속·증여일 현재의 해당 지분의 지분가액
• 동업기업으로부터 결손금을 배분받는 경우	• 결손금의 금액

④ 지분가액 조정순서

위 "②" 및 "③"을 적용할 때 둘 이상의 지분가액 조정사유가 동시에 발생하면 다음의 순서에 따른다(조특령§100의21 ④).

○ 지분가액 조정사유가 동시에 발생한 경우 다음 순서에 따라 적용
① 동업기업에 자산을 출자하는 경우, 동업기업의 지분을 매입하는 경우 및 동업기업의 지분을 상속 또는 증여받는 경우의 증액조정
② 동업기업의 자산을 분배받는 경우, 동업기업의 지분을 양도하는 경우, 동업기업의 지분을 상속 또는 증여하는 경우의 감액조정
③ 동업기업으로부터 소득금액을 배분받는 경우의 증액조정
④ 동업기업으로부터 결손금을 배분받는 경우의 감액조정
○ 다만, 청산 등으로 인한 자산분배에 따른 감액조정(②)은 소득금액·결손금 배분에 따른 감액조정(③ 및 ④)을 먼저 적용한 후 적용한다.

⑤ 지분가액의 최저금액

위 "③"에 따라 지분가액을 감액조정하는 경우 지분가액의 최저금액은 영(零)으로 한다(조특령§100의21 ⑤).

⑥ 부당행위계산부인의 적용

법령에는 없으나 특수관계인인 동업자로부터 동업지분을 고가로 양수한 경우 실제 매입가액이 아니라 시가를 지분가액으로 하여야 한다.

나. 동업기업 지분의 양도

동업자가 동업기업의 지분을 타인에게 양도하는 경우 현행 합명·합자회사 지분 양도의 경우와 동일하게 일반주식 또는 특정주식[소득법 제87조의2제1호 또는 제94조제1항제4호다목에 따른 자산(해당 동업자가 비거주자인 경우 소득법 제119조제9호나목 또는 제11호가목에 따른 자산, 외국법인인 경우 법인법 제93조제7호나목 또는 제9호가목에 따른 자산]을 양도한 것으로 보아 소득법 또는 법인법에 따라 양도소득세, 금융투자소득세 또는 법인세를 과세한다(조특법 §100의21 ①). 이때 지분의 양도소득은 양도일 현재의 해당 지분의 지분가액을 취득가액으로 보아 계산한다(조특령§100의22).

양도차익 = 양도가액 − 증액·감액 조정된 후의 양도일 현재 지분의 지분가액

개인 동업자의 경우에는 주식의 양도소득으로 과세하고 해당 주식 양도차손은 해당연도 다른 주식양도차익과 상계할 수 있으며, 법인 동업자의 경우에는 각 사업연도의 소득으로 과세한다. 또한 배분한도초과 결손금이 있는 동업기업의 동업자가 지분양도 시에는 양도지분에 해당하는 배분한도초과 결손금은 소멸된다.

- 거주자가 동업기업 지분을 양도하여 양도차손이 발생한 경우 해당 연도에 발생한 다른 주식 양도차익과 상계하여 양도소득세 신고할 수 있다.
- 국내사업장이 없는 비거주자 또는 외국법인인 동업자가 동업기업 지분양도로 양도차손이 실현된 경우 해당 양도차손은 다른 양도소득등과 통산되지 않는다.
- 법인 동업자의 경우 각 사업연도의 소득으로 과세한다.

---

2) 동업기업 자산의 분배

가. 개요

동업기업의 과세연도에 동업기업의 소득이 손익배분비율에 따라 배분되어 기 과세되었으므로 이를 실제 분배할 때 다시 과세하게 된다면 이중과세의 문제가 발생하므로 동업자가 동업기업으로부터 자산을 분배받는 경우 동업기업에 대한 이중과세를 완전 조정하기 위하여 출자분 또는 기과세된 배분 소득 상당액인 지분가액을 초과하여 분배되는 자산가액에 대해서만 과세하여야 한다(조특법§100의22).

나. 비청산 자산분배

실체설에 따라 자산분배거래를 양도거래로 보아 손익을 인식하는 것으로 양도차익 발생 시에는 배당소득으로 과세하고 양도차손 발생 시에는 과세된 소득을 단순히 회수하는 것으로 보아 과세하지 않는 것이나, 동업자의 다른 소득에서 공제하는 것이 아니라 동업자의 지분가액만 분배받은 자산의 시가만큼 줄여주게 된다.

조특법은 동업자가 동업기업으로부터 자산을 분배받은 경우 분배받은 자산의 시가가 분배일의 해당 동업자의 지분가액을 초과하면 동업자는 분배일이 속하는 과세연도의 소득금액을 계산할 때 그 초과하는 금액을 소득법 제17조제1항에 따른 배당소득으로 본다고 규정하고 있다(조특법§100의22 ①).

> **<사 례>**
> 동업기업이 비청산 자산분배 시 미실현 평가이익이 있는 현물자산(예를 들어 지분가액이 1억원인 동업자가 장부가액이 1억원이고 분배일 현재 시가가 2억원인 부동산을 받는 경우)을 분배받는다면, 지분가액을 초과하는 1억원에 대하여 배당소득으로 과세되고, 동업기업은 부동산양도소득금액 1억원에 대하여 해당연도 종료일에 각 동업자에게 배분되어 이중과세가 발생한다. 그러나 청산 자산분배의 경우에는 소득의 배분에 따른 지분가액조정이 선행되어 이중과세문제는 발생되지 않는다.

다. 청산 자산분배

청산 자산분배는 비청산 자산분배와 달리 동업기업이 소멸되거나 특정 동업자가 동업자로서의 지위가 소멸되는 과정에서 동업기업으로부터 자산을 분배받는 것을 말한다.

비청산 자산분배와 같이 동업자가 동업기업으로부터 자산을 분배받은 경우 분배받은 자산의 시가가 분배일의 해당 동업자의 지분가액을 초과하면 동업자는 분배일이 속하는 과세연도의 소득금액을 계산할 때 그 초과하는 금액을 배당소득으로 본다.

동업자가 동업기업의 해산 등 아래의 사유가 발생함에 따라 동업기업으로부터 자산을 분배받은 경우 분배받은 자산의 시가가 분배일의 해당 동업자의 지분가액에 미달하면 동업자는 분배일이 속하는 과세연도의 소득금액을 계산할 때 그 미달하는 금액을 소득법 제94조제1항제3호 또는 제4호다목에 따른 일반주식 및 특정주식을 양도함에 따라 발생하는 주식양도손실로 본다. 이는 동업자가 분배받은 후에는 동업기업으로부터 자산을 분배받을 여지가 없으므로 분배된 자산의 시가를 초과하는 지분가액 상당액을 주식양도손실로 인식하는 것이다(조특법§100의22 ②).

라. 지분상당액의 익금불산입

위 "나"와 "다"의 경우 동업기업으로부터 분배받은 자산의 시가 중 분배일의 해당 동업자의 지분가액 상당액은 해당 동업자의 분배일이 속하는 과세연도의 소득세 또는 법인세 과세표준을 계산할 때 익금에 산입하지 아니한다(조특법§100의22 ③).

(5) 기관전용 사모집합투자기구에 대한 동업기업 특례 적용

1) 정의

"사모집합투자기구"란 집합투자증권을 사모로만 발행하는 집합투자기구를 말하고 이 중 경영권 참여, 사업구조 또는 지배구조의 개선 등을 위하여 지분증권 등에 투자·운용하는 투자합자회사인 사모집합투자기구를 "기관전용 사모집합투자기구"라 한다(자본시장법§9 ⑲ 1).

2) 동업기업 특례 적용

2009.01.01.부터 기관전용 사모집합투자기구(Private Equity Fund, 이하 "PEF"라 한다)는 조특법상 동업기업 특례를 선택에 의해 적용받을 수 있다. 이는 PEF가 인적·물적시설을 갖추지 아니한 서류상의 회사로서 도관성격이 강함에도 법인세법 제51조의2에 따른 배당지급액 소득공제규정을 2009.01.01.부터 받지 못함에 따라 이중과세조정을 위하여 세제상 혜택을 부여한 것이다.

3) 손익배분비율의 예외

원칙적으로 동업자 간에 약정한 단일의 손익배분비율을 세무상 인정하나, PEF의 경우 다양한 이익배당·손실배분비율을 인정하는 회사의 특성을 감안하여 손익배분비율의 제한을 완화하는 규정을 두고 있다.

해당 동업기업이 자본시장법에 따른 기관전용 사모집합투자기구(PEF)인 경우(법률 제

18128호 자본시장과 금융투자업에 관한 법률 일부개정법률 부칙 제8조제1항부터 제4항까지의 규정에 따라 기관전용 사모집합투자기구, 기업재무안정 사모집합투자기구 및 창업·벤처전문 사모집합투자기구로 보아 존속하는 종전의 경영참여형 사모집합투자기구를 포함하며, 이하 이 절에서 "기관전용 사모집합투자기구"라 한다)로서 정관, 약관 또는 투자계약서에서 정한 비율, 순서 등에 따라 결정된 이익의 배당률 또는 손실의 배분율을 약정손익배분비율로 신고한 때에는 해당 비율에 따른다. 이 경우 자본시장법 제86조제1항 및 제249조의14제11항에 따른 성과보수(이하 "성과보수")는 업무집행사원에 대한 이익의 우선배당으로 본다(조특령§100의17 ④).

4) 소득배분

가. 비거주자 또는 외국법인인 수동적동업자에 대한 PEF의 소득배분

사모투자전문회사의 경우 유한책임사원은 유한책임을 부담할 뿐 아니라 업무집행권이 없고 임원 취임이 불가능하여 경영에서 원칙적으로 배제되는 점을 감안하여 수동적 동업자로 인정하며, 다른 집합투자기구의 이익 계산 시 보수·수수료 등의 필요경비를 차감하는 것과의 형평을 감안하여 비거주자·외국법인 수동적 동업자의 소득금액 계산 시 보수·수수료(업무집행사원에 대한 "성과보수"는 동업기업 소득의 분배에 해당하므로 차감 제외)를 차감한다.

따라서 동업기업이 PEF인 경우로서 비거주자·외국법인인 수동적동업자에게 소득을 배분하는 경우에는 해당 동업자가 조특법 제100조의18 제1항에 따라 배분받은 소득금액에서 자본시장법에 따른 보수(성과보수는 제외)·수수료 중 동업기업의 손익배분비율에 따라 그 동업자에게 귀속하는 금액을 뺀 금액(조특법 제100조의18제3항 본문 또는 조특법 제100조의24제3항 단서가 적용되는 기관전용 사모집합투자기구의 수동적동업자의 경우에는 소득법 제119조 또는 법인법 제93조의 구분에 따른 소득금액 비율로 안분하여 계산한 금액)을 그 동업자가 배분받은 소득금액으로 한다(조특령§100의18 ⑧).

나. 수동적동업자가 배분받는 소득의 소득구분

수동적동업자의 경우에는 배분받은 소득금액을 원칙적으로 배당소득으로 본다(조특법§100의18 ③ 단서; 조특령§100의18 ⑨). 다만, 비거주자 또는 외국법인인 수동적 동업자가 소득을 직접 받지 아니하고 동업기업을 통하여 받음으로써 소득세 또는 법인세를 부당하게 감소시킨 것으로 인정되는 경우와 PEF의 수동적동업자 중 우리나라와 조세조약이 체결된 국가에서 설립된 연금·기금 등으로서 배분받는 소득이 해당 국가에서 과세되지 아니하는 아래 ①~③의 수동적동업자의 경우에는 조특법 제100조의18제3항 단서에 따른 소득구분에 따르지 아니하고 동업기업이 받는 소득을 기준(소득원천)으로 소득법 제119조 또는 법인법 제93조의 소득구분에 따른다(조특법§100의18 ③, 조특령§100의18 ⑥).

---

① 우리나라와 조세조약이 체결된 국가에서 설립된 것일 것

② 다음의 어느 하나에 해당하는 기관 또는 연금·기금일 것
  - 정부, 지방자치단체, 중앙은행 또는 우리나라의 「한국투자공사법」에 준하는 법률에 의해 설립된 투자기관으로서 해당 정부, 지방자치단체, 중앙은행, 공공기관 등의 자산을 위탁받아 관리·운용하는 투자기관
  - 우리나라의 「국민연금법」, 「공무원연금법」, 「군인연금법」, 「사립학교교직원 연금법」 및 「근로자퇴직급여 보장법」 등에 준하는 법률에 따라 설립된 연금
  - 법률에 따라 설립된 비영리단체로서 수익을 구성원에게 분배하지 아니하는 기금

③ 기관전용 사모집합투자기구로부터 분배받은 소득에 대해 해당 국가에서 비과세·면제 등으로 실질적인 조세부담이 없을 것

---

5) 동업기업과 동업자 간의 거래

해당 동업기업이 기관전용 사모집합투자기구인 경우 그 업무집행사원이 자본시장법 제249조의14에 따라 해당 동업기업에 용역을 제공하는 거래는 동업자가 동업자의 자격이 아닌 제3자의 자격으로 동업기업과 거래하는 경우에 해당하는 것으로 본다. 다만, 성과보수를 지급받는 부분은 제외한다(조특령§100의20 ②).

6) 원천징수

가. PEF가 소득을 지급받는 경우

PEF에 이자소득을 지급하는 자는 법인법 제73조에 따라 해당 이자를 지급하는 때에 법인세를 원천징수한다.

나. PEF가 동업자에게 소득을 배분하는 경우

PEF가 내국법인인 수동적동업자에게 배분되는 소득은 배당소득으로서 원천징수의무가 없고, 거주자인 능동적동업자에게 배분되는 소득은 그 소득원천별로 이자소득, 배당소득 또는 기

타소득 등 원천징수대상소득인 경우 소득세를 원천징수하여야 한다. 거주자인 수동적동업자에게 배분되는 소득도 배당소득이므로 소득세를 원천징수하여야 한다.

다. 비거주자 또는 외국법인 동업자에게 배분하는 경우

능동적동업자인 비거주자 또는 외국법인인 경우 PEF가 최고세율로 소득세 또는 법인세를 원천징수하여야 한다. PEF가 투자목적회사를 통하여 지급받은 소득을 연금·기금인 수동적동업자에게 배분되는 경우에는 동업기업이 받는 소득을 기준으로 소득법 제119조 또는 법인법 제93조의 소득을 구분하고 그에 따라 원천징수한다. 그 밖의 사항은 후술하는 "(7)의 4) 비거주자 또는 외국법인인 동업자에 대한 원천징수"를 참고하도록 한다.

(6) 동업기업의 소득계산 및 배분명세 신고의무

동업자가 배분받은 소득에 대한 과세가 효율적으로 이루어지도록 동업기업은 각 과세연도의 종료일이 속하는 달의 말일부터 3개월이 되는 날이 속하는 달의 15일까지 해당 과세연도의 소득의 계산 및 배분명세를 관할 세무서장에게 신고하여야 한다. 이때 각 과세연도의 소득금액이 없거나 결손금이 있는 동업기업의 경우에도 신고의무가 있다(조특법§100의23 ①, ②).

동업기업 소득계산, 배분명세의 신고를 할 때에는 동업기업 소득 계산 및 배분명세 신고서와 다음 각 호의 서류를 제출하여야 한다. 이 경우 1 및 2의 서류를 첨부하지 아니하면 무신고로 본다(조특령§100의24).

※ 첨부서류

1. 기업회계기준을 준용하여 작성한 재무상태표와 손익계산서
2. 지분가액조정명세서
3. 조특령 제100조의17제1항 본문의 약정손익분배비율에 관한 서면약정서
4. 조특법 100조의18제3항 본문을 적용받는 수동적동업자에 대하여 제100조의18제9항 각 호의 사실을 입증할 수 있는 서류
5. 그 밖에 기획재정부령으로 정하는 서류

※ 동업기업과 동업자가 12월 말 법인인 경우 동업기업 신고기한은 3월 15일, 동업자의 신고기한은 3월말이 되는 것임

아울러 동업기업은 동업기업의 소득계산 및 배분명세 신고를 할 때 각 동업자에게 해당 동업자와 관련된 신고 내용을 통지하여야 한다(조특법§100의23 ③).

(7) 동업기업의 원천징수

1) 동업기업이 지급받는 소득에 대한 원천징수

동업기업도 하나의 내국법인으로 보므로 다른 기업이 법인세법상 원천징수대상소득을 지급할 때에는 동업기업으로부터 원천징수를 하여야 한다.

2) 동업자 아닌 자에 대한 원천징수

동업기업이 해당 동업기업의 동업자가 아닌 자에게 원천징수대상소득을 지급하는 경우 동업기업을 원천징수의무자로 하여 법인세법(또는 소득세법)에 따라 원천징수하여야 한다.

3) 중복적용에 대한 원천징수세액의 감액

동업기업이 내국법인 또는 거주자인 동업자에게 소득을 배분한 후 이를 분배하는 경우 해당 동업기업은 동업자로부터 소득세 또는 법인세를 원천징수하여야 한다(비거주자 및 외국법인도 동일하다).

동업기업이 소득을 지급받을 때 지급자가 원천징수를 하고 다시 동업기업이 동업자에게 손익배분비율에 따라 배분된 후 다시 동업자에게 이를 지급하는 때에 동업자로부터 다시 원천징수하게 되면 동일 소득에 원천징수를 이중으로 하게 된다. 따라서 다음에 해당하는 경우에는 동업기업이 조특법 제100조의24 또는 소득법 제127조에 따라 해당 동업자가 배분받은 소득에 대한 소득세 또는 법인세를 원천징수할 때 동업기업이 원천징수되었던 세액 중 해당 동업자에게 배분된 금액을 공제하고 동업자로부터 원천징수한다(조특령§100의19 ② 2호).

㉠ 거주자·비거주자·외국법인인 수동적동업자의 경우

㉡ 거주자인 동업자(수동적 동업자는 제외)로서 배분받은 소득이 제100조의18제6항제1호에 따라 소득법 제16조, 제17조 또는 제21조의 소득에 대한 수입금액으로 구분되는 경우

다만, 공제될 원천징수세액이 배분액이 동업자로부터 원천징수해야할 공제 전의 세액을 초과하는 경우에는 그 초과하는 금액은 없는 것으로 본다(조특령§100의19 ② 2호 단서).

4) 비거주자 또는 외국법인인 동업자에 대한 원천징수

가. 원천징수의 특례 개요

추가적인 납세협력비용 없이 비거주자에 대한 조세채권 확보하기 위하여 동업기업 단계에서 발생된 소득을 비거주자인 동업자에게 배분하는 경우 소득배분에 관한 신고의무가 있는 동업기업이 원천징수하도록 다음과 같이 규정하고 있다.

나. 구체적 원천징수 및 동업자의 신고방법

동업기업은 비거주자 또는 외국법인인 동업자에게 배분된 소득에 대해서는 다음의 세율을 적용하여 계산한 금액에 상당하는 소득세 또는 법인세를 징수하여 조특법 제100조의23제1항에 따른 소득의 계산 및 배분내역 신고기한(조특법 제100조의23에 따라 동업자에게 분배시 신고하지 아니한 금액을 분배하는 경우에는 해당 분배일이 속하는 달의 다음 달 10일과 소득의 계산 및 배분내역 신고기한 중 빠른 날)까지 납세지 관할 세무서장에게 납부하여야 한다(조특법§100의24 ①).

㉠ **수동적 동업자인 경우 다음의 세율**

가. 수동적 동업자인 경우 : 국내원천 배당소득 지급금액의 20%
나. 수동적 동업자가 소득을 직접 받지 아니하고 동업기업을 통하여 받음으로써 소득세 또는 법인세를 부당하게 감소시킨 것으로 인정될 때 및 조특법 제100조의18 제3항 본문(위 "(2)"의 "2) 동업자의 소득구분"을 말한다)이 적용되는 경우 「소득세법」 제156조제1항 각 호 및 「법인세법」 제98조제1항 각 호에 따른 세율

ⅰ. 국가·지방자치단체 및 내국법인이 발행하는 채권에서 발생하는 이자소득 : 지급금액의 14%
ⅱ. "ⅰ"외의 이자소득 : 지급금액의 20%

㉡ **수동적 동업자 외의 동업자인 경우에는 다음의 세율 중 최고세율**

가. 비거주자인 동업자의 경우 : 「소득세법」 제55조에 따른 세율
나. 외국법인인 동업자의 경우 : 「법인세법」 제55조에 따른 세율

다. 지급명세서의 제출

동업기업은 위 "나"에 따라 원천징수를 하는 경우 지급명세서(소득법 제164조의2 및 법인법 제120조의2)를 제출하여야 한다.

이 경우 해당 소득은 동업기업이 동업기업의 소득의 계산 및 배분명세 신고를 할 때(동업기업의 소득의 계산 및 배분명세 신고에 따른 신고를 하지 아니한 금액이 분배되는 경우에는 분배할 때)에 비거주자 또는 외국법인인 동업자에게 지급된 것으로 본다(조특법§100의24 ②).

라. 수동적 동업자의 소득구분

수동적 동업자에게 배분되는 소득의 구분은 조특법 제100조의18제3항 단서에 따라 배당소득으로 본다. 다만, 수동적 동업자가 소득을 직접 받지 아니하고 동업기업을 통하여 받음으로써 소득세 또는 법인세를 부당하게 감소시킨 것으로 인정될 때에는 배당소득(조특법 제100조의18 제3항 단서에 따른 소득구분에 따르지 아니한다)으로 보지 아니하고 동업기업이 받는 소득을 기준으로 소득법 제119조(비거주자의 국내원천소득) 또는 법인법 제93조(외국법인의 국내원천소득)의 소득구분에 따른다(조특법§100의24 ③).

마. 능동적 동업자의 과세표준 확정신고 의무

위 "나"의 표 "ⓛ"의 수동적 동업자 외의 능동적 동업자로서 소득이 비거주자 및 외국법인인 동업자는 비거주자에 대한 종합과세(소득법 제121조부터 제125조까지)규정을 준용하여 소득세의 과세표준확정신고를 하거나 법인법 제91조, 제92조, 제95조, 제95조의2 및 제97조를 준용하여 법인세의 과세표준신고를 하여야 한다.

다만, 동업기업이 위 "나"에 따라 소득세 또는 법인세를 원천징수하여 납부한 경우에는 과세표준확정신고 또는 과세표준신고를 하지 아니할 수 있다(조특법§100의24 ④).

바. 수동적 동업자의 소득이 부동산소득 또는 양도소득인 경우

수동적 동업자에 대하여 위 "라"의 단서 및 조특법 제100조의18제3항 본문이 적용되어 구분된 소득이 아래에 해당하는 경우에는 원천징수하지 아니하고 다음의 방법에 따른다(조특법§100의24 ⑤).

① 아래 ⓐ 및 ⓑ에 해당하는 소득인 경우 : "마"를 준용하여 동업자가 신고·납부하는 방법

② 아래 ⓒ 및 ⓓ에 해당하는 소득인 경우 : 동업기업이 "나의 ㉠"의 세율로 (예납적)원천징수하고 동업자가 위 "마"를 준용하여 신고·납부하는 방법

ⓐ 국내원천 부동산소득 : 국내에 있는 부동산 또는 부동산상의 권리와 국내에서 취득한 광업권, 조광권, 지하수의 개발·이용권, 어업권, 토사석 채취에 관한 권리의 양도·임대, 그 밖에 운영으로 인하여 발생하는 소득. 다만, ⓒ의 국내원천 부동산등양도소득은 제외한다(소득법§119 3호).

ⓑ 국내원천 부동산소득: 국내에 있는 부동산 또는 부동산상의 권리와 국내에서 취득한 광업권, 조광권(租鑛權), 흙·모래·돌의 채취에 관한 권리 또는 지하수의 개발·이용권의 양도·임대 또는 그 밖의 운영으로 인하여 발생하는 소득. 다만, ⓓ의 양도소득은 제외한다(법인법§93 3호).

ⓒ 국내원천 부동산등양도소득: 국내에 있는 다음 각 목의 어느 하나에 해당하는 자산·권리를 양도함으로써 발생하는 소득(소득법§119 9).

　가) 소득법 제94조제1항제1호·제2호 및 같은 항 제4호가목·나목에 따른 자산 또는 권리

　나) 내국법인의 주식 또는 출자지분(주식·출자지분을 기초로 하여 발행한 예탁증서 및 신주인수권을 포함한다. 이하 이 장에서 같다) 중 양도일이 속하는 사업연도 개시일 현재 그 법인의 자산총액 중 다음의 가액의 합계액이 100분의 50 이상인 법인의 주식 또는 출자지분(이하 이 조에서 "부동산주식등"이라 한다)으로서 증권시장에 상장되지 아니한 주식 또는 출자지분. 이 경우 조세조약의 해석·적용과 관련하여 그 조세조약 상대국과 상호합의에 따라 우리나라에 과세권한이 있는 것으로 인정되는 부동산주식등도 전단의 부동산주식등에 포함한다.

ⓓ 국내원천 부동산등양도소득: 국내에 있는 다음 각 목의 어느 하나에 해당하는 자산·권리를 양도함으로써 발생하는 소득(법인법§93 7호)

　가) 「소득세법」 제94조제1항제1호·제2호 및 제4호가목·나목에 따른 자산·권리

　나) 내국법인의 주식등(주식등을 기초로 하여 발행한 예탁증서 및 신주인수권을 포함한다. 이하 이 장에서 같다) 중 양도일이 속하는 사업연도 개시일 현재의 그 법인의 자산총액 중 다음의 가액의 합계액이 100분의 50 이상인 법인의 주식등(이하 이 조에서 "부동산주식등"이라 한다)으로서 「자본시장과 금융투자업에 관한 법률」에 따른 증권시장에 상장되지 아니한 주식등. 이 경우 조세조약의 해석·적용과 관련하여 그 조세조약 상대국과 상호합의에 따라 우리나라에 과세권한이 있는 것으로 인정되는 부동산주식등도 전단의 부동산주식등에 포함한다.

사. 국내사업장 간주

위 "나"의 표 "ⓛ" 및 "마"를 적용할 때 동업기업이 국내에서 사업을 하는 장소를 비거주자 또는 외국법인인 동업자의 국내사업장으로 본다.(조특법§ 100의24 ⑥)

아. 준용규정

위 "나"의 표 "ⓖ", "라" 및 "바"의 표 "②"의 원천징수의 적용방법에 관하여는 소득법 제156조의2부터 제156조의8까지 및 법인법 제98조의3부터 제98조의7까지를 준용한다(조특법§ 100의24 ⑦).

- 외국법인(비거주자 포함)의 원천징수대상채권등에 대한 원천징수의 특례
- 외국법인(비거주자 포함)에 대한 조세조약상 비과세 또는 면제 적용 신청
- 외국법인(비거주자 포함)에 대한 원천징수절차 특례
- 이자·배당 및 사용료에 대한 세율의 적용 특례
- 비거주 연예인 등의 용역 제공과 관련된 원천징수 절차 특례
- 외국법인 소속 파견근로자의 소득에 대한 원천징수 특례
- 이자·배당 및 사용료에 대한 세율의 적용 특례

자. 국내사업장이 있는 경우

비거주자 또는 외국법인인 동업자가 소득법 제120조 또는 법인법 제94조에 따른 국내사업장(위 "사"에 따라 국내사업장으로 보는 경우는 제외한다)이 있고 동업자에게 배분된 소득이 그 국내사업장에 귀속되는 소득인 경우에는 "나"부터 "자"까지의 원천징수규정을 적용하지 아니하고 그 국내사업장의 과세표준에 합산하여 신고·납부하여야 한다(조특법§100의24 ⑧).

차. 원천징수세액의 납부기한

동업기업은 비거주자 또는 외국법인인 동업자에게 배분된 소득에 대한 원천징수세액을 동업기업의 소득의 계산 및 배분명세 신고기한(동업기업의 소득의 계산 및 배분명세 신고를 하지 아니한 금액을 분배하는 경우에는 해당 분배일이 속하는 달의 다음 달 10일과 동업기업의 소득의 계산 및 배분명세 신고기한 중 빠른 날)까지 납부하여야 한다.

(8) 가산세

동업기업 과세특례에서 규정하는 가산세는 소득계산 및 배분명세서신고불성실가산세와 비거주자 또는 외국법인인 동업자에 대한 원천징수납부불성실가산세가 있다. 그 밖에 법인세법에서 동업기업에 적용되는 가산세로는 무기장가산세, 원천징수납부불성실가산세, 증빙불비가산세, 지급명세서불성실가산세, 계산서등불성실가산세, 현금영수증(신용카드)가맹점불성실가산세가 있으며, 법인으로 보므로 소득세법상 가산세는 적용되지 않는다.

가. 동업기업 소득계산 및 배분명세신고불성실가산세

관할세무서장은 동업기업이 동업기업 소득계산 및 배분내역 신고의무를 이행하지 아니하거나 신고하여야 할 소득금액(동업자군별 배분대상 소득금액의 합계액)보다 적게 신고한 경우에는 다음의 가산세를 부과한다(조특법§100의25 ①, 조특령§100의 24 ①).

- 무신고 시 : 신고하여야 할 소득금액의 4%

- 과소신고 시 : 적게 신고한 소득금액의 2%

※ 신고하여야 할 소득금액 : 동업자 군별 배분대상 소득금액을 기준으로 계산

나. 동업자에 대한 원천징수납부불성실가산세

관할 세무서장은 동업기업이 비거주자·외국법인에 대한 소득 배분시(조특법 제100조의24) 원천징수하였거나 원천징수하여야 할 세액을 납부기한에 납부하지 아니하거나 적게 납부하는 경우에는 다음에 해당하는 금액 중 큰 금액(납부하지 아니하거나 적게 납부한 세액의 100분의 10을 한도로 한다)을 가산세로 징수하여야 한다(조특법§100의25 ②, 특령§100의 24 ②).

- ㉠ 납부하지 아니하거나 적게 납부한 세액 × 납부기한의 다음 날부터 자진납부일 또는 납부고지일까지의 기간 × 1일 10만분의 22

- ㉡ 납부하지 아니하거나 적게 납부한 세액의 3%

(9) 준용규정

법인이 아닌 동업기업의 경우 과세연도, 납세지, 사업자등록, 세액공제, 세액감면, 원천징수, 가산세, 토지 등 양도소득에 대한 법인세 등 다음의 사항에 대해서는 그 동업기업을 하나의 내국법인(조특법 제100조의15제1항제5호의 동업기업의 경우에는 외국법인)으로 보아 법인법과 조특법의 해당 규정을 준용한다(조특법§100의26, 조특령§100의27).

· 사업연도

· 납세지와 과세 관할

· 사업자등록

· 세액공제 및 세액감면 중 내국법인에 적용되는 것

· 원천징수

· 법인법 제75조의3, 제75조의5부터 제75조의8까지의 규정에 따른 가산세

· 토지 등 양도소득에 대한 법인세

· 법인법 제66조에 따른 결정 및 경정

· 장부의 비치·기장

· 구분경리

· 지출증빙서류의 제출 및 보관

· 신용카드가맹점 가입·발급의무 등

· 현금영수증가맹점 가입·발급의무 등

· 지급조서의 제출의무

· 매입처별 세금계산서합계표의 제출

· 계산서의 작성·교부 등

· 질문·조사

· 그 밖에 기획재정부령으로 정하는 사항

3. 동업자에게 배분될 소득금액 등 계산사례

가. 기본사항

○ 동업기업의 동업자 구성

(단위 : 명)

구 분	거주자군	비거주자군	내국법인군	외국법인군
인원	5	4	3	2
손익분배비율	20%	20%	30%	30%
1인당 손익분배비율	4%	5%	10%	15%

○ 동업자 군별 소득발생내역

(단위 : 백만원)

소득구분	거주자군	비거주자군	내국법인군	외국법인군
이자소득	1,000	1,000	–	1,000
기타소득	300		–	–
사업소득	5,000	5,000	–	5,000
각사업연도 소득	–		7,000	–
인적용역소득	–	300	–	300

○ 기타 참고사항

 - 거주자군의 구성원인 "갑"(손익분배비율: 4%), 내국법인군의 구성원인 "을"(손익분배비율: 10%)이 있음

 - 해당 동업기업에 부과될 증빙불비가산세 100천원이 있음

 - 원천징수세액 200천원이 있음

나. 물음

 - 거주자 "갑"과 내국법인인 "을"에게 배분될 소득금액, 가산세, 원천징수세액을 구하시오.

다. 풀이

(1단계) 동업자 군별 동업기업 소득금액 또는 결손금 계산

○ 동업기업을 1거주자, 1비거주자, 1내국법인 또는 1외국법인으로 보아 소득세법 및 법인세법을 적용하여 해당 과세연도의 소득금액 또는 결손금을 계산함

 - 거주자군 : 6,300백만원

 - 비거주자군 : 6,300백만원

 - 내국법인군 : 7,000백만원

 - 외국법인군 : 6,300백만원

(2단계) 동업자 군별 배분대상 소득금액 및 결손금 계산

○ 동업자 군별 동업기업 소득금액 또는 결손금× 동업자 군별 손익분배비율

- 거주자군 : 1,260백만원(6,300 × 20%)

⇒(이자소득 200 + 기타소득 60 + 사업소득 1,000)

- 비거주자군 : 1,260백만원(6,300 × 20%)

- 내국법인군 : 2,100백만원(7,000 × 30%)

- 외국법인군 : 1,890백만원(6,300 × 30%)

(3단계) 동업자 군별로 배분대상 소득금액 및 결손금을 해당 동업자군에 속하는 동업자들에게
손익분배비율에 따라 배분

- 거주자군 "갑" : 252백만원(1,260 × 20%)

⇒(이자소득40 + 기타소득12 + 사업소득 200)

- 내국법인 "을" : 700백만원(각사업연도 소득2,100 × 33.34%)

(4단계) 배분대상세액(세액공제 및 감면, 원천징수세액, 가산세 등)을 1내국법인으로 보고 계
산하여 모든 동업자를 대상으로 손익분배비율에 따라 배분

○ "갑"에게 배분할 가산세 및 원천징수세액

- 증빙불비가산세 : 100천원 × 4% = 4천원
- 원천징수세액 : 200천원 × 4% = 8천원

○ "을"에게 배분할 가산세 및 원천징수세액

- 증빙불비가산세 : 100천원 × 10% = 10천원
- 원천징수세액 : 200천원 × 10% = 20천원

4. 관련 사례

☐ 조특법 제100조의 18에 따라 동업기업이 동업자에게 소득을 배분하는 경우 지급명세서를 해당 과세기간의 다음연도 2월말일까지 제출하여야 하는 것임(서면-2015-법령해석소득-0415, 2016.03.18.).

☐ 동업기업의 접대비 한도 초과액 및 감가상각 내용연수 신청

동업기업 과세특례 규정을 적용받는 경우 접대비 한도 초과액 및 감가상각 내용연수 신청은 동업자 군별로 각각 적용하는 것이고, 동업자가 탈퇴 시 분배받은 자산의 시가가 분배일 해당 동업자의 지분가액을 초과하면 배당소득에 해당하는 것임(소득세과-531, 2014.09.26.).

☐ 동업기업과세특례를 적용받는 합명회사가 주권상장법인의 주식을 양도함에 따라 발생하는 소득을 동업자에게 배분하는 경우 거주자인 동업자가 배분받은 소득금액은 소득법 제94조에 따른 소득(양도소득)에 대한 수입금액으로 보는 것임(서면법규과-941, 2014.08.28.).

☐ 동업자가 동업기업에 제공하는 동업기업 사업관련 용역 제공

동업자가 동업기업이 영위하는 사업관련 용역을 동업기업에게 제공하고, 동업기업은 이와 관련 급여 성격의 비용을 동업자에게 지급하는 경우 해당 거래는 동업자가 제3자의 자격으로 동업기업과 거래하는 경우에 해당하지 아니하므로 동 비용은 동업기업의 손금에 산입하지 아니하고 법인법 제52조의 규정을 준용하여 동업기업의 소득금액을 재계산하여야 하는 것임(법인-1004,2010.10.29.).

☐ 동업기업으로부터 배분받은 사업소득금액은 성실신고확인대상사업자 판정 시 수입금액 합계액에 포함하지 아니하는 것임(법규소득2013-214, 2013.07.01.).

☐ 동업기업 전환법인이 조특법 제100조의 16 및 조특령 제100조의16에 따라 준청산소득에 대한 법인세 납부의무를 이행한 경우, 동업기업 전환 전에 발생한 유가증권평가이익

및 미수수익 익금불산입액, 이월결손금은 동업기업에 승계되지 않는 것임(법인세과-798, 2011.10.26.).

☐ PEF에 이자소득 지급 시 원천징수

조특법 제100조의14에 따른 동업기업에 해당하는 사모투자전문회사에 이자소득을 지급하는 자는 그 지급하는 때에 법인법 제73조에 따라 원천징수를 하는 것이며, 이 경우 해당 이자소득 중 법인법 및 법인령 제111조에 따라 원천징수가 면제되는 국민연금기금에 배분되는 소득은 원천징수대상에서 제외되는 것임(재법인-822, 2011.08.24.).

☐ PEF의 외국납부세액공제 배분

자본시장법 제9조 제18항 제7호의 사모투자전문회사가 동업기업과세특례를 선택하는 경우의 외국납부세액공제는 외국에서 납부한 외국법인세액을 손익배분비율에 따라 동업자에게 배분하여 동업자 단계에서 적용하는 것임(기획재정부 국제조세제도과-128, 2011. 04.01.).

☐ 「민법」에 따라 설립된 조합이 「조세특례제한법」 제100조의17에 따라 동업기업과세특례 적용신청을 한 경우 동업기업과세특례를 적용받을 수 있으며, 동업기업에서 발생한 배당소득에 대하여는 「법인세법」 제73조에 따라 원천징수하여야 하는 것임(법인세과-427, 2009.04.09.).

☐ PEF의 동업기업 특례 적용 시 과세연도 개시일의 의미

조특법 제100조의15 및 조특령 제100조의15에 해당되는 사모투자전문회사가 동업기업과세특례를 최초 과세연도부터 적용받고자 하는 경우, 조특령 제100조의16의 "그 과세연도의 개시일"이라 함은 설립등기일을 말하고, 그 설립등기일부터 1개월 이내에 동업기업과세특례 적용신청서를 납세지 관할 세무서장에게 제출하는 경우에 한해 최초 과세연도에 대하여 동업기업과세특례를 적용할 수 있는 것임(법인세과-250, 2010.03.18.).

☐ 동업기업의 결손 시 과세연도 소득의 계산 및 배분명세 신고 여부

동업기업은 각 과세연도의 종료일이 속하는 달의 말일부터 3개월이 되는 날이 속하는 달의 15일까지 조특령 제100조의 24에서 정하는 바에 따라 해당 과세연도 소득의 계산 및 배분명

세를 관할 세무서장에게 신고하여야 하며, 각 과세연도의 소득금액이 없거나 결손금이 있는 동업기업의 경우에도 동일하게 신고하여야 하는 것임(법인세과-1003, 2010.10.29.).

□ 소득법 제70조의2 및 소득령 제133조에 따른 성실신고확인대상 사업자를 판정함에 있어 해당 과세기간의 수입금액의 합계액에는 조특법 제100조의18에 따라 동업기업으로부터 배분받은 소득금액 에 해당하는 수입금액은 포함하지 아니하는 것임(법규소득 2013-214, 2013.07.01.).

제6절 종중

1. 종중의 정의

종중은 공동선조의 사망과 동시에 그 후손에 의하여 자연발생적으로 성립한 단체로서 동일한 선조에서 나온 후손이 공동으로 선조의 제사를 계속하고 분묘를 수호하며, 종중원 상호 간의 친목·복리의 증진을 도모하기 위하여 자연히 발생되는 단체이며 '권리능력없는 사단'에 해당한다.

종중이 자연발생적이라고 하는 것은 혈연관계에 있는 후손들이 공동선조에 대한 제사를 지내면서 자연스럽게 모여 단체를 형성하게 되고, 이들 단체가 민법으로 수용되면서 법인 아닌 사단 내지 비법인사단(종중의 규약이나 관습에 따라 선출된 대표자 등에 의하여 대표되는 정도로 조직을 갖추고 지속적인 활동을 하고 있다면 비법인사단으로서의 단체성이 인정된다)으로 포섭된 것이라 할 것이다.

한편 종중은 후손들이 모여 제사와 친목을 도모하는 것이 인위적이라고 할 수 있고, 종중규약 등을 제정한다면 이 또한 인위적인 조직행위가 될 것이므로 일면에서는 인위적인 면도 갖고 있다 할 수 있지만, 전통적으로 존재하는 종중은 인위적이기에 앞서 자연발생적이라고 하는 것이 종중의 실체에 좀 더 가까운 것이라 할 것이다(대법원93다27703, 1994.09.30.).

그리고 종중에 있어서 종중원의 확정은 종중재산의 관리·처분에 관한 법률행위의 적법성을 판단하는 기준이 되므로, 종중재산의 분배와 관련하여 특히 종중원과 종회원을 구분하는 것은 의미가 있다. 종중은 특수한 형태의 권리능력 없는 사단인데, 공동선조의 자손이면 남녀노소에 관계없이 당연히 종중의 구성원이 될 수 있으나 미성년자 등의 경우에는 종중의 사원총회인 종회의 구성원이 되는 자격은 제한될 수 있다. 특히 종중구성원과 종회구성원을 구별한다면 자연발생적인 것은 공동선조의 자손인 종중구성원이며, 종회구성원은 시대와 종중에 따라 변화할 수 있는 인위적인 것이라고 설명할 수 있다.

> 고유의 의미의 종중이란 공동선조의 후손들에 의하여 그 선조의 분묘수호 및 봉제사와 후손 상호 간의 친목을 목적으로 형성되는 자연발생적인 종족단체로서 특별한 조직행위가 없더라도 그 선조의 사망과 동시에 그 후손에 의하여 성립한다(광주고법2015누7448, 2016.10.13.).

2. 종중의 개요

1) 종중의 성립과 소멸

종중은 공동선조의 사망에 따라 그 후손에 의하여 성립하며, 성립된 종중의 종원이 모두 사망하고 후사가 없는 경우에 소멸한다.

2) 종회

종회란 종중의 목적수행 또는 종중재산의 관리·처분을 위해 기타 종중에 관한 중요한 사항을 결의하기 위한 회원들의 협의기구를 말한다.

3) 종중 대표자의 지위

종중은 대표자가 없어도 성립·존속하는 것이지만 대외활동, 종중재산에 관한 활동과 종중이 소송에서 당사자로 되기 위해서는 대표자를 통하여 법률행위를 할 수 밖에 없다.

4) 종중 대표자의 선임·해임

종중의 대표자는 특별한 규약이나 관행이 있으면 그에 따라 선출하고 그것이 없으면 일반관습에 의해 종장 또는 문장이 종중총회를 소집하여 출석자 과반수의 결의로 선임하며, 해임에 관해서도 동일하다.

5) 종중 대표자의 권한

대표자는 종중을 대표하여 법률행위를 할 권한을 가지나 종중재산의 관리처분에 대하여는 특별한 규약이나 관행이 없는 한 종중총회의 결의가 있어야 한다.

> **◆ 대표자 변경에 관한 판결이 종결되지 아니한 경우 사업자등록 대표자 정정 가능여부**
>
> 고유번호증상의 대표자 변경을 위한 등록정정신고서가 제출된 경우 관할세무서장은 국기령 제8조 및 부가령 제11조에 따라 종중총회의 회의록 및 의결사항 등 정정내용을 확인하고 사업자등록증을 정정하여 교부할 수 있다. 이 경우 해당 종중총회 의결 등에 대한 무효확인의 소가 제기되었다는 사정만으로 관할세무서장의 등록정정이 불가능하게 되는 것은 아니지만, 정정내용에 대한 정확한 확인이 불가능한 경우로서 그 등록정정으로 인하여 회복하기 어려운 손해가 발생할 개연성이 높다고 인정되는 경우에는 등록사항의 변경을 거부할 수 있다(서면1팀-433, 2005.04.22.).

3. 종중의 법적 성질

1) 종중의 인격

종중은 "종족의 집단"으로서 불특정인 인적조직과 규약 및 최고 의사결정기관인 종회를 가지고 독자적인 활동을 하고 있어 그 개개의 구성원과는 구별되는 독립된 존재이다. 또한 종중은 자연발생적인 것이므로 법인설립의 요건인 주무관청의 허가와 등기가 문제될 여지가 없으므로 법인이 아니며, 재산을 중심으로 한 개념이 아니라 그 구성원인 사람을 중심으로 한 개념이다.

구성원의 개성이 강하게 드러나는 조합과는 달리 종중의 규약 또는 관습에 따라 선출된 대표자에 의하여 대표되는 정도의 조직을 갖춘 구성원의 개성보다 단체성이 강하게 드러나는 점에서 권리능력 없는 사단에 해당한다.

> 종중이란 공동선조의 후손들에 의하여 선조의 분묘수호 및 봉제사와 후손 상호간의 친목을 목적으로 형성되는 자연발생적인 종족단체로서 선조의 사망과 동시에 후손에 의하여 성립하는 것이며, 종중의 규약이나 관습에 따라 선출된 대표자 등에 의하여 대표되는 정도로 조직을 갖추고 지속적인 활동을 하고 있다면 비법인사단으로서의 단체성이 인정된다.

2) 당사자 능력

「민사소송법」 제52조는 법인 아닌 사단 또는 재단은 대표자 또는 관리인이 있는 경우에는 그 사단이나 재단의 이름으로 당사자가 될 수 있다고 규정하는 바, 이에 따라 종중은 법인 아닌 사단이므로 대표자의 정함이 있으면 당사자능력을 가지게 된다.

3) 종중의 재산

가. 종중 재산의 법률적 성질

종중재산은 종중의 목적수행에 제공되는 재산이므로 그 권리는 사실상 종중자체에 속하는 것이며, 현행 「민법」 제275조에서 권리능력없는 사단의 소유형태는 총유로 규정한 바, 종중의 재산과 부채는 단체의 구성원에게 총유적으로 귀속되는 것이므로 종중재산은 관리·처분에 관하여 종중의 특별한 규정이나 관례가 없으면 종회의 결의에 따라야 한다.

나. 종중재산 명의에 대한 특례

종중재산에 있어서는 통상적으로 그 종손이나 종중을 대표할 수 있는 종원의 한 사람 또는 수인에게 명의신탁하는 관행이 있어 부동산실명법은 우리의 전통관습이나 가족관념에 비추어 종중에 대하여는 법으로 강제하기 어려운 면을 고려하여 종중에 대하여 특례를 인정하고 있다.

부동산실명법은 조세 포탈, 강제집행의 면탈 또는 법령상 제한의 회피를 목적으로 하지 아니하는 경우로서 종중(宗中)이 보유한 부동산에 관한 물권을 종중(종중과 그 대표자를 같이 표시하여 등기한 경우를 포함한다) 외의 자의 명의로 등기한 경우 명의신탁의 효력, 과징금, 이행강제금, 벌칙, 실명등기의무 위반의 효력 등의 적용을 배제한다(부동산실권리자명의등기에관한법률§8).

다. 종중재산의 처분

종중재산의 처분은 종중의 정관 그 밖의 규약에 의하고 그것이 없으면 총회의 결의에 의하여야 한다.

라. 종중재산의 등기

종중은 법인등기를 하지 아니하는 경우에도 종중명의로 종중의 부동산에 관하여 등기할 수 있다.

마. 종중의 재산의 사용·수익

종원에게는 지분권과 관리·처분권이 없고, 단지 사용·수익권을 가지므로 종회결의에 따라 중종재산이 처분되었더라도 분배결의가 없으면 종회에 직접 분배의 청구를 할 수 없다.

4. 종중의 세무상 취급

1) 공동사업자 해당 여부

종중이 공동사업에 해당하는지 여부는 종중 사업의 이익분배방법 및 분배비율 등이 있는지 여부 등의 구체적 사실관계를 파악하여 공동사업 해당 여부를 판단한다.

종중이 대표자 또는 관리인이 선임되어 있고 이익의 분배방법 및 비율이 정하여져 있지 아니한 경우에는 해당 종중을 1거주자로 보고, 종중이 위와 같이 종중에서 발생한 부동산임대소득 등을 그 구성원에게 이익분배를 하지 아니한다면 공동사업으로 볼 수 없다.

구성원(종중 구성원) 간 이익의 분배방법이나 분배비율이 정하여져 있거나 사실상 이익이 분배되는 것으로 확인되는 경우에는 해당 구성원이 공동사업을 영위하는 것으로 보아 소득법 제43조에 따라 공동소유에 대한 소득금액계산특례를 적용하여 구성원별로 과세한다(소득령§3의2; 징세46101-7879, 1994.09.29.; 재일46014-1088, 1993.04.23.).

2) 종중 대표자에 대한 과세방법

종중에서 발생한 부동산임대소득 등은 종중을 과세단위로 보아 소득세 등을 과세하는 것이므로 종중 대표자의 다른 소득과 합산하지 않는다(서면1팀-1419, 2004.10.15. 외 다수).

3) 비영리법인에 해당하는 경우

종중이 「국세기본법」 제13조 제2항의 요건을 모두 갖추어 관할세무서장으로부터 법인으로 보는 단체로 승인을 얻은 종중은 세법상 비영리법인으로 취급된다.

4) 소득세법상 종중의 납세지

종중이 1거주자로 보는 법인 아닌 단체에 해당하는 경우 종종의 소득세 납세지는 종중의 대표자의 주소지로 하는 것이며, 이 때 대표자란 적법하게 선출된 실제 대표자를 의미하는 것임(기준-2018-법령해석소득-0190, 2018.08.30.).

5) 종중과 그 종원이 세법상 특수관계인인지 여부

부당행위계산부인규정은 특수관계자 간의 거래에 대하여 적용하는 규정으로서 종중이 종회를 통한 적절한 절차에 따라 종원에게 양도한 경우 설령 현저히 저렴한 가액으로 양도하였더라도 시가와의 차액에 대하여는 부당행위계산으로 보아 그 차액에 대하여도 양도소득세를 과세할 수 없다(동지 : 재일46014-2028, 1993.07.16.).

5. 종중 자산의 양도

종중이 소유부동산을 양도하고 양도소득이 발생하였다면 해당 종중을 하나의 거주자로 보아 양도소득세의 납세의무를 부여하는 것이며, 종중이 소유부동산을 양도하고 그 대금을 종중원에게 분배하는 경우 법인격 없는 단체(종중)가 거주자인 개인(종중원)에게 증여한 경우에 해당하므로 증여받은 종중원은 증여세의 납세의무가 발생한다(서면4팀-2203, 2005.11.16.; 재산 46014-277, 2000.03.07.; 서울고법97구28966, 1998.06.11.).

또한 종중원이 종중에게 현금출연을 하는 경우 역시 증여세 과세대상이다(국심2000부180, 2000.08.07.).

6. 관련 사례

□ 법인으로 보는 단체로 승인을 받았으나 승인을 취소 시 언제부터 법인으로 보지 않는지 여부

국기법 제13조 제2항의 규정에 의하여 관할세무서장으로부터 법인으로 승인을 얻은 법인격이 없는 단체가 국기법 제13조 제2항 각호의 요건을 갖추지 못하게 되어 그 승인이 취소된 경우 국기시행규칙 제5조의 2의 규정에 의한 단체의 승인취소통지서를 받은 날부터 법인으로 보지 않는 것임(재조세-322, 2003.12.20.).

□ 종중소유 부동산의 소유권 환원 시 양도소득세 등 과세 여부

① 종중원 명의로 등기된 토지를 종중 명의로 등기이전한 경우로서 그 이전된 토지가 당초부터 종중의 소유임이 확인되는 경우에는 증여세가 과세되지 아니하는 것이나 당초부터 종중원 소유임이 확인되는 경우에는 증여세가 과세되는 것임(법규재산2013-454, 2013.12.10.).

② 신탁재산임을 등기하지 아니하고 수탁자명의로 등기하고 있던 부동산을 신탁해지를 원인으로 원상회복 등기하는 것에 대하여는 양도소득세를 과세하지 아니하는 것임.

③ 따라서 개인명의로 등기되어 있던 종중재산을 매매를 원인으로 이전하였다 하더라도 그 내용이 신탁해지를 원인으로 하여 원래의 종중명의로 원상회복등기한 사실이 객관적으로 확

인되는 경우에는 양도소득세 또는 증여세가 과세되지 아니하는 것이나, 신탁해지로 인한 원상회복등기인지 여부는 구체적인 사실을 조사하여 판단하는 것임(재일46014-4028, 1993.11.12.; 재산01254-4628, 1989.02.19.; 서면인터넷방문상담4팀-1263, 2004.08.12.).

□ 종중이 부동산을 양도하는 경우 법인세 과세 여부

국기법 제13조에 따라 법인으로 보는 단체로 승인받은 종중이 법인으로 승인받기 전에 취득하여, 처분일 현재 3년 이상 계속하여 정관에 규정된 고유목적사업에 직접 사용하던 부동산의 수용으로 발생하는 수입은 법인령 제2조제2항에 따라 수익사업에 해당되지 않는 것으로 이에 해당하는지는 해당 부동산의 사용용도ㆍ기간ㆍ면적 등 사용현황, 임대차 여부 등 제반사항을 고려하여 사실판단할 사항임(법인세과-399, 2014.09.24.).

□ 종중소유 예금의 이자에 대한 소득세 분리과세 여부

법인으로 보는 단체 외의 단체 중 수익을 구성원에게 배분하지 아니하는 단체로서 단체명을 표기하여 금융거래를 하는 단체가 금융기관으로부터 받는 이자소득 및 배당소득은 소득법 제14조 제3항 제3호의2 규정에 의하여 종합소득세과세표준의 계산에 있어서 이를 합산하지 아니하는 것임(서면1팀-1349, 2005.11.08.).

□ 종중이 장학금을 지출하고 결산 세무조정 시 손금불산입하는 경우 소득처분

법인으로 보는 단체로 승인받은 종중은 고유목적사업준비금을 설정하여 손금에 계상할 수 없는 것이며, 수익사업에서 발생한 소득을 고유목적사업비로 지출한 금액은 이를 지정기부금으로 보아 범위 내에서 각 사업연도에 손금에 산입하는 것임(서이46012-10018, 2002.01.03.).

□ 개인사업자로 보유하여 오던 사업용 자산에 대하여 종중으로 등록변경 시 재화의 공급에 해당하는지 여부

종전의 규정에 따라 거주자로 취급된 종중단체가 국기법 제13조 규정의 개정 내용에 의해 법인으로 보는 단체로 된 경우에는 해당 종중단체의 계속성 및 동질성이 유지되는 것으로 보는 것임으로, 종중이 개인에서 법인으로 사업자등록이 바뀐다 하더라도 소유권 변동이 없는 해당 사업용 자산에 대하여는 부가가치세가 과세되는 재화공급으로 보지 아니하는 것임(부가46015-96, 1996.01.16.).

□ 대종중 소유재산을 종중에서 분리된 다른 종중에게 분할 등기 시 증여세 과세여부

종중이 다른 종중으로부터 재산을 무상으로 이전받는 경우에는 상증법 제2조에 의하여 증여에 해당하는 것이나, 하나의 종중명의로 등기된 재산을 두 개의 종중명의의 재산으로 분할하는 경우로서 이전받는 재산이 당초부터 이전받는 종중의 재산으로 확인되는 경우에는 증여에 해당하지 않음(법규재산2014-0242, 2014.07.08.).

□ 종중이 법인으로 보는 단체 승인을 받기 전에 양도한 부동산 이익에 대하여 법인세 납세의무자로 법인세법을 적용하는지 여부

법인령 제3조 제2항은 "제1항의 규정을 적용함에 있어서 최초사업연도의 개시일 전에 생긴 손익을 사실상 그 법인에 귀속시킨 것이 있는 경우 조세포탈의 우려가 없을 때에는 최초사업연도의 기간이 1년을 초과하지 아니하는 범위 내에서 이를 해당 법인의 최초사업연도의 손익에 산입할 수 있다. 이 경우 최초사업연도의 개시일은 해당 법인에 귀속시킨 손익이 최초로 발생한 날로 한다"고 규정하고 있음.

- 위 규정에 의하면, '최초사업연도의 기간이 1년을 초과하지 아니하는 범위 내에서 최초사업연도의 개시일 전에 생긴 손익을 사실상 그 법인에 귀속시킨 것이 있는 경우'를 요건으로 함.

- 원고(종중임)가 2014.09.03. 피고(처분청)로부터 '법인으로 보는 단체'의 승인을 받아 원고의 최초사업연도의 개시일이 2014.09.03.로서 원고의 사업연도가 매년 01.01.부터 12.31.까지이므로 최초사업연도는 2014.12.31.까지이고, 원고가 위 최초사업연도 개시일 전인 2014.01.10. 이 사건 부동산의 수용보상금을 받았는바, 2014.01.10.은 2014.12.31.로부터 역산하여 1년을 초과하지 않은 범위 내에 있는 이상 원고의 수입으로 귀속시킬 수 있음은 분명함.

- 이 규정이 손익의 발생시기만을 요건으로 하고 있을 뿐 수입과 비용이 대응되어야 한다고 정하고 있지는 않으므로 이 사건 부동산의 손비가 그 취득 시인 1971년에 발생하였다고 하여 달리 볼 것은 아님(서울고법2016누39452, 2016.10.12.).

□ 종중명의로 등기된 종중재산으로서 단순히 대표자 명의만 변경되는 경우에는 자산의 유

상양도에 해당하지 아니하는 것임(서면4팀-1640, 2004.10.15.).

□ 종원에게 명의신탁된 토지를 종중에게 환원하면서 받은 합의금은 명의수탁자인 종원이 종중에 토지를 반환하는 데 대한 대가로 지급받은 것으로 봄이 상당하고 종원으로서 분 배권리를 포기하는 대가가 합의금에 포함되어 있다고 볼 수 없어, 종원에게 명의신탁된 토지를 종중에게 환원하면서 받은 금액은 합의금으로 기타소득에 해당함(대법원2010두 5851, 2010.06.24.).

□ 원고 종중이 종중 소유 부동산 양도대금 중 일부를 종중원들에게 분배한 것은 국기법 제13조제2항제3호가 정한 "단체의 수익을 구성원에게 분배한 경우"에 해당한다고 볼 수 없음(대구고법2016누5489, 2016.12.23.).

□ 종중이 조세채무를 부담하는 상황에서 종중소유의 각 부동산을 종중원들에게 증여함으 로써 종중의 적극재산이 사실상 전무하게 되었을 경우, 각 증여계약은 조세채권을 해하 는 사해행위로서 취소되어야 함(천안지원2007가단25649, 2008.03.24.).

제7절 프로젝트 파이낸싱 부동산 개발사업

1. 사업개요

1) 사실관계

국내에서 진행되는 대부분의 프로젝트파이낸싱 개발사업의 주체는 시행사로서 시공사와 도급계약을 체결하여 공사를 진행하고, 시행사는 금융기관으로부터 자금을 대출받고 동 대출약정 시 시공사는 시행사의 지급보증약정을 하게 되어 시행사와의 도급계약으로 인한 공사이익 외에 신용공여로 인한 추가적인 이익을 확보할 수 있는 장점이 있다. 이러한 일반적인 프로젝트파인낸싱계약 외에 시행사와 시공사는 양사의 채권채무관계를 명확히 하기 위해 대관, 인허가 등의 시행업무와 건축시공업무의 일부를 분담하기로 하고 적정이익 확보를 위해 내부적인 사전협약서(공동사업이행협약)를 작성하는 경우가 있다.

2) 사업구도

가. 사업프로젝트 개요

○ 사 업 명 : ○○지역 상가신축분양사업

○ 각 업체별 역할

- "갑"법인 : 시행사 겸 발주자로서 시공사와 도급계약체결, 차주(금융기관과 금전소비대차계약 체결, 부동산관리처분신탁의 위탁자)

- "을"법인 : 금융기관으로서 시행사에 자금대출(대주), 신탁계약의 우선수익자

- "병"법인 : 시공사, "갑"의 수급인, 책임준공각서 및 원리금지급 보증 또는 채무인수 등의 신용공여(지급보증)

- "정"법인 : 금융기관, 부동산관리처분신탁계약의 신탁사로서 신탁계약을 체결하고 우선수익권증서를 교부하며, 기타 대리사무계약 체결

나. 프로젝트파이낸싱 사업약정서 주요내용

프로젝트 파이낸싱 대출관련 사업약정서에는 사업시행자인 차주, 및 대주인 금융기관, 시공사, 신탁사, 연대보증인들의 역할과 책임, 자금관리 등 사업전반에 대한 약정을 체결하였다.

㉠ 대주는 "갑"에게 사업부지 양수에 관련된 부동산매매계약에 따른 대출을 이행한다.

㉡ "정"에게 관리처분신탁을 체결

㉢ 분양업무

- "갑"이 분양업무를 수행하고 분양보고서를 대주("을")에게 제출하며, 분양금 등 일체의 수익금은 "운영계정"에 입금한다.

- "갑"은 분양가 결정 및 분양계약서 작성 시 "병"과 협의

㉣ 채무불이행에 따른 조치

- "갑"의 채무불이행 시 분양대상물에 대한 처분권한을 대주에게 부여한다.

㉤ 사업비 집행방법에 대한 세부규정 마련

㉥ 시공업무 : "갑"을 시행사, "병"을 시공사로 하는 별도의 도급계약체결

㉦ 자금운영 및 관리 : 프로젝트파이낸싱시 "갑"과 "을"은 대출약정서를 체결하고 소유권이전 즉시 부동산신탁

다. 공동사업이행협약 체결

"병"은 사업시행으로 인한 공사이익, 보증으로 인한 이익 외에 추가적인 이익창출과 이에 대한 보장을 위하여 다음과 같은 내용의 공동사업이행협약을 추가적으로 체결하였다.

㉠ 부지매입은 "갑"이 주관하되 "병"이 토지비를 선투자하고 프로젝트 파이낸싱 및 사업계획, 분양업무를 공동으로 주관한다.

㉡ 해당 사업에 대한 공동의 이익을 위해 "병"은 시공용역외 분양업무에 있어서도 실질적인 역할을 수행한다.

㉢ 공동사업이행을 위해 공동으로 T/F팀을 구성한다.

㉣ 제반 비용을 공동운영기금에서 운영한다.

ⓜ 부지 취득이 양사 공동명의로 등기한다.

ⓗ 부지 및 신축건물의 부동산을 신탁재산으로 관리한다.

ⓢ 해당 사업 종료 후 사업이익의 분배는 "갑 : 병 = 55 : 45"로 한다.

ⓞ 공동사업으로 인하여 취득하는 분양대금, 부가가치세 환급금 등 각종 수입금은 공동사업계좌에 입금하여 관리한다.

ⓩ 사무실 공동사용에 따른 업무처리기준을 마련한다.

라. 토지 등의 신탁

토지소유주인 시행사 또는 시공사가 신탁회사에 이들 위탁자를 대신하여 토지개발에 대한 사업계획, 자금의 조달, 인허가, 시공, 회계처리, 기타 관리업무 등의 사무관리를 대행하기도 하고 분양수입에서 사업에 소요된 자금을 공제한 나머지를 위탁자에게 교부한다.

이때 금융기관은 사업시행 전에 부동산신탁회사의 우선수익자로 지정받아 자기의 채권보전수단을 확보하게 된다.

2. 프로젝트 파이낸싱 개발사업의 정의

1) 부동산개발의 의미

부동산개발이란 일반적으로 지상, 지표, 지하에서의 건축공사, 토목공사, 기타 작업의 수행 등 유형적 행위만을 의미하는 협의의 개념으로 사용되고 있다.

2) 프로젝트 파이낸싱의 정의

프로젝트 파이낸싱은 개발사업주체와 법적으로 독립된 개발프로젝트에서 발생하는 미래의 현금흐름을 상환재원으로 하여 자금을 조달하는 금융기법으로 차주의 신용이나 담보력에 근거하여 취급되는 기업금융방식과는 다른 기법이다. 즉 PF는 돈을 빌리는 사업자의 신용도와는 관계없이 그 사업자가 추진하는 프로젝트로부터 유입될 현금과 자산을 담보로 하여 돈을 빌려주는 금융기법으로 프로젝트 자체의 수익성과 사업성만으로 자금지원이 이루어진다.

일반적으로 PF는 자원개발이나 항만, 도로 등의 사회간접자본(SOC) 건설처럼 대규모의 자금이 장기간에 걸쳐 소요되는 대형 개발 사업에 필요한 자금조달을 위해 활용되었으나, 부동산 시장이 갈수록 커지면서 단순한 중개와 자문서비스 뿐만 아니라 대규모 파이낸싱 서비스를 포함하는 원스톱 서비스의 필요성이 높아짐에 따라 대규모 부동산 프로젝트 사업의 자금조달방법으로 등장하였다. 우리가 자주 접하는 부동산 PF의 경우에는 부동산 개발 사업자가 아파트, 상가, 오피스텔 등을 지은 뒤 향후 들어 올 분양수익금을 바탕으로 금융회사로부터 자금을 조달하는 경우로 이해하면 된다.

부동산 프로젝트 파이낸싱은 현금흐름을 바탕으로 한 시행자에 대한 대출이기 때문에 건설업체의 신용으로 대출 여부가 결정되는 기존의 부동산개발 금융보다 선진화된 금융시스템으로 건설사의 재무건전성에만 의존하던 기존의 대출 관행에서는 건설사의 부실이 곧 채권의 부실을 초래하였는데, 이러한 문제를 방지하기 위하여 건설사는 도급공사만 하고, 시행자에게 대출하는 방식을 택하기도 한다.

부동산 개발사업은 사업의 성공여부는 부동산 경기하락, 분양가격 하락, 미분양 등의 경제적 요인도 있지만 법률규제나 정책적 변수가 크게 좌우되기도 하므로 자금을 지원하는 금융기관 입장에서는 신중하게 접근할 수 밖에 없고, 금융기관이 개발사업의 사업성을 검토할만한 전문적인 능력이 부족하므로 관행적으로 담보와 시공사의 지급보증 및 채무승계등의 조건을 전제조건으로 내세우게 되므로 사업관계인의 위험부담의 경중은 금융기관⇒시공사⇒시행사 순으로 위험부담이 커지게 된다.

또한 시행사와 시공사 및 금융기관이 상호 간 약정을 통하여 일반적으로 시행사가 사업을 주도적으로 진행하고, 시공사는 시행사와 도급계약을 체결하여 공사이익을 확보하는 것을 목적으로 하면서 시공사가 시행사의 차입금에 대해서 지급보증의무를 부담하므로 사업초기에 일정부분의 공사이익을 보장받지만 이 과정에서 시행사와 시공사는 자금관리에 있어 위탁계좌에 의한 관리, 엄격한 사후관리가 사업성패의 중요요인으로 작용한다.

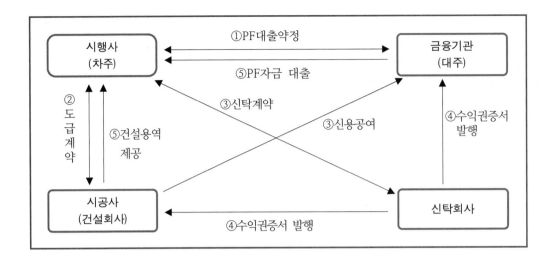

3. 쟁점

위와 같이 내부적인 사전협약서(공동사업이행협약)를 작성하여 부동산을 개발·분양하는 사업이 공동사업에 해당하는지와 시행사가 부가가치세를 체납한 경우 시공사가 동 체납세액에 대한 연대납세의무가 있는지 여부

4. 공동사업이행협약에 따른 부동산 개발사업의 공동사업 여부 등

1) 일반적인 분양사업과의 비교

일반적인 분양사업에 있어서 사업으로 인한 모든 이익과 손실이 귀속되는 주체는 시행사이고, 시공사는 시행사로부터 공사대금만을 지급받게 된다. 하지만 쟁점 사업형태는 공사대금 외에 사업정산 시 발생한 이익의 일부를 분배받기로 하고 분양사업 전반에 걸쳐 시공사가 사업에 관여한다.

2) 대법원의 입장

하나의 사업에 참여한 당사자들 간 공동사업에 관한 권리의무가 실질적, 경제적으로 공동으로 귀속하게 되는 것인지를 판단함에 있어서는 당사자들의 사업자 등록, 소득세 신고 내용 등의 형식과 출자에 이르게 된 사정과 출자 여부, 손익의 귀속관계, 경영에의 참가 여부, 해당 사업의 운영형태 등 제반 사정을 종합하여 판단하여야 할 것이고 이러한 과세요건 사실에 대한 입증책임은 과세권자에게 있다. 즉 구체적인 소송과정에서 경험칙에 비추어 과세요건사실이 추정되는 사실이 밝혀지면 상대방이 문제가 된 해당 사실이 경험칙 적용의 대상 적격이 되지 못하는 사정을 입증하지 않는 한 해당 과세처분을 과세요건을 충족시키지 못한 위법한 처분이라고 단정할 수 없다.

법원은 민법상 조합의 개념에 충실하게 공동사업 여부를 판정하며 쟁점 부동산개발사업에 있어 공동사업으로 보는 이유는 대체로 다음과 같다.

㉠ 사업이익의 분배하기로 한 점, 이를 전제로 협약서를 체결한 점

㉡ 공동의 이익을 위해 시공용역외 분양업무에 있어서도 실질적인 역할을 수행한 점

㉢ 공동사업이행을 위해 공동으로 T/F팀을 구성해 제반업무를 수행한 점

㉣ 제반 비용을 공동운영기금에서 운영한 점

㉤ 부지 취득이 양사 공동명의로 이루어진 점

㉥ 부지 및 신축건물의 부동산을 시행사 단독명의가 아닌 신탁재산으로 관리한 점

㉦ 손실의 분배에 대한 협약서 및 합의서는 없으나, 공동사업 중단 시 기성고 정산금을 받는데 그치지 않고 채무인수, 분양권한 등 사업권 자체의 인수 등 사실상 손익귀속의 주체가 됨으로써 손실을 부담하게 되는 점

㉧ 기타 공동사업이행협약서가 양사의 이 건 사업을 위한 기본적인 관계를 구성하는 문서인 점

이처럼 일반적인 프로젝트파인낸싱계약 외에 시행사와 시공사의 관계를 넘어 적정이익 확보를 위해 내부적인 사전협약서(공동사업이행협약)를 작성하여 이에 따라 사업을 시행하는 경우 그 사업에 관한 동업계약이 성립되었다고 볼 수 있는 것이고 주요 대법원 판례의 일관된 입장이다(대법원2004다38792, 2005.03.24.; 서울중앙지방법원2009고합1376, 2010. 06.25. 외).

※ 법원은 민법상 조합의 범위를 민법 규정에 충실하게 다소 넓게 보고 있다.

3) 조세심판원의 입장

조세심판원의 입장도 법원의 판례와 다르지 아니하나 세금계산서 수수에 있어서는 부가가
치세의 탈루나 그간의 과세관청의 관행 등을 고려하여 사실과 다른 세금계산서로 보지 않는
등 다소 유연한 입장을 보이고 있다.

이와 관련된 공동사업 해당여부에 대한 조세심판례를 들면 아래와 같다.

> ◆ **공동사업 해당 여부**
>
> 　공동사업이라 함은 그 사업이 당사자 전원의 공동의 것으로서 공동으로 경영되고 따라서 당사자
> 전원이 그 사업의 성공여부에 대하여 이해관계를 가지는 사업을 말하는 것인 바, "갑"과 "을"이 체결
> 한 쟁점 토지 등에 대한 '부동산매매계약서'에서 도급공사비 등 건축 관련 투자비, 분양경비 등 각종
> 사업비, 사업청구법인(갑)과 을이 2××7년 ×월 체결한 '공동사업약정서'에서 사업상 위험 및 비용분담
> 등 의무사항과 사업시행에 따른 수익의 배분기준을 정하여 해당 사업을 원활하게 실행할 수 있도록
> 하고, 공동사업과 관련하여 지급하는 도급공사비, 용역비, 부담금, 임차료, 분양경비를 비롯한 각종
> 사업비와 사업자금 조달 및 상환, 사업상 위험을 토지의 지분율에 따라 공동으로 부담하기로 하였으
> 며, 분양 및 운영으로 인한 수입금을 토지지분율에 따라 배분하기로 한 것과 해당 사업용 토지 신탁
> 계약, PF대출 약정을 공동으로 추진한 점, 건축허가 명의를 "갑"과 "을" 공동명의로 변경한 점, "갑"과
> "을"이 동 사업기간 동안의 매입분에 대하여 실제 전체 토지의 지분율에 비례하여 각각 수취한 점을
> 종합하면 해당 사업은 공동사업에 해당한다(조심2009서1637, 2010.05.04.).

위 공동사업 판정과는 별도로 조세심판원은 세금계산서 수수에 있어 다소 유연한 입장을
보인 조세심판례는 다음과 같다.

가. 공동수급체 관련

공동수급체를 조합으로 판정하고 공동수급체가 공동도급공사를 이행하였는지 여부도 조합
의 구성원이 아닌 조합을 기준으로 판단되어야 하고, 조합이 공사를 이행한 경우 그 효과는 구
성원에게 미치는 것이므로 각 구성원도 공사를 이행한 것이 된다 할 것이고, 전 조합원이 대외
적으로 연대책임도 지므로 대표사만이 공사를 이행한 것으로 볼 것이 아니라 조합의 구성원
전부가 공사를 이행한 것으로 보아야 한다고 하면서도 사업을 공동으로 영위하면서 공동사업
에 사용될 자산을 공동사업 외에 다른 사업을 영위하는 공동사업 구성원 명의로 세금계산서를
발급받은 경우 해당 매입세액은 공동사업장의 매입세액으로 공제할 수 없고 공동사업자가 제
공한 재화 또는 용역에 대하여 공동사업자 명의의 세금계산서를 발급하여야 하는 것이나, 발주
처로부터 비주간사가 공사대금을 수령하면 공동도급계약운용요령에 따라 비주간사는 발주처

에 세금계산서를 발급하고 대표사로부터는 구 부가규칙 제18조 제2항에 따라 공동도급계약에 의하여 공동수급체의 대표사가 하도급업자 등으로부터 교부받은 매입세금계산서에 대해 공동수급체 구성원에게 세금계산서를 발급할 수 있게 되어 있으며, 공동수급체가 재화 또는 용역을 공급받고 세금계산서를 공동수급체의 대표사가 발급받은 경우 해당 공동수급체의 대표사는 발급받은 세금계산서의 공급가액의 범위 내에서 재화 또는 용역을 실지로 사용·소비하는 공동수급체의 구성원을 공급받는 자로 하여 세금계산서를 발급할 수 있는 것이므로 각 거래과정에서 세금계산서 수수질서를 저해하거나 조세회피목적이 없다고 보여지므로 이러한 세금계산서를 사실과 다른 세금계산서로 보기도 어렵다고 판단하였다(국심2006구3105, 2007.02.09.).

나. 공동사업 구성원이 건설업자인 경우

공동사업 구성원이 건설업자인 경우 건설업에 있어서 사업자가 법인인 경우 그 법인의 등기부상 소재지를 사업장으로 하는 것으로 각 구성원이 개별적으로 하도급공사 관련 세금계산서를 공동사업장 명의가 아닌 자신의 지분에 상응하는 세금계산서를 수취한 경우, 세무신고 방법에 있어 부가가치세 세원관리상 아무런 문제가 없고, 부가가치세 신고뿐만 아니라 모든 거래사실을 개별사업으로 판단하여 회계처리 한 사실 등을 감안하여 동 세금계산서는 사실과 다른 세금계산서에 해당하지 않는다고 결정하였다(조심2009서1637, 2010.05.04.).

다. 소결

부가가치세나 법인세를 탈루가 없음에도 별도의 사업자등록을 요구하면서 각 각 구성원이 수수한 세금계산서를 사실과 다른 세금계산서로 보아 거액의 부가가치세가 과세되는 불합리한 점을 고려하여 납세자에게 유리한 판단을 한 것으로 마땅히 존중해야 할 결정례이나 조세심판원의 인용의 논리만으로 보면 매우 빈약해 보인다.

4) 건설업계의 입장

가. 공동사업이 아니라는 입장

지명도가 낮은 중소 사업자가 우량토지를 보유한 경우 분양성 제고를 위하여 지명도가 높은 유명 건설사를 시공자로 선정하여 시행자, 시공자의 구조로 공동사업을 시행함으로써 사업수익을 공유하는 것이 일반적인 시장행태로서 현재 자기자본이 적고 영세한 시행사에 대하여 시공사의 신용보강으로 사업을 추진하여 과다한 보증으로 시공사까지 계속기업 영속성에 지장을 초래하고 있는 실정이다.

부동산 경기침체로 인하여 시공사의 부실이 우려되는 현실에서 재무적으로 더 열악한 상황하에 있는 시행사의 체납까지 연대납세의무를 부담하고, 시공사와 시공사 및 수분양자 간 세금계산서 수수에 있어 부가가치세의 탈루가 없음에도 불구하고 공동사업장의 미등록으로 인하여 발생하는 부가가치세의 부담은 감당하기 어려운 것이 현실이다.

국세청은 공동수급체에 대하여 잠정적인 실체로 보아 공동사업자가 아니하고 보면서 세금계산서 수수에 있어 구 부가규칙 제18조의 규정을 준용하도록 하면서 공동시행의 경우에 있어서도 해당 사업프로젝트를 위하여 잠정적으로 결성된 실체임에도 공동사업체로 보는 이중적 잣대를 갖는 것은 불합리하다.

최근 법원에서도 전시한 공동사업이행협약의 체결한 시행사와 시공사가 상가분양을 함에 있어 시행사 측의 과실로 인한 입주지연에 따른 지체상금 지급을 시행사가 지급하지 못하여 수분양자들이 양사를 공동사업자로 보아 동 지체상금 지급의무를 함께 이행할 책임이 있다는 소송 건에 대하여, 동 공동사업이행협약은 해당 분양사업을 추진하기 위한 내부적인 약정에 불과하여 협약 당사자 간에 효력이 미치며, 양사 간 송수신한 내부문건에 '공동사업으로 추진하고 있는~'이란 문구도 시공사와 수분양자의 권리의무관계를 정하는 것이 아니므로 지체상금 지급의무는 분양계약서상에 계약내용에 따라 정해지는 것이고 분양계약서에는 시공사를 단순한 공사시공자로 지체상금 약정도 계약의 당사자인 시행사로 정하고 있으므로 시공사가 지체상금 지급의무를 함께 이행할 필요가 없다고 판시한 바, 공동사업이행협약 체결을 이유로 공동사업자로 판단하여 사업자등록의무를 이행하도록 한다든지 연대납세의무를 지우는 것은 불합리하다(서울중앙지방법원2009가합95016, 2010.01.28.).

나. 연대납세의무지정에 따른 세금부담

공동사업이행협약에 따른 분양사업을 공동사업으로 판정하여 부가가치세를 부과한다면 시공사 및 시행사가 사업기간 동안 부가가치세 및 법인세를 신고납부하였음에도 불구하고 미등록가산세, 세금계산서관련 가산세, 매입세액의 불공제 등으로 고액의 부가가치세 체납에 직면하게 되며, 우리나라와 같이 부실한 시행사가 세금납부를 이행하지 아니함에 따라 모든 세금체납을 시공사가 떠안게 된다.

뿐만 아니라 공동사업(조합)의 채무(상사 채무나 지체상금 등)도 조합의 소극적 재산으로서 합유에 속하는 것이므로 공동사업 경영과정에서 타인의 채무를 지는 경우 채권자는 조합원 모두에 대해 채권을 행사할 수 있고, 조합원 모두에 대한 집행권원으로서 그들의 공동재산인 조합재산에 강제집행을 할 수 있어 시행사의 부실을 시공사가 부담할 수 있다.

다. 공동사업 범위를 벗어나기 위한 사업계약 체결 형태의 예시

시행사가 시공사와 주택 및 상가신축분양사업에 대한 사업대행계약을 체결하여 시공사가 건설용역 제공 외에 해당 사업에 대한 인허가, 사업관리, 분양대행, 분양광고 등을 제공함으로써 시행사가 당초 예정했던 사업계획서상의 분양가액보다 초과하여 분양을 한 경우 그 초과액의 일정율(예를 들어 초과분양가액의 45%)을 인센티브 명목으로 추가하여 지급받기로 하고 도급계약을 체결하면서 주택 선분양 과정에서 인센티브가 발생됨에 따라 공사비와 인센티브를 공사도급총액으로 책정하여 사업을 시행한 사례가 있다.

> ※ 인센티브는 선분양금액에서 사전약정된 공사비 등 사업대행비용을 차감한 금액이 시행사의 목표이익을 초과하는 경우 그 초과액의 45%로 도급계약 시 책정한 것으로 사업대행비 변동이 있는 경우 도급계약서의 변경을 하여야 함.

공동사업이란 그 사업이 당사자 전원의 공동의 것으로서 공동으로 경영되고 당사자 전원이 그 사업의 성공여부에 대하여 이해관계를 가지는 사업을 말하므로 시공사는 해당 사업의 성패와 관계없이 건설용역대금과 사업성공 시 받게되는 추가적 인센티브만을 확정적으로 보장받는 계약에 불과하므로 이를 세법상 공동사업으로 볼 수 없다.

이와 같은 인센티브계약이 체결된 이유는 공동사업으로 인한 세법상, 형법상 공동사업으로 인한 위험부담을 회피하면서 시공사가 공사이익 외에 성공적인 분양사업의 수행으로 인한 일정액의 이윤을 보장해 주기 위한 계약형태이다.

사업수행과정에서 공동관리계좌를 사용하고 상호 업무협의에 따라 사업이 진행되는 등의 채권확보 및 자금의 임의사용에 대한 사후관리장치가 있는 한 굳이 공동사업형태를 갖출 필요가 없기 때문이다.

※ 사업에서 손실이 발생한 경우 시공사는 추가적 인센티브 없이 당초 도급금액을 받거나 약정에 따라서는 도급금액에서 일정액을 차감하여 받게 된다.

이 경우 시행사가 당초 사업계획서상의 예정된 개발이익보다 초과하여 발생된 이익의 일정액(분양공급 예정가액보다 초과한 금액으로 주택을 분양함으로서 발생되는 초과분양가액의 일정부분)을 도급계약서 작성시 건설용역대가에 추가하여 시공사에 지급하는 질의 인센티브 금액은 위탁사업 기간 전체(인허가~입주 및 사업종료 시)에 걸쳐 발생되는 용역수행에 대한 대가의 일부로서, 시공사는 시행사에 직접 용역을 제공하는 자의 지위에서 용역대가(건설용역 제공 외 별도로 제공하는 사업허가, 사업관리, 분양대행 등 위탁용역)의 일부를 사전에 정한 기준에 의하여 인센티브의 형식으로 그 대가를 받는 것에 불과하여 동 인센티브는 부가법 제11조에 따라 부가가치세가 과세되고 부가가치세 과세표준에 포함된다(서면3팀-422, 2007.02.06.; 서면 2015부가0382, 2016.07.10.; 부가-1333, 2009.09.18.; 법규부가2015-515, 2014.12.09.).

5. 합유재산 임의 사용에 따른 횡령죄의 성립

앞서 기술한 공동사업시행 과정에서 빈번히 발생되는 사례는 시행가 분양계약금이나 중도금을 공동관리계좌로 받지 아니하고 별도의 계좌로 입금받아 자사의 운영자금 등으로 임의 사용하는 경우이다. 시행사의 수입금 임의사용으로 입주지체금이나 기타 채무를 이행하지 못함에 따라 채무불능에 이르게 되고 이어 각종 민사소송에 직면하게 된다.

여기서 해당 사업형태가 공동사업에 해당된다면 분양으로 받게 되는 수입금 등은 조합의 재산이 되고 해당 재산을 구성원 개인이 임의로 인출하여 사용했다면 민사상의 채무불이행에 해당되는 것이 아니라 「특정경제범죄가중처벌등에관한법률」에 따른 횡령죄에 해당되어 형사처벌의 대상이 된다.

▌특정경제범죄 가중처벌 등에 관한 법률 제3조 【특정재산범죄의 가중처벌】

① 「형법」 제347조(사기), 제347조의2(컴퓨터등 사용사기), 제350조(공갈), 제350조의2(특수공갈), 제351조(제347조, 제347조의2, 제350조 및 제350조의2의 상습범만 해당한다), 제355조(횡령·배임) 또는 제356조(업무상의 횡령과 배임)의 죄를 범한 사람은 그 범죄행위로 인하여 취득하거나 제3자로 하여금 취득하게 한 재물 또는 재산상 이익의 가액(이하 이 조에서 "이득액"이라 한다)이 5억원 이상일 때에는 다음 각 호의 구분에 따라 가중처벌한다.

1. 이득액이 50억원 이상일 때: 무기 또는 5년 이상의 징역
2. 이득액이 5억원 이상 50억원 미만일 때: 3년 이상의 유기징역

② 제1항의 경우 이득액 이하에 상당하는 벌금을 병과(倂科)할 수 있다.

---

6. 결어

국기법에 정한 공동사업자라 함은 순수한 의미의 공동사업자 즉 2인 이상이 특정한 사업을 영위하고자 하는 경우 사업의 성과에 따라 수익 또는 손실을 부담하는 형태의 사업수행주체를 의미하고, 민법은 조합계약에 의하여 2인 이상이 그 지분 또는 손익분배의 비율, 대표자 기타 필요한 사항 등을 정하여 공동으로 출자하여 공동으로 경영되고 따라서 당사자 전원이 그 사업의 성공여부에 대하여 이해관계를 가지는 사업으로 「민법」상의 조합계약에 의한 공동사업을 할 것인지 각자의 계산으로 단독사업을 영위할 것인지 여부는 전적으로 계약자유의 원칙에 따라 정할 문제이다.

쟁점 공동사업이행협약에 의한 사업이 일면에서는 각자의 책임과 계산하에 독립된 사업시행을 하면서 공동으로 사업을 수행하기 위하여 잠정적으로 결성된 실체로서 구성원의 개성이 비교적 강한 특수한 형태인 공동수급체와 유사하다. 즉 출자의무, 사업을 위한 손익분배 비율, 대표자 및 기타 필요한 사항이 명확하지 않은 측면이 있으나, 토지나 공사비 등의 출자 및 손익분배비율 규정을 삽입하고 있다면 조세심판원이나 대법원은 공동사업으로 판단할 것이 확실시 된다.

부동산 개발사업에 있어 시공사가 책임준공과 지급보증 또는 채무인수라는 과도한 위험부담을 지면서 해당 사업을 시행하고 이러한 부담은 부동산 경기침체나 분양이 원활하지 않은 때에는 회사에 치명적인 악영향을 받을 수 밖에 없는 시점에 시공사가 도급공사로 인한 공사이윤 외에 별도의 이익을 취할 수 있는 다양한 방법과 계약형태가 있고 그 이익확보를 위한 사후관리장치(공동관리계좌 등)를 갖출 수 있음에도 공동사업이행협약서 체결이라는 별도의 내부계약서로 인하여 뜻하지 않는 세금폭탄(부가가치세 및 연대납세의무)에 직면할 수 있음에 유의하여야 한다. 물론 일반적인 프로젝트파인낸싱계약서에 출자나 손익의 분배, 공동경영이라는 규정을 두어 공동사업에 해당되느냐는 논란거리를 제공해선 안될 것이다.

부언하면 공동사업체가 부과된 세금에 대하여 시행사와 시공사가 연대납세의무를 부담하게 되고 비록 시공사가 자기의 출자비율에 해당하는 세금을 납부한다 하더라도 공동사업자로서 체납된 국세에 대하여 연대납세의무가있고 체납된 국세는 아직 완납되지 않았으므로 「국세징수법」 제53조 제1항에 의한 압류해제 사유에 해당하지 아니하여 시공사의 다른 공사수주 등 영업활동에 제약을 받게 된다(국심1999부0931, 1999.12.29.).

이러한 이유로 시공사가 체납액 전액을 납부하면 모든 연대납세의무가 면책되지만 다른 연대납세의무자(시행사)의 부담부분에 대하여 구상권을 행사하여야 하고 이러한 구상권행사가 민사소송의 대상이 된다 하더라도 무재산자인 시행사로부터 대납한 세금을 회수하기는 어려울 것이므로 공동사업약정 시 특히 이점을 유의하여야 한다.

7. 관련 사례

1) 대법원 판례

□ 시행사와 시공사 간 공동사업이행협약이 있는 경우 시공사의 연대채무 존부

시행사와 시공사 간 사업약정 및 프로젝트 파이낸싱계약 외에 양사가 별도로 공동사업이행협약을 체결하여 사업부지 매입, 사업기획 및 설계업무를 공동으로 협력하여 수행하고 광고 · 홍보 및 분양업무 또한 상호 협의하여 공동주관하기로 하며, 시공업무에 있어서는 시행사와 시공사로 하는 별도의 도급계약을 체결하고, 사업이익의 분배비율까지 약정하였으며, 수분양자들에게 입주시 교부된 입주증 하단에 시공사의 명칭이 기재되어 있고 시행사와 시공사 간 내부적으로 발송한 문서에 "공동사업으로 추진하고 있는"이라는 문구가 기재된바, 시행사가 동 오피스텔을 분양함에 있어 분양계약서에 시행사가 입주지연의 책임이 있는 경우 수분양자에게 입주지연으로 인한 지체상금을 지급하기로 약정하였으나 시공사의 지체상금 미지급에 대하여 시공사도 연대하여 지급의무를 부담하여야 한다는 수분양자의 민사소송 제기건에 대하여 법원은 입주증과 시행사 및 시공사 간 발송문서는 동 분양사업에 대하여 시공사와 수분양자간에 어떠한 권리의무관계를 정하는 것이 아니고, 지체상금 지급의무의 근거가 되는 분양계약서에 의해 정해지는 것인 바 매도인은 시행사, 매수인은 수분양자, 피고를 시공사로 기재되어 있을 뿐 공급계약의 해제나 위약금 또는 지체상금 등의 약정은 모두 계약 당사자인 시행사와 수분양자들의 권리나 의무를 정하고 있는 것이므로 분양계약서상 시공사에 불과한 피고에 대하여 계약상의 채무인 지체상금 지급의무를 부담한다고 볼 수 없다고 판시함(서울중앙지방법원2009가합95016, 2010.01.15.).

□ 건물 건축공사의 수급인이 일조방해에 대하여 손해배상책임을 지는 경우

건물 건축공사의 수급인은 도급계약에 기한 의무이행으로서 건물을 건축하는 것이므로 원칙적으로 일조방해에 대하여 손해배상책임이 없다고 할 것이지만, 수급인이 스스로 또는 도급인과 서로 의사를 같이하여 타인이 향수하는 일조를 방해하려는 목적으로 건물을 건축한 경우, 해당 건물이 건축법규에 위반되었고 그로 인하여 타인이 향수하는 일조를 방해하게 된다는 것을 알거나 알 수 있었는데도 과실로 이를 모른 채 건물을 건축한 경우, 도급인과 사실상 공동 사업주체로서 이해관계를 같이하면서 건물을 건축한 경우 등 특별한 사정이 있는 때에는 수급인도 일조방해에 대하여 손해배상책임을 지게 됨.

피고들 사이에 체결된 공사도급계약서에 의하면 피고들은 ① 피고회사는 공동시행자로서 건축시설의 시공에 참여하고, 자금을 조달 및 대여하며 재개발사업을 성공리에 완수하기 위하여 피고 조합의 업무에 협조하고, ② 피고회사는 공동시행자로서 조합의 총회, 이사회, 대의원회에 참석할 수 있으며, ③ 피고 조합은 사업계획, 사업시행 및 관리처분계획 등을 확정·변경하고자 할 때에는 사전에 피고회사와 협의하여야 하고, ④ 기부채납도로의 공사비는 피고들이 반분하여 부담하며, ⑤ 재개발사업과 관련된 모든 인허가 업무는 피고 조합이 주관하되 피고회사가 이에 적극 협조하고, ⑥ 피고회사는 피고 조합의 운영비, 총회 경비 및 회계감사비, 사업승인 부대비용, 사업추진경비, 설계 및 감리비, 제반 분담금, 대민보상비 및 임대아파트 미해당 세입자에 대한 주거대책비 등 자금을 피고 조합에게 대여하여 사업을 추진하며, ⑦ 피고회사가 주거용 건물을 소유한 조합원에게 세대당 이주비로 8,000만원을 대여하되 그 중 6,000만원은 무이자로 대여하고, ⑧ 아파트 및 상가분양을 하기 위한 기본계획 및 관리처분계획은 피고들이 사전 협의하여 수립하고, 분양계약체결, 대금수납 등 분양에 따른 일체의 업무는 상호 협의하여 피고 조합의 명의로 피고회사가 업무만 순수 대행하며, ⑨ 피고회사는 모델하우스를 건립하고, 모델하우스 건립비, 부지임차비, 아파트 및 상가의 분양비용, 분양광고비를 부담하고, ⑩ 피고 조합은 설계도서 작성시 사전에 피고회사와 협의하여 작성하며, 관할관청의 요청 또는 건축물의 외적 미관, 분양성 등을 고려하여 설계변경을 요구할 수 있으며 피고들이 협의하여 결정하며, ⑪ 피고회사가 선투자 및 대여한 공사비, 대여금 등의 상환을 위한 재원은 피고 조합의 조합원 분양대금, 일반분양수입금, 기타 수입금으로 충당하고, ⑫ 피고 조합의 모든 수입금은 피고들이 협의하여 결정한 금융기관에 피고들의 공동명의와 피고들의 사용인감으로 예금구좌를 개설하여 입금 관리하되

피고들은 입금된 수입금을 피고회사의 공사비 및 대여금 등의 상환에 우선 충당할 수 있도록 입금일로부터 6일째에 피고회사의 기업통장으로 자동이체하기로 약정한 사실을 인정할 수 있고, 위와 같이 피고회사가 가해건물을 단순한 수급인으로서 신축한 것이 아니라 이 사건 재개발사업을 수주하면서 피고 조합과 조합원들의 필요비용을 모두 제공하고 나아가 이 사건 공사비를 자신의 비용으로 충당하는 등 가해건물의 신축을 피고 조합과 함께 주도적으로 진행하였고, 이 사건 재개발사업의 사업계획 및 관리처분계획 등이나 설계변경에 관하여 협의의 주체로서 참여할 수 있는 지위에 있었던 점 등에 비추어 보면, 피고회사는 가해건물 신축에 있어서 사실상 공동사업주체로서 피고 조합과 이해관계를 같이 하면서 이를 신축하였다고 볼 여지가 많음(대법원2004다38792, 2005.03.24.).

□ 건설업을 영위하는 공동사업자의 부가가치세 납세지 판단

부가법 제4조 제1항은 부가가치세는 사업장마다 납부하도록 규정하고 있고, 구부가가치세법시행령(1995.12.30. 대통령령 제14863호로 개정되기 전의 것) 제4조 제1항은, 부가법 제4조 제1항에 규정하는 사업장은 사업자 또는 그 사용인이 상시 주재하여 거래의 전부 또는 일부를 행하는 장소로 한다. 다만, 다음 각호의 사업에 있어서는 해당 각호에 게기하는 장소를 사업장으로 한다고 규정하면서, 제3호에서 건설업에 있어서는 사업자가 법인인 경우에는 그 법인이 등기부상의 소재지(등기부상의 지점소재지를 포함한다, 이하 같다), 개인인 경우에는 그 업무를 총괄하는 장소를 들고 있는 바, 건설업에 있어서는 법인이 아닌 공동사업자의 경우에도 개인과 마찬가지로 그 업무를 총괄하는 장소를 사업장으로 보아야 할 것이므로 이와 같은 법리에 따라 건설업을 영위하는 법인이 아닌 이 사건 공동사업자의 사업장을 그 업무를 총괄한 장소인 ○○개발의 본점소재지로 보고서 이를 관할하는 피고에게 이 사건 부과처분의 권한이 있다고 판단한 원심판결은 정당함(대법원99두1373, 2000.09.29.).

□ 공동사업자에 대한 연대납세의무

국세기본법 (2005.12.30. 법률 제8139호로 개정되기 전의 것) 제25조 제1항은 공동사업 또는 해당 공동사업에 속하는 재산에 관계되는 국세·가산금과 체납처분비는 그 공동사업자가 연대하여 납부할 의무를 지는 것으로 규정하고 있고, 같은 법 제14조 제1항은 과세대상이 되는 소득·수익·재산·행위 또는 거래의 귀속이 명의일 뿐이고 사실상 귀속되는 자가 따로 있는 때에는 사실상 귀속되는 자를 납세의무자로 하여 세법을 적용한다고 규정하고 있

는 바, 그 의미는 공동사업에 관한 권리의무는 공동사업자에게 실질적, 경제적으로 공동으로 귀속하게 되는 관계로 담세력도 공동의 것으로 파악하는 것이 실질과세의 원칙에 비추어 합리적이기 때문에 공동사업자에게 연대납세의무를 지우는 것이라고 할 수 있으므로(대법원 1999.07.13. 선고, 99두2222 판결 참조), 하나의 사업에 참여한 당사자들 간 공동사업에 관한 권리의무가 실질적, 경제적으로 공동으로 귀속하게 되는 것인지를 판단함에 이어서는 당사자들의 사업자 등록, 소득세 신고 내용 등의 형식과 출자에 이르게 된 사정과 출자 여부, 손익의 귀속관계, 경영에의 참가 여부, 해당 사업의 운영형태 등 제반 사정을 종합하여 판단하여야 할 것이고, 이러한 과세요건 사실에 대한 입증책임은 과세권자에게 있다 할 것이다. 다만, 구체적인 소송과정에서 경험칙에 비추어 과세요건사실이 추정되는 사실이 밝혀지면, 상대방이 문제로 된 해당 사실이 경험칙 적용의 대상적격이 되지 못하는 사정을 입증하지 않는 한, 해당 과세처분을 과세요건을 충족시키지 못한 위법한 처분이라고 단정할 수는 없는 것임(대법원97누13894, 1998.07.10.; 대법2009두744, 2009. 03.12.).

2) 조세심판원 결정

□ 공동시행사업의 공동사업 해당 여부

〈사실관계〉

"갑"은 부동산임대업 및 건설업 영위자로 "을"이 취득한 토지상에 주상복합아파트 신축·분양사업(이하 "쟁점사업"이라 한다)을 영위할 목적으로 건축허가를 받고 기존건물을 철거하여 금융기관의 PF자금 대출을 받아 사업추진을 하는 과정에서 자금 및 담보력 부족을 해소하기 위하여 갑에게 쟁점 토지(전체토지의 60%)를 295억원에, 건축인허가 권리의 60%(갑과 을 공동명의)를 5억5천만원에 각 매도하기로 하는 내용의 부동산 매매계약을 체결하고, 소유권이전등기를 경료함과 동시에 쟁점사업에 관한 사업약정서를 체결한 후, 갑과 을은 병과 정을 수급인으로 하는 공사도급계약을 체결하여 착공한 후 무신탁사와 관리형 토지신탁계약을 체결하고 쟁점건물의 건축주명의를 무신탁사로 변경하여 입주자를 모집하고 있으며, 갑은 쟁점사업 건축공사 현장에 아무런 인적·물적 설비나 상주인원을 둘 필요가 없었으므로 본점 사업자등록번호로 공사금액 중 자기지분(60%)에 해당하는 세금계산서를 수취함.

갑과 을이 체결한 '공동사업약정서'의 주요내용을 보면 다음과 같이 되어 있음.

가) 전체 토지상에 주상복합건축물을 신축하여 분양하는 사업을 공동 시행함에 있어서 사업상 위험 및 비용분담 등 의무사항과 사업시행에 따른 수익의 배분기준을 정하여 공동사업 목적 토지를 이용한 목적사업을 원활하게 실행할 수 있도록 한다.

나) PF자금대출 및 분양보증 등 사업추진 및 운영을 위하여 필요한 경우 공동사업목적에 적합한 형태로 신탁(또는 담보제공)하기로 한다.

다) 공동사업약정 후 쟁점 토지를 이용한 쟁점사업을 성공시키기 위하여 신의성실로 협력하여 신속히 사업계획을 준비하기로 하며, 이후 공동사업과 관련하여 지급하는 도급공사비, 용역비, 부담금, 임차료, 분양경비를 비롯한 각종 사업비와 사업자금 조달 및 상환, 사업상 위험을 토지의 지분율(60:40)에 따라 공동으로 부담하기로 한다.

라) PF대출원리금 및 대출관련수수료는 청구법인과 ○○○백화점(주)가 토지지분율에 비례하여 부담한다.

마) 분양 및 운영으로 인한 수입금을 토지지분율에 따라 배분하기로 하며, 분양수입금으로 제6조에 열거하는 각종투자비와 비용을 우선 지급함에 동의한다. 또한 갑과 을은 자산운용회사를 0스위스자산운용주식회사, 시행사를 무자산신탁사, 시공사를 병, 정으로 하여 'PF'대출약정을 체결하면서 하나은행으로부터 930억원을 대출받기로 하였으며, 갑과 을은 2007.10.31. 수탁자를 무신탁사로, 시공사를 병, 정으로, 1순위 우선수익자를 하나은행으로, 자산운용회사를 0스위스자산운용주식회사로 하여 '관리형 토지신탁 계약'을 체결한 바 주요내용은 다음과 같다.

㉠ 전체 토지 위에 쟁점건물을 건설하고 신탁재산으로 하여 분양하는 것을 사업목적으로 한다.

㉡ 수탁자가 선정하는 건설회사가 건물을 신축하고 사업자금 차입을 결정하며, 수탁자가 신탁부동산에 대하여 분양처분, 수선·보존 및 개량 등을 할 수 있다.

㉢ 특약사항으로 쟁점 사업의 건축주를 위탁자인 청구법인과 ○○○백화점(주)에서 수탁자(○○○○신탁주식회사)로 변경하고 신탁기간을 5년으로 하며 쟁점사업에 필요한 모든 자금은 위탁자의 부담으로 차입하며, 쟁점사업 관련 일체의 세무업무 및 납부책임은 위탁자가 부담한다고 되어 있다.

<판단>

공동사업이라 함은 그 사업이 당사자 전원의 공동의 것으로서, 공동으로 경영되고 따라서 당사자 전원이 그 사업의 성공여부에 대하여 이해관계를 가지는 사업을 말하는 것인 바, 갑과 을이 체결한 쟁점 토지 등에 대한 '부동산매매계약서'에서 도급공사비 등 건축 관련 투자비, 분양경비 등 각종 사업비, 사업청구법인(갑)과 을이 2007년 9월 체결한 '공동사업약 정서'에서 사업상 위험 및 비용분담 등 의무사항과 사업시행에 따른 수익의 배분기준을 정하여 쟁점사업을 원활하게 실행할 수 있도록 하고, 공동사업과 관련하여 지급하는 도급공 사비, 용역비, 부담금, 임차료, 분양경비를 비롯한 각종 사업비와 사업자금 조달 및 상환, 사업상 위험을 토지의 지분율(60:40)에 따라 공동으로 부담하기로 하였으며, 분양 및 운영 으로 인한 수입금을 토지지분율에 따라 배분하기로 한 것과 쟁점 토지 신탁계약, PF대출 약정을 공동으로 추진한 점, 건축허가 명의를 갑과 을 공동명의로 변경한 점, 갑과 을이 2007년 2기분~2008년 2기 매입분에 대하여 실제 전체 토지의 지분율에 비례하여 각각 수 취한 것을 종합하여 볼 때, 쟁점사업은 공동사업에 해당함(조심2009서1637, 2010.05.04.).

□ 공동사업 연대납세의무는 사업의 실질내용에 따라 판단

청구인들이 이○○○과 외형상 공동사업계약을 체결하고 공동사업자등록을 하였다고 하더 라도 위에서 살펴본 바와 같이 쟁점부동산의 신축분양사업은 이○○○이 단독으로 수행하 였고, 청구인들은 이○○○으로부터 쟁점부동산의 일부를 매입하였다고 판단되므로 청구 인들이 이○○○과 쟁점부동산의 신축분양사업을 공동으로 수행하다가 동업계약을 해지하 고 소유지분을 쟁점부동산으로 현물반환받았다고 보아 공동사업장인 ○○○메디칼에 부과 된 2001년제2기분 부가가치세를 청구인들 모두에게 고지하여 연대납세의무를 부과한 처분 은 실질과 부합되지 아니하므로 취소함이 타당하다고 판단됨(국심2001전1546, 2001.10.16; 국심2002중3556, 2003.09.30.).

□ 건설업 법인 간 공동사업 시 사업자등록 없이 본점 사업자등록번호로 세금계산서 발급 받을 수 있음

건설업의 경우 각 건설사업장마다 사업자등록을 하여야 할 필요가 없고, 비록 해당 사업을 다른 건설업자와 공동사업으로 운영한다고 하더라도 신탁계약, 회계처리 등 사업에 관한

대부분의 업무를 각 건설업법인의 본사에서 직접 수행하며, 사업자가 공급받은 재화·용역에 대한 부가가치세 신고도 정상적으로 이루어져 부가가치세 세원관리에는 별다른 문제가 있다고 보기 어려우며 해당 공동사업은 기존법인이 영위하는 건설업의 확장으로서 그 신규 건설사업 관련 매입세액을 기존사업장에서도 공제받을 수 있는 것이므로 건설업법인 간에 공동사업을 하면서 별도 공동사업자등록을 하지 아니하고 기존 본점 사업자등록번호로 발급받은 세금계산서를 사실과 다른 세금계산서로 볼 수 없음(조심2009서1637, 2010.05.04; 국심 2005서2491, 2005.10.20.).

□ 이익배분 등의 약정이 있는 경우 공동사업임

쟁점부동산 신축·분양 당시 청구인이 공사비 전체를 부담하기로 약정하고 건축주는 토지를 제공하기로 도급계약을 체결한 점, 도급계약서에 청구인은 시공자로 기재되었음에도 불구하고 건축주는 청구인에게 건축비용을 지급하지 아니하고 대신 건축비와 토지비용을 공제한 나머지를 이익배분(갑은 8분의 5, 을은 8분의 3)하기로 약정한 점, ○○지방법원은 201호 분양대금을 당초 약정한 청구인의 배당비율에 상당하는 금액을 지급하라고 판결한 사실 등을 감안할 때, 쟁점부동산 신축과 관련하여 청구인과 건축주는 공동사업자라는 청구인의 주장은 신빙성이 있음(조심2008서2612, 2008.11.20.).

3) 국세청 유권해석

□ 산업단지조성사업공사 공동사업시행협약이 있는 경우 공동사업 여부 등

"○○지방 산업단지 조성사업공사"를 공동사업시행협약서에 공동으로 시행 중에 있어 "갑"은 인·허가 관련 사항을, "을"은 용지취득에서 조성공사, 용지분양의 제반업무를 일괄 수행하며, 총사업비는 "갑"부담 10%, "을"부담 90%의 소요자금으로 공동시행 후 용지를 분양하여 공사비 분담비율에 따라 정산할 예정인 경우로서 "갑"과 "을" 중 "을"과 용역계약을 체결하여 건설용역을 제공하고 그 대가를 받는 경우 세금계산서 발급방법과 관련하여 세금계산서는 사업자(시공사)가 "을"에게 발급하고 "을"이 "갑"에게 발급하거나 사업자가 "갑"과 "을"에게 각각 발급하도록 회신함으로써 공동사업임을 부인함(서면3팀-3198, 2007.11.27.).

제8절 입주자대표회의 및 집단건물 자치관리단

1. 입주자대표회의

1) 정의

"입주자대표회의"란 공동주택의 입주자 등을 대표하여 관리에 관한 주요사항을 결정하기 위하여 아래와 같이 구성하는 자치의결기구를 말한다(공동주택관리법§2 8호).

2) 구성 등

① 입주자대표회의는 4명 이상으로 구성하되, 동별 세대수에 비례하여 관리규약으로 정한 선거구에 따라 선출된 대표자(이하 "동별 대표자"라 한다)로 구성한다. 이 경우 선거구는 2개 동 이상으로 묶거나 통로나 층별로 구획하여 정할 수 있다.

② 하나의 공동주택단지를 여러 개의 공구로 구분하여 순차적으로 건설하는 경우(임대주택은 분양전환된 경우를 말한다) 먼저 입주한 공구의 입주자등은 "①"에 따라 입주자대표회의를 구성할 수 있다. 다만, 다음 공구의 입주예정자의 과반수가 입주한 때에는 다시 입주자대표회의를 구성하여야 한다.

③ 동별 대표자는 동별 대표자 선출공고에서 정한 각종 서류 제출 마감일(이하 "서류 제출 마감일"이라 한다)을 기준으로 다음의 요건을 갖춘 입주자(입주자가 법인인 경우에는 그 대표자를 말한다) 중에서 대통령령으로 정하는 바에 따라 선거구 입주자등의 보통·평등·직접·비밀선거를 통하여 선출한다. 다만, 입주자인 동별 대표자 후보자가 없는 선거구에서는 다음 요건 및 대통령령으로 정하는 요건을 갖춘 사용자도 동별 대표자로 선출될 수 있다.

· 해당 공동주택단지 안에서 주민등록을 마친 후 계속하여 대통령령으로 정하는 기간 이상 거주하고 있을 것(최초의 입주자대표회의를 구성하거나 "②" 단서에 따른 입주자대표회의를 구성하기 위하여 동별 대표자를 선출하는 경우는 제외한다)

· 해당 선거구에 주민등록을 마친 후 거주하고 있을 것

④ 서류 제출 마감일을 기준으로 다음의 어느 하나에 해당하는 사람은 동별 대표자가 될 수 없으며 그 자격을 상실한다(각 호 생략).

⑤ 동별 대표자가 임기 중에 "③"에 따른 자격요건을 충족하지 아니하게 된 경우나 "④"에 따른 결격사유에 해당하게 된 경우에는 당연히 퇴임한다.

⑥ 입주자대표회의에는 대통령령으로 정하는 바에 따라 회장, 감사 및 이사를 임원으로 둔다.

⑦ 위 "⑥"에도 불구하고 사용자인 동별 대표자는 회장이 될 수 없다. 다만, 입주자인 동별 대표자 중에서 회장 후보자가 없는 경우로서 선출 전에 전체 입주자 과반수의 서면동의를 얻은 경우에는 그러하지 아니하다.

⑧ 입주자대표회의는 그 회의를 개최한 때에는 회의록을 작성하여 관리주체에게 보관하게 하고, 관리주체는 입주자 등이 회의록의 열람을 청구하거나 자기의 비용으로 복사를 요구하는 때에는 관리규약으로 정하는 바에 따라 이에 응하여야 한다.

⑨ 동별 대표자의 임기나 그 제한에 관한 사항, 동별 대표자 또는 입주자대표회의의 임원의 선출이나 해임 방법 등 입주자대표회의의 구성 및 운영에 필요한 사항과 입주자대표회의의 의결 방법은 대통령령으로 정한다.

⑩ 입주자대표회의의 의결사항은 관리규약, 관리비, 시설의 운영에 관한 사항 등으로 하며, 그 구체적인 내용은 대통령령으로 정한다.

⑪ 위 "⑨" 및 "⑩"에도 불구하고 입주자대표회의의 구성원 중 사용자인 동별 대표자가 과반수인 경우에는 대통령령으로 그 의결방법 및 의결사항을 달리 정할 수 있다(이상 공동주택관리법 제14조 참조).

3) 공동주택의 관리방법 등

가. 관리방법

입주자등은 의무관리대상 공동주택을 자치관리하거나 주택관리업자에게 위탁하여 관리하여야 한다(공동주택관리법§5)

여기서 "의무관리대상 공동주택"이란 해당 공동주택을 전문적으로 관리하는 자를 두고 자치 의결기구를 의무적으로 구성하여야 하는 등 일정한 의무가 부과되는 공동주택으로서 300세대 이상의 공동주택, 150세대 이상으로서 승강기가 설치된 공동주택, 150세대 이상으로서 중앙집중식 난방방식(지역난방방식을 포함한다)의 공동주택, 「건축법」 제11조에 따른 건축허가를 받아 주택 외의 시설과 주택을 동일 건축물로 건축한 건축물로서 주택이 150세대 이상인 건축물 및 이에 해당하지 아니하는 공동주택 중 입주자등이 대통령령으로 정하는 기준에 따라 동의하여 정하는 공동주택을 말한다(공동주택법§2 2호)

나. 자치관리

의무관리대상 공동주택의 입주자등이 공동주택을 자치관리할 것을 정한 경우에는 입주자대표회의는 아래에 따른 요구가 있은 날(의무관리대상 공동주택으로 전환되는 경우에는 입주자대표회의의 구성 신고가 수리된 날을 말한다)부터 6개월 이내에 공동주택의 관리사무소장을 자치관리기구의 대표자로 선임하고, 대통령령으로 정하는 기술인력 및 장비를 갖춘 자치관리기구를 구성하여야 한다(공동주택관리법§6 ①).

– 아　래 –

> 의무관리대상 공동주택을 건설한 사업주체는 입주예정자의 과반수가 입주할 때까지 그 공동주택을 관리하여야 하며, 입주예정자의 과반수가 입주하였을 때에는 입주자등에게 대통령령으로 정하는 바에 따라 그 사실을 통지하고 해당 공동주택을 관리할 것을 요구하여야 한다(공동주택관리법§11①).

주택관리업자에게 위탁관리하다가 자치관리로 관리방법을 변경하는 경우에도 입주자대표회의는 그 위탁관리의 종료일까지 위와 같은 자치관리기구를 구성하여야 한다(공동주택관리법§6 ②).

다. 위탁관리

의무관리대상 공동주택의 입주자등이 공동주택을 위탁관리할 것을 정한 경우에는 입주자대표회의는 전자입찰방식 등의 기준에 따라 주택관리업자를 선정하여야 한다(공동주택관리법§7).

라. 공동주택관리기구

입주자대표회의 또는 관리주체는 공동주택 공용부분의 유지·보수 및 관리 등을 위하여 공동주택관리기구(제6조제1항에 따른 자치관리기구를 포함한다)를 구성하여야 한다(공동주택관리법§9).

> ▌ "관리주체"란 공동주택을 관리하는 다음 각 목의 자를 말한다(공동주택관리법§2 10호).
>
> 　가. 제6조제1항에 따른 자치관리기구의 대표자인 공동주택의 관리사무소장
>
> 　나. 제13조제1항에 따라 관리업무를 인계하기 전의 사업주체
>
> 　다. 주택관리업자
>
> 　라. 임대사업자
>
> 　마. 「민간임대주택에 관한 특별법」 제2조제11호에 따른 주택임대관리업자(시설물 유지·보수·개량 및 그 밖의 주택관리 업무를 수행하는 경우에 한정한다)
>
> ▌ 관리주체의 업무(공동주택관리법§63)
>
> 　가. 공동주택의 공용부분의 유지·보수 및 안전관리
>
> 　나. 공동주택단지 안의 경비·청소·소독 및 쓰레기 수거
>
> 　다. 관리비 및 사용료의 징수와 공과금 등의 납부대행
>
> 　라. 장기수선충당금의 징수·적립 및 관리
>
> 　마. 관리규약으로 정한 사항의 집행
>
> 　바. 입주자대표회의에서 의결한 사항의 집행
>
> 　사. 그 밖에 국토교통부령으로 정하는 사항

마. 동별 대표자 등의 선거관리

입주자등은 동별 대표자나 입주자대표회의의 임원을 선출하거나 해임하기 위하여 선거관리위원회(이하 "선거관리위원회"라 한다)를 구성한다(공동주택관리법§15).

바. 회계감사

300세대 이상인 공동주택의 관리주체는 대통령령으로 정하는 바에 따라 「주식회사 등의 외부감사에 관한 법률」 제2조제7호에 따른 감사인의 회계감사를 매년 1회 이상 받아야 한다. 다만, 회계감사를 받지 아니하기로 해당 공동주택 입주자등의 3분의 2 이상의 서면동의를 받은 연도에는 그러하지 아니한다.

300세대 미만인 공동주택으로서 의무관리대상 공동주택의 관리주체는 다음의 어느 하나에 해당하는 경우 감사인의 회계감사를 받아야 한다(공동주택관리법§26).

① 입주자등의 10분의 1 이상이 연서하여 요구한 경우

② 입주자대표회의에서 의결하여 요구한 경우

사. 장기수선충당금의 적립

관리주체는 장기수선계획에 따라 공동주택의 주요 시설의 교체 및 보수에 필요한 장기수선
충당금을 해당 주택의 소유자로부터 징수하여 적립하여야 한다(공동주택관리법§30).

아. 하자보수 등

사업주체(「건설산업기본법」 제28조에 따라 하자담보책임이 있는 자로서 제36조제1항에
따른 사업주체로부터 건설공사를 일괄 도급받아 건설공사를 수행한 자가 따로 있는 경우에는
그 자를 말한다)는 담보책임기간에 하자가 발생한 경우에는 해당 공동주택의 ① ~ ④까지에
해당하는 자(이하 "입주자대표회의등") 또는 ⑤에 해당하는 자의 청구에 따라 그 하자를 보수
하여야 한다(공동주택관리법§37).

① 입주자

② 입주자대표회의

③ 관리주체(하자보수청구 등에 관하여 입주자 또는 입주자대표회의를 대행하는 관리주체를
  말한다)

④ 「집합건물의 소유 및 관리에 관한 법률」에 따른 관리단

⑤ 공공임대주택의 임차인 또는 임차인대표회의(이하 "임차인등"이라 한다)

사업주체는 담보책임기간에 공동주택에 하자가 발생한 경우에는 하자 발생으로 인한 손해
를 배상할 책임이 있다. 이 경우 손해배상책임에 관하여는 「민법」 제667조를 준용한다.

2. 집합건물자치관리단

1) 정의

건물에 대하여 구분소유 관계가 성립되면 구분소유자 전원을 구성원으로 하여 건물과 그
대지 및 부속시설의 관리에 관한 사업의 시행을 목적으로 하는 관리단(이하 "집합건물 자치관
리단" 또는 "관리단"이라 한다)이 설립된다(당연 설립). 일부 공용부분이 있는 경우 그 일부의

구분소유자는 「집합건물의 소유관리에 관한 법률(이하 "집합건물법"이라 한다)」 제28조제2항의 규약에 따라 그 공용부분의 관리에 관한 사업의 시행을 목적으로 하는 관리단을 구성할 수 있다(집합건물법§23).

> ▌집합건물법 제28조제2항
>
> 일부공용부분에 관한 사항으로써 구분소유자 전원에게 이해관계가 있지 아니한 사항은 구분소유자 전원의 규약에 따로 정하지 아니하면 일부공용부분을 공용하는 구분소유자의 규약으로써 정할 수 있다.

집합건물 자치관리단은 건물의 관리 및 사용에 관한 공동이익을 위하여 필요한 구분소유자의 권리와 의무를 선량한 관리자의 주의로 행사하거나 이행하여야 한다(집합건물법§23의2).

2) 집합건물의 관리방법 등

가. 관리인의 선임 등

구분소유자가 10인 이상일 때에는 관리단을 대표하고 관리단의 사무를 집행할 관리인을 선임하여야 한다. 관리인은 구분소유자일 필요가 없으며, 그 임기는 2년의 범위에서 규약으로 정하며, 관리단집회의 결의로 선임되거나 해임된다. 다만, 규약으로 관리위원회의 결의로 선임되거나 해임되도록 정한 경우에는 그에 따른다.

전유부분이 50개 이상인 건물(「공동주택관리법」에 따른 의무관리대상 공동주택 및 임대주택과 「유통산업발전법」에 따라 신고한 대규모점포등관리자가 있는 대규모점포 및 준대규모점포는 제외한다)의 관리인으로 선임된 자는 대통령령으로 정하는 바에 따라 선임된 사실을 특별자치시장, 특별자치도지사, 시장, 군수 또는 자치구의 구청장(이하 "소관청"이라 한다)에게 신고하여야 한다(집합건물법§24).

나. 관리인의 권한과 의무

관리인은 다음의 행위를 할 권한과 의무를 가진다. 관리인의 대표권은 제한할 수 있다. 다만, 이로써 선의의 제3자에게 대항할 수 없다(집합건물법§25).

① 공용부분의 보존행위

② 공용부분의 관리 및 변경에 관한 관리단집회 결의를 집행하는 행위

③ 공용부분의 관리비용 등 관리단의 사무 집행을 위한 비용과 분담금을 각 구분소유자에게 청구·수령하는 행위 및 그 금원을 관리하는 행위

④ 관리단의 사업 시행과 관련하여 관리단을 대표하여 하는 재판상 또는 재판 외의 행위

⑤ 소음·진동·악취 등을 유발하여 공동생활의 평온을 해치는 행위의 중지 요청 또는 분쟁 조정절차 권고 등 필요한 조치를 하는 행위

⑥ 그 밖에 규약에 정하여진 행위

다. 관리인의 보고의무 등

관리인은 매년 1회 이상 구분소유자에게 그 사무에 관한 보고를 하여야 한다. 이해관계인은 관리인에게 보고자료의 열람을 청구하거나 자기 비용으로 등본의 교부를 청구할 수 있다(집합건물법§26).

라. 회계감사

① 전유부분이 150개 이상으로서 대통령령으로 정하는 건물의 관리인은 「주식회사 등의 외부감사에 관한 법률」 제2조제7호에 따른 감사인(이하 "감사인"이라 한다)의 회계감사를 매년 1회 이상 받아야 한다. 다만, 관리단집회에서 구분소유자의 3분의 2 이상 및 의결권의 3분의 2 이상이 회계감사를 받지 아니하기로 결의한 연도에는 그러하지 아니한다.

② 구분소유자의 승낙을 받아 전유부분을 점유하는 자는 "①" 단서에 따른 관리단집회에 참석하여 그 구분소유자의 의결권을 행사할 수 있다. 다만, 구분소유자와 점유자가 달리 정하여 관리단에 통지하거나 구분소유자가 집회 이전에 직접 의결권을 행사할 것을 관리단에 통지한 경우에는 그러하지 아니하다.

③ 전유부분이 50개 이상 150개 미만으로서 대통령령으로 정하는 건물의 관리인은 구분소유자의 5분의 1 이상이 연서하여 요구하는 경우에는 감사인의 회계감사를 받아야 한다. 이 경우 구분소유자의 승낙을 받아 전유부분을 점유하는 자가 구분소유자를 대신하여 연서할 수 있다.

④ 관리인은 "①" 또는 "③"에 따라 회계감사를 받은 경우에는 대통령령으로 정하는 바에 따라 감사보고서 등 회계감사의 결과를 구분소유자 및 그의 승낙을 받아 전유부분을 점유하는 자에게 보고하여야 한다.

⑤ 「공동주택관리법」에 따른 의무관리대상 공동주택 및 임대주택과 「유통산업발전법」에 따라 신고한 대규모점포 등 관리자가 있는 대규모점포 및 준대규모점포에는 위 규정 등을 적용하지 아니한다(집합건물법§26의2).

마. 관리단의 채무에 대한 구분소유자의 책임

관리단이 그의 재산으로 채무를 전부 변제할 수 없는 경우에는 구분소유자는 지분비율에 따라 관리단의 채무를 변제할 책임을 진다. 다만, 규약으로써 그 부담비율을 달리 정할 수 있다.

구분소유자의 특별승계인은 승계 전에 발생한 관리단의 채무에 관하여도 책임을 진다(집합건물법§27).

3. 세법상 지위

1) 입주자대표회의

「공동주택관리법」에 따라 제43조 제3항에 따라 입주자가 입주자대표회의를 구성하고 공동주택의 관리방법을 결정하여 관할시장·군수·구청장에게 신고하는 아파트입주자대표회의는 국기법 제13조 제1항 제1호(법인으로 보는 단체)에 해당되지 않는 것이나, 국기법 제13조 제2항의 각 호의 요건을 갖추어 대표자 또는 관리인이 관할세무서장에게 법인으로 보는 단체를 신청하여 승인을 얻은 경우에는 법인으로 보는 단체(비영리법인)에 해당한다(징세과-1324, 2011.12.23.; 재조세46019-88, 1999.04.01.; 대법원2016두47574, 2016.11.09.).

▌법인으로 보는 단체의 요건(국기법§13 ②)

법인으로 보는 사단, 재단, 그 밖의 단체 외의 법인 아닌 단체 중 다음 각 호의 요건을 모두 갖춘 것으로서 대표자나 관리인이 관할 세무서장에게 신청하여 승인을 받은 것도 법인으로 보아 이 법과 세법을 적용한다.

이 경우 해당 사단, 재단, 그 밖의 단체의 계속성과 동질성이 유지되는 것으로 본다.

1. 사단, 재단, 그 밖의 단체의 조직과 운영에 관한 규정(規程)을 가지고 대표자나 관리인을 선임하고 있을 것
2. 사단, 재단, 그 밖의 단체 자신의 계산과 명의로 수익과 재산을 독립적으로 소유·관리할 것
3. 사단, 재단, 그 밖의 단체의 수익을 구성원에게 분배하지 아니할 것

---

2) 집합건물 자치관리단(국세청 및 기획재정부 해석)

집합건물의 입주자들이 집합건물법 제23조에 따라 자치적으로 구성한 관리단은 국기법 제13조 및 국기령 제8조에 따라 법인으로 보는 단체 외의 단체로서 대표자 또는 관리인이 선임되어 있고, 이익의 분배방법 및 분배비율이 정하여져 있지 아니한 단체는 그 단체를 개인으로 보는 것이며, 하나의 개인으로 보는 관리단이 원천징수한 소득세를 납부할 의무만이 있는 경우에는 관리단의 대표자 또는 관리인 명의로 고유번호증을 부여받을 수 있다(부가46015-2486, 1993.10.20.).

다만, 집합건물법 제17조의 "각 공유자는 규약에 달리 정함이 없는 한 그 지분의 비율에 따라 공용부분의 관리비용 기타 의무를 부담하며 공용부분에서 생기는 이익을 취득한다"라는 규정에 따라 자치관리단 규약으로 주차장 등 운영수익을 구분소유자(회원)에게 분배하는 경우 동 자치관리단은 국기법 제13조에서 규정하는 법인으로 보는 단체에 해당하지 아니하고, 소득법상 1거주자에도 해당하지 아니하는 것으로 단체의 구성원이 공동으로 사업을 영위하는 경우에 해당한다(재조세46019-252, 2003.08.14.).

3) 법인으로 승인받은 단체의 법인세법 적용 시기

거주자로 보던 법인격 없는 단체가 국기법 제13조 제2항에 따라 관할세무서장으로부터 법인으로 승인을 받은 경우, 동 단체의 최초 사업연도 개시일은 법인령 제3조 제1항 라목에 따라 법인으로 승인받은 날이므로 승인일 전일까지는 소득세법을 적용하고, 승인일 이후부터는 법인세법에 의한 납세의무가 있다(서면2팀-859, 2006.05.16.).

또한 법인으로 보는 법인 아닌 단체가 그 신청에 대하여 관할 세무서장의 승인을 받은 날이 속하는 과세기간과 그 과세기간이 끝난 날부터 3년이 되는 날이 속하는 과세기간까지는 소득법에 따른 거주자 또는 비거주자로 변경할 수 없다. 다만, 위 "1)"의 표[법인으로 보는 단체의 요건(국기법§13 ②)]의 요건을 갖추지 못하게 되어 승인취소를 받는 경우에는 그러하지 아니한다(국기법§13 ③).

4) 부가가치세 납세의무

영리목적의 유무에 불구하고 사업상 독립적으로 재화 또는 용역을 공급하는 자는 부가법 제3조에 따라 부가가치세를 납부할 의무가 있는 것이며, 통상 입주자대표회의나 집합건물 자치관리단이 입주자(임차인)들로부터 관리에 관한 사항을 일임받아 자기의 책임과 계산으로 부가가치세 과세대상 재화 또는 용역을 공급하는 경우(예 : 주차장관리수입, 건물 개·보수 수입, 아파트 내에 광고물을 부착하도록 하고 광고주로부터 대가를 받는 경우 등)에는 부가가치세 납세의무가 있다(재소비46015-260, 1996.09.03.). 이 경우 부가법 제8조에 따라 사업자등록을 하여야 하는 것이며, 이를 이행하지 아니하는 경우 매입세액불공제 및 가산세 등 불이익을 받게 된다(서면팀-2184, 2006.09.18.).

4. 입주자대표회의 및 집합건물 자치관리단에 대한 세무처리

1) 사업자로 보지 아니하는 경우

아파트 입주자들이 입주자대표회의를 구성하여 자치적으로 집합건물을 관리하고 그 관리에 실지 소요된 비용만을 각 입주자들에게 분배하여 징수하는 경우 부가가치세 납세의무가 없다(부가46015-125, 2001. 01.16.).

집합건물의 구분소유자들이 집합건물법에 따라 관리단을 구성하여 자치적으로 집합건물을 관리하고 그 관리에 실지 소요된 비용만을 각 입주자들에게 분배하여 징수하는 경우에도 부가가치세 납세의무가 없다(부가46015-1952, 1998.08.31.; 부가46015-478, 2001.03.13.).

2) 어린이집 임대용역에 대한 부가가치세 면제

출산장려 및 보육경비 절감 지원을 위해 「주택법」 제44조 제2항에 따른 관리규약에 따라 「주택법」 제2조 제14호에 따른 관리주체 또는 「주택법」 제43조 제3항에 따른 입주자대표회의가 제공하는 「주택법」 제2조 제9호에 따른 복리시설인 공동주택 어린이집의 임대용역에 대하여는 2012.01.01. 이후 결정·경정하는 분부터 부가가치세를 면제한다(부가법§26 ① 13).

3) 소득세법 또는 법인세법상 수익사업

아파트 입주자대표회의가 계속적, 반복적으로 재활용품을 수집하여 매각한 수입, 주차료 운영수입, 복리시설 등의 임대료 수입, 이동통신사 기지국의 임대수입 등이 있는 경우 해당 사업은 법인법 제3조 제2항에서 규정하는 수익사업에 해당한다(법인세과-2169, 2008.08.27.).

다만, 비영리법인인 아파트 입주자대표회의가 1차량을 초과하여 주차하는 세대에 아파트 관리비 외 주차장 유지·보수 등 관리목적으로 별도 징수하는 주차료는 법인법 제3조 제3항 및 법인령 제2조 제1항의 규정에 의한 수익사업에 해당하지 아니한다(기획재정부 법인세제과 -765, 2018.07.02.).

집합건물 자치관리단이 위와 같은 활동으로 인하여 수익이 발생한 경우에도 이와 같이 처리한다.

4) 부가가치세 과세

가. 영리목적에 관계없이 납세의무

입주자대표회의가 계약상 또는 법률상의 원인에 따라 단지 내 장소 및 시설을 임대하거나 다른 사업자와의 업무대행계약에 따라 전기검침용역을 공급하고 그 대가를 받는 경우, 재활용품을 수집하여 매각하는 경우, 입주자들로부터 주차장 관리에 관한 사항을 일임받거나 단지 내 주차장 관리에 관한 종국적인 권한과 책임을 가지고 입주민에게 사용하게 하면서 주차대수가 1차량을 초과하는 세대에 대하여 주차료를 징수하는 경우에는 부가법 제3조에 따라 부가가치세를 납부할 의무가 있다(서면-2015-법령해석부가-0304, 2015.06.19.; 대법원2016두47574, 2016.11.09.).

다만, 공동주택의 입주자대표회의가 단지 내 주차장, 운동시설, 승강기 등 공동주택 부대시설을 운영·관리(주차장 등의 관리에 관한 종국적인 권한과 책임을 일임받은 경우가 아님)하면서 해당 시설을 입주자 및 외부인들이 이용하도록 하고 입주자들로부터 받는 실비상당액의 이용료는 부가가치세가 과세되지 아니하는 것이나, 외부인들로부터 받는 이용료에 대하여는 부가가치세가 과세된다(기획재정부 부가가치세제과-631, 2017.12.4.).

나. 공동비용 분담에 따른 세금계산서 발급

상가 입주자들이 부가법상 납세의무가 없는 집합건물 자치관리단을 조직하여 고유번호를 부여받은 후 입주자들이 실지로 소비하는 재화 또는 용역에 대하여 명의자인 자치관리기구가 세금계산서를 발급받은 경우 그 발급받은 세금계산서에 기재된 공급가액의 범위 내에서 해당 재화 또는 용역을 실지로 소비하는 입주자들에게 부가령 제69조 제14항, 제15항에 따라 세금계산서를 발급할 수 있다. 이 경우 해당 세금계산서를 발급받은 입주자들은 발급받은 세금계산서의 매입세액이 부가법 제39조에 따라 불공제되는 경우를 제외하고는 자기의 매출세액에서 공제할 수 있다.

또한, 위 집합건물 자치관리단은 부가가치세의 신고·납부의무는 없으나 매출·매입처별세금계산서합계표를 해당 과세기간이 끝난 후 25일 이내에 사업장관할세무서장에게 제출하여야 한다(법규부가2010- 119, 2010.04.30.; 서면3팀-1124, 2008.06.04.).

5) 고유목적사업준비금 설정

아파트입주자대표회의를 국기법 제13조 제2항에 따른 법인으로 보는 단체로 보는 경우에도 아파트입주자 대표회의는 법인세법상 고유목적사업준비금을 설정할 수 있는 단체가 아니므로 고유목적사업 준비금을 설정할 수 없었다(법인46012-2410, 1999.06.25.). 그러나, 국민의 주거생활 안정에 기여하는 등 공동주택 입주자대표회의 등의 공익적 성격을 감안하여 2010.02.18. 이후 최초로 개시하는 사업연도분부터 「공동주택관리법」 제2조제1항제1호가목에 따른 공동주택의 입주자대표회의 또는 자치관리기구로서 법인으로 보는 단체에 해당하는 경우 각 사업연도에 그 법인의 고유목적사업이나 지정기부금에 지출하기 위하여 고유목적사업준비금을 손금으로 계상한 경우에는 다음의 금액을 합한 금액(④에 따른 수익사업에서 결손금이 발생한 경우에는 ①부터 ③까지의 소득금액을 합한 금액에서 그 결손금을 차감한 금액)의 범위에서 그 사업연도의 소득금액을 계산할 때 이를 손금에 산입할 수 있도록 개정되었다(법인법§29 ①, 법인령§56).

① 소득법 제16조제1항 각 호(같은 항 제11호에 따른 비영업대금의 이익은 제외한다)에 따른 이자소득의 금액

② 소득법 제17조제1항 각 호에 따른 배당소득의 금액. 다만, 상증법 제16조 또는 상증법 제48조에 따라 상속세 과세가액 또는 증여세 과세가액에 산입되거나 증여세가 부과되는 주식 등으로부터 발생한 배당소득금액은 제외한다.

③ 특별법에 따라 설립된 비영리내국법인이 해당 법률에 따른 복지사업으로서 그 회원이나 조합원에게 대출한 융자금에서 발생한 이자금액

④ 위 "①"부터 "③"까지에 규정된 것 외의 수익사업에서 발생한 소득에 100분의 50(「공익법

인의 설립·운영에 관한 법률」에 따라 설립된 법인으로서 고유목적사업 등에 대한 지출액 중 100분의 50 이상의 금액을 장학금으로 지출하는 법인의 경우에는 100분의 80)을 곱하여 산출한 금액

6) 자치관리단(입주자 대표회의 포함) 대표자의 타 소득과 합산 여부

복합상가의 입주자들이 건물의 유지관리를 위하여 조직한 자치관리단이 건물의 옥상에 광고탑을 설치하게 하고 대가를 받는 경우 해당 자치관리회가 등기되지 아니하고, 관리인이 선임되어 있으며, 이익의 분배방법 및 비율이 정하여져 있지 아니한 경우 자치관리단을 1거주자로 보아 소득세법을 적용하는 것이며, 이때 해당 자치관리단에서 발생한 수익사업의 소득에 대하여는 자치관리단 대표의 다른 소득과 합산하지 아니한다(소득46011-142, 1995.01.16.).

7) 입주자대표회의의 구성원에게 지급하는 업무추진비의 처리

입주자대표회의의 동별 대표자와 자치관리기구의 대표자(관리사무소장)가 공동주택관리규약에 따라 판공비 기타 이와 유사한 명목으로 받는 것으로서 업무를 위하여 사용된 것이 분명하지 아니한 급여는 근로소득에 해당한다(소득46011-555, 1999.12.31.).

8) 수익사업에 대한 비용계상

수익비용대응의 원칙에 따라 수익사업의 수입금액에 대응되는 비용에 대하여는 손금산입 및 필요경비 계상이 가능하다. 집합건물 자치관리단이 수익사업을 영위하는 경우 수익사업이 발생하는 시설물을 현물출자 등의 방법으로 취득한 경우 동 시설물에 대한 감가상각비를 필요경비로 계상할 수 있다(소득46011-3397, 1994. 12.12.). 다만, 집합건물법에 의해 설립된 집합건물의 관리단이 집합건물의 관리유지 등을 위해 적립한 특별수선충당금은 해당 사업연도의 필요경비에 산입할 수 없다(재정경제부 소득세제과-120, 2005.04.04.).

9) 무상수증 자산에 대한 증여세 과세여부

입주자들이 공동으로 이용할 수 있는 운동시설용 토지와 건물을 입주자 대표회의가 무상으로 취득한 경우 해당 입주자대표회의는 공익법인에 해당하지 아니하므로 상증법 제2조 및 제4조에 따라 증여세 납부의무가 있다. 다만, 해당 토지와 건물이 당초 분양 당시 입주자들에게 사실상 분양된 경우로서 해당 토지와 건물에 상당하는 분양가액이 주택신축판매업자의 소득세

법상 수입금액을 구성하는 경우에는 그러하지 아니한다(서면4팀-828, 2004.06.09.).

5. 관리단의 사업자등록 관련 법원판례

집합건물법에 따르면 건물에 대하여 구분소유 관계가 성립되면 구분소유자 전원을 구성원으로 하여 건물과 그 대지 및 부속시설의 관리에 관한 사업의 시행을 목적으로 하는 관리단이 설립되게 되고, 구분소유자가 10인 이상일 때에는 관리단을 대표하고 관리단의 사무를 집행할 관리인을 선임하여야 하며, 관리인은 관리단집회의 결의로 선임되거나 해임되고, 관리단이 그의 재산으로 채무를 전부 변제할 수 없는 경우에는 구분소유자는 지분비율에 따라 관리단의 채무를 변제할 책임을 진다(집합건물법§23 ①, §24 ① 및 ③ 본문, §27 ①). 따라서 구분소유 관계가 성립된 건물의 관리에 관하여는 원칙적으로 관리단이 독립한 권리·의무의 주체가 되어 관리사무를 담당하게 되고, 관리단의 사무를 집행할 관리인은 관리단의 사무집행을 위한 분담 금액과 비용을 각 구분소유자에게 청구·수령하는 행위 및 그 금원을 관리하는 행위 등을 할 수 있다(집합건물법§25 ① 2호).

관리인은 내부적으로 집합건물의 공용부분을 보존하거나 관리하고 그 비용을 징수하는 등의 업무를 수행하고, 외부적으로 관리단을 대표하며 관리단집회의 결의(규약에 정함이 있는 경우 관리위원회 결의)에 의하여 선임되는 것이므로 관리인은 구분소유자일 필요는 없으며, 그 자격에 별도의 제한을 두지 않는 한 구분소유자의 친족, 임차인, 관리회사(법인) 등도 관리인이 될 수 있다(집합건물법 §24 ①, ③, §25 및 법무부 집합건물법 해석사례집(2014.01)).

위 집합건물법 규정내용에 의하면 당연 설립된 관리단이 관리업무의 주체로서 권리·의무의 주체가 되고, 구분소유자들은 관리단의 채무를 변제할 수 없는 경우에 규약에서 정한 비율 또는 전유부분의 면적비율에 따라 관리단의 채무를 변제할 책임을 지는 지위에 있을 뿐이다. 부가가치세 납세의무자에 관하여 구 부가법 제3조 제1호는 사업자로서 '개인, 법인, 법인격 없는 사단, 재단 또는 그 밖의 단체'로 정하고 있으므로 **관리단**은 수익을 분배하지 아니하는 한 **법인격이 없는 사단**에 해당하는 사업자이고, 부가가치세 과세사업을 영위한다면 부가가치세 납세의무자가 될 수 있다(서울행법2019구합7263, 2021.04.20.). 즉 집합건물법 제23조에 따라 집합건물의 구분소유자 전원을 구성원으로 하여 그 건물 및 그 대지와 부대시설의 관리에 관한 사업의 시행을 목적으로 성립되어 그 건물의 관리에 관한 종국적인 권한 및 책임을 가지고 부가세 과세사업을 계속적·반복적으로 수행한다면 사업상 독립적으로 용역을 공급하는 사업자로서 용역을 공급한 것이다(대법원2010두8430, 2010.09.09.).

만약 구분소유자들 중 일부 특정인만이 집합건물관리에 관한 사업자등록(집합건물 관리단 그 자체라거나 관리단으로부터 정당한 권한을 부여받아 이 사건 건물을 관리하였다고 볼 수 없으며, 관리단이 아닌 개인 공동사업자로 등록함. 이하 "쟁점 사업자"라 한다)을 하였더라도 집합건물에 관리업무에 관한 귀속주체는 관리단으로 보아야 하므로 일부 특정인들이 건물의 구분소유자라는 이유만으로 집합건물의 관리용역의 공급에 따라 발생한 부가가치세를 신고·납부할 의무가 있는 부가가치세 납세의무자라고 보기 어렵다(서울행법2018구합87620, 2019.09.10.).

쟁점 사업자가 비록 공동사업자 명의로 부가가치세 신고를 하고 무납부한 부분에 대한 징수처분(제1처분)과 이에 기초한 예정고지(제2처분)가 있었을 경우 제1처분의 신고 당시에 이미 과세관청이 관리단과 쟁점 사업자 간에 분쟁이 있었음을 객관적으로 확인할 수 있었고, 쟁점사업자가 건물관리업무를 수행하지 않았으며, 사업자등록의 변경 등에 관한 다툼에서 과세관청이 명의변경이나 사업자등록을 거부한 사실로 인하여 관리단이 쟁점 사업자명의로 신고할 수밖에 없었다면 과세관청의 제1처분은 그 하자가 중대하고도 명백하여 당연무효이다.

제2처분(예정고지)도 당연무효에 해당하는 제1처분 납부세액의 1/2을 과세관청이 건물관리용역에 대한 납세의무자가 아닌 쟁점 사업자에게 결정·고지한 것으로 예정고지의 법적성격[부가법 제48조 제3항의 문언(결정하여 징수한다)에 따라 납세의무의 확정 절차와 징수절차를 구분하고 있는 점에 비추어 부과처분 및 징수처분이 혼합된 처분에 해당한다고 봄]에 관계없이 중대 명백한 하자로서 위법한 것임(서울고등법원 2021누31599, 2021.10.28.; 서울행정법원 2019구합62383, 2020.12.11.).

6. 관련 사례

□ 상가협의회의 주차료, 승강기사용료 징수 시 과세 여부

집단상가의 입주자 상호 간 친목과 복리증진을 목적으로 설립된 상가협의회가 운영하는 주차장, 전시장 사용료 및 자판기의 음료수 판매 수입 등의 사실관계를 살펴보면, ①주차장 사용료는 각 동 단지별로 주차장을 설치하여 입주자의 경우 일정 소유차량(1~2대)에 대하여는 주차장을 무료로 사용할 수 있으나, 초과 소유차량 및 외부 방문객에 대하여는 주차장 사용료를 징수하고 있으며, ②승강기 사용료의 경우 화물승강기로 입주자 또는 방문객들이 화물을 운반하기 위하여 화물승강기를 사용할 경우 사용할 때마다 승강기 사용료를 징수하고 있으며, ③입주자들이 공동으로 소유하고 있는 전시장·식당 및 점포 등의 경우에도 입주자 또는 타인들에게 임대한 후 임대료를 징수하고 있으며, ④자판기 판매수입은 상가단지 내에 자판기를 설치하여 입주자 및 방문객들에게 커피 및 음료수 등을 판매한 사실이 확인되는 바, 주차장 사용료, 전시장 및 점포 등 임대료, 자판기 음료수판매수입 등은 입주자 또는 외부 방문객들로부터 주차장 또는 점포의 사용대가, 커피 또는 음료수 등을 판매하고 얻는 수입금액으로 집합건물인 상가의 관리·유지에 소요되는 실비로 보기는 어려우며, 화물승강기 사용료의 경우에도 입주자 또는 외부 방문객들로부터 화물승강기 사용 시마다 별도로 사용료를 징수하고 있어 화물승강기의 고장 수리비 등 관리·유지를 위한 실비를 징수한 것만으로 보기는 어려운 것으로 판단되므로 처분청이 주차장 및 화물승강기 사용료, 전시장·점포 등 임대료, 자판기 음료수 판매 수입 등은 부가가치세 과세대상 및 종합소득세의 사업소득임(국심2003중2732, 2003.11.17.).

□ 아파트입주자대표회의가 체육시설을 운영하고 입주자들로부터 받는 회비의 과세 여부

공동주택의 입주자대표회의가 헬스장 등을 설치하여 동 시설을 실질적으로 관리운영하면서 입주자만이 배타적으로 사용하도록 하고 이용자들로부터 실비상당액의 회비를 받는 경우 부가가치세 납세의무가 없는 것임(기획재정부 부가가치세제과-814, 2009.12.11.).

□ 주택관리업자의 대표권 유무에 따른 사업자등록 가능 여부

주택관리업자가 사업주체로부터 입주자대표회의가 구성되지 아니한 공공임대아파트에 대한 관리업무만을 위탁받아 관리하고 있는 경우 주택관리업자는 해당 임대아파트의 대표권

이 없으므로 주택관리업자의 직원인 관리소장 명의의 고유번호는 부여받을 수 없는 것임(서면-2016-법령해석부가4534, 2016.12.21.; 제도46011-10499, 2001.04.09.).

□ 아파트 입주자대표회의에 대한 고유번호증 정정 발급 여부

아파트 입주자대표회의의 현 대표자가 사퇴 후 분쟁으로 인하여 후임 대표자가 확정되지 않은 경우에는 후임대표가 확정될 때까지 기존의 고유번호증을 그대로 사용하는 것임(소득세과-1752, 2005.06.07.).

□ 재활용품 매각수입의 면세 여부

입주자대표회의 재활용품 판매수익 등은 면세되는 의료보건용역도 아니고 동 회의는 주무관청의 인허가를 받아 설립되지 않았고 법령에 따라 주무관청에 등록하지도 않아 법인으로 보는 단체도 아니어서 과세대상임(대법2016두47574, 2016.11.09.).

□ 입주자대표회의가 주택관리업자 소속직원에게 4대보험료 및 인건비를 직접 지급하는 경우

주택관리업자가 공동주택관리업무 위·수탁계약에 따라 자기와 고용관계에 있는 직원을 입주자대표회의에 파견하여 근무하게 하고 자기가 부담하여야 할 파견직원에 대한 인건비와 4대 보험료를 입주자대표회의가 직접 지급하게 하는 경우 해당 인건비와 4대 보험료는 부가법 제29조 제3항에 따라 주택관리업자의 부가가치세 과세표준에 포함되는 것임(사전-2015-법령해석부가-0167, 2015.06.29.).

□ 법인으로 보는 단체의 승인 주체 및 승인사항 정정 방법

위탁관리하는 공동주택의 관리소장은 국기법 제13조제2항의 '대표자나 관리인'에 포함되지 않으나, 자치관리하는 공동주택의 관리소장은 위 '대표자나 관리인'에 포함되는 것임. 국기법 제13조제2항의 신청 주체 및 대표자가 아닌 자가 신청하여 법인으로 보는 단체로 승인받은 경우 같은 법 제5항에 따른 '법인으로 보는 단체의 대표자 등의 선임(변경)신고서' 및 부가령 제14조에 따른 '사업자등록 정정신고서'를 제출하여야 하는 것임(서면-2017-법령해석기본-3483, 2018.02.19.).

□ 전력요금에 대한 세금계산서 발급방법

국기법 제13조의 규정에 의하여 법인으로 보는 단체 이외의 자로서 소득법 제1조 제2항 제1호에 의하여 원천징수한 소득세를 납부할 의무만이 있는 자(아파트 자치관리사무소 등)는 소득세 사무처리 규정 제210조 제2항의 규정에 의하여 고유번호를 부여받는 것이며, 전기사업법에 의한 전기사업자로부터 전력을 공급받는 명의자와 전력을 실지로 소비하는 자가 다른 경우에 전력요금에 대한 세금계산서 수수방법은 구 부가규칙 제18조 제1항을 참조, 이 경우 사업상 독립적으로 재화 또는 용역을 공급하지 아니하는 상가번영회는 부여받은 고유번호를 기재하여 전력요금에 대한 세금계산서를 발급하거나 발급받는 것임(부가 22601-234, 1986.02.06.).

□ 화장실 개·보수 공사비용의 매입세액공제 여부

집합건물법 제23조에 따라 구성된 자치관리단이 그 구분소유자들을 대신하여 해당 건물내 화장실의 개·보수공사를 하고 발급받은 세금계산서는 해당 건물의 유지 및 관리를 위해 지출한 것으로 부가법 제39조에 따라 공제하지 아니하는 것임(서면-2016-부가-2647, 2016.02.29.).

□ 아파트 관리사무소의 예금이자에 대한 원천징수세액의 환급신청 가능여부

아파트자치관리기구가 비영리법인으로 보는 단체에 해당되는 경우에도 고유목적사업준비금을 손금에 산입할 수 없는 단체이므로 아파트자치관리기구는 예금이자와 기타수익사업에서 발생한 소득을 합산한 금액에 대한 법인세를 납부하여야 함(법인46012-2292, 1999.06.17.).

□ 법인이 관리비를 상가번영회에 지출하는 경우 지출증빙서류의 수취 및 보관 여부

법인이 사업상 독립적으로 재화 또는 용역을 공급하는 사업자에 해당하지 아니하는 공동주택자치관리기구 또는 관리단에게 공동주택 및 집합건물에 대한 관리비를 지출하는 경우에는 법인법 제116조 제2항 및 법인법 제76조 제5항의 규정이 적용되지 아니하는 것임(법인46012-351, 2000.02.08.).

□ 아파트관리비 신용카드 납부액 소득공제 가능 여부

신용카드에 의하여 아파트자치관리기구에 납부한 아파트관리비는 조특법 제126조의 2 규정에 의한 신용카드 등 사용금액에 대한 소득공제 대상에 포함되지 않음(재소득46073-159, 2002.11.28.).

□ 공동주택의 입주자대표회의가 단지 내 주차장 등 부대시설을 운영·관리하면서 입주자들로부터 실비상당의 이용료를 받고, 외부인으로부터도 이용료를 받는 경우 외부인의 이용료만 부가가치세 납세의무 있음(기획재정부 부가가치세제과-631, 2017.12.04.).

□ 집합건물의 자치관리단이 실지 소요비용만을 분배하거나 공공요금 등을 구분징수 납입 대행하는 경우 납세의무 없음(재경부 소비46015-90, 2000.02.28.).

□ 입주자대표회의를 구성, 자치적으로 아파트를 관리하고 실지 소요된 비용만을 입주자들에게 분배·징수 시 부가가치세 납세의무가 없으나, 원천징수할 소득세가 있을 시 고유번호를 부여받을 수 있음(제도46015-12238, 2001.07.19.).

□ 주택관리업자가 주택소재지별로 관리용역 제공을 위하여 설치한 관리사무소를 둔 경우 업무총괄장소가 사업장임(서삼46015-11474, 2002.08.30.).

□ 임대아파트는 사업주체(건설시공사), 임대사업자, 주택관리업체의 사업자등록번호를 그대로 사용하는 것이며, 신규입주분양아파트의 고유번호신청은 입주자대표회의가 구성될 때까지 사업주체(건설시공사)의 사업자등록번호를 그대로 사용하는 것이나, 사업주체가 위탁관리회사에 위탁한 경우에는 위탁관리회사의 사업자등록번호를 그대로 사용하는 것임(제도46011-10499, 2001.04.09.).

□ 자치관리기구가 관리사무실 건물의 일부를 입주사에게 전시장 등으로 사용하게 하고 사용료를 받는 경우 용역의 공급에 해당함(재경부 소비46015-4, 2003.01.03.).

□ 아파트 입주자대표회의의 재활용품 판매수익 등은 면세되는 의료보건 용역에 해당하지 않으며, 입주자대표회의는 주무관청의 허가 또는 인가를 받아 설립되지도 않았고, 법령

에 따라 주무관청에 등록하지도 않았으므로 법인으로 보는 단체에 해당하지 않음(대법원2016두47574, 2016.11.09.).

□ 공동주택 입주민이 스스로 공동주택을 자치관리하면서 청소원을 직접 고용하는 경우에 해당 청소원이 제공하는 용역은 고용관계에 의한 근로제공으로서 부가가치세가 과세되지 아니함(서면3팀-332, 2005.03.09.).

□ 「주택법」 제43조 제4항의 규정에 의하여 입주자대표회의가 공동주택을 자치관리하는 경우 당해 공동주택 자치관리기구에 대한 고유번호 부여 시 고유번호증상의 대표자는 입주자대표회의 회장 또는 관리사무소장 중 고유번호신청서(사업자등록신청서)에 대표자로 기재한 자로 하는 것임(서면1팀-1270, 2005.10.24.).

제9절 지주공동사업

1. 지주공동사업의 정의

1) 일반적 정의

지주공동사업이란 지주사(토지소유자)와 시공사(건설회사)가 공동으로 주택이나 상가를 건설하여 분양하는 시행사업으로써 지주사와 시공사가 공동으로 사업을 수행함에 있어서 발생하는 사업이익을 기여도에 따라 분여하는 형태를 말한다.

지주공동사업은 한정된 토지자원의 효율적인 이용과 토지개발 수요에 적절히 대처하기 위한 대안으로 기술과 자금이 없는 토지소유자와 토지를 소유하지 못한 주택건설업자가 상호이익을 위하여 공동개발 형태(토지지주의 자원 + 건설업자의 Know-How가 결합)의 개발방식을 말한다. 보통 지주사(토지소유자)와 시공사(건설회사)가 공동으로 주택이나 상가를 건설하여 분양하는 시행사업으로써, 지주사와 시공사가 공동으로 사업을 수행함에 있어서 발생하는 사업이익을 기여도(사업시행의 공헌도)에 따라 분여하는 형태가 포함된다.

2) 주택법상 정의

토지소유주가 사업대상 토지를 자본과 경영노하우가 풍부한 사업자에게 제공하고, 사업자는 건축사업의 상품가치를 상승시키기 위한 각종 개발 방법을 모색하여 목표를 설정하고, 해당지역에 적합한 용도와 최적규모로 기획하여 소요자금조달, 건설, 분양, 임대, 회계처리, 세무, 건물의 관리 등을 통하여 토지소유주와 사업자가 상호이익을 추구하는 것으로서 단순 토지매각에 추가하여 개발로 얻어진 수익을 토지소유주에게 돌려주는 공동사업방식으로 재건축사업이 대표적인 지주공동사업이다.

주택법에서 정하는 지주공동사업의 예를 들면 다음과 같다.

① 토지소유자가 주택을 건설하는 경우에는 「주택법」 제4조 제1항에도 불구하고 같은 법 제4조에 따라 등록을 한 자(이하 "등록사업자"라 한다)와 공동으로 사업을 시행할 수 있으며, 이 경우 토지소유자와 등록사업자를 공동사업주체로 본다.

② 「주택법」 제11조에 따라 설립된 주택조합(세대수를 증가하지 아니하는 리모델링주택조합

은 제외)이 그 구성원의 주택을 건설하는 경우에는 등록사업자(지방자치단체·한국토지주택공사 및 지방공사를 포함)와 공동으로 사업을 시행할 수 있으며, 이 경우 주택조합과 등록사업자를 공동사업주체로 본다.

③ 고용자가 그 근로자의 주택을 건설하는 경우에는 등록사업자와 공동으로 사업을 시행하여야 하며, 이 경우 고용자와 등록사업자를 공동사업주체로 본다(이상 주택법§5, 주택령§16).

3) 수익의 분배

지주공동사업의 수익을 분배방법은 토지소유자는 토지출자가액을 기준으로, 건설회사는 건설투입원가를 기준으로 분양가액에 연동하여 수익을 배분하는 구조로 사업이 이루어진다. 다만 약정 낭시의 투입원가(또는 출자가액) 외에 사업인허가 과정, 분양과정 등과 관련한 공헌도에 따른 수익의 배분약정을 달리 정함이 있다면 그에 따라 수익의 배분을 다르게 할 수도 있다.

2. 지주공동사업의 특징 및 장점

지주가 토지를 제공하고 건설사는 지주가 제공한 토지위에 건축비만을 투입하여 사업을 수행하게 되므로 상호 간 자금부담이 완화되며, 일정요건을 충족하는 경우 절세효과가 발생하는 등 사업이윤을 극대화할 수 있다.

지주는 공동사업 결성으로 인한 현물출자가 아닌 방식을 선택한다면 고율의 양도소득세 우선 부담을 회피하고 종합소득세로 전환할 수 있으며, 건설회사와의 개발상담 등을 통해 계획성 또는 사업성이 높은 개발을 수행함으로써 토지이용 극대화를 노릴 수 있다.

부동산 경기침체로 분양률이 하락하면 자금과 토지가 묶여 막대한 금전적 손실과 지주와 건설사 간의 분쟁이 발생할 확률이 크다. 또한 건설사의 부도나 지주가 토지를 제3자에게 담보권을 설정하는 경우 사업추진이 어려울 수 있으므로 부동산 경기동향과 사후에 발생할지도 모를 분쟁에 대비하여 계약과정에서부터 지주와 건설사 간 책임과 의무를 명확히 하고 분양대금의 관리, 토지 등의 담보제공금지 등 금지행위를 명문화하여야 한다.

3. 지주공동사업의 형태

1) 사업형태 또는 시행주체에 따른 분류

가. 법인설립 형태

지주가 다수인 경우 지주들 간의 이해관계에 따라 발생되는 지분대립, 이윤의 배분에 대한 분쟁이 발생되므로 법인을 설립하여 사업의 원활성을 기대하고자 별도 법인을 설립하는 형태이다. 지주는 토지를 현물출자하여 법인사업자로 사업자등록을 하게 되며, 건설사는 협조(도급계약)를 받아 사업시행을 한다. 또는 지주 외에 재무적 투자자 및 건설사가 추가(주주 또는 출자자가 됨)되어 사업을 시행하기도 한다.

이 경우 지주는 토지의 현물출자에 대한 양도소득세를 납부하고, 새로이 설립된 법인은 건물의 신축·판매에 대한 법인세를 납부하게 된다. 주주(지주 및 재무적 투자자)가 사업시행에 따른 배당금을 받을 때에는 소득세(주주인 법인 건설사는 법인세)를 부담하게 된다.

참고로 일정 요건의 Project파이낸싱금융회사(PFV) 요건을 갖춘 회사를 설립하는 경우 토지 이전에 따른 취득세 중과 문제가 없고 배당소득의 90%가 익금 불산입되는 혜택이 있는 경우도 있다(법인법§51의2).

나. 개인사업(지주+건설사 공동사업) 형태 [12]

주택건설 등과 관련된 전문성을 가진 지주가 1인이거나 소수인 경우 기존 주택건설사업자와 공동사업으로 사업을 진행함으로써 향후 기술축적, 경험 획득 및 사업시행에 따른 최대이익을 기대하는 사업형태로 토지소유자 등이 개인사업자(공동사업자)로서 사업자등록을 하여 건설사의 협조를 받아 사업시행하거나, 주택등록업자와 공동사업으로 사업시행을 할 수 있다. 지주 시행 형태의 사업시행 및 준공은 지주명의 또는 공동명의로 이루어질 수 있으나, 공동사업이므로 사업이익은 쌍방의 투입비율로 나누어 가지는 계약 형태이다.

지주들과 건설사가 공동사업으로 진행되는 경우, 지주는 토지가액을, 건설사는 건설비를 각각 출자금으로 보고 사업시행으로 얻은 이익을 분배한다. 이 때 지주는 출자한 토지에 대하여 양도소득세를 부담한다. 이후 지주는 공동사업장에서 발생한 수익과 비용을 1거주자로 보아 소

---

12) 출처 : 나 및 후술하는 다, 라는 2016.11.23., 세림세무법인, 김준효 세무사, "지주공동사업 시행 형태별 검토" 내용 일부 참조

득세법에 따라 산출한 소득금액에서 자신의 손익분배비율에 해당하는 소득금액에 대하여 소득세를 납부하게 된다. 건설사는 당초 공사금액과 사업성과에 따라 추가 분배받게 되는 수익에 대하여 법인세를 부담하게 된다.

시공자인 건설회사는 당초 지주와 체결한 공사도급계약서에 의한 도급금액과 시행사업의 분양성과에 따라 증감된 사업수익을 공사도급금액으로 보아 가감한 도급금액을 합한 금액을 건설공사의 도급매출로 하여 소득세나 법인세를 부담하게 된다.

> **▌ 공동사업자로서 건설용역 제공시 부가가치세 과세여부**
>
> 공동사업 구성원이 건축주와 시공자인 경우, 시공자가 건축비를 건축주로부터 지급받지 않고 공사비 전체를 부담하기로 하며 분양대금에서 각각 토지비용과 건축비(각 사업자의 투자비용)을 공제한 금액을 분배받은 경우 도급계약을 체결하고 건설용역을 제공한 것이 아니라 공동사업을 위하여 수익을 얻은 것이므로 부가가치세 과세대상 거래가 아님(조심2008서2612, 2008.11.20.)

※ 지주 및 시공사간의 개인 공동사업 형태의 사업진행은 소유토지에 대한 등기비용을 절감하고 위 "가"와 같이 번거로운 법인설립절차나 그에 따른 비용부담이 없다는 장점이 있다.

다. 지주단독사업 형태

지주단독사업형태란 사업시행을 지주가 단독으로 수행하고 분양가 연동형 공사도급계약서에 따라 건설회사(시공사)로부터 건설용역을 공급받는 형태로 진행되는 사업형태를 말한다. 이는 도급계약에 따라 시공사인 건설사의 기본적인 공사이익은 보장이 되고 분양가 상승 및 하락에 따른 추가적인 이익과 손실에 대해서는 분양가연동형 공사도급계약서에 따라 지주와 건설회사 시공자가 분담한다는 것이 차이점이다.

지주들만으로 공동사업을 구성하고 건설사는 단지 시공만 하는 경우 토지등의 현물출자로 인한 양도소득세 과세문제는 발생하지 아니하고, 분양에 따른 사업소득에 대한 소득세 또는 법인세를 부담하면 된다.

반면 시공자인 건설회사는 지주와 체결한 분양가연동형 공사도급계약서에 의하여 당초 도급급액에서 분양성과에 따라 증감된 도급금액을 가감한 금액으로 시행사업의 도급매출로 산정하여 소득세나 법인세를 부담한다.

지주단독사업에서 주의할 것은 형식적으로는 지주 소유토지의 이전이 없어 토지 등 양도에 따른 양도소득세 부담이 없는 장점이 있지만, 지주단독사업을 공동사업에 해당하는 것으로 판정된다면 지주는 자신의 토지를 공동사업에 출자한 것이므로 그 출자일에 토지를 유상양도한 것에 해당되어 양도소득세를 부담하게 되므로 특별한 주의가 요구된다. 도급금액 외에 해당 사업에서 예상이익을 초과하는 경우 초과이익에 대한 인센티브를 건설사에 지급하는 것으로 계약관계를 명확히 해 두는 것이 중요하다(부가가치세과-1333, 2009.09.18.).

> ■ 부가가치세과-1333, 2009.09.18.; 서면-2015-부가-0382, 2016.07.10.
>
> 건설용역을 제공하는 사업자가 시행사에게 각종 시공용역, 광고, 분양대행업무 등의 업무를 포괄적으로 제공하는 도급계약을 체결하면서 당해 사업이 종료된 후 시행사가 얻게 되는 일정목표 초과이익 중 일부를 인센티브 형식으로 지급받거나, 일정목표 초과이익에 미달하는 경우 그 미달 액 중 일부를 당초 공사도급금액에서 차감하기로 약정한 경우 당해 사업자가 지급받거나 지급할 금액이 확정되는 때에 수정세금계산서를 교부하는 것임

라. 건설사 시행방식(토지양도 형태, 시공사의 단독 사업)

지주가 건설사에 자신의 토지를 이전하고, 건설사가 시행사로서 사업을 시행하여 공동사업을 진행하는 것을 말한다. 따라서 시공사 시행 형태의 시행사업은 건설사 명의로 사업이 이루어지며 신축 준공도 건설사 명의로 이루어진다. 이 때 건설사는 분양대금에서 일정 토지가액을 평가하여 지주의 토지대금의 지불하는 방식으로서 지주는 토지 매각 시점에 확정된 토지매각대금 외에 사업시행으로 인하여 발생한 사업이익의 일부를 추가로 지급받기도 한다. 사업이익은 쌍방이 투입비율로 나누어 가지는 계약형태이므로 사업에서 손실이 발생한 경우도 특약이 없는 동일 비율로 부담하나 현실적으로는 시공사가 부담하는 것이 일반적이다.

분양대금이 회수되는 시점에 토지의 소유권이 이전되는 형태의 매각방식에 있어 지주는 양도소득세를 신고하게 되는데 양도가액은 확정된 토지매각대금과 분양성과에 따라 추가로 받는 이익을 합한 금액을 토지양도에 따른 양도차익을 계산하여 양도소득세를 납부한다.

다만 토지매각 대금이 확정(a)되고 시행사업 출자시점에 토지 등기 이전이 이루어진 후, 시행사업의 분양성과로 인한 지주 몫(b)의 사업수입을 별도로 구분하여 분배받기로 약정한 경우, a는 현물출자 시점에 양도소득으로 과세하고, 추후 분배받은 b는 사업소득으로 보고 과세하는 것이 원칙이다.

건설사는 토지 및 건축물 분양에 따른 종합소득세나 법인세 등을 부담하게 되고, 지주에게 지급된 금액은 토지 등의 취득원가 등에 가산한다.

※ 이상 나, 다, 라는 2017.12.30. 세림세무법인, "지주공동사업 시행 형태별 검토" 내용 일부 참조함

2) 지주공동사업 구성원에 따른 분류

가. 조합 + 건설업자

○ 시행자 : 재건축, 주택조합, 재개발조합 등의 지주

○ 시공자 : 건설업자 사업수행

나. 토지지주(개인) + 건설업자

○ 시행자 : 원 토지지주(개인)

○ 시공자 : 건설업자 사업수행

다. 건설업자 + 건설업자

○ 시행자 : 중소건설업자

○ 시공자 : 대형건설업자 사업수행

라. 지주공동사업의 일반적 계약형태

형 태	내 용	비 교
일괄수주 방 식	지주가 택지를 공급한 후 시공업체가 인허가 및 공사, 분양을 책임지고 지주에게 토지비 및 적정 이윤을 지급	지분제(재건축, 재개발 사업) * Turn-Key방식
분양도급 방 식	지주가 건축허가를 얻은 후 시공업체가 분양수입금에서 공사비를 회수	
단순도급 방 식	지주가 건축허가를 얻어 착공후 기성율에 따라 공사비를 지급	
교환방식	지주가 준공후 시공업체에게 공사대금으로 완공된 건물의 일부를 지불하고 나머지는 분양하거나 소유	

4. 지주공동사업의 세무처리

1) 지주공동사업 사업형태에 따른 사업자등록

사업형태가 법인설립형태인 경우 지주가 법인사업자로서 사업장관할세무서에 부가법 제8조에 따른 사업자등록을 하는 것이나, 개인사업형태로써 다수의 지주 간 공동사업이거나 지주와 건설사가 공동으로 사업용 건물(국민주택규모 초과분 주택)을 신축하여 분양하는 경우에는 공동사업자로 사업자등록을 하여야 한다.

이 경우 세금계산서의 수수는 법인사업자 또는 공동사업자 명의로 수수하고 해당 사업장에 대한 기장도 동일하게 처리한다. 물론 지주가 토지양도방식으로 사업진행을 건설사에 맡기는 경우에는 양도소득세만 납부하면 된다.

개인 공동소유의 토지 위에 아파트를 신축하여 분양하고자 건축허가를 받고 건설회사와 도급계약에 의하여 공사용역을 제공받음에 있어서 해당 건물신축과 분양에 관한 모든 업무를 타 회사에 위임한 경우 부가법상 사업자등록은 해당 건축주 명의로 하여야 하며, 해당 건물신축에 관련된 세금계산서도 건설용역을 실제로 공급받는 건축주 명의로 받아야 한다(부가46015-4343, 1999.10.25.).

2) 지주공동사업체로 현물출자 시 양도소득세 과세

거주자가 공동으로 상가 등을 건축하여 분양할 목적으로 민법상 조합을 구성하고 조합원 소유토지를 현물출자 하는 경우에는 소유권등기에 관계없이 현물출자한 날 또는 그 등기접수일 중 빠른날에 그 출자지분에 따른 토지가 사실상 유상으로 양도된 것으로 보아 양도소득세가 과세되는 것이나, 조합구성원 각인이 소유할 상가를 공동으로 건축할 목적으로 신탁법에 따라 소유토지를 조합 또는 건설업자에게 신탁 등기하는 것은 양도로 보지 아니하여 양도소득세 과세대상이 아니다(재일46014 - 353, 1997.02.19.).

> ※ 국세청은 특별한 사정이 없는 한 공동사업체로의 출자시 유상양도로 보는 범위에 대하여 자기지분 초과부분만 유상양도로 보았던 종전 예규를 자기지분 전체를 현물출자 시점에서 유상양도로 보는 것으로 예규를 변경하였다.

3) 일반주택분양과 매입세액공제

토지소유자 수인으로 구성된 지주공동사업자가 국민주택규모 초과의 주택을 재건축하여 종전의 소유자 또는 일반인에게 분양함에 있어 해당 주택을 종전의 소유자에게 자기 주거용으로 분양하는 경우에는 부가가치세가 과세되지 아니하고 이와 관련된 매입세액은 불공제된다. 다만, 잔여주택(국민주택 규모 초과주택을 말함)을 일반인에게 분양하는 경우에는 부가법 제9조에 따라 부가가치세가 과세되므로 이와 관련되는 매입세액은 공제가능하다(서면3팀-151, 2006.01.23.; 부가46015-455, 1995.03.08.).

4) 차입금 이자의 회계처리

건설업을 영위하는 법인이 토지소유자(지주공동사업자)와 건축물 공사도급계약에 의하여 공사를 시공함에 있어 토지소유자 명의의 차입금이자를 부담하고, 동 이자상당액을 공사수입 등을 통해 회수하기로 약정한 경우 해당 법인이 부담한 이자상당액은 해당 공사와 관련된 공사원가로 계상한다(법인46012-3808, 1998.12.08.).

5) 토지 등 양도소득에 대한 과세특례

내국법인이 다음의 어느 하나에 해당하는 토지, 건물(건물에 부속된 시설물과 구축물을 포함한다), 주택을 취득하기 위한 권리로서 소득법 제88조제9호에 따른 조합원입주권 및 같은 조 제10호에 따른 분양권(이하 "토지등"이라 한다)을 양도한 경우에는 해당 호에 따라 계산한 세액을 토지등 양도소득에 대한 법인세로 하여 법인법 제13조에 따른 과세표준에 제55조에 따른 세율을 적용하여 계산한 법인세액에 추가하여 납부하여야 한다. 이 경우 하나의 자산이 다음 규정 중 둘 이상에 해당할 때에는 그 중 가장 높은 세액을 적용한다(법인법§55의2).

가. 지가급등 지역 등 소재 부동산

다음의 어느 하나에 해당하는 부동산을 2012년 12월 31일까지 양도한 경우에는 그 양도소득에 100분의 10을 곱하여 산출한 세액

① 소득법 제104조의2제2항에 따른 지정지역에 있는 부동산으로서 제2호에 따른 주택(이에 부수되는 토지를 포함한다. 이하 같다)

② 소득법 제104조의2제2항에 따른 지정지역에 있는 부동산으로서 제3호에 따른 비사업용 토지

③ 그 밖에 부동산가격이 급등하거나 급등할 우려가 있어 부동산가격의 안정을 위하여 필요한 경우에 대통령령으로 정하는 부동산

나. 대통령령으로 정하는 주택등

대통령령으로 정하는 주택(이에 부수되는 토지를 포함한다) 및 주거용 건축물로서 상시 주거용으로 사용하지 아니하고 휴양·피서·위락 등의 용도로 사용하는 건축물(이하 이 조에서 "별장"이라 한다)을 양도한 경우에는 토지등의 양도소득[토지등의 양도금액에서 양도 당시의 장부가액을 뺀 금액]에 100분의 20(미등기 토지등의 양도소득에 대하여는 100분의 40)을 곱하여 산출한 세액. 다만, 「지방자치법」 제3조제3항 및 제4항에 따른 읍 또는 면에 있으면서 대통령령으로 정하는 범위 및 기준에 해당하는 농어촌주택(그 부속토지를 포함한다)은 제외한다.

다. 비사업용 토지

비사업용 토지를 양도한 경우에는 토지등의 양도소득에 100분의 10(미등기 토지등의 양도소득에 대하여는 100분의 40)을 곱하여 산출한 세액

라. 주택분양권

주택을 취득하기 위한 권리로서 「소득세법」 제88조제9호에 따른 조합원입주권 및 같은 조 제10호에 따른 분양권을 양도한 경우에는 토지등의 양도소득에 100분의 20을 곱하여 산출한 세액

마. 적용의 제외

위 "다"를 적용할 때 토지를 취득한 후 법령에 따라 사용이 금지되거나 그 밖에 대통령령으로 정하는 부득이한 사유가 있어 비사업용 토지에 해당하는 경우에는 대통령령으로 정하는 바에 따라 비사업용 토지로 보지 아니할 수 있다.

위 "가"부터 "라"를 적용할 때 다음의 어느 하나에 해당하는 토지등 양도소득에 대하여는 양도소득에 대한 과세특례 적용을 하지 아니한다. 다만, 미등기 토지등에 대한 토지등 양도소득에 대하여는 그러하지 아니하다.

① 파산선고에 의한 토지등의 처분으로 인하여 발생하는 소득

② 법인이 직접 경작하던 농지로서 대통령령으로 정하는 경우에 해당하는 농지의 교환 또는
분할·통합으로 인하여 발생하는 소득

③ 도시정비법이나 그 밖의 법률에 따른 환지(換地) 처분 등 대통령령으로 정하는 사유로 발생
하는 소득

제10절 합자조합

1. 의의

벤처기업 등과 같은 지식기반기업의 경우 사원전원이 유한책임을 지며 법인격을 갖는 「유한책임회사」와 무한책임을 지는 구성원과 유한책임을 지는 구성원으로 혼합된 비법인단체로서 「합자조합」이라는 두 개의 새로운 기업형태를 도입하였다.

합자조합은 조합의 업무집행자로서 조합의 채무에 대하여 무한책임을 지는 조합원과 출자가액을 한도로 하여 유한책임을 지는 조합원이 상호출자하여 공동사업을 경영할 것을 약정함으로써 그 효력이 생긴다(상법§86의2).

합자조합은 2인 이상의 조합원이 출자하여 공동사업을 할 것을 약정하는 계약이므로 기본적으로는 민법상 조합이다(민법§703). 다만 이에 더하여 합자조합은 영업조직으로서 몇 가지의 추가적인 속성을 갖추고 있으므로 그에 부합하는 특칙을 상법이 마련해 두고 있다.

2. 공동사업과의 관계

합자조합은 회사 즉 법인(권리능력을 가진 법적실체)이 아닌 채권계약 관계이므로 상법이 규정하고 있는 사항과 조합계약으로 다르게 정한 경우를 제외하고는 원칙적으로 조합에 관한 규정이 준용된다. 즉 조합은 법인이 아니므로 그 자체가 권리능력이나 행위능력을 갖지 못하므로 조합재산은 조합원이 공동사업을 위해 출자한 재산을 뜻하고 이는 조합원들의 합유에 속한다. 그리고 대외적인 조합의 행위란 있을 수 없으며, 대신 조합원 전원을 위한 대리가 있을 뿐이다.

위 "1. 의의" 규정과 같이 공동사업을 경영할 것을 약정하였으므로 동 합자조합은 공동사업체로 보아야 한다. 또한 합자조합(자본시장법 제9조제18항제5호 및 제6호의 투자합자조합 및 투자익명조합은 제외한다)이 조특법 제100조의17에 따라 동업기업과세특례 적용신청을 한 경우 동업기업과세특례를 적용받을 수 있다.

3. 조합계약 및 설립

합자조합은 무한책임조합원과 유한책임조합원 각각 최소 1인씩으로 구성되어야 한다. 영리법인이나 비영리법인도 합자조합의 유한책임조합원이 될 수 있음은 물론이고, 합자조합의 조합원이 되는 데에는 제약이 없으므로 회사도 무한책임조합원이 될 수 있다.

합자조합의 설립을 위한 조합계약에는 다음 사항을 적고 총조합원이 기명날인하거나 서명하여야 한다(상법§86의3).

1. 목적
2. 명칭
3. 업무집행조합원의 성명 또는 상호, 주소 및 주민등록번호
4. 유한책임조합원의 성명 또는 상호, 수소 및 주민등록번호
5. 주된 영업소의 소재지
6. 조합원의 출자(出資)에 관한 사항
7. 조합원에 대한 손익분배에 관한 사항
8. 유한책임조합원의 지분(持分)의 양도에 관한 사항
9. 둘 이상의 업무집행조합원이 공동으로 합자조합의 업무를 집행하거나 대리할 것을 정한 경우에는 그 규정
10. 업무집행조합원 중 일부 업무집행조합원만 합자조합의 업무를 집행하거나 대리할 것을 정한 경우에는 그 규정
11. 조합의 해산 시 잔여재산 분배에 관한 사항
12. 조합의 존속기간이나 그 밖의 해산사유에 관한 사항
13. 조합계약의 효력 발생일

4. 조합등기, 사업자등록 및 대외관계

가. 조합등기

업무집행조합원은 합자조합 설립 후 2주 내에 조합의 주된 영업소의 소재지에서 다음의 사항을 등기하여야 한다(상법§86의4).

① 위 "3"의 1호부터 5호까지(4호의 경우에는 유한책임조합원이 업무를 집행하는 경우에 한정), 9호, 10호, 12호 및 13호의 사항

② 조합원의 출자의 목적, 재산출자의 경우에는 그 가액과 이행한 부분

위 ①, ②의 사항이 변경된 경우에는 2주 내에 변경등기를 하여야 한다.

나. 사업자등록

설립등기를 마친 후 조합은 사업장관할세무서에 사업자등록신청서를 접수하여 사업자등록 번호를 부여받아야 한다.

다. 대외(외부) 관계

합자조합 자체는 법인격이 없으므로 대리의 본인이 될 수 없고, 조합대리에 있어서 본인은 합자조합원 전원인 바, 업무집행조합원이 조합을 대리함에 있어서는 조합원 전원을 현명하는 것이 원칙이나 업무집행조합원이 본인의 표시로 조합의 명칭만을 표시하고 의사표시를 한 경우에는 적법한 대리행위로 본다.

5. 업무집행조합원의 지위

합자조합의 업무집행은 무한책임조합원이 담당한다. 업무집행조합원은 조합계약에 다른 규정이 없으면 각자가 내부적으로 합자조합의 업무를 집행하고 외부적으로 합자조합을 대리할 권리와 의무가 있고, 선량한 관리자의 주의로써 위 업무를 집행하여야 한다(상법§86의5).

둘 이상의 업무집행조합원이 있는 경우에 조합계약에 다른 정함이 없으면 그 각 업무집행조합원의 업무집행에 관한 행위에 대하여 다른 업무집행조합원의 이의가 있는 경우에는 그 행위를 중지하고 업무집행조합원 과반수의 결의에 따라야 한다.

6. 유한책임조합원의 책임

유한책임조합원은 내부적인 업무집행권이나 외부적인 대리권은 없지만, 조합의 장부나 결산서류를 열람할 수 있고, 조합이 재산상태를 검사할 수 있으며, 조합계약에서 정한 출자가액에서 이미 이행한 부분을 뺀 가액을 한도로 하여 조합채무를 변제할 책임이 있다. 만약 합자조합에 이익이 없음에도 불구하고 배당을 받은 금액은 변제책임을 정할 때에 변제책임의 한도액에 더한다(상법§86의6).

7. 출자와 손익의 분배

가. 출자

조합계약에서 조합원의 출자에 관한 사항을 정해야 한다. 합자조합의 유한책임조합원은 원칙적으로 재산출자를 하여야 하므로 신용 또는 노무를 출자의 목적으로 하지 못한다. 다만 이는 조합계약에서 달리 정할 수 있으므로 조합계약으로 달리 정할 경우에는 예외적으로 신용 또는 노무를 출자할 수 있다(상법§86의3).

나. 손익분배

합자조합계약에서 조합원에 대한 손익분배에 관한 사항을 정하도록 할 뿐(제86조의 3 제7호), 상법에서 구체적인 방법을 정하지 않았으므로 민법의 조합에 관한 규정이 준용된다(상법§86의3 ⑦, §86의8 ④).

8. 자기거래금지 의무

조합원은 다른 조합원의 과반수의 결의가 있는 때에 한하여 자기 또는 제3자의 계산으로 합자조합과 거래할 수 있다. 자기거래금지의무에서 주의하여야 할 점은 그 대상이 업무집행조합원 뿐만 아니라 유한책임조합원도 포함된다는 점이다(상법§86의8 ②).

9. 조합원의 지분의 양도

업무집행조합원은 다른 조합원 전원의 동의를 받지 아니하면 그 지분의 전부 또는 일부를 타인에게 양도(讓渡)하지 못한다. 유한책임조합원의 지분은 조합계약에서 정하는 바에 따라 양도할 수 있는데 유한책임조합원의 지분을 양수(讓受)한 자는 양도인의 조합에 대한 권리·의무를 승계한다.

유한책임조합원이 사망한 때에는 그 상속인이 지분을 승계하여 조합원이 되며, 유한책임조합원은 금치산선고를 받더라도 이를 이유로 조합계약에서 탈퇴되지 아니한다(상법§86의7).

※ 상법 규정에는 없으나 조합원의 변동은 새로운 조합원의 가입, 기존 조합원의 탈퇴, 제명 등이 있을 수 있다.

10. 해산과 청산

합자조합의 조합계약에서 존속기간을 정하거나 해산사유를 약정한 경우 그 정함에 따라 해산한다. 또한 합자조합이 가지는 조합원 구성의 이원성이 유지 때문에 업무집행조합원이나 유한책임조합원 중 어느 한쪽이 전혀 없게 되는 사유가 발생한 경우에도 해산하여야 하는데 이 경우 잔존 조합원 전원의 동의로 새로운 유한책임조합원 또는 업무집행조합원을 가입시켜 조합을 유지시킬 수도 있다(민법§720 ~ §724).

합자조합이 해산하는 경우 그 잔여재산분배는 조합계약이 정한 바에 따르며, 청산까지 종결된 후에는 청산인이 주된 영업소의 소재지에서 2주 내에 청산종결의 등기를 하여야 한다.

가. 해산사유(상법§86의8)

① 조합계약상의 해산사유 : 존속기간이 있거나 조합계약에 해산사유가 면기된 경우 및 조합원 전원의 합의

② 조합계약의 목적을 달성하였거나, 달성하지 못할 것이 명백해진 경우

③ 조합원구성의 결격

④ 부득이한 사유의 발생

나. 청산사유

합자조합이 해산한 때에는 업무집행조합원 과반수의 결의로 청산인을 선임하여야 하고, 선임하지 않을 때에는 업무집행조합원이 청산인이 된다. 구체적인 청산절차는 민법상의 조합의 청산절차와 같다(상법§86의8); 민법§722 ~ §724).

11. 준용 규정

합자조합에 대하여는 「상법」 제182조제1항, 제228조, 제253조, 제264조 및 제285조를 준용한다. 업무집행조합원에 대하여는 제183조의2, 제198조, 제199조, 제200조의2, 제208조제2항, 제209조, 제212조 및 제287조를 준용한다. 다만, 제198조와 제199조는 조합계약에 다른 규정이

있으면 그러하지 아니한다.

조합계약에 다른 규정이 없으면 유한책임조합원에 대하여는 제199조, 제272조, 제275조, 제277조, 제278조, 제283조 및 제284조를 준용한다. 합자조합에 관하여는 상법 또는 조합계약에 다른 규정이 없으면 「민법」 중 조합에 관한 규정을 준용한다. 다만, 유한책임조합원에 대하여는 「민법」 제712조 및 제713조는 준용하지 아니한다(상법§86의7).

■ 준용 규정 관련 조문

상법 제182조(본점, 지점의 이전등기)

① 회사가 본점을 이전하는 경우에는 2주간내에 구소재지에서는 신소재지와 이전년월일을, 신소재지에서는 제180조 각호의 사항을 등기하여야 한다.

상법 제183조의2(업무집행정지가처분 등의 등기)

사원의 업무집행을 정지하거나 직무대행자를 선임하는 가처분을 하거나 그 가처분을 변경·취소하는 경우에는 본점 및 지점이 있는 곳의 등기소에서 이를 등기하여야 한다.

상법 제198조(사원의 경업의 금지)

① 사원은 다른 사원의 동의가 없으면 자기 또는 제3자의 계산으로 회사의 영업부류에 속하는 거래를 하지 못하며 동종영업을 목적으로 하는 다른 회사의 무한책임사원 또는 이사가 되지 못한다.

② 사원이 전항의 규정에 위반하여 거래를 한 경우에 그 거래가 자기의 계산으로 한 것인 때에는 회사는 이를 회사의 계산으로 한 것으로 볼 수 있고 제3자의 계산으로 한 것인 때에는 그 사원에 대하여 회사는 이로 인한 이득의 양도를 청구할 수 있다.

③ 전항의 규정은 회사의 그 사원에 대한 손해배상의 청구에 영향을 미치지 아니한다.

④ 제2항의 권리는 다른 사원 과반수의 결의에 의하여 행사하여야 하며 다른 사원의 1인이 그 거래를 안 날로부터 2주간을 경과하거나 그 거래가 있은 날로부터 1년을 경과하면 소멸한다.

상법 제199조(사원의 자기거래)

사원은 다른 사원 과반수의 결의가 있는 때에 한하여 자기 또는 제삼자의 계산으로 회사와 거래를 할 수 있다. 이 경우에는 민법 제124조의 규정을 적용하지 아니한다.

상법 제200조의2(직무대행자의 권한)

① 제183조의2의 직무대행자는 가처분명령에 다른 정함이 있는 경우 외에는 법인의 통상업무에 속하지 아니한 행위를 하지 못한다. 다만, 법원의 허가를 얻은 경우에는 그러하지 아니하다.

② 직무대행자가 제1항의 규정에 위반한 행위를 한 경우에도 회사는 선의의 제3자에 대하여 책임을 진다.

상법 제208조(공동대표)

① 회사는 정관 또는 총사원의 동의로 수인의 사원이 공동으로 회사를 대표할 것을 정할 수 있다.

② 전항의 경우에도 제삼자의 회사에 대한 의사표시는 공동대표의 권한있는 사원 1인에 대하여 이를 함으로써 그 효력이 생긴다.

상법 제209조(대표사원의 권한)

① 회사를 대표하는 사원은 회사의 영업에 관하여 재판상 또는 재판외의 모든 행위를 할 권한이 있다.

② 전항의 권한에 대한 제한은 선의의 제삼자에게 대항하지 못한다.

상법 제212조(사원의 책임)

① 회사의 재산으로 회사의 채무를 완제할 수 없는 때에는 각 사원은 연대하여 변제할 책임이 있다.

② 회사재산에 대한 강제집행이 주효하지 못한 때에도 전항과 같다.

③ 전항의 규정은 사원이 회사에 변제의 자력이 있으며 집행이 용이한 것을 증명한 때에는 적용하지 아니한다.

상법 제228조(해산등기)

회사가 해산된 때에는 합병과 파산의 경우외에는 그 해산사유가 있은 날로부터 본점소재지에서는 2주간내, 지점소재지에서는 3주간내에 해산등기를 하여야 한다.

상법 제253조(청산인의 등기)

① 청산인이 선임된 때에는 그 선임된 날로부터, 업무집행사원이 청산인이 된 때에는 해산된 날로부터 본점소재지에서는 2주간내, 지점소재지에서는 3주간내에 다음의 사항을 등기하여야 한다.

1. 청산인의 성명·주민등록번호 및 주소. 다만, 회사를 대표할 청산인을 정한 때에는 그 외의 청산인의 주소를 제외한다.

2. 회사를 대표할 청산인을 정한 때에는 그 성명

3. 수인의 청산인이 공동으로 회사를 대표할 것을 정한 때에는 그 규정

② 제183조의 규정은 제1항의 등기에 준용한다.

상법 제264조(청산종결의 등기)

청산이 종결된 때에는 청산인은 전조의 규정에 의한 총사원의 승인이 있는 날로부터 본점소재지에서는 2주간내, 지점소재지에서는 3주간내에 청산종결의 등기를 하여야 한다.

상법 제272조(유한책임사원의 출자)

유한책임사원은 신용 또는 노무를 출자의 목적으로 하지 못한다.

상법 제275조(유한책임사원의 경업의 자유)

유한책임사원은 다른 사원의 동의없이 자기 또는 제삼자의 계산으로 회사의 영업부류에 속하는 거래를 할 수 있고 동종영업을 목적으로 하는 다른 회사의 무한책임사원 또는 이사가 될 수 있다.

상법 제277조(유한책임사원의 감시권)

① 유한책임사원은 영업년도말에 있어서 영업시간 내에 한하여 회사의 회계장부·대차대조표 기타의 서류를 열람할 수 있고 회사의 업무와 재산상태를 검사할 수 있다.

② 중요한 사유가 있는 때에는 유한책임사원은 언제든지 법원의 허가를 얻어 제1항의 열람과 검사를 할 수 있다.

상법 제278조(유한책임사원의 업무집행, 회사대표의 금지)

유한책임사원은 회사의 업무집행이나 대표행위를 하지 못한다.

상법 제283조(유한책임사원의 사망)

① 유한책임사원이 사망한 때에는 그 상속인이 그 지분을 승계하여 사원이 된다.

② 전항의 경우에 상속인이 수인인 때에는 사원의 권리를 행사할 자 1인을 정하여야 한다. 이를 정하지
아니한 때에는 회사의 통지 또는 최고는 그 중의 1인에 대하여 하면 전원에 대하여 그 효력이 있다.

상법 제284조(유한책임사원의 금치산)

유한책임사원은 금치산의 선고를 받은 경우에도 퇴사되지 아니한다.

민법 제712조(조합원에 대한 채권자의 권리행사)

조합채권자는 그 채권발생 당시에 조합원의 손실부담의 비율을 알지 못한 때에는 각 조합원에게 균분
하여 그 권리를 행사할 수 있다.

민법 제713조(무자력조합원의 채무와 타조합원의 변제책임)

조합원 중에 변제할 자력 없는 자가 있는 때에는 그 변제할 수 없는 부분은 다른 조합원이 균분하여
변제할 책임이 있다.

12. 익명조합·합자조합·합자회사의 비교

구 분	익명조합	합자조합	합자회사
의 의	- 익명조합원과 영업자의 공동사업계약	- 유한책임조합원과 무한책임조합원의 공동사업계약	- 유한책임사원과 무한책임사원으로 구성된 상법상 회사
기업형태	- 상법상 조합	- 상법상 조합	- 상법상 회사
지위양도	- 각 당사자의 동의가 없는 경우에는 허용되지 않음	- 업무집행조합원의 지위양도 : 다른 조합원 전원동의 - 유한책임조합원의 지위양도 : 조합계약에서 정하는 바에 따름	- 무한책임사원의 지위양도 : 다른 사원 전원동의 - 유한책임사원의 지위양도 : 무한책임사원 전원동의
업무집행권	- 영업자의 단독기업이므로 영업자만이 가짐	- 원칙 : 무한책임조합원(업무집행조합원) - 예외 : 유한책임조합원(등기 필요)	- 무한책임사원

제11절 공동약정 등

1. 공동약정

(1) 개요

공동약정(joint arrangements)이란 둘 또는 그 이상의 당사자가 경제적 협력을 위하여 주된 의사결정사항을 공동으로 결정하는 **계약상 약정**(국제회계기준은 둘 이상의 당사자들이 공동 지배력을 보유하는 약정으로 정의한다)이다. 기본적으로 공동약정의 정의를 충족하기 위해서는 계약 당사자들 간에 서로를 강제할 수 있는 **계약상의 합의**가 반드시 있어야 한다. 이러한 계약상 합의의 형식은 당사자들 간의 서면계약이나 회의록, 기타 문서화된 논의자료가 될 수도 있고, 법인이나 조합 등을 설립하는 경우에는 해당 법인의 정관, 인가서 또는 내규와 같은 형식의 문서가 될 수도 있다.

이러한 계약상 합의는 일반적으로 다음과 같은 사항을 포함할 수 있다.

① 공동약정의 목적, 활동 및 존속기간

② 공동약정을 위한 이사회나 이에 준하는 집행기구 구성원에 대한 선임 방법

③ 의사결정과정 : 당사자들 간의 의사결정이 필요한 사항, 당사자들의 의결권 및 승인에 필요한 의결권 수

④ 당사자들의 자본 또는 그 밖의 출자에 대한 의무

⑤ 공동약정의 자산, 부채, 수익, 비용이나 손익에 대한 당사자들 간의 분배방법

공동약정은 다양한 목적(당사자들이 원가와 위험을 공유하거나 새로운 기술과 새로운 시장에 당사자들이 접근하기 위한 방법 등)을 위하여 설정되며, 서로 다른 구조와 법적 형식을 이용하여 설정될 수 있다.

<용어의 정의>

구 분	용어의 정의
공동약정	둘 이상의 당사자들이 **공동지배력**을 보유하는 약정
공동지배력	공동지배력은 약정의 지배력에 대한 합의된 공유인데, 관련활동에 대한 결정에 지배력을 공유하는 당사자들 전체의 동의가 요구될 때에만 존재한다.
공동영업	약정의 **공동지배력**을 보유하는 당사자들이 그 약정의 자산에 대한 권리와 부채에 대한 의무를 보유하는 **공동약정**
공동영업자	**공동영업**의 공동지배력을 보유하고 있는 그 공동영업의 당사자
공동기업	약정의 **공동지배력**을 보유하는 당사자들이 그 약정의 순자산에 대한 권리를 보유하는 공동약정
공동기업 참여자	공동기업의 공동지배력을 보유하고 있는 그 공동기업의 당사자
공동약정의 당사자	약정의 공동지배력을 보유하고 있는지 상관없이 **공동약정**에 참여하는 당사자
별도기구	별도의 법적기업 또는 법에 의해 인식되는 기업을 포함하여, 그러한 기업이 법인격이 있는지 상관없이, 별도로 식별가능한 재무구조

<사 례>

서로 다른 고객을 확보하고 있는 유통업자 A, B, C가 동업을 하기 위한 합의를 하고 각자의 권리와 의무, 이익 배분 등 중요한 의사결정에 대한 약정을 체결할 수 있다. 이 경우 동업을 위하여 별도의 회사를 설립하는 방법, 각자의 자산과 부채에 대한 소유권을 그대로 유지하면서 서로의 고객기반을 공유하는 등 동업에 필요한 협력을 유지하는 방법이 있다. 동업을 위하여 별도의 회사 또는 기구를 설립할 것인지 여부에 따라 동업의 형태는 달라지겠으나, 둘 이상의 동업자 전체의 동의에 따라 중요한 의사결정을 공동으로 결정하는 약정을 체결한다면 이 약정이 공동약정이 된다.

(2) 공동약정의 특징

공동약정은 다음과 같은 특징이 있으며, 공동약정은 공동영업이거나 공동기업이다.

① 당사자들이 계약상 약정에 구속된다.

② 계약상 약정은 둘 이상의 당사자들에게 약정의 공동지배력을 부여한다.

(3) 공동약정의 유형

공동약정의 유형은 약정 당사자들의 권리와 의무에 따라 결정(약정에서 발생하는 기업의 권리와 의무를 고려하여 관여된 공동약정의 유형을 결정)되며, 회계목적상 공동영업(joint operation)과 공동기업(joint venture)으로 분류한다. 부언하면 약정의 구조와 법적 형식, 계약상 약정에 대한 당사자들 간의 합의 조건, 그리고 관련이 있다면, 그 밖의 사실과 상황을 고려하여 기업의 권리와 의무를 평가한다(문단 14, 17). 그리고 사실과 상황이 변경되는 경우, 관여하고 있는 공동약정의 유형이 변경되는지 재평가한다(문단 19).

(4) 공동약정의 구조

"별도기구"는 별도의 법인 또는 법에 의하여 인정되는 기업을 포함하여, 그러한 기업이 법인격이 있는지 여부에 상관없이, 별도로 식별 가능한 재무구조를 가지는 기구로 정의된다. 즉, 법인격이 인정되는 법인은 물론 법인격이 없더라도 법에 의하여 그와 유사하게 인정되는 기관을 포함한다. 이와는 달리 별도기구를 구성하지 않고 공동약정의 당사자들이 각자 보유하고 있는 인력이나 설비, 특허권에 대한 소유권을 그대로 유지하면서 공동 경영활동을 수행하는 경우에는 공동영업으로 분류한다.

공동기업으로 분류되는 벤처캐피탈 투자기구, 뮤추얼펀드, 단위신탁 또는 이와 유사한 기업에 대한 투자지분은 '금융상품' 기준서(제1109호)에 따른 분류 및 측정이 가능하다. 따라서 이러한 기업들이 공동기업에 참여할 경우 '공동약정' 기준서의 적용범위에 포함되더라도 지분법을 적용하지 않을 수 있다. 그러나 공동영업으로 분류되는 벤처캐피탈 투자기구 등에 대한 투자지분은 '공동약정' 기준서에 따라 회계처리되어야 하며, '금융상품' 기준서(제1109호)에 따른 분류 및 측정이 허용되지 않는다.

1) 별도기구로 구조화되지 않은 공동약정(B16~B18)

① 별도기구로 구조화되지 않은 공동약정은 공동영업이다. 이러한 경우, 계약상 약정에서 약정에 관련된 당사자들의 자산에 대한 권리와 부채에 대한 의무, 그리고 당사자들의 해당 수익에 대한 권리와 해당 비용에 대한 의무를 정한다.

② 계약상 약정은 흔히 약정의 대상이 되는 활동의 성격과 당사자들이 그러한 활동을 함께 수

행하고자 하는 방법을 기술한다. 예를 들어, 공동약정에 대한 당사자들은 각자가 특정 임무에 책임을 지면서 각자의 자산과 부채를 사용하여, 함께 제품을 제조하기로 합의할 수 있다. 계약상 약정은 당사자들의 공동의 수익과 비용을 당사자들에게 배분하는 방법을 명시할 수도 있다. 이러한 경우, 각 공동영업자는 재무제표에 특정한 임무에 사용되는 자산과 부채를 인식하고, 계약상 약정에 따른 수익과 비용에 대한 자신의 몫을 인식한다.

③ 다른 경우, 공동약정의 당사자들은 예를 들어 함께 자산을 공유하고 공동운영하기로 합의한다. 이러한 경우, 계약상 약정은 공동으로 운영되는 자산에 대한 당사자들의 권리를 정하고, 자산으로부터의 산출물 또는 수익 그리고 운영원가에 대한 당사자들의 배분방법을 정한다. 각각의 공동영업자는 공동자산에 대한 자신의 몫과 부채에 대한 합의된 자신의 몫을 회계처리하고, 계약상 약정에 따라서 산출물, 수익 그리고 비용에 대한 자신의 몫을 인식한다.

2) 별도기구로 구조화된 공동약정(B19~B21)

① 약정의 자산과 부채를 별도기구에서 보유하도록 하는 공동약정은 공동기업이나 공동영업이 될 수 있다.

② 당사자가 공동영업자인지 또는 공동기업 참여자인지는 별도기구에서 보유하는 약정과 관련하여 당사자의 자산에 대한 권리 및 부채에 대한 의무에 따라 다르다.

③ 문단 B15에서 규정된 것처럼, 당사자들이 별도기구로 공동약정을 구조화한 경우에는 별도기구의 법적 형식, 계약상 약정의 조건, 그리고 관련이 있다면, 그 밖의 사실과 상황들이 다음 사항을 당사자들에게 부여하는지 평가하여야 한다.

- 약정의 자산에 대한 권리와 부채에 대한 의무(즉, 약정이 공동영업이다), 또는
- 약정의 순자산에 대한 권리(즉, 약정이 공동기업이다)

2. 공동영업

(1) 의의

공동지배력을 보유하는 당사자들이 해당 약정의 자산과 부채에 대한 직접적인 권리와 의무를 보유하는 경우가 공동영업이다. 공동영업의 당사자들을 공동영업자라 한다.

(2) 재무제표 인식 및 회계처리 요약

공동영업자는 공동영업에 대한 자신의 지분에 해당하는 자산, 부채, 수익 및 비용을 특정 자산, 부채, 수익 및 비용에 적용하는 기준서에 따라 회계처리한다(문단 21).

공동영업자는 공동영업에 대한 자신의 지분과 관련하여 다음을 인식한다(문단 20).

① 자신의 자산 : 공동으로 보유하는 자산 중 자신의 몫을 포함한다.

② 자신의 부채 : 공동으로 발생한 부채 중 자신의 몫을 포함한다.

③ 자신의 수익 : 공동영업에서 발생한 산출물 중 자신의 몫의 판매 수익

④ 자신의 수익 : 공동영업의 산출물 판매 수익 중 자신의 몫

⑤ 자신의 비용 : 공동으로 발생한 비용 중 자신의 몫을 포함한다

(3) 공동영업에 대한 자산의 판매 또는 출자의 회계처리

공동영업자는 공동영업에 대한 자신의 자산에 대한 소유권(공동지배력)을 유지하고 관련된 부채에 대한 책임이 있다. 공동영업자는 자신의 재무상태표에 이러한 자산과 부채를 직접 계상하므로 공동영업자가 자신의 자산을 공동영업에 판매하더라도 공동영업자의 재무제표에 미치는 영향이 없다. 연결재무제표에 포함되는 지배회사와 종속회사 간의 내부거래와 동일한 회계처리가 적용되기 때문이다.

공동영업자인 기업이 공동영업에 자산을 판매하거나 출자하는 것과 같은 거래를 하는 경우, 그것은 공동영업의 다른 당사자와의 거래를 수행하는 것이고, 이러한 출자로 인해 특정 공동영업자의 재무제표에 손익이 발생하는 경우 공동영업자는 거래의 결과인 손익을 다른 당사자들의 지분 한도[해당 공동영업자는 전체 손익 중 자신의 지분율에 해당하는 손익(미실현손익)을 차감한 금액]까지만 인식한다. 그러한 거래가 공동영업에 판매되거나 출자되는 자산의 순실현가능가치 감소 또는 그러한 자산의 손상차손의 증거를 제공하는 경우, 공동영업자는 그러한 손실을 전부 인식한다(문단B34. B35).

(4) 공동영업으로부터 자산을 구매한 경우의 회계처리

공동영업자인 기업이 공동영업과 자산의 구매와 같은 거래를 하는 경우, 기업은 자산을 제3자에게 재판매하기 전까지는 손익에 대한 자신의 몫을 인식하지 않는다. 이 또한 연결재무제표에 포함되는 지배회사와 종속회사 간의 내부거래와 동일한 회계처리가 적용되기 때문이다. 그러한 거래가 공동영업으로 구매되는 자산의 순실현가능가치 감소 또는 그러한 자산의 손상차손의 증거를 제공하는 경우, 공동영업자는 그러한 손실에 대한 자신의 몫을 인식한다(B36, B37).

(5) 공동영업에 대한 지분의 처분

공동영업의 지분을 처분하거나 계약상 약정의 취소 등으로 공동지배력을 상실하는 경우, 공동영업자는 제거되는 자산과 부채의 장부금액과 수취한 대가(또는 지불한 가액)의 공정가치와의 차이를 손익으로 인식한다.

(6) "공동영업-지분법"에서 자산과 부채에 대한 회계처리로 전환

공동영업에 대한 당사자 지분과 관련하여 지분법에서 자산과 부채에 대한 회계처리로 변경하는 경우, 직전 기간의 시작일에 이전에 지분법으로 회계처리되었던 투자자산과 기업회계기준서 제1028호(2011년 개정) 문단 38에 따라 약정에 대한 순투자자산의 일부를 구성하였던 기타 항목을 제거하고, 투자자산 장부금액의 일부를 구성하였을 수도 있었던 영업권을 포함하여 공동영업에 대한 자신의 지분과 관련된 자산과 부채의 각각에 대한 자신의 몫을 인식한다.

기업회계기준서 제1028호(2011년 개정) 문단 38에 따라 약정에 대한 순투자의 일부를 구성하였던 다른 항목과 함께 이전에 지분법을 사용하여 회계처리하였던 투자자산과, 영업권을 포함한 자산과 부채의 순금액의 차이는 다음과 같이 인식한다.

① 영업권을 포함하여 인식된 자산과 부채의 순금액이 제거되는 투자자산(그리고 순투자자산의 일부를 구성하였던 다른 항목)보다 큰 경우, 투자자산의 영업권을 상계하고, 남은 잔액은 직전 기간의 시작일에 이익잉여금에 조정한다.

② 영업권을 포함하여 인식된 자산과 부채의 순금액이 제거되는 투자자산(그리고 순투자자산의 일부를 구성하였던 다른 항목)보다 더 적은 경우, 직전 기간의 시작일에 이익잉여금에 조정한다.

지분법에서 자산과 부채에 대한 회계처리로 변경하는 기업은 직전 기간의 시작일에 제거된 투자자산과 인식되는 자산과 부채 간의 조정을 제공하고, 잔여차액을 이익잉여금에 조정하면서 그 조정내용을 제공한다(이상 C7 ~ C13).

(7) 별도재무제표 등

공동영업에 대한 지분은 위 "(2)" ~ "(4)"[문단 20~22]에 따라 회계처리한다(문단 26). 공동영업에 참여는 하지만 공동지배력을 보유하지 않은 당사자가 공동영업과 관련된 자산에 대한 권리와 부채에 대한 의무를 보유한다면, 당사자도 약정에 대한 자신의 지분을 문단 20~22에 따라 회계처리 한다. 공동영업에 참여는 하지만 공동지배력을 보유하지 않는 당사자가 공동영업의 자산에 대한 권리와 부채에 대한 의무를 보유하지 않는다면, 그 당사자는 그러한 지분에 적용하는 기준서에 따라 공동영업에 대한 자신의 지분을 회계처리한다(문단 23, 27).

3. 공동기업

(1) 개요

공동지배력을 보유하는 당사자들이 해당 약정의 순자산에 대한 권리를 보유한 경우에 동 약정은 공동기업이 되며, 그러한 당사자들을 공동기업 참여자라 한다.

공동기업으로 분류되는 경우에는 일반적으로 둘 이상의 투자자가 공동약정 이행을 위해 현금이나 현물 출자를 통해 법인이나 조합 등을 설립한다. 이렇게 설립된 법인이나 조합을 별도기구(separate vehicle)라고 하며, 이 별도기구가 경영활동을 위한 자산과 부채를 직접 소유하고, 수익과 비용을 직접 인식하게 된다.

(2) 회계처리

투자자는 투자된 주식 또는 지분을 통해 해당 공동기업의 의사결정과정에 참여하고 발생한 이익에 대한 배당 등의 권리를 보유하지만, 관련 자산과 부채에 대한 직접적인 소유권 등의 권리와 의무는 없다.

공동기업 참여자는 공동기업에 대한 자신의 지분을 투자자산으로 인식하며, 그 투자자산은 기업회계기준서 제1028호 '관계기업과 공동기업에 대한 투자'에 따라 지분법으로 회계처리한다. 그 기업이 기업회계기준서 제1028호에 명시된 것처럼 지분법 적용이 면제되는 경우에는 그러하지 아니한다(문단 24).

(3) 공동기업 참여자의 별도재무제표

공동약정에 참여는 하지만 공동지배력을 보유하지 않는 당사자는 별도재무제표에는 공동기업에 대한 지분은 기업회계기준서 제1109호('금융상품' 기준서)에 따라 회계처리한다. 다만, 공동기업에 대한 유의적인 영향력이 있는 경우에는 기업회계기준서 제1027호(2011년 개정) 문단 10 '별도재무제표' 기준서에 따라 회계처리한다.

즉 공동기업 참여자의 지분은 원가법, 기업회계기준서 제1109호에 따른 '금융상품' 기준서에 따른 공정가치 또는 제1028호 '관계기업과 공동기업에 대한 투자' 기준서에 따른 지분법 중 한 가지를 선택하여 회계처리한다(문단 25, 26, 27).

<공동영업과 공동기업의 비교>

구 분	공동영업	공동기업
계약상 약정의 조건	약정 당사자들에게 약정의 자산과 부채에 대한 직접적인 권리와 의무를 부여하도록 정한다.	약정 당사자들이 아니라 별도기구가 약정의 자산과 부채에 대한 권리와 의무를 갖도록 정한다.
자산에 대한 권리	공동약정의 모든 자산을 당사자들이 직접 보유하며, 당사자들 간에 합의한 지분비율에 따라 분할되도록 정한다.	공동약정에 출자한 자산과 후속적으로 공동약정에 의해 취득되는 자산을 해당 기구의 자산이라고 정한다. 즉, 공동약정의 자산은 공동기업의 자산이 되며, 투자자의 것은 아니다.
부채에 대한 의무	공동약정에서 발생하는 모든 부채, 의무, 원가, 비용을 당사자들이 직접 부담하며, 당사자들 간에 합의한 비율로 분할되도록 정한다. 또한, 제3자가 제기한 클레임이나 청구에 대한 법적 책임이 각 당사자들에게 있음을 정한다.	공동약정에서 발생하는 부채와 의무에 대한 법적 책임이 해당 기구에 있다고 정한다. 즉, 공동기업 참여자는 자신의 지분을 초과해서는 공동기업 부채와 의무에 대한 책임을 부담하지 않는다.
수익, 비용, 손익	약정에서 발생하는 수익과 비용은 각 당사자의 상대적 성과에 근거하여 당사자들에게 직접 귀속된다. 배분비율은 각 당사자가 제공하는 생산능력에 근거하거나, 각 당사자가 지불하는 현금에 비례해서 결정될 수도 있다. 그러나 배분비율이 별도기구에 대한 소유지분과 동일하더라도 그것이 반드시 해당기업이 공동기업임을 나타내지는 않는다.	약정에서 발생하는 손익은 1차적으로 공동기업에 귀속되며, 배당 등의 결의를 통해 각 당사자에게 배분된다. 즉, 각 당사자는 공동기업 순자산에 대한 권리 혹은 순손익에 대한 권한을 보유하게 된다. 만약 공동기업 참여자에게 공동기업의 손실을 보전할 법적 또는 계약상 의무가 존재한다고 해도 그 사실만으로는 해당 약정이 공동영업으로 결정되지는 않는다.
보증	기업의 채권자나 고객 및 기타 이해관계자들이 투자자에게 공동약정을 위해 보증을 제공하도록 요구하는 것은 흔히 있는 일이다. 다만, 투자자들이 제3자에게 그러한 보증이나 확약을 제공하는 그 자체로 공동약정의 분류가 결정되지는 않는다.	

4. 공동약정과 공동사업과의 관계

공동약정의 유형에 따라 공동영업과 공동기업으로 분류됨을 살펴보았고, 그 분류에 따라 기업회계기준 및 법인세법을 적용하면 될 것이다. 특히 공동기업의 경우에 별도 독립된 법적실체이므로 해당 공동기업은 별도의 사업자등록번호를 부여받아 거래의 당사자로서 세금계산서를 수수하면 될 것이므로 부가가치세 관련 이슈는 없어 보인다.

다만, 공동영업의 경우 민법상 조합에 해당되는 경우가 많아 별도 사업자등록이 필요할 경우도 있고, 단순 협업관계에 불과한 공동조직에 해당되어 향후에 살펴본 공동수급체, 공동연구소, 공동매입 등과 같은 세무처리가 요구될 수 있다.

> ※ 공동약정, 공농기업, 공동영업에 관한 사항은 한국채택국제회계기준 제1111호 공동약정, 제1027호 별도재무제표, 제2028호 관계기업과 공동기업에 대한 투자, 제1036호 자산손상, 제1109호 금융상품 인식과 측정 등을 참조한다.

제12절 공동사업장의 법인전환

1. 개요

(1) 법인설립 절차

법인의 설립은 회사의 상호, 회사의 목적사업 결정, 정관의 작성[법무사 표준정관 양식 사용]과 공증, 주주확정(현물출자는 발기 설립방식임, 발기인 = 출자자)과 자본모집[현물출자의 이행(공인된 감정인의 감정 필요)] 등 회사기관 구성하는 회사의 실체를 형성하는 절차를 거쳐 회사의 법인격을 부여받기 위한 법인설립등기와 부수적으로 관할세무서에 법인설립신고(사업자등록 신청)를 함으로써 완료된다.

※ 보통 법무사를 통해 표준화된 정관을 수정하고 설립등기절차도 의뢰하게 된다.

(2) 법인전환 절차

가. 법인전환의 필요성

개인사업자는 과세표준별로 6% ~ 45%의 누진세율이 적용되나 법인은 과세표준 2억원을 기준으로 10%, 20%, 과세표준 3천억 원을 기준으로 22%, 25%의 세율을 적용하므로 직접세에 대한 세부담이 법인이 낮다(조세부담의 차이). 법인은 자금조달 방식이나 기업의 규모증대에 있어 편리한 점(대외 공신력 제고 및 자금조달 다양화)이 있고, 기업상속이나 출자지분(주식)의 등의 증여에 있어 절세의 수단이 될 수 있어 법인으로의 전환을 선택하는 경우가 많다(소득법§55, 법인법§55).

나. 법인전환 여부에 대한 의사결정 시 유의사항

개인의 이월결손금이 법인으로 승계되지 아니함에 주의하여야 하고, 지방세(취득세, 등록면허세 등) 및 지방세의 중과 여부, 양도소득세 이월과세 적용 여부, 세액감면, 세액이월공제에 대한 잔존기간에 대한 승계 여부, 부당행위계산 부인 적용 여부(무수익자산 현물출자), 증여세 과세문제(주주간 이익분여 등) 등 세법적인 측면과 기존 거래처와 전환법인간의 재계약 가능 여부 등도 함께 판단하여야 한다.

다. 법인전환의 유형

개인기업이 법인전환하는 유형은 조세지원을 받을 수 있느냐에 따라 조세지원이 없는 일반 사업양수도와 조세지원이 되는 세감면 사업양수도, 세감면 현물출자, 중소기업 통합 방법의 법인전환이 있다.

개인사업자가 부동산을 소유하고 있지 않다면 또는 부동산이 있더라도 이를 법인에 승계하지 않는다면 조특법 제32조의 법인전환 이월과세 특례를 적용받을 실익이 없으므로 일반 사업양수도에 의한 법인전환이 절차상 유리하다. 반면 부동산을 소유하고 이를 법인에 승계할 경우 취득세 및 양도소득세의 부담이 크기 때문에 조특법 제32조의 법인전환 이월과세 특례를 적용받을 수 있는지를 검토하여야 한다.

아래의 방법(조특법 제31조 및 제32조 요건 충족)으로 법인전환하는 경우에는 양도소득세 및 그 지방소득세가 이월과세되고, 취득세 등이 경감된다.

① 사업양수도 : 개인기업이 발기인이 되어 법인을 설립하면서 그 법인에게 개인기업을 포괄적으로 양도하는 방식

② 현물출자 : 개인기업주가 개인사업의 사업용자산과 부채를 현물출자하여 법인을 설립하는 방식

③ 중소기업간의 통합 : 2 이상의 개인기업이 법인으로 전환하면서 하나의 법인으로 통합하는 방식

2. 세감면 중소기업 간의 통합

(1) 중소기업 간의 통합에 대한 양도소득세의 이월과세 등 요건

"대통령령으로 정하는 업종을 경영하는 중소기업 간의 통합"으로 인하여 소멸되는 중소기업이 "대통령령으로 정하는 사업용고정자산"을 통합에 의하여 설립된 법인 또는 통합 후 존속하는 법인(이하 "통합법인")에 양도하는 경우 그 사업용고정자산에 대해서는 이월과세를 적용받을 수 있다(조특법§31 ①).

가. "대통령령으로 정하는 업종을 경영하는 중소기업 간의 통합"의 의미

"대통령령으로 정하는 업종을 경영하는 중소기업 간의 통합"이란 아래 "나"의 소비성서비스업(소비성서비스업과 다른 사업을 겸영하고 있는 경우에는 부동산양도일이 속하는 사업연도의 직전사업연도의 소비성서비스업의 사업별수입금액이 가장 큰 경우에 한한다)을 제외한 사업을 영위하는 중소기업자(「중소기업기본법」에 의한 중소기업자를 말한다)가 당해 기업의 사업장별로 그 사업에 관한 주된 자산을 모두 승계하여 사업의 동일성이 유지되는 것으로서 다음의 요건을 갖춘 것을 말한다. 이 경우 설립 후 1년이 경과되지 아니한 법인이 출자자인 개인(국기법 제39조제2항의 규정에 의한 과점주주에 한한다)의 사업을 승계하는 것은 이를 통합으로 보지 아니한다.

① 통합으로 인하여 소멸되는 사업장의 중소기업자가 통합후 존속하는 법인 또는 통합으로 인하여 설립되는 법인(이하 "통합법인"이라 한다)의 주주 또는 출자자일 것

② 통합으로 인하여 소멸하는 사업장의 중소기업자가 당해 통합으로 인하여 취득하는 주식 또는 지분의 가액이 통합으로 인하여 소멸하는 사업장의 순자산가액(통합일 현재의 시가로 평가한 자산의 합계액에서 충당금을 포함한 부채의 합계액을 공제한 금액을 말한다)이상일 것

나. 소비성서비스업의 범위

소비성서비스업이란 다음의 어느 하나에 해당하는 사업을 말한다(조특령§29 ③).

① 호텔업 및 여관업(「관광진흥법」에 따른 관광숙박업은 제외)

② 주점업(일반유흥주점업, 무도유흥주점업 및 「식품위생법 시행령」 제21조에 따른 단란주점 영업만 해당하되, 「관광진흥법」에 따른 외국인전용유흥음식점업 및 관광유흥음식점업은 제외)

③ 그 밖에 오락·유흥 등을 목적으로 하는 사업으로서 기획재정부령으로 정하는 사업

다. "사업용고정자산"의 의미

"대통령령으로 정하는 사업용고정자산"이란 당해 사업에 직접 사용하는 유형자산 및 무형자산(1981년 1월 1일 이후에 취득한 부동산으로서 기획재정부령이 정하는 법인의 업무와 관련이 없는 부동산의 판정기준에 해당되는 자산을 제외한다)을 말한다(조특령§28 ②).

(2) 그 밖의 이월감면 등(조특법§31 ④, ⑤, ⑥)

가. 창업중소기업 및 창업벤처중소기업 세액감면 등

창업중소기업 및 창업벤처중소기업 또는 농공단지 입주기업 등에 대한 세액감면을 받는 내국인이 감면기간이 지나기 전에 "(1)"에 따른 통합을 하는 경우 잔존감면기간에 대한 감면대상이 되는 자는 통합으로 인하여 소멸되는 창업중소기업 또는 창업벤처중소기업이나 농공단지 및 「중소기업진흥에 관한 법률」 제62조의23제1항에 따른 지방중소기업 특별지원지역(이하 "지방중소기업 특별지원지역")의 입주기업으로부터 승계받은 사업에서 발생하는 소득 또는 승계받은 사업용재산에 대하여 통합당시의 잔존감면 기간내에 종료하는 각 과세연도 또는 납기분까지 그 감면을 받을 수 있다(조특법§31 ④, 조특령§28 ④).

나. 수도권 밖으로 공장을 이전하는 기업에 대한 세액감면 등

수도권과밀억제권역 밖으로 이전하는 중소기업 또는 농업회사법인이 감면기간이 지나기 전에 "(1)"에 따른 통합을 하는 경우 통합법인은 통합으로 인하여 소멸되는 중소기업자로부터 승계받은 사업에서 발생하는 소득에 관하여 통합당시 잔존감면기간내에 종료하는 각 과세연도 분까지 그 감면을 받을 수 있다(조특법§31 ⑤, 조특령§28 ⑤).

다. 세액공제액의 이월공제

조특법 제144조에 따른 미공제 세액이 있는 내국인이 "(1)"에 따른 통합을 하는 경우 미공제세액을 승계한 자는 통합으로 인하여 소멸되는 중소기업자로부터 승계받은 자산에 대한 미공제세액상당액을 당해 중소기업자의 이월공제잔여기간내에 종료하는 각 과세연도에 이월하여 공제받을 수 있다(조특법§31 ⑥, 조특령§28 ⑥).

(3) 이월과세의 신청

위 "(1)"의 양도소득세의 이월과세를 적용받고자 하는 자는 통합일이 속하는 과세연도의 과세표준신고(예정신고를 포함한다)시 통합법인과 함께 기획재정부령이 정하는 이월과세적용신청서를 납세지 관할세무서장에게 제출하여야 한다(조특법§31 ③, 조특령§28 ③).

(4) 양도소득세 이월세액의 납부

위 "(1)"을 적용받은 내국인이 사업용고정자산을 양도한 날부터 5년 이내에 다음의 어느 하나에 해당하는 사유가 발생하는 경우에는 해당 내국인은 사유발생일이 속하는 달의 말일부터 2개월 이내에 제1항에 따른 이월과세액(통합법인이 이미 납부한 세액을 제외한 금액을 말한다)을 양도소득세로 납부하여야 한다(조특법§31 ⑦, 조특령§28 ⑨, ⑩, ⑪).

아래에 해당하는 사유가 발생하는 경우에는 경감받은 취득세도 추징한다(지특법§57의2 ③, 5).

가. 통합법인이 소멸되는 중소기업으로부터 승계받은 사업을 폐지하는 경우

통합법인이 통합으로 인하여 소멸되는 사업장의 중소기업자로부터 승계받은 사업용고정자산을 2분의 1 이상 처분하거나 사업에 사용하지 않는 경우 사업의 폐지로 본다. 다만, 다음의 어느 하나에 해당하는 경우에는 그러하지 아니한다.

① 통합법인이 파산하여 승계받은 자산을 처분한 경우

② 통합법인이 법인법 제44조제2항에 따른 합병, 법인법 제46조제2항에 따른 분할, 법인법 제47조제1항에 따른 물적분할, 법인법 제47조의2제1항에 따른 현물출자의 방법으로 자산을 처분한 경우

③ 통합법인이 「채무자 회생 및 파산에 관한 법률」에 따른 회생절차에 따라 법원의 허가를 받아 승계받은 자산을 처분한 경우

나. 위 "(1)"를 적용받은 내국인이 통합으로 취득한 통합법인의 주식 또는 출자지분의 100분의 50 이상을 처분하는 경우

동 처분은 주식 또는 출자지분의 유상이전, 무상이전, 유상감자 및 무상감자(주주 또는 출자자의 소유주식 또는 출자지분 비율에 따라 균등하게 소각하는 경우는 제외)를 포함한다. 다만, 다음의 어느 하나에 해당하는 경우에는 그러하지 아니하다.

① 조특법 제31조제1항을 적용받은 내국인(이하 "해당 내국인"이라 한다)이 사망하거나 파산하여 주식 또는 출자지분을 처분하는 경우

② 해당 내국인이 법인법 제44조제2항에 따른 합병이나 법인법 제46조제2항에 따른 분할의 방법으로 주식 또는 출자지분을 처분하는 경우

③ 해당 내국법인이 조특법 제38조에 따른 주식의 포괄적 교환·이전 또는 법 제38조의2에 따른 주식의 현물출자의 방법으로 과세특례를 적용받으면서 주식 또는 출자지분을 처분하는 경우

④ 해당 내국인이 「채무자 회생 및 파산에 관한 법률」에 따른 회생절차에 따라 법원의 허가를 받아 주식 또는 출자지분을 처분하는 경우

⑤ 해당 내국인이 법령상 의무를 이행하기 위하여 주식 또는 출자지분을 처분하는 경우

⑥ 해당 내국인이 가업의 승계를 목적으로 해당 가업의 주식 또는 출자지분을 증여하는 경우로서 수증자가 조특법 제30조의6에 따른 증여세 과세특례를 적용받은 경우(수증자를 해당 내국인으로 보아 법 제31조제7항을 적용하되, 5년의 기간을 계산할 때 증여자가 통합으로 취득한 통합법인의 주식 또는 출자지분을 보유한 기간을 포함하여 통산한다).

3. 세감면 사업양수도 법인전환

(1) 법인전환에 대한 양도소득세의 이월과세

거주자가 ①사업용고정자산을 현물출자하거나 ②대통령령으로 정하는 사업 양도·양수의 방법에 따라 법인(대통령령으로 정하는 소비성서비스업을 경영하는 법인은 제외)으로 전환하는 경우 그 사업용고정자산에 대해서는 이월과세를 적용받을 수 있다(다만, 해당 사업용고정자산이 주택 또는 주택을 취득할 수 있는 권리인 경우는 제외한다). 이 때 ③새로 설립되는 법인의 자본금이 대통령령으로 정하는 금액 이상인 경우에만 적용한다(조특법§32 ①, ②).

1) 세감면 사업양도·양수의 방법

"대통령령으로 정하는 사업 양도·양수의 방법"이란 해당 사업을 영위하던 자가 발기인이 되어 아래 "다"의 법인으로 전환하는 사업장의 순자산가액 이상을 출자하여 법인을 설립하고, 그 법인설립일부터 3개월 이내에 해당 법인에게 사업에 관한 모든 권리와 의무를 포괄적으로 양도하는 것을 말한다(조특령§29 ②).

2) 소비성서비스업의 범위

위 "2"의 "(1)"의 「나. 소비성서비스업의 범위」와 동일하다(조특령§29 ③).

3) 대통령령으로 정하는 금액

사업용고정자산을 현물출자하거나 사업양수도하여 법인으로 전환하는 사업장의 순자산가액을 말한다(조특령§29 ⑤).

4) 그 밖의 이월감면 등

위 "2"의 "(2)"을 준용한다(조특법§31 ④).

5) 이월과세의 신청

위 "(1)"의 양도소득세의 이월과세를 적용받고자 하는 자는 현물출자 또는 사업양수도를 한 날이 속하는 과세연도의 과세표준신고(예정신고를 포함한다)시 새로이 설립되는 법인과 함께 이월과세적용신청서를 납세지 관할세무서장에게 제출하여야 한다(조특법§32 ③, 조특령§29 ④).

6) 양도소득세 이월세액의 납부

위 "(1)"에 따라 설립된 법인의 설립등기일부터 5년 이내에 다음의 어느 하나에 해당하는 사유가 발생하는 경우에는 "(1)"의 본문을 적용받은 거주자가 사유발생일이 속하는 달의 말일부터 2개월 이내에 이월과세액(해당 법인이 이미 납부한 세액을 제외한 금액을 말한다)을 양도소득세로 납부하여야 한다(조특법§32 ⑤, 조특령§29 ⑥, ⑦, ⑧).

가. 설립된 전환법인이 "(1)"을 적용받은 거주자로부터 승계받은 사업을 폐지하는 경우

"전환법인"이 현물출자 또는 사업 양도·양수의 방법으로 취득한 사업용고정자산의 2분의 1이상을 처분하거나 사업에 사용하지 않는 경우 사업의 폐지로 본다. 다만, 다음의 어느 하나에 해당하는 경우에는 그러하지 아니한다.

① 전환법인이 파산하여 승계받은 자산을 처분한 경우

② 전환법인이 법인법 제44조제2항에 따른 합병, 법인법 제46조제2항에 따른 분할, 법인법 제47조제1항에 따른 물적분할, 법인법 제47조의2제1항에 따른 현물출자의 방법으로 자산을 처분한 경우

③ 전환법인이 「채무자 회생 및 파산에 관한 법률」에 따른 회생절차에 따라 법원의 허가를 받아 승계받은 자산을 처분한 경우

나. 위 "(1)"을 적용받은 거주자가 법인전환으로 취득한 주식 또는 출자지분의 100분의 50 이상을 처분하는 경우

동 처분은 주식 또는 출자지분의 유상이전, 무상이전, 유상감자 및 무상감자(주주 또는 출자자의 소유주식 또는 출자지분 비율에 따라 균등하게 소각하는 경우는 제외한다)를 포함한다. 다만, 다음의 어느 하나에 해당하는 경우에는 그러하지 아니하다.

① 조특법 제32조제1항을 적용받은 거주자(이하 "해당 거주자"라 한다)가 사망하거나 파산하여 주식 또는 출자지분을 처분하는 경우

② 해당 거주자가 「법인세법」 제44조제2항에 따른 합병이나 같은 법 제46조제2항에 따른 분할의 방법으로 주식 또는 출자지분을 처분하는 경우

③ 해당 거주자가 법 제38조에 따른 주식의 포괄적 교환·이전 또는 법 제38조의2에 따른 주식의 현물출자의 방법으로 과세특례를 적용받으면서 주식 또는 출자지분을 처분하는 경우

④ 해당 거주자가 「채무자 회생 및 파산에 관한 법률」에 따른 회생절차에 따라 법원의 허가를 받아 주식 또는 출자지분을 처분하는 경우

⑤ 해당 거주자가 법령상 의무를 이행하기 위하여 주식 또는 출자지분을 처분하는 경우

⑥ 해당 거주자가 가업의 승계를 목적으로 해당 가업의 주식 또는 출자지분을 증여하는 경우로서 수증자가 조특법 제30조의6에 따른 증여세 과세특례를 적용받은 경우(수증자를 해당 거주자로 보아 법 제32조제5항을 적용하되, 5년의 기간을 계산할 때 증여자가 법인전환으로 취득한 주식 또는 출자지분을 보유한 기간을 포함하여 통산한다).

4. 현물출자방식 법인전환 절차 및 세감면

1) 절차

가. 개인기업 결산

현물출자방식 법인전환을 위해서는 개인기업의 결산(세무대리인이 수행)과 순자산가액의 결정이 중요한데 법원 검사인에 의하여 현물출자가액을 조사받거나 공인된 감정기관의 감정평가가 필요하다.

개인기업은 1.1.부터 법인전환일 기준일까지의 기간에 대한 결산(재무제표 작성)을 하여야 한다.

※ 법인에 승계되는 재고자산의 경우 시가상당액을 총수입금액으로 해당 취득원가 등은 필요경비에 산입하여야 한다.

나. 순자산가액의 결정

순자산가액은 자본금 산정, 양도소득세 이월과세 등의 적정여부 등을 판단하는 데 중요한 요소이며, 아래와 같이 순자산가액을 산정한다.

순자산가액 = 법인전환일 현재의 자산가액 − 법인전환일의 부채

---

① **자산가액은 시가로 평가**(감정평가법인의 감정평가를 받기 때문에 감정평가액을 시가로 하면 됨)하며, 부채는 충당금이 포함된다.

② **순자산의 시가는** 법인령 제89조제1항의 가격, 같은 조 제2항 제1호의 감정가액, 상증령 제61조 내지 제64조의 규정을 준용하여 평가한 가액의 순서대로 적용한다.

※ 순자산가액에서 영업권은 포함하지 않음(재일46014-108, 1999.01.19.).

③ 개인기업의 장부에 남아있는 업무무관 가지급금, 가수금, 가지급금을 모두 정리하여야 한다.

④ 퇴직급여충당금 및 대손충당금 법인으로 승계 시 부채로 인정

⑤ 자산이란 **사업용자산으로서** 해당 사업에 직접 사용하는 **유형자산 및 무형자산을** 말하므로 업무무관 자산은 제외된다.

⑥ 부동산임대업의 경우 임대보증금은 당연히 부채가 된다.

⑦ 순자산가액은 현물출자 당시를 기준으로 하므로 현물출자 이전에 인출된 예금등은 자산에 포함되지 않는다.

⑧ 이월과세대상 사업용고정자산에서 건설중인 자산은 제외되므로 건설중인 자산은 이월과세 적용대상이 아니다(서면4팀-1447, 2005.08.18.).

   ※ 이월과세 적용 시 사업용(고정)자산에서 재고자산은 포함되지 않음

⑨ <u>양도소득세 이월과세를 적용받기 위해서는 신설법인의 자본금은 반드시 순자산평가액 이상이어야 하므로 순자산가액보다 높게 여유를 두고 결정하여야 한다.</u>

⑩ 법인전환 후 자본금은 기업회계기준에 의한 재무상태표상의 자본금을 의미한다.

다. 현물출자 계약서 작성

법무사 또는 감정평가기관에 의뢰하여 작성한다.

라. 법인설립등기

법무사에 의뢰한다.

마. 법인설립신고 및 사업자등록

개인기업이 직접 또는 세무대리인에게 대리하도록 한다.

바. 개인사업자 폐업신고 및 부가가치세, 종합소득세 신고납부

개인기업이 직접 또는 세무대리인에게 대리하도록 한다.

사. 부동산 명의이전

법무사에 의뢰하여 수행한다.

2) 세감면 현물출자 법인전환에 따른 양도소득세 이월과세

가. 양도소득세 예정신고 및 이월과세 적용신청

부동산을 전환법인에 양도한 개인기업은 현물출자일이 속한 달의 말일부터 2개월 내에 양도소득세 이월과세 적용신청을 반드시 하여야 한다. 양수한 법인도 현물출자일이 속하는 과세연도의 과세표준신고 시 이월과세적용신청서, 공제감면세액 및 추가납부세액합계표(을)에 해당 금액을 표시해 신고하여야 한다.

1) 양도소득세가 이월과세되므로 농특세도 과세되지 아니함
2) 앞서 언급한 세감면 사업양도·양수방식 법인전환도 양도소득세 이월과세 및 지방세 감면 등은 동일하다.

나. 지방소득세

양도소득세에 따른 지방소득세도 양도소득세와 같이 이월과세 적용된다(지특법§119, §120).

3) 법인전환으로 취득한 부동산에 대한 취득세

가. 일반 업종

해당 부동산등이 과밀억제권역에 소재하지 아니하면 2021년 12월 31일까지 취득하는 사업용 고정자산에 대해서는 취득세 4.6% 중 75%를 감면한다(지특법§ 57의2 ④, ③ 5호). 반면 과밀억제권역 내에서 현물출자 법인전환 시에는 취득세가 중과되면서 75%감면이 적용된다.

▌ 과밀억제권역 소재 세감면 법인전환에 따른 부동산 취득에 대한 취득세등 계산 사례

○ **취득세 납부액** = 부동산감정평가액 × 9.4% × (1-75%)

= **부동산감정평가액 × 2.35%**

○ **감면분에 대한 농특세**(감면받은 세액의 20%)

= 부동산감정평가액 × 9.4% × 75% × 20%

= **부동산감정평가액 × 1.41%**

※ **취득세 및 농특세 합계하면 부동산감정평가액의 3.76%임**

나. 부동산임대과 공급업

부동산임대업과 부동산공급업의 부동산 현물출자 법인전환에 대하여는 2020.08.12. 취득분부터 75%감면을 적용하지 아니한다(지특법§57의2 ④).

서울시, 의정부시, 구리시 등 과밀억제권역 내에서 부동산을 현물출자하여 법인전환하는 경우에는 취득세 중과 및 감면배제에 따라 부동산취득가액(감정평가가액)의 9.4%를 취득세·농특세·교육세로 납부하게 되므로 이를 살펴 법인전환 여부를 판단하여야 한다.

다. 차량운반구 : 취득세 감면 없음

○ 비영업용승용차 : 취득가액의 7.2%

= 7% + 2%× 10%(농특세) = 7.2%

○ 화물차 취득세 : 취득가액의 5.2%

라. 감면의 추징

취득일부터 5년 이내에 아래의 정당한 사유 없이 해당 사업을 폐업하거나 해당 재산을 처분(임대를 포함한다) 또는 주식을 처분하는 경우에는 경감받은 취득세를 추징한다(지특법§57의2 ④ 단서, 지특령§28의2 ③).

① 해당 사업용 재산이 「공익사업을 위한 토지 등의 취득 및 보상에 관한 법률」 또는 그 밖의 법률에 따라 수용된 경우

② 법령에 따른 폐업·이전명령 등에 따라 해당 사업을 폐지하거나 사업용 재산을 처분하는 경우

③ 조특령 제29조제7항 각 호의 어느 하나에 해당하는 경우

④ 조특법 제32조제1항에 따른 법인전환으로 취득한 주식의 100분의 50 미만을 처분하는 경우

4) 법인설립등기 관련 등록면허세 : 3배 중과(대도시 내)

등록을 하는 자, 면허를 받는 자는 등록면허세를 납부할 의무를 지며, 법인등기의 경우 등기에 관련된 본점 또는 지점 등의 소재지로 하며, 상호등기는 영업소 소재지를 납세지로 한다(지방법§24, §25).

```
┌─────────────────────────────────────────────────────────────────┐
│  ○ 영리법인 설립, 자본증가 납입 등은 해당 자본금의 0.4%              │
│                                                                   │
│  ○ 현물출자 법인전환으로서 대도시내인 경우에는 3배 중과             │
│     = 법인 설립 자본금 × 0.4%(기본세율) × 3배                      │
│     = 1.2%(교육세 20% 별도)                                        │
└─────────────────────────────────────────────────────────────────┘
```

5) 상호 등기 시 등록면허세

상호 설정이나 취득 시 78,700원 납부

6) 기타

○ 부동산 등기 시 국민주택채권 매입의무 : 면제

○ 인지세, 면허세 : 부담(면제, 감면 없음)

※ 이상 지방세와 관련된 세부담에 대하여는 구체적으로 전문가(세무대리인, 법무사 등)와 상담하여 처리하시기 바랍니다.

5. 사업양수 시 이월결손금 공제 제한

(1) 도입취지

사업양수도를 통한 탈법적 조세회피를 방지하기 위해 다른 내국법인의 사업을 양수하는 경우 이월결손금의 공제범위를 제한하고 있다.

(2) 개요

내국법인이 다른 내국법인의 사업을 양수하는 경우로서 아래 "(3)"의 요건을 모두 충족하는 경우에는 사업양수일 현재 법인령 제13조제1항제1호에 해당하는 이월결손금은 사업을 양수한 내국법인의 각 사업연도의 과세표준을 계산할 때 양수한 사업부문에서 발생한 소득금액(법인령 제113조제7항 단서에 해당되어 회계를 구분하여 기록하지 아니한 경우에는 그 소득금액을 아래 "(4)"에서 정하는 자산가액 비율로 안분계산한 금액으로 한다)의 범위에서는 공제하지 아니한다(법인법§50의2).

(3) 이월결손금 공제제한 요건

다음의 기준에 모두 해당하는 경우를 말한다(법인령§86의2 ①).

① 양수자산이 사업양수일 현재 양도법인의 자산총액의 100분의 70 이상이고, 양도법인의 자산총액에서 부채총액을 뺀 금액의 100분의 90 이상인 경우

② 사업의 양도·양수 계약일 현재 양도·양수인이 특수관계인인 법인인 경우

(4) 자산가액비율

"자산가액 비율"이란 사업양수일 현재 양수법인의 사업용 자산가액과 양수한 사업부문의 사업용 자산가액의 비율을 말한다. 이 경우 양수한 사업부문의 사업용 자산가액은 양수법인의 결손금을 공제하는 각 사업연도의 종료일 현재 계속 보유(처분 후 대체하는 경우를 포함한다)·사용하는 자산의 사업양수일 현재 가액으로 한다(법인령§86의2 ②).

6. 법인전환 관련 주의사항(문답사례)

□ 현황

○ 부동산임대업자로 공동사업자임(손익분배비율 : 본인 40%, 처 20%, 자1 20%, 자2 20%)

○ 토지의 지분은 위 손익분배비율과 동일하나 동 토지 상의 건물은 본인 단독명의로 되어 있음(토지 건물을 일괄하여 임차인에게 임대 중)

○ 부채로는 보증금 3억원, 위 부동산을 담보로 15억원을 차입하여 본인이 자본금에 대한 인출금으로 사용하였음

○ 위 토지 및 건물을 현물출자방식으로 법인전환하여 일정기간 경과 후 법인이 건물을 철거하고 새로운 건물을 신축하여 임대업을 계속할 예정임

□ 질의

(문1) 토지만을 임대하다가 법인전환하는 경우 양도소득세 이월과세가 적용되지 아니하는 것

으로 아는데, 위 사례의 경우 공동사업에 사용하던 토지(공유) 및 건물(단독)을 모두 현물출자하여 법인전환하므로 이월과세가 가능하다고 보는데 맞는지?

(답변) 법인령§49 ① 1호의 업무무관 자산여부의 문제로서 건물없는 토지는 업무무관 자산, 착공 시 업무관련 자산 인정하므로 지상에 건물 있는 토지는 업무관련 자산으로 판단됨(건축물이 없는 토지만을 임대하다가 토지를 현물출자하는 경우 이월과세 적용 불가함; 부동산거래관리과-413, 2011.05.20.)

(문2) 위 부동산 담보 차입금이 본인에게만 귀속되는 것이어서 법인전환 시 출자지분 비율을 위 손익분배비율이 아닌 공동사업구성원별로 감정평가 후 순자산가액을 기준으로 산정하여도 무방한지?

(답변) 무방하다고 판단됨(손익분배비율은 손익분배비율일 뿐임). 즉 공동사업자의 경우 출자 자산비율에 따라 주식을 인수하면 됨

(문3) 보증금 및 차입금은 본인이 자본금에 대한 인출금으로 이미 사용하였는 바, 순자산가액 산정시 부채로 인정받을 수 있는지?

(답변) 임대보증금은 당연히 사업용 부채에 해당하나, 개인적으로 자본금(출자금)에 대한 인출금으로 사용된 부채(차입금)에 대하여는 국세청의 경우 대체로 사업무관 부채로 보아 순자산가액 산정 시 미반영하여야 한다고 회신함(재산세과-1713, 2009.8.18.)

○ 조특법 제32조 및 조특령 제29조의 규정을 적용함에 있어 거주자가 사업용 고정자산을 현물출자하여 법인으로 전환하는 사업장의 순자산가액은 현물출자일 현재의 시가로 평가한 자산의 합계액에서 충당금을 포함한 부채의 합계액을 공제하여 계산하는 것이고, 이 경우 공제대상 부채는 당해 사업과 관련하여 발생된 부채를 말하는 것임

○ '당해 사업과 관련하여 발생된 부채'라 함은 출자를 위한 차입금 외에 당해 공동사업을 위하여 차입한 차입금을 말하는 것으로 그 차입금이 출자를 위한 차입금인지 아니면, 공동사업장의 사업을 위한 차입금인지 여부는 공동사업 구성원 간에 정한 동업계약의 내용 및 출자금의 실제 사용내역 등에 따라 판단하는 것임

---

① 조세심판원은 취득세 감면 시 자본금 요건(순자산가액 이상)을 판정함에 있어 법인전환 직전에 현금성 자산을 인출하여 순자산가액을 감소시켰다 하더라도 법인전환 당시 순자산가액 이상 출자하였으므로 취득세 면제 요건을 충족한 것으로 결정함(조심2017지0500, 2017.09.14.).

② 개인사업자의 결산서상 현금과 예금을 법인전환 전에 인출하여 순자산가액에서 제외하여 자본금을 산정한 경우에도 취득세 감면대상이라는 판결이 있음(대법원2016두62771, 2017.03.09.).

③ 법인전환 전 차입금을 인출하고 차입금을 법인에 승계시킨 경우 부채로 보지 않아 이월과세 적용대상이 아니라고 조세심판원은 결정함(조심2015중2375, 2016.10.17.).

(문4) 현물출자 법인전환 후 수 년 내에 기존 건물을 철거하고 신축하여 부동산임대업을 계속하는 경우에는 건물의 처분으로 볼 수 없다고 생각하는데 맞는지?

(답변) 아래와 같이 세법해석이 충돌하고 있으나, 최근 해석등에 비추어 보면 처분으로 보지 않는다고 판단됨

▌ 재산세제과-360, 2015.5.7.; 서면법규과-142, 2013.02.07.(가능)

    출자법인이 임대업에 사용하던 건물과 토지(이하 현물출자자산)를 현물출자받은 피출자법인이 현물출자자산의 일부는 부동산임대업에 계속 사용하고 나머지는 피출자법인의 사업인 부동산공급업에 사용하고자 구 건물을 철거 한 후 건물을 신축(이하 신축건물)하는 경우, 해당 현물출자자산은 출자법인으로부터 승계받은 사업과 피출자법인의 사업에 사용하는 것이므로 「법인세법」 제47조의2제1항제2호 및 같은 법 시행령 제84조의2제7항에 따른 요건을 충족하는 것임

    다만 피출자법인이 현물출자일이 속하는 사업연도의 다음 사업연도 개시일부터 2년 이내에 해당 신축건물과 그 부속토지를 양도함에 따라 출자법인으로부터 승계받은 고정자산가액의 1/2이상을 처분하는 경우에는 승계한 사업의 폐지에 해당되는 것임

▌ 서면-2017-법령해석재산-0233, 2017.12.14.(가능)

    부동산임대업을 영위하는 거주자가 해당 사업용 건물과 토지를 현물출자하여 법인으로 전환하고 「조세특례제한법」 제32조제1항에 따른 양도소득세의 이월과세를 적용받은 다음, 건물을 철거 후 신축하여 그 사업을 계속하는 경우는 「조세특례제한법」 제2조제1항제6호에 따른 사업용고정자산 등을 양도하는 경우와 같은 법 제32조제5항제1호에 따른 사업을 폐지하는 경우에 해당되지 아니하는 것임

▌ 서면5팀-245, 2006.09.26.; 재산세과-296, 2009.09.23.; 서면법규과-837, 2014.08.11.(불가)

    거주자가 2개 이상의 사업장을 사업양수도 방법에 의하여 법인으로 전환하는 경우 각 사업장별로 당해 사업용고정자산에 대하여 「조세특례제한법」 제32조 규정에 의한 이월과세를 적용받을 수 있는 것이며, 위 규정을 적용함에 있어 이월과세 대상자산 중 건물을 철거하고 신축한 경우에는 건물을 철거한 때에 건물에 대한 이월과세 세액을 납부하는 것임

※ 특히 취득세 감면에 있어서 해석과 조세심판원 결정은 모두 추징사유로 보지 아니함(조심2017지422, 2017.09.18.)

(문5) 신축건물을 임대하되 신축건물의 일부를 법인이 자가사용하면서 임대업 외에 법인정관 상의 다른 사업용(예 : 도매, 서비스등)으로 사용하더라도 처분 등으로 볼 수 없다고 보 는데 맞는지?

(답변) 처분 등으로 보아야 함

> ▌ 재산세과-1635, 2009.08.07.; 서면법규과-1192, 2013.10.31.
> 　「조세특례제한법」 제31조의 "중소기업간의 통합에 대한 양도소득세의 이월과세 등" 규정은 같은 법 시행령 제28조에 따라 중소기업자가 당해 기업의 사업장별로 그 사업에 관한 주된 자산을 모두 승계하여 사업의 동일성이 유지되는 경우에 적용되는 것으로, 동 규정을 적용함에 있어 임대사업에 사용하던 부동산을 임차자인 통합법인에게 양도한 후 통합법인이 동 부동산을 자가사용 및 일부 임 대하는 경우 사업의 동일성이 유지되지 않는 것임

※ 취득세 감면에 있어서는 일시 목적외 사용에 대하여 추징하지 않고 있음(조심2017지767, 2018.05.15.)

(문답6) 법인전환 후 일부 새로운 업종(정관상의 업종임)을 추가, 변경한 경우 사업의 폐지로 보아 이월과세분 추징하지 않음(서면 법규과-1265, 2014.12.02.; 법인46012-718, 1999. 02.25.).

(문답7) 자가창설영업권에 대하여는 양도세 이월과세 불가함(법규과-829, 2011.06.28.).

(문답8) 당초 자본금이 착오로 순자산가액 미만인 경우로서 경정등기로 순자산가액 이상이 된 경우 취득세 75% 면제분 추징하지 않음(지방세제운용과-5089, 2011.11.01.).

(문답9) 순자산가액이 만약 음수인 경우에는 최소 출자금액 이상 출자를 하면 세감면 가능함.

(문답10) 이월과세를 적용받는 공장 등이 화재로 손실된 경우 세감면 추징하지 않음(기재부 법인-429, 2011.05.24.).

(문답11) 이월과세를 적용받는 건물의 일부를 법인전환 전 소유자가 임차하여 사용하는 경우 세감면 추징함(서면법규과-308, 2014.04.02.).

(문답12) A, B가 토지, 건물을 각각 소유하면서 그 전부를 임차인에게 임대하다가 토지 및 건 물 전부를 현물출자 법인전환하는 경우 양도세 이월과세 적용 가능함(서면부동산 -140, 2017.11.29.).

(문답13) 거주자 2인(A, B)이 창업중소기업 등에 대한 세액감면 대상 사업을 창업하여 공동사업을 영위하던 중, 동업계약 해지로 공동사업 구성원 중 1인(A)이 탈퇴한 다른 1인(B)으로부터 공동사업의 지분을 양수하여 단독으로 당해 사업을 계속하는 경우, 당해 계속사업자(A)는 그 잔존감면기간 동안 공동사업장의 창업 당시 약정된 손익분배비율에 의한 소득금액상당액에 대하여 동 규정의 세액감면을 적용받을 수 있는 것이며, 당해 공동사업에서 탈퇴한 거주자(B)가 사업을 다시 개시하여 동종의 사업을 영위하는 경우는 「조세특례제한법」 제6조제4항에 따른 창업으로 보지 아니하는 것임(소득세과-4277, 2008.11.19.).

(문답14) 건설중인 자산과 토지만을 임대하다가 현물출자 법인전환하는 경우에는 양도세 이월과세가 적용되지 않음

(문답15) 공동사업자 중 거주자와 비거주자가 있는 경우에는 거주자에 대해서만 양도세 이월과세 적용됨

(문답16) 공동으로 운영하는 개인사업체를 법인으로 전환함에 있어서 투자비율을 초과하여 주식을 배정받은 경우 그 초과분에 대하여는 증여세가 과세되며, 이에 해당하는 지 여부는 개인공동사업의 가치와 법인출자금액 등을 확인하여 판단할 사항임(재삼46014-658, 1995.03.17.; 재산세과-614,2011.12.26.).

(문답17) 2인 이상의 거주자가 공동으로 소유하는 부동산을 법인에 현물출자하고 「조세특례제한법」 제32조에 따른 이월과세를 적용받은 경우, 같은 조 제5항에 따른 법인의 설립일부터 5년 이내에 법인전환으로 취득한 주식의 100분의 50 이상을 처분하였는지 여부는 거주자 각자를 기준으로 판단하는 것임(서면-2017-법령해석재산-1453, 2017.10.27.).

(문답18) 거주자 갑, 을, 병으로부터 사업용 고정자산을 현물출자받아 설립된 「조세특례제한법」 제32조제1항에 따른 법인이 갑으로부터 승계받은 사업용 고정자산의 2분의 1이상을 처분하는 경우로서, 해당 처분자산이 갑, 을, 병으로부터 승계받은 사업용 고정자산 전체의 2분의 1이상에 해당하지 아니하는 경우에는 같은 조 제5항제1호에 따른 거주자로부터 승계받은 사업을 폐지하는 경우에 해당하지 아니하는 것임(서면-2016-법령해석재산-4862, 2017.04.19.).

제**4**장

기업 간
협업형태에 따른
세법적용

제4장 | 기업 간 협업형태에 따른 세법적용

제1절 공동조직의 운영

1. 공동목적 달성을 위한 공동조직이 조합에 해당하는지 여부

공동사업이라 함은 민법상 조합계약에 따라 2인 이상이 그 지분 또는 손익분배비율, 대표자 그 밖의 필요한 사항을 정하여 상호출자하여 공동으로 사업을 경영할 것을 약정함에 따라 당사자 전원이 그 사업의 성공여부에 대하여 이해관계를 가지는 사업을 말하는 것으로, '공동의 목적 달성'을 위하여 상호협력한 것에 불과하고 공동의 목적 달성이라는 정도를 넘어 '공동사업을 경영할 목적'이 있었다고 인정되지 아니하는 경우에는 민법상 조합계약에 따른 공동사업에 해당하지 아니한다(서면3팀-2296, 2005.12.16.; 대법원2005다5140, 2007.06.14.).

특정 사업이 공동사업에 해당하는지는 당사자들의 사업자등록, 법인세 신고내용 등의 형식뿐만 아니라 당사자 사이에 출자에 이르게 된 경위와 출자 여부, 경영의 참가 여부, 해당 사업의 성과에 따른 이익이나 손실의 분배약정 유무, 공동사업에 필요한 재산 및 산출물의 합유적 귀속 여부, 사업의 대외적 활동주체와 형식 및 해당 사업의 운영형태 등 제반사정을 종합하여 공동사업을 경영할 목적이 있었는지에 따라 판단하여야 하는 것이며, 이러한 과세요건 사실에 대한 입증책임은 과세권자에게 있다(대법원97누13894, 1998.07.10.; 대법원2009두744, 2009.03.12.).

2. 공동조직 운영과 운영경비의 처리방법

유사업종을 영위하거나 계열회사 등 수 개의 사업자가 공동판매조직이나 공동연구소를 운영하면서 소요된 경비를 매출액이나 연구결과물 등에 대한 소유권의 비율로 사업자 간 정산하는 경우에 해당 공동조직은 독립된 사업자로 볼 수 없다. 이러한 공동조직을 운영하면서 발생된 공동경비는 인건비 등 내부비용과 외부비용으로 구분되고, 외부비용은 부가가치세 과세대상 지출뿐만 아니라 면세대상 지출 등도 포함된다.

1) 정산금이 용역공급 대가인지

공동조직을 운영하면서 발생된 공동경비에 대하여 사전 약정한 분담비율에 따른 분담금액을 초과하는 지출액을 정산하여 지급받는 경우 다음과 같은 이유에서 공동경비 분담액을 그 상대방에 대한 용역공급대가로 보아 부가가치세를 과세할 수 없다(대법2016두55605, 2017.03.09.).

① 공동경비를 지출한 후 공동경비 정산계약상의 분담기준에 따라 정산한 경우, 그 분담기준이 부가령 제77조의 기준과 일치하지 아니하여 초과지출액의 매입세액이 불공제되더라도 이는 사업관련성이 부인된 결과일 뿐 구성원들 사이에 그 매출사업과 별개로 상대방에게 용역을 제공하였다고 볼만한 계약상 또는 법률상의 근거가 없는 점

② 구성원들이 초과지출액 상당만큼 상대방에게 별개의 용역을 제공한 것이라면 초과지출액과 관련하여 불공제된 매입세액은 과세대상인 용역의 공급과 직접 관련이 있는 지출로서 다시 공제할 수 있게 되므로 서로 양립할 수 없는 결과가 발생하는 점

③ 구성원들은 공동경비 정산계약상의 분담기준을 초과하여 지출한 공동경비와 달리 매입세액이 불공제된 초과지출액에 대하여는 상대방에게 정산을 요구할 수 없으므로 부가가치세 과세대상이 되는 유상의 용역제공으로 볼 수도 없는 점

④ 직전 사업연도의 매출액을 기준으로 한 분담금액은 시가와 반드시 부합하는 것이 아니므로 이를 시가로 보아 과세표준을 재산정할 수 있다고 보기도 어려운 점

2) 대표회사가 수취한 세금계산서의 공제방법

부가령 제77조는 부가가치세 과세대상이 되는 거래 중 매입세액의 공제가 허용되는 지출의 범위와 관련하여 법인령 제48조 제1항을 준용하고 있어, 분담금액 산출 시 기준이 되는 공동경비는 부가가치세 과세대상이 되는 지출에 한정되는 것으로 보아야 한다.

결국 부가령 제77조의 해석에 있어서 공동경비는 법인령 제48조 제1항의 공동경비 중 부가가치세 과세대상 지출만을 기준으로 하여 매출액 비율에 따라 분담금액을 산출하고, 이를 초과하는 금액에 대한 매입세액을 불공제하여야 한다. 따라서 공동조직의 대표회사가 수취한 세금

계산서는 실무상 약정된 분담비율로 다른 공동조직의 구성원에게 공동매입세금계산서 발급방법에 따라 세금계산서를 발급하고, 만약 세금계산서 발급을 하지 않았다면 대표회사는 그 초과지출액에 상당하는 공동경비는 불공제대상 매입세액이 된다(대법2016두 57175, 2017.03.22.).

3) 공동조직이 공동사업에 해당하는 경우

공동조직 등이 단순 비용배분, 공동개발, 공동사용을 위한 조직을 넘어서 출자와 공동조직에서 발생한 매출에 대한 이익을 분배하는 등의 공동사업협약이 체결됨으로써 공동사업에 해당하는 경우 별도의 공동사업자등록과 함께 공동사업에 직접 사용·소비할 재화의 구입 및 수입에 대하여 공동사업장 명의의 세금계산서를 발급받아야 하고 재화 또는 용역의 공급에 대하여도 공동사업장 명의로 발급하여야 한다. 만약 그 구성원 명의로 (수입)세금계산서를 발급받았다면 공동사업장 또는 해당 구성원의 매출세액에서 각각 공제할 수 없다.

3. 공동조직에 투입된 노무용역의 과세여부

수 개의 내국법인(세법상 상호 특수관계인에 해당)이 각 법인의 업무 중 일부를 공동으로 수행하기 위하여 공동업무 전담조직(이하 "공동조직")을 만들어 각 법인이 인력을 파견하여 공동업무를 수행하고 그 급여는 소속법인에서 받는다. 이 '때 공동조직 구성원인 갑법인이 공동조직 운영을 위해 자기부담분 노무용역을 초과하여 제공함에 따라 발생한 자기부담분 초과비용을 다른 법인으로부터 지급받는 경우 용역공급으로 볼 수 있는지를 살펴보고자 한다.

1) 공동조직의 실체 및 거래의 성격

질의의 "공동조직"은 그룹 내 우수 인력과 정보 등 물적시설을 공유하여 그룹 내 각 계열사의 글로벌 성장을 지원하고 M&A와 지원 등을 전담하며, 복수의 계열사가 참여하거나 그룹 차원의 역량이 동원되는 주요 사업 또는 각 계열사가 종전의 사업구조를 혁신하거나 새로운 영역으로 진출하고자 할 때 재무·사업적 차원의 지원을 담당하고, M&A를 비롯해 재무 지원 등 주요 솔루션을 제시하는 역할을 수행하고 있다. 각 계열사는 공동조직의 인건비 및 제반경비에 대하여 법인령 제48조에 따른 공동경비 분담기준에 따라 매출액 비율로 분담한다.

공동조직은 그룹 전체의 이익 등을 위한 업무를 수행하고 그 비용을 각사에 분담하기 위한 임시적 조직체일 뿐 그 공동조직에서 발생한 손익을 부담하거나 부가가치를 창출하는 조직이 아니며, 대외적인 권리능력이나 연대책임을 지는 것이 아닌 내적조직으로 민법상 조합이나 부가가치세법상 별도의 사업자라 볼 수 없으며 공동조직은 특정한 사업을 영위할 목적으로 출자의 이행, 손익의 분배, 대외적으로 연대책임을 지는 공동사업자도 아니고, 특정한 공사를 공동으로 수행하기 위하여 잠정적으로 결성된 공급수급체도 아니다.

이처럼 공동조직은 민법상 조합, 세법상 공동사업자, 잠정적으로 결성된 공동수급체도 아닌 불투명조직체로서 공동조직 내의 비용분담을 외적거래로 파악할 수 없고 공동조직 구성원인 계열사 간의 내적거래로서 비용분담을 외부거래와 동일하게 파악해서는 아니 된다.

2) 용역의 위탁 또는 도급계약인지

자기의 사업에 필요한 용역수행 결과물의 공급계약에 따라 상대방이 용역활동을 수행하고 그 용역활동 결과물을 인도받는 경우 이는 위탁 또는 도급에 해당하여 용역의 공급이다. 반면 질의의 공동조직의 활동의 경우 법적실체가 다른 둘 이상의 법인이 협력·보완이 가능한 기능을 통합한 그룹 공통업무를 수행하면서 발생한 내부비용 중 특정법인은 연구인력, 건물, 장비 등에 대하여 자기지분비율을 초과하여 부담한 것이며, 다른 법인은 내부발생비용에서 덜 부담한 부분에 대하여 자기지분보다 현금을 더 부담한 경우가 발생한다.

공동조직 운영에 대한 약정은 법률상 둘 이상 회사 간의 공동행위로서 위임받은 법률행위 등을 수행하고 그 보수를 청구하는 방식으로 위탁계약과는 법률상의 원인이 다른 것이다. 또한 도급계약은 당사자 일방이 어떤 일을 완성할 것을 약정하고 상대방이 그 결과물 제공에 대하여 보수를 지급할 것을 약정하는 계약형태로서 수급자가 자기비용으로 업무를 수행하고 수탁업무 실패 시 비용 및 보수청구가 원칙적으로 불가한 바 질의의 공동조직은 이러한 요건을 충족하고 있지 아니하므로 도급계약으로도 볼 수 없다.

3) 공동조직의 활동이 독립된 사업인지 여부

부가법상 사업자란 사업 목적이 영리이든 비영리이든 관계없이 사업상 독립적으로 재화 또는 용역을 공급하는 자이므로(부가법§2), 공동조직 운영약정, 공동기술개발약정 또는 원가분담계약에 따라 이윤 등을 가산하지 아니하고 공동으로 비용을 분담하고 결과물을 공동으로 사용하는 경우 해당 공동조직은 사업상 독립적이지 못하고 둘 이상 법인 공동의 과세사업 목적으로 부수되는 사업활동 또는 내부거래로서 사업상 독립적으로 용역을 공급한 것으로 볼 수 없다.

4) 그룹 내 인력 파견이 용역의 공급인지

공동조직은 그룹 전체 계열사들의 공동의 이익을 위하여 조직되었고 그 조직을 운영하기 위해서는 각 계열사의 우수인재들을 활용할 수밖에 없으며, 이 과정에서 공동조직에 동원된 인력에 대한 급여지급은 소속된 회사에서 지급할 수밖에 없는 것이고 계열사들에게 비용을 분배하여야 한다.

국세청은 그룹 내 관계회사 간 인력교류협약에 따른 근로자 파견과 관련하여 파견회사가 지급하는 급여에 대하여 용역의 공급으로 회신하였으나, 조세심판원은 그룹 내 관계 회사 간 파견제도는 그룹사 간 체결한 그룹 인력교류협약서의 취지에 따라 그룹 인력교류 활성화를 통해 우수 인재의 적재적소 활용 및 인재 육성을 도모하고 지주회사와 자회사 간 상호 업무협조 및 이해증진을 바탕으로 그룹사 모두의 시너지 극대화를 목적으로 하고 있을 뿐 영리 목적이 없고, 원소속 회사로서는 파견회사가 파견자에게 직접 급여를 지급하므로 파견에 따른 부가가치를 창출하지 않는 바, 직원을 파견한 목적이 영리 목적이 아닌 그룹사 간의 업무효율화를 도모하기 위하여 한 것이라는 점과 파견직원에 대한 부담금을 파견회사(자회사)에서 종국적으로 부담한다는 점에서 영리를 목적으로 사용사업주에게 인력(파견근로자)을 파견하여 근로를 제공하게 하고 파견직원에 대한 대가를 받는 「파견근로자 보호 등에 관한 법률」상의 '근로자파견'과 달리 파견자가 파견회사로부터 받은 급여는 영리목적으로 원 소속회사가 직원을 파견하고 지급받는 대가가 아니라 사실상 파견직원으로서 지급받는 급여 등에 해당하는 것으로 보이므로 그룹 계열 간 인력교류를 파견자가 인력공급업을 영위하고 있는 것으로 보아 쟁점인건비를 부가가치세 과세대상으로 볼 수 없다고 결정하였다(조심2014서4772, 2015.01.23.; 조심2012서696, 2014.01.10.; 조심2011서1991, 2012.02.17.).

조세심판원은 업무효율화를 위해 자기의 직원을 다른 계열사에 파견하여 파견기간 동안 파견회사를 위한 업무를 전적으로 수행하는 경우에도 용역의 공급에 해당하지 아니한다고 계속적으로 결정함으로써 국세청의 과세처분에 대한 유지가 사실상 어렵고 세무서에서도 과세를 하지 않고 있는 현실이며, 하물며 질의의 공동조직과 같이 특정 법인을 위한 인력파견이 아닌 그룹 전체를 위하여 공동조직에 인력을 파견하고 그 인건비만을 분담하는 경우에는 더더욱 인력공급업으로 보아 용역의 공급으로 부가가치세를 과세할 수는 없다.

사업자가 지주회사와 체결한 '관리협약서' 및 지주회사의 '자회사 경영관리규정'에 근거하여 그룹의 실익 증진 및 경영의 효율성 등을 위해 직원을 그룹 내 계열사에 파견하여 근무하게 하고, 해당 계열사로부터 파견 직원의 인건비를 지급받는 경우 해당 인건비는 부가법 제4조에 따른 부가가치세 과세대상에 해당하지 아니하는 것임(기준-2020-법령해석부가-0044, 2020.05.26.).

※ 다만, 계열사 간의 업무효율 극대화를 위한 목적의 공동조직 등에의 협업 인력 공급이 아닌 특정 계열사의 요구에 의하여 당사의 인력을 사전 파견근로약정에 의하여 파견하고 그 근로용역대가를 받기로 한 것이라면 용역의 공급이 아니라고 보긴 어렵다고 본다.

5) 결론

수 개 법인이 공동의 실익증진과 경영의 효율성 증대를 위한 공동마켓팅, 기술개발 및 공유, 공동광고(대외 PR업무 등)을 위하여 공동조직을 만들어 상호 인적, 물적자본을 투입하고 그 결과물을 향유(공동사용, 소비 등)하는 경우 인력의 파견과 그에 따른 초과노무용역에 대한 정산은 위탁이나 도급, 인력의 파견업 등 독립된 사업으로서의 용역대가 정산이 아니므로 용역의 공급에 해당하지 아니한다(기준-2020-법령해석부가-0044, 2020.05.26.)

4. 공동기술개발을 위한 공동조직(연구소) 내부비용정산이 용역의 공급인지

1) 현대·기아차 공동연구소 관련 기재부 유권해석

기획재정부는 2014년 예규심사위원회를 통해 두 법인이 공동기술개발 약정을 체결하여 그에 따른 내·외부 비용을 분담비율에 따라 부담하고 개발결과물을 공동으로 소유하는 공동기술개발을 수행하면서 어느 한 법인이 인력·시설 등 내부비용을 전액 또는 비용분담비율을 초과하여 선부담하고 정산하는 경우 용역의 공급에 해당하지 아니하는 것이나, 외부로부터 공급받은 재화나 용역 등 외부비용 관련 매입세액 중 해당 법인의 비용분담비율을 초과하는 분에 대한 매입세액은 공제받을 수 없는 것으로 회신하였다(기획재정부 부가가치세제과-402, 2014.06.02.).

즉 공동연구조직을 통한 비용분담에 있어 내부비용 초과부담액 등이 용역공급에 해당하지 아니하기 위해서는 다음의 세 가지 요건을 충족해야 하는 바,

① 원가절감 및 품질개선 등을 목적으로 공동연구개발 또는 원가분담약정을 체결

② 개발비용에 대한 이윤 등의 청구 없이 발생 비용만을 공동부담하며 기술연구개발이 실패한 경우 위험을 공동 부담할 것

③ 공동연구개발 수행의 결과물을 공동소유(사용)할 것

위 기재부 유권해석의 생산과정에서의 핵심은 주로 인력이었으며, 논란의 핵심은 어느 한 법인이 인력을 수행하고 상대방이 자기가 부담해야 할 인력의 제공 없이 현금으로 지급한 경우에도 용역의 공급이 아니냐는 것으로 동일 분담비율대로 인력을 상호 공동조직에 투입하였다면 용역의 공급으로 볼 수 없지만 어느 한 법인이 인력 투입 없이 자금만 부담한 경우 용역의 공급이라는 조사관서의 의견이 있어 기재부가 이러한 경우에도 비용과 위험을 부담하고 그 결과물의 공동소유(공동사업 포함)가 있다면 정산금에 대하여 용역의 공급이 아니라는 최종 유권해석을 내린 것이다.

이 해석으로 인하여 공동조직이 비용분담약정과 공동부담, 공동조직에서 산출된 의사결정에 대하여 그 구성원들이 공동의 이익과 위험(손실)을 부담하게 되고, 사전약정에 따라 각 계열사의 매출액 비율에 따라 비용분담을 하게 되는 구조로서 그 결과물(의사결정)이 특정 법인에 전적으로 귀속되는 것이 아니라 위 3가지 요건을 모두 갖추었다면 용역공급이 있었다고 볼 수 없다는 입장이 확립되었다.

2) 결과물의 취득·사용에 따른 용역공급 해당 여부

원시취득이란 기존 권리와 관계없이 어떠한 권리를 타인으로부터 승계하지 아니하고 독자적(독립적)으로 취득하는 것을 말하며 건물을 신축하면서 자기의 노력과 비용으로 건물을 취득했다면 그 사람이 건물의 소유권을 처음부터 취득한 것을 뜻하는 것으로 그 비용과 노력을 들인 자가 원시취득자가 된다.

공동조직을 통해 양사가 공동으로 부담한 인적시설, 물적시설, 자금이 체화된 결과물을 원시취득(공동으로 사용하는 것을 포함)하는 것이므로 공동조직 외의 다른 사업자로부터 승계취득(매매 등)하는 것이 아니어서 용역의 공급 또는 재화의 공급으로 볼 수 없다.

또한 공동조직의 활동으로 인한 결과물(공동조직 활동으로 산출된 의사결정을 포함)의 사용에 있어서도 사전약정에 따라 이윤 등의 가산 없이 비용을 분담하고 그 결과물을 공동으로

사용하고 있다면 자금과 인적·물적자원과 자금을 공동투입하여 산출된 결과물을 공동조직에 소유권을 유보시킨 채 공동사용하는 것이므로 결과물의 통제권이 특정기업에 이전된 것이 아니어서 (사업상 독립적으로) 재화 또는 용역을 공급한 것으로 볼 수 없다.

◆ **공동기술개발 약정 및 개발결과물의 공동소유 개념**

'공동기술개발 약정을 체결하여 그에 따른 내·외부비용을 분담비율에 따라 부담한다'는 것은 공동기술개발 약정을 체결하고 그 공동기술개발 약정에 따라 그 공동기술개발과 관련하여 발생한 모든 비용을 인건비, 감가상각비 등 내부비용과 재료비, 외주용역비 등 외부비용으로 구분하여 그 내부비용과 외부비용 각각을 분담비율에 따라 부담한다는 것을 의미하며, '개발결과물을 공동으로 소유한다'는 것은 개발결과물을 법률적으로 공동으로 소유하거나 개발결과물을 별도의 제한 없이 공동으로 사용하고 그 개발결과물 매각 시에는 그에 대한 대가를 배분받는 경우 등과 같이 경제적·실질적으로 공동으로 소유하는 것을 의미한다(기획재정부 부가가치세제과-361, 2015.05.13.).

---

3) 원가분담약정과 외국의 사례

원가분담약정(Cost Contribution Arrangement; "CCA")이란 둘 이상의 참여자들이 무형자산의 연구개발에 필요한 재원을 조달하기 위하여 해당 연구개발을 통해 창출될 것으로 예상되는 기대편익에 근거하여 관련 비용을 분담하기로 약정하는 일종의 계약행위를 말한다.

무형자산 등의 개발에는 장기간의 시간, 막대한 직·간접비용이 소요되고 많은 위험부담이 따르기 때문에 공동개발에 대한 효익에 대하여 합리적으로 기대하는 참여자들은 원가분담약정을 통해 비용을 절감하고, 서로 다른 자원을 공유하며, 규모의 경제를 달성하여 무형자산을 보유하고자 한다.

우리나라는 원가분담약정에 관하여 국조법 제9조에서 규정하고 있으며, 원가분담약정을 사전에 원가·비용·위험의 분담에 대한 약정을 체결하고 이에 따라 공동개발하는 경우를 지칭하고 있다.

국조법 해설에서는, 자산 또는 서비스 등의 개발·생산·확보에 소요되는 비용과 위험을 분담하고 결과물인 자산 또는 서비스에 대한 개별참여자의 지분크기를 결정하기 위한 기업 간의 약정으로 설명하고 있다.

공동조직 운영과 유사한 형태의 공동기술개발약정에서는 비용과 위험을 공동부담하고 결과물을 공동으로 사용(경제적 소유권을 분담비율만큼 소유하는 경우를 포함)한다는 점에서

OECD가이드라인상의 원가분담약정과 유사한 바, 원가분담약정 하에서는 구성원 간 소득이 있었던 것으로 보지 아니하고 단순 비용의 상환으로 보아 무형자산의 취득원가(원시취득)로 보고(OECD가이드라인 문단 8.3; 국조-665, 2004.12.10. 외 다수), 국내 외 법인 간 원가분담약정에 의하여 공동연구개발을 하여 결과물을 공동으로 소유·사용하는 경우 국내법인이 납부하는 비용분담금은 사용료소득이 아니라고 판단하고 있다(재국조-665, 2004.12.10.; 대전고법2000누1364, 2001.11.30.).

이처럼 공동기술개발약정, 원가분담약정 및 질의의 공동조직이 비용의 공동부담과 공동사용이라는 전제조건으로 성립하므로 두 요건이 충족되었다면 두 약정을 달리 해석할 합리적 이유가 없으므로 OECD가이드라인의 원가분담약정과 같이 인적·물적설비를 제공하는 등 직접적 공동활동에의 참여 없이 자금만을 부담한 경우라도 용역의 공급이 있었다거나 그 과정에서 이익이 발생하였다고 볼 수 없는 바, 질의의 공동조직에서도 그대로 유추적용되어야 할 것이다(재부가-402, 2014.06.02.; 부가46015-107, 1995.01.13.; 부가-970, 2012.09.24.).

4) 단순비용정산이 용역의 공급인지

부가가치세는 재화나 용역이 생산되거나 유통될 때에 기업이 창출하는 부가가치에 대하여 부과하는 조세로서 공동조직 운영 또는 공동기술개발을 하면서 별도의 이익(부가가치)을 창출함이 없이 특정 법인은 내부비용(인력, 건물, 장비 등)을 주로 부담하고, 다른 특정 법인은 인력의 일부와 현금을 주로 부담하는 경우가 대부분으로 당사자 간에 용역제공의 범위, 공급가액, 시기 등의 구체적 약정이 없이 사후 비용 정산하는 것이다.

재화나 용역의 공급자에게 개별적·직접적인 반대급부로서 대가의 지급이 있는 경우에는 과세대상 재화 또는 용역의 공급이 있었다고 보는 것이나, 공동조직 운영에 따라 각자에게 귀속되는 비용의 분담 외에 용역의 제공에 관한 계약이 없고 각 법인은 공동조직을 운영하는 과정에서 이익이 발생하지 아니하였고 실제 발생한 비용을 약정에 따라 사후 정산한 것일 뿐 어느 일방이 부가가치를 창출하면서 계속적·반복적인 의사로 용역을 공급한 것은 아닌 것이며, 공동조직 활동으로 인한 결과물의 성패에 관계없이 비용을 공동으로 부담하는 공동계산 및 공동책임을 지고 있어 구성원 상호 간에 용역이 공급된 것으로 볼 수 없다.

5) 결론

위탁자의 요구에 따라 수탁자가 비용을 부담하여 개발된 결과물을 전적으로 위탁자에게 귀속시키는 위탁계약과 달리 공동의 계산과 공동의 책임관계로서 공동행위에 해당하고 그 결과물을 공동으로 사용하고 있어 이러한 약정 하에서는 계약상 원인에 의한 위탁용역의 공급에 해당하지 아니하고, 결과물(공동의 활동과 의사결정 등)이 어느 한 법인에 전적으로 귀속되지 아니하고 공유하는 경우로서 재화 또는 용역의 공급이 있었다고 볼 수 없다.

재화나 용역의 공급자에게 개별적·직접적인 반대급부로서 대가의 지급이 있는 경우 과세대상 재화 또는 용역의 공급이 있었다고 보는 것이나, 공동조직의 정산금은 용역제공의 범위, 공급가액, 시기 등의 구체적 약정이 없이 사후 비용 정산하는 단순경비배분과정을 용역공급으로 보아 과세할 수 없다(서면-2016-법령해석부가-3604, 2016.07.08.).

5. 외부구입비용에 대한 매입세액 공제방법

공동매입에 따라 세금계산서를 수취한 사업자는 그 공급가액 범위 내에서 비용의 실지 부담자에게 세금계산서를 발급하도록 특례규정을 두고 있는바(구 부가칙 §18), 공동조직의 운영을 위해 다른 사업자로부터 원재료 및 부품 등(외부구입비용)을 구입하면서 수취한 세금계산서는 대표사를 정하여 그 대표사 명의로 수취하거나 자금을 선 집행한 사업자가 수취할 수 있으나, 매입세액은 각 사가 분담비율만큼 공제되는 것으로 공동조직의 한 구성원이 외부구입비용을 부담하고 세금계산서를 수취하였다면 다른 구성원의 비용분담금에 해당하는 분은 공동매입에 대한 세금계산서 발급특례규정에 따라 발급하고 그 상대방이 매입세액공제를 받을 수 있는 것이다.

그간 법원, 유권해석, 조세심판례에서도 외부구입비용(세금계산서 수취분) 중 자기부담은 수취한 세금계산서에 의하여 매입세액공제가 가능하고 자기분담비율을 초과한 매입세액을 불공제(실부담자에게 부담액에 상응하는 세금계산서를 발급한 경우 그 실부담자가 공제받음)한다는 것이 일관된 입장으로(부가46015-338, 1998.02.25.; 부가-970, 2012.09.24.; 대법2005두11036, 2007.09.20. 외), 외부구입비용에 대한 세금계산서를 부가령 제69조 제14항 제15항 및 부가규칙 제51조에 따라 공동매입에 대한 세금계산서 발급특례를 적용한 세금계산서 수수는 정당한 세금계산서로서 매입세액공제가 가능하다(서면3팀−936, 2008.05.09.; 부가22601−1474, 1990.11.09.).

<사 례>

소 속	배 분 비 율	공통경비		내부비용 초과부담	외부비용 초과부담
		인건비	임차료[1]		
A	60%	400	200	100[3]	80[2]
B	40%	100	−		
합계	100%	500	200	100	80

1) 임차료에 대하여 A명의로 세금계산서를 수취

2) 임차료 200×40%(B 분담비율)=80

3) 정산금 280−100(인건비 부담분)−80=100 또는 [400 - 500 × 60% = 100]

※ A는 B에게 공급가액 180(인건비 초과액+임차료)을 기재한 세금계산서 및 정산서를 발급

제2절 기업 간 공동연구과제 수행

1. 개요

이 절에서는 정부 등으로부터 출연을 받아 기업 간 공동연구개발을 수행하는 과정에서 발생되는 부가가치세, 법인세 등 정부출연금의 과세문제에 대하여 아래와 같은 구체적 질의사례를 통하여 정리하고자 한다.

2. 사실관계 및 과세쟁점

가. 일반사항

사업자가 정부에 특정한 연구과제를 제안하고 선정된 과제(이하 "국책연구과제")에 대하여 연구를 수행하기도 하고, 국책연구과제 외에도 기업으로부터 연구용역을 의뢰받아 연구용역을 제공하기도 한다.

나. 연구과제의 수행에 있어 관련기관과 그 역할

구 분	역 할
전담기관	정부 또는 정부의 위임을 받은 기관으로 주관기관의 연구개발사업 계획서 검토, 협약체결, 정부출연금의 지급 및 정산, 기술료 징수 및 사후관리 등의 업무를 수행함.
주관기관	관계법령에 근거하여 과제연구를 신청하고, 선정된 연구개발사업을 주관하여 총괄관리·수행함.
참여기관	과제연구 결과물을 사용할 목적으로 총 연구개발비 중 민간부담금의 일부를 부담하는 자로서 주관기관과 공동연구개발을 수행하는 경우도 있으며, 통상적으로 과제연구 완료 시 기술료를 납부하고 실시권을 부여받음.
실시기업	연구개발 결과물을 사용하는 기업, 기술료를 납부하여야 함.

① 정부(국가 및 지방자치단체) 및 전담기관

정부는 신기술의 개발을 촉진하고 그 성과를 보급하여 기업의 국제경쟁력을 강화함으로써 국민경제의 발전을 목적으로 출연금의 형태로 연구개발비를 전담기관 또는 주관기관에 지급하고 하고 있다.

정부가 국가연구 개발사업 출연금을 출연하나 업무의 전문성과 과중한 행정부담을 고려해 전담기관을 설립하여 정부의 업무를 대신하고 있다.

행정 처리를 위해 전담기관과 협약을 체결하고 있으나 재출연해야 할 주관기관, 연구과제, 금액을 특정하게 된다.

전담기관은 정부로부터 연구개발사업계획의 승인을 받아 성부를 내리하어 연구개빌사업에 대한 기획, 평가, 관리 등의 업무 및 연구개발비의 편성·집행·결산에 관하여 주관기관을 엄격하게 관리·감독한다.

기술개발사업 수행 후의 결과물에 대하여 성공·실패 시 및 협약의 불이행 시에도 정부와 주관기관 간의 협약의 경우와 동일하게 처리한다.

따라서 전담기관은 국가사무를 위탁받아 주관기관을 관리·감독하는 도관(Pass- through) 성격의 역할을 수행할 뿐 실제 사업주체는 주관기관이므로 전담기관이 주관기관에 출연금을 지급하는 경우 실질적으로 정부가 주관기관에 지원한 것으로 보아야 한다.

⇒ 전담기관은 도관역할을 수행하므로 사업자로 볼 수 없다.

② 주관기관

주관기관은 전담기관 또는 참여기업과 기술개발협약서를 체결하여 실질적으로 국가연구개발사업을 추진하는 사업주체이다.

연구개발비의 편성·집행·결산에 관하여 정부(또는 전담기관)의 엄격한 관리감독을 받고 있고, 기술개발사업이 성공하면 정부(또는 전담기관)에 정액기술료를 납부하고 정부의 지적소유권 지분까지 완전히 취득할 수 있는 권리를 가진다.

주관기관이 연구용역을 수행하고 받는 정부출연금이 실질적으로 정부가 반대급부 없이 지원한 국고보조금이라면 용역 공급에 따른 대가 또는 계약에 의하여 연구용역을 제공하는 사업으로 보기 어렵다.

다만, 주관기관이 단순히 연구개발협약에 따라 연구용역을 수행하고 해당 연구개발협약의 결과물에 대한 권리를 주관기관이 가지고 있지 않거나 전담기관 등이 전적으로 통제하는 경우에는 용역 공급에 대한 대가로 볼 수 있을 것이나, 이 경우 동 용역이 부가령 제42조 제2호 나목의 독립된 사업으로 제공되는 학술 또는 기술연구용역으로서 새로운 학술이나 기술을 개발하기 위하여 새로운 이론·방법·공법 또는 공식 등을 연구하는 것에 해당되는 때에는 부가가치세가 면제된다.

③ 참여기업

기술개발사업 결과물 사용목적으로 연구개발비의 일부를 부담하면서 주관기관과 공동연구개발을 수행하고 있으며 통상적으로 기술개발 완료 시 기술료를 납부하고 실시권을 부여받거나, 결과물에 대한 소유권 중 자기 부담분 지분을 소유하는 경우도 있다. 참여기업이 주관기관과 기술개발사업을 직접 수행하는 경우 주관기관이 전담기관과 연구개발사업을 수행하는 경우와 그 업무수행이 동일하므로 주관기관과 동일하게 부가가치세 과세 여부 및 면제 여부를 판단하여야 한다.

④ 실시기업

연구개발 결과를 사용하는 사업자로서 주관기관(참여기업)에 기술료를 납부하여야 하며, 이 경우 해당 기술료는 부가법 제11조에 따른 용역의 공급대가에 해당하므로 주관기관(참여기업)은 실시기업으로부터 부가가치세를 거래징수하고 세금계산서를 발급한다.

다. 과제 수행방법의 구체적 요약

① 사업의 수행

전담기관과 주관기관이 기술개발협약서를 체결하고 연구개발사업계획에 따라 과제연구를 수행한다. 과제연구는 주관기관이 단독으로 수행하는 경우도 있고 참여기업과 함께 수행하는 경우도 있으나, 참여기업이 부담금만 납부하고 연구는 수행하지 아니하는 경우도 있다.

② 정부출연금 및 민간부담금의 부담

각 연구개발에 관련된 기관은 협약서에서 정한 기준에 따라 연구 개발에 필요한 연구개발비를 부담한다.

③ 사업비의 사용 및 정산

주관기관은 연구개발비를 다른 자금과 분리하여 별도의 계정을 설정하여 관리하며, 연구개발과제 종료 시 사용실적을 전담기관에 보고하고 잔액이 발생할 경우 반납한다.

④ 연구개발 결과의 보고 및 평가

주관기관은 연구개발에 대한 중간보고서 및 최종보고서를 약정한 기일까지 정부(전담기관)에 제출하여야 하며, 전담기관의 장은 최종보고서에 대하여 "성공" 또는 "실패"로 평가하여 해당 장관 및 주관기관의 장에게 보고한다.

⑤ 기술료의 징수

전담기관의 장은 "성공"으로 평가되어 기술료 징수대상 과제로 확정된 연구개발 과제에 대해서는 주관기관으로 하여금 기술료를 참여기업으로부터 징수하도록 하며, 주관기관은 참여기업과의 협약에서 정한 기술료(정부출연금의 30%~50% 정도)를 징수하여 납부한다.

⑥ 정부출연금의 환수

연구개발이 실패한 경우 제재조치 및 출연금을 환수할 수 있으나, 연구개발과제를 성실하게 수행한 것으로 인정될 경우에는 출연금 환수 등의 조치를 면제할 수 있다.

⑦ 지적재산권 및 유형적 발생품의 귀속

일반적으로 연구개발 완료 시까지는 정부, 주관기관, 참여기업이 지분별로 소유하나, 정부출연금의 지분에 대해 주관기관이 소유하는 경우도 있다. 그리고 사업완료 후 기술료 납부시점부터는 정부출연금의 지분에 대해 주관기관이 소유한다.

라. 공동연구과제 수행에 따른 주요 과세쟁점

① 전담기관, 주관기관, 참여기업이 국책연구과제를 수행함에 있어 참여기업이 연구비의 일부

를 부담하는 경우에 있어서 연구활동을 수행하는지 여부, 소유권을 취득하는지 여부에 따른 부가가치세 과세방법

② 공동연구를 수행함에 있어서 주관기관은 정부 및 참여기업으로부터 연구비를 교부받아 이를 일괄관리·집행함에 있어 주관기관이 교부받은 정부출연금을 연구비 분담비율에 따라 다시 참여기업에 배정하게 되는 경우 정부출연금의 배정이 부가법상 과세거래에 해당하는지 여부

③ 공동연구 수행활동 결과물에 대한 기술료의 징수는 주관기관이 참여기업으로부터 징수하여 이를 전담기관에 납부하고 있으며, 그 결과 주관기관은 개발결과물의 소유권을, 참여기업은 개발결과물의 실시권(또는 지적재산권 등의 소유권)을 부여받게 되는 경우, 참여기업이 부담하는 기술료가 부가가치세 과세대상인지 여부

④ 지적재산권 등을 취득한 주관기관 또는 참여기업이 실시기업과 사용료계약을 체결하고 기술료를 받아 전담기관(정부)에 납부하는 경우 세금계산서 발급방법

⑤ 공동연구개발을 수행함에 따른 비용에 대한 조특법상 연구 및 인력개발비 세액공제방법

⑥ 공동연구 수행에 따른 보조금 등의 손익귀속시기

3. 공동연구수행에 대한 부가가치세 과세

1) 주관기관이 지급받는 정부출연금의 부가가치세 과세여부 검토

정부에서 시행하는 각종 기술개발사업을 보면 주관기관이 기술개발사업 수행의 결과물을 전담기관에 보고하고, 개발된 기술의 지적재산권 및 발명품 등을 전담기관과 공유하거나 주관기관에 귀속시키면서 정부출연금 중 일부를 지적재산권 사용에 따른 기술료 형태로 징수하며, 정부출연금에 대한 사후정산(서면검토나 현지실사) 등 전담기관이 주관기관을 부분적으로나마 통제하는 경우가 대부분이다. 이런 과정에서 개발된 기술의 지적재산권 등을 전담기관과 공유하거나 주관기관에 귀속하는 경우 세무처리는 아래 "㉠", "㉡"과 같다.

⊙ 기술개발사업이 성공하여 주관기관이 전담기관에 정액기술료(정부출연금의 30%~50%)를 납부하면 전담기관의 지적소유권 지분까지 완전 취득할 수 있는 권리가 부여된다. 이처럼 주관기관이 개발된 권리의 사용에 따른 기술료 납부형태를 취하고 있으나 이는 주관기관이 지적재산권을 원시적으로 취득하는 것으로 지적소유권 지분 양도에 따른 대가 또는 사용료로 보기는 어려우며, 기업회계에서도 이러한 정액기술료를 정부에 대한 부채(차입금)의 상환으로 해석하고 있다(한국회계연구원 해석01-032, 2001.03.05.; 질의회신 02-67, 2002.04.06.; 국심2002서449, 2002.06.07.).

⊙ 개발사업이 실패하는 경우에도 주관기관이 기술개발사업과제를 성실하게 수행한 것으로 인정될 때는 출연금의 환수조치를 면제받을 수 있다는 점에서 볼 때 용역제공에 대한 대가 관계가 있는 것으로 볼 수 없으며(기업회계기준 해석에서는 경상개발비 발생시점에 자산수증이익 과목으로 하여 영업외수익으로 처리), 주관기관의 불성실한 개발사업 수행이나 부도 등으로 인한 계약이 불이행될 경우에 정부출연금을 환수하는 조치는 연구개발을 성실히 수행하도록 하기 위한 장치일 뿐 대가관계가 있어 환수하는 것으로 볼 수는 없으므로 이러한 정부출연금은 실질적으로는 정부가 주관기관에 반대급부 없이 지원한 국고보조금 성격으로 파악되므로 부가가치세 과세대상 용역공급에 해당하지 아니한다(동지: 법인46012-121, 2002.07.02.; 기업회계기준해석2001-111, 2001.08.01.; 재경부 소비세제과-232, 2003.12.17.).

※ 기업회계기준해석에서 주관기관이 납부하는 정액기술료(예 : 출연금의 30%)를 지적소유권의 대가로 보지 아니하고 기 지원한 출연금의 상환으로 처리하고, 나머지 70%는 자산수증이익(영업 외 수익 또는 특별이익)으로 처리토록 함.

출연금이란 국가연구개발사업의 목적을 달성하기 위해 정부가 반대급부 없이 예산이나 기금에서 연구수행기관에 지급하는 연구경비로 정부가 반대급부 없이 지출한 출연금은 재화 또는 용역의 공급에 직접 관련되지 아니한 것이므로 부가가치세 공급가액에 포함하지 아니하는 것이 타당하고, 조특법 제10조에 따른 연구인력 개발비 세액공제에 대한 해석에서도 연구과제 완료시 기술료를 납부하는 조건으로 그 결과물을 일정기간 독점적, 배타적으로 사용할 수 있는 권리를 취득하는 경우 정부출연금과 자체 부담경비 중 조특령에 열거된 것은 해당 세액공제가 가능하다고 회신한 것도 이를 뒷받침한다(법인세과-309, 2010.03.29.).

다만, 주관기관이 정부나 전담기관과 단순히 연구개발협약에 따라 연구용역을 수행하고 해당 연구개발협약의 결과물에 대한 권리를 주관기관이 가지고 있지 않거나 전담기관 등이 전적으로 통제하여 주관기관 등이 그 소유권을 주장할 수 없는 정부출연금은 부가법 제11조에 따른 용역공급 대가에 해당된다. 이 경우에도 동 연구용역이 부가령 제42조 제2호 나목의 독립된 사업으로 제공되는 학술 또는 기술연구용역에 해당되는 경우 부가가치세가 면제된다(부가46015-412, 2000.02.24.).

2) 참여기업의 연구활동수행(민간부담금 부담)에 따른 과세여부

○ 운영형태

구 분	연구활동 수행	연구비만 부담
소유권을 취득하는 경우	"가"	"나"
소유권을 취득하지 않는 경우	"다"	"라"

○ 사례별 과세여부

< 사례 "가" >

▌참여기업이 주관기관과 기술연구협약을 체결하고 참여기업이 직접 공동연구활동(민간부담금도 부담)을 수행하면서 주관기관이나 전담기관을 통하여 정부출연금을 수령함에 있어

　연구수행 결과물에 대한 소유권을 취득하거나 기술 실시권을 얻는 것은 상기의 주관기관이 정부출연금을 받아 공동연구활동을 수행하고 결과물에 대한 소유권을 취득하는 경우와 그 경제적 실질이 동일하고 참여기업이 소유권을 원시적으로 취득하는 것으로 부가법 제11조에 따른 용역공급으로 볼 수 없다(서면 3팀-1661, 2006.08.01.; 부가46015-105, 2001.01.15.).

< 사례 "나" >

▌참여기업이 주관기관과 기술연구협약을 체결하고 참여기업이 연구활동은 수행하지 아니하고 기술연구개발사업비의 일부를 부담하는 "나"의 경우

　참여기업이 기술 실시권을 얻어 자기의 사업을 위하여 사용할 목적으로 연구비의 일부를 부담한 것으로 기술실시권이라는 무형재화를 원시취득하기 위하여 기술개발위탁용역을 제공받고 대가를 지급한 것은 용역의 공급으로 보아야 한다는 해석과, 수 개 기업이 물적시설, 인적시설, 자금 중 어느 하나 이상을 공동부담(자금만을 부담한 경우 포함)하여 그 결과물을 공동 사용하는 것은 동일하므로 비용의 공동부담과 그 결과물의 공동사용이라는 사실에는 변함이 없으므로 인적·물적시설을 부담한 경우와 달리 볼 것은 아니어서 용역의 공급으로 볼 수 없다는 해석이 있다(부가46015-105, 2001.01.15.; 부가46015-2400, 1996.11.13.; 부가46015-107, 1995.01.13.; 부가22601-1474, 1990.11.09.).

　그러나 정부출연금, 자기부담금(인적, 물적시설, 자금 등) 등을 공동부담하여 그 결과물을 공동소유 또는 공동 사용하는 경우 용역의 공급으로 보지 아니한 기획재정부의 해석이 나왔으므로 후자에 따라 처리함이 타당하다(재부가-426, 2014.06.17.).

< 사례 "다","라" >

□ 연구비의 일부를 부담하거나 연구활동을 수행하지만 지적재산권 등의 소유권을 취득하지 않는 경우이나,

　　참여기업의 참여목적(연구비 부담)이 연구개발 결과물의 사용에 있고, 지적재산권을 취득하지 않더라도 실시권(저가의 기술료를 납부하고 사용할 수 있는 권한)이 부여되는 경우라면 결국 "가" 또는 "나"의 경우와 같이 처리한다. 다만, 참여기업이 지적재산권, 실시권 등의 대가(반대급부)없이 연구비를 지원했다면 기부금으로 보아 부가가치세가 과세되지 아니한다.

　　부언하면 지원받은 출연금은 기술개발 성공 시 정액기술료를 납부하면 추후 지적소유권을 취득할 수 있는 권리가 부여되고, 기술개발 실패 시에도 성실한 과제 수행이 인정되는 경우 출연금 환수조치를 면하므로 연구개발에 참여한 주관기관과 참여기관이 연구결과물을 공동으로 소유하거나 이용하게 되는 것으로 출연금은 반대급부 없이 자금을 지원받은 것에 불과하여 부가가치세 공급가액에 포함하지 않는다.

3) 기술사용료에 대한 부가가치세 과세여부

가. 주관기관이 전담기관(정부)에 지급하는 기술료의 과세여부

주관기관이 전담기관에 납부하는 정액기술료는 의무적으로 납부할 수밖에 없고, 그 기술료가 당초 지급받은 정부출연금의 일부라는 점에서 정부의 대여금(주관기관의 입장에선 부채 또는 차입금)에 대한 상환에 불과하므로 지적소유권 지분 양도 대가 또는 사용료로 볼 수 없다. 따라서 주관기관이 정액기술료를 전담기관(정부)에 납부하는 것은 부가법 제4조에 규정하는 과세대상에 해당하지 아니한다(한국회계연구원 해석01-032, 2001.03.05, 국심2002서449, 2002.06.07).

나. 참여기업이 주관기관에 지급하는 기술료의 과세여부

참여기업이 기술연구협약을 체결하여 연구용역(연구비의 일부를 부담)을 수행하고, 개발된 지적재산권의 소유권(자기지분만큼 공동소유)을 취득하여 일정액의 기술료를 납부하거나, 기술료 납부 시 나머지(정부지분) 소유권까지 취득하게 되는 경우 참여기업이 납부하는 정액기술

료는 그 실질내용이 주관기업이 납부하는 정액기술료와 동일하다. 따라서 참여기업은 지적소유권 지분양도나 사용료로 보지 않아 부가가치세 과세대상 거래가 아니므로 세금계산서 수취의무가 없다.

또한 주관기관에 귀속되는 기술료(15,000 − 5,000)도 연구원에 대한 보상, 연구개발에 대한 재투자, 과학기술진흥기금의 조성, 연구개발결과의 관리 및 활용 등의 사용용도가 제한되는 것으로 볼 때 전담기관(정부)의 지적재산권의 사용대가 또는 실시권의 판매대가로 볼 수 없는 것이므로 상기 (A), (B)거래 모두 부가가치세 과세대상이 아니다. 반면 기획재정부는 해당 기술료의 부가가치세 과세여부는 실시권의 대가인지 여부, 지급받는 기관 등 기술료의 구체적인 성격에 따르는 것으로 다소 유보적 입장에서 회신하였다(재부가-426, 2014.06.17.).

4) 주관기관(참여기업)이 실시기업으로부터 기술료를 받는 경우

주관기관(참여기업)이 자기가 취득한 지적재산권 등을 실시기업과 사용계약을 체결하고 실시기업으로부터 그 대가를 받는 것은 용역공급에 해당되어 실시기업에게 세금계산서를 발급하여야 하며, 이 경우에도 실시기업으로부터 수령한 기술료의 일부를 정부(전담기관, 주관기관)에 지급하는 금액은 차입금의 상환에 해당되므로 (세금)계산서 발급의무가 없다(서면3팀-1703, 2006.08.04.).

5) 정부출연금 배정이 부가가치세 과세거래인지 여부

공동연구를 수행함에 있어서 주관기관이 정부 및 참여기업으로부터 연구비를 발급받아 이를 일괄관리하며, 이러한 연구비 집행에 있어 주관기관이 발급받은 정부출연금을 연구비 분담비율에 따라 다시 참여기업에 배정하는 경우에 있어 이러한 정부출연금의 배정은 공동연구개발 협약에 따른 연구비 관리행위에 불과하므로 용역의 공급에 해당하지 아니하며 전담기관이 정부출연금을 주관기업이나 참여기업에 배정하는 것을 단순히 도관 성격의 역할을 수행한 것으로 재화 또는 용역의 제공대가로 지급하는 것이 아니므로 계산서 또는 세금계산서의 발급대상이 아니다(서면3팀-1661, 2006.08.01.; 재소비-232, 2003.12.17.; 부가22601-151, 1991.02.04.; 서면2팀-1720, 2004.08.18.; 서이46012-11507, 2003. 08.19.).

6) 정부출연금으로 취득한 기계설비 등의 매입세액공제 여부

부가가치세 과세사업자가 자기의 사업을 위하여 사용되었거나 사용될 재화 또는 용역의 공급에 대한 매입세액은 부가법 제39조에서 규정하는 불공제 매입세액을 제외하고는 자기의 매출세액에서 공제할 수 있는 것으로 해당 사업과 관련하여 수취한 세금계산서와 관련되어 공급대가를 지급함에 있어서 그 재원의 출처(사업주 자금인지, 타인 자금인지, 정부출연금을 재원으로 한 것인지)를 불문한다. 따라서 정부출연금을 재원으로 자기 과세사업과 관련하여 취득한 각종 연구기자재 관련 매입세액은 자기의 매출세액에서 공제받을 수 있다(서삼46015-10767, 2002.05.09.; 부가 46015-1236, 1994.06.21.).

7) 공통매입세액 안분계산 시 출연금의 면세공급가액 포함 여부

국가로부터 출연금을 받아 운영되는 연구원의 고유목적사업이 부가가치세 과세대상에 해당하지 않는 경우에는 이와 관련한 매입세액은 공제대상 매입세액으로 보지 아니한다. 다만, 연구원이 수익사업을 겸영하는 경우에 매입세액의 실지귀속을 알 수 없는 공통매입세액은 비과세사업인 출연금과 수익사업의 공급가액으로 안분계산(1차 안분)하여 비과세사업에 해당하는 매입세액은 불공제하고, 수익사업에 해당하는 공통매입세액은 수익사업의 과세, 면세 공급가액으로 다시 안분계산(2차 안분)하여 과세사업에 해당하는 매입세액만 공제받을 수 있다(재부가-266, 2010.04.22.).

4. 공동연구수행 관련 법인세 등

1) 정부출연금의 손익귀속시기

사업자가 정부로부터 기술개발에 소요되는 경비를 출연금으로 지원받은 후 기술개발이 성공하면 출연금의 일정액을 기술료 등으로 반환하는 경우(정액기술료는 그 실질이 정부출연금의 일부 반납임을 알 수 있음), 출연금을 타 용도에 사용하지 않고 연구개발에 성실히 사용한 경우 연구에 실패하여도 국고보조금과 마찬가지로 반환의무가 없으므로 그 교부통지를 받은 날 전액 익금산입하고 출연금의 반환통지를 받은 날 반환할 금액을 익금에서 차감하거나 손금에 산입한다(재법인-75, 2005.08.31.).

기업회계에서는 상환할 30%(가정치 임)를 상환할 부채, 차입금 등으로 계상하고 나머지 70%는 무형자산의 인식요건을 충족하면 정부출연금을 국고보조금으로 하여 관련 무형자산에서 차감하는 형식으로 표시하고, 경상개발비에 해당하는 출연금은 경상개발비의 발생시점에 자산수증익으로 하여 영업외 수익으로 처리한다(회계기준원 2001.32, 2001.03.05.).

2) 과세대상 및 계산서 발급

국가연구개발사업의 관리 등에 관한 규정에 의하여 정부 또는 국가기관과 연구 개발협약을 체결하고 연구개발에 소요되는 비용을 주관연구기관의 자격으로 국가로부터 출연금의 형태로 지급 받아 이를 세부연구기관에 용역제공 등에 대한 대가관계 없이 지급하는 경우 동 출연금에 대하여는 법인법 제121조에 따른 계산서 작성·발급의무가 없다(서면2팀-1976, 2005.12.05 ; 서면2팀-1720, 2004.08.18.).

비영리법인이 정부기관과 유해성시험평가지원센터 기술기반조성사업 등에 대한 협약을 맺고 소요되는 비용을 용역제공에 대한 대가 관계없이 출연받는 경우 동 출연금은 해당 법인의 수익사업소득에 해당하지 아니한다(서이46012-10360, 2003.02.19.).

3) 연구개발 관련 출연금 등의 과세특례

내국인이 2021년 12월 31일까지 연구개발 등을 목적으로 「기초연구진흥 및 기술개발지원에 관한 법률」이나 그 밖에 대통령령으로 정하는 법률에 따라 출연금 등의 자산(이하 "연구개발출연금 등"이라 한다)을 받은 경우로서 해당 연구개발출연금등을 구분경리(법인법 제113조를 준용하여 구분 경리하는 경우)를 하는 경우에는 연구개발출연금등에 상당하는 금액을 해당 과세연도의 소득금액을 계산할 때 익금에 산입하지 아니할 수 있다(조특법§10의2 ①, 조특령§9의2 ②).

위 규정에 따라 익금에 산입하지 아니한 금액은 다음의 방법에 따라 익금에 산입하여야 한다(조특법§10의2 ②).

① 연구개발출연금등을 해당 연구개발비로 지출하는 경우: 해당 지출액에 상당하는 금액을 해당 지출일이 속하는 과세연도의 소득금액을 계산할 때 익금에 산입하는 방법

② 연구개발출연금등으로 해당 연구개발에 사용되는 자산을 취득하는 경우 : 대통령령으로 정

하는 방법에 따라 익금에 산입하는 방법

위와 같이 연구개발출연금등에 상당하는 금액을 익금에 산입하지 아니한 내국인이 그 연구개발출연금등을 해당 연구개발 목적 외의 용도로 사용하거나 해당 연구개발에 사용하기 전에 폐업하거나 해산하는 경우 그 사용하지 아니한 금액은 해당 사유가 발생한 날이 속하는 과세연도의 소득금액을 계산할 때 익금에 산입한다(다만, 합병하거나 분할하는 경우로서 합병법인 등이 그 금액을 승계한 경우는 제외하며, 그 금액은 합병법인 등이 익금에 산입하지 아니한 것으로 본다). 이 경우 다음 조특법 제33조 제3항 후단에 따라 계산한 이자상당가산액을 가산하여 법인세 또는 양도소득세로 납부하여야 하며, 그 세액은 법인법 제64조 또는 소득법 제111조에 따라 납부하여야 할 세액으로 본다(조특법§10의2 ③, ④).

제3절 위탁매매 또는 대리인에 의한 매매

1. 개요

> ─○ 위탁자와 수탁자의 관계는 공동사업의 구성원 관계가 아니라 위탁자로부터 대가를 받고 거래를 중개 또는 주선하는 용역을 제공하며, 수탁물품 등의 공급주체는 여전히 위탁자가 되는 관계이다.
>
> ─위탁매매 등이 공동사업은 아니지만 공동사업만큼 과세관청의 자의적 처분이 가능한 분야였고, 각 기관(국세청, 조세심판원, 대법원, 금융위 등)이 보는 위탁매매와 매매거래를 구분 짓는 잣대가 달라 정리해 보았다.

1) 부가가치세법 개요

가. 관련 규정

위탁매매 또는 대리인에 의한 매매를 할 때에는 위탁자 또는 본인(피대리인을 말한다)이 직접 재화를 공급하거나 공급받은 것으로 본다. 즉, 재화를 공급함에 있어서 수탁자(위탁매매인을 말한다) 또는 대리인을 통하여 공급하는 경우에는 위탁자 또는 본인이 재화를 공급받는 자에게 직접 재화를 공급한 것으로 보며 재화를 공급받음에 있어서 수탁자 또는 대리인을 통하여 공급받는 경우에는 위탁자 또는 본인이 재화를 공급하는 자로부터 직접 재화를 공급받은 것으로 본다(부가법 §10 ⑦). 이는 수탁자 또는 대리인의 거래행위는 모두 재화를 공급하는 것이 아니고 위탁자 또는 본인에 대한 용역의 공급에 해당할 뿐이므로 이러한 경우 위탁자 또는 본인이 직접 재화를 공급하거나 공급받는 것으로 보게 되는 것이다(대법97누20359, 1999.04.27.).

이러한 위탁매매거래 등에 있어 위탁매매 또는 대리인에 의한 매매를 하는 해당 거래나 재화의 특성상 또는 보관·관리상 위탁자 또는 본인을 알 수 없는 경우* 수탁자 또는 대리인에게 재화를 공급하거나 수탁자 또는 대리인으로부터 재화를 공급받은 것으로 본다(부가법§10 ⑦, 부가령§21).

위수탁매매거래의 세금계산서발급에 있어 위탁자를 알 수 없는 경우란 수탁자가 판매위탁을 받은 재화를 공급함에 있어 해당 재화의 위탁자를 알 수 없는 경우를 말한다(부가46015-385, 1995.02.27.).

위탁매매에 있어서 위탁자가 재화의 공급주체인 것이 원칙임에도 이러한 실질과 달리 예외적으로 위와 같은 부가가치세법령에 따라 수탁자에게 재화를 공급하거나 구입자가 수탁자로부터 재화를 공급받은 것으로 보는 경우는, 실질 과세의 원칙에 비추어 익명조합(상법 제78조)이나 지입차주들의 위탁에 의하여 영업자나 지입 회사가 자신의 명의로 한 익명거래 등과 같이 해당거래의 특성상 위탁자가 드러나지 아니하는 경우(대법원1984.03.27. 선고 83누260 판결 참조), 혹은 성질상 혼화되면 구분·식별하는 것이 불가능한 물품이 동종의 물품과 함께 보관·관리됨으로써 그 중 위탁된 물품을 구분·특정할 수 없는 경우 등과 같이 재화의 특성상 또는 보관·관리상 위탁 물품을 객관적으로나 사실상으로 도저히 구분·특정할 수 없는 경우에 한정된다고 엄격하게 해석함이 타당하다(인천지법2017구합52218, 2017.12.08.).

예를 들어 ① 익명거래 등과 같이 위탁자 또는 본인을 알 수 없는 경우 위탁자 또는 본인과 수탁자 또는 대리인 사이에, 그리고 수탁자 또는 대리인과 그 수탁자 또는 대리인으로부터 재화를 공급받거나 그 수탁자 또는 대리인에게 재화를 공급하는 자 사이에 각각 별개의 재화의 공급이 있는 것으로 보며, ② 지입차주가 차량을 구입함에 있어서 차량의 공급자로부터 직접 공급받는 경우 세금계산서도 직접 발급받을 수 있으나 지입회사를 통하여 차량을 구입하는 경우에는 차량의 공급자는 지입회사를 공급받는 자로 한 세금계산서를 발급하고 지입회사는 지입차주를 공급받는 자로 한 세금계산서를 발급하여야 한다(부가통칙32-69-1).

위탁매매와 대리인에 의한 매매에 있어서는 위탁자 또는 본인이 거래상대방과 직접 재화를 공급하거나 공급받은 것으로 본다. 그러나, 위탁자나 본인을 알 수 없는 익명거래는 위탁 또는 대리매매로 보지 않는다. 남의 위탁을 받아 물품을 팔아주거나 사주고 단순히 수수료만을 받는 경우 또는 타인을 대리하여 매매하고 수수료를 받는 경우에는 위탁자와 위탁받는 자 사이에는 사실상 재화를 공급받은 사실이 없는 것이다.

그러므로 이 경우는 부가가치세를 과세하지 아니하나 위탁자나 본인이 불명이거나 익명인 경우에는 거래가 있는 것으로 인정 과세한다(매일경제신문 기사, 1979.10.17.).

나. 세금계산서 발급방법

① 위탁판매 또는 대리인에 의한 판매의 경우

② 위탁매입 또는 대리인에 의한 매입의 경우

③ 익명거래에 의한 판매의 경우

④ 익명거래에 의한 매입의 경우

다. 이익의 발생 여부와 과세대상

사업자가 납부하여야 할 부가가치세액은 자기가 공급한 재화 또는 용역에 대한 세액에서 자기의 사업을 위하여 사용되었거나 사용될 재화 또는 용역의 공급에 대한 세액, 자기의 사업을 위하여 사용되었거나 사용될 재화의 수입에 대한 세액을 공제한 금액이 된다.

해당 사업의 특성, 거래 당시의 특수한 상황 등으로 특정 거래의 결과로 인하여 발생한 영업이익이 거의 없다 하더라도 중간단계의 부가가치 및 부대비용을 고려하지 않고 부가가치세를 부과한 것이 부당하다고 볼 수 없다.

따라서 위탁매매 등으로 수탁자 또는 대리인이 그 사업과정에서 이익이 얼마가 발생하였느냐 손실이 발생하였느냐는 위 "나"의 세금계산서 발급방법에 영향을 미치지 아니한다.

라. 위탁판매 또는 대리인에 의한 판매의 경우의 납세의무 등

위탁판매 또는 대리인에 의한 매매에 있어서는 위탁자 또는 본인이 직접 재화를 공급한 것으로 간주하므로 그에 대한 납세의무는 위탁자 또는 본인에게 있다. 또한 납세자 역시 위탁자 또는 본인의 사업장으로 하며, 세금계산서의 발급을 수탁자 또는 대리인이 그 업무를 수행하는 경우에도 그 세금계산서에 기재하는 공급자는 위탁자 또는 본인으로 하여야 한다. 그러나 해당 재화에 대한 공급시기는 수탁자 또는 대리인의 수탁물품 공급을 기준으로 한다.

2) 법인세법 규정

각 사업연도에 있어서 자산을 타인에게 위탁하여 매매·양도·양수함으로써 생긴 익금과 손금의 귀속사업연도는 수탁자에 의한 수탁물품의 매매·양도·양수일이 속하는 사업연도로 본다. 따라서 자산의 위탁매매로 인한 익금 및 손금의 귀속사업연도는 수탁자가 그 위탁자산을 매매한 날이 속하는 사업연도라 할 것이다(법령§68 ① 4 ;대법2006두16496, 2008.10.09.).

2. 상법상 위탁매매

위탁매매 또는 대리의 범위에 대하여 부가법에서는 규정하고 있지 아니하므로 상법에서 규정하고 있는 위탁매매 및 대리의 범위는 다음과 같다.

1) 위탁매매업(「상법」 제101조~제113조)

가. 정의

위탁매매라 함은 자기의 명의로 타인의 계산에 의하여 물건(동산으로 한정) 또는 유가증권을 매매(구입 또는 판매)하고 보수를 받는 것을 말하고, 이를 영업으로 하는 자를 위탁매매인이라 한다. 위탁매매인은 행위의 결과인 권리·의무의 주체가 되고 행위의 경제적 효과는 위탁자에 속한다. 또한 계약당사자가 된다는 점에서 대리인·대리상 및 중개인과 차이가 있다.

나. 위탁매매인의 의무

① 통지의무·계산서 제출의무

위탁매매인이 위탁받은 매매를 한 때에는 지체 없이 위탁자에 대하여 그 계약의 요령과 상대방의 주소·성명의 통지를 발송하여야 하며 계산서를 제출하여야 한다.

② 이행담보책임

위탁매매인은 위탁자를 위한 매매에 관하여 상대방이 채무를 이행하지 아니하는 경우에는 위탁자에 대하여 이를 이행할 책임이 있다. 그러나 다른 약정이나 관습이 있으면 그러하지 아니한다.

③ 지정가액 준수의무

위탁자가 지정한 가액보다 염가로 매도하거나 고가로 매수한 경우에도 위탁매매인이 그 차액을 부담한 때에는 그 매매는 위탁자에 대하여 효력이 있다. 그리고 위탁자가 지정한 가액보다 고가로 매도하거나 염가로 매수한 경우에는 그 차액은 다른 약정이 없으면 위탁자의 이익으로 한다.

④ 위탁매매인의 수탁물건 또는 채권처분의 효과

「상법」제103조, 제113조는 위탁매매 또는 준위탁매매에서 위탁매매인이 위탁매매로 인하여 취득한 물건, 유가증권 또는 채권은 위탁자와 위탁매매인 또는 위탁매매인의 채권자 사이의 관계에서는 이를 위탁자의 채권으로 본다고 규정한다.

본 상법규정은 위탁자가 위탁매매인의 배후에 있는 경제적 주체로서 위 물건 또는 채권에 대하여 가지는 직접적 이익을 고려하고 나아가 위탁매매인이 위탁자에 대하여 신탁에서의 수탁자에 유사한 지위에 있음을 감안하여, 위탁자와 위탁매매인 사이 또는 위탁자와 위탁매매인의 채권자 사이의 관계에 있어서는 위탁매매인의 실제의 양도행위가 없더라도 위 물건 또는 채권을 위탁자의 재산으로 의제하는 것이다.

따라서 위탁매매인이 그가 제3자에 대하여 부담하는 채무를 담보하기 위하여 그 채권자에게 위탁매매로 취득한 채권을 양도한 경우에 위탁매매인은 위탁자에 대한 관계에서는 위탁자에 속하는 채권을 무권리자로서 양도하였다고 볼 것이고, 그 채권양도는 무권리자의 처분 일반에서와 마찬가지로 양수인이 그 채권을 선의취득하였다는 등의 특별한 사정이 없는 한 위탁자에 대하여 효력이 없다(대법2011다31645, 2011.07.14.).

다. 위탁매매인과 제3자 간의 관계

위탁매매인은 간접대리인이므로 제3자에 대한 관계에서 위탁자의 이름으로 거래하지 아니하고 중개인처럼 단순한 사실행위만을 하는 것도 아니다. 자신의 이름으로 등장하여 제3자와 직접 매매계약을 체결한다.

라. 위탁자와 제3자 간의 관계

위탁자와 제3자 간에는 원칙적으로 아무런 법률관계도 생기지 않는다. 따라서 제3자가 채무불이행을 하는 경우에도 위탁자는 제3자에 대하여 직접 손해배상을 청구할 수 없다. 그러나 제3자가 채무를 이행하지 않는 경우 위탁매매인은 위탁자를 위하여 이를 이행할 책임을 진다(상법§105).

마. 위탁자의 위탁매매인에 대한 권리

위탁매매인이 위탁자로부터 받은 물건 또는 유가증권이나 위탁매매로 인하여 취득한 물건, 유가증권 또는 채권은 위탁자와 위탁매매인 또는 위탁매매인의 채권자 간의 관계에서는 이를 위탁자의 소유 또는 채권으로 보므로(상법§103), 위탁매매인이 위탁자로부터 물건 또는 유가증권을 받은 후 파산한 경우에는 위탁자는 위 물건 또는 유가증권을 환취할 권리가 있고, 위탁매매의 반대급부로 위탁매매인이 취득한 물건, 유가증권 또는 채권에 대하여는 대체적 환취권으로서 그 이전을 구할 수 있다(대법2005다6297, 2008.05.29.).

바. 위탁매매와 횡령죄

위탁매매에 있어서 위탁품의 소유권은 위탁자(위임자)에게 있고 그 판매대금은 이를 수령함과 동시에 위탁자에게 귀속한다 할 것이므로 특별한 사정이 없는 한 위탁매매인이 위탁품이나 그 판매대금을 임의로 사용·소비한 때에는 횡령죄가 성립한다(대법89도813, 1990.03.27.; 대법2012도16191, 2013.03.28.).

📋 **횡령죄 관련 판결례**

○ 금은방을 운영하는 피고 겸 수탁자와 피해자인 위탁자가 피고인의 경험과 지식을 활용함에 따른 이익을 노리고 자신(위탁자) 소유의 금을 피고인에게 맡겨 사고팔게 하였는데, 금은방을 운영하던 피고인이 피해자에게 금을 맡겨 주면 시세에 따라 사고파는 방법으로 운용하여 매달 일정한 이익금을 지급하여 주고, 피해자의 요청이 있으면 언제든지 보관 중인 금과 현금을 반환해 주었다.

　　이처럼 일정량의 금 또는 그에 상응하는 현금을 맡겼고, 피고인은 이에 대하여 피해자에게 매달 약정한 이익금을 지급하여 오던 중 피고인은 경제사정이 악화되자 피해자를 위하여 보관하던 금과 현금을 개인채무 변제 등에 사용하였다.

○ 그렇다면 피해자가 피고인에게 매매를 위탁하거나 피고인이 그 결과로 취득한 금이나 현금은 모두 피해자의 소유이고, 피고인이 이를 개인채무의 변제 등에 사용한 행위는 횡령죄를 구성한다(대법2012년도16191, 2013.03.28.).

2) 대리인(대리상)에 의한 매매(「상법」 제87조~제92조)

대리인에 의한 매매라 함은 사용인이 아닌 자가 일정한 상인을 위하여 상시 그 사업부류에 속하는 매매의 대리 또는 중개를 하고 보수를 받는 것을 말한다. 이처럼 대리상은 상업사용인이 아니면서 일정한 상인을 위하여 상시 그 영업부류에 속하는 거래의 대리 또는 중개를 영업으로 하는 자로 특정 상인의 영업거래를 계속적으로 대리하거나 중개하여 활동을 보조하는 기능을 한다.

3) 용역공급의 주선

주선이라 함은 자기의 이름으로 타인의 계산 아래 법률행위를 하는 것을 의미하므로 용역공급의 주선계약은 용역공급의 주선인이 그 상대방인 위탁자를 위하여 용역 공급계약을 체결할 것 등의 위탁을 인수하는 계약으로(결국, 주선인은 그 용역공급계약과 관련하여 위탁자로부터 위수탁수수료를 수취할 뿐 그 용역공급계약과 관련하여 최종적인 손액의 부담은 전혀 지지 않는다) 민법상 위임의 일종이다(대법85다카1080, 1987.10.13.).

4) 준위탁매매

「상법」 제113조는 자기명의로써 타인의 계산으로 '매매 아닌 행위'를 영입으로 하는 자 중 운송주선인이 아닌 자를 준위탁매매인이라고 하고 있다.

위탁매매가 자기의 명의로 타인의 계산에 의하여 물품을 매수 또는 매도하고 보수를 받는 것으로서 명의와 계산의 분리를 본질로 한다. 이는 자신의 명의로써 타인의 계산으로 물건 또는 유가증권 매매 외의 행위를 영업으로 하는 준위탁매매에 있어서도 마찬가지로 적용된다.(대법 2005다6297, 2008.05.29.).

📝 **준위탁매매로 본 판결 사례**

○ 영화 배급대행계약서에서 원고(위탁자)가 독점적으로 판권을 소유하는 이 사건 영화에 관하여 국내배급을 쩜영(회사명으로 수탁자이다)에게 대행하게 한다는 것을 명확하게 하였다.

○ 쩜영은 이 사건 영화의 흥행 결과에 따른 이른바 '부금(극장이 그 상영의 대가로 그가 얻은 입장료 수입의 일정 비율을 배급대행사에 지급하기로 약정한 돈)'의 액수에 따라 손실이 나거나 이익을 보는 것이 아니라 미리 정하여진 수수료를 지급받음에 그치는 반면, 원고는 영화의 판권을 소유하면서 자신의 비용과 책임 아래 영화의 선전활동을 진행한 후 그 흥행의 결과에 따른 부금의 액수에 따라 수익과 손실을 부담한다.

○ 부금에 관하여 정산한 후 원고에게 정산서를 제출할 의무가 있는데, 이는 상법 제113조, 제104조 소정의 준위탁매매인의 통지의무, 계산서제출의무에 해당한다.

○ 쩜영이 각 극장들로부터 부금계산서 및 세금계산서를 받아 처리하도록 하고 있으나, 준위탁매매의 경우에는 준위탁매매인이 자신의 명의로 상대방과 계약을 체결하여 계약상대방에 대하여 직접 권리를 취득하고 의무를 부담하게 되는 결과 상대방으로부터 직접 세금계산서 등을 받게 될 수 있다고 할 것이므로, 쩜영이 직접 각 극장들로부터 부금계산서 및 쩜영이 공급자로 표시된 세금계산서를 받는다는 점을 들어 쩜영이 자신의 계산으로 영화상영계약을 체결한 것이라고 할 수 없다.

○ 「상법」 제113조, 제105조는 준위탁매매에 있어서 거래행위의 법적효과가 오직 준위탁매매인에게만 귀속되고 위탁자는 거래상대방에 대하여 직접적인 법률관계에 서지 못하므로 거래상대방으로 하여금 이행을 시키기 위하여는 준위탁매매인을 통하여 이행을 최고하거나 준위탁매매인으로부터 채권을 양도받아 최고를 할 수밖에 없는 점을 참작하여 위탁자를 보호하기 위하여 준위탁매매인에게 이행담보책임을 지울 필요를 인정하여, 준위탁매매인은 위탁자를 위한 계약에 관하여 상대방이 채무를 이행하지 아니하는 경우에는 위탁자에 대하여 이를 이행할 책임이 있다고 규정하고 있는데, 쩜영이 원고에게 부금의 최종 수금 책임을 지고 각 극장들로부터 부금을 지급받지 못하더라도 부금 상당의 돈을 지급하기로 약정한 것 역시 위와 같은 이행담보책임의 한 형태라고 볼 수 있으므로 이 점을 들어 준위탁매매가 아니라거나 쩜영이 자신의 계산으로 영화 상영계약을 체결한 것이라고 볼 수 없다.

○ 위와 같다면 원고는 영화상영대행계약에 따른 준위탁매매계약상 위탁자의 지위에 있다고 판단하여야 한다.

5) 중개인

타인 사이의 상행위를 중개하는 것을 영업으로 하는 자를 말한다. 중개인은 널리 타인 간의 상행위를 중개하므로 특정 상인을 위하여 계속적으로 상행위를 중개하는 중개대리상과 다르고, 상행위를 중개하므로 상행위 외의 법률행위를 중개하는 민사중개인과도 다르고 중개를 할 뿐이므로 중개하는 상행위의 당사자가 되는 것이 아닌 바, 이 점에 있어서 자기의 이름으로 위탁자를 위하여 물건을 매매하는 위탁매매인과도 다르다.

※ 위 1)부터 5)까지의 거래형태를 이하 "위탁매매 등"이라 한다.

3. 일반매매거래와 도급 등

1) 일반매매

가. 재화의 공급

일반매매라 함은 자기의 책임과 계산으로 재화를 공급하는 것과 동일 또는 유사개념으로 이해된다. 부가가치세법상 재화의 공급은 매매계약, 가공계약, 교환계약 그 밖의 계약상 또는 법률상의 모든 원인에 의하여 재화를 인도 또는 양도하는 것으로 해당 재화를 종국적으로 사용·소비할 수 있도록 그 권한(소유권)을 이전하는 것을 전제로 하며 이 경우 매매계약은 서류에 의하여 그 증서가 작성된 경우뿐만 아니라 구두에 의한 계약도 포함한다(부가령 §18 ① 1).

나. 거래형식과 매매거래 여부

위수탁자 간의 약정이 위탁매매의 형식을 취하고 있더라도 그 내용은 위탁자가 일정한 가격에 수탁자에게 제품을 공급하고 수탁자는 거기에 다시 수익을 붙여 자신의 보수를 취하는 것으로 되어 있어 해당 매매거래에서 위탁자에게 발생하는 수익은 위탁자가 수탁자에게 제품을 공급하는 것으로 확정되고 수탁자는 그 후 자신의 계산으로 해당 제품을 판매하는 구조라면 이를 실질적인 위탁매매로 보기 어려우며, 계약의 명칭이나 형식적 문언에 관계없이 실질을 중요시하되 기업회계 등 회계학적 판단과 세법적인 판단은 다른 것임에 유의하여야 한다.

예를 들어, "갑"이 거래처의 주문을 직접 받아 "을"에게 발주하여 판매가격 및 판매조건을 결정하는 등 모든 권한과 책임을 부담하고 위탁보수 없이 매매차익을 얻는 구조라면 물품의 이동이 "을"에서 "갑"의 거래처로 직접 이동이 되었다 하더라도 일반매매거래로 보아야 한다(부가－1038, 2013.10.31.).

2) 도급 등

가. 도급, 하도급의 개념

「건설산업기본법」에서는 "도급"을 원도급, 하도급, 위탁 등 명칭에 관계없이 건설공사를 완성할 것을 약정하고, 상대방이 그 공사의 결과에 대하여 대가를 지급할 것을 약정하는 계약으로, "하도급"은 도급받은 건설공사의 전부 또는 일부를 다시 도급하기 위하여 수급인이 제3자와 체결하는 계약, "수급인"은 발주자로부터 건설공사를 도급받은 건설업자(하도급의 경우 하도급하는 건설업자를 포함), "하수급인"이란 수급인으로부터 건설공사를 하도급받은 자를 말한다(건설산업기본법§2).

◆ **주선과 도급의 구분**

사업자가 지방자치단체와 철도공사와 관련한 위수탁사업계약을 체결하고 다른 사업자와 공사도급계약을 체결한 바, 아래와 같은 사유가 있는 경우 건설용역의 주선이 아닌 도급계약에 해당한다.

① 사업재(시공사이며 이하 "사업자"라 한다)가 지자체에 공급하는 용역의 목적은 용역의 성과물의 인도이고, 사업자가 공사 지연 및 공사 중 발생한 사고 등으로 성과물을 인도하지 못할 경우 그에 대한 손해배상책임을 부담함.

② 사업자가 제3의 공사업자를 선정하여 공사계약을 체결하는 과정에서의 귀책사유에 의하여 발생한 손해에 대해서 배상책임을 부담함.

③ 지자체가 사업비를 궁극적으로 부담한다고 하더라도 지자체가 사업비의 실질적인 부담주체로서 부담하는 것이므로 해당 사업자가 지자체에 건설용역을 공급하는 것으로 볼 수 있음.

④ 협약서에서 도급금액이 명시되어 있지는 않더라도 실시설계가 확정된 후에 위·수탁 변경 합의서를 작성하면서 공사비를 명시함.

⑤ 위 협약서에서 지자체가 설계·감리용역 그 자체가 아니라, 설계·감리용역의 감독업무를 수행한다는 점에서 사업자가 설계·감리용역 제공의 주체라고 볼 수 있고, 도급관계에서도 도급인이 수급인에 대하여 업무에 대한 지시권을 행사하는 것이 도급관계에서도 허용되는 점에서 지자체 등이 용역을 감독하는 업무를 수행하는 것이 해당 사업자가 알선자의 지위에 있다는 근거가 되지는 않음(대법2007두21709, 2008.01.01.).

나. 주선·중개와 도급의 구별

어떠한 위수탁계약 내용이 계약상 중개인으로서는 불가능한 공사 지연 및 공사 중 발생한 사고 등에 대한 손해배상 책임, 하자보증 등을 부담하는 경우 위수탁공사를 수행하면서 공사업자를 선정하여 공사계약을 체결하는 과정에서의 귀책사유에 의하여 발생한 손해에 대해서 배상책임을 부담하면서 그 성과물의 인도를 용역의 목적으로 둔 것이라면 이는 위임계약이 아닌 도급계약이라고 할 것이다. 사실상 도급계약에 해당한다면 자신의 명의로 시공사(하도급자)로부터 세금계산서를 발급받고 자신의 명의로 위탁자(발주자)에게 세금계산서를 발급하여야 한다(대법2007두21709, 2008.01.01.; 서울행정법원2006구합28093, 2007.02.01.).

다. 세금계산서 수수방법

세금계산서는 계약상 또는 법률상의 모든 원인에 의하여 재화 또는 용역을 공급하는 사업자가 재화 또는 용역을 공급받는 자에게 발급하는 것으로, 원도급자로부터 하도급공사계약에 의하여 건설공사용역을 하도급 받은 사업자가 해당 공사용역 제공에 따른 세금계산서를 부가법상 공급시기에 원도급자에게 발급하여야 하고 원도급자는 발주자에게 하도급금액을 포함한 전체 도급금액에 대하여 세금계산서를 발급하여야 한다. 이 경우 하도급 공사대금 전부 또는 일부를 지급받지 못하여 발주처로부터 해당 공사대금을 직접 지급받는 경우에도 하도급자는 발주처를 공급받는 자로 하여 세금계산서를 발급할 수는 없다(부가-1822, 2008.07.07.).

4. 운송주선인

자기의 명의로 물건운송의 주선을 영업으로 하는 자를 운송주선인이라 한다(상법 §114). 운송주선인은 계약운송인으로서 운송수단(선박, 항공기, 화차, 트럭 등)을 보유하지 않으면서도 실제 운송인(Actual Carrier)처럼 운송주체자로서의 기능과 책임, 즉 운송인에게는 화주 입장에서 화주에게는 운송인의 입장에서 책임과 의무를 수행한다.

운송주선인(복합운송주선업자)이 자기책임과 계산 하에 공급하는 국제복합운송용역의 공급가액은 총액주의로 하여 공급받는 자에게 세금계산서를 발급하는 것이고(공급받는 자가 비거주자 및 외국법인인 경우 제외), 외국항행용역으로서 영의 세율이 적용된다.

5. 영국의 중개업에 대한 세무처리

1) 중개업자의 정의

영국 국세청에 따르면 공급자에게 재화 또는 용역을 공급하기 위하여 중간에서 중개하는 자를 중개사업자로 정의하고, 중개업자는 문서 또는 구두를 통해 중개사업자가 공급자를 대신하여 특정 거래를 수행하기 위하여 계약을 체결하고 과세당국에 이를 입증할 수 있어야 한다.

중개업자는 공급자가 최종소비자에게 제공하는 재화나 용역의 가치나 성질을 변경할 수 없고, 공급자를 대리하여 매입하거나 판매하는 재화에 대한 소유권 또는 용역에 대한 사용권이 없어야 한다.

2) 중개업자의 세금계산서 발급

중개업자(일종의 수탁자를 말한다)가 거래에서 중요하지 아니한 역할(잠재고객이나 판매자를 공급자에게 소개하는 역할, 공급자 소유의 재화를 배송 또는 보관하는 역할, 공급자를 대리하여 대금을 지급하거나 지급받는 역할 수행 등)을 수행하게 되면 공급자(사업자 등록된 사업자를 말한다. 이하 같다), 중개업자(사업자 등록된 사업자를 말한다. 이하 같다), 구매자 간의 세금계산서 발급은 ① 수탁재화나 용역의 공급에 대하여 공급자가 구매자에게 발급하고, ② 중개업자는 중개용역 수수료에 대하여 공급자에게 발급한다. 다만, 중개업자 명의로 공급자가 지정한 구매자와 직접 계약을 체결하는 권한을 부여받고 공급자의 존재가 거래에 드러나지 아니하는 경우 우리나라의 익명거래와 같이 처리한다.

예를 들면, 중개업자가 재화를 100원에 구매자에게 공급하고 그에 따른 중개수수료는 20원인 경우에는 ① 공급자는 중개업자에게 80원의 세금계산서를 발급하며, ② 중개업자는 구매자에게 100원의 세금계산서를 발급한다. 이것은 영국세법이 중개업자가 자신에게 재화를 공급하고 다시 그 재화를 구매자에게 공급한 것으로 간주한 데에서 기인한다.

6. 위탁매매 등과 일반매매거래에 대한 세무처리

1) 위탁매매 등과 매매거래의 구별

가. 일반 기준

상품공급자와 매수자의 중간에 게재된 자와의 거래가 위탁매매인지 매매인지에 대한 구별기준으로서 위탁매매의 정의규정에서 말하는 '타인의 명의와 계산'에 의한 것인지는 상품(재화)에 대한 가격결정권의 주체, 상품의 가격등락에 따른 손익, 멸실, 훼손 등에 대한 위험부담의 귀속주체, 거래에서 발생한 금전수수가 매매차익인지 수수료인지 여부, 관련 계약의 문언 및 거래관행 등을 종합적으로 고려하여 판단하여야 한다. 그리고 어떠한 계약이 일반의 매매계약인지 위탁매매계약인지는 계약의 명칭 또는 형식적인 문언을 떠나 그 실질을 중시하여 판단하여야 한다.

나. 입증책임

① 납세자

사업자가 일반매매거래를 할 것인지, 위탁매매 등의 거래를 할 것인지는 사업자의 사적자치의 영역으로서 선택의 문제이며, 그 법적형식에 따라 세무회계처리를 하면 그만이다. 하지만, 여러 가지 이유에서 그 법적거래형식과 다르게 그 거래의 경제적 실질을 내세워 세무처리를 하는 경우도 있고 그 거래의 실질을 숨기거나 외형 부풀리기 및 조세탈루 등을 목적으로 거래 실질과 다른 세금계산서를 발급하는 경우가 있다.

납세자는 조세탈루, 외형 부풀리기 등을 통한 사실과 다른 세금계산서를 발급하는 경우 외에는 세금계산서 발급내용과 계약내용 등이 일치하도록 거래증빙을 갖추어 조세쟁송에 대비하여야 할 것이다.

② 처분청

일반적으로 과세처분취소소송에 있어서 과세요건사실에 관한 입증책임은 과세관청에 있으므로 어떠한 공급행위가 위탁자에 대한 용역의 공급이 아닌 직접 재화를 공급한 것으로서 매매에 해당한다는 점에 관하여는 과세관청이 입증하여야 한다(대법97누20359, 1999.04.27.; 인천지방법원2015구합52740, 2016.06.09.).

③ 일반매매거래를 위탁매매거래로 볼 경우 세금계산서 수수 시 문제점

"갑"이 "을"에게 재화를 공급하고 "을"은 자기의 책임과 계산 하에 "병"에게 공급하여 도소매 거래로 인한 매매차익을 얻는 일반매매거래임에도 "갑"이 "병"에게 직접 재화를 공급한 것으로 보아 세금계산서를 수수하였다면 "갑"은 "을"에게 세금계산서를 발급하여야 하나 "병"에게 발급하였으므로 세금계산서위장발급가산세(공급가액의 2%), "을"은 "갑"으로부터 세금계산서 미수취에 따른 증빙불비가산세와 "병"에게 세금계산서미발급가산세(공급가액의 2%), "병"은 세금계산서를 "을"에게 수취하지 아니하고 "갑"에게 수취하였으므로 세금계산서위장수취가산세(공급가액의 2%)와 함께 매입세액불공제 및 과소신고·납부불성실가산세가 각각 부과된다.

2) 위탁매매에 따른 세금계산서 수수와 세부담 분석

가. 사실관계

위탁자가 소비자가 110원(원가는 80으로 한다)의 재화를 수탁자를 통해 판매되면 수탁자에게 10원의 판매수수료를 지급하기로 약정한 경우 세금계산서 발급을 아래와 같이 세부담을 비교해 보기로 한다(금액은 모두 공급가액 기준임).

나. 세금계산서 발급사례

① 일반 위탁매매의 경우

- 수탁자의 수수료는 위탁자에게, 재화의 판매는 위탁자 명의로 구매자에게 세금계산서 발급

② 익명거래의 경우

- 위탁자가 수탁자, 수탁자는 구매자에게 각각 세금계산서를 발급하여 수탁자의 매매차익(10)이 수수료가 됨.

③ 위 "①"과 "②"가 혼합된 세금계산서 발급

- 광고시장에서 가끔 발생하는 세금계산서 수수 형태이다.

다. 세부담 비교

위 "가"와 같은 사실관계 하에서 "나"와 같이 세금계산서를 발급한 사례들이 있다. "①"과 "②"는 부가령 제69조 제14항, 제15항에 언급된 세금계산서 발급 방법인 만큼 과세관청에서 아무런 이의를 달지 못할 것이다. 다만 문제가 되는 것은 단순 위수탁거래임에도 "②"와 같이 세금계산서를 발급한 경우 부가령 규정에 위배되는 세금계산서 발급방법이므로 사실과 다른 세금계산서에 해당한다는 해석과 이 건에 관련한 불복에서 조세탈루가 없다는 이유 등으로 이와 같은 세금계산서 발급을 허용한 사례들도 많다.

구 분	사례 ①		사례 ②		사례 ③	
	위탁자	수탁자	위탁자	수탁자	위탁자	수탁자
과세표준	110	10	100	110	110	110
매입과표	80+10	0	80	100	80+10	100
납부세액	2	1	2	1	2	1
수입금액	110	10	100	110	110	10
필요경비	90	0	80	100	90	0
소득금액	20	10	20	100	20	10

※ 각 사례별로 부가가치세 납부세액 및 소득금액은 동일하다. 다만 사례 "②"에서 위탁자의 수입금액(외형)이 수수료만큼 과소 계상된다.

또한 특이하게 "③"과 같이 세금계산서 발급이 이루어진 경우, 위탁판매수수료에 대한 세금계산서(10)는 정당한 세금계산서라 할 것이고, 단순 위수탁거래를 일반매매거래로 보아 세금계산서를 발급한 것을 인용결정 사례들에 비추어 보면 "③"에서 재화의 공급으로 의제하여 발급한 세금계산서 2건을 사실과 다른 세금계산서로 보아 부가가치세를 경정해야 하는지 의문이 든다.

라. 조세탈루 없음이 사실과 다른 세금계산서 수수를 정당화시킬 수 있는지

거래사실과 일치되지 아니한 세금계산서의 판단이나, 매입세액의 공제 여부에 있어 조세회피의도가 없다는 이유는 정당한 세금계산서로 인정된다든지 또는 매입세액 불공제의 과세요건에서 제외되는 등의 사유가 원칙적으로 될 수는 없다.

대법원도 형식적 끼어들기 거래를 통해 수수된 세금계산서에 대하여 설령 법인세 및 부가가치세 등의 조세탈루가 없더라도 필요적 기재사항 등이 사실과 다르게 기재된 세금계산서로서 매입세액불공제한 처분은 정당하다고 판결하였다(대법2013두13686, 2013.10.31.; 서울고법 2012누9217, 2012.11.01.).

또한 법인법 및 상증법에서 규정하는 부당행위계산부인 규정은 과세요건을 "조세의 부담을 부당하게 감소시킨 것으로 인정되는 것으로 인정되는 경우"로 명시하거나 "조세회피의 목적 없이"라고 명시하고 있어 조세의 회피나 조세부담 감소가 없다면 부당행위계산부인규정을 적용할 수 없는 것이나 부가법상 세금계산서 발급이나 매입세액공제에 있어서는 이러한 규정의 명시가 없다. 따라서 필요적 기재사항이 착오에 의한 기재로서 거래사실이 확인되는 예외적 경우가 아닌 한 조세회피 여부에 관계없이 매입세액은 불공제되어야 하는 것이 원칙이다(2000헌바50, 2002헌바56[병합], 2002.08.29.).

3) 위탁매매 등을 일반매매거래로 세금계산서 발급 시 문제점

가. 과세관청의 입장

국세청은 3자 간의 거래가 위탁매매로 인정되는 경우 세금계산서의 수수는 앞에서 언급한 "위탁매매 시 세금계산서 등의 발급"과 같이 처리해야 함을 원칙으로 하되, 위탁매매거래임에도 매매거래와 같이 각각 세금계산서를 발급할 수 있는 경우는 부가령 제69조에서 열거된 경우로 한정한다는 것이 유권해석에서의 입장이다.

부가법이 위탁매매의 경우 수탁자가 매수인에게 재화를 공급하는 때에 위탁자가 직접 매수인에게 재화를 공급하는 것으로 보는 이유는 부가가치세는 유통과정마다 창출되는 부가가치에 대하여 과세하는 것인데, 위탁매매는 그 법적 본질이 마치 본인이 대리인을 통하여 매매하는 경우와 마찬가지로 위탁자와 수탁자 사이(대리인에 의한 매매의 경우에는 본인과 대리인 사이)에서는 별도의 부가가치가 창출되지 아니한다는 점에 있다(부가법§32 ⑥; 부가령§69; 부가46015-2308, 1999.08.05.; 부가46015-1701, 1998.07.28.).

다만, 국세청도 기존의 심사결정, 적부심 결정, 조세탈루 여부 등을 고려하고 위탁매매와 일반매매의 구분이 어려워 일반매매거래로 세금계산서를 부득이 발급했다면 해당 세금계산서를 사실과 다른 세금계산서로 보지 아니한 합리적 해석이 있다(서면2015법령해석 부가-2429, 2015.12.14.).

나. 납세의무자의 입장

납세자는 세금계산서 수수과정에서 일반매매거래와 같이 세금계산서를 발급하든 위탁매매와 같이 세금계산서를 발급하든 조세의 탈루가 없다면 불이익을 받아서는 아니 된다는 입장이다.

또한 회계감사 시 회사의 세금계산서 발급과는 달리 위수탁거래라는 의견을 제시하기도 하지만 감사의견과 세금계산서 발급은 다를 수 있다고 생각하기도 한다. 그러나, 부가령 제69조에 따른 위수탁거래임이 명백하다면 그에 따른 세금계산서를 발급해야지 부가가치세의 탈루가 없다 하여 그 시행령 규정을 넘어서 세금계산서를 발급하여서는 아니 된다는 국세청의 입장과 항상 충돌한다.

다. 조세심판원의 입장[1] [2]

조세심판원도 위탁매매가 인정되는 경우 세금계산서 수수는 부가령」 제69조에 따라 처리해야 한다는 것이 원칙이다. 그러나 국세청보다 더욱 유연한 입장을 보이고 있다.

위탁매매의 세금계산서의 공급받는 자를 위탁자가 아니라 수탁자로 하여 발급받고도 수탁자가 위탁자에게 세금계산서를 발급하지 아니하였거나, 위탁자가 수탁자 명의로 잘못 발급된 세금계산서의 수정을 요구하여 (수정)세금계산서를 발급받아 부가가치세를 신고하거나 경정청구하지 아니하였다면 해당 세금계산서의 기재사항만으로는 실지 공급받는 자가 누구인지를 확인할 수 없어 매입세액공제의 대상으로 보지 아니한다는 결정을 하였다(부가령§70 ① 6; 조심2010서1644, 2010.12.23.).

같은 견지에서 거래과정에서 구매한 실물이 실제로 존재하고 이동이 있었으며 그 거래대금 또한 수수하고 정산이 있었던 경우로서 위·수탁거래에 따른 세금계산서를 발행·수수함에 있어 수탁자 또는 대리인이 위탁자 또는 본인의 명의로 세금계산서를 발행·교부하지 아니하고, 위탁자(본인)는 수탁자(대리인)에게 수탁자(대리인)는 거래상대방에게 세금계산서를 발행·교부한 경우에도 위탁자 또는 본인을 알 수 없는 경우이거나 해당 세금계산서 기재내용과 거래당사자들의 부가가치세 신고내용 등에 의하여 거래과정이 누락되거나 또는 생략되지 아니하여 과세관청이 각 거래단계별로 부가가치세 등을 과세함에 있어 아무런 문제가 없다면 정당한 세금계산서로 인정하고 있다(국심2002서2532, 2003.03.17.; 조심2011서0719, 2012.01.30.).

1) 2016.12.09. 조세심판원 합동회의에 따라 위탁매매를 매매거래로 오인한 세금계산서 발급에 대하여 사실과 다른 세금계산서로 보아 부가가치세를 과세할 경우 처분유지가 어렵게 되었다.

2) 거래의 실질이 위탁매매인지 매매거래인지를 두고 부가가치세의 탈루가 없음에도 불구하고 납세자와 과세관청 간 다툼이 빈번하고 실질과세를 내세운 부가가치세 경정으로 납세자는 매입세액불공제를 당하는 등 막대한 경제적 손실은 물론 조세범처벌법에 따른 고발까지 이어지는 경우가 많아 납세자가 선택한 법적거래형식(위탁매매 ⇔ 일반매매)을 존중하도록 개정하여 납세자가 매입세액불공제를 당하는 등의 불이익이 없도록 하였다. 이 개정규정은 2019.02.12. 공급분부터 적용된다(부가령§75 9, 10).

라. 법원 및 기업회계의 입장

법원은 법적거래형식과 경제적 실질이 다른 경우로서 거래당사자 간 거래로 인한 경제적 목적이나 이익이 동일할지라도 그 목적을 달성하기 위한 선택 가능한 여러 법률관계 중 하나를 선택하였다면 그것이 가장행위에 해당하는 등 특단의 사정이 없는 한 당사자들이 선택한 법률관계나 거래외관은 존중되어야 하며, 법적형식에 불구하고 당사자에게 귀속되는 경제적 이익이 동일하다는 이유 또는 실질과세의 원칙을 이유로 가장행위나 조세탈루가 입증되지 아니한 한 법적거래형식을 부인하기 위해서는 세법규정에 따라 엄격하게 해석하여야 한다고 판단하였다(대법2012누3916, 2011.05.13.).

위탁매매 등에 대한 대법원의 판단과 기업회계의 회신들을 보면 어떠한 거래행위가 위수탁거래인지 일반매매인지에 대하여 대체로 위탁매매인의 수탁물건 또는 채권의 처분 효과, 횡령죄 등을 판단함에 있어 위수탁거래임을 폭넓게 인정한 듯하다. 그러나 조세의 탈루가 없고, 외형 부풀리기를 위한 끼어들기 거래가 아니며, 세무목적 외 주주나 투자자 등 회사의 이해관계자들에게 잘못된 정보를 제공하여 이익을 얻거나 상장 등을 위한 목적이 없이 위탁매매나 일반매매의 구별의 어려움으로 일반매매거래로 세금계산서를 발급한 경우까지 매입세액을 불공제하여야 하는지에 대한 직접적인 판결사례는 찾아볼 수 없었다.

또한 기업회계기준상의 수익의 순액 및 총액인식은 주요지표 및 보조지표에 따라 판단하고 있으나, 기업회계는 투자자 및 채권자 보호를 위하여 제정되어 그 목적에 따라 작성한 것으로 회계처리기준과 세무적 판단은 별개로서 세법에 규정이 없는 경우에 기업회계의 관행을 참조할 수는 있을 것이다(서울고등법원2013누26042, 2014.07.23.). 아울러, 세금계산서의 수수에 있어서 기업회계 규정에 따라 수수되어야 하는지 그렇다면 기업회계변경 시마다 세금계산서 수수방법이 달라져야 하는지에 대하여는 과세관청과 사업자는 늘 신중하게 판단하되 부가가치세의 거래질서나 탈루가 없는 하에서는 사업자들이 택한 법적거래형식을 최대한 존중하여야 한다고 본다.

> 📝 **명목상의 끼어들기거래 관련 세금계산서의 적정여부 판단에 있어 세무외적 요소도 고려한 법원의 판례**
>
> 손익계산서는 그 재무제표 등과 함께 회사의 재무상황과 해당 사업연도의 객관적 경영성과를 가늠할 수 있는 가장 중요한 지표로서, 그를 작성함에 있어서는 경제적 사실과 거래의 실질을 반영하여 원고의 경영성과 등을 공정하게 표시하여야 할 것인데, 회사가 실물거래가 아닌 명목상의 거래에 근거한 상품매출액을 그 손익계산서에 기재 한다면, 위 손익계산서가 정당하게 작성되어 공표된 것으로 믿은 투자자나 이해관계인 등 제3자로 하여금 회사의 경영성과를 실제보다 과대평가하여 불측의 손해를 입을 가능성이 충분하므로 투자자 등 제3자에게 아무런 피해가 발생하지 않는다고 쉽게 단정할 수는 없다(서울고등법원2012누28027, 2013.06.13.).

4) 위탁매매와 매매거래를 혼동한 세금계산서 수취분 매입세액 공제

거래의 실질이 위탁매매인지 매매거래인지를 두고 부가가치세의 탈루가 없음에도 불구하고 납세자와 과세관청 간 다툼이 빈번하고 실질과세를 내세운 부가가치세 경정으로 납세자는 매입세액불공제를 당하는 등 막대한 경제적 손실은 물론 조세범처벌법에 따른 고발까지 이어지는 경우가 많았다. 이에 기획재정부는 아래와 같이 납세자가 선택한 법적거래형식을 존중하도록 개정하여 납세자가 매입세액불공제를 당하는 등의 불이익이 없도록 하였다. 동 개정규정은 2019.02.12. 공급분부터 적용된다(부가령§75 9, 10).

① 거래의 실질이 위탁매매 또는 대리인에 의한 매매에 해당함에도 불구하고 거래당사자 간 계약에 따라 위탁매매 또는 대리인에 의한 매매가 아닌 거래로 하여 세금계산서를 발급받은 경우로서 그 거래사실이 확인되고 거래 당사자가 부가법 제48조 및 제49조에 따라 납세지 관할 세무서장에게 해당 납부세액을 신고하고 납부한 경우

② 거래의 실질이 위탁매매 또는 대리인에 의한 매매에 해당하지 않음에도 불구하고 거래 당사자 간 계약에 따라 위탁매매 또는 대리인에 의한 매매로 하여 세금계산서를 발급받은 경우로서 그 거래사실이 확인되고 거래 당사자가 부가법 제48조 및 제49조 또는 간이과세자의 부가법 제66조 및 제67조에 따라 납세지 관할 세무서장에게 해당 납부세액을 신고하고 납부한 경우

위 시행령의 신설로 인하여 위탁매매, 일반매매거래의 착오 등에 기인한 세금계산서 수수가 경제적 실질과 다르다는 이유로 가산세, 매입세액불공제, 조세범처벌 등을 받았던 부가가치세 리스크가 해소되었으나 공급자가 부가가치세를 납부하여야만 매입세액공제를 허용한다는 규정은 부가가치세 본질에 맞지 않다.

5) 면세재화의 판매대행용역

가. 면세 여부 판정기준

수탁자가 위탁자로부터 매입한 면세재화의 소유권을 가지고 수탁자의 독자적인 계산과 책임 아래 면세재화를 공급(판매)하는 것이라면 면세재화의 공급에 해당하여 수탁자는 면세사업자에 해당하는 것이나, 형식상의 기록내용이나 거래명의에 불구하고 상거래관례, 구체적인 증빙, 거래 당시의 정황 및 사회통념 등을 고려한 거래의 실질내용으로 판단하였을 때 단지 위탁자의 면세재화 판매를 대행(중개, 대리, 위탁매매 등 포함)하고 그 수수료 등의 대가를 받는 판매대행용역을 제공하였다면 해당 판매대행용역은 부가가치세 과세대상에 해당한다(서울행정법원2007구합34866, 2010.01.28.; 서울고등법원2010누7316, 2010.12.22.; 대법2011두2163, 2011.05.13.).

나. 수탁물의 판매대행 시 공급가액

① 판매대행용역의 공급가액

재화 또는 용역 공급에 관하여 금전으로 대가를 받는 경우에는 그 대가가 부가가치세 공급

가액이 되므로 면세재화의 판매대행 용역공급에 대한 부가가치세 공급가액은 면세재화의 판매대행이라는 용역을 공급하고 그 대가로 받은 판매 대행수수료 상당액이다.

② 재위탁판매용역을 제공하는 경우

위탁자와 수탁자, 수탁자와 재수탁자 사이에 판매대행계약이 각각 체결되었다면 최종 소매가가 위탁자의 공급가액(면세수입금액)이 될 것이고, 수탁자와 위탁자 사이에 위탁자로부터 수탁자가 받은 금전이 공급가액이 된다. 또한 수탁자가 재수탁자에게 위탁하여 면세재화를 인도하고 재수탁자가 판매하여 재수탁자에게 판매대행수수료를 지급하는 경우, 재수탁자가 받은 판매대행수수료가 재수탁자의 공급가액이 된다.

다. 복권판매대행 여부 및 공급가액에 대한 판례 분석

① 복권판매대행용역에 해당하는지 여부

계약상 원고(수탁자)가 복권판매와 관련한 제반사항에 대해 재단(위탁자)과 협의하거나 그로부터 승인을 얻도록 규정하고, 복권대금을 추후에 정산하도록 되어 있으면서도 원고는 재단에 그 지급을 확실히 하기 위한 담보를 전혀 제공하지 아니하고, 미판매복권의 반품이 사실상 무제한으로 허용됨으로써 원고는 복권의 판매에 대하여 아무런 책임을 부담하지 않는 점에 비추어 실질적으로 살펴보면, 원고가 부가가치세 면세대상인 복권판매업을 영위한 것이 아니라 과세대상인 복권판매대행용역을 공급한 것이다(대법 2002두 10391, 2004.01.29.).

② 복권의 인수가액과 판매가액 차액을 복권판매대행용역 대가로 본 사례

원고(수탁자)는 재단(위탁자)으로부터 복권판매대행용역의 공급대가인 판매대행수수료를 별도로 지급받는 것이 아니라 복권을 가져다가 판매한 후 그 판매대금 중 재단으로부터의 인수가액 상당액만을 재단에 입금함으로써 그 차액만큼을 판매대행수수료 수입으로 취하게 된다.

즉 원고와 재단은 구체적인 복권판매대행 수수료 액수를 정하지는 않았지만 최소한 소매상이 취득하는 10% 내외의 판매이익을 제외한 범위 내의 금액만을 수수료로 예정하고 있었음을 알 수 있고, 원고가 중간도매상 등에 복권을 공급하는 과정에서 원고 자신이 재단에게 공급하여야 할 복권판매대행용역의 일부를 중간도매상 등에게 의뢰한 것이 아니라 원고는 재단으로부터 판매를 위탁받은 복권을 중간도매상 등에게 판매한 것이라고 볼 여지가 없지 않으므로 이러한 경우 원고와 중간도매상 등과의 계약의 성질에 대하여 충분히 검토한 후 그것이 복권 판매대행용역의 위탁이 아니라 단순한 복권판매계약이라면 원고의 복권판매대행용역의 공급에 대한 부가가치세 과세표준은 원고가 복권판매대행용역을 제공하고 그 대가로 받은 수수료 상당액, 즉 중간도매상 등에 대한 복권 판매가액과 재단으로부터의 인수가액과의 차액 상당이 된다(대법2006두2565, 2008.12.24.).

③ 복권의 액면가액과 인수가액 차액을 복권판매대행용역 대가로 본 사례

수탁자인 원고가 위탁자와의 사이에 위탁자가 발행하는 기술개발복권의 판매대행계약을 체결한 후, 위탁자로부터 복권을 인수하여 이를 중간도매상 또는 소매상 등(이하 '중간도매상 등'이라 하며, 이들은 원고와 판매대행계약에 따라 사업을 진행하는 것으로 한다)에게 공급하는 판매대행용역을 제공하고 위탁자로부터 그 대가로 받은 수수료 상당액은 복권의 액면가와 인수가액의 차액 전부이지 복권의 액면가와 인수가액의 차액에서 중간도매상 등으로부터 용역을 공급받고 지급한 대가를 공제한 부분에 한정되는 것이 아니다.

원고가 위탁자에게 복권판매대행의 용역공급을 하기 위하여 중간도매상 등으로부터 어떠한 용역을 공급받고 그 대가를 지급하였다면 그 지급한 대가에 대한 세액이 매입세액이 된다.

원고가 위탁자로부터 복권 액면가보다 할인된 가액으로 복권을 인수하여 다시 중간도매상 등에게 공급한 것을 원고가 중간도매상 등으로부터 복권판매대행의 용역을 공급받은 것으로 본다고 하더라도 그 공급가액과 부가가치세액 등이 정확히 기재된 세금계산서를 중간도매상 등으로부터 발급받아 매입세액을 공제받으면 된다(서울고법2010누7316, 2010.12.22.).

6) 그 밖의 주요 사항

가. 위수탁 거래 시 가산세 부담의 귀속자

사업자가 위탁 또는 대리에 의하여 재화를 공급하는 경우로서 수탁자 또는 대리인이 재화를 인도하는 때에는 수탁자 또는 대리인이 위탁자 또는 본인의 명의로 세금계산서를 발급하여야 하며 그 거래의 귀속 또한 위탁자 또는 본인에게 귀속되는 것이므로 수탁자 또는 대리인이 위탁자 또는 본인을 대리하여 세금계산서를 발급하는 경우 법 제60조 제2항, 제3항 및 제6항에 따른 세금계산서기재불성실가산세는 위탁자 또는 본인에게 적용한다(부가통칙 60-108-4).

나. 수탁자 명의로 신용카드 매출전표를 발행 시 수탁판매금액의 공급가액 포함 여부

사업자(수탁자)가 통신판매업자나 인터넷 쇼핑몰 운영기업 등 위탁자과 위수탁계약에 의하여 신용카드 결제업무를 대행하면서 수탁자 명의로 신용카드매출전표를 발행할 수 있는 경우는 위수탁판매계약 시 명시적인 내용이 확인되고 세금계산서 및 관련 장부의 기장내용과 증빙서류에 의하여 위·수탁 매매 대가임이 확인되는 경우에 한하는 것이며, 이 경우 수탁자의 공급가액은 위탁자로부터 받기로 한 판매대행수수료가 되는 것이며, 위탁자의 공급가액은 해당 수수료를 포함한 전체 신용카드매출전표 발행금액이 된다(부가46015-4388, 1999.10.29.).

다. 수탁판매자 등으로부터 수취한 신용카드매출전표 등의 매입세액 공제 여부

위수탁판매계약에 나라 수탁자가 재화를 인도하고 위탁자가 아닌 수탁자 명의로 신용카드매출전표 및 현금영수증을 발급받은 경우 부가법 제46조 제3항에 따른 매입세액공제를 받을 수 없다. 이는 해당 신용카드매출전표의 발행자와 재화의 공급자가 서로 다르기 때문이다. 따라서 공급받는 자는 재화의 공급자(위탁자 등)에게 세금계산서 발급을 요구하여야 매입세액공제를 받을 수 있다는 것이 국세청의 해석이다(서면법규과-984, 2013.09.10.).

국세청의 해석이 일응 논리적 타당성이 인정되는 것은 아니지만 위수탁거래에 있어 재화의 공급대가를 신용카드매출전표나 현금영수증의 발행을 허용하면서 매입세액공제를 불허하고 있어 어떤 식으로든 보완이 필요한 부분이다.

※ 실무적으로는 구매자의 매입세액공제나 소득공제에 대한 관리도 어렵다.

라. 검찰의 무혐의 처분 및 형사사건 무죄판결이 미치는 영향

보통 위탁매매임에도 일반매매거래로 보아 세금계산서 수수가 이루어져 국세청이 검찰에 고발한 경우 조세탈루 등을 이유로 고의에 의해 그러한 세금계산서 수수가 이루어졌다는 입증이 없어 다수의 사건에서 고의에 대한 증거불충분으로 불기소 처분되는 경우가 있다.

민·형사사건 등의 확정판결에서 인정된 사실은 특별한 사정이 없는 한 유력한 증거자료가 된다. 그러므로 행정소송에 있어서 형사재판에서 인정된 사실에 구속받는 것은 아니라 할지라도 동일한 사실관계에 관하여 이미 확정된 형사판결이 유죄로 인정한 사실은 행정소송에서 유력한 증거자료가 되고, 이를 배척할 수 있을 정도의 증거제시가 없거나 해당 형사판결의 사실판단을 채용하기 어렵다고 볼 특별한 사정이 없다면 이와 배치되는 사실을 인정하기 어렵다(대법 98두10424, 1999.11.26.).

반면, 조세범처벌법 위반 등 고발사건에 대하여 검찰이 증거불충분을 이유로 '혐의 없음' 처분한 경우 이는 범죄사실을 인정할 증거가 충분하지 않다는 것에 불과할 뿐이므로 무혐의 처분만을 이유로 해당 세금계산서가 사실과 다른 세금계산서가 아니라 실물거래에 따른 세금계산서에 해당한다고 인정할 수는 없을 뿐만 아니라, 조세재판에서 제출된 여러 증거내용에 비추어 관련 형사 사건의 사실 판단을 그대로 채용하기 어렵다고 인정될 경우에는 이를 배척할 수도 있는 이상, 무혐의 처분의 존재만으로 그 과세처분이 곧바로 위법하다고 볼 것은 아니다(대법 2013두13686, 2013.10.31. 심리불속행). 아울러 형사사건에서 무죄판결이 선고되었다 하더라도 이는 유죄의 확신에 이를 정도로 공소사실이 증명되지 않았다는 것이지 공소사실의 부존재를 의미하는 것이 아니다.

제4절 공동매입 및 공동판매 등

1. 의의

여러 명의 사업자, 조합원, 개인 등이 동업자 구성원 등(이하 "조합원"이라 한다)이 각자가 사용·소비하거나 제조 또는 재판매를 위하여 대표회사 또는 협회 등(이하 "조합"이라 한다)을 두고 이들을 통하여 다량 또는 고액을 재화나 용역을 일괄 구입함으로써 매입할인을 받아 구매단가를 낮출 수 있고, 조합원 개별적으로 구매하는 경우에 따르는 비용을 절감할 수 있다.

공동구매로 인한 취득비용 등은 모두 조합원인 실구매자가 부담하는 것이고 이를 대행한 조합은 구매대행용역을 제공하고 수수료만 얻는 지위에 있으므로 이들 관계를 공동사업관계에 있다고 볼 수 없다. 부가법은 조합이 재화를 구입하여 조합원 등 실구매자에게 자기의 책임과 계산 하에 재화를 공급한 것으로 볼 수 없어, 이러한 공동구매 등에 대하여 세금계산서 발급특례를 인정하고 있다(공동판매의 경우도 이와 같다)(부가령§69, ⑭, ⑮).

또한 공동구매는 아니지만 구매 당시에는 그 거래구조상 실소비자나 구매액 등을 알 수 없어 공급자가 명의자에게 세금계산서를 발급하면 명의자가 실소비자에게 그 구매액 또는 사용비율에 따라 발급받은 세금계산서의 공급가액의 범위 내에서 실소비자에게 세금계산서를 발급할 수 있는 특례규정을 두고 있다.

2. 공동매입 등에 대한 세금계산서 등 발급특례 개요

(1) 개요

세금계산서의 발급은 실제로 재화 또는 용역을 공급한 자가 이를 공급받는 자에게 발급하고, 재화 또는 용역을 공급받는 경우에도 실제 이를 제공받은 자가 발급받는 것이 원칙이다.

반면, 납세편의를 도모하기 위하여 부가령 제69조 제14항, 제15항에서는 아래와 같이 전력의 공급 또는 동업자 조합이나 단체공급의 경우에 있어 공급받는 명의자와 실지로 소비하는 자가 다른 경우 세금계산서 발급에 관한 특례규정을 두고 있다.

해당 규정은 강행규정이 아니고 특례적이고 임의적인 규정에 해당하므로 그 거래의 실질에 따라 재화 또는 용역의 공급자가 명의자가 아닌 실구매자 등에게 직접 세금계산서를 발급할 수도 있다.

(2) 발급특례 규정 및 사례

1) 「전기사업법」에 따른 전력의 공급

「전기사업법」에 따른 전기사업자가 전력을 공급하는 경우로서 전력을 공급받는 명의자와 전력을 실제로 소비하는 자가 서로 다른 경우에 그 전기사업자가 전력을 공급받는 명의자를 공급받는 자로 하여 세금계산서를 발급하고 그 명의자는 발급받은 세금계산서에 적힌 공급가액의 범위에서 전력을 실제로 소비하는 자를 공급받는 자로 하여 세금계산서를 발급하였을 때에는 그 전기사업자가 전력을 실제로 소비하는 자를 공급받는 자로 하여 세금계산서를 발급한 것으로 본다(부가령§69 ⑭, 부가통칙32-69-7).

또한 전력을 실제로 소비하는 자(사업자가 아닌 자로 한정한다)를 위하여 「전기사업법」에 따른 전기사업자로부터 전력을 공급받는 명의자가 전력을 공급하는 경우에 부가령 제71조 제1항 제1호에 따라 세금계산서 발급이 면제되는 경우에 해당하더라도 그 세금계산서를 발급하였을 때는 정당한 세금계산서에 해당한다(부가규칙§51).

2) 공동도급 등에 대한 세금계산서 수수

동업자가 조직한 조합 또는 이와 유사한 단체가 그 조합원이나 그 밖의 구성원을 위하여 재화 또는 용역을 공급하거나 공급받는 경우와 「국가를 당사자로 하는 계약에 관한 법률」에 따른 공동도급계약에 의하여 용역을 공급하고 그 공동수급체의 대표자가 그 대가를 지급받는 경우, 「도시가스사업법」에 따른 도시가스사업자가 도시가스를 공급할 때 도시가스를 공급받는 명의자와 도시가스를 실제로 소비하는 자가 서로 다른 경우에 세금계산서 수수방법에 관하여는 위 "1)"의 방법을 준용한다(부가령§69 ⑮).

공동도급계약은 일반적으로 2인 이상의 사업자가 공동으로 어떤 일을 도급받아 공동 계산 하에 계약을 이행하는 것으로 건설공사와 같이 일정 기간 동안 사업이 계속되고 분야별로 정산 이 가능한 사업분야에서 활용되는 계약방식으로서 관급공사뿐만 아니라 민간공사로서 공동도급계약에 의한 용역의 공급이나 공통경비에 대한 세금계산서 수수방법은 위 "1)"의 방법에 따른다.

3) 수입대행에 의한 수입의 경우

수입대행업자의 명의로 수출용 원자재를 수입하는 경우에는 수입신고필증상의 실수요자를 수입자로 하는 수입세금계산서를 발급하여야 한다. 이 경우 이미 세관장이 수입대행자를 수입자로 하여 수입세금계산서를 발급한 때 또는 해당 수입이 공동매입에 해당되는 부가령 제69조에 따라 수입대행자는 수입신고필증상의 실수요자를 공급받는 자로 하는 세금계산서를 발급할 수 있다(부가1265-1446, 1982.06.04.).

즉, 대행수입하는 경우에는 수입위탁자의 명의로 수입세금계산서를 발급받아야 수입위탁자의 매입세액으로 공제받는 것이므로 수입대행업자가 발급받은 수입세금계산서는 원칙적으로 부가령 제75조에 따라 그 내용이 사실과 다른 세금계산서에 해당하고 수입위탁자 본인의 매출세액에서 매입세액을 공제할 수도 없다(부가1265-1740, 1982.06.30.).

4) 공동시행 등에 대한 공동매입 규정 준용

부가령 제69조 제15항의 규정은 하나의 공사를 공동으로 시공하는 2개 법인이 단체를 구성하는 경우 또는 수 개 법인이 공동으로 사업을 하면서 편의상 대표법인을 선정한 경우 등 거의 모든 공동협력사업에 폭넓게 적용되는 것으로 해석하고 있으며, 이러한 조합 및 단체들이 조합원 등을 위하여 재화를 수입하는 경우에도 적용된다(서면3팀-787, 2004.04.23.;간세 1265.1-2577, 1979.08. 01.).

(3) 공동판매에도 유추적용

동업자가 조직한 조합이 그 조합원을 위하여 재화를 공급하는 경우 위 "1)" 또는 "2)"의 규정을 준용하여 조합원이 조합에 세금계산서를 발급한 때에는 조합은 조합원이 발급한 세금계산서의 범위 내에서 재화를 공급받는 자에게 조합명의로 세금계산서를 발급하여야 한다(부가 46015-378, 1996.02.27.).

(4) 영수증 수취분에 대한 유추적용

부가령 제69조 제15항의 규정은 영수증의 경우에도 유추적용된다. 따라서 공동매입을 수행하는 조합이 간이과세자로부터 재화를 공급받고 영수증을 발급받은 경우 영수증에 적혀 있는 공급대가의 범위 안에서 실지로 재화를 공급받는 자(조합원)에게 영수증을 발급할 수 있다(부가22601-1935, 1986.09.22.).

3. 구체적 발급요령 및 제재

1) 공동매입 등에 따른 세금계산서 발급 가능자

세금계산서는 거래상대방이 공제받을 수 있는 매입세액임을 입증하는 기능이 있는 바, 그 기능이 변하지 않는 범위 내에서 세금계산서의 발급의무자의 변경을 인정하고 있다. 재화 또는 용역의 공동매입에 따라 공급자로부터 세금계산서를 수취하여 실수요자에게 부가령 제69조 제15항에 따라 세금계산서를 발급할 수 있는 자의 범위에는 일반과세자(개인사업자 및 법인사업자), 일반과세자가 아닌 자를 포함하며, 일반과세자가 아닌 자란 간이과세자, 면세사업자 등록번호 또는 고유번호 등을 가진 자를 말하므로 이에 해당하지 아니하는 개인은 주민등록번호를 기재하여 동 규정에 따른 세금계산서를 발급할 수 없다(부가통칙32-69-7; 부가22601-234, 1986.02.06.).

2) 공동매입에 따른 세금계산서 발급 시 작성일자의 기재

가. 원칙

공동매입과 관련하여 발급받은 세금계산서를 실수요자에게 발행하는 경우에 있어서 그 작성일자는 당초 발급받은 세금계산서상의 작성일자를 기재하는 것을 원칙으로 한다. 다만, 1역월 또는 1역월 이내에서 거래관행상 정하여진 기간의 공급가액을 합계하여 부가법 제34조의 규정에 따라 월 합계 세금계산서 발급이 가능하다(서면3팀-2821, 2006.11.15.).

나. 작성일자의 착오기재

당초 발급받은 세금계산서의 작성일자보다 지연된 날짜를 작성일자로 하여 실수요자에게 세금계산서를 발급한 때에는 세금계산서의 필요적 기재사항 또는 임의적 기재사항의 오류로 보아 거래사실이 확인되는 때에는 해당 매입세액을 매출세액에서 공제받을 수 있다.

다. 동일 과세기간 내 지연발급

부가령 제69조 제14항에 따라 전력 등을 공급받는 명의자인 수탁자가 예를 들어 2018.07.13., 08.13.,09.13. 발급받은 세금계산서를 실지로 소비하는 자를 공급받는 자로 하여 2018. 12. 31. 발급하는 경우 지연 발급한 세금계산서에 대하여는 부가법 제60조 제2항에 따른 세금계산서불성실가산세, 세금계산서 합계표 불성실가산세와 과소신고 가산세가 적용되지 아니한다(법규부가2009-0031, 2009.02.20.). 또한 해당 세금계산서를 발급받은 사업자는 가산세 등 불이익 없이 매입세액공제가 가능하다.

3) 조합 등 공동구매 조직 비용에 대한 세금계산서 수수

사업자가 다른 사업자와 공동구매 부서를 조직하여 필요한 상품을 공동구매함에 있어 공동구매부서의 운영과 관련하여 소요된 경비에 대한 세금계산서를 해당 사업자의 명의로 발급받은 경우 해당 사업자는 발급받은 세금계산서에 기재된 공급가액의 범위 내에서 다른 사업자에게 실지 비용을 부담액을 공급가액으로 기재한 세금계산서를 발급할 수 있다(부가46015-522, 2001.03.21.).

4) 조합 등의 수수료에 대한 과세

동업자 등이 조직한 조합(대표사 등)이 그 조합원을 위하여 공동구매 또는 공동판매에 따른 용역을 제공하고 수수료를 받는 경우에는 부가가치세가 과세되는 것으로 해당 수수료에 대하여는 조합이 조합원에게 세금계산서를 발급하여야 한다(부가46015-1543, 1997.07.09.).

5) 실수요자에게 세금계산서를 발급하지 아니한 경우 불이익

부가령 제69조 제14항은 전력(재화 또는 용역)을 공급받는 명의자와 실지로 해당 전력(재화 또는 용역)을 소비하는 자가 서로 다른 경우에 실지로 전력을 소비하는 자의 매입세액공제를 위하여 설정된 규정으로서 해당 명의자는 자기가 전력(재화 또는 용역)을 공급한 경우에 해당하지 아니하므로 공급가액 신고 의무가 없을 뿐만 아니라, 재화 또는 용역을 공급한 것이 아니므로 세금계산서 발급대상에 해당하지 않아 실수요자에 세금계산서를 발급하지 아니하거나 발급한 세금계산서를 미제출하였다 하여 가산세 등 불이익을 받지 아니한다.

또한 해당 단체 등이 발급한 세금계산서의 공급가액은 재화의 실질 공급에 따른 부가가치세 과세표준에 포함하지 아니하므로 과세표준을 과소신고한 경우에 해당하지 않아 과소신고 가산세 부과대상이 되지 아니한다. 다만, 이 경우 공동매입으로 세금계산서를 발급받은 자가 자기의 과세사업을 위해 사용 또는 소비한 전력분은 자기의 매출세액에서 공제 가능하나, 그 외의 실수요자 소비분에 대하여는 자기의 사업을 위하여 사용・소비된 것이 아니므로 매입세액으로 공제받을 수 없다(부가22601-76, 1986.01.15.). 다만, 명의자가 공동매입에 대한 세금계산서의 공급가액 범위 내에서 실수요자에게 세금계산서를 발급하지 아니한 경우 실수요자는 자기가 부담한 매입세액을 공제받지 못하는 불이익이 발생한다.

4. 공동매입 등이 발생한 경우 매입세액공제

가. 명의자 지위에서 받은 세금계산서의 공제방법

둘 이상의 사업자가 공동으로 사용할 사업부대 설비공사를 그중 한 사업자의 명의로 계약을 체결한 경우에도 용역을 공급받은 각 사업자별로 자기가 부담한 매입세액을 공제받을 수 있는 것이므로 계약을 체결한 사업자 명의로 세금계산서를 발급받은 때에는 공동매입 등에 대한 세금계산서 발급특례에 따라 실제로 용역을 공급받는 사업자별로 다시 세금계산서를 수수하여 매입세액을 공제받을 수 있다(부가통칙38-0-5).

※ 앞서 설명한 전력이 그 대표적인 예이다.

나. 공동구매 과정에서 발급받은 세금계산서의 공제방법

공동구매 과정에서 실구매자가 구매대행자로부터 받은 세금계산서는 해당 재화 또는 용역이 부가가치세 과세사업에 사용 또는 소비되는 경우 관련 매입세액공제는 가능하다. 다만 해당 매입세액이 과세사업과 면세사업에 공통으로 사용되는 경우라면 해당 공통매입세액 중 부가령 제81조부터 제83조의 규정에 따라 과세사업에 상응하는 매입세액만 공제된다.

다. 구매대행과 관련하여 받은 세금계산서의 수수

구매대행 시 실질적 구매자는 조합원이므로 구매와 관련된 매입세액은 공동매입에 따른 세금계산서 발급특례규정에 따라 조합원이 매입세액공제를 받아야 하고, 조합은 구매대행용역을 제공하고 그 대가를 해당 용역을 제공받은 조합원에게 받는다면 조합원에게 세금계산서를 발급하여야 하고, 조합원은 해당 세금계산서상의 매입세액을 공제받을 수 있다.

라. 과세·면세 겸영사업자의 공동매입에 따른 매입세액공제 방법

과세·면세사업을 겸영하는 사업자가 공급받은 재화 또는 용역이 공동매입에 해당되어 부가령 제69조 제14항, 제15항 등에 따라 명의자적 지위에서 그 발급받은 (세금)계산서에 적혀 있는 공급가액의 범위 안에서 이를 실지로 소비하는 자를 공급받는 자로 하여 (세금)계산서를 발급한 경우, 공통매입세액의 안분계산에 있어 겸영사업자가 동 규정에 따라 발급한 (세금)계산서상의 공급가액은 자기의 매입이나 자기가 공급한 재화 또는 용역의 매출에 해당하지 아니하므로 총공급가액과 면세공급가액에 공동매입 등과 관련하여 발급된 (세금)계산서상의 공급가액을 포함하지 아니한다.

5. 부가가치세 신고 및 협력의무

동업자가 조직한 조합이 그 조합원을 위하여 재화 또는 용역을 공급하거나 공급받고 세금계산서를 수수한 경우에 해당 세금계산서의 공급가액은 부가가치세 예정신고 및 확정신고 시 조합의 사업과 관련된 매출·매입 금액과 합하여 신고하며, 해당 세금계산서는 조합의 사업과 관련하여 발급하였거나 발급한 세금계산서와 함께 매출·매입처별세금계산서합계표를 작성하여 관할세무서에 제출하여야 하는 것이나, 조합원을 위하여 재화 또는 용역을 공급하고 발행한 세금계산서의 공급가액은 조합의 수입금액에 해당하지 아니하므로 과세표준명세의 수입금액 제외 란에 기재하여 신고하여야 한다(부가가치세과-689, 2013.07.26.; 서면3팀-2020, 2004.10.02. 외 다수).

일반과세자로 사업자등록을 한 비영리법인인 조합이 공동매입이 1,000만원이 있고 자신이 사용한 금액이 200만원이고, 조합원의 사용·소비액이 800만원인 경우 조합은 매출 800만원, 매입 1,000만원, 면세사업관련 매입세액 20만원으로 기재한 부가가치세 신고서를 제출한다.

다만 조합원에게 800만원에 대한 세금계산서를 발급하지 아니한 경우에는 매입처별세금계산서합계표를 제출하면서 부가가치세 신고 시에는 100만원 전부를 면세 또는 사업과 관련 없는 매입세액으로 기재한다.

공동매입 또는 공동판매에 있어 조합이 그 조합원을 위하여 수수한 세금계산서의 공급가액을 신고하지 아니하거나 매출·매입처별세금계산서합계표를 제출하지 아니한 경우 자기가 공급하거나 공급받은 재화 또는 용역에 따른 세금계산서가 아니므로 수입금액을 구성하지 아니하는 것으로 단지 세금계산서 발급특례규정에 따라 그 상대방을 위한 형식적 세금계산서에 불과하므로 이러한 세금계산서를 토대로 한 부가가치세 과세표준신고 누락, 해당 세금계산서합계표를 제출누락 및 부실기재 등이 있더라도 부가법 제60조에 따른 가산세가 적용되지 아니한다.

6. 관련 사례

□ 판촉물을 구입하여 고객에게 제공하고 그 비용을 고정매입처로 부터 보조받는 경우 해당 보조금의 과세 여부

특정법인이 생산하거나 수입한 상품만을 전담 판매하는 법인사업자가 사전약정에 의하여 동 상품의 판매촉진을 위한 판촉물을 구입하여 고객에게 제공하고 동 상품에 대한 판촉물 구입비용을 해당 상품 제조 및 수입업체로부터 보조받는 경우 해당 금액은 용역공급대가로 보지 아니함(부가46015-162, 1998.01.24.).

=> 일종의 공동매입 형태로 본 것으로 판단됨(부가46015-42, 1993.03.11.).

□ 국내사업장이 없는 외국법인과 공동기술개발을 하면서 발생한 비용의 매입세액공제 여부 등

국내에서 과세사업을 영위하는 사업자(갑법인)가 국내사업장이 없는 외국법인(A법인)과 갑법인의 사업장에서 공동으로 기술개발을 하면서 비용을 공동(50:50)으로 분담하고 개발 결과물을 갑법인과 A법인이 공동으로 소유하는 계약을 체결하고 이와 관련하여 국내의 다른 사업자(을법인)로부터 재화 또는 용역을 공급받고 관련 세금계산서를 전부 갑법인이 발급받는 경우 갑법인이 발급받는 매입세금계산서의 매입세액 중 자기지분(50%)을 초과하는 매입세액은 갑법인의 매출세액에서 공제할 수 없는 것임. 또한 갑법인이 A법인으로부터 공동비용 분담금을 지급받는 경우 A법인에 세금계산서를 발급할 수 없는 것이며(A가 국내사업장이 없는 외국법인이기 때문), 해당 분담금은 갑법인의 부가가치세 과세표준(단순 비용

의 공동분담일 뿐 A로부터 공급대가를 외화로 지급받는 경우가 아님)에도 포함될 수 없는
것임(부가-970, 2012.09.24.).

□ 공동경비에 대하여 세금계산서를 발행할 수 있는지 여부

신청인과 특수관계법인이 해당 법인들의 대표이사직을 겸직하는 자의 업무용 차량과 관련
한 공동경비에 대하여 신청인이 선지급한 이후, 「법인세법 시행령」 제48조에 따른 공동경
비의 분담기준으로 안분하여 각 법인으로부터 분담금을 받는 경우 해당 공동경비 중 차량
의 리스료, 차량유지비 및 유류대에 대한 세금계산서를 신청인이 발급받은 경우에는 부가
령 제69조 제15항에 따라 특수관계법인에게 그 발급받은 세금계산서에 기재된 공급가액의
범위 안에서 세금계산서를 발급할 수 있는 것임(법규부가2009-0064, 2009.04.09.).

□ 공동분담한 배달용역비에 대한 세금계산서 수수방법

배달용역업체가 가전회사와 계약을 맺고 배달용역을 제공한 후 가전회사로부터 그 대가(배
달비)를 받는 경우에는 부가법 제32조 제1항에 따라 배달용역업체가 가전회사에게 세금계
산서를 발급하여야 하며, 이와는 별개로 가전회사가 대리점 간의 별도의 계약에 의해 배달
비의 일부를 대리점으로부터 받는 경우에는 가전회사가 부가령 제69조 제15항의 규정을 준
용하여 세금계산서를 발급하는 것임(재경원 소비46015-240, 1996.08.20.).

□ 전력거래 중개에 있어 공급시기에 전력공급자를 알 수 없는 경우 세금계산서 발급

「전기사업법」에 따라 설립된 한국전력거래소가 전력시장에서 다수의 전력공급자와 다수의
전력구매자 간의 전력거래를 중개함에 따라 해당 전력의 공급시기에 전력공급자를 알 수
없는 경우에는 부가법 제10조 제7항에 따라 전력공급자는 전력거래소를 공급받는 자로, 전
력거래소는 전력구매자를 공급받는 자로 하여 각각 세금계산서를 발급하는 것임(서삼46015
-11241, 2002.07.30.).

□ 공동매입자가 세금계산서 발급받아 세금계산서 공급가액의 범위 내에서 실사용자에게
발급

보험업을 영위하는 자가 보험모집인이 필요로 하는 판매촉진용 물품을 보험모집인의 요청
에 의하여 공동으로 구매함에 따라 세금계산서를 발급받는 경우에는 해당 보험업을 영위하

는 자는 발급받은 세금계산서에 기재된 공급가액의 범위 내에서 물품을 실지로 사용·소비하는 보험모집인을 공급받는 자로 하여 세금계산서를 발급받을 수 있는 것이나, 공동구매에 대한 용역을 제공하고 그 용역대가를 별도로 수령하는 경우 해당 대가는 부가법 제11조 제1항에 따라 부가가치세가 과세되는 것임(서삼 46015-10306, 2003.02.20.).

□ 식자재 공동구매 시 대표수급업체가 발급받은 세금계산서 처리방법

특수관계 있는 사업자들이 원자재인 식자재를 공동구매하기 위하여 '식자재공동수급약정서'를 작성하고 동 약정내용에 따라 대표수급업체가 식자재를 일괄구매하고 세금계산서를 발급받은 경우 대표수급업체는 그 발급받은 세금계산서에 기재된 공급가액의 범위 안에서 공동수급체의 다른 사업자의 구매분에 대하여 구 부가령 제69조 제15항에 따라 공동수급체의 다른 사업자에게 세금계산서를 발급할 수 있는 것(서면3팀-1691, 2004.08.19.).

□ 부동산 관리비에 대한 세금계산서 발급방법

사업자가 부가가치세가 과세되는 부동산 임대료와 해당 부동산을 관리해 주는 대가로 받는 관리비 등을 구분하지 아니하고 영수하는 때에는 전체금액에 대하여 과세하는 것이나 임차인이 부담하여야 할 보험료·수도료 및 공공요금 등을 별도로 구분 징수하여 납입을 대행하는 경우 해당 금액은 부동산 임대관리에 따른 대가에 포함하지 아니하는 것이며, 이 경우 임차인이 부담하여야 할 전기료·가스료 등 부가가치세가 과세되는 재화의 공급에 대하여 임대인 명의로 세금계산서를 발급받은 경우 구 부가령 제69조 제15항에 따라 임대인은 발급받은 세금계산서에 기재된 공급가액의 범위 내에서 임차인에게 세금계산서를 발급할 수 있는 것임(부가46015-2797, 1998.12.18.).

□ 지입차량에 대한 유류 공급시 공급받는 자는 지입사가 아닌 지입차주임

주유소업을 영위하는 사업자가 지입차량에 유류를 공급하고 세금계산서를 발급하는 경우 해당 세금계산서의 공급받는 자는 해당 지입차주로 하는 것이며, 해당 지입차주가 영업상 소속되어 있는 화물운송사업자를 공급받는 자로 하여 세금계산서를 발급할 수 없는 것임. 다만, 화물운송사업자가 지입차주를 위하여 유류를 공동으로 매입하고 주유소업을 영위하는 사업자로부터 세금계산서를 발급받은 경우 해당 화물운송사업자는 부가령 제69조 제15항에 따라 발급받은 해당 세금계산서에 기재된 공급가액의 범위 안에서 유류를 실지로 소

비하는 지입차주를 공급받는 자로 하여 세금계산서를 발급할 수 있는 것이며 이 경우에는 주유소업을 영위하는 사업자가 유류를 실지로 소비하는 지입차주를 공급받는 자로 하여 세금계산서를 발급한 것으로 보는 것임(서면3팀-510, 2005.04.19.).

□ 지입회사가 세관장으로부터 해당 수입 시설 등을 직접 인도받고 세금계산서를 발급받은 경우에는 자기의 명의로 지입차주에게 세금계산서를 발급하여야 함(부가22601-619, 1985.04.04.).

□ 지입차주가 자기의 명의로 사업자등록증을 발급받아 차량공급자로 부터 차량을 구입하는 경우에는 차량공급자로부터 자기의 명의로 세금계산서를 발급받을 수 있음(부가22601-120, 1986.01.30.).

□ 그룹조정실 외부경비 세금계산서 수취분은 그룹의 각 회원사에게 공동매입세금계산서 규정에 따라 발급하는 것임(부가46015-4469, 1999.11.05.).

제5절 각종 부담금 등에 대한 세금계산서 수수

1. 개요

공익사업 등을 진행하는 과정에서 사업자가 사업상의 필요에 의하여 부담한 각종 부담금과 구 시설물 등을 이전 및 철거하는 과정에서 받는 보상금 등에 대한 기존의 해석들이나 조세심판결정 등이 사례별로 상이하여 각 사례별로 분석의 필요가 있는데, 대체로 부담금이나 보상금은 그 경제적 실질에 비추어 보면 손실보상이나 비용분배적 성격이 강하다.

2. 관련 법령

계약상 또는 법률상의 모든 원인에 의하여 역무를 제공하거나 재화·시설물 또는 권리를 사용하게 하는 것은 용역의 공급으로서 부가가치세 과세대상이나, 재화 또는 용역의 공급없이 받은 위약금 또는 이와 유사한 손해배상금, 법률에 따른 원인자부담금 등은 재화 또는 용역의 공급과 관계없는 대가이므로 과세대상이 아니다(부가법 §11, 부가통칙4-0-1).

또한 동업자가 조직한 조합 또는 이와 유사한 단체가 그 조합원 기타 구성원을 위하여 재화 또는 용역을 공급하거나 공급받는 경우 그 조합등과 구성원 간에는 재화 또는 용역의 공급은 없는 것이나, 해당 조합 또는 단체가 재화 또는 용역을 공급하는 자로부터 세금계산서를 발급받고, 그 발급받은 세금계산서에 기재된 공급가액의 범위 안에서 실제로 재화 또는 용역을 공급받는 자에게 세금계산서를 발급한 때에는 해당 재화 또는 용역을 공급하는 자가 명의자가 아닌 실제로 재화 또는 용역을 공급받는 자로 하여 세금계산서를 발급한 것으로 본다(부가령§69 ⑭, ⑮, 구 부가규칙§18).

3. 기존 부담금 등에 대한 해석사례 분석 및 판단기준

부담금(분담금) 지급에 대한 세금계산서 발급방법은 관련 법령과 개별 계약내용 등 그 실질에 따라 손실보상금, 원인자부담금, 공동비용분담 등으로 구별하여 각각 달리 회신하였다.

1) 재화 또는 용역의 공급으로 보지 아니한 경우

손실보상은 적법한 공권력의 행사로 특정인에게 경제상의 특별한 희생을 가한 경우에 그 손실에 대하여 행정주체가 보상해주는 것을 말하며 『공익사업을 위한 토지 등의 취득 및 보상에 관한 법률』(이하 "공익사업법") 등에 근거한 손실보상이 대표적인 것으로 이는 부가가치세 과세대상이 아니다.

공익사업시행자가 공익사업법 등 관련 법률에 따라 이전할 건축물에 대한 이전 및 손해를 입은 자에게 손실보상금(이전비 포함)을 지급하고 이전용역을 제공받거나 시설을 훼손한 자 등 원인자로서 관련 법률에 따라 부담금을 지급한 경우 재화 또는 용역의 공급과 관계없이 지급한 금전이므로 부가가치세 과세대상에서 제외된다(기재부 부가－296, 2013.05.06.; 기재부 부가－412, 2012.08.02.; 법규부가2012－232, 2012.07.26.; 부가46015－1313, 1997.06.12.; 법규부가2012－507, 2013.05.07. 외).

지장전주 이설과 관련하여 지장전주 소유자인 공단에게 공사부지 밖으로 이설해 줄 것과 그에 소요되는 경비를 청구할 것을 요구함에 따라 공단이 이를 수행하고 지장전주 이설비용을 받은 대가가 공익사업법 등에 따라 공익사업에 필요한 토지의 취득이나 사용으로 인하여 토지 소유자가 입은 손실을 보상한 것이거나 '그 밖에 토지에 정착된 물건'의 이전에 필요한 비용인 이전비를 지급한 것이며, 전기사업법상 지장전주 이설비용은 전기사업용 전기설비인 지장전주 이설에 대한 원인을 제공한 자인 공단이 그 소유자에게 부담하는 원인자 부담금으로 이는 보상 차원의 금전에 해당하므로 용역의 제공대가로 볼 수 없다(감심2012－147, 2012.09.27.).

『한국토지주택공사법』에 따라 설립된 사업자가 공익사업법 제20조에 따라 사업인정을 받아 사업구역 내 설치된 가스설비 등의 이전에 필요한 이전비 또는 해당 설비의 잔존가치를 그 소유자에게 손해배상금으로 지급하는 경우 해당 손해배상금은 부가가치세가 과세되지 아니한다(법규부가2014－481, 2014.10.23.).

2) 용역의 공급으로 본 경우

사업시행자가 자신의 사업지구 내 새로운 사회기반시설(전력공급 시설 등)의 설치가 요구되어 해당 시설을 관리하는 사업자와 공사계약을 체결하고 그 공사비의 전부 또는 일부를 지급하는 경우 사업시행자가 납부하는 공사비는 부가가치세 과세대상에 해당한다(법규부가 2013－

275, 2013.10.29.; 기재부 부가가치세제과-181, 2015.03.02.).

예를 들어 도시가스 사업자가 도시가스 사용자를 위하여 가스공급시설 설치공사를 수행하고 「도시가스사업법」 제19조의 2에 따라 사용자에게 부과하는 분담금은 분담금 부과주체가 가스공급자이고 그 시설물의 소유자이며 가스수요자가 부담한 분담금으로 가스공급자의 책임하에 공사용역을 제공한 것이라면 분담금은 가스공급자의 용역대가를 구성한다. 다만, 동 법률의 또 다른 규정에서 도시가스 사용자가 자율적으로 시공사를 선정하여 공사를 수행하게 하고 대가를 지급하며 가스 사업자도 총공사비 중 자기부담분만 가스시설을 취득가액 계상하였으므로 수요자 분담금은 가스사업자의 수입(공급가액)이 될 수 없다(법규과-1044, 2012.09.11.; 서삼46015-10690, 2003.04.24.; 조심2012구5322, 2013.11.08.).

3) 공동비용의 발생으로 보는 경우

비용분담으로 완성된 재화 등을 공동으로 점유 또는 사용하는 경우로서 해당 시설물 관련 사업자들이 공동으로 사업을 수행하면서 소요된 비용을 분담한 경우에는 그 비용분담액은 부가가치세 과세대상 거래에 해당하지 아니한다.

국가나 지방자치단체가 일방 당사자가 되는 계약이 사경제의 주체로서 상대방과 대등한 위치에서 체결하는 사법상 계약에 해당하는 경우 그에 관한 법령에 특별한 정함이 없다면 사적자치와 계약자유의 원칙 등 사법상의 원리가 그대로 적용된다.

국가나 지방자치단체가 이처럼 사경제 주체로서 자유로이 맺은 협약(사계약)에 따른 분담금에 대하여는 공동매입에 따른 세금계산서 발급특례규정에 따라 대표사가 수취한 세금계산서의 공급가액 범위 내에서 실부담자에게 세금계산서를 발급할 수 있고, 대표사가 발급을 거부한 경우 매입자발행세금계산서 신청을 통해 세금계산서를 발급받아 과세사업의 매입세액에 해당시 매출세액에서 공제받을 수 있다(법규부가2014-36, 2014.03.13.; 법규부가2011-0148, 2011.05.03.; 법규부가2014-51, 2014.03.14.; 법규부가2014-36, 2014.03.13.; 부가-335, 2012.03.29.; 구 부가규칙§18 ; 대법2015다 205796, 2017.01.25.).

4) 법령에 따라 납부하는 공과금에 해당하는 경우

가. 개요

부담금이란 중앙행정기관의 장, 지방자치단체의 장, 행정권한을 위탁받은 공공단체 또는 법인의 장 등 법률에 따라 금전적 부담의 부과권한을 부여받은 자가 재화 또는 용역의 공급과 관계없이 특정 공익사업에 필요한 경비를 마련하기 위해 법률에서 정하는 바에 따라 그 사업과 관련된 사업자에게 비용의 전부 혹은 일부를 부담시키는 공법상의 금전지급의무를 말하는 것으로 해당 원인자부담금 또한 재화 또는 용역의 공급과 관련 없는 금전이므로 부가가치세 과세대상에 해당하지 아니한다(부담금관리기본법 §2).

나. 공과금으로 과세대상이 아니라는 사례

국가나 지방자치단체에 원인자 등이 납부하는 부담금은 국가 등이 법률에 근거하여 강제징수하는 공과금(원인자부담금)을 지급받아 국가 등의 책임하에 부담금 부과대상이 되는 시설물 등의 신설, 증설, 보수업무를 수행하는 것이어서 해당 부담금은 공과금으로 부가가치세의 과세대상이 될 수 없을 뿐만 아니라 공동매입에 따른 세금계산서 발급특례 규정도 적용할 수 없다(사전-2015-법령해석부가-0149, 2015.06.10.).

다. 용역공급 등은 아니나 공동매입 세금계산서 발급특례는 인정한 사례

송전탑 인근이 주거지역으로 개발되면서 집단민원이 발생함에 따라 국무조정실의 행정조정에 따라 한전이 송전선로 지중화공사를 시공하고 한전, 사업시행법인, 토지공사가 지중화공사 사업비를 각각 분담하기로 한 경우 이는 법률의 위임 없이 사인간 협약에 따라 이루어진 사업으로서 공익사업법 등에 따라 이전비(손실보상금)를 지급받은 경우도 아니고, 「전기사업법」의 적용을 받아 강제징수하는 공과금(원인자부담금) 성격도 아닐 뿐만 아니라, 당사자 간에 제공할 용역의 범위, 공급가액, 공급시기 등에 대해 구체적으로 약정하여 해당 용역을 제공하고 그에 대한 개별적이고 직접적인 반대급부로서 대가의 지급이 있는 경우도 아니며 한전은 자기 소유의 송전선로를 사업시행법인과 협약한 사업목적을 위해 이설하여 자기 소유로 할 것이므로 한전이 사업시행법인에 공사용역을 공급한 것으로 보기 어렵다. 다만, 한전이 시공사로부터 세금계산서를 발급받은 경우 발급받은 세금계산서에 기재된 공급가액의 범위 안에서 사업시행법인에 세금계산서를 발급할 수 있다(서면-2016-법령해석부가-3171, 2016.07.14.).

제6절 신탁법상 신탁사업

1. 신탁 관련 개념 정의

1) 신탁법상의 신탁

"신탁"이란 신탁을 설정하는 자(이하 "위탁자"라 한다)와 신탁을 인수하는 자(이하 "수탁자"라 한다) 간의 신임관계에 기하여 위탁자가 수탁자에게 특정의 재산(영업이나 저작재산권의 일부를 포함한다)을 이전하거나 담보권의 설정 또는 그 밖의 처분을 하고 수탁자로 하여금 일정한 자(이하 "수익자"라 한다)의 이익 또는 특정의 목적을 위하여 그 재산의 관리, 처분, 운용, 개발, 그 밖에 신탁 목적의 달성을 위하여 필요한 행위를 하게 하는 법률관계를 말한다(신탁법§2).

신탁은 『위탁자-수탁자-수익자』의 3자 간에 법률관계가 성립하고 신탁재산의 양도에 있어 계약의 주체는 수탁자이나 그 경제적 효익은 수익자에게 귀속된다.

2) 신탁의 관계자

가. 위탁자

위탁자란 신탁을 설정하고 수탁자에 대하여 일정한 목적에 따라 재산의 관리 또는 처분을 하도록 재산권을 이전하는 자를 말한다.

위탁자는 신탁재산에 대한 불법한 강제집행 또는 경매에 대하여 이의를 제기할 수 있는 권리, 신탁재산의 관리방법에 변경을 청구할 수 있는 권리, 서류열람 및 사무 처리의 설명을 청구할 수 있는 권리, 수탁자의 사임에 동의할 수 있는 권리 등을 가진다.

> ◆ 위탁자의 세법상 지위
>
> 신탁에 있어 대외적 처분권자가 수탁자라 하더라도 그로 인한 경제적 귀속자는 당연히 자익신탁은 위탁자, 타익신탁은 수익자라 할 것이고, 수탁자는 단지 신탁재산을 관리 또는 처분해 주고 신탁보수를 받는 지위에 있다.
> 타익신탁의 경우에도 신탁재산처분으로 인하여 발생한 매각대금이 형식적으로는 수익자에게 귀속되나 이는 수익자가 위탁자로부터 자신의 채권을 변제받는 것일 뿐 재화의 공급에 따른 대가만을 받는 것이고 오히려 위탁자의 경우에는 매각대금이 수익자에게 지급되는 순간 자신이 수익자에게 부담하고 있던 채무 또는 책임을 면하게 되므로 매각에 의하여 발생하는 대가(즉 재화의 공급에 따른 경제적 효과)는 실질적으로 수취하는 주체는 위탁자로 보아야 한다.

나. 수탁자(신탁회사)

수탁자는 위탁자로부터 재산권의 이전, 기타의 처분을 받아 특정의 목적에 따라 그 재산의 권리 또는 처분을 하는 자를 말한다(신탁법§31). 신탁은 위탁자와 수탁자에 대한 강한 신뢰를 기초로 수탁자에 배타적인 관리권의 행사를 부여하는 것이므로 수탁자는 그 직책상 위탁자의 신뢰에 부응하여 그 관리자로서 임무를 수행할 수 있어야 한다.

신탁재산이 위탁자로부터 수탁자에게 이전된 후에는 수탁자는 신탁재산에 대한 완전한 소유권을 취득하게 되어 위탁자와의 대내적인 관계에서 뿐만 아니라 제3자와의 관계에서도 신탁재산에 대한 완전한 소유권자가 된다. 이 때 수탁자는 스스로 그 신탁사무를 처리해야 하며 함부로 타인에게 신탁사무를 대행시켜서는 아니 된다(신탁법§32).

수탁자는 신탁행위에 의하여 법률형식상 대내외적으로 신탁재산의 소유권자가 되지만 신탁재산에 대한 이익은 수익자에게 귀속되어 실질적으로는 그 신탁재산에 대한 관리권을 갖는 데 불과하므로 수탁자는 신탁의 본지에 따라 선량한 관리자의 주의로써 신탁 사무처리를 하여야 한다(신탁법§32, §34).

> ◆ 수탁자(신탁회사)의 세법상 지위
>
> 위탁자가 수탁자에게 신탁재산을 이전하면 신탁재산의 대내외적인 소유권이 수탁자에게 이전되며, 수탁자는 신탁재산에 대한 합법적 소유자(대외적인 법률적 소유권자)가 되어 신탁목적에 따른 법률행위로 인한 법적·경제적 효과가 모두 수탁자에게 귀속된다.
> 신탁계약에서 수탁자는 위탁자 또는 수익자의 계산으로 신탁재산을 관리 및 처분하므로 부가가치세법상 납세의무자의 속성의 하나인 독립성 요건을 온전히 충족하였다고 보기는 어렵다.

다. 수익자

수익자란 신탁행위에 따라 신탁이익을 받는 자로서 신탁행위의 당사자는 아니지만 신탁의 목적은 수익자에게 신탁이익을 누리게 하는 것이므로 수탁자가 신탁재산을 관리 처분함에 따라 발생하는 이익을 받으며 신탁의 종료 시 남은 신탁재산을 받을 권리를 가진다.

또한 신탁재산관리를 요청할 수 있는 권리와 이러한 권리를 보전하고 신탁재산이나 수익자 자신의 이익을 지키기 위한 여러 가지 권리를 가지고 있기에 수익자는 신탁행위 및 신탁행위에 의하여 설정된 신탁관계에서 중요한 지위를 가진다.

신탁에서 수익자는 사업자라기보다는 투자자에 불과하고 수익자를 납세의무자로 볼 경우 수익자가 불특정다수일 때 이들을 모두 사업자로 볼 수 있는지 문제가 발생할 뿐만 아니라 신탁에 있어 신탁재산을 관리하고 처분하는 주체는 엄연히 수탁자이므로 신탁재산에서 발생한 소득이 수익자에게 귀속된다 하더라도 수익자를 납세의무자로 보기는 어렵다.

우선수익자는 형식적으로나 실질적으로 재화인 부동산을 이전받은 사실도 없고, 단순히 위탁자가 채무불이행함에 따라 신탁계약에 정해진 조건에 따라 신탁재산을 환가하여 자신의 채권을 변제받은 것뿐인데 우선수익자에게 납세의무를 전적으로 부담시키는 기존 판례는 문제가 있다.

라. 수탁자(신탁회사)의 독립성 유무

독립적이란 사업과 관련하여 다른 사업자에게 종속 또는 고용되어 있지 아니하거나 주된 사업에 부수되지 아니하고 대외적으로 독립하여 재화 또는 용역을 공급하는 것을 의미한다. 신탁법상 수탁자는 위탁자의 의사에 반하여 신탁재산을 처분할 수 없고 수탁자가 임의로 신탁재산을 처분한 경우 원상회복의 청구나 손해배상청구의 대상이 된다.

단순히 채권담보를 위한 범위 내에서 수익에 대한 권한을 행사하는 우선수익자가 당연히 납세의무자가 될 수 없듯이 수탁자가 신탁재산의 취득, 유지, 관리, 처분에 대한 통제·관리 불가한 면이 있어 수탁자가 사업상 독립적으로 사업을 한다고 보기 어려운 부분이 많다.

3) 자익신탁과 타익신탁

신탁법에 따른 신탁이익의 귀속주체에 따라 수익자가 위탁자 자신인 경우에는 "자익신탁"이라 하고 신탁계약상 위탁자가 아닌 제3자(수익자)가 따로 지정되어 있어 신탁의 수익이 우선적으로 수익자에게 귀속되게 되어 있는 신탁의 경우 이를 "타익신탁"이라 한다.

4) 수익권증서

'수익권증서'란 신탁계약에 따라 그 신탁으로부터 신탁원본과 신탁이익을 수령할 자를 표시하여 수탁자가 발행하는 증서로서 이를 취득한 자는 신탁재산의 수익자가 되어 신탁재산의 관리 및 처분에서 발생되는 이익 등을 최종적으로 향유하게 된다. 이처럼 신탁계약에 의거 수탁자가 발행하는 수익권증서는 해당 신탁계약에 따라 그 신탁으로부터 신탁원본과 신탁이익을 수령할 자를 표시한 것으로서 그 수익권증서를 취득하는 것은 수익권증서에 표시된 신탁부동산의 소유권을 취득한 것이 아니라, 신탁회사에 대한 일정한 급부청구권인 채권을 취득하는 것이므로 신탁자가 수익권증서를 교부하였다 하여 신탁부동산의 소유권을 이전한 것은 아니며, 신탁계약에 의한 과실을 수령할 채권을 양도한 것이므로 부가가치세 과세대상에 해당하지 아니한다.

5) 신탁의 특징

신탁재산의 재산권은 위탁자에 의해 수탁자에게 이전 또는 처분되어 수탁자가 그 명의인이 되며, 위탁자의 일반채권자는 신탁재산에 대한 강제집행금지규정에 따라 신탁재산에 대하여 강제집행 또는 경매를 할 수 없다. 특히 부동산담보신탁의 경우 전형적인 담보제도인 저당권에 비해 담보물의 평가·환가가 간편하여 시간과 비용이 절약될 뿐만 아니라 고가매각의 가능성이 있으며, 신탁등기에 있어서 취득세가 면제된다는 장점도 있어 활발하게 이용되고 있다.

신탁법은 신탁재산에 대하여는 강제집행, 담보권 실행 등을 위한 경매, 보전처분(이하 "강제집행등") 또는 국세 등 체납처분을 할 수 없다. 다만, 신탁 전의 원인으로 발생한 권리 또는 신탁사무의 처리상 발생한 권리에 기한 경우에는 그러하지 아니한다.

위탁자, 수익자나 수탁자는 위 사항을 위반한 강제집행등과, 국세 등 체납처분에 대하여 이의를 제기할 수 있다. 이 경우 국세 등 체납처분에 대한 불복절차를 준용한다(신탁법§22).

6) 신탁의 종류

가. 주요 형태별 분류

구 분	내 용	비 고
① 토지신탁 (개발신탁)	○(개 념) 토지소유자(위탁자)가 개발을 통해 수익을 실현할 목적으로 토지를 신탁회사에 신탁하고, 신탁회사(수탁자)는 신탁계약 내용에 따라 개발자금의 조달, 건축물의 건설 및 임대분양, 신탁회사 이름으로 건축물의 보존등기 및 분양받은 자에게 소유권이전, 건축물의 유지·관리 등 개발사업의 전 과정을 수행하여 발생한 수익을 토지소유자 또는 그가 지정한 자(수익자)에게 배분 ○(구 조) 신탁회사가 분양사업자로서의 지위 - 위탁자가 토지를 신탁사회에 신탁(신탁에 의한 소유권 이전) - 신탁회사의 이름으로 제반 인·허가 추진(건축허가 등) - 신탁회사의 이름으로 분양(분양받은 자의 분양채권은 신탁회사의 책임) - 신탁회사의 이름 및 책임으로 건설공사 등 수행 (신탁회사가 발주처) - 신탁회사의 이름으로 건물의 보존등기 및 분양받은 자에게 소유권 이전 ○(장 점) 토지소유자는 아무런 개발사업 경험 없어도 신탁회사를 통해 부동산 개발사업 가능 - 신탁재산은 「신탁법」 상 독립된 재산으로 인정되어 토지소유자의 부도, 파산 등의 사유가 발생하더라도 개발사업에 직접적인 영향을 미치지 않아 사업의 안정성 확보 및 분양받은 자 보호	건축물의 분양에 관한 법률 제4조제2항에 따른 신탁계약
② 담보신탁	○(개 념) 부동산소유자(위탁자)가 자신 또는 타인의 채무 내지 책임의 이행을 보장하기 위해 자기 소유 부동산을 담보로 제공하기 위해 신탁하고, 신탁회사(수탁자)는 신탁계약을 통해 부동산소유자(위탁자)로부터 부동산을 수탁하여 일정기간동안 채권자(우선수익자)를 위하여 수탁부동산의 담보가치가 유지·보전되도록 관리 ○(구 조) - 위탁자가 토지를 신탁회사에 신탁(신탁에 의한 소유권이전) - 대출기관에 신탁회사가 "담보신탁 우선수익권증서"를 교부 - 대출기관은 상기 증서를 담보로 위탁자에게 대출 실행 - 위탁자(채무자)가 대출금을 상환 완료하면, 신탁회사는 신탁해지 (위탁자에게 소유권 이전) - 위탁자가 대출금 상환 못하면, 신탁사는 제3자에게 공매처리 하고, 그 매각대금으로 대출금 상환 및 잔여금액은 위탁자에게 교부	

구 분	내 용	비 고
③ 관리신탁	○(개 념) ① 부동산소유자(위탁자)가 자신의 부동산에 발생할 수 있는 예기치 못한 분쟁을 예방하여 소유권을 안전하게 보존할 목적 또는 ② 장기간 해외에 나가게 되어 부동산관리가 어렵거나 자신의 부동산에 대해 전문적이고 효율적인 관리와 보다 높은 운용수익을 실현하기 위해 부동산 소유권을 신탁회사(수탁자)에 이전하고, 신탁회사는 부동산 소유권을 안전하게 관리하거나 소유권관리는 물론 시설의 유지관리, 세무·법무관리, 금전의 운용 등 종합관리 업무를 수행하고 발생 수익을 수익자에게 교부 ○(구 조) - 위탁자가 토지를 신탁회사에 신탁(신탁에 의한 소유권 이전) - 신탁사가 신탁기간 동안 소유권 및 물리적 관리 - 신탁기간 종료 시 신탁사는 신탁해지(위탁자에게 소유권 이전)	
④ 처분신탁	○(개 념) 부동산 소유자(위탁자)가 처분에 어려움이 있는 부동산, 대규모 부동산으로 매수자가 제한되어 있는 부동산, 잔금정산까지 장기간 소요되는 부동산의 소유권 관리에 안전을 요하는 부동산 등을 안정적으로 처분하기 위한 신탁 ○(구 조) - 위탁자가 토지를 신탁회사에 신탁(신탁에 의한 소유권 이전) - 신탁사가 소유권을 관리(제반 채권침해 방지) - 신탁사가 매수자에게 직접 매각(분양받은 자 등에게 직접 소유권 이전) - 매각대금을 위탁자에게 교부 ○(장 점) - 일반중개에 의한 처분과는 달리 해당 부동산의 소유권이 신탁회사로 신탁등되어 매수자가 안심하고 매수 가능. 특히, 잔금 정산시까지 장기간이 소요되는 부동산과 같이 안전한 소유권보전이 필요한 때 유리(예 : 건설회사가 건축공사대금으로 대물변제를 받은 건축물을 처분신탁) ○ (단 점) - 일반중개에 비해 신탁등기 절차가 추가되어 절차가 번거롭고 비용부담이 큼	

구　분	내　용	비　고
⑤ 분양관리 신탁	ㅇ(개 념) 「건축물의 분양에 관한 법률」에 따라 상가 등 건축물을 신축 또 　는 증축하여 분양하는 사업에 있어 신탁회사가 신탁부동산의 소 　유권을 보전·관리하여 분양받은 자를 보호하고 분양사업자(위탁자) 　가 부담하는 채무불이행시 신탁부동산을 환가처분하여 정산함을 　목적으로 하는 신탁 　* 사고 등으로 인한 신탁정산 시 담보신탁의 경우 대출 금융기관이 우선수 　익자가 되나, 분양관리신탁의 경우 분양받은 자가 최우선수익자가 됨 ㅇ (구 조) 　- 위탁자가 토지를 신탁회사에 신탁(신탁에 의한 소유권 이전) 　- 위탁자가 신탁사와 대리사무계약을 체결 　- 신탁사는 분양받은 자를 보호할 목적으로 신탁기간 동안 신탁된 토지와 분양 　　수입금을 관리 　- 신탁기간 종료시 신탁회사는 신탁해지(분양받은 자에게 소유권 이전 등)	건축물의　분양 에　관한　법률 제4조제1항제1 호에 따른 신탁 계약

나. 차입형 토지신탁

토지신탁이란 신탁회사가 신탁의 인수 시에 신탁재산으로 토지 등을 수탁하고 신탁계약에 따라 토지 등에 유효시설(건물, 택지, 공장용지 등)을 조성한 다음, 처분·임대 등 부동산사업을 시행하고 그 성과를 수익자에게 교부하여 주는 신탁을 말하며, 차입형의 경우 사업비의 조달의무를 신탁회사가 부담하며 사업부실 시 신탁회사가 투입한 사업비의 회수기간 지연 및 미회수에 따른 신탁회사의 피해가 크다.

차입형 토지신탁은 부동산 개발노하우나 자금이 부족한 토지소유자가 공신력 있는 신탁사에 토지를 위탁하여, 신탁사가 자금 및 개발경험을 바탕으로 토지를 효율적으로 이용할 수 있도록 개발에 필요한 자금, 공사발주, 관리 및 운영 등을 대신하고 발생한 수익을 토지소유자에 돌려주는 제도이다.

차입형 토지신탁 구조는 토지소유자 부분을 제외 시 시행사가 신탁사로 변경된 형태로 전통적 PF사업모델과 유사하지만 일반적인 시행사와 달리 신탁사의 경우 높은 신용도로 자금 조달 시 건설사의 지급보증이 불필요하며, 신탁사의 입장에서도 신탁시장의 과잉 경쟁으로 신탁보수율이 하락한 상황에서 리스크는 높지만(기존 관리형 토지신탁 대비 10배가량 높은 총 분양외형의 4.0 ~ 4.5% 수준) 고수익이 보장된다. 건설사의 경우는 PF지급보증 리스크를 회피하고,

도급금액을 안전하게 확보하여 사업 안정성을 높일 수 있다.

국세청은 "건설업을 영위하는 사업자(이하 '위탁자')가 보유토지를 신탁회사(이하 '수탁자')에 위탁하여 해당 토지 위에 건물(이하 건물 및 그 부속토지를 '신탁재산')을 신축·분양하는 분양형(차입형) 토지신탁사업을 진행하면서 신탁재산이 매각된 경우 해당 신탁재산의 공급에 대하여 수탁자가 같은 부가법 제10조제8항 및 부가령 제69조제1항에 따라 위탁자 명의로 세금계산서를 발급하는 것으로 회신한 바, 차입형 토지신탁을 위탁자와 신탁회사 간의 공동사업 또는 신탁회사의 단독사업으로 보지 아니하는 것으로 보인다(사전-2018-법령해석부가-0217, 2018.04.25.).

다만, 도시정비법 등 강행법규에 수탁자(신탁회사)를 사업의 원활한 진행을 위해 사업주체로 명시하여 단독사업으로 규정한 때에는 신탁회사를 해당 사업의 납세의무자로 볼 수 있다고 본다(기재부 부가가치세제과-354, 2020.08.12.).

다. 담보신탁과 근저당 비교

구 분	담보신탁	근저당
담보권 설정 방식	• 신탁등기(소유권 이전) • 등기부상 '갑구' 표시사항	• 근저당권 설정 • 등기부상 '을구' 표시사항
담보취득 후 우선채권 발생 여부	• 신탁등기 후 발생 불가	• 임금채권 발생 가능
담보가치 보전	• 신탁회사에서 관리, 보전	• 채권기관에서 관리, 보전
물상대위권 행사	• 사전압류 불필요	• 사전압류 필요
채권실행방법	• 신탁회사 공매	• 법원경매
채권실행절차	• 절차 간편/단기간 소요 • 일반공개시장에서 공매 • 담보부동산의 고가 매각 기능	• 절차 복잡/장기간 소요 • 폐쇄시장에서 경매 • 담보부동산의 고가 매각 불가
파산재단 구성 여부	• 파산재단에서 제외	• 파산재단에서 포함
신규임대차 후순위 권리 설정	• 배제 가능 • 담보가치 유지에 유리	• 배제 불가
소요경비	• 등록세, 지방교육세 및 국민주택채권 매입 면제 • 신탁보수(근저당 비용보다 저렴) • 지상권 설정이 필요없음 • 채무자 소요비용 비교적 적음	• 등록세, 지방교육세 : 채권 최고액의 0.24% • 국민주택채권 : 채권 최고액의 1% • 지상권 설정이 필요함 • 채무자 소요비용 많음

2. 신탁 관련 과세이론

1) 신탁 실체이론

신탁재산 자체를 과세의 주체로 인정하여 신탁재산 귀속소득에 대하여 과세한다. 신탁재산 자체를 하나의 과세상 주체로 인정하여 수익자가 신탁회사로부터 받은 신탁재산의 분배금은 이자소득이나 배당소득이 되고, 수입 시기는 신탁재산에 소득이 귀속되는 시점이다.

2) 신탁 도관이론

신탁재산을 독립적인 실체로 인정하지 아니하고 단순히 수익자에게 신탁수익을 분배하기 위한 도관으로 보아 신탁소득에 대한 과세는 분배하기 전의 운용과정에서 발생한 소득의 내용에 따라 세법을 적용한다.

3) 세법의 선택

가. 소득세법

소득을 구분할 때 다음의 신탁을 제외한 신탁의 이익은 「신탁법」 제2조에 따라 수탁자에게 이전되거나 그 밖에 처분된 재산권에서 발생하는 소득의 내용별로 구분한다(소득법 §4 ②).

① 법인법 제5조제2항에 따라 신탁재산에 귀속되는 소득에 대하여 그 신탁의 수탁자가 법인세를 납부하는 신탁

② 자본시장법 제9조 제18항 제1호에 따른 투자신탁. 다만, 2022년 12월 31일까지는 소득법 제17조 제1항 제5호에 따른 집합투자기구로 한정한다.

③ 자본시장법 제251조 제1항에 따른 집합투자업 겸영보험회사의 특별계정

위 ①은 후술하기로 하며, 자본시장법에 의한 신탁의 경우 일정요건을 충족하는 신탁의 이익은 배당소득으로 규정하고 일정요건을 갖추지 아니한 경우에는 역시 소득의 내용별로 구분하여 과세한다(소득령§26의 2).

나. 법인세법

법인세법은 신탁재산에 귀속되는 소득은 그 신탁의 이익을 받을 수익자가 그 신탁재산을

가진 것으로 보도록 규정하여 원칙적으로 신탁 도관이론을 채택하고 있다(법인법§ 5).

4) 원천징수의무

법인법은 "원천징수의무를 대리하거나 그 위임을 받은 자의 행위는 수권 또는 위임의 범위 안에서 본인 또는 위임인의 행위로 보아 원천징수의무가 있다(법인법§73 ④)."고 규정하고 있고, 위탁자가 신탁재산과 관련된 원천징수대상소득의 실질적인 부담자라 하더라도 위탁자는 그 지급금의 흐름을 지배·관리하지 못할 위치에 있다 할 것이므로 수탁자(신탁회사)에 원천징수 의무가 있는 것으로 해석하고 있다(법인22601-481, 1990.02.02.).

이때 위탁자에게 원천징수의무를 재위임하는 계약이 있더라도 조세채권은 「국세징수법」에 의하여 우선권 및 자력집행권이 인정되는 권리로서 사법상의 채권과는 그 성질을 달리하므로 조세채권의 성립과 행사는 법률에 의해서만 가능한 것이다.

따라서 세법에 의하지 아니한 사법상의 계약에 의하여 조세채무를 부담하거나 이를 보증하게 하여 이들로부터 조세채권의 종국적 만족을 실현하게 하는 계약은 세법상 허용될 수 없다고 본다(동지: 대법2004다 58277, 2005.08.25.).

또한 자본시장법에 따른 신탁업자(수탁자)가 신탁재산을 운용하거나 보관·관리하는 경우에는 해당 신탁업자가 해당 신탁재산에 귀속되는 소득을 지급하는 자의 원천징수의무를 대리하거나 위임관계가 있는 것으로 보고, 그 신탁업자가 원천징수대상 소득이 신탁재산에 귀속되는 날로부터 3개월 이내의 특정일(동일 귀속연도 이내로 한정한다)에 그 소득에 대한 소득세 또는 법인세를 원천징수한다(법인령§111 ⑥, ⑦, 소득법§127 ④, 소득령§155의 2).

3. 신탁 관련 현행 부가가치세법 적용

(1) 개요

「신탁법」에 따른 신탁으로 인하여 발생하는 거래와 관련한 부가가치세의 납세의무에 대하여 "① 법적 실질에 따라 자신의 명의와 책임 하에 신탁업무를 처리하는 수탁자를 납세의무자로 볼 것인가? ② 경제적 실질에 따라 신탁재산의 실질적인 소유자로서 신탁과 관련한 이익 및 비용의 최종적인 귀속권자인 위탁자를 사업자로 볼 것인가? ③ 신탁수익의 귀속권자인 수익자를 부가가치세 납세의무자로 할 것인가?"에 대하여 그간 논란이 많았다.

그 근본적인 문제점은 부가가치세법에 신탁과 관련된 해당 규정이 전무하였다는 점과 부가가치세법의 기본적 이론과 신탁법의 취지를 조화롭게 유지할 수 있는 법률개정이 지연되었다는 점에서 그 원인을 찾을 수 있다고 본다.

타익신탁의 납세의무자 변동 연혁

시 기	납 세 의 무 자
2003.04.25. 전	부가법상의 위탁매매 법리에 따라 위탁자가 납세의무자가 된다(부가 46015-3842, 2000.11.27.).
2003.04.25. 이후	타익신탁에서 위탁자의 채무불이행으로 수탁자에 의해 신탁재산이 공매되는 경우 납세의무자는 (우선)수익자가 부가가치세의 납세의무자이다(우선수익권이 미치는 범위 내에서 신탁재산의 관리·처분 등으로 발생한 이익과 비용도 최종적으로 수익자에게 귀속됨)(대법원99다59290, 2003.04.25.).
2005.08.31. 이후	위탁자에서 (우선)수익자로 신탁재산에 대한 실질적 통제권이 이전되는 것은 재화의 공급에 해당한다(재정경제부 소비세제과-113,2005.08.31.).
2017.05.18.	신탁재산에 대한 권리와 의무의 귀속주체로서 계약당사자 되어 재화의 공급이라는 거래행위를 통하여 그 재화를 사용, 소비할 수 있는 권한을 거래상대방에게 이전한 수탁자를 부가가치세 납세의무자로 보아야 한다(대법원2012두22485, 2017.05.18.).
2017.12.31.	기존 해석 및 종전 판결에 따라 수익자를 납세의무자로 하거나, 2017.05.18. 대법원 판례에 따라 수탁자를 납세의무자로 하든 모두 정당한 거래로 인정한다(기획재정부 부가가치세제과-447, 2017.09.01.).
2018.01.01.이후	▌부가법 개정(구 부가법 제3조의2, 제10조 제8항) ·위탁자를 원칙적 납세의무자로 하되, 담보신탁 등으로서 위탁자의 채무이행을 위해 수탁자가 신탁재산 처분 시에는 수탁자 ·그 밖에 위탁자 체납 시 수탁자의 신탁재산에 물적납세의무 부과
2022.01.01.이후	▌부가법 개정(부가법 제3조 제2항 및 제3항, 제3조의2) ·수탁자를 납세의무자로 하되(용역 포함), 위탁자 명의로 공급하거나 관리형토지신탁 등 위탁자가 신탁재산을 실질적으로 지배·관리하는 경우는 위탁자 ·신탁재산으로 부가가치세 징수 부족 시 수익자에게 제2차 납세의무를 부과하고, 위탁자가 부가가치세를 체납한 경우에도 물적납세의무를 부과한다.

(2) 신탁 관련 납세의무 등(2022.01.01. 이후)

1) 신탁에 따른 납세의무자

가. 원칙적 납세의무자 : 수탁자

신탁재산「신탁법」 또는 다른 법률에 따른 신탁재산(해당 신탁재산의 관리, 처분 또는 운용 등을 통하여 발생한 소득 및 재산을 포함한다)을 말한다. 이하 "신탁재산"이라 한다)과 관련된 재화 또는 용역을 공급하는 때에는 「신탁법」 제2조에 따른 수탁자(이하 부가법 제3조, 제3조의 2, 제8조, 제10조 제9항 제4호, 제52조의2 및 제58조의2에서 "수탁자"라 한다)가 신탁재산별로 각각 별도의 납세의무자로서 부가가치세를 납부할 의무가 있다(부가법§3 ②, 부가령§5의2 ①).

나. 예외적 납세의무자 : 위탁자

다음의 어느 하나에 해당하는 경우에는 「신탁법」 제2조에 따른 위탁자(이하 부가법 제3조, 제3조의2, 제10조 제9항 제4호 및 제52조의2에서 "위탁자"라 한다)가 부가가치세를 납부할 의무가 있다(부가법§3 ③, 부가령§5의2 ②).

① 신탁재산과 관련된 재화 또는 용역을 위탁자 명의로 공급하는 경우

② 위탁자가 신탁재산을 실질적으로 지배·통제하는 경우로서 다음의 어느 하나에 해당하는 경우

A : 수탁자가 위탁자로부터 「자본시장과 금융투자업에 관한 법률」(이하 "자본시장법"이라 한다) 제103조제1항제5호 또는 제6호의 재산을 수탁받아 같은 조 제4항에 따라 부동산개발사업을 목적으로 하는 신탁계약을 체결한 경우로서 그 신탁계약에 따른 부동산개발사업비의 조달의무를 수탁자가 부담하지 않는 경우. 다만, 수탁자가 「도시 및 주거환경정비법」(이하 "도시정비법"이라 한다) 제27조제1항 또는 「빈집 및 소규모주택 정비에 관한 특례법」(이하 "소규모주택정비법"이라 한다) 제19조제1항에 따른 재개발사업·재건축사업 또는 가로주택정비사업·소규모재건축·재개발사업의 사업시행자인 경우는 제외한다.

B : 수탁자가 도시정비법 제28조제1항 또는 소규모주택정비법 제56조제1항에 따른 재개발사업·재건축사업 또는 가로주택정비사업·소규모재건축사업의 사업대행자인 경우

C : 수탁자가 위탁자의 지시로 위탁자와 국기령 제1조의2제1항, 제2항, 같은 조 제3항제1호 또는 법인령 제2조제5항 각 호의 관계에 있는 자(특수관계인)에게 신탁재산과 관련된 재화 또는 용역을 공급하는 경우(2022.01.01. 이후부터 2022.02.15. 전까지 수탁자가 공급한 경우에도 적용한다)

D : 자본시장법 제9조제18항제1호에 따른 투자신탁 [집합투자업자인 위탁자가 신탁업자에게 신탁한 재산을 신탁업자로 하여금 그 집합투자업자의 지시에 따라 투자·운용하게 하는 신탁 형태의 집합투자기구]의 경우

다. 공동수탁자에 대한 연대납세의무

위 "가"에 따라 수탁자가 납세의무자가 되는 신탁재산에 둘 이상의 수탁자(이하 "공동수탁자"라 한다)가 있는 경우 공동수탁자는 부가가치세를 연대하여 납부할 의무가 있다. 이 경우 공동수탁자 중 신탁사무를 주로 처리하는 수탁자(이하 "대표수탁자"라 한다)가 부가가치세를 신고·납부하여야 한다(부가법§3 ④).

라. 사업자등록

본 "가"와 "다"에 따라 수탁자가 납세의무자가 되는 경우 수탁자(공동수탁자가 있는 경우 대표수탁자를 말한다)는 해당 신탁재산의 등기부상 소재지, 등록부상 등록지 또는 신탁사업에 관한 업무를 총괄하는 장소를 사업장으로 하여 사업자등록을 신청하여야 한다(부가법§8 ⑥, 부가령§8 ⑦).

수탁자가 사업자등록을 신청하는 경우로서 다음의 요건을 모두 갖춘 경우에는 둘 이상의 신탁재산을 하나의 사업장으로 보아 신탁사업에 관한 업무를 총괄하는 장소를 관할하는 세무서장에게 사업자등록을 신청할 수 있다(부가령§11 ⑪).

① 수탁자가 하나 또는 둘 이상의 위탁자와 둘 이상의 신탁계약을 체결하였을 것

② 신탁계약이 수탁자가 위탁자로부터 자본시장법 제103조제1항제5호 또는 제6호의 재산을 위탁자의 채무이행을 담보하기 위해 수탁으로 운용하는 내용으로 체결되는 신탁계약일 것

※ 적용시기 : 2022.02.15. 전에 사업자등록을 신청하여 동 시행령 시행 당시 그 절차가 진행 중인 경우에도 적용한다.

법인법 제5조제2항 각호에 규정된 법인 과세 신탁재산[①「신탁법」에 따른 목적신탁, ②수익증권발행신탁, ③유한책임신탁, ④그 밖에 유사한 신탁으로서 대통령령으로 정하는 신탁은 내

국법인으로 보아 사업자등록 신청] 외의 신탁재산에 대하여 각각 개인사업자로 등록한다. 아래 수탁자가 납세의무자가 되어 신탁재산별로 사업자등록을 하여야 하므로 아래 요령에 따라 인적사항을 기재하여 등록처리하게 된다.

– 인적사항 기재 요령 –

인적사항	수탁자가 법인인 경우	수탁자가 개인인 경우
· 상호(단체명)	신탁재산 상품명	신탁재산 상품명
· 성명(대표자)	수탁자 법인명	개인 대표자 성명
· 주민등록번호	수탁자 사업자등록번호*	개인 대표자 주민등록번호
· 사업장(단체) 소재지	신탁재산의 등기부상 소재시, 등록부상 등록지 또는 신탁사업에 관한 업무를 총괄하는 장소	

* 주로 법인사업자가 수탁자로 개인사업자 등록을 신청할 것으로 예상됨

2) 신탁재산의 이전이 재화의 공급인지

가. 위탁자 지위이전에 대한 재화의 공급 간주

2022.01.01. 이후부터는 「신탁법」 제10조에 따라 위탁자의 지위가 이전되는 경우 기존 위탁자가 새로운 위탁자에게 신탁재산을 공급한 것으로 본다. 즉 기존 위탁자가 해당 공급에 대한 부가가치세의 납세의무자가 된다. 다만, 신탁재산에 대한 실질적인 소유권의 변동이 있다고 보기 어려운 경우로서 아래의 경우에는 신탁재산의 공급으로 보지 아니한다(부가법§10 ⑧; 부가령§5의2 ③).

① 자본시장법에 따른 집합투자기구의 집합투자업자가 다른 집합투자업자에게 위탁자의 지위를 이전하는 경우

② 신탁재산의 실질적인 소유권이 위탁자가 아닌 제3자에게 있는 경우 등 위탁자의 지위 이전에도 불구하고 신탁재산에 대한 실질적인 소유권의 변동이 있다고 보기 어려운 경우

※ 적용시기 : 2022.01.01. 이후부터 2022.02.15. 전까지 수탁자가 공급한 경우에도 적용한다.

나. 재화의 공급으로 보지 아니하는 신탁재산의 소유권 이전

신탁재산의 소유권 이전으로서 다음의 어느 하나에 해당하는 것은 재화의 공급으로 보지 아니한다(부가법§10 ⑨ 4).

① 위탁자로부터 수탁자에게 신탁재산을 이전하는 경우

② 신탁의 종료로 인하여 수탁자로부터 위탁자에게 신탁재산을 이전하는 경우

③ 수탁자가 변경되어 새로운 수탁자에게 신탁재산을 이전하는 경우

3) 신탁재산 관련 매입세액공제 특례 신설

「신탁법」 제3조에 따라 설정된 신탁의 위탁자와 수탁자의 경우로서 위탁자(수탁자)를 공급받는 자로 하여 발급받은 세금계산서가 거래사실이 확인되고 부가가치세가 신고·납부된 경우에는 수탁자(위탁자)의 매입세액공제를 허용하여 납세자 편의를 제고하였는 바 그 구체적 요건은 다음과 같다(부가령§75 11, 12호).

① 신탁재산과 관련한 재화 또는 용역을 공급함에 따라 부가가치세를 납부해야 하는 수탁자(부가법§3 ②)가 위탁자를 재화 또는 용역을 공급받는 자로 하여 발급된 세금계산서의 부가가치세액을 매출세액에서 공제받으려는 경우로서 그 거래사실이 확인되고 재화 또는 용역을 공급한 자가 예정신고(예정부과기간에 대한 신고를 포함) 또는 확정신고 시에 납세지 관할 세무서장에게 해당 납부세액을 신고하고 납부한 경우

② 부가법 제3조 제3항에 따라 부가가치세를 납부해야 하는 위탁자가 수탁자를 재화 또는 용역을 공급받는 자로 하여 발급된 세금계산서의 부가가치세액을 매출세액에서 공제받으려는 경우로서 그 거래사실이 확인되고 재화 또는 용역을 공급한 자가 법 제48조·제49조 또는 제66조·제67조에 따라 납세지 관할 세무서장에게 해당 납부세액을 신고하고 납부한 경우

> ※ 신탁의 경우 신탁사업의 위탁자나 수탁자에게 재화 또는 용역을 공급한 사업자가 세금계산서를 발급하고 해당 부가가치세를 납부하여야만 매입세액공제를 허용하는 위 "①" 및 "②"의 규정은 부가가치세 기본논리에 맞지도 않고 지나친 국고주의적 규정이어서 위헌적 요소를 갖고 있다.

4) 신탁 관련 제2차 납세의무 및 물적납세의무

가. 제2차 납세의무

위 "1)의 가"에 따라 수탁자가 납부하여야 하는 다음의 어느 하나에 해당하는 부가가치세 또는 강제징수비(이하 "부가가치세 등"이라 한다)를 신탁재산으로 충당하여도 부족한 경우에는 그 신탁의 수익자(「신탁법」 제101조에 따라 신탁이 종료되어 신탁재산이 귀속되는 자로서

위탁자, 수익자, 귀속권리자 등을 말함)는 지급받은 수익과 귀속된 재산의 가액을 합한 금액을 한도로 하여 그 부족한 금액에 대하여 납부할 의무(이하 "제2차 납세의무"라 한다)를 진다. 이 규정은 2022년 1월 1일 이후 납세의무가 성립하는 분부터 적용한다(부가법§3의2 ①, 부칙§3).

① 신탁 설정일 이후에 국기법 제35조 제2항에 따른 법정기일이 도래하는 부가가치세로서 해당 신탁재산과 관련하여 발생한 것(신탁 설정일은 「신탁법」 제4조에 따라 해당 재산이 신탁재산에 속한 것임을 제3자에게 대항할 수 있게 된 날로 한다. 다만, 다른 법률에서 제3자에게 대항할 수 있게 된 날을 「신탁법」과 달리 정하고 있는 경우에는 그 날로 한다(부가령§5의3 ②).

② "①"의 금액에 대한 강제징수 과정에서 발생한 강제징수비

신탁의 수익자가 제2차 납세의무를 지는 경우에 신탁의 수익자에게 귀속된 재산의 가액은 신탁재산이 해당 수익자에게 이전된 날 현재의 시가(時價)로 하며, 시가의 기준은 부가령 제62조에 따른다(부가령§5의3 ①).

나. 물적납세의무

위 "1)의 나"에 따라 부가가치세를 납부하여야 하는 위탁자가 위 "가"의 "①"과 "②" 중 어느 하나에 해당하는 부가가치세 등을 체납한 경우로서 그 위탁자의 다른 재산에 대하여 강제징수를 하여도 징수할 금액에 미치지 못할 때에는 해당 신탁재산의 수탁자는 그 신탁재산으로써 부가법에 따라 위탁자의 부가가치세 등을 납부할 의무(이하 "물적납세의무"라 한다)가 있다(부가법 §3의 2 ②).

5) 물적납세의무 등에 대한 납부특례

가. 제2차 납세의무에 대한 납부특례

위 "1)의 나"에 따라 부가가치세를 납부하여야 하는 수탁자의 관할 세무서장은 제2차 납세의무자로부터 수탁자의 부가가치세 등을 징수하려면 다음의 사항을 적은 납부고지서를 제2차 납세의무자에게 발급하여야 한다. 이 경우 수탁자의 관할 세무서장은 제2차 납세의무자의 관할 세무서장과 수탁자에게 그 사실을 통지하여야 한다(부가법§52의2 ①).

① 징수하려는 부가가치세 등의 과세기간, 세액 및 그 산출근거

② 납부하여야 할 기한 및 납부장소

③ 제2차 납세의무자로부터 징수할 금액 및 그 산출 근거

④ 그 밖에 부가가치세 등의 징수를 위하여 필요한 사항

나. 물적 납세의무에 대한 납부특례

① 개요

위 "1)의 나"에 따라 부가가치세를 납부하여야 하는 위탁자의 관할 세무서장은 수탁자로부터 위탁자의 부가가치세 등을 징수하려면 다음의 사항을 적은 납부고지서를 수탁자에게 발급하여야 한다. 이 경우 수탁자의 관할 세무서장과 위탁자에게 그 사실을 통지하여야 한다(부가법§52의2 ②).

㉠ 부가가치세 등의 과세기간, 세액 및 그 산출 근거

㉡ 납부하여야 할 기한 및 납부장소

㉢ 그 밖에 부가가치세 등의 징수를 위하여 필요한 사항

② 신탁이익 포기 또는 이전 등이 있는 경우

물적 납세의무에 따른 고지가 있은 후 납세의무자인 위탁자가 신탁의 이익을 받을 권리를 포기 또는 이전하거나 신탁재산을 양도하는 등의 경우에도 고지된 부분에 대한 납세의무에는 영향을 미치지 아니한다(부가법§52의2 ③).

③ 수탁자 변경 시 납세의무 승계

신탁재산의 수탁자가 변경되는 경우에 새로운 수탁자는 이전의 수탁자에게 고지된 납세의무를 승계한다(부가법§52의2 ④). 따라서 납세의무자인 위탁자의 관할 세무서장은 최초의 수탁자에 대한 신탁 설정일을 기준으로 그 신탁재산에 대한 현재 수탁자에게 위탁자의 부가가치세 등을 징수할 수 있다(부가법§52의2 ⑤).

④ 국세우선권의 제한

신탁재산에 대하여 국징법에 따라 강제징수를 하는 경우 국기법 제35조 제1항에도 불구하고 수탁자는 「신탁법」 제48조 제1항에 따른 신탁재산의 보존 및 개량을 위하여 지출한 필요비 또는 유익비의 우선변제를 받을 권리가 있다(부가법§52의2 ⑥).

6) 신탁재산에 대한 강제징수의 특례

위 "1)의 가"에 따라 수탁자가 납부하여야 하는 부가가치세가 체납된 경우에는 「국세징수법」 제31조에도 불구하고 해당 신탁재산에 대해서만 강제징수를 할 수 있다(부가법§58의 2).

7) 적용시기

2022년 1월 1일 전에 설정한 신탁의 경우 다음의 구분에 따른 자를 위 "1)"의 "가" 및 "나"의 개정규정에 따른 납세의무자로 본다(부칙§5).

① 다음의 처분을 하는 경우 : 수탁자

　㉠ 수탁자가 위탁자로부터 자본시장법 제103조 제1항 제5호 또는 제6호의 재산을 위탁자의 채무이행을 담보하기 위하여 수탁으로 운용하는 내용으로 체결되는 신탁계약을 체결한 경우로서 그 채무이행을 위하여 신탁재산을 처분하는 경우

　㉡ 수탁자가 도시정비법 제27조 제1항 또는 소규모주택정비법 제19조 제1항에 따라 지정 개발자로서 재개발사업·재건축사업 또는 가로주택정비사업·소규모재건축사업을 시행하는 과정에서 신탁재산을 처분하는 경우

② 위 "①" 외의 경우 : 위탁자

(3) 신탁 관련 납세의무 등(2018.01.01. 이후)

1) 신탁재산 매매 시 부가가치세 납세의무자

신탁재산을 수탁자의 명의로 매매할 때에는 「신탁법」 제2조에 따른 위탁자(이하 "위탁자" 라 한다)가 직접 재화를 공급하는 것으로 본다(부가법§10 ⑧). 즉 「신탁법」에 따른 신탁을 원인으로 신탁재산의 취득, 유지, 관리, 처분하는 과정에서 발생하는 부가가치세의 납세의무자는 원칙적으로 위탁자가 된다.

신탁재산의 운용 및 처분과정에서 발생한 이익의 귀속주체는 어디까지나 위탁자이고, 부가가치세의 납세의무는 거래행위를 기준으로 판단하는 것이라는 대법원의 판결은 신탁관련 부가가치세 법령이 전무한 상태에서의 판결이므로 입법을 통해 해소되었다.

수탁자는 신탁재산을 관리·운용·처분해 주는 과정에서 수수료만을 얻는 자에 불과하므로 신탁재산의 관리·운용·처분에 있어 사업상 독립적이지 못하다(부가법§10 ⑧).

2) 신탁재산 매매 시 납세의무의 예외

다음의 어느 하나에 해당하는 경우에는 수탁자가 재화를 공급한 것으로 본다(부가법§10 ⑧ 단서).

가. 채무이행을 위한 신탁재산 이전 시 납세의무의 예외

위탁자의 채무이행을 담보할 목적으로 신탁계약(수탁자가 위탁자로부터 자본시장법 제103조 제1항 제5호 또는 제6호의 재산을 위탁자의 채무이행을 담보하기 위하여 수탁으로 운용하는 내용으로 체결되는 신탁계약을 말한다)을 체결한 경우로서 수탁자가 그 채무이행을 위하여 신탁재산을 처분하는 경우에는 수탁자가 재화를 공급하는 것으로 본다(부가법§10 ⑧ 1, 부가령 §21의2).

나. 도시정비법 등에 따른 지정개발자로서 사업을 시행하는 경우

수탁자가 도시정비법 제27조 제1항 또는 소규모주택정비법 제19조 제1항에 따라 지정개발자로서 재개발사업·재건축사업 또는 가로주택정비사업·소규모재건축사업을 시행하는 과정에서 신탁재산을 처분하는 경우에는 수탁자가 해당 사업의 납세의무자가 된다(부가 §10 ⑧ 2).

동 규정은 2020.01.01. 이후 수탁자명의로 매매하는 분부터 적용한다.

3) 신탁재산의 신탁회사 이전 등과 관련된 부가가치세 과세여부

신탁재산의 소유권 이전으로서 다음의 어느 하나에 해당하는 것은 재화의 공급으로 보지 아니한다(부가법§10 ⑨ 4).

① 위탁자로부터 수탁자에게 신탁재산을 이전하는 경우

② 신탁의 종료로 인하여 수탁자로부터 위탁자에게 신탁재산을 이전하는 경우

③ 수탁자가 변경되어 새로운 수탁자에게 신탁재산을 이전하는 경우

신탁재산의 독립성이 인정되고 있다는 점에서 위탁자에 의한 신탁재산의 소유권을 수탁자

에게 이전하는 것은 현물출자와 유사하고 신탁계약이라는 계약상 원인에 의하여 신탁재산의 소유권을 이전하는 것이므로 재화의 공급으로 볼 여지도 있으나, 신탁법에 따른 신탁으로 재산을 신탁회사에 이전하는 것은 무상성이 있어 신탁행위를 통상적인 과세대상 거래로 보기 어렵고 또한 신탁을 도관이론 관점에서 규정하고 있는 소득세법과도 배치된다.

과세대상으로 본다 하더라도 해당 사업지(신탁재산)에 대한 사업양도에도 해당될 수 있어 무상공급, 사업양도 관점에서 과세대상에서 제외함이 타당하다. 신탁이 종료되어 위탁자에게 소유권이 환원되는 경우도 이와 같다.

최근 대법원에서도 "주택분양보증을 위하여 위탁자인 사업주체가 수익자 겸 수탁자인 분양보증회사에게 주택분양신탁계약을 원인으로 부동산의 소유권을 이전하는 주택분양신탁의 경우, 분양보증회사는 사업주체로부터 신탁계약에 따라 신탁재산의 소유권을 이전받고 이를 전제로 신탁재산을 관리·처분하면서 재화를 공급하는 것이므로 분양보증회사가 주택분양보증계약에 기초하여 분양계약자들에게 분양대금을 환급하였다는 사정만으로는 당초 신탁재산의 이전과 구별되는 별도의 재화의 공급이 존재한다고 볼 수 없고, 수탁자의 지위에서 신탁재산을 처분할 때 비로소 재화를 사용·소비할 수 있는 권한을 거래상대방에게 이전하는 재화의 공급이 있다고 할 것이다"라고 판시하였다(대법2014두13393, 2017.06.15.).

4) 수익권 양도

신탁에 있어 수익자가 아닌 위탁자를 원칙적 납세의무자로 보고, 위탁자의 채무불이행으로 담보신탁의 신탁재산을 처분하는 경우에만 예외적으로 수탁자를 납세의무자로 본 이상 신탁재산에 대한 수익권 양도를 과세대상으로 볼 여지는 없을 것이다. 수익권의 양도자는 위탁자의 모든 권리의무를 승계받아 신탁계약이 해지되면 수탁재산이 위탁자가 아니라 수익자에게 귀속되며 신탁재산에 대해서는 강제집행이 금지되는 등 일반채권의 양수와 다른 지위에 있고, 수익권 양수인의 권리의무 승계·신탁재산에 대한 강제집행의 금지 등과 실질과세원칙이 소득뿐 아니라 재산도 실질에 따라 그 귀속자를 파악하여 과세하자는 것인 점에 비추어 신탁재산의 실질소유자를 수익자로 보는 것이 실질과세원칙에도 부합하므로 수익권의 양도를 신탁재산의 양도와 동일시하는 것도 가능하다는 견해도 있으나, 수익권양도는 본질적으로 채권의 양도로서 부가가치세 과세대상 자체가 아니다.

열거주의인 현행 소득세법은 양도소득에 과세대상을 열거하고 있는데 부동산 신탁에 대한 수익권은 열거되어 있지 아니하며, 수익권증서를 양수도하는 것에 대하여 지방세법도 신탁부동산에서 발생되는 이익을 우선적으로 받을 수 있는 권리를 양수한 것일 뿐 수익권증서에 표시된 신탁부동산을 취득한 것으로 보지 않아 취득세 과세대상으로도 보지 않는다(행자부 세정-1919, 2007.05.25.).

5) 매입세액의 공제

신탁법에 따른 신탁재산의 운용·관리·처분 시 납세의무자가 위탁자가 되므로 위탁자가 거래의 당사자가 되어 수취한 세금계산서 및 수탁자의 관리하에 위탁자 명의로 발급된 세금계산서를 위탁자가 부가가치세 신고 시 자기의 매출세액 및 매입세액으로 기재하여 환급 또는 납부하여야 한다.

6) 신탁 관련 수탁자의 물적납세의무

가. 개 요

신탁을 이용한 부가가치세 체납 등을 방지하기 위하여 수탁자에 대한 보충적 물적납세의무를 신설하였다(2018.01.01. 이후 납세의무자 성립되어 체납된 분부터 적용).

나. 물적납세의무 요건

다음의 어느 하나에 해당하는 부가가치세·가산금 또는 체납처분비(이하 "부가가치세 등"이라 한다)를 체납한 부가법 제3조에 따른 납세의무자에게 대통령령으로 정하는 신탁재산(이하 "신탁재산"이라 한다)이 있는 경우로서 그 납세의무자의 다른 재산에 대하여 체납처분을 하여도 징수할 금액에 미치지 못할 때에는 그 신탁재산으로써 「신탁법」 제2조에 따른 수탁자(이하 부가법 제3조의2, 제10조 제8항, 제10조 제9항 제4호 및 제52조의2에서 "수탁자"라 한다)는 부가법에 따라 납세의무자의 부가가치세 등을 납부할 의무가 있다(부가법§3의2, 국기법§3 ① 4).

① 신탁 설정일 이후에 국기법 제35조 제1항 제3호에 따른 법정기일이 도래하는 부가가치세 또는 가산금(부가가치세에 대한 가산금으로 한정한다)으로서 해당 신탁재산과 관련하여 발생한 것

② 위 "①"의 금액에 대한 체납처분 과정에서 발생한 체납처분비

여기서 "대통령령으로 정하는 신탁재산"이란 「신탁법」 또는 다른 법률에 따른 신탁재산(해당 신탁재산의 관리, 처분 또는 운용 등을 통하여 발생한 소득 및 재산을 포함한다)을 말한다 (부가령§5의 2 ①).

그 밖에 "신탁설정일"이란 「신탁법」 제4조에 따라 해당 재산이 신탁재산에 속한 것임을 제3자에게 대항할 수 있게 된 날로 한다. 다만, 다른 법률에서 제3자에게 대항할 수 있게 된 날을 「신탁법」과 달리 정하고 있는 경우에는 그 달리 정하고 있는 날을 말한다(부가령§5의 2 ②).

◆ 수탁자에 대한 물적납세의무 부여에 대한 비판

○ 신탁등기 이후 신탁재산 처분 시까지 과정에서 발생한 모든 부가가치세에 대하여 신탁회사에 물적납세의무를 지우는 것은 신탁보수만 받는 신탁회사에 가혹한 면이 있음.

○ 국기법 제42조의 양도담보권자의 물적납세의무규정을 보면, 양도담보재산은 실질적으로는 양도담보설정자의 소유재산이나 형식적으로는 양도담보권자의 소유재산으로 되어 있어 양도담보 설정자가 국세 등을 체납한 경우 양도담보재산에 대해서는 체납처분을 행할 수 없게 되는데, 이를 방치할 경우 저당권 등 다른 담보권자에 비해 부당하게 우대받게 되므로 물적납세의무제도를 두고 있는 것임.

   - 그러나 신탁에 있어 위탁자와 신탁회사간의 신탁재산은 국기법상의 양도담보권자와 양도담보 설정자와 같은 채권·채무관계에 있는 것이 아니어서 신탁으로 인한 모든 위탁자의 체납에 대하여 물적납세의무를 부여함은 물적납세의무 규정의 취지에 반한다고 보여짐(신탁회사가 위탁자에게 자금을 대여하고 소유권을 이전한 것이 아님).

다. 물적납세의무에 대한 납부특례 등 절차

① 납부통지서 고지

부가법 제3조의 2에 따른 납세의무자를 관할하는 세무서장은 수탁자로부터 납세의무자의 부가가치세 등을 징수하려면 다음의 사항을 적은 납부통지서를 수탁자에게 고지하여야 한다. 이 경우 수탁자의 주소 또는 거소를 관할하는 세무서장과 납세의무자에게 그 사실을 통지하여야 한다(부가법§52의2 ①).

① 부가가치세 등의 과세기간, 세액 및 그 산출 근거

② 부가가치세 등의 납부기한 및 납부장소

③ 그 밖에 부가가치세 등의 징수를 위하여 필요한 사항

② 납부통지의 효력 및 승계

위 "①"에 따른 고지가 있은 후 납세의무자가 신탁의 이익을 받을 권리를 포기 또는 이전하거나 신탁재산을 양도하는 등의 경우에도 위 "①"에 따라 고지된 부분에 대한 납세의무에는 영향을 미치지 아니한다. 또한 신탁재산의 수탁자가 변경되는 경우에 새로운 수탁자는 위 "①"에 따라 이전의 수탁자에게 고지된 납세의무를 승계한다(부가법§52의2 ②, ③).

③ 관할세무서장의 부가가치세 등 징수 및 우선변제권

위 "①"에 따른 납세의무자의 관할 세무서장은 최초의 수탁자에 대한 신탁 설정일을 기준으로 부가법 제3조의2에 따라 그 신탁재산에 대한 현재 수탁자에게 납세의무자의 부가가치세 등을 징수할 수 있으며, 신탁재산에 대하여 국징법에 따라 체납처분을 하는 경우 국기법 제35조 제1항에도 불구하고 수탁자는 「신탁법」 제48조 제1항에 따른 신탁재산의 보존 및 개량을 위하여 지출한 필요비 또는 유익비의 우선변제를 받을 권리가 있다(부가법§52의2 ④, ⑤, 국기법§3 ① 4).

④ 국세의 우선

국세·가산금 또는 체납처분비는 다른 공과금이나 그 밖의 채권에 우선하여 징수한다. 다만, 부가법 제3조의2에 따라 신탁재산에서 부가가치세 등을 징수하는 경우에는 부가법 제52조의2 제1항에 따른 납부통지서의 발송일 전에 전세권, 질권 또는 저당권 설정을 등기하거나 등록한 사실이나 「주택임대차보호법」 제3조의2 제2항 또는 「상가건물 임대차보호법」 제5조 제2항에 따른 대항요건과 확정일자를 갖춘 사실이 증명되는 재산을 매각할 때 그 매각금액 중에서 국세 또는 가산금(그 재산에 대하여 부과된 국세와 가산금은 제외한다)을 징수하는 경우의 그 전세권, 질권 또는 저당권에 의하여 담보된 채권이나 확정일자를 갖춘 임대차계약증서 또는 임대차계약서상의 보증금에 대해서는 그러하지 아니한다(국기법 §35 ① 3 아목).

⑤ 불복

부가법 제3조의 2에 따라 물적납세의무를 지는 자로서 부가법 제52조의 2 제1항에 따른 납부통지서를 받은 자는 국기법 또는 세법에 따른 처분에 의하여 권리나 이익을 침해당하게 될 이해관계인으로서 위법 또는 부당한 처분을 받은 경우 그 처분의 취소 또는 변경을 청구하거나 그 밖에 필요한 처분을 청구할 수 있다(국기법§55 ② 2의2).

⑥ 물적납세의무자의 체납과 관련된 특례

ⅰ. 고액·상습체납자 등 명단공개 제외

부가법 제3조의 2에 따른 물적납세의무가 있는 수탁자가 물적납세의무와 관련된 부가가치세를 체납한 경우 고액·상습체납자 등 명단공개 제외된다(국기령§66 ① 1 라목).

ⅱ. 납세증명서 발급 가능

부가법 제3조의 2에 따라 신탁재산으로써 납세의무자의 부가가치세·가산금 또는 체납처분비(이하 "부가가치세 등"이라 한다)를 납부할 의무(이하 "물적납세의무"라 한다)가 있는 「신탁법」 제2조에 따른 수탁자(이하 "수탁자"라 한다)가 그 물적납세의무와 관련하여 체납한 부가가치세 등을 제외하고는 다른 체납이 없다는 납세증명서 발급이 가능하다(국징령§2 4).

ⅲ. 관허사업의 제한에 대한 예외

부가법 제3조의2에 따라 물적납세의무가 있는 수탁자가 그 물적납세의무와 관련한 부가가치세 등을 체납한 경우 관허사업의 제한에 대한 예외로 본다(국징법§7 ①, 국징령§8 8).

ⅳ. 체납자료 제공에 대한 예외

부가법 제3조의2에 따라 물적납세의무가 있는 수탁자가 그 물적납세의무와 관련한 부가가치세 등을 체납한 경우 체납자료 제공에 대한 예외가 적용된다(국징법§4의2 ①, 국징령§10의2 ① 3).

(4) 대법원 전원합의체 판결 이후 부가가치세법 적용(2017.05.18.~2017.12.31.)

1) 개요

신탁법과 관련하여 2017.05.18. 대법원은 전원합의체 판결을 통하여 신탁재산의 처분 등과 관련된 납세의무자를 위탁자(수익자)에서 수탁자(신탁회사)로 기존 판결을 변경하게 됨에 따라 기획재정부는 국세예규심사위원회를 통하여 신탁법에 따른 신탁재산에 발생한 부가가치에 대하여 납세의무자를 수탁자로 변경하였다(대법2012두22485, 2017.05.18.; 기획재정부 부가가치세제과-447, 2017.09.01.).

※ 기존 해석의 변경에 따른 세무처리방법과 문제점을 요약해 보기로 한다.

2) 해당 판결의 요지

부가가치세는 재화나 용역이 생산·제공되거나 유통되는 모든 단계에서 창출된 부가가치를 과세표준으로 하고 소비행위에 담세력을 인정하여 과세하는 소비세로서의 성격을 가지고 있지만, 우리나라 부가가치세법은 부가가치 창출을 위한 '재화 또는 용역의 공급'이라는 거래 그 자체를 과세대상으로 하고 있을 뿐 그 거래에서 얻은 소득이나 부가가치를 직접적인 과세대상으로 삼고 있지 않다.

이와 같이 우리나라의 부가가치세는 실질적인 소득이 아닌 거래의 외형에 대하여 부과하는 거래세의 형태를 띠고 있으므로 부가가치세법상 납세의무자에 해당하는지 여부 역시 원칙적으로 그 거래에서 발생한 이익이나 비용의 귀속이 아니라 재화 또는 용역의 공급이라는 거래행위를 기준으로 판단하여야 한다.

수탁자가 위탁자로부터 이전받은 신탁재산을 관리·처분하면서 재화를 공급하는 경우 수탁자 자신이 신탁재산에 대한 권리와 의무의 귀속주체로서 계약당사자가 되어 신탁업무를 처리한 것이므로, 이때의 부가가치세 납세의무자는 재화의 공급이라는 거래행위를 통하여 그 재화를 사용·소비할 수 있는 권한을 거래상대방에게 이전한 수탁자로 보아야 하고, 그 신탁재산의 관리·처분 등으로 발생한 이익과 비용이 거래상대방과 직접적인 법률관계를 형성한 바 없는 위탁자나 수익자에게 최종적으로 귀속된다는 사정만으로 달리 볼 것은 아니다. 그리고 부가가치세의 과세원인이 되는 재화의 공급으로서의 인도 또는 양도는 재화를 사용·소비할 수 있도록 소유권을 이전하는 행위를 전제하므로 재화를 공급하는 자는 위탁매매나 대리와 같이 부가가치세법에서 별도의 명시적 규정을 두고 있지 않다면 '계약상 또는 법률상의 원인'에 의하여 그 재화를 사용·소비할 수 있는 권한을 이전하는 행위를 한 자를 의미한다.

신탁법상의 신탁은 위탁자가 수탁자에게 특정한 재산권을 이전하거나 기타의 처분을 하여 수탁자로 하여금 신탁목적을 위하여 그 재산권을 관리·처분하게 하는 것으로 위탁자가 금전채권을 담보하기 위하여 금전채권자를 우선수익자로 하여 위탁자 소유의 부동산을 신탁법에 따라 수탁자에게 이전하면서 채무불이행 시에는 신탁부동산을 처분하여 우선수익자의 채권 변제 등에 충당하고 나머지를 위탁자에게 반환하기로 하는 내용의 담보신탁을 체결한 경우에도 마찬가지이다.

따라서 신탁재산의 공급에 따른 부가가치세의 납세의무자는 그 처분 등으로 발생한 이익과 비용이 최종적으로 귀속되는 신탁계약의 위탁자 또는 수익자가 되어야 한다는 취지로 판시한 기존 판결 등은 이 판결의 견해에 저촉되는 범위에서 이를 변경한다.

3) 부가가치세 과세방법 요약

가. 납세의무자의 변경

부가가치세 납세의무를 거래행위를 기준으로 판단하는 것이라는 위 대법원의 판결을 수용하여 신탁재산은 수탁자가 거래당사자로서 재화를 공급하는 것이어서 수탁자를 부가가치세의 납세의무자로 보았다. 또한 신탁의 종류에 따라 납세의무를 달리 볼 실익이 없어 신탁의 종류에 관계없이 모든 신탁에 대하여 이를 적용하도록 하였다.

나. 적용시기

위 납세의무자 변경에 대한 적용시기는 기획재정부 예규회신일(2017. 09.01.) 이후 공급분부터 적용한다. 다만, 대법원 판결 이후 동 회신일 전에 수익자 또는 위탁자 명의로 세금계산서를 발급하였거나, 판결에 따라 수탁자 명의로 발급한 세금계산서도 기존 판결과 유권해석의 변경인 만큼 납세자신뢰보호 및 과세관청의 집행비용 절감 차원에서 정상거래로 인정한다(기획재정부 부가가치세제과-447, 2017.09.01.). 그러나, 위 대법원 전원합의체 판결취지에 따른 신탁재산 매각의 납세의무자 적용시기는 조세심판원이나 법원에서는 판결일 이전의 경우에도 적용된다고 결정 또는 판시하고 있다.

다. 수탁자로 신탁재산 이전 시 과세 여부

신탁재산을 위탁자로부터 수탁자 또는 수탁자로부터 위탁자로 이전하거나 수탁자가 변경되어 신수탁자로 이전되는 경우 신탁재산의 이전 등에 대하여 부가가치세 과세대상이 아니다.

라. 매입세액의 공제방법

신탁재산의 취득, 건설, 유지과정에서 발생한 매입세액을 누가 공제할 것인지에 대하여 법리적 또는 실무상 논란이 있고 기획재정부도 명확한 해석을 내놓지 않고 있다. 근본적으로 수탁자가 매입을 효과적으로 통제할 수 있는 제도적 장치가 마련되지 않은 상태에서 수탁자를 납세의무자로 해석하였기 때문에 과세당국으로서는 고민하지 않을 수 없을 것이다.

위탁자가 거래당사자의 지위에서 재화 또는 용역을 제공받고 있으므로 공급자 입장에서는 당연히 위탁자에게 세금계산서를 발급하려 할 것이고 그것이 부가가치세법상 당연한 귀결이다. 그렇다면 아래와 같은 세 가지 방법이 있을 수 있다.

㉠ 공급자가 계약상 거래당사자인 위탁자에게 세금계산서를 발급하고, 위탁자는 매입세액만 발생하여 부가가치세 환급만 발생하고, 수탁자는 신탁재산의 유지, 관리, 처분과정에서 발생한 매출세액만을 신고·납부하는 방법

㉡ 공급자가 위탁자에게 세금계산서를 발급하면 공동매입에 따른 세금계산서 발급방법으로 수탁자에게 발급하여 수탁자가 매입, 매출과 관련된 세금계산서를 토대로 신고·납부하는 방법

㉢ 공급자가 직접 수탁자에게 세금계산서를 발급하도록 하여 수탁자가 매입, 매출과 관련된 세금계산서를 신고·납부하는 방법

"㉠"의 방법에 따르면 수탁자는 항상 납부만 하게 되고 위탁자는 납부세액만 발생하여 납부시기와 환급시기 차이로 인한 자금부담이 발생하고 신탁사업이 과세·면세겸영사업인 경우 공통매입세액안분계산은 수탁자가 위·수탁자의 면세공급가액과 총공급가액을 기준으로 하여야 할 것이지만 법적근거가 없다(물론 과세관청은 위탁자의 공통매입세액을 수탁자의 총공급가액과 면세공급가액 비율로 안분하려 할 것이다).

"㉡"의 방법은 "㉠"의 문제점이 모두 해결될 수 있는 장점이 있으나 위탁자가 받은 세금계산서를 수탁자에게 재발행하여야 한다는 명문규정이 없다. 기획재정부의 유권해석으로 업무처리방향을 제시할 수 있을 것이다.

"㉢"은 계약상 거래당사자 관계를 무시하고 공급자로 하여금 수탁자 명의로 발급하게 할 수는 없을 것이라고 본다.

따라서 매입세액 공제방법에 관한 현행 기획재정부의 해석이 없는 경우에는 "㉠"의 방법을 택할 수밖에 없을 것이고 실무상 문제점을 시정하기 위해서는 시행령 등의 개정이 필요했다.

▌2017.05.18.~2017.12.31. 거래분에 대한 처리(국세청 업무지침)

신탁법에 따른 신탁재산의 관리, 운용, 처분에서 발생한 부가가치세 납세의무자를 수탁자로 변경(재부가-447, 2017.09.01.)하되, 대법원 판결 이후 기재부 예규회신일 전에 수익자 또는 위탁자 명의로 세금계산서를 수수하여 부가가치세를 신고·납부한 경우에도 별도의 경정 없이 종결하도록 업무지침 시달하였다.

4) 해당 판결에 대한 긍정과 비판

가. 긍정론

수탁자는 신탁재산에 대하여 대내외적으로 완전한 소유권을 취득하고 수탁자 본인의 명의로 관리 · 처분을 하므로 수탁자가 거래상대방으로부터 부가가치세를 거래징수할 수 있는 위치에 있다. 세금계산서 발급을 필수적으로 수반하는 다단계거래세인 부가가치세의 특성을 고려할 때 신탁재산 처분에 따른 공급의 주체 및 납세의무자를 수탁자로 보아야 신탁과 관련한 부가가치세법상 거래당사자를 쉽게 인식할 수 있고, 과세 계기나 공급가액의 산정 등에서도 혼란을 방지할 수 있어 조세법률 관계를 안정시킬 수 있다.

즉 신탁계약이 관리 · 처분신탁이든 부동산담보신탁이든, 자익신탁이든 타익신탁이든 신탁재산의 관리 · 처분 시 재화 또는 용역의 공급자는 수탁자가 되어 언제나 그에 따른 부가가치세 납세의무자도 수탁자가 되므로 본 판결로 신탁과 관련한 부가가치세 실무가 단순 · 명료해져 거래당사자들의 조세위험이 크게 감소하였다.

나. 비판론

해당 판결이 조세법률 관계를 안정시키는 데는 분명 기여할 부분이 있다고 판단되나, 실무상 가장 큰 문제는 수탁자가 신탁사업과정에서 매입부분을 효과적으로 통제할 수 없다는 점을 간과하였으며, 신탁과정에서 신탁수수료 수익만을 얻는 수탁자가 신탁재산과 관련한 매출의 법률상 거래당사자라 하여 부가가치세 납세의무를 지운다는 것은 분명 문제가 있다.

① 토지신탁 시 문제점

관리형토지신탁의 경우 수탁자(신탁회사)는 건축주로서 재산관리를 위한 행정행위, 자금집행 업무 등을 수행하고 사업상 시행 및 분양 · 관리 등은 토지소유자나 시공사 업무용역이어서 해당 사업에 대한 신탁회사의 관리 · 통제가 사실상 불가능하고 부가가치세 신고를 위한 매입, 매출자료의 확보조차 어렵다. 통상 공사과정 등에서의 매입은 위탁자 등 시행자가 주도적으로 수행하고 신탁회사는 자금에 대한 도관역할만을 수행한다.

이와 같이 토지신탁에 있어 위탁자가 실무상 토지의 개발 · 관리 등에 수반되는 매입세금계산서의 수취 및 공제를 받고 있어 신탁회사를 납세의무자로 할 경우 신탁재산 공급과 관련된 매출 및 해당 매입세액의 공제주체가 불일치되는 문제가 발생한다. 이를 해결하기 위해서는 신탁회사가 신탁부동산의 관리·개발·처분 등 모든 업무의 거래주체가 되거나, 신탁재산의 보유와 처분에 대한 전적인 책임과 권한을 가질 수 있도록 신탁법의 개정 등이 요구된다(보통 신탁회사가 신탁재산에 대한 처분 등 매출에 대한 통제가 가능하지만 관련 매입부분은 통제가 사실상 어려운 것이 현실이다).

신탁회사의 고유재산과 독립된 신탁재산에 대하여 별도의 사업장으로 볼 것인지에 대한 해석 또는 법령개정이 요구되며, 사업장별 관리를 위한 개별사업자등록 여부, 이때 신탁회사의 지점형태로 발급할 것인지 아니면 사업자단위과세자와 같이 신탁재산 물건지만을 종사업장으로 볼 수 있도록 사업장 규정을 신설할 수도 있을 것이다.

◆ **토지개발신탁의 경우**

수익자를 납세의무자로 보더라도 수익자가 받은 수익은 수탁자가 행한 법률행위의 효력에 따른 것도 아니고, 그 경제적 효과가 미치는 것도 아니다. 그 실질은 단지 신탁사업의 목적수행에 따라 수탁자인 신탁회사가 얻은 수익을 배당받는 것과 다르지 않아 배당이익에 부가가치세를 과세한 경우가 된다.

② 담보신탁 시 문제점

신탁회사가 위탁자에 종속되지 아니하고 위탁자의 채권자에 대한 채무불이행, 신탁보수 회수를 위해 신탁재산을 독립적으로 환가 처분하는 경우 외에 위탁자가 직접 관여하여 신탁재산을 처분하는 경우 신탁회사의 관리통제 범위를 벗어나며, 신탁재산을 위탁자가 임대하는 경우에도 신탁회사는 신탁재산을 관리하지 아니하는 경우가 대부분이다.

③ 관리신탁 시 문제점

관리신탁은 신탁재산의 임대차 및 소유권 보존 등 신탁재산의 관리 외에 처분행위를 수반하지 아니하므로 신탁재산처분관련 부가가치세 이슈는 발생하지 않는다. 다만 수탁자를 납세의무로 할 경우 신탁재산의 유지 및 관리과정에서 발생한 매입과 매출을 수탁자가 부가가치세 신고·납부하여야 한다.

④ 분양형 관리신탁

분양법에 따른 분양주체가 위탁자이고 신탁회사는 수분양자 보호를 위해 분양대금 관리업무를 수행할 뿐이므로 환가처분 외에 일반적인 처분의 경우 위탁자가 관여하는 거래로서 수탁자의 통제가 불가하다.

5) 위탁자가 계약당사자로서 매도한 경우에도 수탁자가 납세의무자인지

국세청이 부동산담보신탁의 위탁자와 우선수익자를 공동사업자로 보아 신탁재산분양분 부가가치세 체납액에 대한 연대납세의무를 지정하였다가 대법원 전원합의체 판결이 있자, 해당 판결을 들어 수탁자에게 부가가치세를 과세처분한 건에 대한 대법원의 판결을 소개한다.

신탁법상의 신탁은 위탁자가 수탁자에게 특정한 재산권을 이전하거나 기타의 처분을 하여 수탁자로 하여금 신탁 목적을 위하여 그 재산권을 관리·처분하게 하는 것이고, 이는 담보신탁의 경우도 마찬가지므로 수탁자가 위탁자로부터 이전받은 신탁재산을 관리·처분하면서 재화를 공급하는 경우 수탁자 자신이 신탁재산에 대한 권리와 의무의 귀속주체로서 계약당사자가 되어 신탁업무를 처리한 것이므로, 이때의 납세의무자는 수탁자가 된다(대법원2017.05.18. 선고 2012두22485 전원합의체 판결).

그러나, 다음과 같은 사정들이 있다면, 계약상 또는 법률상 원인에 의하여 이 사건 건물을 사용·소비할 수 있는 권한을 이전하는 행위를 한 자는 위탁자라고 보아야 한다.

① 부가가치세의 납세의무자로서 공급 상대방에게 이 사건 건물을 사용·소비할 수 있도록 권한을 이전해 줄 수 있는지 여부도 이 사건 건물이 인도되거나 이용가능하게 되는 때를 기준으로 판단하여야 함.

② 신탁계약 제24조, 분양계약서 제20조 제5항에 의하면, 수분양자들이 위탁자에게 분양계약에 따른 분양대금을 모두 지급하고, 위탁자가 우선수익자에게 채무를 변제하면 그 범위 내에서 수탁자(신탁회사)는 이 사건 신탁계약을 해지하여 종료시킬 수 있음.

③ 신탁계약 중 수탁자로 하여금 분양목적물에 관한 소유권이전등기를 위탁자에게 하는 대신 수분양자에게 직접 하게 하는 것도 허용하는 취지로 규정한 것이 있는 바, 수탁자로부터 수분양자들에게 직접 소유권이 이전되는 외형을 갖추게 되었다고 하더라도, 그 실질은 위탁자가 수탁자로부터 신탁계약 해지에 따른 소유권을 이전받은 후 이를 다시 수분양자들에게 이전하는 거래행위라고 할 것임(대법원2018..12.27. 선고2018다237329 판결).

④ 신탁계약 내용 중, 위탁자의 우선수익자에 대한 채무불이행이 없음에도 이 사건 건물을 타에 분양하여 그 매매대금으로 우선수익자의 채무를 변제하여 주는 업무는 포함되어 있지 않음.

⑤ 부동산 신탁계약에서 분양대금에 의한 우선수익자의 채권변제가 확보된 상태에 이르면, 위탁자는 매수인에게 분양된 부동산에 관한 소유권이전등기를 마쳐 주기 위하여 그 부분에 관한 신탁을 일부 해지할 수 있고, 우선수익자는 그 신탁 일부 해지의 의사표시에 관하여 동의의 의사표시를 하기로 묵시적약정을 한 것으로 볼 수 있는바, 위탁자는 특별한 사정이 없는 한 수탁자 및 우선수익자의 동의 또는 승낙을 받아 이 사건 분양계약을 체결하였다고 봄이 상당함.

⑥ 분양계약서에 수탁자의 명판과 법인인감이 위와 같이 날인되어 있다는 사실만으로 수탁자를 이 사건 분양계약의 당사자로 단정할 수 없고, 나아가 수탁자가 위탁자에게 수탁자의 대리인으로 신탁재산 분양계약을 체결할 권한을 위임하였음을 인정할 증거도 없음.

⑦ 위탁자와 수탁자 및 수분양자들 사이의 합의로 수탁자가 위탁자로의 등기이전을 생략한 채 직접 수분양자들에게 소유권이전등기를 마쳐준 경우에도 신탁등기의 말소원인은 '처분'으로 기재될 수밖에 없음.

⑧ 위탁자와 우선수익자들이 수탁자에게 '담보신탁부동산 처분 요청서'를 제출하였는데, 수분양자의 분양대금 완납 및 분양대금의 우선수익자에 대한 피담보채권 상환을 전제하는 것이므로 전형적인 신탁부동산 처분의 의미가 아님.

⑨ 분양계약서에서 수분양자들이 분양계약에 따른 제반의무를 모두 이행하는 경우, 수탁자는 분양대상 건물에 대하여 부동산 신탁을 해지하고, 위탁자가 수분양자 명의로 소유권이전등기를 경료한다고 규정하고 있고, 분양대금도 위탁자의 계좌로 입금하도록 규정하고 있음.

⑩ 특약사항에 따른 확약서에 수탁자가 소유권을 이전하는 관계에 관하여 정하고 있으나, 이는 수탁자부터 수분양자들에게 직접 이전되는 외형을 갖추게 됨에 따라 수분양자들이 그 외형을 근거로 수탁자에게 책임을 물을 것에 대비한 것이라고 봄이 상당함(서울고법2019누61870, 2019.11.20.; 대법원2020두56650, 2021.03.25.).

사실관계	대법원 전원합의체	이 사건
위탁자의 채무불이행여부	채무불이행상태	채무불이행상태 아님
우선수익자의 처분요청	있음	있음
처분계약의 매도당사자	**수탁자(수의계약체결)**	위탁자
대금 수취	**미확인**	위탁자가 수취 후 우선수익자에게 변제
소유권이전등기	수탁자→제3자	수탁자→제3자
세금계산서발행	위탁자,우선수익자,수탁자 모두 발행하지 않음	위탁자
부가가치세 신고	위탁자,우선수익자,수탁자 모두 무신고	위탁자

6) 위탁자가 부가가치세 신고를 이행한 타익신탁에 대한 과세

가. 사실관계

위탁자, 수익자, 신탁회사가 존재하는 관리형 토지신탁계약을 체결하여 위탁자가 건물신축 판매를 위한 사업자등록을 하여 건설비 관련 매입세액을 공제받다가 2013년 1기에 분양분에 대하여 부가가치세 신고 후 무납부함에 따라 과세관청이 부가가치세를 부과하였고, 2013년 2기에는 미분양으로 인하여 채무변제를 하지 못하여 미분양세대에 관한 일체의 권리와 권한을 수익자에게 이전되어 과세관청이 미분양세대에 대한 실질적 통제권이 수익자에게 이전된 것으로 보아 부가가치세를 과세하였다.

나. 당연무효의 법리

대법원은 '과세처분이 당연무효라고 하기 위하여는 그 처분에 위법사유가 있다는 것만으로는 부족하고, 그 하자가 중요한 법규에 위반한 것이고, 객관적으로 명백한 것이어야 하며, 하자가 중대하고도 명백한 것인가의 여부를 판별하는 데에는 그 과세처분의 근거가 되는 법규의 목적, 의미, 기능 등을 목적론적으로 고찰함과 동시에 구체적 사안 자체의 특수성에 관하여도 합리적으로 고찰할 필요가 있는 것인바, 이러한 관점에서 볼 때 과세대상이 되는 법률관계나 사실관계가 전혀 없는 사람에게 한 과세처분은 그 하자가 중대하고도 명백하나, 과세대상이 되지 아니하는 어떤 법률관계나 사실관계에 대하여 이를 과세대상이 되는 것으로 오인할 만한 객관적인 사정이 있어 그것이 과세대상이 되는 지의 여부가 그 사실관계를 정확히 조사하여야 비로소 밝혀질 수 있는 경우라면, 그 하자가 중대한 경우라도 외관상 명백하다고는 할 수 없으므로 이처럼 과세요건 사실을 오인한 과세처분을 당연무효라고는 할 수 없다고 함이 이 법원의 일관된 견해이다(대법원 1998. 6. 26. 선고 96누12634 판결, 1990. 11. 27. 선고 90다카10862 판결 등 참조)'고 판시한 바 있어, 과세처분이 당연무효가 되기 위해서는 그 하자가 중대하고도 명백해야 하고, 과세대상이 되는 것으로 오인할 만한 객관적인 사정이 없어야 한다.

다. 신고납세방식에 있어 징수처분의 당연무효 여부

'신고납세방식을 채택하고 있는 취득세에 있어서 과세관청이 납세의무자의 신고에 의하여 취득세의 납세의무가 확정된 것으로 보고 그 이행을 명하는 징수처분으로 나아간 경우, 납세의무자의 신고행위에 하자가 존재하더라도 그 하자가 당연무효 사유에 해당하지 않는 한, 그 하자가 후행처분인 징수처분에 그대로 승계되지는 않는 것이고, 납세의무자의 신고행위의 하자가 중대하고 명백하여 당연무효에 해당하는지 여부는 신고행위의 근거가 되는 법규의 목적, 의미, 기능 및 하자 있는 신고행위에 대한 법적 구제수단 등을 목적론적으로 고찰함과 동시에 신고행위에 이르게 된 구체적 사정을 개별적으로 파악하여 합리적으로 판단하여야 할 것이다(대법원 2006. 9. 8. 선고 2005두14394 판결 참조)'라고 판시한 바 있어 징수처분의 경우 납세의무자의 신고행위의 하자에 대한 당연무효 여부를 판단해야 함을 명확히 하였다.

라. 법원의 판단(서울고법2021누43752. 2021.10.14.)

① 2013.1기 징수처분

2013.1기 처분은 타익신탁에서 납세의무자를 수익자로 본 확립된 법리에는 배치되나, 이 사건 사업과 관련한 부가가치세 납세의무자가 위탁자라고 오인할 만한 객관적인 사정은 있어 보이고, 이 사건 사업과 관련한 구체적 사실관계의 조사없이 법리적인 판단만으로도 그 납세의무자가 위탁자가 아니라는 것을 명확하게 알 수 있었던 경우에 해당한다고는 볼 수 없어, 이 사건 각 신고의 하자가 중대할지언정 명백하다고 보기는 어려워 당연무효라고 볼 수 없다.

② 2013.2기 실질적통제권 이전에 대한 과세분

2013.2기 처분은 이 사건 미분양세대 통제권 이전은 양도담보의 목적으로 부동산상의 권리를 제공한 것으로서 재화의 공급에 해당하지 아니하고, '실질적 통제권의 이전'이라는 개념은

그 자체로 불명확하고 구체적이고 개별적인 소유권의 이전을 전제로 한 '재화의 공급'을 과세대상으로 삼는 부가법령에 부합하지 않아 받아들일 수 없으며, 수탁자가 미분양세대를 수분양자들에게 처분할 때 비로소 재화를 사용·소비할 수 있는 권한을 거래상대방에게 이전하는 재화의 공급이 있다고 할 것인 바, 사실관계를 오인할 만한 객관적인 사정이 있어 정확한 조사를 통해서만 비로소 그 해석의 당부가 밝혀질 문제가 아니므로, 이 사건 미분양세대의 권리 등 이전만으로는 당초 이 사건 신탁부동산의 이전과 구별되는 별도의 재화의 공급이 존재한다고 볼 수 없다. 따라서 2013.2기 처분은 과세대상이 되는 법률관계나 사실관계가 전혀 없어 납세의무 자체가 성립하지 아니하는 경우에 해당하는 것으로서 객관적으로 타당한 법적근거와 합리성이 없어, 그 하자가 중대하고 명백하여 무효이다.

(5) 대법원 전원합의체 판결 전(2003.04.22.~2017.05.17.까지)

1) 기존 판결 요지(우선수익자가 따로 지정된 타인신탁의 납세의무자)

> ▎"대법원99다59290, 2003.06.15." 판결 요지
>
> ① 신탁법상 신탁재산의 관리·처분 등 신탁업무를 처리함에 있어서 부가가치세법상의 사업자 및 납세의무자는 위탁자이며, ② 신탁계약에 있어서 위탁자 이외의 수익자가 지정된 타인신탁의 경우 부가가치세의 납세의무자는 수익자이며, ③ 수탁자가 신탁재산의 처분에 따라 매수인으로부터 거래징수한 부가가치세 상당액이 신탁재산에 속함.

종전 대법원은 신탁재산의 처분과 관련한 부가가치세 납세의무자를 자익신탁(신탁의 수익이 위탁자 자신에게 귀속되는 신탁)과 타익신탁(신탁의 수익이 위탁자가 아닌 수익자에게 귀속되는 신탁)으로 구분하여 자익신탁인 경우에는 부가가치세 납세의무자가 위탁자이고, 타익신탁인 경우에는 수익자라고 판시하였다.

신탁법상 신탁재산을 관리·처분함에 있어 재화 또는 용역을 공급하거나 공급받게 되는 경우 수탁자 자신이 계약당사자가 되어 신탁업무를 처리하게 되는 것이나, 그 신탁재산의 관리·처분 등으로 발생한 이익과 비용은 최종적으로 위탁자에게 귀속하게 되어 실질적으로는 위탁자의 계산에 의한 것이므로 신탁법에 따른 신탁은 부가법 제10조 제7항 소정의 위탁매매와 같이 자기명의로 타인의 계산에 의하여 재화 또는 용역을 공급하거나 공급받는 등의 신탁업무를 처리하고 보수를 받는 것이어서 신탁재산의 관리·처분 등 신탁업무를 처리함에 있어 사업자 및 이에 따른 부가세 납세의무자는 원칙적으로 위탁자라고 판결하였다.

다만 신탁계약에서 위탁자 외의 수익자가 지정되어 신탁의 수익이 우선적으로 수익자에게 귀속하게 되어 있는 타익신탁의 경우 그 우선수익권이 미치는 범위 내에서는 신탁재산의 관리·처분 등으로 발생한 이익과 비용도 최종적으로 수익자에게 귀속되어 실질적으로는 수익자의 계산에 의한 것으로 되므로 사업자 및 이에 따른 부가가치세 납세의무자는 위탁자가 아닌 수익자로 본다(대법2000다57733, 57740 2003.04.22.; 대법99다59290, 2003.04.25.; 대법2000다33034, 2003.04.25.; 대법2005두2254, 2006.01.13.; 대법2006두8372 2008.12.24.).

2) 부가가치세 과세방법 요약

가. 자익신탁의 경우

① 납세의무자

신탁부동산의 소유권이 신탁시점에 위탁자에서 수탁자로 이전되더라도 그 실질적인 권리나 소유권까지 이전되는 것이 아니어서 부가법 제9조 제7항에 규정한 위·수탁거래에 의한 매매와 동일하게 취급되어 신탁재산의 운용 및 처분과정에서 발생된 수익에 대하여 부가가치세 납세의무자는 원칙적으로 위탁자가 된다.

② 신탁계약 및 종료 시

신탁계약에 따라 신탁재산을 수탁자에게 이전하거나 신탁이 종료되어 수탁자가 신탁재산을 위탁자에게 반환하는 경우 위탁매매의 법리가 적용되어 위탁재화를 인도 또는 반환받는 것에 불과하여 부가가치세 과세대상 재화의 공급으로 볼 수 없다.

③ 수탁자의 납세의무

「신탁법」에 따라 수탁자 자신이 계약의 당사자가 되어 신탁재산의 관리, 운용, 처분, 그 밖의 신탁목적의 달성을 위한 행위를 하는 등 신탁업무를 수행하고 그 보수를 받는 것이어서 용역(면세되는 금융·보험용역)을 공급하는 사업자로 본다.

나. 타익신탁의 경우

① 납세의무자

신탁재산에 기한 수익권이 단순히 수익을 금전으로 분배받을 권리에 불과하다면 타익신탁의 설정이나 수익권의 양도는 부가가치세 과세대상이 될 수 없는 것이나, 위탁자가 우선수익자와 약정한 기한까지 대출금을 상환하지 못하는 등의 사유로 우선수익자가 언제든지 수탁자에게 신탁재산에 대한 처분지시를 할 수 있는 권한을 가지도록 약정된 타익신탁에 있어 위탁자가 대출금 상환을 이행하지 못하여, 우선수익자가 채무이행 최고를 거쳐 신탁재산의 실질적 통제권을 이전받아 수탁자에게 처분요청을 할 수 있고 위탁자에게 반환청구권이 존재하지 않는 등, 그 우선수익권이 미치는 범위 내에서 신탁재산의 관리ㆍ처분 등으로 발생한 이익과 비용이 최종적으로 우선수익자에게 귀속된다면 부동산이전등기 여부에 불구하고 실질적으로는 수익자의 계산에 의한 것이므로 이 경우 우선수익자에게 납세의무가 있다(재부가-68, 2006.09.11.; 신탁법§1 ②).

② 수익권증서의 교부와 양도

우선수익권이 있는 수익권증서의 교부가 신탁재산의 관리, 운영에 의한 수익만을 향유하는 통상의 수익자로서의 지위를 넘어 신탁재산의 처분결정 권한 등 실질적인 통제권(소유권)을 이전하는 경우에 한하여 수익권증서를 교부하는 때를 공급시기로 보아 위탁자가 우선수익자에게 세금계산서를 발급한다. 또한 수익권의 양도에 있어서도 실질적 통제권의 이전을 수반하는 경우 그 신탁재산이 부가가치세 과세대상 재화인 경우 부가가치세가 과세된다.

기획재정부 및 국세청도 타익신탁 수익권증서의 양도가 부동산에 대한 통제권을 이전한 것으로서 재화의 공급이 수반되는 것으로 볼 수 있는 경우에는 부가법 제3조의 규정 해석 및 국기법 제14조에 따라 부가가치세의 납세의무자를 우선수익자로 해석하였다(재경부 소비-113, 2005.08.31.; 재경부 부가-68, 2006.09.11.; 부가가치세과-390, 2009.03.23.).

③ 공급시기

타익신탁에 있어 신탁재산에 대한 사용·수익 및 처분 등에 대한 권한(실질적 통제권)이 위탁자에서 우선수익자로 이전되는 경우에는 위탁자가 우선수익자에게 재화를 공급한 것으로 보며, 그 공급시기는 해당 신탁계약 및 특약에서 정한 조건에 의하여 신탁재산의 실질적 통제권이 이전되는 때 또는 우선수익자가 신탁재산을 이용가능하게 된 때가 된다(부가-378, 2009.01.29.; 서면3팀-76, 2008.01.09.).

또한 우선수익자에 의하여 신탁재산을 수탁자를 통해 공매하는 경우 해당 신탁재산에 대한 공급시기는 일반 부동산 공급의 양도와 같이 별도의 특약 등 조건이 없는 한 소유권이전등기일, 잔금청산일, 사용 수익일 중 빠른 날이 될 것이다.

④ 실질적 통제권 이전

부가가치세법상 재화의 공급 개념이 계약상 또는 법률상 모든 원인에 의하여 재화를 인도 또는 양도하는 것을 말하고, 그 인도 또는 양도는 재화를 사용·소비할 수 있도록 소유권을 인정하는 행위를 전제로 하는 것이므로 타익신탁에서의 우선수익권 설정이나 수익권증서의 양도가 있는 경우로서 해당 행위로 인하여 신탁부동산의 관리·운영에 의한 수익만을 향유하는 통상의 수익자로서의 지위를 넘어 대물변제 등의 사유로 인하여 신탁재산에 대한 사용, 수익, 처분권(처분가격, 처분방법 및 시기 등) 등이 온전히 이전되는 경우 "실질적 통제권의 이전"이 있었다고 본다.

조세심판원과 기획재정부는 판례와 동일한 입장을 취하면서 판례에서 사용하지 않는 '실질적 통제권'이라는 용어를 도입하여 실질적 통제권이 이전되었는지 여부에 따라 부가가치세 납세의무자를 달리 판단하였다.

실질적 통제권이 신탁재산에 대한 사용·수익·처분 등에 대한 권한을 의미한다지만 실질적 통제권의 주체와 신탁재산의 관리처분 등으로 발생하는 이익과 비용이 최종적으로 귀속되는 주체의 구별과 명확성의 문제가 있어 그간 조세심판원이 다소 유연한 결정들을 내렸다. 이는 법원의 판례가 언제나 타당할 수는 없지만 확정된 대법원판결과 정면으로 배치되는 결정을 내리기는 어려워 대법원판례의 틀 안에서 구체적 타당성을 도모하고 전 단계 세액공제법의 틀을 유지하고자 함에 있었을 것이다.

📝 신탁에서 '실질적 통제권 이전'(재화의 공급)을 부정한 사례

○ 주상복합건물 신축공사의 시행사인 원고가 시공사에 대한 미지급 공사대금채무의 이행에 갈음하여 부동산신탁회사와 미분양 건물에 대한 신탁계약을 체결하고 부동산신탁회사가 그 미분양 건물을 처분한 매각대금을 수익자인 시공사에게 지급하기로 약정하고, 이어 과세관청은 원고가 공사대금채권자인 시공사를 수익자로 지정하여 신탁계약을 체결한 사건에 대하여 대법원은 부가가치세법상 '재화의 공급'에 해당함을 전제로 원고에게 부가가치세 부과처분을 한 건에 대하여 대법원은 위탁자가 채무변제에 갈음하여 채권자를 우선수익자로 지정한 것이 당초 신탁재산의 이전과 구별되는 위탁자의 수익자에 대한 별도의 재화의 공급이 아니며, 수익권은 신탁계약에 의하여 원시적으로 채권자에게 귀속되는 것이므로 신탁계약의 우선수익자 지정만을 두고 재화의 공급에 해당하는 것은 아니라고 판시하였다(대법 2014두6111, 2017.06.15.). 이는 신탁재산의 이른바 **실질**적 통제권이 위탁자로부터 수익지에게 이전되는 경우 및 신탁재산이 처분되는 시점에 각각 위탁자와 우선수익자가 부가가치세 납세의무를 부담한다는 그간 과세실무를 뒤엎은 판결이다.

○ "갑"사[시행사(위탁자)]가 대한주택보증(주)사와 사이에 "갑"이 아파트 신축·분양사업과 관련하여 수분양자에게 분양계약을 이행할 수 없을 때 대한주택보증이 분양보증을 이행하기 위하여 신탁부동산을 분양·처분하기로 하는 신탁계약을 체결하고 대한주택보증에 신탁등기를 마치고, 이어 동 신탁계약은 대한주택보증이 환급이행 등을 한 경우 신탁재산을 처분할 수 있으며 그 처분금액은 신탁사무처리비용과 대한주택보증의 "갑"에 대한 채권의 순서로 사용하는 것을 내용으로 하는 바, 이후 시공사의 부도로 공사가 중단되자 대한주택보증은 분양계약자들에게 계약금과 중도금을 환급한 후, "갑"에게 보증채무이행금액 등의 상환을 청구한 건에 대하여 과세관청은 대한주택보증이 분양계약자들에게 환급책임의 이행을 완료하고 "갑"에게 보증채무이행금 상환청구를 함으로써 건축 중이던 미완성 건물의 실질적 통제권이 대한주택보증에 이전되었고, 이는 부가가치세법상 재화의 공급에 해당한다고 보아 부가가치세 부과처분을 하였다. 그러나 대법원은 대한주택보증이 주택분양보증계약에 따라 분양대금을 환급하였다는 사정만으로는 건물에 관하여 원고로부터 대한주택보증에게 신탁계약에 따른 신탁재산의 이전과 구별되는 재화의 공급이 별도로 존재한다고 할 수 없다고 판단하였다(대법 2014두13393, 2017.06.15.).

○ 후속되는 다른 대구고법 판결에서도 수탁자 겸 수익자인 대한주택보증이 위탁자로부터 이 사건 토지와 아파트에 관한 신탁등기를 마친 것은 이 사건 신탁계약에 따라 신탁의 목적을 위한 것이므로 이를 두고 위탁자가 대한주택보증에 재화를 공급한 것으로 볼 수는 없고, 이 사건과 같이 원고의 당좌거래가 정지됨에 따라 대한주택보증이 분양계약자들에게 환급 책임의 이행을 완료하고 위탁자에게 구상채권의 상환을 청구함으로써 이 사건 신탁계약에 따라 신탁재산의 관리·처분 등으로 발생한 이익과 비용이 최종적으로 대한 주택보증에게 귀속되는 경우에는 기존 대법원 판례에 따르더라도 부가가치세의 납세의무자는 이 사건 신탁계약의 수익자인 대한주택보증이 되게 되므로, 이 사건 부과처분은 그 자체로 과세대상이 되는 법률관계가 전혀 없어서 납세의무 자체가 성립하지 아니하는 경우로서 객관적으로 타당한 법적근거와 합리성이 없으므로 그 흠이 중대할 뿐 아니라 명백하여 무효라고 판시하였다(대구고법 2020누2982, 2021.01.15.).

⑤ 실질적 통제권 이전 시 공급가액의 계산

우선수익자에게 실질적 통제권이 이전되면서 위탁자는 우선수익자에 대한 채무를 지급할 의무가 면제되는 효과가 있으므로 위탁자는 금전 외의 대가를 받는 경우에 해당하여 위탁자는 실질적 통제권이 이전 되는 때의 신탁부동산의 시가를 공급가액으로 세금계산서를 발급한 후 실제로 매각된 때(공매 시)에 그 차액(신탁부동산의 시가와 실제 공매가액)에 대하여 수정세금 계산서를 발급하는 것이 타당하다고 해석하였다.

즉 실질적 통제권이 이전되는 때는 부가가치세법 제29조 제3항에 따라 신탁부동산의 시가를 공급가액으로 하고 차후에 매각된 가액을 고려하여 그 차액을 과세표준에서 차감함으로써 결국 우선수익권이 미치는 금액만을 공급가액으로 하는 효과가 있으며, 이는 기존해석사례(서면3팀-76, 2008.01.09.)에서 언급한 '우선수익권이 미치는 금액'의 의미를 구체화하여 표현한 것으로 보인다.

신탁재산이 제3자에게 낙찰된 신탁부동산에 대하여는 우선수익자 명의로 낙찰금액을 공급가액으로 하여 낙찰자에게 세금계산서를 발급하여야 한다(법규부가2103-233, 2013. 07.12.). 또한 우선수익자가 2인 이상 지정된 상태에서 신탁재산에 대한 통제권이 우선수익자에게 이전되었을 경우에도 공급가액의 계산은 1순위 우선수익자와 2순위 우선수익자가 동시에 지정된 경우 신탁재산의 처분이나 운영에 따른 이익의 귀속은 제1순위자에게 귀속시키고 남은 금액이 제2순위자에게 귀속되는 것이므로 통제권이 이전될 때의 신탁재산 시가액에서 상순위의 우선수익권자의 한도액을 순차적으로 차감하는 방식으로 공급가액을 산정하여 세금계산서를 발급한다.

3) 기존판결에 대한 비판

납세의무자의 확정은 외관이 아닌 법적실질에 의하여야 하므로 신탁재산의 관리·처분에 대한 부가가치세의 경우 누가 납세의무자인지는 신탁계약의 법적실질과 신탁계약에서 누가 실질적으로 재화와 용역을 공급하는지 여부를 가지고 판단해야 한다. 기존판결은 신탁법상의 신탁계약의 실질을 부가법 제10조 제7항 소정의 위탁매매로 보고, 신탁계약에서도 위탁계약과 같이 위탁자가 실질적으로 재화와 용역을 공급하는 자라고 본 것이다.

신탁법에 따른 신탁계약에 있어서 부가가치세법의 규정이 전무한 이상 부가가치세 납세의무를 위탁자로 본 것은 위탁매매가 지니고 있는 외연의 범위를 넘어 세법적 사실을 포섭한 조세법상 엄격해석의 원칙에 위배되는 문제가 있고, 거래의 귀속주체와 이익 등의 귀속주체를 혼동하여 거래세라는 부가가치세 본질을 외면한 잘못된 해석기준을 낳았다. 또한 수익자는 매수인으로부터 받은 매각대금의 일부를 부가가치세로 납부하면서 위탁자에게 지급한 세액을 현실적으로 매입세액으로 공제받을 수 없음에도 판례는 수익자로서는 매출세액을 납부하여야 하는 부담만 있을 뿐 위탁자로부터 수익자로 소유권 이전에 대해서는 침묵하였다.

신탁법상 수익자가 가지는 법적인 권리는 수탁자에 대한 일정한 급부청구권일 뿐 신탁재산에 대하여 아무런 물권적 권리가 없다고 보아야 하고, 신탁재산의 처분이익을 향수한다는 근거로 수익자를 사업자로 보는 것은 경제적 실질에 따라 과세하는 것으로 실질과세원칙에 대해 법률상 실질설을 취하고 있는 기존의 판례의 태도와도 배치된다.

> **📝 타익신탁의 납세의무자를 수익자로 본 대법원 판결에 대한 비판**
>
> ① 신탁재산의 관리·처분·개발행위 등 신탁업무의 처리와 관련한 법률행위의 당사자는 어디까지나 법률적으로는 수탁자이고, 경제적으로는 위탁자이지 수익자가 아니라는 점(신탁재산에서 발생한 소득이 수익자에게 귀속되는 경우에도 수익자는 단지 신탁에 대한 이익을 향유할 뿐이고 거래의 직접적인 당사자가 아니므로 거래상대방으로부터 부가가치세를 거래징수하는 적절한 납세의무자가 될 수 없다.)
> ② 타익신탁의 우선수익자는 신탁자산처분의 환가금액이 우선수익자에게 귀속되나 이는 우선수익자가 위탁자로부터 채권을 변제받는 것일 뿐 재화의 공급에 따른 대가를 받는 것이 아니라는 점.
> ③ 위탁자가 위탁자 단계에서 발생한 부가가치에 대하여 부가가치세 납부를 하지 아니하므로 부가가치세 과세가 단절되는 거래를 만들어 매 거래단계마다 발생한 부가가치에 대하여 과세하여 최종소비자에게 과세하도록 한 전단계세액공제법을 채택하고 있는 현행 부가가치세법에 부합하지 아니한 점.
> ④ 수익자가 재화를 공급한 것이라고 인정하려면 부가가치세가 거래세인 만큼 재화의 공급자가 되기 위한 전제로서 재화의 취득이 있어야 할 것인데 수익자는 형식적으로나 실질적으로 해당 재화를 이전받은 사실이 없다는 점.
> ⑤ 신탁재산의 처분금액이 우선수익권이 미치는 금액 이상이 된 경우 그 초과하는 금액과 신탁수수료를 제외한 잔액은 위탁자에게 귀속되어져 일물(一物)의 처분으로 인한 납세의무자가 2인이 될 수 있어 일물일권주의(一物一權主義) 법제와 어긋나며, 수익자가 여러 명인 경우 공급시기에 납세의무자 확정, 과세표준산정 등에 문제점을 내포하고 있는 점.
> ⑥ 재화 및 용역의 공급자와 경제적 손익의 귀속자를 동일하게 보아 부가가치세 납세의무자를 판단한 것은 수익권자의 신탁이익의 향수와 부가가치세법상 재화의 공급을 혼동한 오류를 범하였고, 신탁재산의 관리·처분대금에 포함된 부가가치세액의 일부를 지급받았다하여 우선수익자를 납세의무자로 삼는 것은 자금(부가가치세액의 흐름)의 흐름에 따른 귀속자를 납세의무자로 삼을 수 없는 점.

⑦ 부가가치세법 제9조의 '재화의 인도·양도'는 그 재화로부터 얻는 '이익·비용의 귀속(향유)'와는 달리 보아야 한다는 점.

⑧ 우선수익자를 신탁시점부터 납세의무자로 볼 경우, 위탁자는 어떠한 경로를 거쳐서든 자신의 재화를 소비자에게 공급하고 그에 따른 경제적 대가(채무변제를 통한 소극재산의 감소)까지 얻게 됨에도 불구하고 우선수익자가 납세의무자가 됨으로써 부가가치세의 납세의무를 면하므로 부당이득을 얻게 되는 점.

⑨ 수익자는 매입세액공제를 받지 못하는 등 위탁자와 수익자 간의 조세형평상 모순이 발생한다는 점에서 과연 실질과세의 원칙에 충실한 해석인지에 대한 것도 의문임.

⑩ 수익자가 비사업자이거나 면세사업자인 경우 부가가치세를 과세할 수 없는 문제가 발생

⑪ 양도담보에 있어 양도담보권자는 보통 담보목적을 넘어서 권리 행사를 할 수 없고 이를 위반할 경우 손해배상책임을 진다는 점에서 부가가치세법에서는 '양도담보'에 대하여 과세대상으로 삼고 있지 아니함에도 이와 유사한 성격을 가진 타익신탁을 과세대상으로 볼 법적 근거가 미약한 점.

⑫ 담보신탁의 경우에도 담보제도 중의 하나로 그 취지 및 성질이 근저당권과 다를 바 없음에도 불구하고 근저당권 설정방법에서는 위탁자가 납세의무자이나 담보신탁에서는 수익자가 납세의무자가 되어 공평과세원칙을 훼손하며, 신탁거래의 직접적인이 당사자가 아닌 수익자에 따라 부가가치세 과세 여부가 달라질 수 있는 모순점을 앉고 있는 점.

　　따라서 수익권을 보유한 상태에서 수탁자로부터 신탁의 이익을 향유하였다고 하여 우선수익자에게 부동산의 소유권까지 이전된 것은 아니고 담보채권의 변제를 받은 것에 불과한 등에 비추어 수익자가 아닌 실질적인 권리의무의 귀속주체인 위탁자를 납세의무자로 보아야 한다는 주장이 더 설득력이 있다(대법99다59290, 2003.04.25.; 서울행법2009구합15906, 2009.10.22.).

(6) 신탁사업이 공동사업인지

1) 신탁관계가 공동사업의 관계인지

신탁계약은 신탁재산의 소유권 관계와 위탁자가 부담하는 채무 내지 책임의 이행을 보장하기 위한 것으로서 우선수익자에게 채무가 변제되면 신탁계약이 해지되고 신탁재산이 위탁자에게 반환되는 것을 예정하고 있다.

통상 위탁자 또는 수익자와 신탁회사(수탁자) 사이에는 위임관계가 존재하고 신탁회사는 신탁계약의 내용에 따라 신탁업무를 수행하고 그 보수를 지급받으며 신탁재산의 처분 등으로 인한 소득 또는 손실은 모두 위탁자(수익자)에게 귀속되므로 이들의 관계를 공동사업의 관계에 있다고 볼 수 없다.

2) 공동사업의 판정기준

특정한 신탁이 위 "1)"과 같은 신탁의 관계를 넘어서 공동사업으로 보기 위해서는 통상적 신탁계약을 넘어서 계약서의 형식이 동업계약 혹은 조합계약의 형태를 취하면서 당사자 사이에 개별적인 출자 여부, 사업성과에 따른 이익이나 손실의 분배약정 유무, 공동사업에 필요한 재산의 합유적 귀속 유무, 사업운영에 관한 내부적 공동관여 여부, 사업의 대외적 활동 주체와 형식 등 구체적, 실질적 사정을 종합하여 판단하여야 한다.

3) 관련 판례

▌ 우선수익자를 공동사업자로 볼 수 없고, 신탁해지 후 건물을 매도하였으므로 수탁자는 부가가치세 납세의무 없음.

가. 사건개요

소외 위탁자는 '스마트빌딩 신축·분양사업'(이 사건 사업) 시행사로 위 빌딩을 신축하여 원고(신탁사)와 부동산담보신탁(우선수익자)을 체결하고 위탁자는 위 빌딩을 신탁해지와 동시에 매각(이 사건 매각)하고 부가세를 신고 무납부하고 폐업함에 따라 피고는 '원고는 수탁자겸 우선수익자로 위탁자와 신탁법의 취지에 따라 이 사건 사업을 공동으로 수행한 것으로 보아, 원고를 위탁자의 이 사건 사업의 부가세 체납액의 연대납세의무자로 지정 통보하였다.

나. 법원의 판단

이 사건에서 원고(우선수익자 1순위)를 포함한 대주단(우선수익자)과 위탁자, 시공사가 이 사건 약정을 체결하고 위탁자는 맥OO과 이 사건 매매계약을 체결하였으며, 한편 원고가 위탁자와 이 사건 신탁계약을 체결한 후 위탁자의 요청에 따라 이 사건 건물에 관한 신탁등기를 말소하여 위탁자의 소유권이전등기와 이 사건 투자회사의 소유권이전등기가 순차 경료되도록 한 것은 '위탁자의 이 사건 사업 시행, 원고를 비롯한 대주단의 이 사건 건물 공사비 대출, 위탁자의 이 사건 건물 매도, 대주단의 대출금 담보를 위한 이 사건 건물 신탁'이라는 당사자들이 선택한 법률관계에 따라 단계적으로 이루어진 일련의 거래들로서 거기에 가장행위나 비합리적인 거래형식이 개입되었다고 볼 만한 사정은 없다.

신탁계약 제3조를 보면, '신탁재산과 관련된 세금을 위탁자가 신고·납부해야 한다'라고 규정한 것은 신탁부동산에 대한 재산세 등의 비용을 이 사건 사업의 주체인 위탁자로 하여금 부담하도록 하는 취지로 보이고, 그러한 규정이 있다고 하여 이 사건 건물에 관한 매매 등의 실질적인 통제권이 수탁자에게 이전하거나 수탁자에 대한 수익자 과세를 피하려는 목적이 있었다고 보기는 어렵다. 또한 매매대금의 지급과 신탁계약의 해지 및 소유권이전등기 등이 같은 날 이루어졌다고 하더라도 신탁등기의 말소에 이은 소유권이전등기에 논리적인 선후관계가 존재함은 분명하고, 매매대금의 지급과 신탁계약의 해지가 동시에 이루어지게 한 것은 매매대금을 통하여 우선수익자들에게 대출금 및 공사비 등을 분배하여야 할 수탁자가 매매대금을 제대로 확보하기 위한 당연한 조치라고 할 수 있다. 그러므로 이 사건 일련의 거래의 결과가 실질적으로 수탁자가 신탁재산을 직접 처분하여 대금을 우선주익자들에게 정산하는 경우와 유사하게 된다고 하여 이 사건 건물의공급자를 원고로 볼 수는 없다.

아울러 금융기관이 특정 목적에 사용할 것을 전제로 자금을 대출하는 것은 정상적인 대출 유형에 속하므로 대출금의 사용이 이 사건 건물 신축사업 용도로 한정되어 있다고 하여 그러한 점이 위 대출금을 실질적인 출자금으로 보아야 하는 근거가 될 수는 없고, 우선수익자들에 대한 수익권증서발행금액이 대출금액의 130%에 이른다고 하더라도 이 사건 신탁계약상 우선수익권은 대출원리금 및 지연손해금에 한정되는 것이어서 위 수익권증서발행금액은 이러한 대출원리금 및 지연손해금의 최고한도를 설정한 정도의 의미를 가질 뿐이므로 위 대출금을 실질적인 출자금으로 보아야 하는 근거가 될 수 없다(서울고법2017누83753, 2018.04.24.; 대법원2018두44012, 2018.08.17.).

(7) 그 밖의 참고사항

1) 실질과세원칙과 부가가치세법 적용의 한계

우리 부가가치세법은 국세기본법상 실질과세원칙을 부정하는 예외적 규정을 두고 있지 아니하므로 부가가치세법도 이를 적용하여야 하여야 할 것이다. 그러나 소득의 귀속주체를 판단하는 소득세법, 법인세법과 달리 부가가치세법은 법률적 외관 및 거래질서를 중요시하므로 실질과세원칙을 무제한적으로 적용하기는 어려울 것이다.

부가가치세법은 전단계세액공제법을 채택하여 납세의무자가 거래상대방으로부터 거래징수한 매출세액에서 매입 시 거래징수된 매입세액을 차감하여 납부세액을 계산하며, 이러한 점을 고려하여 현행 부가법은 거래징수 편의를 위하여 귀속의 실질을 포기한 규정(예를 들어 공동매입 규정 등)을 두고 있다.

위탁매매에 있어서 위탁자를 알 수 없는 경우에는 위탁자는 수탁자에게, 수탁자는 구매자에게 각각 세금계산서를 발급하도록 하거나, 매입 시 실제 거래징수당한 매입세액을 과세기간 경과 후 수취 등을 이유로 실질과세원칙에 불구하고 매입세액을 불공제하는 규정을 두고 있어 법인세법이나 소득세법처럼 폭넓게 실질과세원칙을 적용하는 것은 불합리할 수 있다.

부가가치세법은 계약상 또는 법률상 모든 원인에 의하여 재화를 인도하는 것을 재화의 공급으로 규정하고 있으므로 동 규정에 의할 경우 부가가치세법상 거래당사자는 계약상 원인에 의한 당사자로 보아야 할 것이므로 부가가치세법은 경제적 실질보다는 법률적 실질을 더 중요시한다고 보아야 한다.

2) 신탁제도와 위탁매매의 비교

위탁매매는 자기의 명의로 타인의 계산으로 행위를 하므로 거래상대방과의 관계에서 법적 효과는 위탁매매인에게 귀속하지만 경제적 효과는 위탁인에게 귀속된다. 즉 위탁매매인과 위탁인 간의 관계는 위임계약관계이므로 위탁매매인의 법적효과의 귀속과 경제적 효과의 귀속이 분리된다. 신탁제도나 위탁매매제도 모두 수탁자의 명의로 법률관계가 형성된다는 점과 종국적으로는 그 수익과 비용이 위탁자에게 귀속된다는 점에서는 공통된다.

신탁제도는 수탁자가 사망해도 신탁관계가 종료하지 않는 반면 위탁매매는 수탁자가 사망하면 계약관계가 종료하며, 신탁에서는 수탁자가 신탁재산을 구속함에 반해 수익자나 위탁자에게 그 법률효과가 미치지 않는다(상법§112, 민법§690). 신탁계약에 있어 위탁자는 수탁자를 지시할 수는 있어도 직접 신탁재산을 관리처분을 할 수 없고, 수탁자가 행한 법률행위의 효력을 부인하거나 수탁자에게 부담시킬 수 없으며, 수탁자는 수익자에 대하여 신탁재산을 한도로 유한책임을 부담하지만 제3자에 대하여는 무한책임을 부담하게 된다.

반면 위탁매매는 위탁매매인이 위탁매매로 인하여 취득한 물건, 유가증권 또는 채권은 위탁자와 위탁매매인의 채권자 사이에서는 위탁매매인의 이전행위 없이 당연히 위탁자에게 귀속되는 것으로 간주된다.(상법§103). 위탁자는 위탁매매인에게 일정한 가격에 매수 또는 매도할 것을 정할 수 있고, 위탁매매인이 이를 준수하지 않았을 경우 위탁자가 이를 인수하지 않아도 무방하다(상법§106).

이와 같이 신탁제도는 위탁매매제도와는 달리 위탁자와의 관계에서도 독립성이 강화되어 있으며 제3자와의 관계에서는 완전히 독립된 거래관계인 것이다.

3) 신탁을 위탁매매에 준용하여 판단한 판례에 대한 비판

위탁매매와 신탁은 전혀 다른 법률제도임에도 기존 판결은 신탁에 있어서 위탁매매의 규정을 차용하여 부가가치세 납세의무를 설명하였다.

거래세인 부가가치세 납세의무자가 누구인지를 판단할 때는 신탁제도 고유의 특성에 따라 신탁계약의 체결경위·목적·취지·거래대상·거래 당시의 비용지출의 당사자·거래사업의 실질담당자 등을 종합적으로 고려하여 실질적인 부가가치의 귀속주체 즉 재화와 용역을 공급하는 자를 누구로 할 것인지 여부를 판단하여야 하는 것이지

그 경제적 이익과 비용은 위탁자 내지 수익자에게 귀속한다는 구조상의 유사성만가지고 일률적으로 위탁매매와 유사하다하여 신탁계약에 있어서도 부가가치세 납세의무자를 위탁자라고 본 기존판결은 신탁제도와 위탁매매제도를 혼동하여 신탁계약에 포섭시킨 바, 이는 위탁매매가 지니고 있는 외연의 범위를 넘어 세법적 사실을 포섭한 조세법상 엄격해석의 원칙에 위배한 문제가 있다.

실질과세원칙에 따라 과세물건인 신탁재산의 거래로 발생한 부가가치가 누구의 행위로 인하여 발생한 것인지(실질적인 납세의무자가 누구인지 여부) 여부에 대해 신탁법의 내용, 신탁계약을 체결한 과정, 취지, 목적, 당사자의 의사, 일반인의 법의식 및 법감정 등을 좀더 면밀히 검토·종합하여 판단한 후, 해당 신탁계약을 위탁매매로 볼 수 있는지를 검토해야 하는데, 신탁관계의 본질을 간과하고 실질적으로 법적인 과세물건의 귀속을 누구에게 해야 하는지 여부를 검토하지 않은 문제가 있다("신탁수익의 귀속"과 "과세물건인 부가가치의 귀속"을 혼동).

4. 신탁재산 공급에 대한 개선방안(부가가치세 납세의무자)

법인세법은 부동산담보신탁의 수탁자가 위탁자가 지급해야 할 이자를 신탁재산의 매각대금에서 지급하는 경우 수탁자가 원천징수의무가 있는 것으로 규정하고 있듯이(법인법§73; 서면법규과-808, 2013.07.15.), 신탁업은 그 위험과 수익이 종국적으로 위탁자에게 귀속되므로 실질

과세원칙에 따르면 위탁자(수익자)가 납세의무자가 되어야 하지만, 신탁회사가 신탁과 관련된 모든 법률상의 거래당사자이면서 신탁재산에 대한 매출을 효과적으로 통제할 수 있는 점을 고려하면 수탁자에게 신탁재산의 운용, 매각 과정에서 발생하는 부가가치세에 대하여 대리납부의무를 부여하도록 현행 부가가치세법은 개정되어야 할 것이다. 이와 함께 수탁자가 부가가치세 상당액을 신탁재산에 속하지 않는 '제세공과금'으로 분류하도록 개정하여야 할 것이다.

※ 대법원은 신탁회사가 매수자에게 수령한 매매대금 중 부가가치세 상당액이 신탁재산에 속하지 않는다는 국세청의 주장을 배척한 바 있다.

수탁자가 신탁재산에서 발생한 수입에 대하여 부가가치세를 대리납부하고 위탁자는 신탁사업에서 발생한 매입세액과 매출세액에 대한 부가가치세를 신고·납부하면서 대리납부세액을 공제한다. 이처럼 수탁자에게 대리납부의무를 부여함으로써 국세청은 부가가치세 세수의 안정적 확보가 가능할 것이며, 수탁자는 세금계산서 수수과정에서 발생할 수 있는 사실과 다른 세금계산서로 인한 불측의 세부담에서 회피할 수 있다. 아울러 현행 신탁재산 관련 부가가치세 법령상의 납세의무자 및 그 예외, 매입세액공제, 제2차 납세의무 및 물적납세의무 등 복잡한 규정을 단순화할 수 있다.

5. 신탁소득에 대한 직접세 과세

(1) 신탁소득에 대한 납세의무자

신탁소득에 대하여 종전에는 납세의무자를 수익자를 원칙으로 하고 수익자가 특정되지 않거나 존재하지 않는 경우 예외적으로 위탁자를 납세의무자로 하며 신탁은 도관으로 간주하여 소득원천별로 납세의무자에게 과세하였다. 2021.01.01. 이후 신탁계약을 체결하는 분부터는 신탁유형 및 경제적 실질에 맞게 신탁관련 과세체계를 정비하였다.

1) 수익자 과세신탁

신탁재산에 귀속되는 소득에 대해서는 그 신탁의 이익을 받을 수익자가 그 신탁재산을 가진 것으로 보고 법인법을 적용한다(법인법§5 ①).

2) 법인과세 신탁(수탁자 과세 신탁)

다음의 어느 하나에 해당하는 신탁으로서 아래 "수탁자가 납세의무자가 되기 위한 신탁의 조건"을 충족하는 신탁(자본시장법§9 1호에 따른 투자신탁은 제외)의 경우에는 신탁재산에 귀속되는 소득에 대하여 신탁계약에 따라 그 신탁의 수탁자[내국법인 또는 「소득세법」에 따른 거주자인 경우에 한정]가 법인세를 납부할 수 있다. 이 경우 신탁재산별로 각각을 하나의 내국법인으로 본다(법인법§5 ②, 법인령§3의2 ①).

① 「신탁법」 제3조 제1항 각 호 외의 부분 단서에 따른 목적신탁(수익자가 없는 특정목적의 신탁)

② 「신탁법」 제78조 제2항에 따른 수익증권발행신탁(신탁행위로 수익권을 표시하는 수익증권을 발행하는 뜻의 정함이 있는 신탁)

③ 「신탁법」 제114조 제1항에 따른 유한책임신탁(신탁행위로 수탁자가 신탁재산에 속하는 채무에 대하여 신탁재산만으로 책임을 지는 신탁)

④ 그 밖에 "①"부터 "④"까지의 규정에 따른 신탁과 유사한 신탁으로서 대통령령으로 정하는 신탁

📝 **수탁자가 납세의무자가 되기 위한 신탁의 요건**

위 "2)"에서 말하는 요건을 충족하는 신탁이란 다음의 요건을 모두 갖춘 신탁을 말한다.

① 수익자가 둘 이상일 것(다만, 어느 하나의 수익자를 기준으로 법인법 제2조 제5항에 해당하는 자이거나, 소득령 제98조 제1항에 따른 특수관계인에 해당하는 자는 수익자 수를 계산할 때 포함하지 않는다).

② 위탁자가 신탁재산을 실질적으로 통제하지 아니하는 경우("위탁자가 신탁을 해지할 수 있는 권리, 수익자를 지정하거나 변경할 수 있는 권리, 신탁 종료 후 잔여재산을 귀속 받을 권리를 보유하는 등 신탁재산을 실질적으로 지배·통제할 것"에 해당하지 않을 것)

※ 수탁자가 수익자에게 소득 배분 시 배당소득세를 과세한다.

3) 위탁자 과세신탁

위 "1)", "2)"에 불구하고 수익자가 특별히 정하여지지 아니하거나 존재하지 아니하는 신탁 또는 위탁자가 신탁재산을 실질적으로 통제하는 등 다음의 요건을 모두 갖춘 신탁에 대하여는

신탁재산에 귀속되는 소득에 대하여 그 신탁의 위탁자가 법인세를 납부할 의무가 있다(법인법 §5 ③, 법인령§3의2 ②).

① 위탁자가 신탁을 해지할 수 있는 권리, 수익자를 지정하거나 변경할 수 있는 권리, 신탁 종료 후 잔여재산을 귀속 받을 권리를 보유하는 등 신탁재산을 실질적으로 지배·통제할 것

② 신탁재산 원본을 받을 권리에 대한 수익자는 위탁자로, 수익을 받을 권리에 대한 수익자는 위탁자의 법인법 제43조 제7항에 따른 지배주주 등의 배우자 또는 같은 주소 또는 거소에서 생계를 같이 하는 직계존비속(배우자의 직계존비속을 포함한다)으로 설정했을 것

4) 그 밖의 사항

자본시장법의 적용을 받는 법인의 신탁재산(자본시장법 제251조 제1항에 따른 보험회사의 특별계정은 제외)에 귀속되는 수입과 지출은 그 법인에 귀속되는 수입과 지출로 보지 아니한다 (법인법§5 ④).

(2) 법인과세 신탁재산의 각 사업연도의 소득에 대한 법인세 과세특례

1) 개요

위 "(1)"의 "2)"에서 내국법인으로 보는 신탁재산(이하 "법인과세 신탁재산"이라 한다) 및 이에 귀속되는 소득에 대하여 법인세를 납부하는 신탁의 수탁자(이하 "법인과세 수탁자"라 한다)에 대해서는 법인법 제2장의2 "법인과세 신탁재산의 각 사업연도의 소득에 대한 법인세 과세특례"를 제1장 및 제2장의 규정에 우선하여 적용한다(법인법§75의10).

2) 신탁재산에 대한 법인세 과세방식의 적용

가. 수탁자의 납세의무

법인과세 수탁자는 법인과세 신탁재산에 귀속되는 소득에 대하여 그 밖의 소득과 구분하여 법인세를 납부하여야 한다(법인법§75의11 ①).

신탁소득 발생 시 신탁재산에 대하여 수탁자에게 법인세가 과세되고, 수탁자가 수익자에게 신탁이익 배분 시에는 수익자에게 다시 과세되는 2단계 과세가 이루어지며, 이중과세 조정을 위해 후술하는 소득공제를 하게 된다.

나. 수익자의 보충적 납세의무

재산의 처분 등에 따라 법인과세 수탁자가 법인과세 신탁재산의 재산으로 그 법인과세 신탁재산에 부과되거나 그 법인과세 신탁재산이 납부할 법인세 및 강제징수비를 충당하여도 부족한 경우에는 그 신탁의 수익자(「신탁법」 제101조에 따라 신탁이 종료되어 신탁재산이 귀속되는 자를 포함한다)는 분배받은 재산가액 및 이익을 한도로 그 부족한 금액에 대하여 제2차 납세의무를 진다(법인법§75의11 ②).

다. 수익의 분배

법인과세 신탁재산이 그 이익을 수익자에게 분배하는 경우에는 배당으로 본다(법인법§75의11 ③, 소득법§17).

라. 법인과세 신탁 미해당 시 과세방법

신탁계약의 변경 등으로 법인과세 신탁재산이 위 "(1)"의 "2)"에 따른 신탁(수탁자 과세 신탁)에 해당하지 아니하게 되는 경우에는 그 사유가 발생한 날이 속하는 사업연도분부터 수탁자 과세특례를 적용하지 아니한다(법인법§75의11 ④).

※ 예 : 신탁재산 처분권 등이 수탁자에서 위탁자로 이전된 경우

3) 법인과세 신탁재산의 설립 및 해산 등

가. 설립과 해산

법인과세 신탁재산은 「신탁법」 제3조에 따라 그 신탁이 설정된 날에 설립된 것으로 보고, 「신탁법」 제98조부터 제100조까지의 규정에 따라 그 신탁이 종료된 날(신탁이 종료된 날이 분명하지 아니한 경우에는 부가법 제5조 제3항에 따른 폐업일을 말한다)에 해산된 것으로 본다(법인법§75의12 ①, ②).

나. 사업연도

법인과세 수탁자는 법인과세 신탁재산에 대한 사업연도를 따로 정하여 법인법 제109조에 따른 법인 설립신고 또는 제111조에 따른 사업자등록과 함께 납세지 관할 세무서장에게 사업연도를 신고하여야 한다. 이 경우 사업연도의 기간은 1년을 초과하지 못한다(법인법§75의12 ③).

다. 법인과세 신탁재산의 사업연도의 개시일

법인법 제5조 제2항에 따라 내국법인으로 보는 신탁재산(이하 "법인과세 신탁재산"이라 한다)의 최초 사업연도의 개시일은 「신탁법」 제3조에 따라 그 신탁이 설정된 날로 한다(법인령 §120의2).

라. 법인과세 신탁재산의 납세지 및 납세지의 지정

법인과세 신탁재산의 법인세 납세지는 그 법인과세 수탁자의 납세지로 한다(법인법§75의12 ④).

관할 지방국세청장이나 국세청장은 법인과세 신탁재산의 납세지가 그 법인과세 신탁재산의 납세지로 적당하지 않다고 인정되는 경우로서 다음의 어느 하나에 해당하는 경우에는 그 납세지를 지정할 수 있다(법인령§120의3).

① 법인법 제75조의10에 따른 법인과세 수탁자(이하 "법인과세 수탁자"라 한다)의 본점 등의 소재지가 등기된 주소와 동일하지 않은 경우

② 법인과세 수탁자의 본점 등의 소재지가 자산 또는 사업장과 분리되어 있어 조세포탈의 우려가 있다고 인정되는 경우

4) 공동수탁자가 있는 법인과세 신탁재산에 대한 적용

하나의 법인과세 신탁재산에 「신탁법」 제50조에 따라 둘 이상의 수탁자가 있는 경우에는 제109조 또는 제109조의2에 따라 수탁자 중 신탁사무를 주로 처리하는 수탁자(이하 "대표수탁자")로 신고한 자가 법인과세 신탁재산에 귀속되는 소득에 대하여 법인세를 납부하여야 한다. 대표수탁자 외의 수탁자는 법인과세 신탁재산에 관계되는 법인세에 대하여 연대하여 납부할 의무가 있다(법인법§75의13).

5) 법인과세 신탁재산에 대한 소득공제 등 이중과세 조정

가. 개요

법인과세 신탁재산이 수익자에게 배당한 경우에는 그 금액을 해당 배당을 결의한 잉여금 처분의 대상이 되는 사업연도의 소득금액에서 공제한다(법인법§75의14 ①). 이때 배당을 받은 법인과세 신탁재산의 수익자에 대하여 법인법 또는 조특법에 따라 그 배당에 대한 소득세 또는

법인세가 비과세되는 경우에는 이를 적용하지 아니한다(법인법§75의14 ②).

나. 소득공제 시기

해당 배당을 결의한 잉여금처분의 대상이 되는 사업연도로 한다.

다. 소득공제 신청방법

법인법 제75조의14 제1항에 따라 공제하는 배당금액이 해당 배당을 결의한 잉여금 처분의 대상이 되는 사업연도의 소득금액을 초과하는 경우 그 초과금액은 없는 것으로 본다(법인령 §120의4 ①).

법인법 제75조의14 제1항을 적용받으려는 법인과세 수탁자는 법인법 제60조에 따른 과세표준 신고와 함께 소득공제신청서를 납세지 관할 세무서장에게 제출하여 소득공제 신청을 해야 한다(법인령§120의4 ②).

라. 동업기업에 대한 적용

배당을 받은 수익자가 조특법 제100조의15 제1항의 동업기업과세특례를 적용받는 동업기업인 경우로서 그 동업자들에 대하여 조특법 제100조의18 제1항에 따라 배분받은 배당에 해당하는 소득에 대한 소득세 또는 법인세가 전부 과세되는 경우에는 위 "가" 전단부(법인법§75의14 ①)를 적용한다. 이때 법인과세 수탁자는 위 "다"의 소득공제신청서에 배당을 받은 동업기업으로부터 제출받은(조특법 제100조의23 제1항에 따른 신고기한까지 제출받은 것을 말한다) 동업기업과세특례적용 및 동업자과세여부 확인서를 첨부하여 소득공제를 신청해야 한다(법인령 §120의4 ③).

마. 수익자 배당에 대한 종복조정 배제

소득공제를 적용받는 신탁재산으로부터 배당을 받는 경우 수입배당금 익금불산입 특례규정을 배제한다(법인법§18의2, 18의3).

수익자가 개인인 경우에는 배당을 결의한 연도에 배당소득으로 보아 종합소득세를 계산하되 Gross-up 적용은 배제한다.

6) 법인과세 신탁재산의 합병 및 분할

가. 합병

법인과세 신탁재산에 대한 「신탁법」 제90조에 따른 신탁의 합병은 법인의 합병으로 보아 법인법을 적용한다. 이 경우 신탁이 합병되기 전의 법인과세 신탁재산은 피합병법인으로 보고, 신탁이 합병된 후의 법인과세 신탁재산은 합병법인으로 본다(법인법§75의15 ①).

- 종전의 신탁재산 → 피합병법인
- 새로 합병된 신탁재산 → 합병법인

나. 분할

법인과세 신탁재산에 대한 「신탁법」 제94조에 따른 신탁의 분할(분할합병을 포함)은 법인의 분할로 보아 법인법을 적용한다. 이 경우 신탁의 분할에 따라 새로운 신탁으로 이전하는 법인과세 신탁재산은 분할법인등으로 보고, 신탁의 분할에 따라 그 법인과세 신탁재산을 이전받은 법인과세 신탁재산은 분할신설법인 등으로 본다(법인법§75의15 ②).

- 이전하는 신탁재산 → 분할법인
- 이전되는 신탁재산 → 분할신설법인

7) 법인과세 신탁재산의 수탁자 변경에 따른 소득금액계산

수탁자의 변경에 따라 법인과세 신탁재산의 수탁자가 그 법인과세 신탁재산에 대한 자산과 부채를 변경되는 수탁자에게 이전하는 경우 그 자산과 부채의 이전가액을 수탁자 변경일 현재의 장부가액으로 보아 이전에 따른 손익은 없는 것으로 한다(법인법§75의16).

신탁재산에 대한 법인세 과세방식은 신탁재산을 별도의 법인으로 간주하여 과세하는 것이나, 납세의무를 대리하여 부담하는 주체는 수탁자에 해당하는 것이므로 수탁자 변경은 납세의무를 대리하여 부담하는 자의 변경을 의미할뿐 실질적인 신탁재산의 이전을 의미하는 것이 아니므로 장부가액으로 이전할 것으로 보는 것이다.

(3) 법인과세 신탁재산의 설립, 신고·납부 및 원천징수 등

1) 법인과세 신탁재산의 설립신고 등

내국법인은 그 설립등기일(사업의 실질적 관리장소를 두게 되는 경우에는 그 실질적 관리장소를 두게 된 날을 말하며, 법인과세 신탁재산의 경우에는 설립일을 말한다)부터 2개월 이내에 다음의 사항을 적은 법인 설립신고서에 주주 등의 명세서와 사업자등록 서류 등을 첨부하여 납세지 관할 세무서장에게 신고하여야 한다. 이 경우 법인법 제111조에 따른 사업자등록을 한 때에는 법인 설립신고를 한 것으로 본다. 법인과세 신탁재산의 기재내용에는 수탁자 명칭 등이 추가되고, 수탁자의 본점 소재지가 추가된다(법인법§109).

> ① 법인의 명칭과 대표자의 성명[법인과세 신탁재산의 경우에는 법인과세 수탁자(둘 이상의 수탁자가 있는 경우 대표수탁자 및 그 외의 모든 수탁자를 말한다)의 명칭과 대표자의 성명을 말한다]
>
> ② 본점이나 주사무소 또는 사업의 실질적 관리장소의 소재지(법인과세 신탁재산의 경우 법인과세 수탁자의 본점이나 주사무소 또는 사업의 실질적 관리장소의 소재지를 말한다)
>
> ③ 사업 목적
>
> ④ 설립일

2) 수탁자 변경신고

가. 수탁자 변경 사유

새로운 수탁자가 선임되거나, 수탁자의 임무종료로 승계가 있는 경우, 대표수탁자가 변경된 경우가 있다.

나. 수탁자 변경 신고

법인과세 신탁재산에 새로운 수탁자(이하 "신수탁자"라 한다)가 선임된 경우 신수탁자는 선임일 이후 2개월 이내에, 법인과세 신탁재산에 대하여 전수탁자의 임무가 종료된 경우 그 임무의 종료에 따라 신탁사무를 승계한 신수탁자는 승계일 이후 2개월 이내에, 둘 이상의 수탁자가 있는 법인과세 신탁재산의 대표수탁자가 변경되는 경우 그 변경 전의 대표수탁자와 변경 후의 대표수탁자는 각각 변경일 이후 2개월 이내에 신고서에 변경사실을 증명하는 서류 등을 첨부하여 납세지 관할 세무서장에게 신고하여야 한다(법인법§109조의2).

3) 사업자등록

신규로 사업을 시작하는 법인은 납세지 관할 세무서장에게 등록하여야 한다. 이 경우 내국법인이 법인법 제109조 제1항에 따른 법인 설립신고를 하기 전에 등록하는 때에는 같은 항에 따른 주주 등의 명세서를 제출하여야 한다. 법인과세 신탁재산이 있는 수탁자도 이와 같이 사업자등록을 하여야 한다. 다만, 부가법에 따라 법인과세 수탁자로서 사업자등록을 한 경우에는 그 법인과세 신탁재산에 관하여는 등록을 한 것으로 본다(법인법§제111).

4) 법인과세 신탁재산의 성실신고확인서 제출 및 중간예납의무

법인과세 신탁재산에 대해서는 성실신고확인서 제출 및 중간예납의무 규정을 적용하지 아니한다(법인법§75의17).

5) 법인과세 신탁재산의 간접투자 외국납부세액공제

자본시장법에 따른 투자회사, 투자목적회사, 투자유한회사, 투자합자회사(자본시장법 제9조 제19항 제1호의 경영참여형 사모집합투자기구는 제외한다), 투자유한책임회사 및 「부동산투자회사법」에 따른 기업구조조정 부동산투자회사, 위탁관리 부동산투자회사 외에 위 "(1)"의 "2)"에 따라 내국법인으로 보는 신탁재산(이하 "간접투자회사 등")도 2021.01.01. 이후 신탁계약을 체결하는 분부터는 국외의 자산에 투자하여 얻은 소득에 대하여 납부한 외국법인세액(법인법 제57조 제1항 및 제6항의 외국법인세액)이 있는 경우에는 법인법 제57조【외국 납부 세액공제 등】에도 불구하고 그 소득이 발생한 사업연도의 과세표준 신고 시 그 사업연도의 법인세액에서 그 사업연도의 외국 납부세액(국외자산에 투자하여 얻은 소득에 대하여 「소득세법」 제129조 제1항 제2호에 따른 세율을 곱하여 계산한 세액을 한도로 하고, 이를 초과하는 금액은 없는 것으로 본다)을 빼고 납부하여야 한다(법인법§57의2).

6) 법인과세 신탁재산의 원천징수 특례

법인법 제73조(내국법인의 이자소득 등에 대한 원천징수) 제1항에도 불구하고 법인과세 신탁재산이 법인령 제120조의5 제1항에 정하는 소득을 지급받고, 법인과세 신탁재산의 수탁자가

법인령 제120조의5 제1항에 정하는 금융회사 등에 해당하는 경우에는 원천징수하지 아니한다.

　⇒ 일반 금융회사 등에 지급되는 이자소득 등에 대한 원천징수의무를 배제하는 규정(법인령§111)과 범위가 동일하다.

　법인법 제73조의2 제1항(내국법인의 채권 등의 보유기간 이자상당액에 대한 원천징수)을 적용하는 경우에는 법인과세 신탁재산에 속한 원천징수대상채권 등을 매도하는 경우 법인과세 수탁자를 원천징수의무자로 본다(법인법§75의18, 법인령§120의5).

7) 구분경리

　법인과세 수탁자는 법인과세 신탁재산별로 신탁재산에 귀속되는 소득을 각각 다른 회계로 구분하여 기록하여야 한다(법인법§113 ⑥).

참고문헌

재정경제부 법인세제과, 파트너십과세제도 개정요강, 2007

기획재정부 세제개편안 문답자료, 2008

양경승, 합유와 조합 법리의 소송법적 적용, 사법논집 제60집, 2015

김진수, 파트너십 제도에 관한 연구, 한국조세연구원, 2000

이은미, 조합의 과세에 관한 연구, 한양대학원 박사학위논문, 2007

이준규 외, 미국의 파트너십 과세제도, 한국조세연구원, 2007

김준호, 민법강의, 법문사, 2005

딜로이트 안진회계법인, 공동사업장 과세제도 보완방안, 2006

이성식, 조합에 대한 과세상의 문제(주택조합을 중심으로), 2009

박훈, 현행 동업기업과세특례제도의 주요내용, 한국세무사회, 2009

김진수·김대훈, 조세회피방지를 위한 동업기업과세특례제도의 개선방안, 2011

김영진·장권철, 재개발·개건축·도시개발 세무실무, 2014

이강오, 공동수급체의 기업형태에 따른 과세방안 연구, 2015

이춘원, 공동수급체의 법적성격에 관한 일 고찰, 2012

성중탁, 도시정비사업조합 해산을 둘러싼 법적 쟁점, 2016

임규진·정승영, 정비사업조합의 법적성격과 과세문제, 2009

건설교통위원회, 도시 및 주거환경정비법안 검토보고서, 2002

홍범교·정훈·홍성희, 도관과세제도 연구, 한국조세재정연구원, 2017

권태윤, 공동사업장 소득세과세방법에 관한 연구, 학위논문, 2007

정찬형, 상법강의, 박영사, 2007

주흥열, 재건축회계의 이론과 실무, 삼일인포마인, 2002

송현진·유동규, 주택법 해설, 진원사, 2014

조영재 외3, 비영리법인 회계와 세무실무, 삼일인포마인, 2013

김혁붕, 상법신강, 2015

백운일, 공동사업·동업기업 세무실무, 2012

법률신문, 2012.07.02. 박주봉 변호사 공동이행방식 공동수급체의 공사대금채권 귀속문제

율촌, 부동산건설 News Alert, 공동수급체의 공동원가 분담금의 주체

법무법인 바른 이응세 변호사 "건설공동수급체의 공사대금채권의 귀속(2)"

법무법인 세종 윤재윤 대표변호사 저, 2020년 분야별 중요판례분석 "22. 건설업"

세무와회계저널 제12권 제2호, 2011년 6월, 재개발·재건축조합의 부가가치세 매입세액공제 제도의 개선방안(박승식, 황명철)

삼일인포마인 동업기업 과세특례, 2018

세림세무법인, "지주공동사업 시행 형태별 검토" 2017.12.30.

일러두기

주요 법령명을 아래와 같이 약어로 표기하였습니다. 이하 다른 법령도 같은 규칙에 따라 약어를 사용하였습니다.

법률명	약칭(법률명)
국세기본법, 국세기본법 시행령, 국세기본법 시행규칙, 국세기본법 기본통칙	국기법, 국기령, 국기법규칙, 국기통칙
국세징수법, 국세징수법 시행령, 국세징수법 시행규칙	국징법, 국징령, 국징법규칙
조세특례제한법, 조세특례제한법 시행령, 조세특례제한법 시행규칙	조특법, 조특령, 조특법규칙
법인세법, 법인세법 시행령, 법인세법 시행규칙	법인법, 법인령, 법인법규칙
소득세법, 소득세법 시행령, 소득세법 시행규칙	소득법, 소득령, 소득법규칙
부가가치세법, 부가가치세법 시행령, 부가가치세법 시행규칙	부가법, 부가령, 부가법규칙
상속세 및 증여세법, 상속세 및 증여세법 시행령	상증법, 상증령

공동사업의
세무실무

초판 1쇄 인쇄 2022년 08월 10일
초판 1쇄 발행 2022년 08월 17일

저 자 : 황종대, 송은주, 고영만, 백지은
펴낸이 : 유용열
기 획 : 김은희, 유지원
펴낸곳 : 스카이미디어
주 소 : 서울시 동대문구 천호대로13길 56, 대명빌딩 2층
E-mail : skymedia62@hanmail.net

출판등록 제 6-711호
ISBN 979-11-312-7040-0   13320
copyright ⓒ 2022 황종대, 송은주, 고영만, 백지은

본 발간책자는 정확하고 객관적으로 쟁점 사안들을 기술하고자 노력하였습니다. 다만, 특정 사안들에 대하여 기획재정부나 국세청의 공식 견해는 아니므로 그 적용 결과에 대하여 당사가 책임을 지지 아니합니다. 그러므로 세법의 실제 적용에 있어서는 세무대리인이나 국세청 관계자와 충분히 상의하시어 처리하시기 바랍니다.